Deutschland im Wandel

Wolfgang Glatzer, Ilona Ostner (Hrsg.)

Deutschland im Wandel

Sozialstrukturelle Analysen

Ein Sonderband der Zeitschrift
GEGENWARTSKUNDE

Mit Beiträgen von
Jutta Allmendinger, Wilhelm Bürklin, Uta Gerhardt, Wolfgang Glatzer, Roland Habich, Bernd Hamm, Richard Hauser, Thomas Hinz, Ursula Hoffmann-Lange, Elke Holst, Stefan Hradil, Jürgen Kohl, Elke Korte, Wolfgang Lauterbach, Stephan Lessenich, Rainer Mackensen, Heiner Meulemann, Hansgünter Meyer, Walter Müller, Rosemarie Nave-Herz, Hildegard M. Nickel, Heinz-Herbert Noll, Thomas Olk, Ilona Ostner, Doris Rentzsch, Jürgen Schupp, Ingrid N. Sommerkorn, Annette Treibel, Ansgar Weymann, Michael Windzio, Wolfgang Zapf

gewidmet Bernhard Schäfers
zum 60. Geburtstag

Leske + Budrich, Opladen 1999

Gedruckt auf säurefreiem und altersbeständigem Papier.

Die Deutsche Bibliothek – CIP-Einheitsaufnahme

Deutschland im Wandel: sozialstrukturelle Analysen/hrsg. von Wolfgang Glatzer; Ilona Ostner. – Opladen: Leske und Budrich, 1999

(Gegenwartskunde: Sonderband; 11)

ISBN 3-8100-2255-1

Satz: Leske + Budrich
Druck: Druck Partner Rübelmann, Hemsbach
Printed in Germany

Inhalt

Lebensformen und Lebensverhältnisse

Europäischer und globaler Strukturwandel

Sozialstruktur und Sozialer Wandel

Wolfgang Glatzer, Ilona Ostner

Sozialstruktur und Sozialer Wandel gehören zu den etablierten Schlüsselbegriffen der Soziologie, wenn sich diese mit der Analyse von Gesellschaften befaßt (Schäfers 1998a: 330). Seit langem ist bekannt, daß die Beobachtung komplexer Gesellschaften zu einer beliebigen Anzahl von Fakten führt, wenn sie nicht von einer theoretisch angeleiteten Idee gesteuert wird. Das Konzept der Sozialstruktur gehört zu den Komplexität reduzierenden Ideen, indem es auf die relativ dauerhaften Elemente von Gesellschaften verweist. Die nachhaltigen Regelmäßigkeiten und Wirkungszusammenhänge der Gesellschaft stehen im Blickpunkt der sozialstrukturellen Analyse. Dementsprechend wird unter sozialem Wandel bzw. sozialstrukturellem Wandel nicht alles verstanden, was alltäglichen Änderungen unterworfen ist, sondern die Aufmerksamkeit wird auf den wesentlichen Strukturwandel gelenkt (Zapf 1979/Weymann 1998). Die Identifikation von Wandel setzt immer eine stabil gedachte Struktur voraus, vor deren Hintergrund die Veränderung erfolgt, und bedarf der Vorstellung von Triebkräften, die diesen Wandel bedingen. Wie bei anderen Konzepten ist auch bei diesem ein Problem, daß es viele Fragen darüber offenläßt, was denn nun genau unter Sozialstruktur und sozialem Wandel zu verstehen sei. Die theoretischen Ansätze, die von diesen Begriffen ausgehen, sind außerordentlich vielfältig (Schäfers 1998b, Geißler 1998, Glatzer 1989), und die soziologische Diskussion wird zum Teil als Kampf um die Interpretationsvorherrschaft geführt.

Den sozialstrukturellen Analysen des vorliegenden Bandes liegt ein Gliederungsschema zugrunde, das vier verschiedene Perspektiven beinhaltet: Entwicklungstendenzen und Strukturbrüche (1), Soziale Ungleichheit und soziale Schichtung (2), Lebensformen und Lebensverhältnisse (3), Europäischer und globaler Strukturwandel (4). Sie schließen an die bisherige Entwicklung der Sozialstrukturanalyse, ihre Ausgangspunkte und Erweiterungen an.

Das *erste* Kapitel dieses Buches beinhaltet breite Perspektiven für den mehr und weniger schnellen Wandel der Sozialstruktur sowie wichtige Entwicklungstendenzen in einigen Teilbereichen (demographischer Wandel, Migrationsprozesse, Wertewandel). Phasen mit ruhigem (1949 bis 1990) und Phasen mit beschleunigtem Strukturwandel (1945 bis 1949 sowie ab 1990) werden in eigenständigen Beiträgen behandelt. Zugleich werden einige Debatten und Konzepte, die die Sozialstrukturanalyse der Bundesrepublik seit ihrer Gründung begleitet haben, kritisch rekapituliert.

Das *zweite* Kapitel behandelt das klassische Thema sozialstruktureller Analysen: soziale Ungleichheit und soziale Schichtung unter Betrachtung von objektiven Merkmalen sozialer Schichtungsgefüge sowie der subjektiven Wahrnehmung sozialer Ungleichheit und der eigenen Position im Schichtgefüge. Ausgangspunkt sind Fragen zu den Veränderungen der sozialen Schichtung, z.B. den Tendenzen zu einer neuen Unterklasse. Die subjektive Schichteinstufung in Ost- und Westdeutschland wird ebenso behandelt wie die Frage der beruflichen Mobilität in der „Wende-Generation". Den Abschluß bilden zwei Beiträge, die die Sozialstrukturanalyse um die Dimensionen des Geschlechts – am Beispiel der Geschlechtersegregation im Erwerbsbereich – und der Ethnizität bzw. des Zusammenspiels zwischen Geschlecht und Ethnizität erweitern. Beide Dimensionen haben als neue Schichtungskriterien zunehmend Aufmerksamkeit erhalten.

Das *dritte* Kapitel wendet sich den Lebensformen und Lebensverhältnissen zu und thematisiert damit eher mikrosoziale Strukturen. Die Lebensbereiche (Familie, Arbeitsmarkt), die Phasen des Lebenslaufs (Kindheit, Elternschaft, Ehe- und Partnerschaft, Erwerbstätigkeit, Ruhestand und Altsein) sowie die Rahmenbedingungen, die den Lebenslauf und seine Ausgestaltung in Ost- und Westdeutschland strukturieren, bilden dabei die Bezugspunkte der Analysen.

Das *vierte* Kapitel greift Tendenzen zur Europäisierung und Globalisierung in einigen ihrer zentralen Aspekte – vor allem Angleichung und Differenzierung – auf. Die fortschreitende Integration der Europäischen Union, die Herausforderung der noch andauernden politischen, ökonomischen und sozialen Transformation in Mittelost- und Osteuropa und die globalen Verflechtungen und Krisen stellen neue Komponenten der internationalen Sozialstruktur dar.

Der Schluß dieser Einleitung befaßt sich mit Zukunftsperspektiven, d.h. mit den Chancen und Restriktionen der zukünftigen Entwicklung der deutschen Gesellschaft, wie sie sich auf dem Hintergrund der vorgelegten Analysen abzeichnen. Zunächst wird aber ein Blick auf die in der Vergangenheit vorgelegten sozialstrukturellen Analysen Deutschlands geworfen.

1. Sozialstrukturelle Analysen zu Deutschland

Sozialstrukturelle Betrachtungsweisen werden sowohl bei allgemeinen theoretischen Fragestellungen als auch bei konkreten Gesellschaftsanalysen herangezogen. Die Analyse der Sozialstruktur einer bestimmten Gesellschaft verspricht, ihre typische Verfassung bzw. ihre charakteristischen Grundzüge offenzulegen. Damit verbunden ist meistens die Absicht, zu einem sozialwissenschaftlich angemessenen Gesellschaftsverständnis zu gelangen und zur Revision unzutreffender Behauptungen beizutragen. Daß damit der öffentlich Disput um die angemessene Gesellschaftsinterpretation nicht allzusehr verringert wurde, ist auf den Dissens zurückzuführen, den die Sozialwissenschaftler einschließlich der Sozialwissenschaftlerinnen unter sich aufrecht erhielten (vgl. Hradil 1987/Kreckel 1997).

Was Deutschland betrifft, so kommt es – nachdem es zuvor nur verstreute Beiträge gab – Mitte der sechziger Jahre zu einem Boom sozialstruktureller Analysen auf dem Buchmarkt. Dies läßt sich durchaus als Reaktion auf einen in Öffentlichkeit und Politik gestiegenenen Bedarf an wissenschaftlich gestützter Gesellschaftsdiagnose verstehen. In der „Sozialkunde der Bundesrepublik Deutschland“ (Claessens/Klönne/Tschoepe 1965) wurden in enger Anlehnung an sozialstrukturelle Konzepte das politische, das wirtschaftliche und das sozialkulturelle System jeweils für sich und in ihren Wechselwirkungen dargestellt. Im gleichen Jahr erschien Dahrendorfs Buch „Gesellschaft und Demokratie in Deutschland“ (Dahrendorf 1965), das den Anspruch erhob, eine „soziale Gesamtanalyse“ vorzunehmen, die als Leitfaden die Frage nach der Demokratie in Deutschland verwendet. Ein Jahr später folgte die „Deutsche Gesellschaft im Wandel“ (Bolte 1966), in der sich mehrere Autoren mit Strukturen und Wandlungen der deutschen Gesellschaft in ausgewählten Bereichen unter anderem mit Bevölkerung, Großstadt und Dorf sowie sozialer Schichtung befaßten. Es wurde 1970 in einem zweiten Band mit weiteren Bereichen wie Familie, junger Generation und Massenkommunikation fortgesetzt (Bolte/Neidhardt/Holzer 1970). In diesem Zusammenhang steht auch der stärker politologisch geprägte 1967 erschienene Sammelband „Der CDU-Staat“, der seine Beiträge „Studien zur Verfassungswirklichkeit“ nennt und das unvorhergesehene Ende der Adenauer/Erhard-Ära markiert (Schäfer/Nedelmann 1967). Diese Bücher wurden in den siebziger Jahren zum Teil neu aufgelegt, aber es kamen in diesem Jahrzehnt nur wenige neue hinzu, und darunter hat die Sozialstrukturanalyse von Bernhard Schäfers (1976) bald einen herausragenden Platz eingenommen.

Schäfers Sozialstrukturanalyse war von thematisch verwandten Büchern eingerahmt, die teilweise andere Akzente setzten und gegensätzliche Interpretationen aufrechterhielten. Dies gilt für die „Bausteine“ zur Sozialstruktur, die in einer „Realanalyse“ für die Bundesrepublik Deutschland im Hinblick auf ihre Entstehung, Entwicklung und Struktur vorgestellt wurden (Narr/Thränhardt 1979/1984). Stellvertretend für marxistisch orientierte Gesamtanalysen kann die „Gesellschaftsstruktur der Bundesrepublik“ (Krysmanski 1982) genannt werden, die soziologische Skizzen zum Zusammenhang von Produktionsweisen, Produktivkräften und Produktionsverhältnissen enthält.

In den siebziger Jahren hat sich auch die Sozialindikatorenforschung herausgebildet und die Zielvorstellung einer sozialwissenschaftlichen Sozialberichterstattung ein Stück weit durchgesetzt. Der „Soziologische Almanach“ (Ballerstedt/Glatzer 1975) legt den Akzent auf problemorientiert aufbereitete Sozial- und Wirtschaftsstatistiken, um damit Aufklärung über gesellschaftliche Probleme und Entwicklungen zu leisten. Eines der bekanntesten Bücher war damals der Band „Lebensbedingungen in der Bundesrepublik“ (Zapf 1978), in dem neben bereichsspezifischen Analysen auch das SPES-Indikatorensystem vorgestellt wurde. Das Indikatorensystem wird noch heute im Sozialindikatorenzentrum beim Zentrum für Umfragen, Methoden und Analysen (ZUMA) in Mannheim weitergeführt (Noll 1997). In diesem Zusammenhang steht auch die seit 1985 erfolgende Herausgabe des „Datenreports“, in dem Querschnitts- und Längsschnittindikatoren aus der Datenproduktion der amtlichen Statistik, aus den Wohlfahrtssurveys und dem Sozio-ökonomischen Panel enthalten sind und interpretiert werden (Statistisches Bundesamt 1985). Auch für die neuen Bundesländer wurde die Idee der Sozialberichterstattung im erstmals 1990 erschienenen „Sozialreport“ (Winkler 1995) aufgegriffen.

Das vierzigjährige Bestehen der Bundesrepublik Deutschland war Anlaß für das „Deutschland-Handbuch“ (Weidenfeld/Zimmermann 1989) mit seiner „doppelten Bilanz“ für beide deutsche Staaten von 1949 bis 1989, die sich nach gesellschaftlichen Teilbereichen gliedert. Die Vereinigung Deutschlands regte kurz danach eine Vielzahl gesellschaftlicher Diagnosen des großen Realexperiments an. Aus dem umfassenden Untersuchungsprogramm der „Kommission für die Erforschung des sozialen und politischen Wandel“ (KSPW) stehen wesentliche Teile in der Tradition der Sozialstrukturanalyse (vgl. Hauser/Glatzer u.a. 1996). Stellvertretend für weitere Bücher, die eine umfassende Gesellschaftsanalyse anstreben, soll hier der Band „Die Sozialstruktur Deutschlands“ (Geißler 1996) genannt werden, der eine gründliche Untersuchung von Sozialstruktur und sozialem Wandel mit einer Zwischenbilanz der Vereinigung verbindet. Einen etwas anderen Charakter hat das „Handwörterbuch zur Gesellschaft Deutschlands“ (Schäfers/Zapf 1998), das in 67 Artikeln einen Überblick über zentrale Handlungsbereiche, soziale Probleme und Entwicklungstendenzen im Lichte der vorhandenen soziologischen Theorien gibt. Eine neue Entwicklungslinie sozialstruktureller Analysen, nämlich ihre Ausdehnung auf den europäischen Vergleich, steht am Anfang (Hradil/Immerfall 1997). Die Überschreitung des nationalen Rahmens wird insbesondere von internationalen Organisationen geleistet, die social reporting für die Welt und Weltregionen vornehmen und dabei Deutschland im Rahmen internationaler Vergleiche einbeziehen.

Seit den siebziger Jahren nimmt das Buch von Bernhard Schäfers „Sozialstruktur und sozialer Wandel in Deutschland“, das 1998 in siebter, wiederum überarbeiteter, Auflage erschien, einen besonderen Platz ein. Der Band hat – wie wohl kaum ein anderer – das Feld für die jeweils laufende Debatte abgesteckt und über die Sachverhalte und Erklärungsansätze so informiert, wie es eine sachgerechte Diskussion erforderlich macht. Schäfers bietet eine integrierte sozialstrukturelle Analyse der Bundesrepublik Deutschland, beschreibt diese pointiert, ohne sie auf einen einzigen Leitbegriff zu reduzieren.

Die lange Zeitspanne, in der die bisherigen Auflagen vorgelegt wurden, eröffnet die Möglichkeit, am Beispiel des Wandels in verschiedenen gesellschaftlichen Teilbereichen den sozialen Wandel zu untersuchen, wie er sich zwischen 1976, dem Erscheinungsjahr der ersten Auflage, und 1998, der gegenwärtig letzten Auflage, vollzogen hat. Freilich hat sich in dieser Zeit auch der Beobachter gewandelt: Realitätswandel der Gesellschaft und Perspektivenwandel des Autors sind nur schwer zu unterscheiden.

(a) Aufbau und Ausführungen der ersten Auflage sind stark von den Debatten und Konzepten der Modernisierungstheorie sowie den Soziologen geprägt, die den Übergang der „verspäteten Nation“ zu einer modernen Demokratie und zur sozialen Marktwirtschaft kritisch begleitet haben. Bernhard Schäfers frühe Arbeiten zur Sozialstruktur der Bundesrepublik identifizieren die Elemente, die den friedlichen Aufholprozeß der 1950er und frühen 1960er Jahre gefördert haben: so z.B. die Nivellierung von Klassen- und Schichtunterschieden durch Flucht, Vertreibung und kollektiven Abstieg weiter Teile der Bevölkerung; die Integrationskraft der Institutionen Ehe und Familie, denen sich die materiell wie geistig entwurzelten Menschen, Junge wie Alte, noch bereitwillig unterordneten; den (entpolitisierenden) Willen der Menschen, durch Leistung und Verzicht aufzusteigen; die Stabilisierung, dann der allmähliche Ausbau der sozialen Sicherungssysteme; die – vor allem auch im Vergleich mit der DDR – beeindruckenden wirtschaftlichen Erfolge der Bundesrepublik, die zur Akzeptanz der freiheitlich-demokratischen politischen Ordnung wesentlich beitrug.

(b) Daß der wirtschaftliche Erfolg der Bundesrepublik den nachträglichen oder nachholenden Ungehorsam (Odo Marquard) der Jugend provozieren würde, lag auf der Hand. Sofern man diese Pointierungen teilt, wurde die skeptische (Jugend-)Generation von der Unbefangenen der frühen sechziger, diese wiederum von den Verunsicherten der siebziger Jahre abgelöst. Wandlungen im Heranwachsen der Jugendlichen, ihrer Bildungs- und Erwerbsmöglichkeiten, – also die Herausbildung einer neuen Generation, die das Leben der Eltern/Älteren in Frage stellen wird, – bildeten für Bernhard Schäfers einen wichtigen Bereich seiner Sozialstrukturanalyse. Die nachfolgenden Auflagen (1979-1985) antworteten nun explizit auf die Herausforderungen der Kulturrevolution – konkreter: der Bildungs- und Rechtsreformen –, die die Achtundsechziger begleitete. Allmählich gewann auch die Geschlechterproblematik an Gewicht. Die Angleichungsprozesse in der Bundesrepublik brachten gegen Ende der 1970er mit den alten Benachteiligungen auch neue

Ungleichheiten – „neue soziale Fragen“ – ans Licht. Neben den vertikalen Ungleichheiten gerieten zunehmend horizontale Disparitäten – und auch die Vielfalt der Lebensstile – ins Blickfeld.

(c) Von der differenzierten Betrachtung der Lebensverhältnisse, die sich nicht mehr allein in Klassen und Schichten und immer stärker in Milieus verorten ließen, war es nur ein kleiner Schritt zur dynamischen Sozialstrukturanalyse. In ihrem Mittelpunkt steht der Lebenslauf, stehen Statuspassagen, z.B. vom Jugendlichen zum Erwachsenen, vom Erwerbstätigen zum Rentner, oder von der Ehefrau zur Alleinerziehenden, sowie die Institutionen, die solche Übergänge markieren und abfedern. Die dynamische Betrachtung enthüllt dann auch, daß z. B. Armut der Alleinerziehenden durch Einmündung in den Arbeitsmarkt und/oder Wiederheirat auch wieder verschwinden kann; sie zeigt auch, daß Wohlstand häufig prekär ist. Individualisierung und Pluralisierung der Lebensformen einerseits, Dynamik der Lebenslagen andererseits haben den abermaligen Wechsel der Perspektive auf Sozialstruktur und sozialen Wandel und die Erweiterung der Konzepte der Sozialstrukturanalyse bedingt.

(d) Die europäische Integration und die deutsche Einigung im Kontext einer sich globalisierenden Welt waren Anlaß für eine weitere Überarbeitung des Bandes. Beide Prozesse haben den systematischen system- und länderübergreifenden Vergleich von Strukturen sozialer Ungleichheit, Gleichheit, Ungleichheit und Angleichung der Lebensverhältnisse sowie der Konvergenz bzw. Eigensinnigkeit von Institutionen und kulturellen Orientierungen in der Sozialstrukturanalyse bzw. Analyse sozialen Wandels weiter gefördert. Die klassischen soziologischen Konzepte von Integration und Konflikt, Integration und Differenzierung, die Bernhard Schäfers in einer Vielzahl von Arbeiten diskutiert hat (vgl. Schäfers 1996), sind aufs Neue auf den Prüfstand geraten.

2. *Sozialstrukturelle Perspektiven*

2.1 *Entwicklungstendenzen und Strukturbrüche*

Die Charakterisierung der Entwicklungstendenzen einer Gesellschaft ist über die Sozialwissenschaften hinaus für Gesellschaftspolitik und Öffentlichkeit von besonderer Bedeutung. Welche Entwicklung eine Gesellschaft nimmt, ist eine Schlüsselfrage ihrer Beurteilung, und das Problem besteht gewöhnlich darin, daß zeitgleiche Entwicklungstendenzen uneinheitliche Verläufe nehmen können. Unter *Entwicklungstendenzen* sind partielle, in sich konsistente, gesellschaftliche Prozesse von einer gewissen Dauerhaftigkeit zu verstehen, die eine Richtung haben und aus der Vergangenheit in die Zukunft weisen. Im Unterschied zu *Entwicklungstrends*, die linear verlaufen, können Entwicklungstendenzen mit Flüssen verglichen werden, die sich dahinwinden und dabei doch eine grobe Richtung beibehalten (Ogburn). Jede Gesellschaft läßt sich als Konglomerat von Entwicklungstendenzen verstehen, die mehr oder weniger stark miteinander verbunden sind; sie können relativ homogen sein, ambivalente Aspekte aufweisen und auch in inkonsistenter bzw. gegensätzlicher Beziehung zueinander stehen.

Was sind die zentralen Entwicklungstendenzen in Deutschland? Die Antworten darauf können unterschiedlich gegeben werden, wie der Blick in die Arbeiten zu sozialstrukturellen Analysen der Bundesrepublik Deutschland belegt. Implizit enthalten diese stets eine mehr und weniger vollständige Auswahl von Entwicklungstendenzen. Der Anspruch, die wichtigsten Entwicklungstendenzen zu rekonstruieren, ist explizit im Gefolge der Sozialindikatorenforschung aufgenommen worden. Für die Bundesrepublik Deutschland wurde 1978 in dem Buch „Lebensbedingungen in der Bundesrepublik“ ein System von etwa 200 Sozialindikatoren für die wichtigsten Dimensionen des sozialen Wandels vorgelegt (Zapf 1977). Ein ähnlicher Ansatz liegt der internationalen Forschergruppe „Comparative Charting of Social Change“ zugrunde. Dort wird der Anspruch erhoben, mit Hilfe von 78 Trends die wichtigsten Entwicklungen moderner Gesellschaften abzubilden (Glatzer/ Hondrich u.a 1992).

Auf solch einem Ansatz, dem SPES-Sozialindikatorensystem, baut der Beitrag von *Roland Habich* und *Wolfgang Zapf* in diesem Band auf. Er präsentiert eine Auswahl von Indikatoren in graphischer Darstellungsweise. Folgende Grundmuster von Entwicklungstendenzen treten dabei auf (vgl. die empirischen Verläufe im Beitrag von Habich/Zapf): Nahezu kontinuierliche Zunahmen wie beim Volkseinkommen (pro Kopf) und bei der Lebenserwartung (bei der Geburt). Kontinuierliche Abnahmen so z.B. beim Anteil der Nettolohn- und Gehaltsumme an der Bruttolohn- und Gehaltssumme. Langfristige Wellenbewegungen, wie bei der allgemeinen Erwerbsquote. Ein U-Verlauf findet sich bei der Arbeitslosenquote, die 1950 etwa so hoch war wie heute und dazwischen einen sinkenden und dann einen steigenden Entwicklungstrend aufweist. Außerdem gibt es Gipfel-Muster und S-förmige Diffusionen sowie im Ausnahmefall auch langfristige Konstanz. Dies sind einige Muster für singuläre Entwicklungstendenzen. Die Vielfalt der Muster nimmt zu, wenn man die Beziehung zwischen verschiedenen Entwicklungstendenzen ins Auge faßt. Ein Beispiel ist die Scherenbewegung, die zwischen männlichen und weiblichen Erwerbsquoten sichtbar wird.

Man könnte die gesellschaftliche Entwicklung in Deutschland während der letzten 50 Jahre in Gestalt eines Konglomerats solcher Entwicklungstendenzen beschreiben. Typisch ist dabei die insgesamt kontinuierliche Entwicklung zwischen 1949 und 1990. Es gibt nur graduelle Strukturwandlungen die sich freilich kumulieren, so daß sich die Gesellschaft der (alten) Bundesrepublik Deutschland am Beginn ihrer Entwicklung markant von der gesellschaftlichen Verfassung bei der Vereinigung unterscheidet.

Die Entstehung der Bundesrepublik fällt in einen Zeitraum mit schnelleren Strukturwandlungen. Der Beitrag von *Uta Gerhardt* analysiert die rapiden Strukturwandlungen von 1945 bis 1949. Nicht das innere Wandlungspotential, Modernisierung als quasi evolutionärer, in der deutschen Entwicklung aufgehaltener Prozeß, der sich nach dem Zweiten Weltkrieg Bahn bricht, sondern die Einflußnahme der Alliierten werden als wichtiger Motor der „doppelten Revolution", der Modernisierung des politischen und des ökonomischen Systems in Richtung auf eine freiheitlich-demokratische Marktwirtschaft gesehen. Aus dem westdeutschen Transformationsprozeß damals, der Rolle der Alliierten sowie der Beharrlichkeit vieler politischen Einstellungen ließe sich, so Gerhardt, manche Parallele zum ostdeutschen ziehen. Die deutsche Einigung 1990 stellt für Ostdeutschland einen Strukturbruch dar: Was vorhanden war, wird – oft allzu pauschalierend und unterschiedslos und mit dramatischen Folgen für die Lebensperspektiven ostdeutscher Frauen und Männer – entwertet und in Frage gestellt. *Hansgünter Meyer* betont die Ambivalenz des Strukturwandels in Ostdeutschland und erkennt dabei auch Vorteile für die Bewältigung zukünftiger Herausforderungen.

Gesellschaftliche Bereiche, die eine begrenzte Zahl von Entwicklungstendenzen beinhalten, werden in den folgenden Beiträgen behandelt: der demographische Strukturwandel wird unter dem Gesichtspunkt betrachtet, inwiefern unbeabsichtigte Folgen einer Vielzahl individueller Handlungen sich zu strukturellen Problemen verdichten, die sich im nächsten Jahrhundert weiter verschärfen und kaum überwindbar erscheinen. Die fortschreitende Alterung der Bevölkerung in Deutschland und anderen modernen Gesellschaften auf dem Hintergrund der anhaltenden Vermehrung der Erdbevölkerung stellt nach Rainer Mackensen eine solche Herausforderung dar. Anschließend an die genannten demographischen Entwicklungen werden Migrationsprozesse, die in Deutschland in einer virulenten öffentlichen Diskussion stehen, thematisiert. Die Migrationsströme nach dem Zweiten Weltkrieg, zunächst Flüchtlinge und Vertriebene, dann in der Mitte der fünfziger Jahre die ersten Gastarbeiter, stellen den Ausgangspunkt einer Migrationsgeschichte dar, die sich unvoreingenommen als Pluralisierung der Gesellschaft beschreiben läßt, aber von verschiedenen gesellschaftspolitischen Positionen aus einerseits als Bedrohung der nationalen Identität und andererseits als Herausforderung zu verstärkter Integration gesehen wird. Annette Treibel zeichnet die Entwicklung der Migration in Deutschland bis hin zu den aktuellen Debatten um die doppelte Staatsbürgerschaft nach. Auf einer etwas anderen Ebene liegt der Wertewandel, den Heiner Meulemann am Beispiel des Wertes Leistung analysiert. Es geht hier um das subjektive Bewußtsein, um Vorstellungen und Einstellungen, die für die Aufrechterhaltung der leistungsorientierten Industrie- und Informationsgesellschaft als wichtig angesehen werden. Allem Anschein nach ist die Akzeptanz des Wertes Leistung in den letzten Jahrzehnten in Westdeutschland zurückgegangen, und er liegt überraschenderweise niedriger als in Ostdeutschland. Doch eine sorgfältige (Kohorten-)Analyse im Hinblick auf den Bedeutungswandel von Leistung führt zu dem Schluß, daß die Rede von einem Verfall des Leistungsbewußtseins in Westdeutschland voreilig wäre.

2.2 Soziale Ungleichheit und soziale Schichtung

Das Konzept der Sozialstruktur kann auf viele gesellschaftliche Sachverhalte bezogen werden, doch wird es insbesondere für das Problemfeld soziale Ungleichheit, soziale Differenzierung, Klassenstruktur und soziale Schichtung verwendet. Damit verbunden sind oft Fragen nach der Legitimation sozialer Ungleichheit, nach Ursachen und Auswirkungen. Die Sozialwissenschaften beschäftigen sich auch mit Entwicklungstendenzen der sozialen Ungleichheit.

Die Frage, ob es eine Entwicklung gegeben hat, die von sozialen Schichten und Klassen wegführt und dafür soziale Milieus und Lebensstile als Strukturmerkmale herausstellt, beherrschte die Debatte der letzten Jahre. Dabei kann man von unterschiedlichen „Lagern" in den Sozialwissenschaften sprechen: Die eine Seite unterstützt diese Entwicklungshypothese, die andere lehnt sie ab. Daß diese Frage so schwer zu entscheiden ist, liegt sicher auch an der Komplexität der Realität. Aber die meisten der vorgelegten Analysen sind darüber hinaus methodisch zu unterschiedlich angelegt, um daraus ohne weiteres zeitliche Entwicklungen rekonstruieren zu können. Sozialwissenschaftler haben ihre Energie meist darauf verwendet, ein jeweils eigenes „Modell" zu konstruieren, und die Analysen anderer Kollegen, die bereits früher oder schon länger an derselben Hypothese arbeiten, nicht fortgeführt.

Konstatieren läßt sich, daß die von der marxistischen Theorie vorhergesagte Zuspitzung der Klassengegensätze nicht erfolgt ist, vielmehr haben sie sich im „Schmelztiegel der Klassengesellschaft" in multiple Schichtungstrukturen verwandelt (Geiger 1949). Vor diesem Hintergrund entstand die These von der „nivellierten Mittelstandsgesellschaft" (Helmut Schelsky 1954), die angesichts der immer noch bestehenden Ungleichheit als euphemistische Diagnose erscheint, aber als Tendenzaussage durchaus Anhänger gewann. Der Nachweis, daß dieses Konzept zu grob gefaßt war, war Gegenstand von Schichtungsanalysen der sechziger Jahre, die eine hausförmige Schichtungsstruktur (Dahrendorf 1965) bzw. eine zwiebelförmige soziale Schichtung (Bolte 1965) aufgezeigt haben. Ein vollständiger Konsens über die Schichtungs- bzw. Klassenstruktur wurde nie erreicht. Neben den Schichtungskonzepten bestanden auch immer marxistische Klassenanalysen fort (Krysmanski 1982). In der jüngeren Zeit haben Thesen wie die einer Zweidrittelgesellschaft bzw. Dreiviertelgesellschaft kritische Betrachtungen der Ungleichheit wieder aufgenommen. Armut, deren historische Überwindung sich abzuzeichnen schien, hat sich umstrukturiert (von älteren Menschen zu Kindern) und ist keinesfalls auf dem Rückzug. Analysen zur Sozialen Ungleichheit und sozialen Schichtung beziehen inzwischen auch neue Dimensionen ein, wobei die Geschlechtersegregation die größte Aufmerksamkeit erhalten hat. In diesem Kontext sind die fünf Beiträge des Kapitels zu verorten:

Die Stabilität der Ungleichheit der Einkommensverteilung (wie sie in zusammenfassenden Indikatoren zum Ausdruck kommt) ist beinahe sprichwörtlich. Weder konservativen noch sozialdemokratisch geführten Regierungen ist es bisher zu ihren Regierungszeiten gelungen, diese merklich zwischen den Polen der Gleichheit und Ungleichheit zu verschieben. Die Fragestellung von *Richard Hauser* bezieht sich auf die Tendenzen zur Herausbildung einer (neuen) Unterklasse. Damit wird der Bevölkerungsanteil bezeichnet, der nicht über angemessene Einkommenserzielungschancen und Lebensressourcen verfügt. Beeinflußt wird diese Gruppe von Marktbedingungen und wohlfahrtsstaatlichen Maßnahmen, wobei die unterschiedliche Politikrichtung nach dem Regierungswechsel in beiden Bereichen zu beachten ist.

Bei Schicht- und Klassenstrukturen werden seit jeher objektive Kriterien (z.B. der Nichtbesitz von Produktionsmitteln bzw. Berufsstatus, Einkommen und Bildung) und subjektive Aspekte (z.B. Klassenbewußtsein bzw. Schichtmentalitäten) unterschieden. Die subjektive Schichteinstufung, die *Heinz Herbert Noll* untersucht, ist ein häufig verwendetes Instrument der Umfrageforschung und dementsprechend liegen hier mittelfristige Zeitreihen vor, die auf eine Abnahme der Mittelschicht in den neunziger Jahren hindeuten. Eine Nachwirkung der zweistaatlichen Vergangenheit ist in den großen Unterschieden der Schichteinstufung zwischen West- und Ostdeutschen zu sehen.

Die soziale Schichtung, wie immer sie gemessen wird, ändert sich im Zeitablauf nur langsam, während es weit mehr individuelle Wechsel von unten nach oben gibt. Mobilitätsprozesse waren vor allem im Anschluß an die Deutsche Vereinigung in der „Wendegeneration“ zu erwarten, mit denen sich *Michael Windzio* und *Ansgar Weymann* befassen. Als für die Mobilitätsvorgänge besonders erklärungskräftig erweist sich die nachholende Tertiarisierung, durch die vermehrt Dienstleistungsberufe zu Verfügung gestellt werden.

Neben den üblichen Schichtungskriterien Berufsstatus, Einkommen, Bildung haben im Konzept der „Elite“ ganz andere Kriterien Beachtung gefunden. Die Personen an der Spitze der politischen Machtstruktur stehen im Mittelpunkt der Untersuchung von *Ursula Hoffmann-Lange* und *Wilhelm Bürklin*, die auf die Notwendigkeit der politischen Legitimation der Elite verweisen. Die empirische Untersuchung des Elitenwandels zeigt auf, woher die Eliteangehörigen kommen und welche Einstellungen sie haben. Die Veränderung der Elite hat durch die deutsche Vereinigung einen besonderen Schub erhalten, wobei die Anforderung bisher nicht eingelöst ist, auch Ostdeutschland in der Elite angemessen zu repräsentieren.

Soziale Ungleichheit zwischen Männern und Frauen ist das Thema des Beitrags von *Jutta Allmendinger* und *Thomas Hinz*. Die Verbindung von horizontaler Differenzierung und vertikaler Schichtung wird am Beispiel des Geschlechterverhältnisses besonders deutlich sichtbar und hat die besondere Aufmerksamkeit der Frauenforschung auf sich gezogen. Dabei wird die Geschlechtersegregation auf der Ebene von Berufsfeldern (Berufe, Berufsbereiche, Wirtschaftsbereiche), Organisationen und Betrieben sowie von Arbeitsgruppen (mit regelmäßigen Interaktionsbeziehungen) untersucht und zwar sowohl in der Bundesrepublik als auch am Beispiel der USA. Gefragt wird danach, wann und warum von einem Geschlecht dominierte Tätigkeitsbereiche aufgebrochen werden und warum sich häufig über kurz oder lang die „alte" Geschlechterordnung wieder einstellt.

Als forschungsprogrammatische Skizze ist auch die Behandlung des Zusammenhangs von Ethnizität und Geschlechtszugehörigkeit von *Ingrid N. Sommerkorn* verfaßt. Aufgrund des hohen Frauenanteils unter den Migranten wird dafür plädiert, die Geschlechterperspektive in die soziologische Migrationsforschung aufzunehmen.

2.3 Lebensformen und Lebensverhältnisse

In den letzten Jahren hat das Konzept der Lebensformen das von Ehe und Familie – wenn schon nicht in der Wirklichkeit so doch in der wissenschaftlichen und politischen Sprache – weitgehend abgelöst. *Lebensformen* umfassen alle auf persönlichem Kontakt und persönlicher Vertrautheit beruhenden Beziehungen im sozialen Nahbereich, die auf eine gewisse Dauer angelegt sind und zumindest vorübergehend ein gemeinsames Projekt – Familiengründung und Kindererziehung, wechselseitige Stützung – verfolgen. Einige Lebensformen sind rechtlich geregelt oder streben solch eine Regelung an.

Die rechtliche Sanktionierung einer Lebensform verleiht dieser, neben einer klaren Definition der Rechte und Pflichten der Mitglieder gegeneinander wie auch gegenüber der Gesellschaft, zugleich eine öffentliche Anerkennung. So sah noch die klassische Soziologie der Jahrhundertwende in der Heirat sowohl den Schutz des schwächeren Partners wie auch eine Form der Handlungsentlastung, die neue Handlungsfreiheiten schuf: In der Eheschließung war der gemeinsame Wille für alle sichtbar aufgehoben; die Beziehung mußte nicht mehr jeden Tag aufs Neue begründet werden, man wußte, wie man dran war, und konnte zur Tagesordnung übergehen. Der Wechsel zum Konzept der Lebensform betont demgegenüber das Prinzip individueller Wahlfreiheit und damit auch die Möglichkeit, einmal getroffene Entscheidungen immer wieder zu revidieren.

Ehe und Familie werden heute als mögliche Lebensformen neben weiteren anderen untersucht, z.B. dem Alleineleben (Hradil 1998), den nichtehelichen Lebensgemeinschaften mit und ohne Kindern (Glatzer 1998) und auch gleichgeschlechtlichen Partnerschaften. Klassische Kriterien der Zugehörigkeit zu einer Lebensform, wie das Hineingeborensein und die Verwandtschaft, sind angesichts der Pluralisierung möglicher Lebensformen und der Dynamik des Lebensverlaufs in den Hintergrund getreten. Unter *Lebensverlauf* versteht man die Abfolge von Lebensphasen und Lebensereignissen von der Geburt bis zum Tod eines Menschen. Im Lebensverlauf wechselt das Individuum seinen Status mehrfach und nimmt unterschiedliche Statusrollen ein: Kind, Schulkind, Jugendliche, Studentin, Erwerbstätige, Mutter, Rentnerin (Mayer 1998). Dieser Status und die Abfolge sind einerseits dem natürlichen Alternsprozeß (Lebenszyklus) geschuldet, andererseits sozialstrukturell und institutionell vorgegeben. Vor allem der Sozialpolitik wird nachgesagt, den Lebenslauf institutionalisiert zu haben (Kohli 1985).

Die Dynamik des Lebenslaufs und die Pluralisierung der Lebensformen hängen eng zusammen. Beides verweist auf Prozesse der „De-Institutionalisierung", der Lockerung vorgegebener Handlungsrahmen und einer neuen Flexibilität in der Abfolge von Lebensphasen und Statuspassagen. So markieren die erste sexuelle Beziehung oder Heirat, die Geburt eines Kindes oder die Einmündung in den Arbeitsmarkt immer weniger das Erwachsenenalter. Eine wachsende Zahl von Männern wird heute gleichzeitig Vater und Großvater, sehr junge Jugendliche, fast noch Kinder, haben ihre ersten sexuellen Beziehungen, gleichzeitig erfolgt die Aufnahme der ersten Erwerbstätigkeit für viele immer später. Solche Veränderungen haben überkommene Vorstellungen vom Kind- oder Erwachsen- oder Altsein aufgelöst. Die moderne Gesellschaft erscheint deshalb manchen „vorbildlos".

Die skizzierten Veränderungen begannen sich in der Bundesrepublik bereits in den sechziger Jahren abzuzeichnen. Der breite Wohlstand sowie die fortschreitende Demokratisierung der Gesellschaft förderten die soziokulturellen Umbrüche, mit denen sich alle westlichen Gesellschaften – allmählich auch die sozialistischen – konfrontiert sahen: die Infragestellung der Autoritätsverhältnisse zwischen den Generationen und Geschlechtern, die Lockerung der geschlechtsspezifischen und sexuellen Normen; die Betonung von Selbstentfaltungs- gegenüber Pflichtwerten, von Wahlhandlungen gegenüber Tradition.

Soziale, auf Wahlentscheidung beruhende – immer weniger natürliche – Kriterien begannen allmählich, Vorstellungen von Familie und Elternschaft zu leiten. „Familie ist wo Kinder sind". Das Gewicht, das das Wählbare – die Wählbarkeit der Lebensform, der Zugehörigkeiten, die Wählbarkeit auch der Lebensverhältnisse – erhielt, förderte allerdings auch das *nicht* Wählbare und *nicht* zur Verfügung Stehende deutlich zutage (Hondrich 1998). Eine Frau, ein Mann gehen aus freien Stücken eine Ehe ein; sie entscheiden sich ebenso frei für ein Kind, auch dann, wenn dieses ungeplant zur Welt kommt; viele entscheiden sich für eine Scheidung. Man kann eine Ehe eingehen und wieder beenden, aber nicht die Elternschaft: einmal Vater, immer Vater. Noch weniger kann das Kind seine Eltern wählen. Eingeschränkt ist die Wahlfreiheit auch im Fall von chronischer Krankheit oder Pflegebedürftigkeit im Alter, oft auch bei andauernder Armut. Was ein gutes Leben in Würde ist, definieren in diesen Fällen in der Regel die Anderen, oft Experten/innen unterschiedlichster Provenienz. Sie tun dies auch dann noch, wenn diese – advokatorisch – den Standpunkt der sozial Verwundbaren einzunehmen behaupten. Die sozial Verwundbaren sind heute diejenigen, die nicht oder kaum in der Lage sind, ihre eigenen Lebensverhältnisse anzuwählen.

Der Aufbau dieses Kapitels folgt zum einen der Abfolge im Lebenszyklus. Zum anderen berücksichtigt es die Lebensverhältnisse und -chancen von Frauen und Männern mit spezifischen Status bzw. in bestimmten Positionen. Den Auftakt bildet der Beitrag von *Thomas Olk* und *Doris Rentzsch*. Sie diskutieren die soziale Lage von Kindern und aus der Sicht der Kinder, derjenigen also, die die Lebensbedingungen, Entscheidungen der Eltern und deren Folgen mittragen und häufig miterleiden müssen. Leid und Freud des Schülerseins werden ebenso berücksichtigt wie das Wohnen und das Wohnumfeld. Ob sich aus der kindzentrierten Betrachtung allerdings, wie die Autoren empfehlen, eine eigenständige Anspruchsberechtigung des Kindes an den Sozialstaat herleiten läßt, wäre zu überprüfen.

Die Ehe habe ihre Plausibilität verloren, heißt es heute. Ökonomische Gründe für die Heirat fehlten nahezu. Man bindet sich, wenn und weil man einen solchen Anspruch für sich akzeptiert und leben will. Man bindet sich nicht, sei es an die Partnerin/den Partner oder an ein Kind, wenn man meint, diesem Anspruch nicht genügen zu wollen bzw. zu können. Der Wandel der Lebensformen, so *Wolfgang Lauterbach*, und seine Ursachen stellen sich allerdings differenzierter dar, als die Rede vom „Auslaufmodell Ehe" oder von der Single-Gesellschaft glauben machen will. So sind zwar rund ein Drittel aller Haushalte in Deutschland Einpersonenhaushalte – und dies mit steigender Tendenz. Aber die Zahl derjenigen, die im Leben nie verheiratet waren, ist immer noch sehr klein. Noch dominiert die Ehe als Lebensform der Erwachsenen eindeutig.

Hildegard M. Nickel spricht in ihren verschiedenen Arbeiten immer wieder vom „doppelten Transformationsprozeß". Mit Hilfe dieses Begriffes untersucht sie zum einen die radikalen Veränderungen des politischen und sozialen Systems im Transformationsprozeß und damit auch die sich verändernden Handlungsspielräume der verschiedenen Akteure – auch der Menschen in ihrem alltäglichen Leben. Von einem „doppelten" Prozeß ist auch die Rede, weil (2) das Gesellschaftssystem der alten und nun geeinten Bundesrepublik seit dem Fall der Mauer 1989 wichtige Prinzipien und Institutionen, die einmal die soziale Ordnung geprägt haben, zur Disposition gestellt hat. Ostdeutschland hat in vielerlei Hinsicht einen „Modernitätsvorsprung": Dies betrifft z.B. die unverändert hohe Erwerbsbeteiligung der Frauen, die es diesen offensichtlich erleichtert, mit neuen Anforderungen an Flexiblität in Zeiten zunehmender Unberechenbarkeit der Beschäftigung fertig zu werden.

Rosemarie Nave-Herz greift in ihrem Beitrag auf die These der gewonnenen Wahlfreiheit, Freiheit der Wahl und Ausgestaltung von Lebensformen, als Indiz für die fortschreitende Individualisierung in unserer Gesellschaft zurück. Dies müsse sich auch in der Namenswahl bei der Verheiratung ausdrücken. Schließlich sei diese seit 1993 in die Verfügung der Heiratenden gestellt. Tatsächlich wählt aber immer noch die Mehrheit der Frauen den Namen des Mannes. Nicht die Frauen, sondern die rechtlichen Rahmenbedingungen, so die Verfasserin, hinken der Individualisierung hinterher.

Die Betonung des Wählbaren verwandelte auch das Alter und Altsein in ein soziales Konstrukt und hat damit dem alten Spruch, man sei so alt wie man sich fühle, eine neue Bedeutung verliehen. *Elke Korte* arbeitet das Neue am Altern, das zur freien Entscheidung zur Verfügung Stehende, die Rahmenbedingungen für diese neue Freiheit ebenso heraus wie die besonderen Verwundbarkeiten, denen alte Menschen heute ausgeliefert sind. Die steigende Lebenserwartung ist vor allem für Frauen durchaus janusköpfig.

Freie Zeit und Einkommen sind die beiden zentralen Voraussetzungen, um sich für eine Partnerschaft und für die Familiengründung entschließen zu können. Zeit und Geld entscheiden auch über die Intensität und Qualität des Engagements eines Mannes oder einer Frau in der Partnerschaft oder für die Kinder. Der Beitrag von *Elke Holst* und *Jürgen Schupp* zeigt, wie sehr Arbeitszeitwünsche von der jeweiligen Einkommenssituation, aber auch von der Familienphase abhängen. Nach wie vor existieren geschlechterspezifisch unterschiedliche Präferenzen. Männer scheinen mit der Familiengründung ihre Erwerbsanstrengungen immer noch zu erhöhen und auf diese Weise ihre Ernährer- und Vaterrolle zu interpretieren.

2. 4 Europäischer und globaler Strukturwandel

Der britische Soziologe Anthony Giddens hat an vier klassische Gebote erinnert, die diejenigen berücksichtigen sollen, die eine Aussage über die Sozialstruktur einer Gesellschaft und deren Wandel wagen (Giddens 1983). Es handelt sich jeweils um Gebote, die zum systematischen Vergleich auffordern: Vermeide, erstens, Überverallgemeinerungen auf der Grundlage kurzer Zeitspannen. So wird z.B. die These von der Auflösung der Familie dann stark relativiert, wenn man die Analyse auf den Zeitraum der letzten hundert Jahre ausdehnt. Vermeide, zweitens, Überverallgemeinerungen auf der Grundlage einer einzigen Gesellschaft. Die vor allem in der Bundesrepublik verbreitete Annahme eines allgemeinen Trends der Abschwächung vertikaler Strukturen sozialer Ungleichheit ist auf die Mißachtung des ersten und des zweiten Gebotes zurückzuführen. Gehe, drittens, nie davon aus, daß sozialer Wandel nur von immanenten Entwicklungen in einer Gesellschaft abhängt. Beachte schließlich, viertens, den internationalen Kontext sozialer Strukturen und Prozesse. Diese Gebote kommen nicht zuletzt im Aufbau des Bandes zum Tragen.

Im vierten Kapitel dominieren die ländervergleichenden, makrosoziologischen Analysen des maßgeblich politökonomischen Strukturwandels. Institutionen wie der Wohlfahrtsstaat oder das Bildungssystem bilden die Untersuchungseinheiten aber auch ganze Gesellschaften. Für diesen Zuschnitt der Betrachtung gibt es gute Gründe (Janoski/Hicks 1994: 5ff.). So spiegeln sich im politökonomischen Strukturwandel meist Konflikte zwischen unterschiedlichen Ideen und Interessen, die das Handeln verschiedener Gruppierungen leiten. Die Sozialstruktur dieser Gruppierungen und auch das Ergebnis ihrer Aktionen lassen sich nur auf der gesellschaftlichen – im Unterschied zur individuellen – Ebene empirisch erfassen und theoretisch deuten. Die makrosoziologische Forschung steht oft da in einem engen theoretischen Austausch mit der Geschichte da, wo diese die großen historischen Bewegungen zu beschreiben und zu erklären versucht. Wie die historische so betrachtet auch die makrosoziologische Perspektive gleichermaßen institutionelle Besonderheiten und den Beitrag einzelner Persönlichkeiten (Bismarck z.B.) zur Entwicklung von Institutionen und zum sozialen Wandel.

Der Beitrag von *Stefan Hradil* beschreibt an klassischen Gegenstandsbereichen der Sozialstrukturanalyse das Maß an Einheitlichkeit bzw. Vielfalt der Länder der Europäischen Union. Ihm zufolge betonen die vorliegenden Konzepte, die sich mit der europäischen Entwicklung befassen, eher die Vielfalt, weniger die Einheitlichkeit, – nicht immer zu Recht. So kennzeichnet das EU-Europa trotz des vorhandenen Wohlstandsgefälles alles in allem ein recht hohes Wohlstandsniveau. Die von Hradil präsentierten Daten unterstützen nachdrücklich die These des Zusammenhangs zwischen religiös kirchlicher Bindung und Familienstruktur.

Die Annäherung der Bildungschancen und Bildungsqualifikationen innerhalb der Europäischen Union wurde von Hradil ebenfalls betont. *Walter Müller* präsentiert in seinem Beitrag zunächst die unterschiedlichen institutionellen Ausgangspunkte für den Wandel der Bildung in verschiedenen Ländern Europas, in einem zweiten Schritt stellt er Daten zur Bildungsexpansion vor und untersucht dann die Frage nach den Beschäftigungschancen, die das jeweilige Bildungssystem bietet. Er verweist auf das reformfördernde bzw. -behindernde Gewicht dessen, was die vergleichende Forschung das „institutionelle Erbe" oder die „Pfadabhängigkeit" eines Landes nennt.

Jürgen Kohl rekonstruiert in seinem Beitrag, wie die vergleichende Analyse von Wohlfahrtsstaaten verfährt, welche Schlüsselvariablen sie identifiziert und kombiniert, wenn sie eine Typologie entwickelt. Die Typologie selbst soll helfen, Aussagen über die wirtschaftliche und soziale Leistungsfähigkeit unterschiedlicher Gebilde, Länder oder Wohlfahrtsstaaten, zu formulieren. So wird in der Literatur behauptet, der sozialdemokratische Wohlfahrtsstaat schwedischer Prägung leiste mehr als der liberale (amerikanische oder britische) und auch der konservative (deutsche oder österreichische) in der Bekämpfung von Armut und Arbeitslosigkeit. Kohls Analysen kommen zu einem differenzierteren Ergebnis.

Man vergleicht Gesellschaften auch, um der Gefahr der kulturellen Hegemonie – z.B. einem eurozentrischen, klassen- oder geschlechtsspezifischen Blick – zu entgehen. Der Blick vom Nachbarland ins eigene (ent)täuscht den befangenen Blick. *Stephan Lessenich* setzt sich in seinem Beitrag zunächst mit dem Vorurteil auseinander, die postsozialistischen Gesellschaften würden sich über kurz oder lang „verwestlichen". Diese Fehleinschätzung beruht auf der mangelnden Kenntnisnahme der politischen und wohlfahrtsstaatlichen Rahmenbedingungen einer funktionsfähigen Marktwirtschaft, sowie methodisch auf der falschen Annahme der Ähnlichkeit. Wenn überhaupt eine Angleichung der post- an nichtsozialistische Gesellschaften stattfinden sollte, so sind die Vergleichsländer möglicherweise eher im Süden denn im Westen und eher jenseits des Atlantiks, in Lateinamerika, und nicht entlang des nördlichen Mittelmeeres zu finden. Die osteuropäischen Länder teilen mit den lateinamerikanischen u.a. die Massenarmut neben dem großen Reichtum einiger weniger sowie die anomischen politischen Strukturen.

Bernd Hamm diskutiert globale Herausforderungen an die deutsche Gesellschaft vom Blickwinkel einer sich globalisierenden Ökonomie und der seiner Meinung nach treibenden Kraft der transnationalen Akteure. Nationale Institutionen und Institute, wie das Recht, werden zunehmend diesen Interessen untergeordnet. Die Lösung für die Zukunft sieht Hamm in dem, was er „Optionen für die lokale Ebene" nennt.

Erst der systematische Vergleich hat die besonderen Wechselwirkungen verschiedener Dimensionen sozialer Differenzierung oder Ungleichheit in bestimmten Gesellschaften zutage gefördert. So kann die schwache Rolle des Staates in einem Land, das zugleich in einem hohen Maß sozial segregiert ist, verallgemeinerte Lösungen sozialer Probleme, eine Sozialhilfe oder Gesundheitsleistungen für alle, verhindern. Im schlimmsten Fall – entsprechende Gelegenheitsstrukturen vorausgesetzt – können Klientelismus, Korruption und Anomie entstehen. Das Zusammenwirken solcher Faktoren kann aber auch den Aufschwung lokaler und regionaler Initiativen begünstigen und zu dem führen, was die Politikwissenschaft assoziative Demokratie oder Zivilgesellschaft nennt. Die komparative Analyse müßte die Faktoren zu identifizieren versuchen, die zu solch entgegengesetzten Ergebnissen bei vergleichbaren Voraussetzungen führten.

3. *Zukunftsperspektiven der deutschen Gesellschaft*

Wissenschaft und Politik haben in den letzten Jahren mit einiger Übereinstimmung die Herausforderungen benannt, denen sich alle westlichen Gesellschaften im Übergang zum 21. Jahrhundert stellen müssen. Sie werden auch von den Autorinnen und Autoren aufgegriffen, bei einigen stehen sie sogar im Mittelpunkt der Analyse.

Genannt werden: die Globalisierung oder die globale wirtschaftliche und in der Folge soziale und kulturelle Verflechtung; damit einhergehend die Einschränkung des Spielraums nationaler Politik; die Säkularisierung und Individualisierung des Handelns (Meulemann) sowie die Pluralisierung der Lebensformen (Lauterbach; Nave-Herz) und damit verbunden der Geburtenrückgang (Mackensen) und die wachsende Zahl der Alten in der Gesellschaft (Korte). Dabei handelt es sich um Entwicklungen, die die Fundamente, auf denen die westlichen Wohlfahrtsstaaten ruhen, nachhaltig zu erschüttern drohen (Mackensen). Prognostiziert werden die Zunahme von Armut und sozialer Marginalisierung trotz ständig wachsenden Wohlstandes (Hauser; Lessenich), von Entfremdung und Anomie (Lessenich), die jeweils Indiz für den sich auflösenden Zusammenhang und Zusammenhalt der Gesellschaft sind (Mackensen). Die fortschreitende Differenzierung der Sozialstruktur geht Hand in Hand mit der Ausbildung neuer, auf Herkunft – auf Ethnizität und Migrationsschicksal – beruhenden Bindungen und Subsystemen (Sommerkorn; Treibel), die möglicherweise die Integrationskraft der Gesellschaft schwächen (ein historisches Beispiel ist bei Gerhardt dargestellt). Zu nennen wäre ferner der Fall des sozialistischen Projekts (Lessenich; Meyer; Nickel), für manche zugleich das Ende der Ideologien wie auch der klaren Blockbildungen. Manche verweisen auf die Wiederkehr des Sachzwang-Arguments (Hamm) und in der Folge auf den Übergang zu einer pragmatisch evolutionären Politik, die in immer kürzerer Zeit im vorgegebenen Rahmen Anpassungen vorzunehmen hat, grundsätzliche Fragen sozialer Gerechtigkeit aber zunehmend ausspart (Hauser). Schließlich warnen viele vor der ökologischen Katastrophe (Hamm).

Uneinig sind sich Wissenschaft und Politik vor allem in der Einschätzung dieser Herausforderungen und in der Bewertung der Handlungsfähigkeit der jeweiligen Länder. Manches Land – manche Region, mancher Länderverbund – ist für die ökonomischen Herausforderungen besser gerüstet als andere; manche Länder konvergieren in ihren Lösungen und Ergebnissen, andere entfernen sich. Die nach wie vor vorhandene Vielfalt EU-europäischer Sozialstrukturen und Institutionen (Hradil; Kohl) mag sich erhalten. Sie wird auch in Zukunft die Konzentration bestimmter Gruppen auf bestimmte Positionen, z.B. im Arbeitsmarkt (Allmendinger/Hinz), und die Selbstverortung dieser Gruppen im sozialen Gefüge bestimmen (Noll). Ein vermeintlicher Nachzügler kann dabei auch rasch auf- und überholen (Meyer; Nickel; Windzio/Weymann), ein schlechtes (oder gutes) Abschneiden in einem Bereich kann in einem anderen wett- (oder zunichte) gemacht werden (Kohl). Manche Länder verfügen wiederum über die sozialmoralischen und institutionellen Ressourcen, die es einer Regierung erlauben, auch unliebsame Maßnahmen vorzuschlagen und durchzusetzen. Dänemark mit seiner solidarisch getragenen hohen Steuerlast, aber auch die Niederlande, die durch das innovative Zusammenspiel unterschiedlichster Akteure auf dem Weg sind, ihre Arbeitsmarkt- und Wohlfahrtsstaatskrise zu meistern, wären hier Beispiele. Auch die Solidarität der Deutschen im anhaltenden Prozeß der deutschen Vereinigung sollte als Ressource im anstehenden Umbau von Arbeitsmarkt und Sozialstaat nicht unterschätzt werden.

Schließlich gibt es eine Vielzahl von Stimmen, die sich nicht nur bemühen, die positiven Seiten solcher Veränderungen zu betonen, sondern auch auf konkrete Ansatzpunkte für die erfolgreiche Bewältigung des sozialen Wandels verweisen: z.B. die erhoffte Stärkung der Regionen und der kleineren Einheiten und neue Möglichkeiten für ein zivilgesellschaftliches Engagement (Hamm); oder auch die positiven Vorbilder der Vermittler im Transformationsprozeß, wie es sich am Beispiel der Alliierten im Prozeß der reeducation in den Westzonen darstellen läßt (Gerhardt).

Die genannten Herausforderungen – Globalisierung auf der einen Seite, Individualisierung auf der anderen, Krise von Arbeitsmarkt und Wohlfahrtsstaat usw. – nehmen eine von Land zu Land unterschiedliche Gestalt an. Auch die Begriffe und Konzepte, mit denen diese Gestalt erfaßt wird, enthalten eine nationalspezifische Färbung. Unterschiedlich sind die Wirkungen auf die Sozialstruktur und die sozialen Ungleichheiten. Gewinner/innen und Verlierer/innen wechseln. Die im Band versammelten Beiträge konzentrieren sich denn auch auf die deutsche Situation und schauen von hier aus über den Zaun und in die Zukunft.

Der Veränderung der Erwerbsarbeit, der Zukunft des Wohlfahrtsstaats, dem Wandel der Familie und der Wertorientierungen und den damit verbundenen Lebenschancen für Frauen und Männer, von Jung und Alt und vor allem der Kinder (Olk), wird in Deutschland besondere Aufmerksamkeit geschenkt. Im Mittelpunkt steht dabei das, was die Soziologie das „Ende der Arbeitsgesellschaft" nennt. Angesprochen ist damit eine auf den ersten Blick paradoxe Entwicklung: Während sich die Jobs vermehren, nimmt die rechtlich und sozial geschützte Vollzeitbeschäftigung ab. Die alte Arbeitsgesellschaft stützt sich auf das Normalarbeitsverhältnis des männlichen Hauptermährers. Im Verschwinden begriffen ist eine bestimmte historische Verfaßtheit der Arbeitsgesellschaft und deren materielle Basis, die Produktion von materiellen – mit den Händen faßbaren – Gütern. Sie wird nun von der *individualisierten Erwerbsgesellschaft* – andere sprechen von der *Wissensgesellschaft* – abgelöst, in der Wissen rund um die Produktion immaterieller Güter – von Informationen oder sozialen Dienstleistungen – die treibende Kraft ist. In dieser Gesellschaft wird jeder bzw. jede zum „Unternehmer" der eigenen Arbeitskraft. Gleichzeitig verändert sich der Begriff der Leistung (Meulemann). Die Ungewißheit der Erwerbsperspektive nimmt zu; mit ihr verändern sich die individuellen Erwerbsstrategien in Ost und West (Holst/Schupp; Nickel).

Die individualisierte Erwerbsgesellschaft bricht in vielerlei Hinsicht mit der Normalarbeitsgesellschaft (Ostner 1999). Längerfristig wird sie das Schichtungs- und Ungleichheitsgefüge grundlegend verändern. So wird *erstens*, um Arbeitsplätze zu schaffen, die Idee der Gleichheit und Angleichung der Lebensverhältnisse der der Beschäftigungsfähigkeit untergeordnet. Man will den Menschen vergleichbare Startbedingungen schaffen, das Recht auf eine Grundausbildung und die Möglichkeit auf Einmündung in den Arbeitsmarkt. Bisher hat das deutsche berufliche Bildungssystem den Jugendlichen den Übergang in den Beruf erleichtert. Walter Müller erinnert aber in seinem Beitrag daran, daß sich gerade die seit langem etablierten Systeme einer Anpassung in den Weg stellen und damit möglicherweise ihre Inklusionsfunktion verlieren. Voraussetzung der Gleichheit der Beschäftigungsfähigkeit ist neben der Qualifizierung u.a. eine nach unten offene Sozial- und Lohnstruktur. Man kann – je nach politischem Willen – eine Grundsicherung als Sockel für die Niedrigeinkommensbezieher einführen. Das Gewicht, das die Politik auf die Beschäftigungsfähigkeit legt (Hauser), droht allerdings diejenigen an den Rand zu drängen, die nicht oder weniger beschäftigungsfähig sind, unter ihnen Frauen, Migranten, auch Ältere (vgl. auch Müller). Die neue Politik würde letzten Endes die Familie in ein Anhängsel des Arbeitsmarktes verwandeln.

Sie bricht *zweitens* mit der Idee der ökonomischen Unabhängigkeit, auf die einige der feministischen Ansätze der letzten Jahre so sehr pochten. Um Arbeitsplätze zu vermehren und die Erwerbsquote zu erhöhen, müssen Beschäftigung und existenzsicherndes Einkommen entkoppelt werden. Sich auf ein einziges Einkommen im Haushalt zu verlassen, wird zu einer riskanten Strategie in Zeiten flexibler Beschäftigung. Immer weniger Männer werden in Zukunft eine Familie alleine ernähren können. Sie sind – wie früher die Mehrheit der Frauen – auf ein zweites Einkommen und die Kombination verschiedener Einkommensarten angewiesen. Die Untersuchungen von Elke Holst und Jürgen Schupp zu den Arbeitszeitwünschen, vor allem der Männer, spiegeln diese Tendenz. So wird in neueren Analysen nicht der Wandel der Familie an sich, sondern das häufige Fehlen eines zweiten Einkommens für die Armut von Kindern verantwortlich gemacht. Das gestiegene Heiratsalter und Alter der Familiengründung von Frauen *und* Männern (Lauterbach) spiegelt auch die Ungewißheit der Erwerbs-und Einkommensperspektiven wider.

Wenn von der Erosion der „Normalarbeit" die Rede ist, dann bedeutet dies *drittens* nicht, daß das alte Normalarbeitsverhältnis aufhört, Leitidee und Wirklichkeit vieler zu sein. Nach wie vor haben qualifizierte Beschäftigte gute Chancen, lange bei ein und demselben Arbeitgeber beschäftigt zu sein, falls sie dies wünschen. Und Frauen holen weiter auf (Allmendinger/Hinz). Zugleich polarisieren sich aber die Erwerbs- und Aufstiegschancen in der Gruppe der Männer und in der der Frauen. Einer wachsenden Zahl prekär beschäftigter Männer und (nach wie vor) Frauen steht nun eine nach wie vor große Gruppe von Gewinner/innen, von männlichen und (zunehmend) weiblichen Normalarbeitern gegenüber. Walter Müller formuliert ein ähnlich differenzierungstheoretisches Fazit mit Blick auf die Bildungsexpansion. Wenn die erworbene Bildung im Durchschnitt zunimmt, dann fallen diejenigen zurück, die nicht daran partizipieren – ein Grund für die hohe Arbeitslosigkeit von unqualifizierten – oft nicht weiter qualifizierbaren – Jugendlichen und jugendlichen Schulabbrechern.

Flexible Beschäftigung verlangt *viertens* den Umstieg sozialer Sicherung von der Status- zur Grund- und „Passagen"sicherung. Neue soziale Ungleichheiten werden dadurch entstehen, daß nur ein Teil der Erwerbstätigen in der Lage sein wird, die Grundsicherungen durch private Vorsorge und betriebliche Leistungen zu ergänzen (Hauser). Manche Sozialpolitiker sagen für die Zukunft bereits neue Formen der Altersarmut voraus.

Der Tenor der meisten Beiträge dieses Heftes, gerade auch derjenigen, die sich ausdrücklich auf die Analyse der deutschen Verhältnisse konzentrieren (Habich/Zapf), ist überwiegend positiv. Deutschland ist Teil des Europäischen Sozialmodells, das Göran Therborn (1997) – sozusagen aus der Perspektive eines sich dem Globus nähernden Marsmenschen – als das „Nordische Modell", das „Skandinavien der Welt", bezeichnet. Bei aller Vielfalt (Hradil; Kohl) teilen die EU-europäischen Länder doch (noch) wesentliche Merkmale: das Gewicht, das die Ideen der Inklusion und Kohäsion haben und das sich in der Existenz garantierter Grundsicherungen – an Einkommen und/oder Gesundheitsleistungen – ausdrückt; ferner den Willen, eine Polarisierung der Sozialstruktur zu vermeiden. Beides hat gemeinsame historische Wurzeln: die besondere Ausprägung des Klassenkonflikts, seine Institutionalisierung durch die Anerkennung von Parteien der Lohnabhängigen; oder der besondere Einfluß des Christentums auf die Entwicklung und Ausprägung des Wohlfahrtstaates. Therborn geht so weit, im Wohlfahrtsstaat säkularisierte christliche Gleichheitsvorstellungen – Gleichheit aller Menschen vor Gott trotz Verschiedenheit der Menschen untereinander – zu sehen (ähnlich Kaufmann 1989).

Nicht nur am zuletzt genannten Punkt werden dann auch die Einfallstore für eine Erosion dieses „Skandinaviens der Welt" deutlich. Die Institutionalisierung von Ideen der Gleichheit und Solidarität lassen nicht nur deren Ursprung vergessen; sie verführen den Bürger auch zum passiven Abrufen der Leistungen, wenn nicht sogar zum „moral hazard" (dem strategischen Ausnutzen des Angebots unabhängig vom Bedarf). Langzeitarbeitslosigkeit, Migration, damit verbunden die zunehmende Heterogenität der Bevölkerung, schließlich die schier unüberwindliche Kluft zwischen den EU-europäischen Lebenschancen und denen der Länder vor EU-Europas Toren: von Mittelost- und Osteuropa, bedrohen die Identität, Kohäsion und Kontinuität des Sozialmodells. Die Intensivierung der politischen Integration Europas – die wesentliche Voraussetzung der sozialen – ist ein Schritt, der zumindest die Handlungsfähigkeit auszuweiten verspricht. Ob dieses Modell dann eher kontinentaleuropäische – konkret: deutsche – Züge oder skandinavische annehmen wird, ist demgegenüber zweitrangig.

Unter den zukünftigen Entwicklungen wird auch die Vermehrung des Wissens und seine Vielfalt ein zunehmendes Problem. Die Sozialwissenschaften sind ebenfalls von der Unübersichtlichkeit und Heterogenität der deutschsprachigen und erst recht der weltweiten Wissensbestände betroffen. Eine kompensierende Reaktion müßte darin bestehen, der Integration des sozialwissenschaftlichen Wissens wieder mehr Gewicht zu geben. Bernhard Schäfers hat diese Aufgabe vorweggenommen und zu einer Leitlinie seiner sozialwissenschaftlichen Arbeit gemacht. Er ist neben seiner kreativen Arbeit in Forschung und Lehre vor allem ein bedeutender „Wissensintegrator", wie der Blick auf seine unterschiedlichen Publikationstypen nachdrücklich zeigt. Von ihm stammen als Autor, Koautor, Herausgeber und Koherausgeber:

- die kompakte Sozialstrukturanalyse (Schäfers 1998a)
- das Handwörterbuch zur deutschen Gesellschaft (Schäfers/Zapf 1998)
- das soziologische Wörterbuch (Schäfers 1998b)
- der Einführungskurs Soziologie (mit Hermann Korte)
- die übergreifende Aufsatzsammlung (Schäfers 1996)
- die Bestandsaufnahme der Soziologie in Deutschland (1995)
- die breitenwirksame Zeitschrift „Gegenwartskunde" seit 1987
- der politische Atlas Deutschlands (Schäfers 1997)

Dieses Sonderheft der Gegenwartskunde ist Bernhard Schäfers zum sechzigsten Geburtstag gewidmet.

Literatur

Ballerstedt, Eike/Glatzer, Wolfgang 1975: Soziologischer Almanach, Frankfurt/New York: Herder & Herder.

Bolte, Karl Martin 1966: Deutsche Gesellschaft im Wandel, Opladen: Leske.

Bolte, Karl Martin/Neidhardt, Friedhelm/Holzer, Horst 1970: Deutsche Gesellschaft im Wandel 2, Opladen: Leske.

Bolte, Karl Martin/Hradil, Stefan 1984: Soziale Ungleichheit in der Bundesrepublik Deutschland, Opladen: Leske + Budrich.

Claessens, Dieter/Klönne, Arno/Tschoepe, Armin 1965/1985: Sozialkunde der Bundesrepublik Deutschland, Düsseldorf/Köln: Eugen Diederichs Verlag.

Dahrendorf, Ralf 1965: Gesellschaft und Demokratie in Deutschland, München: Piper.

Geiger, Theodor 1932: Die Klassengesellschaft im Schmelztiegel. Köln u. Opladen: Westdeutscher Verlag.

Geißler, Rainer (Hrsg.) 1994: Soziale Schichtung und Lebenschancen in Deutschland, Stuttgart: Enke.

Geißler, Rainer 1996: Die Sozialstruktur Deutschlands. Zur gesellschaftlichen Entwicklung mit einer Zwischenbilanz zur Vereinigung, 2., neubearb. Aufl., Opladen: Westdeutscher Verlag.

Geißler, Rainer 1998: Sozialstruktur. In: Schäfers, Bernhard/Zapf, Wolfgang (Hrsg.), Handwörterbuch zur Gesellschaft Deutschlands, S. 642-651.

Giddens, Anthony 1983: Klassenspaltung, Klassenkonflikt und Bürgerrechte – Gesellschaft im Europa der achtziger Jahre. In: Reinhard Kreckel (Hrsg.): Soziale Ungleichheiten, Sonderband 2 der Sozialen Welt, Göttingen: Otto Schwartz & Co., S. 15-33.

Glatzer, Wolfgang 1989: Sozialstruktur. In: Endruweit, Günter/Trommsdorf, Gisela (Hrsg.): Wörterbuch der Soziologie, Stuttgart: Enke, S. 647-653.

Glatzer, Wolfgang 1998: Nichteheliche Lebensgemeinschaften. In: Aus Politik und Zeitgeschichte, B 53/98, S. 17-25.

Glatzer, Wolfgang/Hondrich, Karl Otto/Noll, Heinz-Herbert/Stiehr, Karin/Wörndl, Barbara 1992: Recent Social Trends in West Germany 1960-1990, Frankfurt/Montreal: Campus/Mc Gill.

Hauser, Richard/Glatzer, Wolfgang/Hradil, Stefan/Kleinhenz, Gerhard/Olk, Thomas/Pankoke, Eckart 1996: Ungleichheit und Sozialpolitik, Opladen: Leske + Budrich.

Hondrich, Karl Otto 1998: Zur Dialektik von Individualisierung und Rückbindung am Beispiel der Paarbeziehung. In: Aus Politik und Zeitgeschichte, B 53/98, S. 3-8.

Hradil, Stefan 1987: Sozialstrukturanalyse in einer fortgeschrittenen Gesellschaft. Opladen: Leske + Budrich.

Hradil, Stefan 1998: Die Seismographen der Modernisierung. Singles in Deutschland. In: Aus Politik und Zeitgeschichte, B 53/98, S. 9-16.

Hradil, Stefan/Immerfall, Stefan (Hrsg.) 1997: Die westeuropäischen Gesellschaften im Vergleich, Opladen: Leske + Budrich.

Janoski, Thomas/Hicks, Alexander M. 1994: The comparative political economy of the welfare state, Cambridge: Cambridge University Press.

Kaufmann, Franx-Xaver 1989: Christentum und Wohlfahrtsstaat. In: ders.: Religion und Modernität. Sozialwissenschaftliche Perspektiven, Tübingen: J.C.B. Mohr (Paul Siebeck), S. 89-119.

Kohli, Martin 1985: Die Institutionalisierung des Lebenslaufs. Historische Befunde und theoretische Argumente. In: Kölner Zeitschrift für Soziologie und Sozialpsychologie 37, S. 1-29.

Kreckel, Reinhard 1997: Poltische Soziologie der sozialen Ungleichheit. Frankfurt/New York: Campus.

Krysmanski, Hans J. 1982: Gesellschaftsstruktur der Bundesrepublik, Köln: Pahl-Rugenstein.

Lutz, Burkhard 1984: Der kurze Traum immerwährender Prosperität, Frankfurt/New York: Campus.

Mayer, Karl Ulrich 1998: Lebensverlauf. In: Schäfers, Bernhard/Zapf, Wolfgang (Hrsg.): Handwörterbuch zur Gesellschaft Deutschlands, Opladen: Leske + Budrich, S. 438-451.

Narr, Wolf-Dieter/Thränhardt, Dietrich (Hrsg.) 1984: Die Bundesrepublik Deutschland. Entstehung – Entwicklung – Struktur, Königstein/Ts.: Athenäum.

Noll, Heinz-Herbert (Hrsg.) 1997: Sozialberichterstattung in Deutschland. Weinheim/München: Juventa.

Ostner, Ilona/Pappi, Franz Urban 1994: Sozialstrukturanalyse. In: Sozialwissenschaftliche Frauenforschung in der Bundesrepublik Deutschland. DFG, Senatskommission für Frauenforschung, Mitteilung 1. Berlin: Adademie Verlag, S. 110-119.

Ostner, Ilona 1999: Das Ende der Familie wie wir sie kannten. In: Blätter für deutsche und internationale Politik, H . 1/99, S. 69-76.

Schäfer, Gert/Nedelmann, Carl 1967: Der CDU-Staat. Studien zur Verfassungswirklichkeit der Bundesrepublik, München: Szczesny.

Schäfers, Bernhard 1976: Sozialstruktur und Wandel der Bundesrepublik Deutschland. Ein Studienbuch zu ihrer Soziologie und Sozialgeschichte, Stuttgart: Enke.

Schäfers, Bernhard (Hrsg.) 1995: Soziologie in Deutschland: Entwicklung, Institutionalisierung und Berufsfelder; theoretische Kontroversen, Opladen: Leske + Budrich.

Schäfers, Bernhard 1996: Soziologie und Gesellschaftsentwicklung. Aufsätze 1966-1996, Opladen: Leske + Budrich.

Schäfers, Bernhard 1997. Politischer Atlas Deutschland – Gesellschaft, Wirtschaft, Staat. Bonn: Dietz

Schäfers, Bernhard 1998a: Sozialstruktur und sozialer Wandel in Deutschland, 7., neu bearb. Aufl., Stuttgart: Enke.

Schäfers, Bernhard 1998b: Grundbegriffe der Soziologie, 5. Aufl., Opladen: Leske + Budrich.

Schäfers, Bernhard/Zapf, Wolfgang 1998: Handwörterbuch zur Gesellschaft Deutschlands, Opladen: Leske + Budrich.

Schäfers, Bernhard (Hrsg.) 1999: Einführung in die Gruppensoziologie: Geschichte, Theorien, Analysen, Wiesbaden: Quelle und Meyer.

Schelsky, Helmut 1954: Wandlungen der deutschen Familie in der Gegenwart: Darstellung und Deutung einer empirisch soziologischen Bestandsaufnahme. Stuttgart: Enke.

Statistisches Bundesamt (Hrsg.) 1997: Datenreport 1997: Zahlen und Fakten über die Bundesrepublik Deutschland. Bonn: Bundeszentrale für politische Bildung.

Therborn, Göran 1997: Europe in the Twenty-first Century. In: Gowan, Peter/Anderson, Perry (Hrsg.), The Question of Europe, London: Verso, S. 357-382.

Winkler, Gunnar (Hrsg.) 1997: Sozialreport 1997. Daten und Fakten zur sozialen Lage in den neuen Bundesländern, hrsg. vom Sozialwissenschaftlichen Forschungszentrum Berlin-Brandenburg e.V., Berlin.

Weidenfeld, Werner/Zimmermann, Hartmut (Hrsg.) 1989: Deutschland-Handbuch. Eine doppelte Bilanz 1949-1989, München: Carl Hanser.

Weymann, Ansgar 1998: Sozialer Wandel: Theorien zur Dynamik der modernen Gesellschaft, Weinheim/München: Juventa.

Zapf, Wolfgang 1977: Lebensbedingungen in der Bundesrepublik. Sozialer Wandel und Wohlfahrtsentwicklung, Frankfurt/New York: Campus.

Zapf, Wolfgang (Hrsg.) 1979: Theorien des sozialen Wandels. Königstein: Verlagsgruppe Athenäum, Hain, Scriptor, Hanstein.

Entwicklungstendenzen und Strukturbrüche

Wohlfahrtsindikatoren für Deutschland 1950 bis 1998

Visuelle Darstellung

Roland Habich, Wolfgang Zapf

Sozialstrukturforschung und Sozialberichterstattung haben mehrere Probleme gemeinsam: vier davon seien hier benannt. Das erste wollen wir das *Theorie- und Konzeptualisierungsproblem* nennen: Welches sind die Einheiten der Analyse und wie kann man ihren Zusammenhang erklären? In der Sozialstrukturforschung hat sich ein Drei-Ebenen-Modell (Verteilung knapper Güter und Positionen auf der Individualebene; soziale Lagen, Schichten und Milieus auf der Gruppenebene; Konflikt und Integration der Basisinstitutionen auf der gesamtgesellschaftlichen Ebene) bewährt. Die Sozialberichterstattung verwendet ähnliche Kriterien mit dem Akzent auf der Wohlfahrtsentwicklung: objektive Lebensbedingungen und subjektives Wohlbefinden für Individuen und Gruppen sowie „Qualität der Gesellschaft".

Das zweite Problem ist das *Meßproblem* und wird für die Sozialstrukturforschung wie für die Sozialberichterstattung in der Regel mit Hilfe bevölkerungsrepräsentativer Daten der amtlichen Statistik, der Umfrageforschung und mit den prozeßproduzierten Daten von Behörden und Organisationen bearbeitet. Neu sind Zugänge zu repräsentativen Ereignisdaten durch Dokumentenanalyse (z.B. Protestereignisse). Je weiter man historisch zurückgeht, desto mehr ist man auf regionale Daten beschränkt, bis hin schließlich zur sozialgeschichtlichen Fallstudie.

Ein drittes Problem ist das *Darstellungsproblem*, d.h. die Frage, wie man die immer umfangreicheren Materialien anordnen kann und wie man Daten und Analyse verbindet. Dieses Problem wird um so größer, je stärker die Ansprüche werden, die Querschnittsanalyse mit der Längsschnittanalyse und dem internationalen Vergleich zu verbinden. In der Sozialstrukturforschung wie in der Sozialberichterstattung dominieren, bei einer klaren Längsschnittperspektive, Gliederungen nach Lebensbereichen und Subsystemen. Dabei benutzt die Sozialstrukturforschung in der Regel eine Vielzahl verschiedener Quellen, während die Sozialberichterstattung stärker auf Standardisierung und Replikation setzt: durch Systeme sozialer Indikatoren und durch replikative Erhebungsprogramme, die zumindest einen Kernbestand konstant halten.

Schließlich das vierte Problem: die *Kondensation*, die übersichtliche und aufschlußreiche Zusammenfassung. Hier haben wir ein Paradoxon: Die Produkte der Sozialstrukturforschung und der Sozialberichterstattung sind eigentlich Sozialatlanten – und einen Atlas kann man nicht zusammenfassen. Dennoch gibt es eine Reihe von Verfahren der Kondensation. Das bekannteste ist die Konstruktion hochaggregierter Gesamtindikatoren wie das Brutto- oder Nettosozialprodukt (pro Kopf, preisbereinigt, nach Kaufkraftparitäten usw.). Ein neuerer Versuch ist der Human Development Index, der Lebenserwartung, Schulbildung und Sozialprodukt pro Kopf kombiniert. Weitere Verfahren sind Bilanzen, in denen z.B. Verbesserungen und Verschlechterungen (gemessen an ausgewählten Zielen) gegenübergestellt werden, und Ranglisten im räumlichen und zeitlichen Vergleich. Ein klassisches Verfahren ist die Darstellung sozialer Trends, wobei die Tabellenform den Vorteil größerer Genauigkeit und die graphische Darstellung den Vorteil größerer Übersichtlichkeit, günstigenfalls sogar einer „Gestaltwahrnehmung" hat.

In diesem Beitrag wollen wir ein Beispiel dafür entwickeln, wie man das „Kondensationsproblem", d.h. die sinnvolle Verdichtung umfangreicher sozialwissenschaftlicher Informationen bearbeiten kann. Wir präsentieren in graphischer Darstellung drei Themen zur Wohlfahrtsentwicklung in der Bundesrepublik seit 1949: Ersten die Entwicklung objektiver Lebensbedingungen in möglichst langen Jahreszeitreihen, maximal von 1950 bis 1998. Zweitens einige zentrale Indikatoren zur Angleichung der Lebensverhältnisse in Ost- und Westdeutschland seit der Vereinigung. Drittens ein instruktives Beispiel für eine sehr lange Zeitreihe eines subjektiven Indikators, nämlich Hoffnungen und Befürchtungen. Wir selber erheben Indikatoren des subjektiven Wohlbefindens seit 1978 in den „Wohlfahrtssurveys". Noch längere Zeitreihen könnte man aus dem Material der guten Umfrageinstitute gewinnen, aber dies würde das Format dieses Beitrags sprengen. Unsere Quellenangaben zu den Graphiken sind knapp gehalten, und sie verweisen auf umfangreiche Datenbestände und zahlreiche eigene Arbeiten. Die genauen Zahlenwerte müssen – und können – aus anderen Arbeiten übernommen werden: das ist eine Konsequenz, allerdings eine weniger gewichtige, des obengenannten Kondensationsproblemes. die kurzen Kommentare zu den einzelnen Abschnitten sollen unsere inhaltlichen Interessenschwerpunkte bezeichnen und die notwendigsten Erläuterungen geben.

Daten und Quellen

Die in den Schaubildern verwendeten Indikatoren sind bis auf wenige Ausnahmen Bestandteil der Daten der amtlichen Statistik. In der vorliegenden Form sind sie zugleich „klassische“ Sozialindikatoren, wie sie im „Soziologischen Almanach“ und vor allem im „System Sozialer Indikatoren“ (Zapf 1977; Noll, Wiegand 1993; DISI 1995) ausgewiesen werden. Das „Digitale Informationssystem Soziale Indikatoren – DISI“ (1995) bildete die Ausgangsgrundlage für die verwendeten Zeitreihen, die wir – soweit es möglich war – auf der Grundlage einschlägiger Publikationen der amtlichen Statistik fort- und gegebenenfalls auch „zurück“geschrieben haben.

Wir stützten uns dabei in erster Linie auf die vom Statistischen Bundesamt herausgegebenen Statistischen Jahrbücher, verschiedene Fachserien sowie auf die ersten aktuellen Auswertungen der Einkommens- und Verbrauchsstichprobe (EVS) 1998; auf mehrere Ausgaben der „Arbeits- und Sozialstatistik“ und den „Materialband zum Sozialbudget 1997“ des Bundesministeriums für Arbeit und Sozialordnung sowie auf Datenreihen des Verbandes Deutscher Rentenversicherungsträger (VDR).

Für einzelne Fortschreibungen boten uns der Jahresbericht 1997/98 des Sachverständigenrates, das Herbstgutachten 1998 der Wirtschaftsforschungsinstitute sowie der Zweite Zwischenbericht der Enquête-Kommission „Demographischer Wandel“ (1998) ergänzendes Material. Dem Statistischen Jahrbuch 1990 der DDR konnten wir einige Indikatoren für die Zeit vor 1990 entnehmen.

Die wenigen Ausnahmen von Daten der amtlichen Statistik betreffen die Informationen zum Arbeits- und Haushaltseinkommen, die auf der Basis des Sozio-ökonomischen Panels (SOEP) berechnet wurden, sowie die bekannte Allensbacher Zeitreihe zu „Hoffnungen und Befürchtungen“ (Allensbacher Jahrbuch).

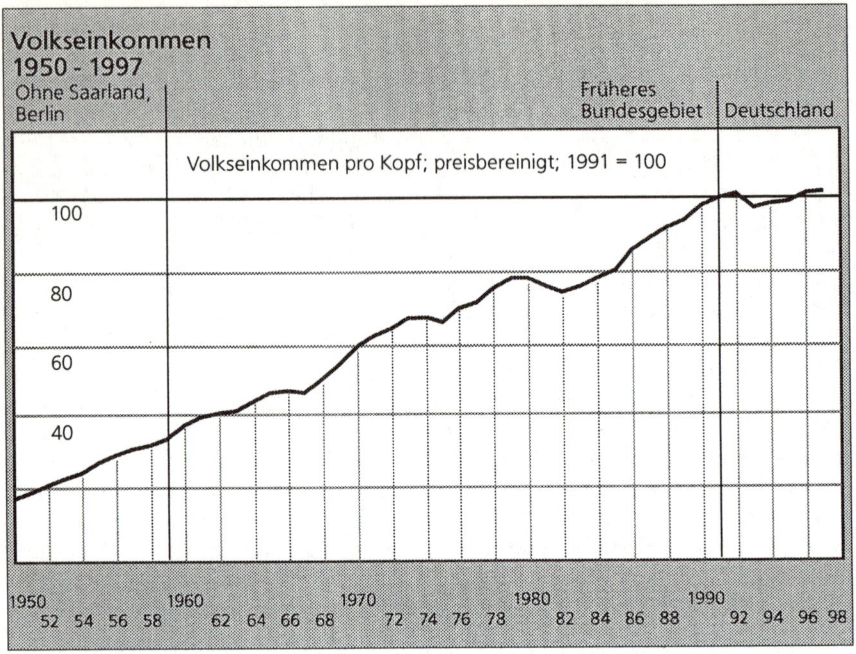
Volkseinkommen
1950 - 1997
Ohne Saarland, Berlin
Früheres Bundesgebiet
Deutschland
Volkseinkommen pro Kopf; preisbereinigt; 1991 = 100
100
80
60
40
1950
52 54 56 58
1960
62 64 66 68
1970
72 74 76 78
1980
82 84 86 88
1990
92 94 96 98

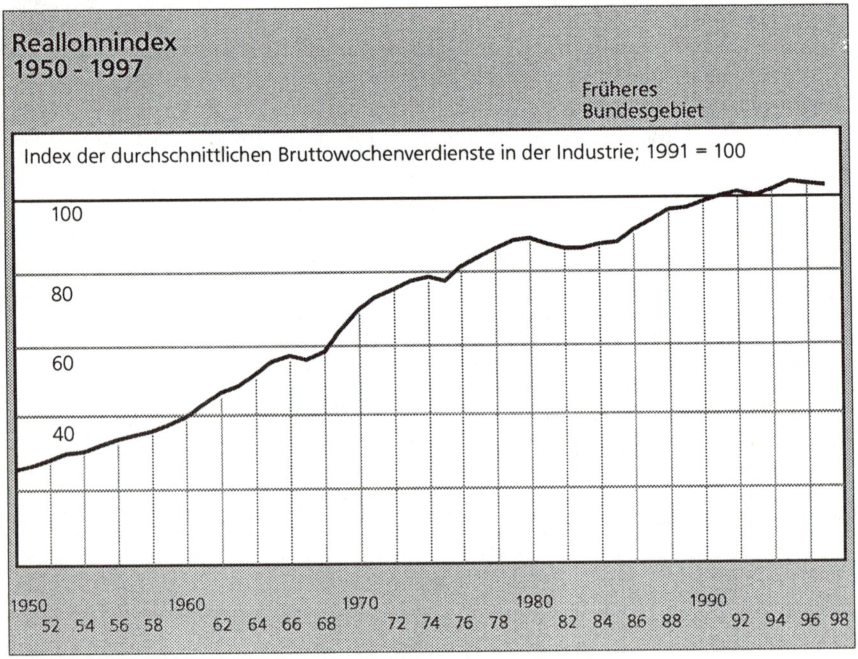
Reallohnindex
1950 - 1997
Früheres Bundesgebiet
Index der durchschnittlichen Bruttowochenverdienste in der Industrie; 1991 = 100
100
80
60
40
1950
52 54 56 58
1960
62 64 66 68
1970
72 74 76 78
1980
82 84 86 88
1990
92 94 96 98

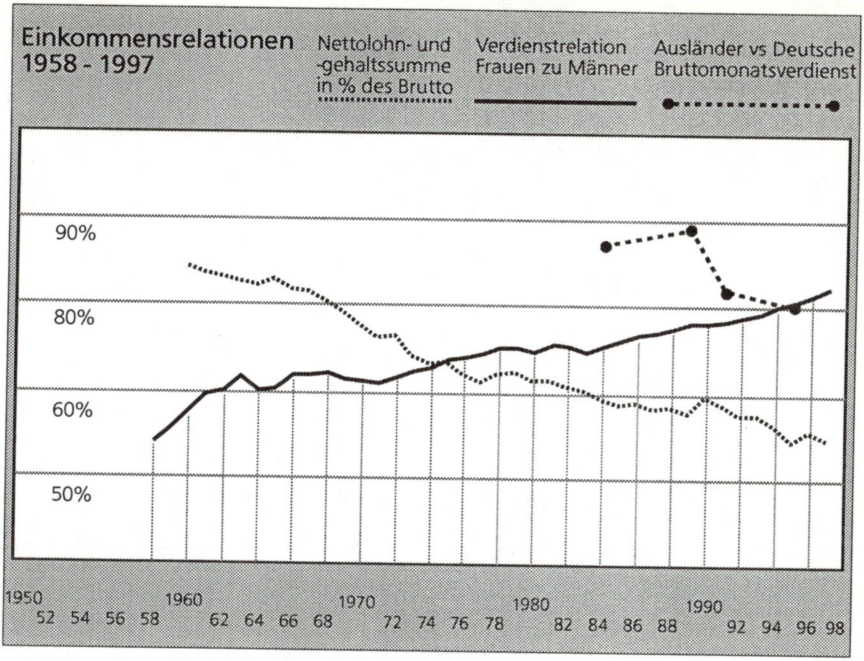

I *Einkommen*

(I.1, I.2) Das reale Volkseinkommen pro Kopf hat sich seit 1950 vervierfacht. Wir sehen den stetigen, langfristigen Anstieg mit den wenigen Einbrüchen 1967, 1974/75, 1981/82 und sodann 1993. Der Rücklauf nach 1990 erklärt sich aus der neuen Berechnungsgrundlage, des nämlich jetzt vereinigten Deutschlands.

Die Arbeitnehmereinkommen (Reallohnindex) sind in gleicher Weise etwa um das Vierfache gestiegen.

(I.3) Die Einkommensrelation zwischen Frauen und Männern (Bruttoarbeitseinkommen von Facharbeitern) zeigt eine Verbesserung der Situation der weiblichen Facharbeiter von ca. 55 auf ca. 80%. Die Einkommensrelation deutsche versus ausländische Beschäftigte zeigt einen geringeren Abstand zwischen Ausländern und Deutschen als zwischen Männern und Frauen, aber einen Rückgang in den letzten Jahren. Das Verhältnis Nettolohn- zu Bruttolohnsumme geht laufend zurück und liegt jetzt unter 60%. Dies ist ein Indikator für die steigende Steuer- und Abgabenlast.

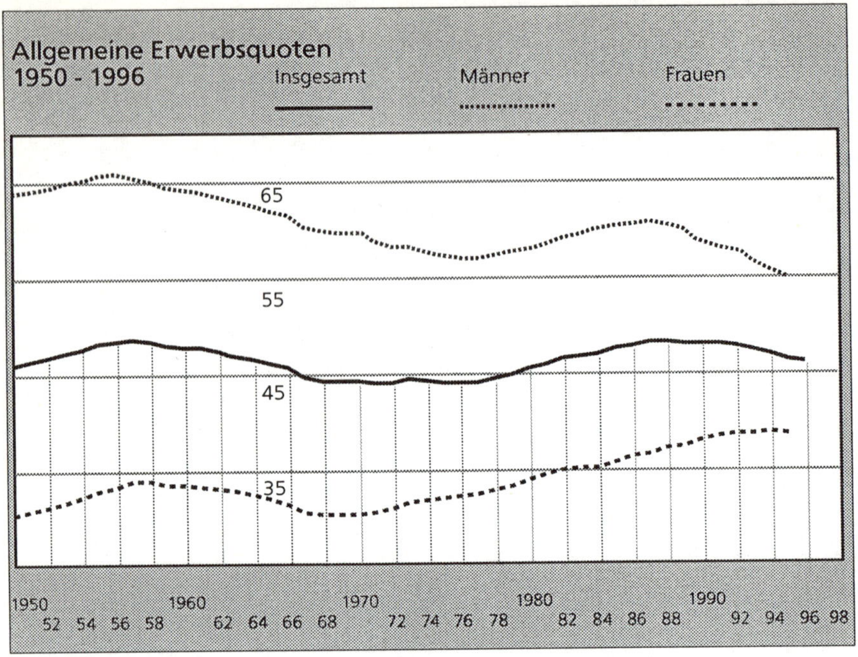
Allgemeine Erwerbsquoten
1950 - 1996
Insgesamt
Männer
Frauen
65
55
45
35
1950 1960 1970 1980 1990
52 54 56 58 62 64 66 68 72 74 76 78 82 84 86 88 92 94 96 98

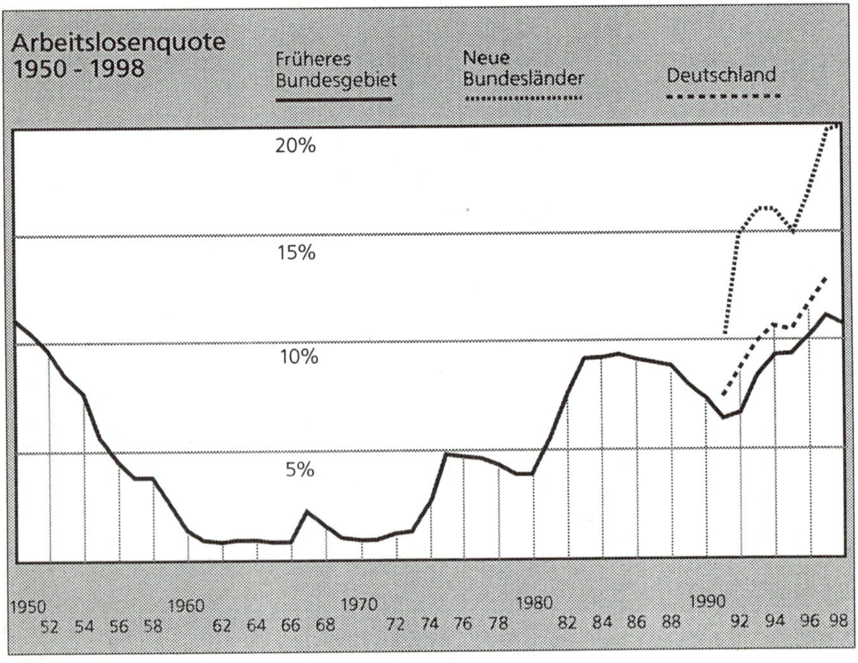
Arbeitslosenquote
1950 - 1998
Früheres Bundesgebiet
Neue Bundesländer
Deutschland
20%
15%
10%
5%
1950 1960 1970 1980 1990
52 54 56 58 62 64 66 68 72 74 76 78 82 84 86 88 92 94 96 98

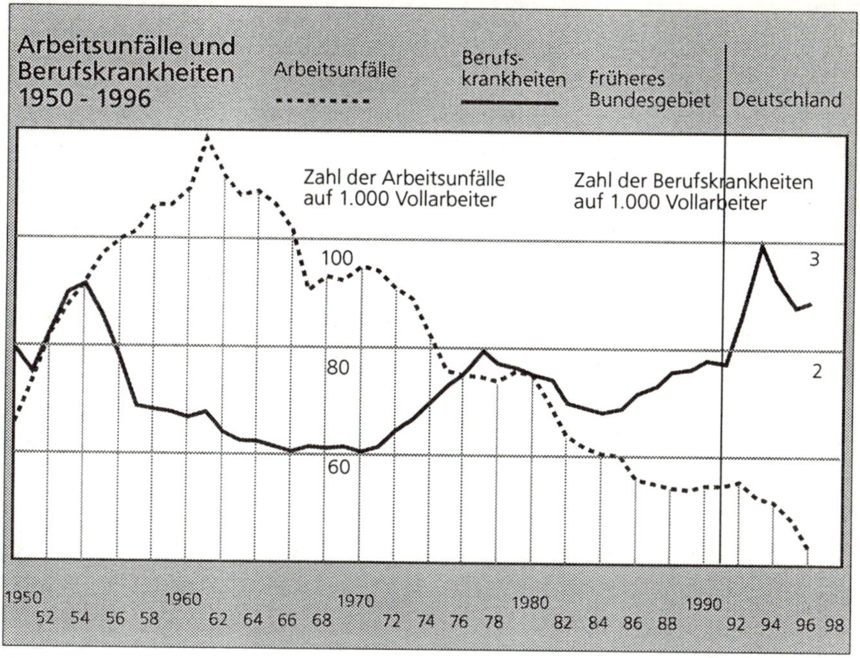

II *Erwerbstätigkeit*

(II.1) Die allgemeine Erwerbsquote zeigt die großen Wellen der Nachkriegskonjunktur sowie die demographischen Wellen von Geburtenanstieg, Geburtenrückgang und Zuwanderung. Nach einem Anstieg in den 50er und einem Rückgang in den 60er Jahren hatten wir in den 80er Jahren noch einmal, nicht zuletzt durch Zuwanderung, einen Anstieg der Erwerbsquote. Die Erwerbsquote für Männer und Frauen zeigt für die 50er und 60er Jahre einen ähnlichen Verlauf: zuerst einen Anstieg, dann einen Rückgang, in den 70er Jahren wieder einen Anstieg. In den 90er Jahren sehen wir hingegen eine gegenläufige Entwicklung, einen deutlichen Rückgang bei den Männern und einen deutlichen Anstieg bei den Frauen.

(II.2) Die Arbeitslosenquote zeigt den Weg bis zur Vollbeschäftigung in den 60er und frühen 70er Jahren und dann den treppenförmigen Aufbau der heutigen hohen Arbeitslosigkeit sowie die noch höheren Werte in den neuen Bundesländern.

(II.3) Der Anstieg der Arbeitsunfälle bis 1960 bildet die Phase der Hochkonjunktur und der Hochindustrialisierung ab. Der starke Rückgang seit 1960 ist sowohl eine Folge betrieblicher Sicherheitspolitik als auch der Zunahme von Dienstleistungstätigkeiten. In der Entwicklung der Berufskrankheiten spielen konjunkturelle und personalpolitische Strategien zusammen.

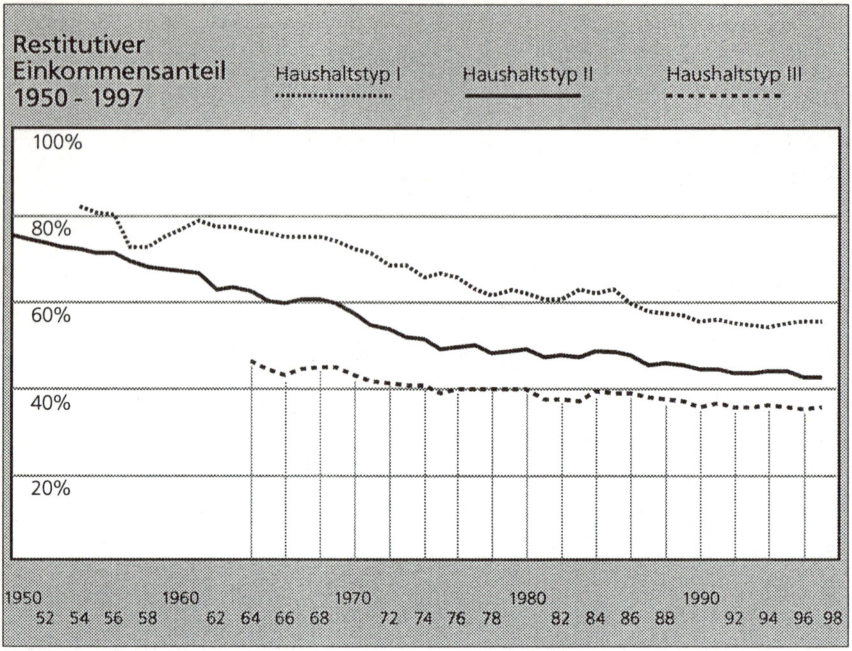
Restitutiver Einkommensanteil 1950 - 1997
Haushaltstyp I
Haushaltstyp II
Haushaltstyp III
100%
80%
60%
40%
20%
1950 1960 1970 1980 1990
52 54 56 58 62 64 66 68 72 74 76 78 82 84 86 88 92 94 96 98

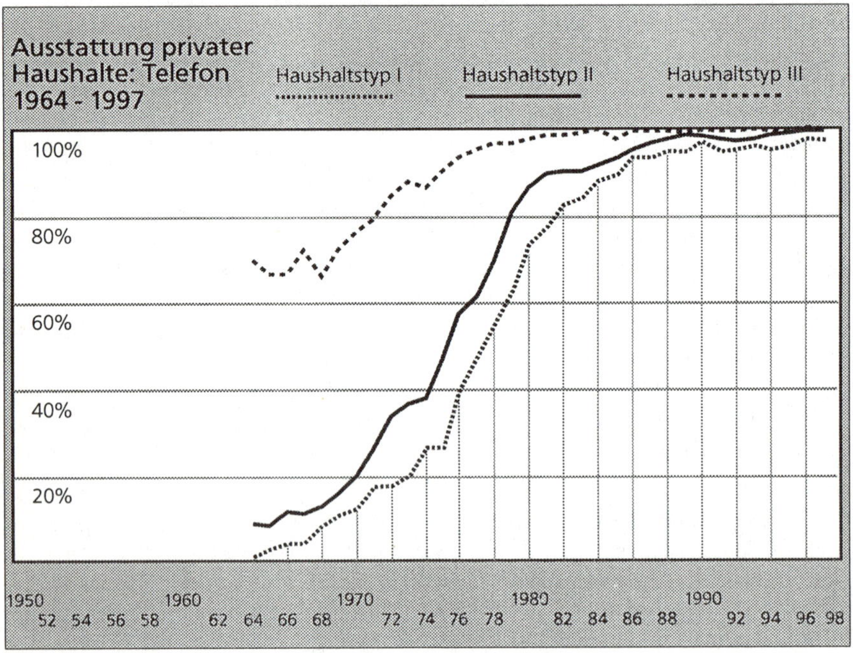
Ausstattung privater Haushalte: Telefon 1964 - 1997
Haushaltstyp I
Haushaltstyp II
Haushaltstyp III
100%
80%
60%
40%
20%
1950 1960 1970 1980 1990
52 54 56 58 62 64 66 68 72 74 76 78 82 84 86 88 92 94 96 98

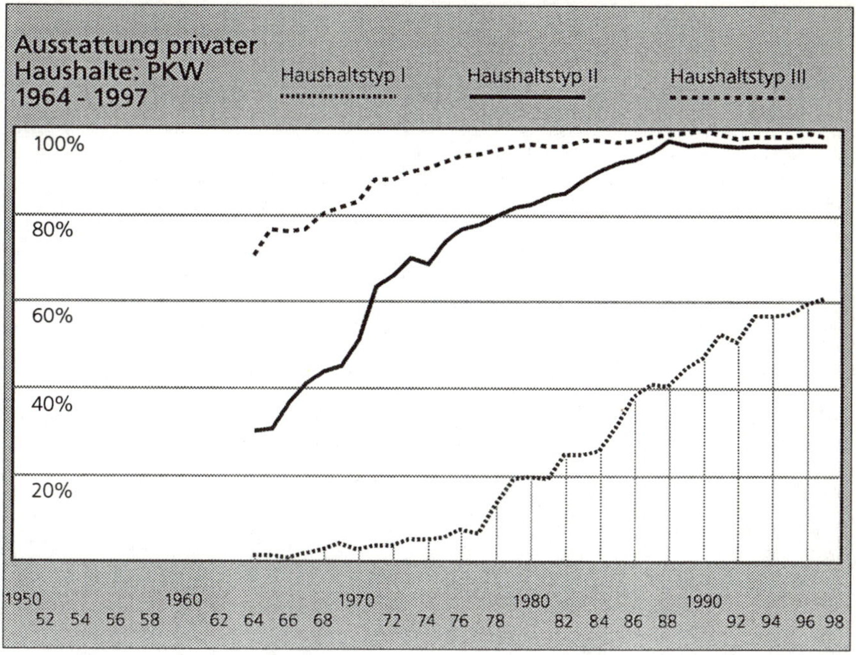

III Konsum

(III.1) Das restitutive Einkommen bezeichnet den für Ernährung, Bekleidung und Wohnung benötigten Teil des verfügbaren Einkommens, und zwar für drei Haushaltstypen: I Rentnerhaushalte, II Ehepaar mit Kindern und mittlerem Einkommen, III Ehepaar mit Kindern und höherem Einkommen. Die Abstände zwischen diesen drei Haushaltstypen bleiben über die Zeit nahezu gleich. Insgesamt indiziert der Rückgang des restitutiven, d.h. gebundenen, Einkommensanteils ein größeres Maß an Konsumfreiheit und Individualisierungsmöglichkeiten.

(III.2, III.3) Die Ausstattungsindikatoren für PKWs und Telefon zeigen auf unterschiedliche Weise das Wirtschaftswunder und die Konsumwellen der Nachkriegszeit. Schon in den 70er Jahren hatten die Erwerbstätigenhaushalte mehrheitlich Pkws, aber nur der Haushaltstyp mit höherem Einkommen mehrheitlich Telefon. Beim Pkw haben die Haushaltstypen II und III seit den 80er Jahren praktisch eine Vollversorgung erreicht, während die Rentnerhaushalte zunehmend nicht auf den Pkw verzichten. Beim Telefon sehen wir einen enormen Nachholbedarf bei den Haushaltstypen I und II und erst seit Mitte der 80er Jahre praktisch eine Vollversorgung.

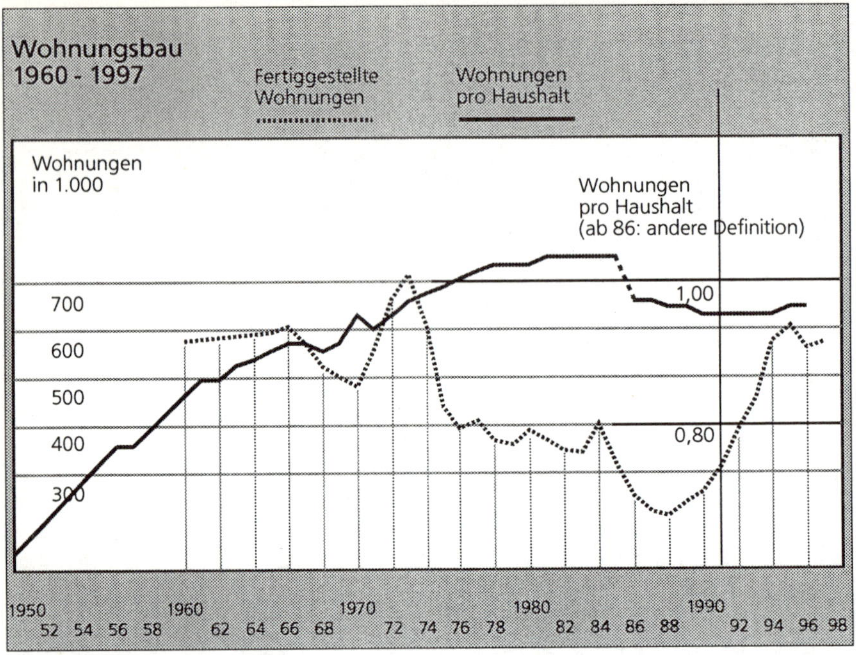
Wohnungsbau
1960 - 1997
Fertiggestellte Wohnungen
Wohnungen pro Haushalt
Wohnungen in 1.000
Wohnungen pro Haushalt (ab 86: andere Definition)
700
600
500
400
300
1,00
0,80
1950 1960 1970 1980 1990
52 54 56 58 62 64 66 68 72 74 76 78 82 84 86 88 92 94 96 98

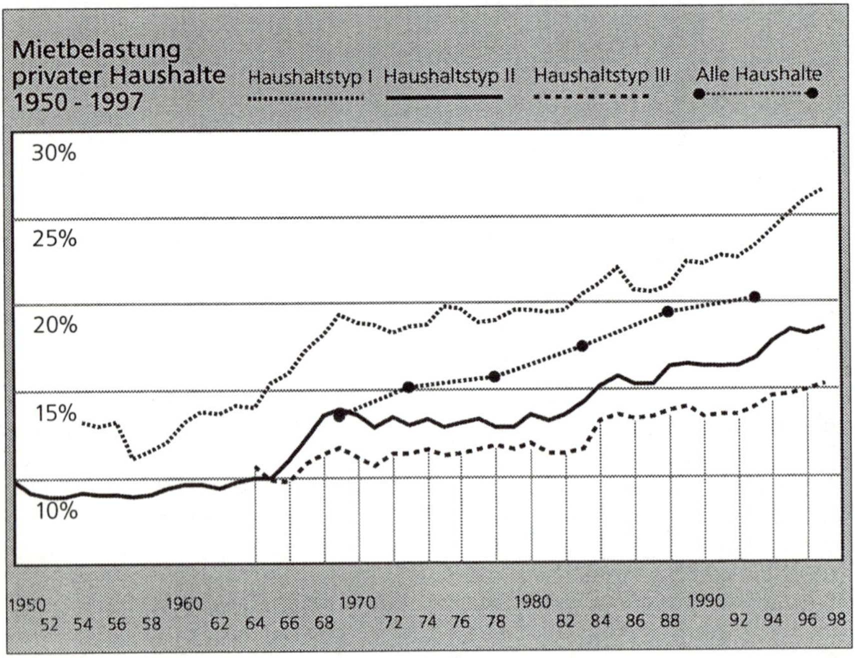
Mietbelastung privater Haushalte 1950 - 1997
Haushaltstyp I
Haushaltstyp II
Haushaltstyp III
Alle Haushalte
30%
25%
20%
15%
10%
1950 1960 1970 1980 1990
52 54 56 58 62 64 66 68 72 74 76 78 82 84 86 88 92 94 96 98

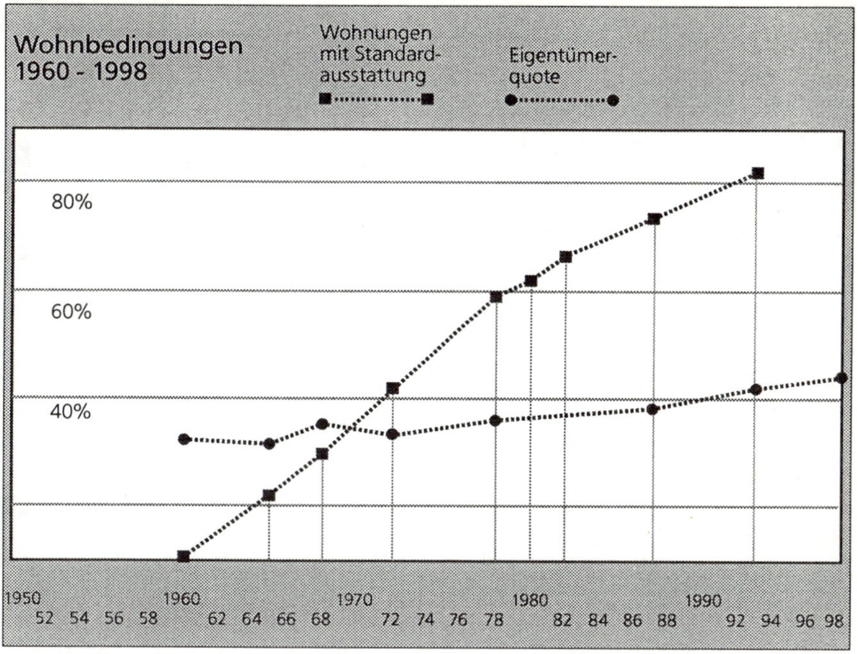

IV Wohnung

(IV.1) Bis zur Mitte der 70er Jahre dauerte die Entwicklung zu einer vollen Versorgung der Bevölkerung mit Wohnungen, gemessen am Standard „eine Wohnung je Haushalt“. Seit Mitte der 80er ist dieses Verhältnis wieder unter Eins gesunken: die Zahl der Haushalte ist schneller gewachsen als die Zahl der Wohnungen. Dies ist das Phänomen, das mit „neuer Wohnungsnot“ bezeichnet wird. Die Zahlen für den Wohnungsbau zeigen aber, daß der Wohnungsmarkt weiterhin starken zyklischen Entwicklungen unterworfen ist, weil der Wohnungsbau erst mit erheblichen Verzögerungen auf Veränderungen der Nachfrage reagiert.

(IV.2) Die Mietbelastung ist für Rentnerhaushalte am höchsten, und sie ist stetig gestiegen. Das liegt einmal an den niedrigen Einkommen und dann an den stärkeren Modernisierungszuschlägen. Hingegen hat der Haushaltstyp II erst in den 70er, der Haushaltstyp III erst in den 80er Jahren eine höhere Mietbelastung erfahren.

(IV.3) Als Standardausstattung einer Wohnung werden heute Bad, WC und Zentralheizung bezeichnet. Wir sehen, daß es auch in Westdeutschland sehr lange gedauert hat, bis für die Mehrzahl der Haushalte dieser Standard erreicht war. Die Eigentümerquote ist in den letzten Jahrzehnten nur mäßig gestiegen; sie liegt niedriger als in vergleichbaren Ländern.

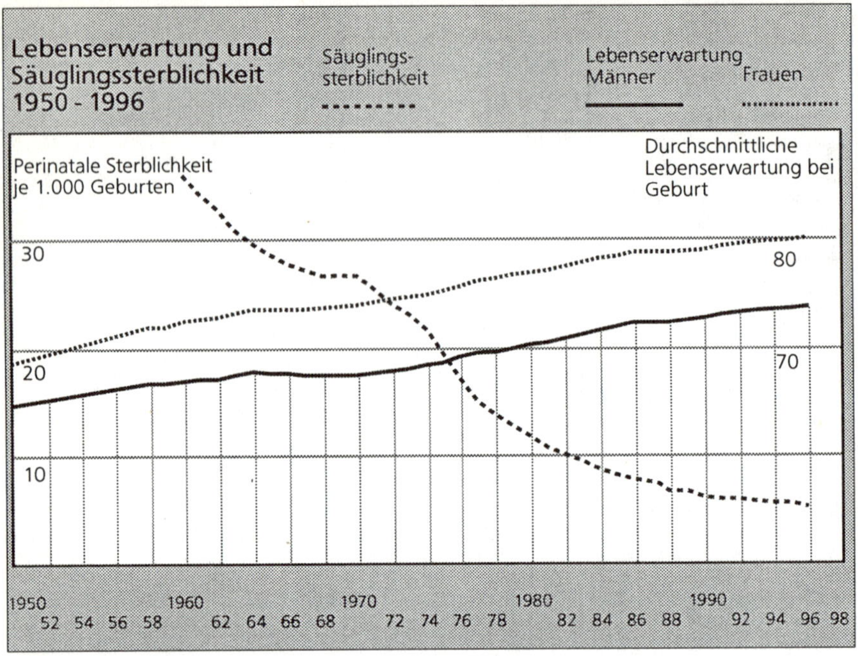
Lebenserwartung und Säuglingssterblichkeit 1950 - 1996
Säuglings-sterblichkeit
Lebenserwartung
Männer
Frauen
Perinatale Sterblichkeit je 1.000 Geburten
Durchschnittliche Lebenserwartung bei Geburt
30
20
10
80
70
1950 1960 1970 1980 1990
52 54 56 58 62 64 66 68 72 74 76 78 82 84 86 88 92 94 96 98

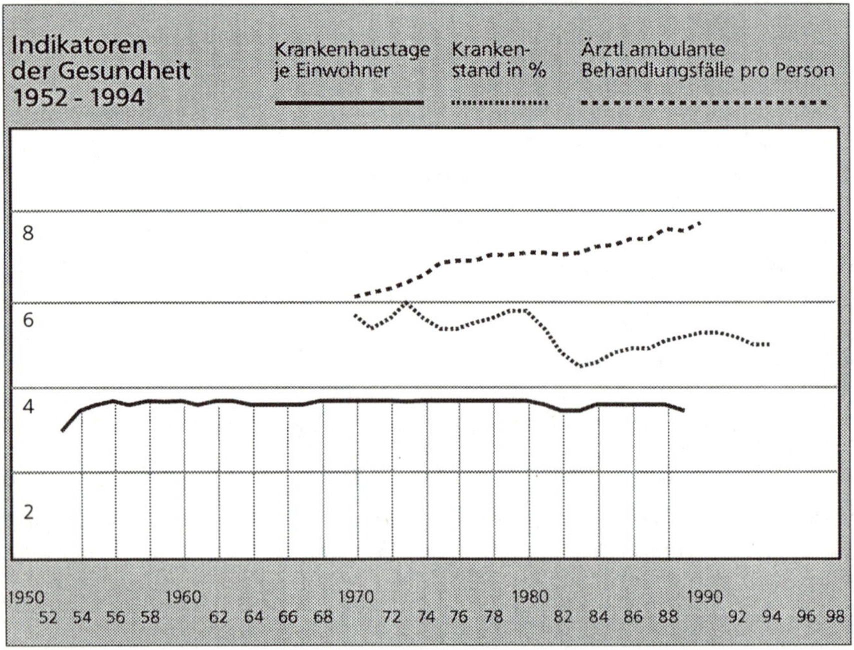
Indikatoren der Gesundheit 1952 - 1994
Krankenhaustage je Einwohner
Kranken-stand in %
Ärztl.ambulante Behandlungsfälle pro Person
8
6
4
2
1950 1960 1970 1980 1990
52 54 56 58 62 64 66 68 72 74 76 78 82 84 86 88 92 94 96 98

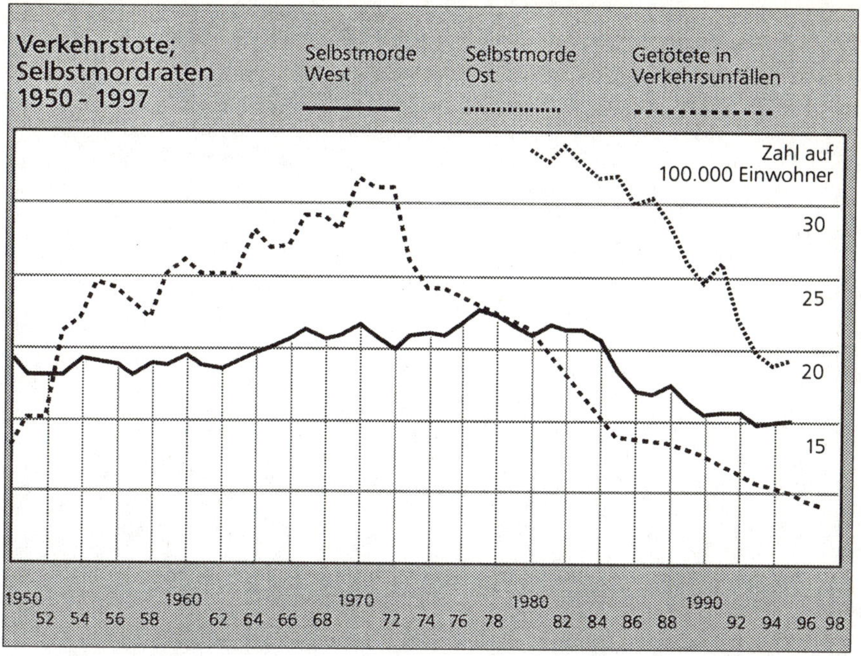

V *Gesundheit*

(V.1) Die internationalen Standardindikatoren für die allgemeinen Gesundheitsverhältnisse sind die mittlere Lebenserwartung und die perinatale Sterblichkeit. Für Männer und Frauen ist die mittlere Lebenserwartung seit 1950 gestiegen, wobei die Lebenserwartung der Männer ca. sieben Jahre niedriger ist als die der Frauen. Die perinatale Sterblichkeit ist enorm reduziert worden. Die Bundesrepublik befindet sich seit den 80er Jahren in der oberen Gruppe der OECD-Länder.

(V.2) Direkte Indikatoren der Gesundheit sind schwer zu ermitteln. Die indirekten Indikatoren zeigen eine Zunahme ärztlicher Behandlungsfälle, eine Konstanz der Krankenhaustage und eine von Schwankungen begleitete Abnahme des Krankenstandes.

(V.3) Die Selbstmordrate ist ein klassischer soziologischer Indikator, der das Ausmaß gesellschaftlicher „Regellosigkeit" und Unsicherheit anzeigen soll. Wir wissen nicht, wie wir den Rückgang in den 80er Jahren erklären sollen; verständlicher ist der kurzzeitige Anstieg in Ostdeutschland nach der Wende. Der deutliche Rückgang der Verkehrstoten seit 1970 kann hingegen als Erfolg politischer Maßnahmen und technischer Verbesserungen, vielleicht auch steigender persönlicher Kompetenz, interpretiert werden.

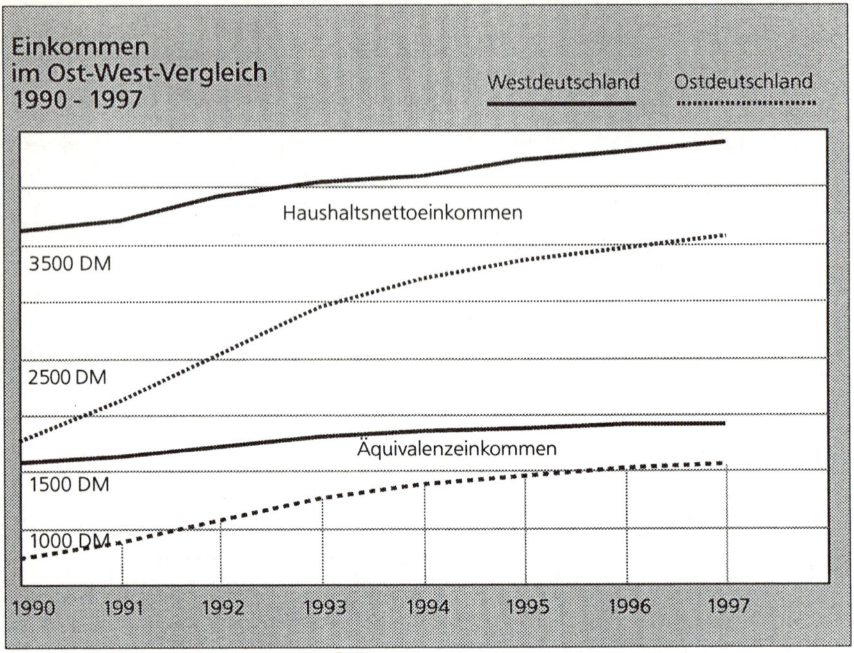
Einkommen
im Ost-West-Vergleich
1990 - 1997
Westdeutschland
Ostdeutschland
Haushaltsnettoeinkommen
3500 DM
2500 DM
Äquivalenzeinkommen
1500 DM
1000 DM
1990
1991
1992
1993
1994
1995
1996
1997

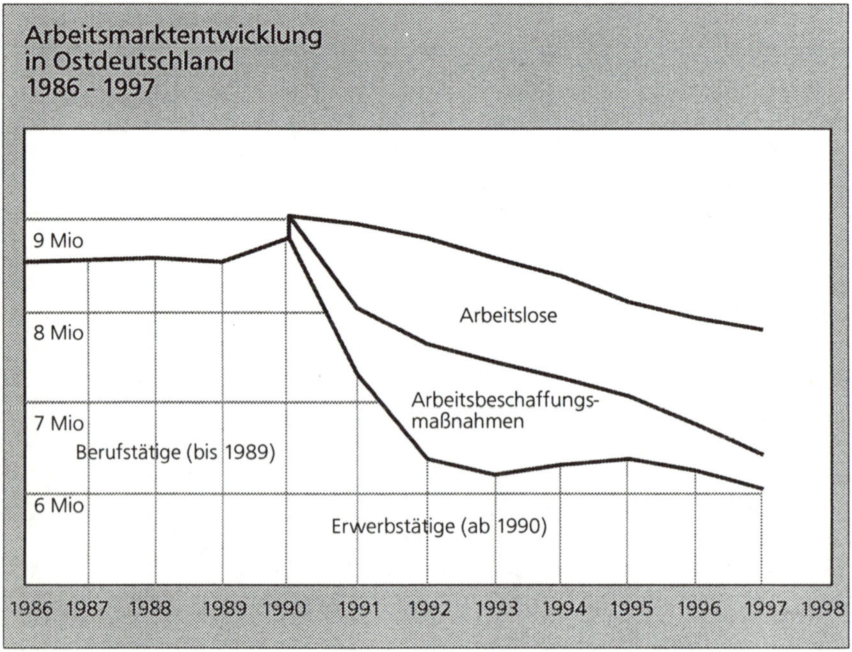
Arbeitsmarktentwicklung
in Ostdeutschland
1986 - 1997
9 Mio
8 Mio
7 Mio
6 Mio
Arbeitslose
Arbeitsbeschaffungs-
maßnahmen
Berufstätige (bis 1989)
Erwerbstätige (ab 1990)
1986
1987
1988
1989
1990
1991
1992
1993
1994
1995
1996
1997
1998

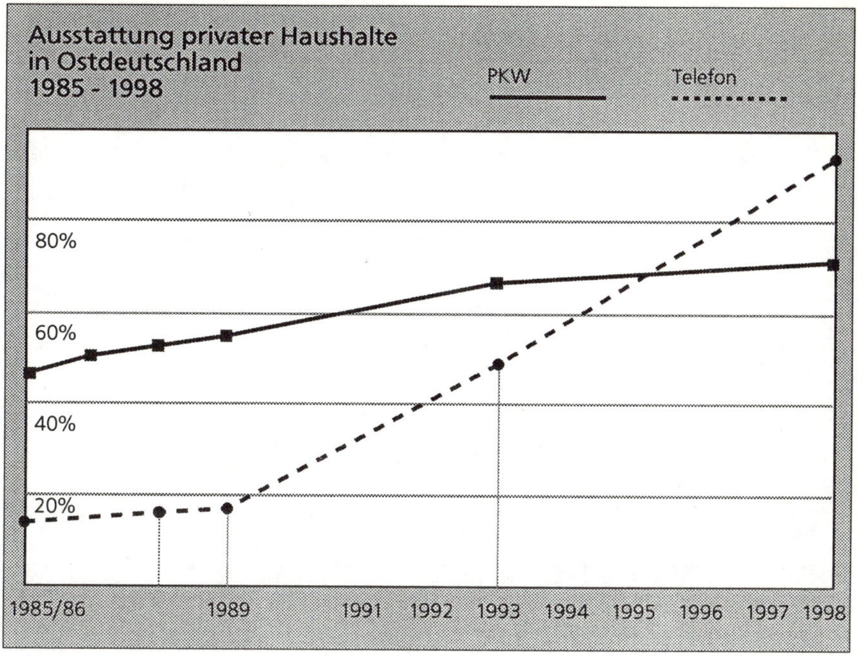

VI Die Angleichung von Ost- und Westdeutschland

(VI.1) Die Haushaltseinkommen haben sich seit 1990 deutlich aneinander angeglichen, allerdings von einem Ostniveau aus, das unter 50% des Westniveaus lag, und hin zu einer Situation, in der der Abstand immer noch beträchtlich ist. Wenn man die realen Äquivalenzeinkommen betrachtet, die sowohl die Haushaltszusammensetzung als auch die unterschiedlichen Preisniveaus berücksichtigen, dann sieht man, daß der Unterschied geringer war als bei den Nominaleinkommen und seit 1994 bei steigender Einkommensentwicklung in etwa gleichgeblieben ist.

(VI.2) Die Arbeitsmarktentwicklung in Ostdeutschland war gekennzeichnet durch einen dramatischen Abbau von Arbeitsplätzen, eine steigende Zahl von registrierten Arbeitslosen sowie durch Maßnahmen der aktiven Arbeitsmarktpolitik, wobei das gesamte Erwerbspersonenpotential im Gegensatz zu Westdeutschland rückläufig ist.

(VI.3) Bei der Ausstattung mit PKW und Telefon finden wir in Ostdeutschland einen rapiden Aufholungs- und Angleichungsprozeß, der doppelt bis dreimal so schnell ist, wie seinerzeit in Westdeutschland.

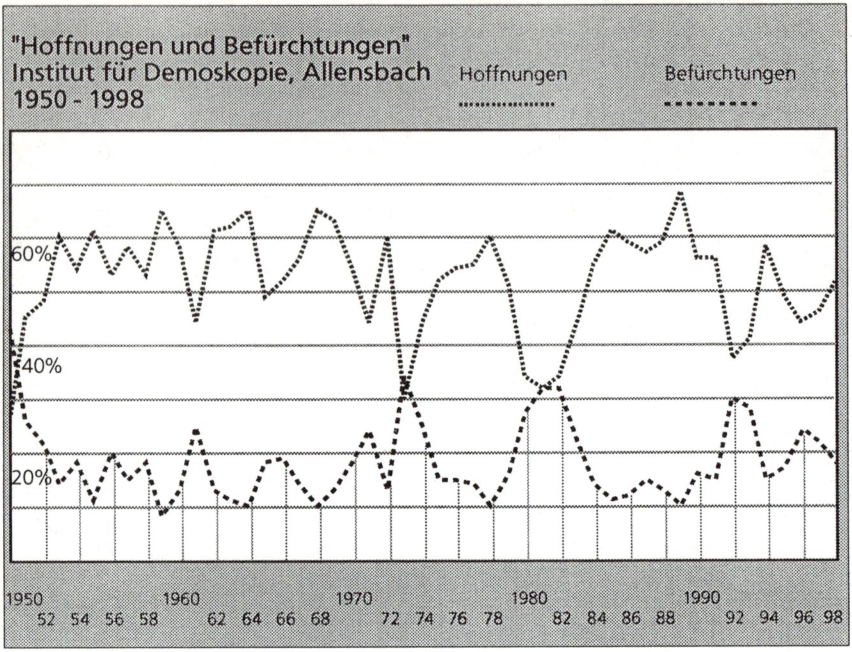

VII *Hoffnungen und Ängste*

Wir selber haben mit Hilfe der Wohlfahrtssurveys seit 1978 objektive Lebensbedingungen und subjektives Wohlbefinden im Zusammenhang untersucht. Einige jährliche Werte findet man seit 1984 im Sozio-ökonomischen Panel. Lang zurückreichende Reihen subjektiver Indikatoren sind selten, aber in der einen oder anderen Version bei Umfrageinstituten zu finden. Die beiden langfristigen und vielleicht prominentesten Indikatoren stammen aus dem Allensbacher Institut auf die Silvesterfrage: „Sehen Sie dem neuen Jahr mit Hoffnungen oder mit Befürchtungen entgegen?" Im Ergebnis zeigen sich zwei extrem schwankende Reihen, die ein völlig anderes Bild der kurzfristigen Wahrnehmungen (Hoffnungen und Befürchtungen) ergeben als die langfristigen Trends der Lebensbedingungen. Die Autorin dieser Reihen, Elisabeth Noelle-Neumann, hat zu zeigen versucht, daß ihr „Hoffnungsbarometer" die anschließende wirtschaftliche Entwicklung genauso gut voraussagt wie die Schätzungen und Prognosen der wirtschaftswissenschaftlichen Forschungsinstitute.

VIII. Resümee

Dieser Beitrag hatte das Zeil, die langfristige Wohlfahrtsentwicklung in der Bundesrepublik – und seit 1990 auch im Vergleich der neuen mit den alten Ländern – auf knappem Raum an ausgewählten Beispielen anschaulich darzustellen. Abschließend geben wir drei kurze inhaltliche Zusammenfassungen.

(1) Die objektiven Lebensbedingungen in der Bundesrepublik haben sich seit 1949 in eindrucksvoller Weise verbessert. Die Bundesrepublik ist damit auf ein mit den anderen westlichen Demokratien vergleichbaren Wohlfahrtsniveau gelangt. Parallel zu den Verbesserungen sind allerdings auch die Belastungen und Abgaben gestiegen: dies sind die Kosten der Wohlfahrtsentwiclung.

(2) Der Ost-West-Vergleich zeigt sowohl die objektiven Verbesserungen in Ostdeutschland als auch die verbleibenden Abstände. Die Angleichung der Lebensverhältnisse bleibt noch für längere Jahre eine wesentliche Aufgabe.

(3) Die zwei ausgewählten subjektiven Indikatoren zu Hoffnungen und Befürchtungen zeigen deutlich, daß zwischen langfristigen objektiven Entwicklungen und den „lebensweltlichen" kurzfristigen Bewertungen dieser Entwicklungen eine Differenz besteht. Sie ist allerdings verständlich, wenn man die Perspektiven der betroffenen Bürger mit der Perspektive des retrospektiven Sozialforschers vergleicht, derden Ausgang kannt. In unseren eigenen Forschungen zum subjektiven Wohlbefinden können wir von einer deutlichen Konstanz von Zufriedenheiten mit einzelnen Lebensbereichen und der allgemeinen Lebenszufriedenheit berichten; gleichzeitig aber auch von nicht geringen Anteilen der Befragten, die über Ängste, Einflußlosigkeit und negative Zukunftsaussichten klagen (vgl. Datenreport; Zapf/Habich 1996, Hg.).

Der definitive, umfassende Wohlfahrtsindikator ist nicht in Sicht und wohl auch nicht wünschbar. Wir setzen statt dessen auf die „mittlere Reichweite": auf die kontinuierliche Beobachtung der objektiven Lebensbedingungen, des subjektiven Wohlbefindens und der „Qualität der Gesellschaft".

Literatur

Allensbacher Jahrbuch der Demoskopie 1993-1997. Band 10, herausgegeben von Elisabeth Noelle-Neumann und Renate Köcher. Allensbach am Bodensee.

Ballerstedt, Eike, Wolfgang Glatzer unter Mitwirkung von Karl-Ulrich Mayer und Wolfgang Zapf 1979: Soziologischer Almanach. 3. Auflage, neu bearbeitet von Helga Cremer-Schäfer und Erich Wiegand. Frankfurt am Main.

Bundesministerium für Arbeit und Sozialordnung: Statistisches Taschenbuch. Arbeits- und Sozialstatistik. Verschiedene Jahrgänge. Bonn. Internet-Adresse: http://www.bma.de

Bundesministerium für Arbeit und Sozialordnung: Materialband zum Sozialbudget 1997. Bonn.

Deutscher Bundestag, 13. Wahlperiode 1998: Zweiter Zwischenbericht der ENQUETE-KOMMISSION „Demographischer Wandel – Herausforderungen unserer älter werdenden Gesellschaft an den einzelnen und die Politik". Drucksache 13/11460. Bonn.

Die Lage der Weltwirtschaft und der deutschen Wirtschaft im Herbst 1998. Beurteilung der Wirtschaftslage durch (...) Arbeitsgemeinschaft deutscher wirtschaftswissenschaftlicher Forschungsinstitute. Berlin, („Herbstgutachten").

Digitales Informationssystem Soziale Indikatoren (DISI) 1995. Zentrum für Umfragen, Methoden und Analysen, Abteilung Soziale Indikatoren. Mannheim

Noll, Heinz-Herbert, Erich Wiegand (Hrsg.) 1993: System Sozialer Indikatoren für die Bundesrepublik Deutschland. Zeitreihen 1950-1991. Zentrum für Umfragen, Methoden und Analysen, Abteilung Soziale Indikatoren. Mannheim

Sachverständigenrat zur Begutachtung der gesamtwirtschaftlichen Entwicklung: Jahresgutachten 1997/98. Stuttgart.

Statistisches Amt der DDR 1990: Statistisches Jahrbuch der Deutschen Demokratischen Republik 1990. Berlin.

Statistisches Bundesamt: Statistisches Jahrbuch für die Bundesrepublik Deutschland. Verschiedene Jahrgänge. Wiesbaden. Internet-Adresse: http://www.statistik-bund.de

Statistisches Bundesamt: Wohnsituation und Ausstattung privater Haushalte in Deutschland 1998. Tabellen und Schaubilder. Erste Ergebnisse der Einkommens- und Verbrauchsstichprobe 1998. Pressemappe.

Statistisches Bundesamt (Hrsg.) in Zusammenarbeit mit dem Wissenschaftszentrum Berlin für Sozialforschung und dem Zentrum für Umfragen, Methoden und Analysen, Mannheim: Datenreport 1997. Zahlen und Fakten über die Bundesrepublik Deutschland. Bundeszentrale für politische Bildung, Schriftenreihe Band 340. Bonn.

Verband Deutscher Rentenversicherungsträger: VDR-Statistik. Zahlen und Zeitreihen. Internet-Adresse: http://www.vdr.de/internet/statistik.nsf

Zapf, Wolfgang (Hrsg.) 1977: Lebensbedingungen in der Bundesrepublik. Sozialer Wandel und Wohlfahrtsentwicklung. Frankfurt am Main.

Zapf, Wolfgang, Roland, Habich (Hrsg.) 1996: Wohlfahrtsentwicklung im vereinten Deutschland. Sozialstruktur, sozialer Wandel und Lebensqualität. Berlin.

Wandlungen der Sozialstruktur in Westdeutschland 1945 bis 1949

Uta Gerhardt

Einleitung[1]

Für die Zeit seit 1989/90 hat die deutsche Soziologie den Wandel der Sozialstruktur sorgfältig erfaßt. So hat etwa die Kommission für die Erforschung des Sozialen und Politischen Wandels in den neuen Bundesländern die Erweiterung der Bundesrepublik und dabei die Entstehung einer „zusammengehörigen" anstatt zweier Gesellschaftsordnungen in Deutschland vorbildlich dokumentiert.[2] Das Hauptaugenmerk hinsichtlich der Transformation der ehemaligen DDR liegt auf dem Übergang von totalitärem Einparteienstaat und zentraler Planwirtschaft zu parlamentarischem Rechtsstaat und freiheitlicher Marktgesellschaft. Die soziologischen Analysen eröffnen sowohl Einsichten in unmittelbare Transformationsvorgänge oder Trends teilweise weiterwirkender Gesellschaftsprozesse der früheren DDR als auch Aussagen über die DDR-Gesellschaft und ihren Strukturwandel insgesamt (Joas/Kohli 1991, Diewald/Mayer 1996, Kohli/Zapf 1998). Es wird an Darstellungen von Struktur und Wandel der Bundesrepublik angeknüpft, zunächst für die „alte" und später die „neue" Bundesrepublik, beispielsweise jene in den sieben über zwanzig Jahre reichenden Auflagen eines bekannten Standardwerkes über die Bundesrepublik Deutschland (Schäfers 1976-1998). Die fünf Jahrzehnte Gesellschaftsgeschichte der nach 1945 entstandenen Demokratie sind auch Gegenstand des jüngst erschienenen Handwörterbuchs zur Gesellschaft Deutschlands (Schäfers/Zapf 1998).

Der Handwörterbuch-Artikel „Gesellschaft der Bundesrepublik Deutschland 1945/49-1990" behandelt die Anfänge Nachkriegsdeutschlands anhand der drei Themen Flüchtlinge/Evakuierte/Displaced Persons, Grundgesetz als neuem Gesellschaftsvertrag sowie Durchsetzung der „sozialen Marktwirtschaft" im Gefolge der Währungsreform. Dies charakterisiert den Strukturwandel der Zeit vor Gründung der Bundesrepublik, der am Beginn der Demokratie in Westdeutschland stand. Interessanterweise beziehen die Analysen der Strukturwandlungen, die mit den Jahreszahlen 1989/1990 verbunden sind, den vor einem halben Jahrhundert geschehenen Strukturwandel selten durch einen Rückblick in die aktuelle Diskussion ein. Nur gelegentlich wird ein Vergleich zwischen den beiden epochalen Strukturwandlungen der Gesellschaft in Deutschland gezogen (Gerhardt/Mochmann 1992).

Die Anfänge der Bundesrepublik als Wandel der Systemstruktur der Gesellschaft zwischen 1945 und 1949 können zum Verständnis auch der Periodik und Problematik des Strukturwandels heute beitragen. Das Thema des Übergangs von totalitärer zu demokratischer bzw. von obrigkeitsstaatlicher zu freiheitlicher Gesellschaft wird in beiden Epochen wichtig. Das Geschehen des Strukturwandels im letzten Jahrzehnt könnte in den Rahmen eines allgemeinen Theoriemodells zur Erfassung der Demokratisierung gestellt werden, wenn der Strukturwandel nach dem Zweiten Weltkrieg berücksichtigt wird. Zur Thematik des Strukturwandels nach 1945 liegen bekanntlich zwei theoretische Entwürfe vor, deren jeder für sich eine gewisse klassische Bedeutung innerhalb der Soziologie erlangt hat: – Talcott Parsons' Essay „The Problem of Controlled Institutional Change" (1945) sowie Ralf Dahrendorfs vieldiskutierte Thesen aus *Gesellschaft und Demokratie in Deutschland* (1965). Ein Vergleich dieser Theoriemodelle anhand empirischer Daten könnte für die Gegenwart erwägenswerte Einsichten erbringen. Empirische Daten zum Strukturwandel in den Jahren 1945-1949 sind reichlich vorhanden, sodaß gefragt werden kann, ob ihnen die einschlägigen Theoriemodelle gerecht werden: Es handelt sich um die Ergebnisse der bisher in der soziologischen Diskussion wenig beachteten Studien der Information Control Division (ICD) des Office of Military Government in Germany (OMGUS) (Braun/Articus 1984) sowie die bis 1955 und sogar 1965 weitergeführten Surveys der USA in Deutschland.

Mein Beitrag erläutert in einem ersten Schritt die beiden Theoriemodelle, nämlich Talcott Parsons' Entwurf eines Übergangs vom Nationalsozialismus zur modernen demokratischen Industriegesellschaft (geschrieben im Oktober 1944) sowie Ralf Dahrendorfs Theorem unwillkürlicher Modernisierung der Gesellschaft Deutschlands durch den Nationalsozialismus, das den Strukturwandel 1945-1949 als Neuanfang mit restaurativen Aspekten erfaßt (geschrieben im Jahr 1964).

Im zweiten Schritt ist die damalige Demokratisierung anhand zeitgenössischer Programmtexte der Besatzungsmacht kurz zu charakterisieren. Daran schließt sich eine Skizze jener Forschungsergebnisse an, die den Strukturwandel zwischen 1945 und 1949 in über zweihundert Einzelberichten festhielten. Meine Darstellung umfaßt die drei Dimensionen des Strukturwandels, die Schäfers im Handwörterbuch der Gesellschaft Deutschlands erwähnt und die unter die Stichworte Bevölkerung, Politik und Wirtschaft passen.

Abschließend – im Vergleich zwischen 1989/90 und 1945-1949 – wird anhand der Surveyforschung zur Sozialstruktur der Nachkriegszeit die Frage nach der Theorie des Strukturwandels noch einmal gestellt. Für 1945-1949 wird zunächst gefragt, ob eher Parsons' oder Dahrendorfs Modell der Modernisierung den zeitgenössischen Forschungsdaten gerecht wird. Die Antwort und zugleich die meinem Beitrag zugrundeliegende These ist, daß Parsons' Modell, das die Besatzungsherrschaft explizit berücksichtigt, dem

Strukturwandel der Zeit bis zur Gründung der Bundesrepublik näherkommt, während Dahrendorfs Modell, das eher dem „Wirtschaftswunder" Beachtung schenkt, für die ersten Jahre der Nachkriegszeit weniger ergiebig erscheint. Die beiden Modelle im Vergleich sollten indessen auch mit Blick auf 1989/90 rezipiert werden. Daß für den Strukturwandel 1945-1949 zwei jeweils konsistente Theoriemodelle vorliegen, könnte dazu anregen, die beiden gesellschaftlichen Transformationen in Deutschland hinsichtlich ihrer empirischen Dynamik auch im Licht dieser zwei Modelle zu vergleichen. Darin, so denke ich, liegt ein Auftrag an die Gesellschaftsanalyse, im wieder vereinten Deutschland eine Theorie des demokratisierenden Strukturwandels unter Einbeziehung des Systemwechsels nach dem Zweiten Weltkrieg zu entwikkeln.

Zwei Modelle des Systemwandels vom Nationalsozialismus zur Bundesrepublik

Im Sommer 1944 nahm Parsons an einer (durch die amerikanische Regierung ermöglichten) Tagung über das Problem der zukünftigen kulturellen Umgestaltung Deutschlands zu einer Demokratie teil (Gerhardt 1998). Als Grundlage des Tagungsberichts verfaßte er ein Memorandum, das den Systemwandel Deutschlands als planmäßige Umgestaltung zentraler gesellschaftlicher Institutionen charakterisierte (Parsons 1945). Im Hintergrund standen drei soziologische Einsichten: (1) Gestützt auf Max Webers Erkenntnisse über die Typen der Herrschaft mußte der Nationalsozialismus als charismatisches Regime gesehen werden (mit Aspekten einer nicht mehr durchgesetzten Veralltäglichung zum Traditionalismus, insbesondere Patrimonialismus), woraus nunmehr zu folgern war, daß es galt, bewußt ein rational-legales System zu etablieren bzw. wiederherzustellen; (2) Handeln und Denken der Deutschen mußten in Richtung Demokratie verändert werden, wozu Institutionenänderungen anstatt bloßer Appelle an Einsicht und guten Willen zu dienen hatten; und (3) konnten die Sozialwissenschaften allenfalls Anregungen zum „planmäßigen Institutionenwandel" zur Diskussion stellen, denn Politikrelevanz hatten sozialwissenschaftlich begründete Programme als „only a first approximation to a manageable policy" (1945/1993: 322). Auf diesen Denkvoraussetzungen gründete er ein Theorem des Wandels zur Demokratie durch Kontrolle auf drei Ebenen, nämlich jener der „regressiven", „permissiven" und „direkten" Kontrolle. Regressive Kontrolle bedeutete bewußte Erschwerung jener Gesellschaftsvorgänge, die weiteres Abgleiten des deutschen sozialen Systems in traditionale Herrschaftsformen bewirken konnten; dazu gehörten vor allem Auflösung des Militärs und gänzliche Entwertung des Militarismus, parlamentarische freiwillige Wahlämter auf allen Ebenen des politisch-gesellschaftlichen Lebens sowie ausschließliche Marktorientierung und Verselbständigung der Wirtschaft gegenüber dem Staat. Permissive

Kontrolle bedeutete Förderung jener Institutionsentwicklung, wodurch Demokratisierung bzw. Übergang zu rational-legalen Sozialformen langfristig erreicht werden konnte; dies umfaßte auch die Umstellung der Wirtschaft auf Konsumgüterproduktion und die Öffnung der Berufswelt für Werthaltungen der Achievement-Orientierung anstatt der (bisherigen) Ascription-Orientierung.[3] Direkte Kontrolle bedeutete schließlich Kriminalisierung explizit nationalsozialistisch-charismatischer – zumal rassistischer – Ideologien und Gruppierungen. Parsons' Modell der Systemwandels, dargestellt am „Fall Deutschland", entsprach der These, daß Angelpunkt eine Stärkung des einzigen verbliebenen Strukturelementes sein müsse, das die westlich-demokratische und die deutsche Gesellschaft noch gemeinsam hatten; dies war die Industrie. Der Systemwandel sollte durch bewußten Auf- bzw. Ausbau der kapitalistischen Wettbewerbswirtschaft erfolgen, die auf der beruflichen Selbstbestimmung der Bürger aufbaute. Die Richtung derartigen Systemwandels sollte sein, Demokratie durch Freisetzung der ökonomischen Eigenverantwortung über den politischen Bereich hinaus in alle Institutionen hinein zu etablieren. Systemwandel, der vom Beruflich-Wirtschaftlichen ausging, werde langfristig schließlich alle Lebensbereiche erfassen.

Dahrendorfs zwanzig Jahre nach derjenigen Parsons' geschriebene Analyse befaßte sich demgegenüber nicht (oder nicht mehr) mit der Steuerungsfunktion des Besatzungsregimes bei der Demokratisierung Nachkriegsdeutschlands. Stattdessen erkannte Dahrendorf eine vorbereitende Auswirkung der „sozialen Revolution" des Nationalsozialismus durch „Gleichschaltung" der Volksgenossen auf die in der Bundesrepublik schließlich – wenngleich offenbar nach seinem Dafürhalten nur halbherzig – verwirklichte Modernität: „Der Nationalsozialismus hat für Deutschland die in den Verwerfungen des kaiserlichen Deutschland verlorengegangene, durch die Wirrnisse der Weimarer Republik aufgehaltene soziale Revolution vollzogen. Der Inhalt dieser Revolution ist die Modernität" (1965/1968: 432[4]). Tragisch für Deutschland war, so Dahrendorf weiter, daß Liberalität und Moralität aufgrund der nationalsozialistischen Herrschaft unvereinbar wurden (442). Dies bedeutete, da Modernität und Liberalität offenbar gleichzusetzen waren, insofern sie gegen die im diktatorisch-verbrecherischen Staat verratene Moralität standen, daß Modernität nun eine mechanische Solidarität des gesellschaftlichen Handelns erforderte. Dahrendorf entwarf hierbei ein Gesellschaftsmodell, das den Einfluß der Eliten auf Sozialstrukturwandlungen hervorhob. Er stellte fest, daß erst die endgültige Zerstörung der „alten" Eliten durch das Hitlerregime nach dem 20. Juli 1944 eine Situation des unvermeidlichen Neuanfangs nach Kriegsende schuf: „Der 20. Juli und die durch seinen Fehlschlag ausgelösten Verfolgungen markieren das Ende einer deutschen politischen Elite" (444). In den Folgejahren, mit Schlüsseldatum 1948, so nun Dahrendorf, etablierten sich „nolens volens" für den Aufschwung der Nachkriegszeit maßgebliche Wirtschaftseliten: „In einer Zeit, in der die im engeren Sinne politischen Führungsgruppen fehlten oder außerordentlich schwach waren, gerieten die Führungsgruppen des zweitwichtigsten institutionellen Bereichs moderner Gesellschaften, der Wirtschaft, nolens volens in eine Position großer Stärke“ (470). Die Wandlungen der Sozialstruktur, die erst in den fünfziger Jahren angesichts des „Wirtschaftswunders“ offenkundig wurden, waren indessen in der Zeit 1945-1949, als noch nicht einmal staatliche Integrität bestand, allenfalls rudimentär zu erkennen. Obwohl die deutsche Gesellschaft nach 1945, so Dahrendorf, „als Reaktion auf die nationalsozialistische Revolution ... hier und da den Rückweg zu vormodernen Strukturen gesucht“ habe (465), begann mit ihrer Wirtschaftsentwicklung ein „Wunder“ eigener Art, nämlich die Entstehung und Entwicklung der „vergleichsweise liberalen Formen, in denen sie sich vollzog“ (468). Dadurch, so Dahrendorf weiter, wurde die „effektive Gleichheit der Bürgerrechte“ derart selbstverständlich, daß nun – in den sechziger Jahren – feststehe, „daß ein Autoritarismus traditioneller Prägung in der deutschen Gesellschaft unmöglich geworden ist“ (467).

Demokratisierung durch Besatzungsherrschaft

Das historische Experiment, daß durch die absolute Herrschaft einer Besatzungsmacht eine planmäßige Umgestaltung Deutschlands (und Japans) zu demokratischen Regierungs- und Lebensformen erfolgen sollte, empfahl der Harvard-Politologe Carl J. Friedrich im Herbst 1943 mit den Worten: „In ... re-establishing the government of law, and not of men, American military government will make a substantial contribution toward the re-establishment of self-rule among the enslaved peoples of the world“ (Friedrich 1943: 541). Der Rechtsstaat sollte also die Perspektive der Besatzungsmaßnahmen bilden, denn erstes Ziel war ein Wandel der „situation of utter lawlessness such as the Fascist domination has brought about“ (540). 1945 bestimmte die Direktive 1067 der Joint Chiefs of Staff, das Programmdokument der Besatzungspolitik, daß die Demokratisierung Deutschlands ein Hauptziel der Militärherrschaft sein sollte, zusammen mit Entmilitarisierung, Entnazifizierung sowie der Entkartellisierung der unter strenge Aufsicht zu stellenden (Groß)Industrie. Drei Jahre nach Kriegsende bestätigte eine Analyse in der Harvard Law Review, daß die wiedererstandene Justiz in der amerikanischen Besatzungszone dem „pattern existing under the Weimar Republic“ nun wiederum entsprach, wodurch Rechtssicherheit – unerläßliche Grundlage jeglicher politischen Selbstbestimmung – wiederhergestellt war, jedenfalls insoweit „the Weimar pattern was admittedly a sound one“ (Loewenstein 1948: 466). In demselben Jahr veröffentlichte Friedrich, nach zwei längeren Deutschlandaufenthalten als Berater des (Stellvertretenden) Militärgouverneurs der USA, Lucius D. Clay, seine Gedanken zum notwendigen weiteren wirtschaftlichen, politischen sowie militärischen Auf- und Umbau in den Annals der American Academy of Political and Social Science. Die wirtschaftliche Perspektive kleidete er in den Wortlaut des Berichts des Committee of European Economic Cooperation (CEEC), der neugegründeten Marshallplan-Behörde in Paris, wo betont wurde, daß die deutsche Wirtschaft sich nicht wie in der Vergangenheit zum Schaden anderer europäischer Länder entwickeln durfte, aber: „If European co-operation is to be effective, the German economy must be fitted into the European economy" – ein Schritt, der bekanntlich den Aufschwung ins „Wirtschaftswunder" bedeutete (Friedrich 1948: 130). Die allgemeine Leitlinie der Politik, derzufolge Demokratisierung Deutschlands durch die Besatzungsherrschaft vordringlich war, diskutierte der Stellvertretende Außenminister John H. Hilldring 1948 unter dem Titel: „What Is Our Purpose in Germany?" Er beschrieb die Veränderungen und Maßnahmen in Deutschland mit Blick auf politisches Leben, Mentalität, Arbeitsmarkt etc., ehe er resümierte: „If, as a result of our winning of the war and our occupation of Germany, we can establish in the center of Europe a peaceful, democratic Germany, we shall have accomplished our purpose both in fighting the European war and in occupying Germany" (Hilldring 1948: 83). Dabei erinnerte er an die Verpflichtung, die der amerikanische Präsident anläßlich der Potsdamer Konferenz eingegangen war, als er die folgende Zielperspektive für die Besatzungsherrschaft der Alliierten in den Text des Abkommens einfügen ließ: „It is the intention of the Allies that the German people be given the opportunity to prepare for the eventual reconstruction of their life on a democratic and peaceful basis. If their own efforts are steadily directed to this end, it will be possible for them in due course to take their place among the free and peaceful peoples of the world."

Dimensionen des Strukturwandels während des Besatzungsregimes

Zu den Behörden der amerikanischen Besatzungsmacht gehörte ab September 1945 eine Meinungsforschungsabteilung (Survey Analysis Branch der Information Control Division), die zentral geleitet wurde und mit eigenen Dienststellen in den Hauptstädten sowie mit Außenstellen in den Bezirken der Besatzungszone vertreten war. Insgesamt 82 Großprojekte anhand systematisch zufällig ausgewählter Stichproben der Bevölkerung der drei Länder sowie des Sektors Berlins (sowie ab 1946 der Enklave Bremen) wurden durchgeführt, woraus bis September 1949 fast zweihundert themenbezogene Forschungsberichte entstanden. Unter dem Besatzungsregime der Hohen Kommission wurden bis 1955 weitere Surveys nunmehr durch das im Auftrag arbeitende DIVO-Institut Frankfurt durchgeführt, woraus der Reactions Analysis Staff des Office of Public Affairs des Office of the High Commission in Germany (HICOG) mehr als zweihundert Berichte zu speziellen Themen erstellte. Dieses reichhaltige empirische Material erlaubt heute eine analytische Beschreibung von Dimensionen des Strukturwandels der Gesellschaft 1945-1949. Zwar beziehen sich die Forschungsergebnisse in den ersten Jahren nur auf die amerikanische Zone, wo eine umfassende Sozialberichterstattung geleistet wurde; indessen enthielten für die britische Zone die Berichte des Public Opinion Office der Britischen Militärregierung datengestützte Aussagen, die denen über die amerikanische Zone weitgehend entsprachen[5]; ab 1949/50 wurden zudem alle Ergebnisse der HICOG-Meinungsforschung zugleich für die Bundesrepublik und die amerikanische sowie eventuell die britische und französische Besatzungszone ausgewiesen. Anhand der Befunde der ICD- und HICOG-Studien kann somit wenigstens in Umrissen ein empirisch aufschlußreiches Bild des Strukturwandels der Gesellschaft Deutschlands 1945-1949 gezeichnet werden.[6]

Zum Problem Flüchtlinge/Heimatvertriebene legte die ICD im Juli 1946 ihren ersten Bericht vor, unter dem *Thema German Attitudes Toward the Expulsion of German Nationals* from Neighboring Countries. Es zeigte sich, daß zwei Drittel der einheimischen Bevölkerung bisher keinerlei persönlichen Kontakt mit den bereits millionenfach zugewanderten Heimatvertriebenen/Flüchtlingen hatten und daß nur die Hälfte der Einheimischen sich überhaupt vorstellen konnten, daß es jemals konfliktfreie Beziehungen zwischen Zuwanderern und Eingesessenen geben könne. Zwei Drittel der ansässigen Deutschen sahen keine Möglichkeit, die Neuankömmlinge langfristig mit Wohnung, Arbeit und Nahrungsmitteln zu versorgen. Etwa ein Fünftel wollte ihnen zudem Gleichheit der politischen und wirtschaftlichen Rechte vorenthalten. Fazit: Insgesamt ein Fünftel und in bestimmten Berufs- und politischen Gruppierungen sogar ein Drittel der Einheimischen vermochten die Flüchtlinge nicht als „Members of the German Society" anzuerkennen (ICD-Report No. 14A: 8). In zahlreichen weiteren Berichten bis 1949 wurde der Befund bekräftigt, daß kaum Aussicht bestand auf Integration der Flüchtlinge/Heimatvertriebenen sowohl von Seiten der Entwurzelten (die überwiegend auf Rückkehr in ihre Heimat hofften) als auch von Seiten der Einheimischen (die sich kein langfristig zufriedenstellendes Zusammenleben mit den Vertriebenen/Flüchtlingen vorstellen konnten). 1950 erstellte HICOG eine Übersicht über Trends der Einstellungen der Deutschen im Zeitraum 1946-1949, wobei das Thema der Expellees anhand fünf wiederholt in Surveys gestellter Schlüsselfragen behandelt wurde. Dabei zeigte sich folgendes: Der Anteil derer, die die Vertreibung nicht gerecht fanden, betrug im November 1946 ca. 90 Prozent und im November 1949 ca. 95 Prozent der Bevölkerung; unter den Einheimischen hatten Hoffnung auf ein friedliches Zusammenleben 1946 kaum 50 Prozent und immerhin 1949 fast 60 Prozent, wobei 1946 etwa 90 Prozent und 1949 nur noch ca. 80 Prozent vermuteten, daß die Flüchtlinge am liebsten in ihr früheres Heimatland zurückkehren würden; unter den Vertriebenen waren 1946 ebenso wie 1949 etwa 60 Prozent unzufrieden mit ihrer bisherigen Aufnahme in Westdeutschland, und dabei sagten 80 Prozent im Jahr 1946 und 85 Prozent im Jahr 1949, daß sie jederzeit – wäre dies möglich – in ihr Heimatland zurückkehren würden. Aus derartigem Anschauungsmaterial ergab sich hinsichtlich der Bevölkerungsstruktur im Nachkriegsdeutschland, daß ein tiefer Graben zwischen den quasi-ethnischen

Gruppen der Einheimischen und der Flüchtlinge/Vertriebenen bestand. Diese Spaltung innerhalb der Gesellschaft Deutschlands zwischen den Einheimischen und den schließlich etwa 12 Millionen Zuwanderern blieb bemerkenswert stabil im gesamten Zeitraum 1945(1946)-1949.

Zum Problemkreis der Umgestaltung Deutschlands zur repräsentativen Demokratie, deren Gremien durch Wahlen auf Gemeinde-, Kreis- und Länderebene erstmals 1946 und auf Bundesebene schließlich 1949 gebildet wurden, wurden bis in die fünfziger Jahre hinein Befragungen durchgeführt. Die ersten Ergebnisse lagen im Frühjahr 1946 in den ICD-Berichten *Some Political Attitudes* (Nr. 3) und *Special Political Survey* (Nr. 5) vor. Sie werteten eine Bevölkerungsumfrage sowie eine Befragung von 162 örtlichen Führungspersönlichkeiten aus. Insgesamt war ca. ein Zwanzigstel der Bevölkerung Mitglied in einer der neuzugelassenen demokratischen Parteien, und immerhin vier Fünftel konnten eine davon als von ihnen bevorzugt benennen, während ein Fünftel sich keiner politischen Partei nahestehend empfand und drei Viertel nicht bereit waren, einer politischen Partei beizutreten. Im Spektrum zwischen konservativen und linksgerichteten Parteien bevorzugten die Bewohner kleiner Orte eher erstere, jene in Großstädten eher letztere, und in den Januarwahlen 1946, so wurde erfragt, waren mehr Konservative als Linksgerichtete und mehr Ältere als Jüngere zur Wahl gegangen (die niedrigste Wahlbeteiligung hatten die Unter-30-Jährigen). Dazu bemerkte der Berichtstext: „At best, very slow progress is noticeable“ (ICD Report No. 3: 2). Doch es gab auch Fortschritte, nämlich die Verminderung des Anteils derer, die politisch nicht informiert waren und auch nicht besser informiert sein wollten (von 36 auf 28 Prozent) und die Zunahme des Interesses an Versammlungen der politischen Parteien (von 60 auf 72 Prozent). Dazu bemerkte der Bericht: „Shot-through as the German population is said to be with political apathy and defeatism expressed by appreciable minorities, it is revealing that an ever-increasing number of adults have been attending political meetings“ (3). Die parallel durchgeführte Expertenbefragung ergab eine Palette politischer Orientierungen, die die folgenden zehn Einzelthemen betrafen: Die politische Interessiertheit war hoch, allerdings fehlte eine begründete „appreciation of democratic social attitudes or democracy's organic functioning within a community“ (ICD Bericht Nr. 5: 2); grundlegend für die demokratische Staatsform erschien Gleichheit, aber diese sollte offenbar nicht so Konkretes wie Gleichheit der Rassen umfassen; für Deutschland geeignet erschien die demokatische Regierungsform etwa der Hälfte der Interviewten; kaum ein Befragter vermochte den Beitrag der Militärregierung zur Errichtung eines demokratischen Staates in Deutschland zu erläutern; schrittweise Übergabe politischer Funktionen an deutsche Stellen wurde nachdrücklich begrüßt, aber kaum jemand machte sich Gedanken über das Für und Wider (allenfalls wurden Ängste vor unkontrolliertem Machtmißbrauch geäußert); etwa ein Fünftel konnte sich nicht für eine der neuen Parteien entscheiden, unter den übrigen bevorzugten etwas über die Hälfte eine konservative, etwas unter der Hälfte eher eine linksgerichtete Partei; eine

Schuld der Deutschen am Naziregime oder seinen Verbrechen anerkannten am ehesten Anhänger der KPD und am seltensten Anhänger der CDU oder CSU (damals noch zwei voneinander unabhängige zonenweite Parteien), wobei „most respondents answer these questions with lengthy speculations analysing the causes of the rise of Nazism" (7); kaum ein Interviewter hatte über die Frage nachgedacht, ob es Fälle gebe, in denen es Pflicht der Bürger sei, sich den Anordnungen der Regierung zu widersetzen; etwa die Hälfte fürchtete die Wiederkehr einer Machtusurpation durch eine den Nationalsozialisten ähnelnde Gruppierung (dazu wurden ausführliche Begründungen vorgetragen); die Aufgabe des Staates gegenüber seinen Bürgern – also auch jene einer künftigen Regierung – sahen drei Viertel darin, die Befriedigung der materiellen Bedürfnisse sicherzustellen, und „only 25% think individual freedom of conscience, freedom of expression, ‚no secret police whatever' and religious freedom are the requirements" (14). Insgesamt herrschte ein Szenario der politischen Unsicherheit, aufgehellt durch erste Ansätze politischer Interessiertheit bei einer wachsenden Mehrheit der Bevölkerung; immerhin – anläßlich der Gemeindewahlen vom Januar 1946 – betrug die Wahlbeteiligung 86 Prozent, was der (Stellvertretende) Militärgouverneur Clay in seinen Memoiren als einen vielversprechenden Lichtblick der demokratischen politischen Entwicklung hervorhob (Clay 1950: 88).

Das Bild politischer Einstellungen änderte sich im Laufe der nächsten zwei Jahre. Bericht Nr. 136 vom 21. September 1948, *der Attitudes Toward a Government for West Germany* untersuchte, konnte über eindeutige Befürwortung eines westdeutschen parlamentarischen Staates durch eine große Mehrheit der Bevölkerung berichten. Bericht Nr. 143, der daraufhin der Frage nachging, ob die Bürger eher eine Regierung (government) oder eine Verwaltungsbehörde (administration) als politische Exekutive der Bundesrepublik haben wollten, fand einen höheren Anteil Befürworter der durch die Alliierten vorgeschlagenen Alternative einer Regierung anstatt der durch deutsche Politiker (wegen der besser zu wahrenden Chancen einer Wiedervereinigung) empfohlenen Verwaltungsbehörde; aber weit über die Hälfte der Deutschen in der amerikanischen Zone war mit beiden Lösungen einverstanden. Dennoch war noch ein Jahr später, nach der Gründung der Bundesrepublik, ein ambivalentes Urteil über die neuen politischen Strukturen weitverbreitet, wie Bericht Nr. 191 belegte, dem im Dezember 1949 erhobene Daten zugrundelagen *(The State of German Political Interest at the Outset of the West German Republic).* Erst die HICOG-Studie Nr. 23 *(Trends of Opinion on the West German Federal Republic)* konnte berichten, daß erstmals im Mai 1950 eine (wiewohl knappe) Mehrheit der Westdeutschen sich zufrieden über die politische Tätigkeit ihrer Regierung äußerte. Der Anteil der Unzufriedenen war zwar zwischen November 1949 und Mai 1950 gleichgeblieben mit ca. einem Drittel, aber der Anteil derer, die kein Urteil oder keine Meinung hatten, war von einem Viertel bis auf fast ein Sechstel abgesunken. 51 Prozent bejahten nun die Arbeit der Bundesregierung (in Berlin sogar 77 Prozent). Zur Begründung äußerten etwa ein Fünftel der Zufriedenen, daß sie in allem zufrieden waren, und ein weiteres Fünftel, daß die Lebensbedingungen sich verbessert hatten und nun Menschen in Not (z.B. Flüchtlinge) Hilfen vom Staat erhielten. Allerdings waren unter den mit der Bundespolitik Zufriedenen zwei Fünftel davon überzeugt, daß die Bundesregierung allzu abhängig von den Besatzungsmächten sei (wofür das Stichwort „puppet government" stand), während immerhin über die Hälfte der nunmehr Zufriedenen auch fanden, daß Bonn genug Unabhängigkeit gegenüber den Alliierten hatte (HICOG-Report No. 23: 4).

Im Überblick über den Zeitraum 1945(1946)-1949(1950) ließen sich deutliche Änderungen der Einstellungen zu pluralistischen Politikformen und demokratischen Institutionen der politischen Struktur erkennen. 1946 herrschte Entfremdung großer Teile der Bevölkerung von politischem Engagement im neuentstandenen Szenario der freiheitlichen Parteienpolitik. Zwar bejahten viele eine demokratische Politik trotz mangelndem persönlichen Vertrauen in die durch die Besatzungsmacht kontrollierten Behörden und Gremien; viele andere fanden indessen eine den westlichen Demokratien entsprechende Regierungsform für Deutschland grundsätzlich ungeeignet. Im Jahr 1948 zeigten sich meßbare Fortschritte – nunmehr als Bejahung einer Demokatie als Regierungsform für Westdeutschland. Nun waren politische Interessiertheit und Beteiligung verbreitet, und daraus entstand nach 1949 mehrheitliche Zufriedenheit mit der Regierung unter Konrad Adenauer. Indessen signalisierte bereits 1946 die hohe Wahlbeteiligung, daß die Demokratie in Deutschland (wieder) zu etablieren war.

Zum Problemkreis des wirtschaftlichen Wandels wurden Daten für die Zeit ab Sommer 1945 erhoben. Im ICD-Bericht Nr. 4 *(Incomes and Expenditures of German Families in the American Zone/Winter, 1946)* wurde die wirtschaftliche Lage der Familien in der Besatzungszone und im Sektor Berlins im Zeitraum bis Januar 1945 ermittelt, und im Bericht Nr. 22 wurde *A Study of Attitudes Toward the Reconstruction and Rehabilitation of Germany* vorgelegt. Die Erhebung der wirtschaftlichen Lage ergab eine Beteiligung am Arbeitsmarkt von 28 Prozent der Familienmitglieder und Arbeitslosigkeit („holding no income-earning jobs") von 30 Prozent aller Familienangehörigen (ferner 42 Prozent Jugendlicher oder nicht arbeitsfähiger Erwachsener). Mit anderen Worten (obwohl der Rückschluß explizit nicht gezogen wurde): Man mußte eine Arbeitslosigkeit von mindestens 30 Prozent annehmen beziehungsweise bestand Unfähigkeit, eine bezahlte Arbeit zu finden, bei der Hälfte aller arbeitsfähigen Erwachsenen – womit möglicherweise eine Arbeitslosenrate sogar von 50 Prozent umschrieben wurde. Zugleich hatten 15 Prozent aller Haushalte überhaupt kein Einkommen – weder aus Renten noch Arbeitseinkommen. Der Bericht ermittelte, daß ein Sechstel der Bevölkerung ausschließlich von Erspartem lebte – möglicherweise ein Euphemismus für Schwarzmarkt, Prostitution oder ähnliche wirtschaftsfremde Einkommensquellen. Im ganzen war die wirtschaftliche Lage bei dem Drittel der Familien, die für laufende Ausgaben, für Lebensmittel und Wohnung, Erspartes aufwendeten, ohne langfristige Perspektive: „On the average, those spending savings said that they could continue their present outlay for one year. But one fourth said such expenditures could be continued for only three months more“ (ICD Report No. 4: 10). Im April 1946 sahen über 80 Prozent der Deutschen in der US-Zone voraus, daß der Wiederaufbau Deutschlands mehr als zehn Jahre dauern würde; immerhin 20 Prozent glaubten sogar, daß dazu mindestens fünfzig Jahre nötig waren (ICD Report No. 22: 13). Dabei bezeichneten sich 56 Prozent der Bewohner der US-Zone als optimistisch, wenn sie die Möglichkeit eines Wiederaufbaus einschätzten – unter diesen waren tendentiell eher Männer, Einwohner mittelgroßer Städte, Beamte/höhere Angestellte/freie Berufe/Geschäftsleute(business)/Facharbeiter, Protestanten, SPD-Anhänger sowie ehemalige Parteigenossen (18). Befragt nach ihrer Meinung nach dem besten Weg zum Wiederaufbau nannten die Einwohner der US-Zone folgendes (Mehrfachnennenungen waren möglich): „Hard work 70%, Religion 35%, new political direction 26%, a new strong leader 10%, the rebirth of the old national spirit of Bismarck or Frederick the Great 2%, don't know 5%“ (21).

Noch drei Jahre später, also bereits ein Jahr nach der Währungsreform, war die Situation, die 1946 dokumentiert worden war, im Bewußtsein der Deutschen nicht überwunden. Die Westberliner, die in den Befragungen eher mehr Optimismus als die Bewohner der US-Zone geäußert und seltener den „starken Führer“ zurückgewünscht hatten, verkörperten noch 1949 die allenthalben verbreitete Tendenz. Der HICOG-Bericht Nr. *5 (West Berliners Appraise Economic and Political Situation)*, dessen Datengrundlage mehrere Erhebungen des Jahres 1949 waren, ermittelte, daß der Anteil derer von 44 Prozent auf 33 gesunken war, deren Familieneinkommen ausreichte, um die notwendigen Lebenshaltungskosten zu bestreiten („cover all necessary expenses“). Der Kommentar zu diesen Zahlen verwies auf den Normalisierungsschub, den Westberlin immerhin erlebte: „After the lifting of the blokkade, food, clothing and luxury items unavailable since the war, were suddenly displayed in all store windows. The availability of these long inaccessible items undoubtedly made many people more aware of their limiting buying power than they might have been formerly“ (HICOG Report No. 5: 2). Die Arbeitslosigkeit betrug nun ungefähr 30 Prozent, d.h. „three in ten of those interviewed say that someone in their family is looking for a job. And of those who have working people in their family, 7% are working only part time“ (4). Die Empfehlungen eines besten Weges zur Überwindung der Arbeitslosigkeit, die die Befragten äußerten, änderten sich interessanterweise bei vielen Westberlinern zwischen August und Dezember 1949 (also in der Periode der Gründung der Bundesrepublik und der DDR). In diesen vier Monaten stieg der Anteil derer, die ausländische Kredite für den besten Weg zur Belebung des Arbeitsmarktes hielten, von 20 auf 30 Prozent, und derjenige derer, die den Wiederaufbau Berlins mittels Wohnungsbau und Industrieansiedlung bei allemal langfristiger Belebung der Bauwirtschaft empfahlen, von 19 auf 31 Prozent; demgegenüber sank der Anteil derer, die den Import von Rohmaterialien zur Ankurbelung deutscher Fertigwarenproduktion empfahlen, von 40 auf 28 Prozent (6). Immerhin wußten zwei Drittel der Berliner damals Bescheid über die Marshallplan-Hilfe, und unter ihnen fanden zwei Fünftel diese zufriedenstellend (7).

Im Überblick war die Zäsur der Währungsreform, die die Überwindung der nationalsozialistischen Kommando- und Kartellwirtschaft endgültig einleitete, erst mit einer Verzögerung von ein oder sogar zwei und mehr Jahren in den Einschätzungen der wirtschaftlichen Lage der Familien nachzuvollziehen. Zunächst entstanden realistische Wahrnehmungen des – bereits seit der Nazizeit – verleugneten Defizits an Gütern und Dienstleistungen jenseits des alltäglichen Mindestbedarfs. Im ICD-Bericht Nr. 175, der *die Trends in German Public Opinion 1946-1949* festhielt, wurde immerhin berichtet, daß der Anteil derer, die nun genug zu essen hatten, um ihre Arbeit effektiv tun zu können, zwischen März 1946 und Januar 1948 nur 25 Prozent betrug, aber danach bis November 1949 auf 85 Prozent anstieg. In diesen drei Jahren sank die Einschätzung, daß das Familieneinkommen zur Deckung notwendiger Ausgaben reichte, von 70 auf 50 Prozent, aber der Anteil derer, die nun eine Besserung ihrer Lage gegenüber dem jeweils vergangenen Jahr meldeten, stieg von 10 auf über 50 Prozent und der Anteil derer, die eine Verschlechterung konstatierten, sank von 55 auf 20 Prozent (13). Der entscheidende Zeitraum, so der im Frühjahr 1950 geschriebene Kommentar, war das Jahr 1948: „Between February 1948 and January 1949 there was a dramatic shift in attitudes regarding improvement of individual living conditions. ... In contrast to the pre-currency reform period, prices – not shortages – are now the major complaint“ (10).

Für die Dimensionen Bevölkerung, Politik und Wirtschaft des Strukturwandels 1945-1949 zeigten die hier skizzenhaft dargestellten zeitgenössischen Befragungen folgendes: Die Bevölkerung war gespalten in zwei quasiethnische Blöcke der Einheimischen und Zuwanderer (Heimatvertriebenen/Flüchtlinge), wobei Tendenzen der Diskriminierung der ersteren gegenüber letzteren vorherrschten. Die politischen Strukturen der parlamentarischen Demokratie wurden nach anfänglichem Zögern nachdrücklich bejaht, und erstmals ein halbes Jahr nach der Gründung der Bundesrepublik war die Hälfte der Westdeutschen mit der Arbeit der Bundesregierung zufrieden. Die ökonomischen Strukturen einer „geldlosen“ Tausch- und Subsistenzwirtschaft (bei gleichzeitigem Dirigismus bei Preisen und Löhnen), die bis zur Währungsreform mit der wiedererstehenden Wettbewerbswirtschaft konkurrierte, wurden mehrheitlich in der Bevölkerung als Mangel am nötigsten Lebensbedarf erlebt. Die Wiederherstellung einer international konkurrenzgeprägten Marktwirtschaft führte zunächst zur realistischen Einschätzung der eigenen schlechten Arbeitsmarkt- und Wirtschaftssituation, bis eine Besserung der Lebensbedingungen in den fünfziger Jahren allgemein den Westdeutschen bewußt wurde.

Transformation(en) und Gesellschaftstheorie(n).

Welche Theorie-Aussagen über Transformation, die auch für die Zeit nach 1989 gelten, werden durch die ICD- und HICOG-Reports nahegelegt? Von heute aus urteilt Wolfgang Zapf, daß unter den „Pfaden der gesellschaftlichen Entwicklung", die zur Modernisierung führen, die Transformation 1945 zum Typus der „imposition" gehöre, „d.h. von oben und außen erzwungen" worden sei: „Die Transformation setzte hier zwar beide Aufgaben – Demokratisierung und Einführung der Marktwirtschaft – gleichzeitig auf die Tagesordnung, aber ohne Zeitdruck, mit bescheidenen, erst langsam steigenden Erwartungen aus einer Niederlagesituation heraus, in der die alten Eliten nur zum Teil eliminiert, zum Teil aber reaktiviert wurden" (Zapf 1996: 66). Diese These will erstens besagen, so Zapf, daß die Besatzungsherrschaft nach 1945 – nach seiner Meinung im Gegensatz etwa zur Transformation in Spanien und Portugal, „die Demokratie und Marktwirtschaft bereits gekannt hatten" (ibid.) – eine Gesellschaft modernisierte, die an keine früheren demokratischen oder marktwirtschaftlichen Formen habe anknüpfen können; zweitens wird hervorgehoben, daß Wechsel oder Kontinuität der Eliten strukturell entscheidendes Moment sozialen Systemwandels ist.[7]

Dem Bild, das Zapf entwirft, mag man entgegenhalten, daß im Deutschland des Jahres 1945 Demokratie und auch Marktwirtschaft durchaus eine Tradition hatten, wenngleich diese bereits seit der Wilhelminischen Zeit durch Hegemonial- und Kartell- bzw. Monopolstrukturen teilweise überlagert worden war. Daß eine solche Tradition existierte und also nach dem Zweiten Weltkrieg gegenüber den traditionalistischen Tendenzen durchgesetzt werden mußte und konnte, betonte Parsons in seiner (Ende 1944 entstandenen) Analyse des (notwendigen) Systemwandels in Deutschland.

Ohne die Politik der Besatzungsherrschaft, die auf Demokratisierung und Marktwirtschaft zielte – darin ist Zapf zuzustimmen –, wäre eine Wandlung der Sozialstruktur Deutschlands nach dem Zusammenbruch des Naziregimes schwerlich gelungen. Dahrendorfs Analyse, die die Verdienste der Militärregierung nicht erwähnt, bleibt unwillkürlich ethnozentrisch. Parsons, der zwar nur Prinzipien eines „controlled institutional change" erläuterte, da 1944/45 noch keine konkreten Erfahrungen und Befunde vorlagen, entwarf mit dem Max Webers Herrschaftstypen zugrundelegenden Modell des Systemwechsels einen allgemein für das soziologische Begreifen von Transformationsprozessen geeigneten Ansatz.

Gibt es Parallelen zwischen den Strukturwandlungen nach 1945 und denen seit 1989/90, die einen allgemeinen Bezug zu Parsons' Modernisierungstheorem erlauben? Hinsichtlich der drei skizzierten Dimensionen kann man 1949 einen „Zwischenzustand" des Systemwechsels erreicht sehen, der in der Zeit nach 1989 demjenigen des Jahres 1992 entsprechen mag. Zu diesen beiden Zeitpunkten ergeben sich die folgenden Parallelen der gesellschaftlichen Situation in den drei hier näher betrachteten Themenbereichen: (1) Die Bevölkerung spaltet sich sowohl nach dem Zweiten Weltkrieg als auch nach der Wiedervereinigung in zwei „Lager", zwischen denen ein Zustand des latenten sozialen Konflikts herrscht, welcher damals Einheimische und Flüchtlinge/Vertriebene und heute Westdeutsche und Ostdeutsche voneinander trennt[8]; (2) die politische Interessiertheit ist Vorform der Bejahung pluralistischer Politikformen und demokratischer Regierungsinstitutionen, aber eine positive Einschätzung der Politikprogramme des zusammengebrochenen Totalitarismus bleibt noch lange bei vielen Bevölkerungsgruppen verbreitet (so fanden noch im November 1949 beinahe zwei Drittel Bewohner der US-Zone, der Nationalsozialismus sei eine „good idea badly carried out" gewesen, cf. ICD Report No. 175: 5); (3) die Marktwirtschaft wird nur zögernd als bessere Alternative gegenüber dem autoritären Wohlfahrtsstaat zur Sicherung der Existenzgrundlage akzeptiert; Mängel der privaten Versorgungssituation und Arbeitslosigkeit bewirken bei vielen Bürgern eine ambivalente Einstellung zum Wirtschaftsaufschwung, bis dieser schließlich – in der Nachkriegszeit geschah dies allerdings erst in den Jahren nach 1950 – für jeden offensichtlich und unverkennbar ist.

Eine geeignete Theorie, die die Gemeinsamkeiten der zweimaligen Gesellschaftstransformation zu Demokratie und Marktwirtschaft in Deutschland herausarbeitet, sollte die besondere Bedeutung der Besatzungsmacht für den Strukturwandel 1945-1949 berücksichtigen. Dies könnte zwar bedeuten, daß auch zu diskutieren wäre, ob die besondere Rolle Westdeutschlands anläßlich des „Aufbau Ost" irgendwie mit derjenigen der Besatzungsmächte nach 1945 überhaupt zu vergleichen ist; aber es würde zugleich heißen, daß Parsons' Modell, das die Umwandlung Deutschlands zur Demokratie aus der Perspektive der „Stunde Null" erfaßt, eine ihm bisher nicht zuerkannte Wertigkeit erhielte. Immerhin sah Parsons den Zweck der Besatzungsherrschaft in Deutschlands Umwandlung in eine friedliche Nation Europas. Den Zweck der Besatzungsherrschaft formulierte bekanntlich zukunftsweisend das Potsdamer Abkommen: „If [the German people's] own efforts are steadily directed to [the] end [of eventual reconstruction of their life on a democratic and peaceful basis], it will be possible for them in due course to take their place among the free and peaceful peoples of the world".

Anmerkungen

1 Für die Anregung zu diesem Beitrag danke ich Wolfgang Glatzer, für wertvollen Kommentar Birgitta Hohenester.

2 Insgesamt liegen sechs Berichtsbände sowie drei Publikationsserien vor, wobei drei Förderphasen der Forschung zu unterscheiden sind (bis 1992, 1993-94, 1994-96).

3 Zur Erläuterung: Mit Ascription-Orientierung bezeichnet Parsons jenes gesellschaftliche Strukturprinzip, demzufolge ererbte oder angeborene Merkmale Rekrutierungskriterium für Positionen sind, etwa die Rasse, das Geschlecht, die „Geburt" etc. Demgegenüber heißt Achievement-Orientierung, daß die Bürger jene Eigenschaften durch eigene Anstrengungen erwerben können, die sie brauchen, um gesellschaftli-

che Positionen zu erreichen bzw. zu erhalten, sodaß beispielsweise Bildungsabschlüsse für den Berufseinstieg, berufliche Leistungen für die wirtschaftliche Existenzsicherung und den beruflichen Aufstieg entscheidend sind etc. Der Nationalsozialismus tendierte zum Ascription-Prinzip, Demokratien hingegen fördern das Achievement-Prinzip.

4 Im folgenden geschieht jeweils der erste Verweis auf einen Text durch [Autor]/Jahreszahl/Seitenzahl, die folgenden Verweise auf denselben Text durch Seitenzahl in Klammern.

5 Die entsprechenden Berichte befinden sich in den Archivbeständen des Public Records Office, London, und auch in den National Archives, Washington D.C.

6 Meine Darstellung kann sich aus Platzgründen nur auf einen kleinen Teil der Studien stützen.

7 Diese These mag Dahrendorfs Gesellschaftsmodell geschuldet sein, dessen Analyse von Gesellschaft und Demokratie in Deutschland hervorhebt, daß ein Wechsel von dominanten politischen zu wirtschaftlichen Eliten entscheidend zur Konsolidierung der Demokratie der Bundesrepublik beitrug.

8 Zum Problem der nationalen Identität in der Transformation vgl. Gerhardt/Hohenester 1998

Literatur

Braun, Hans/Articus, Stephan 1984: Sozialwissenschaftliche Forschung im Rahmen der amerikanischen Besatzungspolitik 1945-1949. Kölner Zeitschrift für Soziologie und Sozialpsychologie,Vol. 36, 703-737.

Clay, Lucius D. 1950: Decision in Germany. Garden City: Doubleday.

Dahrendorf, Ralf 1965: Gesellschaft und Demokratie in Deutschland. München: Piper 1968.

Diewald, Martin/Mayer, Karl-Ulrich (Hrsg.) 1996: Zwischenbilanz der Wiedervereinigung. Opladen: Leske + Budrich.

Friedrich, Carl J. 1943: Military Government as a Step Toward Self-Rule. Public Opinion Quarterly, Vol. 7, 527-541.

Friedrich, Carl J. 1948: The Peace Settlement with Germany – Economic and Social. Annals of the American Academy of Political and Social Science, Vol. 257, 129-141.

Gerhardt, Uta 1998: Talcott Parsons und die Re-Education-Politik der amerikanischen Besatzungsmacht. Schweizerische Zeitschrift für Soziologie, Vol. 24, 121-151.

Gerhardt, Uta/Mochmann Ekkehard, (Hrsg.) 1992: Gesellschaftlicher Umbruch 1945-1990. Re-Demokratisierung und Lebensverhältnisse. München: Oldenbourg.

Gerhardt, Uta/Hohenester Birgitte 1998: A Transformation of National Identity? Refugees and German Society After World War II. In: A Sociology of Borderlines, herausgegeben von Gerhard Preyer/Mathias Bös (im Erscheinen).

Hilldring, John H. 1948: What Is Our Purpose in Germany? Annals of the American Academy of Political and Social Science, Vol. 255, 77-89.

Joas, Hans/Kohli Martin (Hrsg.) 1993: Der Zusammenbruch der DDR. Frankfurt: Suhrkamp.

Kohli, Martin/Zapf, Wolfgang 1998: Gesellschaft ohne Klassen? Opladen: Leske + Budrich

Loewenstein, Karl 1948: Reconstruction of the Administration of Justice in American-Occupied Germany. Harvard Law Review, Vol. 61, 419-467.

Schäfers, Bernhard 1976/1995: Sozialstruktur und Wandel der Bundesrepublik (bis 4. Aufl. 1988)/Gesellschaftlicher Wandel in Deutschland: Ein Studienbuch zu Sozialstruktur und Sozialgeschichte des Bundesrepublik (5. Aufl. 1990, 6. Aufl. 1995). Stuttgart:Enke.

Schäfers, Bernhard/Zapf, Wolfgang 1998: Handwörterbuch zur Gesellschaft Deutschlands. Opladen: Leske + Budrich.

Zapf, Wolfgang 1996: Die Modernisierungstheorie und unterschiedliche Pfade der gesellschaftlichen Entwicklung. Leviathan, Vol. 24 (Heft 1), 63-77.

Transformation der Sozialstruktur in Ostdeutschland

Hansgünter Meyer

1. Der Begriff „Transformation" – Eine fragmentale Übersicht

Nach Begrifflichkeiten suchend, um den 1990 bereits abzusehenden Wandel der bis dato DDR-Gesellschaft sozialwissenschaftlich darzustellen und begleitend zu erforschen, kam 1990 sehr schnell der Terminus „Transformation" in den öffentlichen Diskurs. „Transformation" unterstellte hier von Anfang an einen speziellen Prozeß der „Modernisierung", nämlich ein Nachholen von Entwicklungen, wie sie den Sozialstatus der führenden „westlichen" Länder charakterisieren, gelegentlich etwas euphemistisch und dafür um so unbestimmter als des Ostens „Rückkehr nach Europa" bezeichnet.

Der DDR-Bürger war jahrzehntelang an die Formel von der „bewußten Gestaltung der sozialistischen Gesellschaft" oder auch „sozialistischen Umgestaltung" gewöhnt, mit der Akzentsetzung auf *zielstrebige, bewußte* Gestaltung. Er wußte nach einiger Zeit sehr wohl, daß Wesentliches davon (wenn auch nicht alles) bloße Phrase war. Demgegenüber hatte der Begriff „Transformation" – für die, die ihn als öffentlichen Diskurs zur Kenntnis nahmen, etwas von selbstlaufenden, durch anonyme Kräfte bewirkte Wandlungen an sich, eine neuartige und irritierende Objektivierung und Prozessualisierung. Das war übrigens sachlich so gar nicht zutreffend, sondern, wie Renate Mayntz es zusammenfassend formulierte: „Aufbruch und Reform von oben" (Mayntz 1994). Denn das, was sie für die Hochschulen feststellte, galt auch für alle anderen Bereiche: Eine gemischte west-ostdeutsche Beamtenschaft, zuzüglich der Akteure in politischen Strukturen, aber unter straffer bundesdeutscher Führung mit fiskalisch-administrativen Vollmachten, mit Deutungs- und Legitimationsmacht, unterstützt von den großen bundesdeutschen audiovisuellen und Printmedien, die originär ostdeutschen Akteure mit wenigen Ausnahmen in subalterner Position, setzte die Privatisierung des sog. Volkseigentums, den großen Institutionenumbruch, die Währungsreform und den DM-Transfer der öffentlichen Hände und schließlich den Transfer des bundesdeutschen Rechtssystems ins Werk. Auch die „Treuhand" war nicht rückgekoppelt mit den politischen Strukturen der ostdeutschen Bevölkerung und sie war eine zentrale Behörde (des Bonner Finanzministeriums), deren Akteure, Beamtenschaft, administrativ die Wirtschafts- und Betriebsstruktur abwickelte und neu einrichtete, gestützt auf eine Mischung von wirklich potenten, produktiven und bloß dubiosen, sich bereichernden Anbietern und Neueignern.

Insofern nun, als die von diesen Akteuren vehement in Gang gesetzten Vorgänge sich in intendierte und nichtintendierte Folgewirkungen verzweigten, entstand schließlich doch ein Prozeß „autogenerativer" Eigendynamik, der in weiten Bereichen nicht subjektiv bestimmbar und auch nicht mehr in alle Verzweigungen hinein steuerbar war. Das sozialstrukturell folgenreichste Geschehen war sicher dies: Von den 1989 bestehenden 9,7 Millionen Arbeitsplätzen, auf denen die DDR-Bevölkerung tätig war, wurden im Zuge des Institutionenumsturzes und des Kataklysmus der Wirtschaftszusammenhänge über 6 Millionen neu- und umgestaltet, dabei waren ca. 3,5 Millionen Arbeitsplätze nach der Umgestaltung nicht mehr vorhanden – und zwar bis heute und auf weiteres. Der Abbau erfolgte von 9 Mio. im Jahr 1990 auf 6,5 Mio. 1993 und dann bis 1997 auf 6,1 Mio (Winkler 1997, S. 26).

Die Ursache: Der angekündigte große Wirtschaftsaufschwung im Zuge der Transformation blieb, von manchen nicht unerwartet, aus. Auch andere Wirkungen, die im Verständnis von Transformation/Modernisierung zu erwarten gewesen wären, blieben aus. Der Begriff „Transformation" soll aber weiter Verwendung finden, obwohl er soziologisch sehr vage ist, weil er auf einen „nach vorn offenen Prozeß" angewandt wird, der Wandlungen ohne eindeutige Richtung und Zielgröße beschreibt, die das zu Transformierende zumeist gar nicht transformieren, sondern abbrechen und durch eine Vielzahl neuer Zustände ablösen. Wir werden ihn als Ausdruck für die Summe aller Veränderungen verwenden, die im Verlauf des Zusammenbruchs der sogenannten realsozialistischen Gesellschaft und der Adaptation bundesdeutscher Verhältnisse eingetreten sind. Dabei können wir es für ausgemacht halten, daß es am wichtigsten ist, letztendlich doch die Richtungen zu ergründen und zu verstehen, die die Veränderungen eingeschlagen haben.

Die Literatur zur ostdeutschen (teils auch mittel/osteuropäischen) Transformation ist für jemanden, der hier nicht sein spezielles Arbeitsgebiet gefunden hat, nicht mehr systematisch auswertbar. Hradil erwähnt eine Recherche des IZ für Sozialwissenschaften, die bis 1995 bei einer Zahl von über 3.000 Beiträgen anlangte (Hradil 1996a, S. 299). Rolf Reißig, zweifellos ein renommierter Autor dieser Materie, konstatiert für dieses gigantische Schrifttum zu nur einem Gegenstand unserer Zeit jedoch auffällige Defizite. Er schreibt: „Die bisherigen Desiderata der Transformationsforschung können aus meiner Sicht in den Stichworten ‚verkürzte Perspektive', ‚isolierte Fallbehandlung', ausgebliebener ‚Theoriesprung' beschrieben werden", eine Sicht, der sich der bloß aufmerksame Leser dieser Literatur leicht anschließen kann (Reißig 1997, S. 158). Ebenfalls unzufrieden ist Reißig – und seine zur Auswertung gelangte Autorenklientel – mit der Darstellung der Richtung des Prozeßverlaufs. Er registriert, daß „sich der idealtypisch formulierte Systemwechsel vom Plan zum Markt, von der Diktatur zur Demokratie in den postsozialistischen Gesellschaften als langwieriger, komplexer, äußerst konflikthafter Transformationsprozeß mit letztlich offenem Ausgang erweisen sollte. Grundannahmen der beginnenden Transformationsforschung unterlagen schnell einer Korrektur“ (Reißig 1997, S. 148). Da aber der gesamte historische Rahmen bestimmt ist durch die Einfügung der ostdeutschen Wirtschaft und Gesellschaft in die bundesdeutsche und westeuropäische privat- und marktwirtschaftlich formierte, bewegt sich der Grundstrom der Transformation natürlich in die Richtung einer stets vollständigeren Anpassung an diese Verhältnisse – ohne ihnen indes als Kopie völlig gleich zu geraten.

Die Umstellungen in den Verhältnissen sind das eine, das andere wären Verbleib und Wirkung – bzw. ausbleibende Wirkung – der für die Transformationssteuerung aufgewandten Ressourcen, also Inhalt und Effizienz der Ziel-Mittel-Relationen. Gigantische Transferleistungen zugunsten der Länder, Kommunen, Wissenschaft und Forschung, Arbeitsämter, Kranken und Renten-Versicherungen, u.a. Institutionen der öffentlichen Hand wurden in Bewegung gesetzt. Sie erbrachten positive Effekte: Trotz des rasanten Abbruchs von, je nach Branche, 40-80% der bisherigen wirtschaftlichen Strukturen, von denen über 16 Mio. Menschen gelebt hatten, etwas karg, mit manchem empfindlichen Mangel, aber nicht in Not und Elend, trat keine Katastrophe ein. Wenn, wie eine Reihe von Autoren feststellte, 42% der Ostdeutschen urteilen, sie leben jetzt besser als 1990, also vor oder unmittelbar nach Einführung der DM (Winkler 1997 S. 23), dann – bei aller Unwägbarkeit „besseren Lebens“ – sind das vor allem Erfahrungen, die auf einem gewachsenen Geldeinkommen und einer opulenten Versorgungssituation beruhen, zweifelsohne auch Ergebnisse der „Transformation“ und höchst beachtenswerte.

Wie weithin bekannt ist, haben die Ostdeutschen auch vielfältige Enttäuschungen am Funktionieren der „westlichen Demokratie“ zum Ausdruck gebracht, dennoch gibt es keine nennenswerte Zahl von Menschen, die „die DDR wiederhaben wollen“. Reisefreiheit, Freiheit der politischen Meinungsäußerung, die Freiheit, ein Unternehmen oder einen Verein zu gründen, ein größerer Spielraum für ganz persönliche Entscheidungen, gewachsene Rechtssicherheit – das sind Errungenschaften des Lebens in der westlichen Moderne, die die Ostdeutschen keineswegs geringschätzen oder als schon selbstverständlich abtun. Der Prozeß der weiteren, intensiveren Vereinigung Europas wird außerordentlich positiv reflektiert. Das ist nachdrücklich festzustellen, auch – oder gerade – weil viele Ostdeutsche sich dahin äußern, daß all diesen wünschenswerten und real verfügbaren Dingen immer eine weniger erfreuliche Kehrseite eigen ist. So ergab sich in der gleichen sfz-Untersuchung, daß nur 6% sagen, sie seien heute (1997) sozial besser gesichert als 1990, 76% aber meinen, ihre soziale Sicherheit sei heute geringer (Winkler 1997, S. 23).

2. *Zur sozialstrukturellen Bilanz der Transformation in den ostdeutschen Ländern seit 1990*

2. 1 *Zur Bevölkerungsentwicklung – Veränderungen der Altersstruktur der Bevölkerung*

Die Wohnbevölkerung der ostdeutschen Länder ist von 1988 mit 16,7 Mio. bis 1997 auf 15,4 Mio. zurückgegangen, eine Minderung um 1,3 Mio. Personen, was ein deutliches Indiz für eine prekäre wirtschaftliche Situation und für eine Gesellschaft in der Auflösung ist. Bis 1992 wurde der Hauptteil davon durch das negative Übersiedlungssaldo in die westdeutschen Länder gestellt (ca. 900.000 Personen). Seither bewirkt ein bedeutender Gestorbenenüberschuß die weitere Minderung auf dem Hintergrund einer dramatisch abgesenkten Geburtenhäufigkeit bei einem wachsenden Anteil der über 60-Jährigen.

Die seit 1989 andauernde massenhafte Übersiedlung nach Westdeutschland ist abgeflaut. Bei der West-Ost-Migration beobachten wir dagegen eine sich stabilisierende und zunehmende Tendenz. Der Migrantenüberschuß liegt nach wie vor in der Ost-West-Richtung, er beträgt etwa 80.000 Übersiedlungen jährlich. Zum Vergleich kann man anführen, daß 1992 etwa 20.000 Beamte eine Tätigkeit in ostdeutschen Administrationen aufnahmen. Etwa 160.000 gehen also weiterhin jährlich von Ost nach West (Grundmann 1998, S. 199, 227).

Daraufhin könnte man in den ostdeutschen Ländern im Jahr 2000 oder kurz danach mit aller Vorsicht, bei absinkender Wohnbevölkerung, einen Bevölkerungsanteil von etwa 5,5% (ca. 800 000) zuvor in Westdeutschland Wohnender hochrechnen. Das sind zwar nicht die „mehreren Millionen“, die Arnulf Baring unter der Überschrift: „Eine neue Ostsiedlung wäre die Rettung“ (Baring 1991a, S. 64) für notwendig hielt, um eine dauerhafte West-Ost-Spaltung der Deutschen zu verhindern, aber es handelt sich doch um einen langfristig bedeutenden Wandel, denn die Migranten, die in die Ostrichtung ziehen, setzen sich – außer zu einem bedauerlichen Anteil dubioser Existenzen – weitgehend aus bürgerlich arrivierten Personen zusammen, und diese gewinnen starken Einfluß auf die Wirtschaft, die Institutionen und das politische und geistig-kulturelle Leben.

Der Geburtenrückgang erfolgte nach 1989 abrupt und gewann dramatische Ausmaße. Von 1989 mit 199.000 Lebendgeborenen stürzte die Zahl bis zum Jahr 1993 ab auf 80.500, das ist ein Rückgang *um* fast 60%. Auf diesem niedrigen Niveau verharrte sie dann, leicht oszillierend, bis etwa Sommer 1995; danach begann ein langsamer Anstieg. Wahrscheinlich stabilisiert sich die Geburtenhäufigkeit bei den Ostdeutschen mittelfristig auf etwas über diesem Niveau, weil sich herausgestellt hat, daß im Zusammenhang mit dem gegenüber der DDR-Zeit höheren Lebensalter der Frauen bei der Eheschließung (Verlagerung der Gipfelhöhe vom 21.-22. Lebensjahr zum 25.-26. Lebensjahr), „nachholende" Kindesgeburten eintreten, die auch noch das 2. eheliche Kind betreffen (Winkler 1997, S. 83ff). Trotz dieser Stabilisierungstendenzen wird sich, bedingt durch die Frequenzen der Geburtenjahrgänge, der Gestorbenenüberschuß in der Bevölkerung auf hohem Niveau fortsetzen. Dieser Trend wird auch dadurch gestützt, daß bei den Fortzügen aus den ostdeutschen Ländern in die westdeutschen die jüngeren Jahrgänge überproportional vertreten sind.

Die Bevölkerung altert weiter. Der sog. Altersquotient (Aq) nach Berechnungen von Jürgen Dorbritz stieg und steigt rapide an – von 325,4 (1989) auf 375,7 (1995), umgekehrt fällt der Jugendquotient (Jq) drastisch: von 452,5 (1989) auf 410,1 (1995). Alters- bzw. Jugendquotient sind hier definiert als Anzahl der über 60-Jährigen bzw. der unter 20-Jährigen je 1000 Erwerbstätige (Winkler 1997, S. 68). Damit steigt zwangsläufig der Anteil der Rentner an der Wohnbevölkerung. Bei einem derart steten Bevölkerungsrückgang wären die ostdeutschen Länder günstige „Einwanderungsländer", aber der Zuzug, insbesondere der aus Osteuropa erwartete, bleibt gering, Prognosen gehen davon aus, daß der Ausländeranteil von 1,8% 1995 auf 3,4% im Jahr 2010 anwächst (Winkler 1997, S. 94).

2.2 *Rückgang der wirtschaftlich aktiven Bevölkerung – Arbeitslosigkeit als Hauptform einer neuen sozialen Ungleichheit*

Auf den Rückgang der wirtschaftlich aktiven Bevölkerung haben wir oben bereits hingewiesen. Im Einzelnen setzt sich die daraus folgende Unterbeschäftigung, die 1998 für 2.589 Mio. Personen ausgewiesen wird, so zusammen:

53,0% Arbeitslose;
1,5% Kurzarbeiter;
13,8% (zumeist zwangsweise) Auspendler;
10,9% in ABM u.ä.;
5,8% berufliche Weiterbildung;
15,1% Sonstige (Rundungsfehler!)

(vgl. Winkler 1998, S. 26). Das bedeutet, daß ein Arbeitsplatzdefizit von 2.589 Mio. Stellen besteht und somit die reale Erwerbstätigkeit der relevanten Erwerbspersonen im Osten nur 57,6% ausmacht.

Bezieht man die Frequenzen der heutigen Beschäftigung auf die Größenordnungen der DDR-Zeit und betrachtet man das Arbeitsbegehren der Ostdeutschen, das nach wie vor hoch ist, bemerkt man die massenhafte Qualifikationsentwertung seit 1990; projiziert man darauf die Unterbeschäftigung der beiden neuralgischen Gruppen, Frauen und Jugendliche, so erscheint der bisheriger Verlauf der Transformation als ausgesprochen antinomisch: den wirtschaftlichen Gewinnen der Ostdeutschen, der Einzug teils modernster Arbeitsmittel und dem Angebot an hochwertigen Verbrauchsgütern, den gewachsenen Freizeit- und Reisemöglichkeiten und den vielen anderen Vorzügen der westlichen Moderne steht ein arger Verlust an Lebensqualität gegenüber, der sich aus der Unterbeschäftigung bzw. Arbeitslosigkeit, dem massenhaften Berufsinfarkt, sowie der Unterforderung ihres Bildungs- und Qualifikationsstandards ergibt. Wenn auch die realen sozialen Ausprägungen durchmischt und stark miteinander vermittelt sind, so gibt es doch die beiden Kategorien: die Gewinner und die Verlierer des Vereinigungsprozesses; es gibt sie realiter und es gibt sie in der subjektiven Wahrnehmung: Probleme einer neuen, traumatischen Form sozialer Ungleichheit in Ostdeutschland.

Der Verlauf der Transformation hatte u.a. eine spezifische – und, wie es scheint, sich schnell verfestigende soziale Umschichtung zum Ergebnis. Für die in der DDR Einkommensschwächsten, die Rentner, ergab sich eine schnell und durchgreifend eintretende Verbesserung ihrer materiellen Lage. Selbst bei den vielen aus dem Arbeitsprozeß katapultierten älteren Ehepaaren (häufiger Modellfall: er erhält Altersübergangsregelung, sie Arbeitslosengeld bei zuvor relativ hohem Einkommen) fand man und findet man ein Geldeinkommen, mit dem sie sehr zufrieden waren/sind. Charakteristisch jedoch war und ist die Angst, daß dieser zufriedenstellende Standard nicht von Dauer ist. Viele Ostdeutsche sehen für sich die Gefahr eines Absturzes in Kargheit oder gar bittere Armut, was ihre mentale Grundverfassung stark prägt. Winkler ermittelte, daß selbst bei aktuellem Einkommen unter 2.000 DM 57% die Befriedigung ihrer Bedürfnisse, wenn auch mit Einschränkungen, für möglich halten, bei den Einkommen >2.000 bis < 4.000 DM sind es ca. 80%, die glauben ihre Bedürfnissen befriedigen zu können. Insgesamt urteilen zwei Drittel, daß die Befriedigung ihrer Bedürfnisse nur mit Einschränkungen möglich ist.

Dietmar Dathe (1997, S. 136) konnte mit sfz-Daten zeigen, daß sich die Einkommensdifferenzierung 1997 gegenüber dem letzten DDR-Jahr, bei erheblich gewachsenem Geldeinkommen, verringert hat, genauer, ausgeglichener ist. Was demgegenüber gewachsen ist und rasch weiter zunimmt, das ist die Differenzierung nach Eigentum an Produktivvermögen und Immobilien – und, daraus folgend, auch entsprechend ungleiche Soziallagen.

Allerdings werden die heute wesentlich verbesserten Nomialeinkünfte, besonders bei den Frauen, aber natürlich auch bei den Männern, wieder dadurch relativiert, daß der Geldaufwand für elementare Lebensbedürfnisse, insbesondere Mieten und Wohn-Nebenkosten, heute bedeutend höher ist als in der DDR und weiter zu steigen im Begriff ist. Dafür sind die Qualität und Attraktivität vieler Waren und ihre Verfügbarkeit jetzt um ein Mehrfaches besser, nicht wenige Waren – KFZ, Haushaltstechnik und hochwertige Kleidung z.B. – sind überdies heute preisgünstiger. Die subjektive Wahrnehmung dieser hochdifferenzierten Situation ist entsprechend vielgestaltig und auch widersprüchlich. Lebenslagen, die der eine als „befriedigend“ wertet, erscheinem dem anderen als unzulänglich. Wenn auch die Mehrheit der Ostdeutschen den seit der Einführung der DM erreichten Lebensstandard als höher und besser gegenüber dem in der DDR ansieht, urteilt doch eine Minderheit (15-20%), die Lebensstandardkomponenten in der DDR waren für den einzelnen ausgeglichener und daher vorteilhafter.

Exkurs: Arbeitslosigkeit – Jugend- und Frauen-Erwerbstätigkeit

Eine Gesamtwertung in der Enquete-Kommission des Deutschen Bundestages, die ja sehr intensiv und materialreich den ostdeutschen Transformationsprozeß thematisierte, liest sich so: „Die offiziell ausgewiesene Arbeitslosigkeit beträgt durchschnittlich mehr als 20%, die verdeckte erreicht örtlich schon 50%. Hinzu kommt, daß rd. 80% der Beschäftigten einen anders qualifizierten Arbeitsplatz als 1990/91 besetzen" (Deutscher Bundestag 1998, S. 238).

Erwerbsarbeit hat nach wie vor einen hohen Stellenwert in der gesamten Bevölkerung, wie Gunnar Winkler mittels der vielschichtig angelegten sfz-Untersuchungen 1997 nachweist (Winkler 1997, S. 99ff). Die Befragten äußern sich in den seit Jahren wiederholten Enqueten mit immer gleicher Häufigkeit: Arbeit ist für mein Leben „sehr wichtig" : 81-86% (1991: 73%), „wichtig": 13-14% (1991: 24%). Zwischen Frauen und Männern besteht bei der Antwort „sehr wichtig" Trendgleichheit. Ein festes Arbeitsverhältnis gilt den Ostdeutschen als Selbstverständlichkeit, Jobnahme wird nur von 5% angestrebt, häufiger von jungen Männern (8%) als von Frauen (3%). Vollzeittätigkeit wünschen Frauen mit 62%, 20% weniger als Männer, 32% der Frauen würden Teilzeitarbeit bevorzugen (Männer 9%).

Diesen Lebensplanungen steht ein erhebliches Maß an Arbeitslosigkeit und Unterbeschäftigung entgegen (Winkler 1997, S. 129ff). Horrende 60% der oben ausgewiesenen Arbeitslosen sind Frauen, das ist eine Quote von ca. 20% gegenüber 13,7% bei den Männern. Frauen sind zudem häufiger unter den Langzeitarbeitslosen anzutreffen. Winkler gibt folgende Verteilungen für Ostdeutschland an, die wir auszugsweise wiedergeben (Winkler 1997, S. 131):

Tabelle 1: Arbeitslos länger als 13 bis über 24 Monate 1990-1997, in Prozent der Arbeitslosen insgesamt in Ostdeutschland

Lebensalter	Frauen	Männer
> 25 Jahre	13	0
25 – 39 Jahre	38	19
40 – 49 Jahre	39	28
50 – 59 Jahre	43	32

Man muß ergänzend in Betracht ziehen, daß Männer unter 25 Jahren mit 38% unter 6 bis 12 Monaten arbeitslos waren, junge Frauen nur mit (weiteren) 11%. Jugendarbeitslosigkeit ist, sicher branchenbedingt, ein besonders die jungen Männer treffendes Schicksal. Hier liegen sehr ernste Probleme von nationalem Gewicht, denn die sozialen und mentalen Verformungen bei soviel jungen Menschen, die aus Arbeitslosigkeit und beruflicher Perspektivlosigkeit resultieren, reichen weit in die Zukunft und wirken über ein gestörtes Familiengeschehen auch auf die nächste Generation.

2.3 Veränderungen in den Wirtschaftssektoren und Probleme der Revitalisierung des ostdeutschen Besitzbürgertums

Die Erwartungen der Transformationsforschung richteten sich in bezug auf die Wirtschaftsentwicklung auf den Einzug einer modernen Struktur der Wirtschaftssektoren. In der DDR-Wirtschaft war die Industrie überdimensioniert, die Dienstleistungsbereiche, dazu die Infrastruktur (Telekommunikation, Post, Bahn, Straßenverkehr) unterproportioniert bzw. in ihrer Effizienz unterentwickelt. Nach Angaben des Statistischen Bundesamtes Wiesbaden (1998, 12) hat sich folgender Wandel vollzogen:

Tabelle 2: Anteil der Erwerbstätigen nach Wirtschaftssektoren in Prozent, Ostdeutschland

	1989	1997
Dienstleistungsbereiche, Handel, Verkehr, Nachrichtenübermittlung	45	63
Produzierendes Gewerbe	45	33,5
Land/Forstwirtschaft, Fischerei	10	3,5

Man muß bei einem solchen Vergleich natürlich berücksichtigen, daß sich die Gesamtzahl der Beschäftigten auf ca. 63% verringert hat. So ist der größte Teil der in der Land/Forstwirtschaft und Fischerei „Freigestellten", 1989 ca. 850.000 Beschäftigte, 1997 nur noch ca. 210.000, nicht in anderen Branchen untergekommen, sondern in die Gruppe der Frührentner und Rentner abgewandert und in die Arbeitslosigkeit geraten. Es gibt zahllose Dörfer, in denen die Mehrheit der Erwachsenen beschäftigungslos ist.

Auch die Reduzierung des Anteils des produzierenden Gewerbes um 11,5% ist nicht unbedingt auf einen innovativen Strukturwandel zurückzuführen, sondern großenteils auf die Schließung oder Schrumpfung von Betrieben. Allein seit 1994 hat sich der Anteil der Betriebsgrößengruppe >500 Beschäftigte von 22,2% auf 16,1% verringert (Bundesanstalt für Arbeit 1997). Er liegt damit um dramatische 8% unter den westdeutschen Ländern.

Für die Revitalisierung des ostdeutschen Besitzbürgertums müßte, um eine Angleichung an die westdeutschen Länder zu erreichen, insbesondere ein etwa gleicher Anteil mittelständischer Betriebe und deren wirtschaftliche Stabilität gewährleistet sein. Um auf die Bedeutung einer derartigen Strukturangleichung hinzuweisen, sollen hier nur die Stichworte „Prosperität und Stabilität des inneren Marktes" und „Einrichtung neuer Arbeitsplätze" genannt werden. Darüber hinaus kann erwartet werden, daß ein zahlreicher und prosperierender Mittelstand günstig wäre für eine innovativ-unternehmerische Mentalität in der Bevölkerung. Im Vergleich mit Westdeutschland sind die Betriebsgrößenstrukturen dieses Wirtschaftssektors etwa analog, was auf ein bislang großes Tempo von mittelständischen Unternehmensgründungen im Osten hindeutet. Mit 47,5% aller Beschäftigten in den Betrieben mit weniger als 50 Mitarbeitern verzeichnet der Osten gegenüber den 40,6% im Westen sogar einen „Mittelstandsbonus".

Seine Strukturen sind jedoch alles andere als prosperierend und stabil. Zwar ist die Anzahl der Gewerbeanmeldungen nach wie vor hoch, ebenfalls jedoch die Zahl der Abmeldungen und der Gesamtvollstreckungen. 1996/97 kamen auf 100 Anmeldungen horrende 82 Abmeldungen sowie das fast 20fache an Vollstreckungen gegenüber 1991 (9.186). Auch die Konsistenz der Arbeitsplätze in diesen Betrieben ist problematisch. Viele Einstellungen sind extrem kurzfristig, bleiben unter dem Tarif und liegen auf dem Niveau geringfügiger Beschäftigung. Das wirtschaftliche und soziale Gewicht der Kleinbetriebe bleibt dadurch geschmälert, daß es sich häufig nicht um technisch anspruchsvolle und innovative Unternehmen handelt, sondern um kapitalschwache Handels-, Service- und Werbe-Gründungen, gelegentlich auch kleine, unterkritisch ausgestattete F&E-Teams, ferner um vielfach als kurzlebige Subunternehmens-Versuche im Bauwesen und einigen wenigen anderen Branchen angelegte Gründungen. Der Anteil innovativer, technik-starker Unternehmen, womöglich mit High-Tech-Marktanteilen, ist gering. Untersuchungen ergaben immer wieder, daß solche Gründungen über den Startpunkt nicht weit hinauskommen, d.h. häufig trotz beachtlicher Produktinnovationen, auf dem Markt nicht ankommen, da ihnen Eigenkapital fehlt und die Förderung der öffentlichen Hand völlig unzureichend ist (Richter 1998, S. 89ff).Der Hintergrund ist ein enormes Ungleichgewicht in der deutschen Wirtschafts- und Wissenschaftsförderung. Nur 30 Empfänger unter den westdeutschen Großbetrieben teilten sich in fast die Hälfte der Fördermittel des BMB+F und des BMWi, einzelne Großunternehmen werden mit Milliardenbeträgen alimentiert (Bulmahn 1996).

Sozialstrukturelle Defizite sind es auch, wenn der Anteil der mithelfenden Familienangehörigen bei den Selbständigen im Osten nur 8% der Erwerbstätigen ausmacht, im Westen jedoch 11,7%. Der Grund liegt darin, daß in vielen Fällen jeweils nur eine Person der Familie das selbständige Unternehmen betreibt, die anderen sind Arbeitnehmer bei Dritten, um das eingegangene Existenzrisiko abzumindern. Eine weitere gravierende Besonderheit der Mittelschichten im Osten besteht darin, daß der Anteil der Beamten, einschl. Bundeswehr, 3,5% der Erwerbstätigen ausmacht, im Westen dagegen 8%.

In sozialstruktureller Beziehung ist es aufschlußreich, welchen personellen Umfang das System von Wissenschaft, Hochschulbildung, Forschung und industrieller F&E, also der gesamte Wirtschaftssektor annimmt, der wissenschaftliches Wissen, und damit die Grundlagen aller modernen Innovation, hervorbringt und zur technologischen u.a. praktischen Verwertung aufbereitet. Wir wollen diesen Sektor, den speziellen, innovativen Bereich der

Wirtschaft, als das WFF&E-System bezeichnen. Es wird sofort deutlich, daß es sich um eine sozialstrukturelle Größenordnung handelt. Seine Beschäftigtenzahl beläuft sich heute in Deutschland auf ca. 870.000 Personen allein in den Hochschulen, den Institutionen der außeruniversitären Forschung und in den Betriebsbereichen der industriellen F&E. Dazu kommt noch ein wachsender Sektor von Dienstleistungsunternehmen mit F&E-Zielstellungen sowie technische Dienste der verschiedensten Art, die für F&E-Realisationen bzw. Innovationen in Anspruch genommen werden. Eine Million Beschäftigte, davon 400.000 mit wissenschaftlich-forschenden Befähigungen, sind alles in allem nicht zu hoch angesetzt. Man kann bei sozialstrukturellen Analysen nicht darüber hinwegsehen, daß in diesen Bereichen von Kultur und Wirtschaft wichtige mittelständische Potentiale angesiedelt sind. Das reicht von Einkommensgruppen in oberen Mittellagen bis zu Unternehmensstrukturen, die F&E-Tätigkeit betreiben bzw. solche als High-Tech-Gründungen unmittelbar nutzen. In Ostdeutschland jedoch ist diese sozialstrukturelle Schicht stark ausgedünnt und nach dem großen Elitenaustausch unterkritisch ausgeprägt.

Tabelle 3: Rückgang des WFF&E-Personals in Ostdeutschland 1989/90 – 1995; Personen im Vergleich westdeutscher und ostdeutscher Länder

Personal in WFF&E a		davon: Wissenschaftler/Ingenieure b		Zuwachs bzw. Abbrüche in% *a-Spalten/b-Spalten*
1989/90	1993	1989/90	1993	1989 – 1993
WFF&E in der DDR bzw. ostdeutsche Länder				
286.000	108.000	121.000	49.200	*a) 62,2/ b) 59,3*
WFF&E in der Alt-BRD bzw. westdeutsche Länder				
726.300	758.400	303.600	347.000	*a) 104,4/ b) 114,3*

Quellen siehe Anmerkung 1

Die Abbrüche bei den WFF&E-Potentialen im Osten betragen schmerzhafte ca. 60%. Die größten Verluste erlitt die industrielle F&E und die industrienahe Forschung. Im Unterschied dazu sind in den westdeutschen Ländern die WFF&E-Potentiale langsam gewachsen, allerdings mit Ausnahme der industriellen F&E. Insgesamt sind im Osten allein über 70.000 Wissenschaftler und Ingenieure in F&E „freigesetzt" worden, ferner eine große Zahl technisch versierter Beschäftigter dieser Branche. Damit fehlten diese Fachleute natürlich in der Bilanz der deutschen Wissenschafts-Technik-Entwicklung nach der Wiedervereinigung. Jedoch hätte dieses Defizit eine bedeutende Kompensation erfahren können, wenn die beim Institutionencrash Ausgeschiedenen die Chance gehabt hätten, in größerem Umfange erfolgreiche mittelständische F&E- bzw. High-Tech-Unternehmen bzw. universitäre An-institute und Forschergruppen in freier Trägerschaft zu gründen.

2.4. Veränderungen und Revitalisierung der Bildungsstruktur

Wir hatten schon erwähnt, daß im Verlauf der Transformation eine durchgreifende Entwertung von Bildungs- und Qualifikationspotentialen stattgefunden hat. „Ihre Schulen waren keine Schulen, ihre Universitäten waren keine Universitäten“, erklärte Prof. Baring von der Berliner FU. „Sie müssen ganz von vorn anfangen“ (Baring, 1991b, S. 88). Mit diesem Verständnis begannen nicht wenige Akteure des Transformationsprozesses, die mitgestaltend aus den alten Bundesländern herbeigeeilt waren, die Dinge im Osten zu verändern. Ohne die ostdeutschen Verhältnisse ausreichend zu kennen, wurde von den bundesdeutschen Administrationen mit einem gigantischen Aufwand von Transfermitteln ein Nach-, Um-, Re- und Brücken-Qualifizierungsprozeß in Szene gesetzt, der – im ursprünglichen Ansatz – über drei Millionen Erwachsene erreichen sollte (Artur Meier 1993/1997).

Die 1990 präsente Bildungsstruktur der Ostdeutschen war durch das Bildungssystem der DDR geprägt, das eine Dreigliederung vorsah, jeweils ergänzt durch weiterführende Aufbaustufen bzw. Übergänge zur nächsten Stufe: (1) 10 Jahre allgemeinbildende polytechnische Oberschule plus zwei bis drei Jahre Facharbeiterausbildung mit Berufsschule; (2) danach Übergang zu dreijährigem Fachschulstudium; (3) zwei bis drei Jahre Abiturstufe, danach Studium auf einer Hochschule.

Im Ergebnis einer seit den 50er Jahren durchgehaltenen Bildungsoffensive des Regimes, bei welcher das wissenschaftliche, pädagogisch-wissenschaftliche und wissenschaftlich-technische Personal von wenigen Zehntausend nach Kriegsende auf 1989 239.000 gesamt, darunter 103.000 Wissenschaftler dazu 20.000 Fachschullehrer und päd.-technisches Personal der Fachschulen aufgestockt worden war, dazu 265.000 pädagogische und päd.-technische Kräfte der allgemeinbildenden und Berufsschulen, zusammen waren 524.000 Beschäftigte in wissenschaftlichen, pädagogischen und wissenschaftl.-päd.-techn. Tätigkeiten beschäftigt. Im Ergebnis dieser Institutionenbildung blieben im Verlauf der 80er Jahre noch immer (trotz bedeutender Rücknahme der Ausbildungskapazitäten nach 1972) *zeitgleich* 3,22 Mio. DDR-Bürger aller Altersstufen mit Bildungsgängen befaßt, davon 2,9 Mio. in der allgemeinen und Berufsschule und 296.000 in Fach- und Hochschulen (Summe aller Direkt-, Fern- und Abendstudenten).

Die Angabe von 8% der Wohnbevölkerung, die 1990 über eine Hochschulausbildung bzw. über ein Fachhochschulausbildungs-Äquivalent verfügten, bedeutet, daß etwa 13% der erwerbstätigen Bevölkerung, das waren ca. 1.25 Mio. Personen, eine solche Ausbildung absolvierten. Die proportional größte Gruppe waren die Ingenieure, sie betrug 490.000 Beschäftigte, d.h. je 1000 in der Industrie Tätige 120 (in der BRD zeitgleich 46).

Bei den Ostdeutschen gehört das Bildungssystem zu den Bereichen, in dem sie aus heutiger Sicht die DDR der BRD überlegen sehen, wie es Emnid-Umfragen belegt haben (Der Spiegel 1995, S. 43).

Neuere Untersuchungen zeigten, daß die ostdeutsche Bevölkerung das gewohnte Interesse an einer vollständigen beruflichen Ausbildung und insbesondere an einer Hoch- bzw. Fachhochschulausbildung auch unter den veränderten gesellschaftlichen Verhältnissen auf hohem statistischen Niveau fortsetzt. Irene Lischka und Henri Adler ermittelten, daß sich die Anzahl der Studienberechtigten von 1990 zu 1995 verdoppelt hat und mit ca. 65.000 Abiturienten 35,3% des alterstypischen Jahrganges (atJ) ausmacht, womit ihre Frequenz leicht über der in den westdeutschen Ländern liegt (34,6%). Ostberlin erzielte einen sehr hohen Wert von 38%, Sachsen von 37% (Lischka/Adler 1997, S. 232).

Für die weitere sozialstrukturelle Entwicklung der ostdeutschen Gesellschaft ist dieses Bildungsbedürfnis die wohl am meisten prägende Komponente. Es verfolgt ja eine bestimmte Zielstrebigkeit, sich wirtschaftlich verwertbare Ressourcen und soziale Aufstiegsmöglichkeiten anzueignen. Dabei geht das Bildungsstreben einen synergetischen Effekt zwischen den Generationen ein. Es ist, was die folgende Tabelle zeigt, sicher von weitreichender Bedeutung für das Milieu der Familie und für den Sozialisierungsprozeß der späteren Studenten, daß nicht nur die Väter, sondern auch die Mütter mit großer Häufigkeit bereits einen höheren Bildungsabschluß erworben hatten. Gerade hierin ist der West-Ost-Unterschied am größten.

Tabelle 4: Höchster Bildungsabschluß der Väter und Mütter von deutschen Studienanfängern aus den alten und neuen Bundesländern im Wintersemester 1992/93 (in Prozent)

Bildungsabschluß der Eltern							
Elternteil/Länder	Universität	Fachhochschule	Fachschule	Abitur	Realschule bzw. 10. Klasse	Volksschule bzw. 8. Klasse	kein Abschluß
Väter: alte Länder	26	15	5	3	15	35	1
Väter: neue Länder	41	19	9	1	17	13	0
Mütter: alte Länder	13	3	7	4	29	42	1
Mütter: neue Länder	27	10	24	2	21	14	1

Quelle: HIS-Studienanfängerbefragung 92/93 (Bathke 1997, S. 198)

Lischka/Adler bemerken, daß die Studienberechtigten mit Fachhochschulreife gegenüber der Westrate von 9,1% atJ nur 4,1% beträgt, das waren 1995 absolut 7.400 Jugendliche. Damit beträgt der Anteil der Studienberechtigten mit Fachhochschulreife im Westen 26,5%, im Osten nur 11,5%, eine für künftige Entwicklungen in der Wirtschaft höchst ungünstige Tendenz. Gründe dafür sehen sie zum einen in dem äußerst langsamen und umwegereichen Aufbau der beruflichen Schulen, der Fachoberschulen und Fachgymnasien, zum anderen in den größer gewordenen Schwierigkeiten, einen geeigneten beruflichen Ausbildungsplatz zu erhalten. So optiert man für die allgemeine Hochschulreife in der Erwartung, über ein späteres Studium doch noch zu einem Erwerbsberuf zu finden (Lischka/Adler 1997 S. 221, 226).

Trotz der hohen Bildungsbereitschaft der Ostdeutschen liegt die faktische Studierquote unter der in den westdeutschen Ländern (64% gegenüber 72%; 1990 im Osten = 80%). Die Gründe für den starken Rückgang der Studienaufnahme gegenüber dem Erwerb des Abiturs sieht die Hochschulforschung in der Fortdauer wirtschaftlicher Schwierigkeiten bzw. Unsicherheiten der Elternhäuser, die hohen Kosten für ein Studium durchzustehen (vgl. ebenda S. 236ff). Man erwartet allerdings Veränderungen derart, daß mit der wirtschaftlichen Stabilisierung der Eltern bzw. dem Anwachsen der Studienförderung mit öffentlichen Mitteln die Studienaufnahme – und zwar bis zu 5 Jahren nach dem Abitur rückwirkend – rasch ansteigt. So bleibt die Aussicht, daß die Ostdeutschen künftig mit der Mächtigkeit eines Drittels der Bevölkerung mittelständische Soziallagen mit einer akademischen Bildungsstufe vereinen werden. Dies wäre eine gute Voraussetzung für den Einstieg in die Informations- oder Bildungs- oder Innovationsgesellschaft des kommenden Jahrhunderts. Damit könnte eine neue Generation maßgebliche Wirtschaftsressourcen zugunsten der Entwicklung der neuen Länder aktivieren und nutzbar machen, deren Einbringung der Wendegeneration nur sehr unvollkommen möglich war, ungeachtet vieler Mahner und Warner, darunter der Autor (Meyer 1990, S. 44f).

3. *Transformation in eine Zukunftsgesellschaft?*

Es bleibt ein Rest von Ungewißheit über Richtung und Endergebnis der Transformation. Einige Wirkungen der bisher erfolgten Wandlungen weisen dahin, daß im Osten keine der altbundesdeutschen völlig adäquate Gesellschafts/Sozialstruktur entsteht, weil weder die besitzbürgerlichen Schichten sich revitalisieren, noch eine synchrone Wirtschaftsentwicklung stattfindet. Große autogenerative, originäre ostdeutsche Unternehmensgründungen wie die bundesdeutschen der 50er und 60er Jahre sind schwerlich zu erwarten. Aber was wird das Endresultat bzw. das geschichtliche Zwischenergebnis in ein, zwei Jahrzehnten sein? Bedenkenswert ist hier das Wissen um prinzipielle Schranken, die zurückgebliebene bzw. historisch anders strukturierte Sozialsysteme (Länder, Bevölkerungen, Staaten) daran hindern, jene die „Wachstumsspitze" der gesellschaftlichen Moderne bestimmenden Länder einzuholen. Dieses Phänomen wurde seit 1964 von Robert K. Merton mit dem von ihm entdeckten Matthäus-Prinzip beschrieben (Merton 1964, 1968), das etwa zeitgleich von Derek de Solla Price in seinem vielzitierten Aufsatz *„The Scientific Foundations of Science Policy"* als Effekt des *Accumulative Advantage* aufgegriffen und weiter gleichsinnig ausgeführt wurde (Price 1965).

Das von Merton zunächst für das Prosperieren wissenschaftlicher Einrichtungen formulierte Prinzip, dessen allgemeine Gültigkeit für alle ressourcen-abhängigen, innovativen gesellschaftlichen Systeme erst nach und nach erkannt wurde, kann in der Kurzform so formuliert werden: Die in ihrer

Entwicklung fortgeschrittenen und zudem ressourcen-starken Systeme akkumulieren alle Vorteile, die zurückgebliebenen schwachen Systeme akkumulieren alle Nachteile ihrer Lage. Und so differenziert sich die Welt und jede einzelne unausgeglichene Region prinzipiell unumkehrbar in einen „Advanced Sector" und einen „Underdeveloped Sector". „Prinzipiell unumkehrbar" heißt natürlich nicht, daß es gar keine Chance für die Zurückgebliebenen gibt, an Fortgeschrittenere anzuschließen, jedoch müssen dafür langfristig Sonderbedingungen gegeben sein, die zudem außerordentlich ressourcen-aufwendig sind. Im Hinblick darauf sind die Transferleistungen von West- nach Ostdeutschland zu betrachten, die von einigen Autoren auf einen Umfang bis zu 1,2 Billionen DM hochgerechnet wurden, und laut einer 1996 veröffentlichen Dokumentation des Bundeswirtschaftsministeriums (BMWi 1996) zu einem Netto-Gesamtbetrag 1991-1996 von 911 Mrd. DM aufliefen. Es existieren auch wesentlich niedrigere Schätzungen, die Grundausgaben für die Bundeswehr, Straßen- und Schienenbau, Beamtenzusatzversorgung u.a. ausklammern sowie die von im Osten ansässigen „Westfirmen" erzielten bedeutenden Gewinne – Retransfer – in Abzug bringen – (vgl. Deutsche Bank 1996)[2]. Im Ergebnis ist festzustellen, daß mit einem gigantischen Ressourcen-Einsatz nur relativ bescheidene Wirtschaftseffekte im Osten erzielt wurden. Der „innere Markt" der ostdeutschen Länder sowie ihr Auftreten auf Exportmärkten, nimmt man sie als die wichtigsten Indikatoren für marktwirtschaftliche „Aufholeffekte", haben nur unbedeutende Dimensionen gewonnen.

So ist es denkbar, was in Publikationen schon seit Jahren erörtert wurde, daß sich in den ostdeutschen Ländern ein Sondergebiet herausbildet, das zu den westdeutschen ein ähnliches Verhältnis entwickelt, wie Irland zum dominierenden britischen Wirtschaftsgebiet oder – virtuelles Mezzogiorno-Schicksal der Deutschen – den traumatischen Gegensätzen von Nord- und Süditalien nachgerät. Schon jetzt gibt es ja in Deutschland ein Nord-Süd-Gefälle mit zunehmenden sozialen Folgen. Vorstellbar ist ein dauerhaftes West-Ost-Schisma.

Es ist auch denkbar – denkbar, kein verifizierbares Resultat von Analysen – , daß der wie in abschüssiger Fahrt vorangehende Wandel im Osten mit gewissen Konsequenzen der spätbürgerlichen Moderne schneller zurecht kommt, als der dabei weitaus resistentere und konservativere Westen. Um nur die wichtigsten Zukunfts-Trends zu nennen: schrumpfende Binnenmärkte des produzierenden Gewerbes; zunehmende Beschäftigungslosigkeit in der Gesamtbevölkerung; *Dichotomisierung* der Qualifikationsstruktur der Beschäftigten: Wachstum des Anteils akademischer Bildungsstufen – komplementäres Wachstum des Anteils von Billiglohn-Anlerntätigkeiten. Ferner: allgemeines, durchgreifendes Absinken der „Kosten der Arbeit"; einerseits Zunahme der Anzahl kleiner Unternehmen – andererseits ihre wirtschaftliche Marginalisierung; Rückgang der selbständigen mittleren und großen Unternehmen – Einzug von Filialen übergroßer, transnationaler Gebilde; Rückgang von Wissenschaft und F&E. Regionale Entmischung der Prosperitäts- und Stagnationszonen der Wirtschaft und so fort.

So ist es denkbar, was auch Stefan Hradil schon angedeutet hat (Hradil 1996b, S. 55ff), daß im Osten ein schneller Anpassungsprozeß an eine sich neu formierende charakteristische Sozialstruktur „westlicher Länder" in den ersten Jahrzehnten des 21. Jahrhunderts stattfindet, während in den westdeutschen Ländern, besonders im Süden, sich Strukturen einer postindustriellen bürgerlichen Moderne erhalten, die eigentlich Auslaufmodelle sind, aber aufgrund der Mächtigkeit ihrer Ressourcen und ihres Erfolgs auf High-tech-Märkten, und weil die Welt Platz für vieles hat, überdauern können, was bedeutet, daß sich bei ihnen dieser Wandel in die Zukunft viel langsamer, dafür später umso schmerzhafter, vollzieht. Zwar sind diese Zukunftstrends durchweg unerfreulich, denn sie gliedern einen zunehmenden Teil der Bevölkerung, darunter auch Schichten mit (kleinem) bürgerlichem Eigentum und vorallem besser qualifizierte Arbeiter- und Angestellten-Gruppen, dazu junge Menschen unter 25 und ältere über 50 aus den prosperierenden und ertragreichsten Wirtschaftszusammenhängen aus, aber dies bei wachsender Wirtschaftseffizienz im Ganzen, was Spielräume schafft für Anpassungen. In dem Maße, wie diese Anpassungen innovativ und produktiv sind, könnten sich im Osten wegweisende Struktur-Funktions-Modelle herausbilden, die zudem näher an bestimmten Entwicklungen in England, Frankreich und Italien sind als an den „postklassischen" stabilen (süd-)westdeutschen Wirtschaftszonen. Es drängt sich auf, einen Begriff zu suchen, der ein solches Gesellschaftsmodell jenseits der postindustriellen Ära kennzeichnet. Er wird schon vorformuliert und umrissen von Autoren, die die Konturen einer Sozialordnung „jenseits der Arbeitsgesellschaft" zu umreißen versuchen, aber zugegebenermaßen sind diese Konturen vage und die Charakterisierungen sind unsicher, weil es noch weitgehend offen ist, was von diesen Trends bloß temporäre, kurz- bis mittelfristige Krisensymptome sind und was schon auf eine andere, unumkehrbare Sozialordnung mit der ihr gemäßen Sozialstruktur zusteuert.

Vielleicht kann man von einer *sozial-liberalen Postmoderne* sprechen, insofern, als eine Art Dichotomisierung stattfinden wird in hocheffiziente Wirtschafts-Sozialbereiche mit ausgeprägtem (Post)Liberalismus als Funktionskonzept und hoher Sozial-Versorgungsleistung für die marginalisierten Branchen, Regionen und Populationen. Denn man kann ja die unterbeschäftigten Jungen und Alten und die stagnierenden Regionen nicht zugrunde gehen lassen. Solidarität und Sozialtransfer werden in Zukunft eine wachsende Bedeutung erlangen, soviel ist sicher. Und soviel ist auch voraussehbar: Ein gut funktionierendes sozial-liberales Steuerungskonzept (weitab freilich vom konservativen Liberalismus-Verständnis der heutigen F.D.P.-Philosophie) *kann* produktiv sein, wenn es Synergie-Effekte zwischen dynamischen und marginalisierten Bereichen auszulösen vermag. Auch heute bildet z.B. der Sektor der kleinen Gewerbe- und Dienstleistungsunternehmen und der individuellen Haushalte der Bürger den weitaus größten Wirtschaftsbereich der Volkswirtschaft, wo Sozialprodukt geschaffen bzw. produktiv verwertet wird, obgleich die technisch-industriellen-wirtschaftlichen Wachstumsspitzen und Innovations-Jets dort sicher nicht zu finden sind.

Das Dargelegte drängt danach, eine zusammenfassende Sicht anzuschließen, wie denn nun die Wandlungsprozesse in der ostdeutschen Gesellschaft bzw. Wirtschaftsregion übergreifend zu bewerten seien. Das ist schwierig, da zum einen kein zuverlässiges Transformationsziel bestimmt werden konnte, was wir oben ausführten, zum anderen der immerhin denkbare Weg, die bundesdeutsche Gesellschaft, wie sie heute ist, als Folie zu handhaben, auf die man die ostdeutschen Zustände projiziert (und wonach man dann die verbliebenen Unterschiede ablesen könnte) eben kein gangbarer Weg ist, weil die Unterschiede auf diese Weise nicht alle kompatibel sind und weil es weitgehend nicht um statische Zustände geht, sondern um Transition, um Wandlungen und Übergänge, die keine Entsprechung in den westdeutschen Verhältnissen finden – und schließlich, weil sich die Gesellschaft in den westdeutschen Ländern ebenfalls verändert und man kaum einen Fixpunkt bestimmen kann, einen zum Zeitpunkt T für die Zielgröße der Veränderung Ost zuständigen Status West.

Die Wiedervereinigung, sagten maßgebliche Politiker 1990, muß schnell gehen, Nun, was schnell gehen konnte, ging schnell, vieles zu schnell, sagten Betroffene und Experten. Zwar, die rasch aufblühenden Landschaften blieben aus. Was sich seither getan hat, kann sich aber zumindest partiell auch sehen lassen. Als Gott die Zeit machte, sagen die Spanier, machte er genug davon, auch für die Deutschen im Prozeß der Herausbildung ihrer neuen nationalen Entität – mit all ihren Phobien und Neurosen, mit all ihren schmerzhaften historischen Widersprüchen und Antinomien.

Anmerkungen

1 Statistische Quellen: Alt-BRD: BMFT, Hrsg., Bundesbericht Forschung 1993, S. 580, 609-622
Statistisches Bundesamt Wiesbaden 1992 Fachserie 11: Bildung und Kultur, Reihe 4.4. 1992; Personal an Hochschulen, S. 12-15, S. 22
BMB+F, Hrsg., Bundesbericht Forschung 1996, S. 509-605, 618
BMB+F, Hrsg., Grund- und Strukturdaten 1996, S. 24
DDR bzw. ostdeutsche Länder: Anke Burkhard/Doris Scherer: Personalstellenbedarf an ostdeutschen Hochschulen. Projektberichte 2/1995 Projektgruppe Hochschulforschung Berlin-Karlshorst;
– dieselben: Personalbestand an den Hochschulen der DDR 1989 und 1990. Projektgruppe
Hochschulforschung Berlin-Karlshorst, Proj-Ber. 3/1991; Umrechnungen aus den Originaltabellen aller Hrsg.: H.M.

2 Hier wird die aus unterschiedlichen Rechnungen/Schätzungen entstandene Differenz der Summen mit 154 Mrd. DM angegeben. Den niedrigsten Betrag errechnete der Sachverständigenrat: 607 Mrd. DM Brutto-Gesamttransfer 1991-1995. Nach Eliminierung aller Beträge, die nicht durch Rückflüsse (Steuern, Versicherungen, Unternehmensgewinne, Wegfall von früheren teilungsbedingten Sonderausgaben des Bundes, Berücksichtigung aller gesetzlicher Leistungen des Bundes und reiner Bundesaufgaben) kompensiert werden, kommt die Deutsche Bundesbank in diesem Bericht, der in dem bekannten 6-Thesen-Papier von den Finanzministern der neuen

Bundesländer bestätigt wurde, zu einem Netto-Transfer von jährlich etwa 50 Mrd., also bis einschl. 1998 etwa 400 Mrd. DM.

Literatur

Baring, Arnulf, 1991a : Deutschland, was nun? Ein Siedlerbuch, Goldmann, Berlin S. 64.

Baring, Arnulf, 1991b: Deutschland, was nun? a.a.O. S. 88.

Bathke, Gustav-Wilhelm, 1997: Die ungebrochne Kraft des Einflusses der sozialen Herkunft auf eine akademische Bildungslaufbahn,. In: Ingrid Lötsch, Hansgünter Meyer, Hrsg.: Sozialstruktur als Gegenstand der Soziologie und der empirischen soziologischen Forschung. a.a.O. (1997), S. 198 – Quelle: HIS-Statistik: Hochschulinformationssystem GmbH, Hannover.

Bulmahn, Edelgard 1996: „Großkonzerne bevorzugt"; in: Die Woche, 22.3. 1996.

Bundesanstalt für Arbeit, Arbeitsmarkt 1997, zit. von Gunnar Winkler, Hrsg.: Datenbericht 1998, a.a.O. S. 15.

Bundesministerium für Wirtschaft, 1996; BMWi-Dokumentation Nr. 407, Wirtschaftsdaten Neue Länder. Zit. von Rolf Mager, Manfred Voigt: „Transferleistungen im geeinten Deutschland", in: Opposition konkret, Blickpunkt Wirtschaft und Umwelt, Rundbrief Nr. 9 vom Juli 1997 der PDS-Bundestagsgruppe.

Dathe, Dietmar,1997: „Einkommenentwicklung und -unterschiede", in: Gunnar Winkler, Hrsg.: Sozialreport 1997 „Daten und Fakten zur sozialen Lage in den neuen Bundesländern" des FSZ, Sozialwissenschaftliches Forschungszentrum Berlin-Brandenburg S. 136).

Deutsche Bank; Monatsbericht für Oktober 1996.

Deutscher Bundestag, 1998: Schlußbericht der Enquete-Kommission „Überwindung der Folgen der SED-Diktatur im Prozeß der deutschen Einheit", Dr.-sache 13/11000 vom 10.6.1998, S. 238.

Grundmann, Siegfried, 1998: Bevölkerungsentwicklung in Ostdeutschland – Demographische Strukturen und räumliche Wandlungsprozesse seit 1945. Opladen: Leske + Budrich 1998, S. 199, S. 227/Vergl. auch Gunnar Winkler 1997, a.a.O. S. 80.

Hradil, Stefan, 1996a: „Die Transformation der Transformationsforschung." In: Berliner Journal für Soziologie, Heft 3/1996, S. 299. Zit. bei Rolf Reißig: „Ostdeutscher Transformations- und deutscher Integrationsprozeß – Probleme und Erklärungsversuche", In: Ingrid Lötsch, Hansgünter Meyer. Sozialstruktur als Gegenstand der Soziologie und der empirischen soziologischen Forschung. In memoriam Manfred Lötsch, trafo-Verlag Berlin 1997, S. 148.

Hradil, Stefan, 1996b: „Überholen ohne einzuholen? Chancen subjektiver Modernisierung in Ostdeutschland". In: Kollmorgen, Raj/Reißig, Rolf/Weiß, Johannes (Hrsg.): Sozialer Wandel und Akteure in Ostdeutschland. Opladen: Leske + Budrich, 1996, S. 55-79.

Lischka, Irene; Adler, Henri, Mitarb.,: „Hochschulzugang und Bildungsbeteiligung", in: Gertraude Buck-Bechler, Hans-Dieter Schaefer, Carl-Hellmut Wagemann, Hrsg., Hochschulen in den neuen Bundesländern der Bundesrepublik Deutschland. Deutscher Studien Verlag Weinheim 1997, S. 232.

Mayntz, Renate (Hrsg) 1994: Aufbruch und Reform von oben. Ostdeutsche Universitäten im Transformationsprozeß. Campus, Frankfurt/New York.

Meier, Artur 1997: 1993, 1997: „Von der Vergeudung zur Entwertung von Qualifikationen" (1993) In: I. Lötsch, H. Meyer, Hrsg.: Sozialstruktur als Gegenstand der Soziologie und der empirischen soziologischen Forschung. a.a.O.

Merton, Robert K., 1964, 1968: *„Paper, given at American Association for Advanced Science"*, Montreal 1964.

ders.: „*The Matthew Effect in Science: the Reward and Communication System*“, Science, Nr. 199 (Januar 1968), S. 55-63.

Meyer, Hansgünter, 1990: „Wissenschaftspolitik, Intelligenzpolitik – Das Personal für Wissenschaft, Forschung und Technik in der DDR“. In: ders.: Hrsg.; Intelligenz, Wissenschaft und Forschung in der DDR, de Gryuter, Berlin/New York 1990, S. 44f.

Price, Derek de Solla, 1965: „The Scientific Foundation of Science Policy“. Nature, Vol. 206, 1965; S. 233ff. Vgl. auch: First Annual Lecture of the Science of Science Foundation, delivered at the Royal Institution, London, März 1965. zit. in: Price, D. de Solla: A general theory of bibliometric and other cumulative advantage processes. JASIS 27 (1976) S. 292-306.

Reißig, Rolf, 1997: „Ostdeutscher Transformations- und deutscher Integrationsprozeß – Probleme und Erklärungsversuche“, in: Ingrid Lötsch, Hansgünter Meyer. Sozialstruktur als Gegenstand der Soziologie und der empirischen soziologischen Forschung. In memoriam Manfred Lötsch, trafo-Verlag Berlin 1997, S. 158.

Richter, Edelbert, 1998: Aus ostdeutscher Sicht. Wider den neoliberalen Zeitgeist. Böhlau, Köln-Weimar-Wien. S. 89-120. Richter stellt dort 51 charakteristische Fallbeispiele aus ostdeutschen Mittelstandsunternehmen vor.

Der Spiegel, 1995: Emnid-Bielefeld, Umfrage in: Der Spiegel, Hamburg, vom 3.7.1995, S. 43.

Statistisches Bundesamt Wiesbaden, 1998, Tabellensammlung „Zur wirtschaftlichen und sozialen Lage in den neuen Bundesländern“, 2/1998, 12.

Winkler, Gunnar (Hrsg.) 1997: Sozialreport 1997 „Daten und Fakten zur sozialen Lage in den neuen Bundesländern" des FSZ, Sozialwissenschaftliches Forschungszentrum Berlin-Brandenburg, S. 99. Daten nach dem Statistischen Bundesamt Wiesbaden, sowie Winkler, Gunnar, Sozialreport 1998 des FSZ, S. 26.

Winkler, Gunnar, 1998: „Zur sozialen Situation und deren subjektiven Reflexionen in den neuen Bundesländern“. Sozialreport 1998, Sozialwissenschaftliches Forschungszentrum Berlin-Brandenburg (SFZ) Sonderheft 1+2., S. 26.

Demographischer Strukturwandel

Die unbeabsichtigten Folgen unseres Handelns holen uns ein

Rainer Mackensen

Die Beobachtung gesellschaftlicher Strukturen gehört zu den faszinierenden Gegenständen der Soziologie: Sie bedingen unser Alltagsleben, auch wenn wir sie im Alltag nicht wahrnehmen. Haben wir uns in vergangenen Jahrzehnten nicht ausreichend darum gekümmert, wie das alltägliche Leben der Menschen tatsächlich erfahren wird, so laufen wir jetzt Gefahr, die wechselseitige Bedingtheit von Alltagsleben und Strukturwandel aus den Augen zu verlieren. Denn „Strukturen" sind – in erheblichem Umfang jedenfalls – die Folgen unseres alltäglichen Handelns; sie werden zu dessen Determinanten.

Man kann das Problem von „Mehrebenenanalysen" auch zu hoch hängen: Wechselbeziehungen zwischen „Handeln und Struktur" (Serbser 1997) ergeben sich[1], wenn man „Strukturen" – in diesem Sinne – als die Konstruktionen betrachtet, die wir aus den Aggregationen von Merkmalen des Individualhandelns dazu bilden, um die unsichtbaren Zwänge erkennen zu können, die Menschen verursacht haben und die ihre beliebige Lebensgestaltung nun einengen.

Ein Beispiel solcher Strukturen, für ihre Entstehung und ihre Entwicklung, und für die Konsequenzen, die sie für unseren Alltag haben, sind die demographischen Verhältnisse (Mackensen 1997; Herter-Eschweiler 1998). Ihr Wandel[2] ist die Konsequenz dessen, was die Akteure früher taten.[3]

1. Wahrnehmung demographischer Strukturen

Heute ist viel vom „Generationenvertrag" die Rede (Mackensen 1996). Haben „die Generationen" jemals einen solchen Vertrag geschlossen? Die heute „Alten" haben ihn *de facto* schon vor dreißig Jahren aufgekündigt. Jetzt lassen sie „die Jungen" im Regen stehen – in Arbeitslosigkeit und mit der Aussicht auf ein weniger gesichertes Alter. Sie bezichtigen „die Jungen“ der Orientierungslosigkeit, der Ziellosigkeit, der Handlungsunfähigkeit. Sie beklagen, daß sie (deshalb?) in Extremismen abgleiten. Aber sie haben die Tatsachen bewirkt, die „den Jungen“ nun Schwierigkeiten bereiten.

Und jetzt fordern „die Alten“ den Generationenvertrag ein. Selbst ein künftig – unzweifelhaft – vermindertes Wachstum der Renten wird bereits als Enteignung empfunden und beklagt. Dabei sind es „die Jungen“ von heute, die morgen „als Alte“ die Rechnung zahlen werden; eine Rechnung, die nicht von ihnen verursacht wurde, sondern von den „heute Alten“, die damals „die Jungen“ waren.

Es geht beim Generationenvertrag nicht um „soziale Beziehungen“ zwischen den Generationen (Schmid 1997; Bräuninger u.a. 1998), sondern darum, wie das heute bestehende Verhältnis zwischen den Generationen entstanden ist. Wenn wir es heute – und weit in die Zukunft hinein – als „gegeben“ akzeptieren müssen, so heißt das nicht, daß es schon immer „Schicksal“ gewesen ist.

Es gibt weder „*die* Alten“, noch „*die* Jungen“. Es gibt nur „die *heute* Alten“, die auch einmal jung waren; und „die *heute* Jungen“, die auch einmal alt sein werden. Dazwischen stehen „die Erwerbspersonen“[4] (nicht immer: Erwerbstätige); die „Sandwichgeneration“. Sie trägt immer die Last, den Alten gegenüber wie gegenüber den Jüngeren; und sie bestimmt – in Politik, Wirtschaft, Schule und Familie. Wir nennen das: in Kohorten[5] denken (statt in Altersklassen). Wenn Lebensverläufe oder deren Gruppierungen im Zeitverlauf und deren Überschichtungen in Zeitpunkten betrachtet werden, lassen sich die Fiktionen der Querschnittsanalyse oder der Periodenansicht überwinden (Mayer u.a. 1991; Birg u.a. 1991). Richtet man den Blick auf Kontinuitäten, Veränderungen und Brüche im Zeitverlauf, die ihren Ursprung in den Lebensläufen der Individuen und in ihren persönlichen – z.B. familialen – Verhältnissen haben, dann wird sichtbar, wie gegenwärtige – strukturelle – Bedingungen aus früheren – individuellen – Entscheidungen entstehen.

Tab. 1: Demographische Bestände in Deutschland

Stand 1.1.1996	insges. Mio.	West Mio.	Ost Mio.	Ost %
Insgesamt	81,5	66,0	15,5	19,02
darunter:				
Männer	39,6	32,1	7,5	18,94
Frauen	41,9	33,9	8,0	19,09
Ausländer[6]	7,3	6,5	0,7	9,59
davon:			0,45 in Berlin, 0,24 übr. Ostdeutschland	
Deutsche	74,2	59,5	14,8	19,95
% Ausländer	*8,95*	*9,85*	*4,52*	

Demgegenüber treten die pauschalen Aggregate in den Hintergrund: Nicht „die Bevölkerung“ ist eine aufschlußreiche Größe, sondern deren demographische – namentlich die Alters-Struktur.

Zweierlei steht jedoch hinsichtlich der Gesamtentwicklung fest: 1. Die Einwohnerschaft Deutschlands wird schließlich abnehmen. Es ist mit einer knapperen Besiedlung – gerade in der „Fläche“ – zu rechnen; das sollte aus ökologischen Gründen begrüßt werden. Es verlangt allerdings eine Reorganisation der Infrastruktur. An Arbeitskräften besteht schon längst kein Mangel mehr; das wird auch so bleiben.

Und 2.: Auch eine massive (weit über das Wahrscheinliche hinausgehende) Zuwanderung kann auf längere Sicht nichts an der Gesamtentwicklung ändern, sondern könnte diesen Prozeß lediglich verzögern (Enquête-Kommission Demographischer Wandel 1998: 69ff, 112ff.). Ob Zuwanderung aus anderen Gründen befürwortet oder vermieden werden sollte oder kann und welche Probleme dabei entstehen oder gelöst werden, ist eine andere Frage (Bade 1994). Darauf gehe ich jedoch nicht weiter ein.

2. *Die gegenwärtige Altersgliederung in West- und Ost-Deutschland*

Die Altersgliederung läßt die Schicksale der Kohorten erkennen[7]. Die Stärke der Altersgruppen schwankt von Kohorte zu Kohorte erheblich – in Deutschland mehr als in anderen Ländern. Beim Alter über 65 Jahren (geboren vor 1930) fällt der „Frauenüberschuß“ ins Auge: Über 70 Jahre alt werden doppelt so viele Frauen wie Männer; über 80 sind es dreimal mehr. Bei den unter-50-Jährigen (geboren 1942 bis 1945) ist ein Einschnitt, verursacht durch den Geburtenausfall gegen Ende des 2. Weltkrieges, erkennbar. Die starken Jahrgänge bei den Mittfünfzigern stammen aus dem Dritten Reich (geboren 1934 bis 1939), die starken Jahrgänge zwischen 25 und 40 aus der Aufbauzeit nach 1955 bis 1972.

Die Unterschiede der Kohorten sind in Ostdeutschland nicht so deutlich ausgeprägt. Seit dem Geburtsjahr 1973 fallen die Jahrgangsstärken in West und Ost zurück; im Westen auf Dauer. Im Osten wurden sie zwischen 1975 und 1983 durch eine Familien- und Wohnungspolitik wirksam gestützt, die gestattete, „aufgeschobene Geburten“ nachzuholen, geplante Geburten vorzuziehen. Denn danach brechen die Jahrgangsstärken wieder ein; 1990 werden sie noch einmal halbiert.

Die Kohorten wandern durch die „Alterspyramide“; dabei nehmen die Stärken der Jahrgänge infolge der Sterblichkeit kontinuierlich ab. Namentlich bei den Männern in der Altersgruppe um 20 ist zu erkennen: Der Einstieg in die motorisierte Verkehrsbeteiligung fordert seine Opfer.

Abb. 1: Altersgliederung Deutschland – West und Ost – Ende 1995

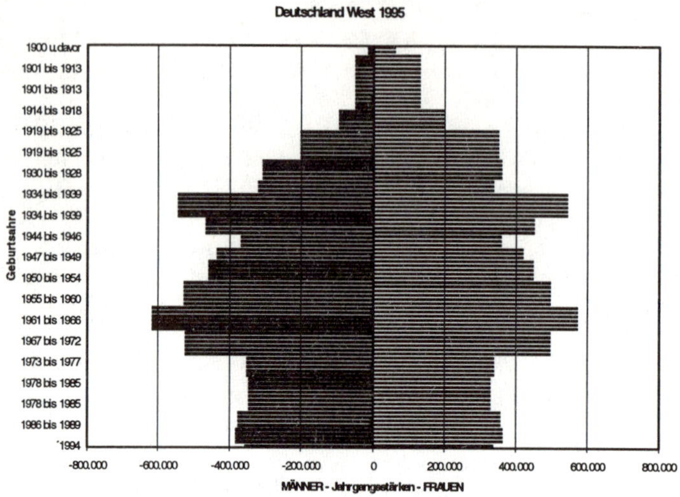

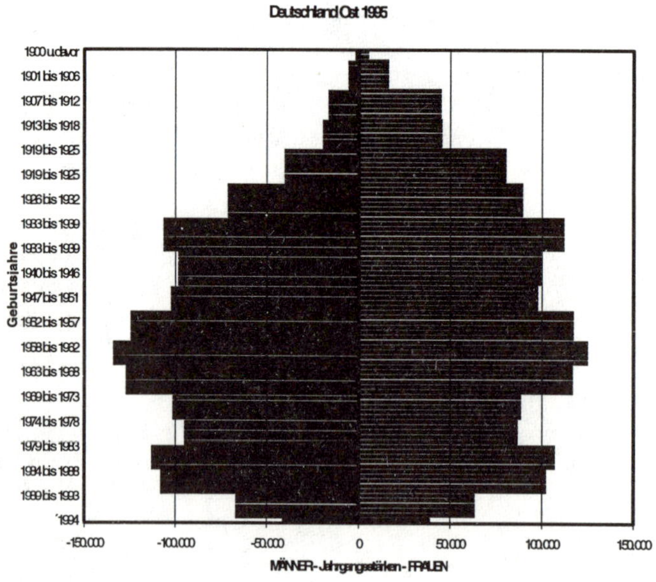

Quelle: Eigene Zusammenstellung und Darstellung nach StJb 1996, Tab. 3.11, S. 63

3. Die historische Dimension des demographischen Wandels

Will man vom „Wertewandel“ sprechen, so muß man auch daran denken, daß sich „die Verhältnisse“ geändert haben. Man kann auch davon sprechen, daß sich die „Verfassung“ der Gesellschaft ändert: Gesellschaft hat „Struktur“ – das heißt: ihr Aufbau, ihre Schichtung, ihre Verteilungen und Proportionen sind notwendig: Konsequenzen der Bedingungen, unter denen die Gesellschaft jeweils existiert. Diese Bedingungen haben mit der Wirtschaft zu tun, aber auch mit Traditionen. Große Teile der Bedingungen, unter denen wir leben, sind früher entstanden: etwa die Verteilungen von Rechten, Macht und Vermögen; das ändert sich nur langsam. Andere Teile der Bedingungen entstehen ständig neu, als Folge der Anwendungen der Wirtschaftsverfassung, die sich eine Gesellschaft gibt (und verändert), der Vermögensverteilung, der Produktions-, Verkehrs- und Nachrichtentechniken; diese Bedingungen können sich auch in kurzer Zeit verändern.

Auch der Bevölkerungaufbau ist ein Aspekt von Gesellschaft. Er hat ebenfalls seine Struktur, seine Verfassung. Auch diese Verfassung ändert sich: Demographischer Wandel ist eine Verfassungsänderung der Bevölkerung. Sie ändert sich mit und in der Gesellschaftsverfassung.

Im Vergleich zu anderen Dimensionen des sozialen Wandels sind die demographischen Veränderungen zäh. Jedenfalls zäher als technisch, wirtschaftlich und modisch bedingte Veränderungen, wenngleich wohl weniger zäh als kulturelle und zivilisatorische. Langlebige Strukturen geraten aus dem Blick; ihre Bedingungen erscheinen selbstverständlich. Ihre Wirkungen sind jedoch wohl tiefgreifender.

Veränderungen der demographischen Strukturen werden durch die Todesfälle, Geburten und Wanderungsfälle verursacht. Deren Mengen werden reguliert von gesundheitlichen Bedingungen und „generativem Verhalten“, bei Wanderungen von den wirtschaftlichen und politischen Situationen im Verhältnis der beteiligten Länder zueinander, gesteuert von der beiderseitigen aktuellen Politik. Während das Wanderungsgeschehen daher erheblichen Fluktuationen unterworfen ist, wird die „natürliche Bevölkerungsbewegung“ von den Zuständen der Gesellschaft unmittelbar bestimmt, die wir in ihren strukturellen Bedingungen als „Verfassung“ bezeichnen.

Als „Verfassung von Bevölkerung“ kann nicht das massenstatistische Abbild gemeint sein; dieses ist lediglich seine „statistische Indikation“ (Mackensen 1963). „Bevölkerung“ ist überhaupt kein Zustand, sondern ein Prozeß: Demographische Strukturen verändern sich aufgrund des sozialen Handelns der Individuen unter gegebenen Rahmenbedingungen[8]. „Sozial“ ist dieses Handeln, weil die Entscheidungen der Individuen stets mit und im sozialen Umfeld getroffen werden – Eheschließung, Familienbildung, Wanderung sind keine individuell isolierten Handlungen. Krankheit und Tod werden zwar individuell erlitten, aber eben auch im Umfeld: Verwandte und Freunde leiden mit – und mildern das Leiden durch soziale Unterstützung; die professionelle Unterstützung der Mediziner, die staatlich gesetzten und nur unter sozioökonomischen Restriktionen nutzbaren Randbedingungen nicht zu vergessen. Die Randbedingungen werden hierbei von anderen sozialen Akteuren – vornehmlich in Politik und Wirtschaft – gesetzt.

„Verfassung von Bevölkerung" heißt dann: Struktur von handlungsrelevanten – formalen und informellen – Normen und Regeln sowie der materiellen Bedingungen und – lang- und kurzfristigen – kulturellen Vorgaben. Demographisch relevantes Handeln hat langfristige strukturelle Konsequenzen: Erst mit erheblichem Zeitverzug wirkt sich das Handeln derart aus, daß es auch massenstatistisch-demographisch erkennbar und gesellschaftlich erheblich wird. Deshalb geben die demographischen Meßziffern keine ausreichende Auskunft über Zustand und Entwicklung der Bevölkerung; deren Verfassung muß mitgedacht werden, wenn man die Bevölkerungsbewegung verstehen will. Das gilt ebenso für die Veränderungen der Sterblichkeit wie für diejenige der Geburtenhäufigkeiten; für die Wanderungen sowieso.

Das Sterben *betrifft* die Menschen; sie können nichts daran ändern, außer es hinauszuschieben – durch eine gesünderes Leben und durch die Vermeidung und Heilung von Krankheiten[9]. Die entscheidenden Veränderungen sind in Mitteleuropa im 19. Jahrhundert eingetreten: Stadthygiene (Abwässer- und Müllbeseitigung) und Körperhygiene (Verbreitung der Reinigung von Körper und Unterzeug) haben die alltägliche Infektions- (Seuchen-)gefahr entscheidend vermindert; Sterilitätsvorkehrungen in Entbindungskliniken haben das Müttersterben und die Säuglingssterblichkeit drastisch gesenkt. Erst gegen Ende des vorigen Jahrhunderts begann der Fortschritt der Medizin – insbesondere mit der Entdeckung der Bakterien und der Impfseren – die Frühsterblichkeit maßgeblich zu vermindern; dieser Fortschritt hat sich in unserem Jahrhundert bedeutend beschleunigt. Die Menschen leben nun länger. Heute geht es vor allem um die Verlängerung des Lebens im Alter.

Anzahl und Zeitpunkt der Geburten für den Nachwuchs haben Menschen schon immer *bewußt bestimmt*; die Möglichkeiten dazu haben sich erst in den 60er Jahren maßgeblich verbessert. Lange Zeit waren der *coitus interruptus* und die Zeitmessung die einzigen Mittel, notfalls Kindestötung und Abtreibung. Früher konnte man allenfalls später heiraten, eine weitere Geburt durch längeres Stillen hinauszögern. Man konnte den Tod eines Säuglings eher verschmerzen, wenn man für Ersatz sorgte. Die Gründe aber, warum man mehr Kinder haben wollte – oder weniger –, haben sich geändert.

Das war zwar bekannt; aber der demographische Nachweis fehlte: Verläßliche Statistiken entwickelten sich erst im 19. Jahrhundert. Jetzt kann man eine Beschränkung der Nachwuchszahlen in den Familien (abgesehen von noch früheren Zeiten) schon für die Zeit um 1800 nachweisen[10]. Damals ging es darum, den Nachwuchs, der die eigene „Stelle" – den Hof, die Werkstatt, die Gewerbskunst, den Handel – zur Existenzsicherung der Familie weiterführen sollte, besser zu qualifizieren. Das war jetzt wichtiger, als für eine größere Zahl von Nachkommen zu sorgen, wie das zuvor (und in allen agrarwirtschaftlichen Kulturen) notwendig gewesen war, um für einen möglichen Ausfall (infolge der Frühsterblichkeit) vorzubeugen und um mehr Arbeitskräfte, mehr Hilfen für Notzeiten, Krankheit und Alter zu sichern. Nun, als die Frühsterblichkeit eingedämmt wurde, der Bestand der Familie und die Versorgung im Alter mehr von Leistung als von der Menge der Arbeiten abhing, wurde es wichtiger, die Nachkommen besser auszubilden, als eine größere Zahl von ihnen heranzuziehen.

Diejenigen, die darauf nicht angewiesen waren oder die Möglichkeit dazu ohnedies nicht besaßen, die Wohlhabenden wie die Armen, nahmen an dieser *frühen Nachwuchsbeschränkung* (noch) nicht teil. Aber der Kreis der Betroffenen sollte sich ständig vergrößern. In unserem Jahrhundert – besonders in den Heiratskohorten seit 1930[11], verstärkt seit 1950[12], dann nocheinmal seit 1970 – verallgemeinerte sich diese Art der Nachwuchsbeschränkung; heute ist sie allgemein.

Ein anderer Grund für die Nachwuchsbeschränkung kam in Deutschland in der Zeit zwischen 1895 und 1930 zur Geltung. Demographen sprechen vom „*demographischen Übergang*“: Sie meinen damit, daß der Rückgang der Sterblichkeit, namentlich der Säuglings-, Kleinkinder- und Müttersterblichkeit, die Notwendigkeit vieler Kindsgeburten in den Familien erübrigte. Tatsächlich konnten sich die Familien seit etwa 1930 – also die Eltern der Geburts-Kohorten seit 1900 – auf die Zwei-Kinder-Familie einrichten: Zwei Kinder ersetzen seitdem die Elterngeneration (fast) vollständig. Damals war die Säuglings- und Kleinkinder-, aber auch die Müttersterblichkeit so weit zurückgedrängt worden, daß sie keine akute Gefahr mehr darzustellen schien.

Diese beiden Gründe führten vor allem zur Vermeidung von großen Kinderzahlen: ein viertes und weiteres, dann auch ein drittes Kind erschienen dann eher als Belastung denn als Stärkung der Familienwirtschaft. Die Großfamilie verschwand fast völlig.

Ein dritter Grund für die Einschränkung der Geburtenzahlen wurde seit 1970 wirksam: Die Situation der Eltern war, gerade in der Phase des Aufbaus des eigenen Lebens, schwieriger geworden. Ausbildung, Haushaltsgründung und Ausstattung, Berufs- und Erwerbssicherheit, auch Unsicherheiten in den Partnerbeziehungen[13] müssen bewältigt werden, ehe man sich Kinder leisten kann. Kinder sind in ihren ersten Lebensjahren eine erhebliche Belastung, und die Entscheidung ist unwiderruflich. Waren und sind andere Belastungen gerade in dieser Lebensphase unausweichlich, so mußte und muß die freie Entscheidung für eine weitere Belastung sorgsam überlegt werden.

Die Zukunft erschien manchen zu ungewiß. Immer mehr Menschen verzichten ganz auf Nachwuchs; manche haben auch einfach die rechte Zeit dafür verpaßt. Die Anteile der Singles und der kinderlosen Paare nehmen zu, die der Kleinfamilien ab. Die Unsicherheiten haben seither wohl noch zugenommen.

Ein vierter Grund gilt für Ostdeutschland 1990: Das Ende der DDR war zugleich das Ende eines Versorgungsstaates, der nicht zuletzt deshalb zugrunde gegangen ist, weil er mehr Wohltaten verteilte, als er erwirtschaften konnte. Jetzt holten viele nach, was in Westdeutschland bereits seit zwei Jahrzehnten galt, und sie taten es gründlicher: Die Unsicherheiten der persönlichen Existenz müssen überwunden sein, ehe man sich Kinder anschafft. Aber die Unsicherheit hält länger an als erwartet.

Abb. 2: Entwicklung der Geburten- und Sterbefallzahlen in Westdeutschland 1950 -1994

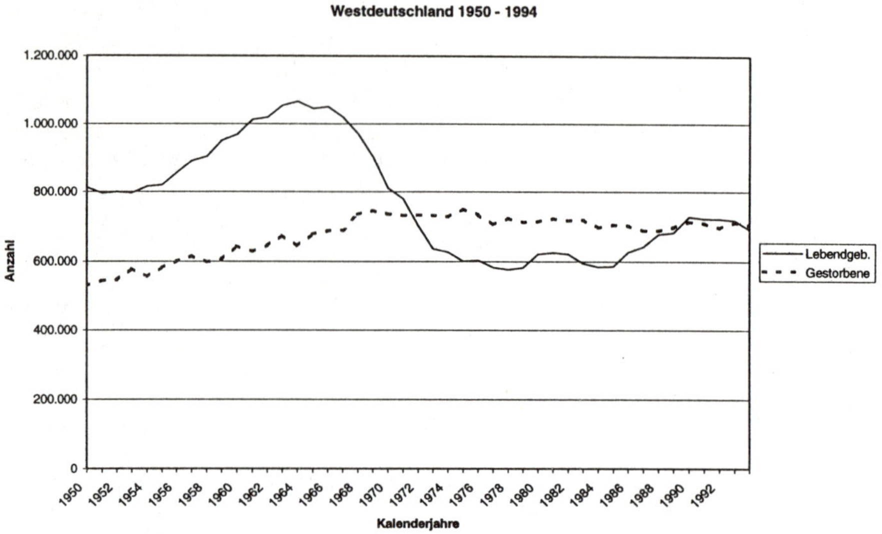

So können wir in Deutschland deutlich vier Perioden unterscheiden, die zur Verminderung der Nachwuchserwartungen führten:

1. die Industrialisierung in all ihren Phasen seit 1800;
2. den I. Geburtenrückgang im Demographischen Übergang 1895-1930;
3. den II. Geburtenrückgang ab 1970;
4. den ostdeutschen Geburtenrückgang 1990.

Jeder dieser Vorgänge zeichnet sich im gegenwärtigen Altersaufbau der deutschen Bevölkerung ab. Er bleibt dort über fast hundert Jahre erkennbar – und klingt wie ein Echo noch in den nachfolgenden Generationen nach. Die Konsequenzen sind spürbar, auch wenn wir an ihre Ursachen nicht mehr denken.

4. Perspektiven der demographischen Strukturentwicklung

Den gravierendsten Einfluß auf die Altersstruktur hat nicht die über die Lebensalter kontinuierlich steigende[14] Sterblichkeit, sondern die von Jahr zu Jahr unterschiedliche Menge der Geburten. „Starke" und „schwache" Jahrgänge bleiben als solche über den gesamten Prozeß der Alterung hinweg erkennbar. Es sind diese Schwankungen der Jahrgangsstärken, aus denen sich periodisch die politischen Probleme ergeben: schon bei Kindergärten und in den Schulen, die nicht mit stabilen Klassenstärken rechnen können; bei den Ausbildungsplätzen, deren Menge nicht entsprechend dem Nachwuchsbedarf der Betriebe und Branchen angesetzt werden kann; in den Betrieben, in denen die Weitergabe von Erfahrungen und die Erneuerung durch ausbildungsfrischen Nachwuchs sich nicht mehr die Waage halten; in den Berufsgruppen, bei denen Überalterung und Unerfahrenheit sich periodisch abwechseln; und schließlich bei der Alters- und Pflegeversorgung, die nicht kontinuierlich aufgebaut und stetig ausgelastet werden kann. Ungleichmäßige Verteilungen, Reaktionen auf Randbedingungen und Veränderungen der individuellen Präferenzen steigern solche Wechselverhältnisse – etwa bei den trotz Eintritt verminderter Jahrgangsstärken in das Studienalter steigenden Studierendenzahlen. Aber in ihrer Grundstruktur werden sie doch von den unterschiedlich aufeinanderfolgenden Jahrgangsstärken bedingt. Die Planungsunsicherheiten werden zwar – gebietlich und branchenweise unterschiedlich massiert oder vermindert – durch Wanderungen verstärkt oder abgeschwächt, aber nur örtlich und betrieblich in erheblichem Ausmaß; sie beruhen im Wesentlichen auf den Reaktionen der Elternpaare auf die politisch, konjunkturell, kulturell wie zeitgeistbedingt veränderlichen Bedingungen und Beurteilungen für ihre Lebensperspektiven. Die Erwartung, solche langfristig strukturbedingten Schwierigkeiten könnten durch aktuelle politische Maßnahmen ausreichend ausgeglichen werden, ist schon im Ansatz verfehlt. Allenfalls kurzfristige Minderungen der aktuellen Belastungen können vorgenommen werden.

Die Bewegungen der unterschiedlich starken Kohorten durch die Alterspyramide werden im Zeitvergleich erkennbar. Drastisch zeigen sich die Konsequenzen in „demographischen Modellrechnungen“, die aus den gegenwärtigen Verhältnissen auf Strukturentwicklungen schließen[15]. Führt man eine solche Rechnung unter den gegenwärtigen Bedingungen über den Zeitraum einer Generation fort, so zeigen sich die Auswirkungen früherer individuell-familialer Entscheidungen überdeutlich[16].

Die Darstellung[17] zeigt für Westdeutschland die Konsequenzen der Rückgänge der Jahrgangsstärken seit 1970: Sie setzen sich deshalb verstärkt fort, weil sie zum einen die bereits aus dem 2. Weltkrieg verminderten Jahrgangsstärken auch in der zweiten Folgegeneration noch einmal überlagern und zum anderen durch die Rückgänge von Generation zu Generation verstärkt werden. Für Ostdeutschland kommen die Rückgänge seit 1990 hinzu. Weder Wanderungen noch mögliche Verhaltensänderungen fallen derart ins Gewicht, daß das Gesamtbild dadurch wesentlich verändert werden könnte.

Abb. 3: Altersgliederung Deutschland – West und Ost – 2025

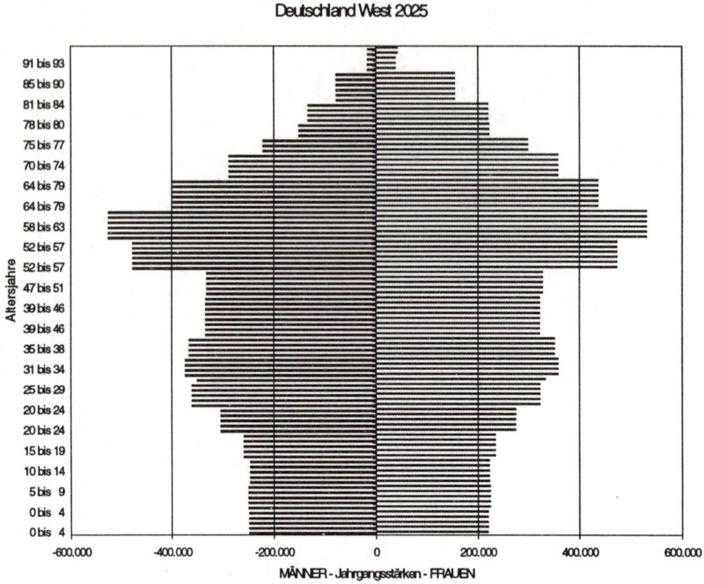

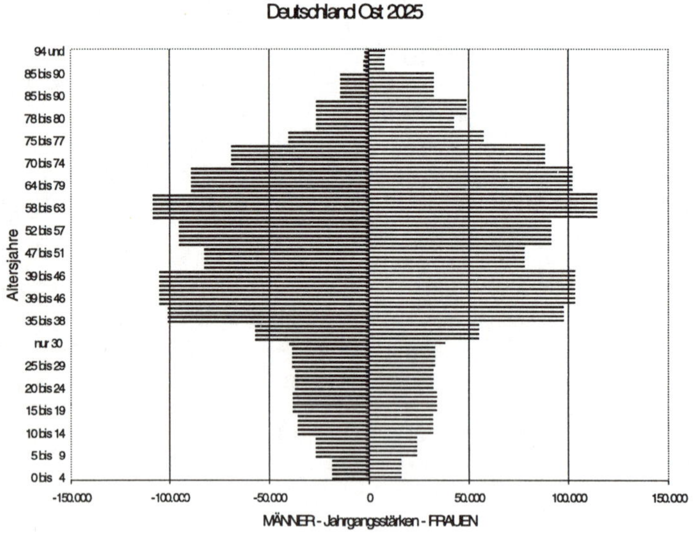

Quelle: Eigene Modellrechnung, Basis 1995, status quo

Während der Prozeß der Sterblichkeit als Schicksal erfahren wird, liegt der Familienbildungsprozeß ganz im Ermessen der betreffenden Paare. Er gilt – das ist in langfristiger Perspektive kulturgeschichtlich durchaus neu, konsequent und durchgängig erst seit drei Jahrzehnten wirksam – als Privatangelegenheit[18]. Die Konsequenzen jedoch werden als „gesellschaftliche Lasten“ begriffen. Das wird am deutlichsten an der perennierenden Debatte über die Sicherheit der Renten. In dieser Debatte gelten die demographischen „Belastungsziffern“ als durchschlagende Argumente.

5. *Verursachungen um 1970*

Man spricht vom „Wertewandel“ seit 1970. Personen und Haushalte befinden sich in unterschiedlichen sozialökonomischen Lagen und in verschiedenen Phasen des Lebenslaufs; sie bewerten deshalb die Dinge unterschiedlich[19]. Die Zeiten, die Lebensphasen und die jeweilige Lage ändern sich mit der Zeit. Sie ändern sich aber nicht von alleine. Ein großer Teil der Änderungen beruht auf dem Tun der Akteure und darauf, daß sie damit die Lage – die Lebensbedingungen für sie selbst, aber auch für andere – verändern. Deshalb denken und werten sie jetzt anders. Sie haben auch seinerzeit nicht grundlos gehandelt. Gründe zu haben, bedeutet noch nicht, die Folgen des eigenen Tuns zu erkennen oder gar zu brücksichtigen.

Wenn „die Akteure“ das „vor einer Generation“ getan haben, dann wäre das: etwa vor 30 Jahren – also „um 1970“. Aber wir täuschen uns, wenn wir dabei nur an „Studentenunruhen“ denken. Es ist gerade einer der Reize demographischer Forschung, daß sie beweisen kann: Der Geburtenrückgang ab 1965 setzt sich gleichzeitig überall durch – in Stadt und Land, bei arm und reich, in West und Ost. Die Studenten haben den Wandel lediglich bewußt registriert, diskutiert und auf die Straßen getragen. Sie haben ihn vorgespielt und haben manches ausprobiert; aber sie waren nicht allein – (fast) alle haben mitgemacht.

Damals hat sich eine Generation gegen ihre Eltern- und Großelterngeneration gewendet. Selten sind die Gründe derart gravierend, die Folgen derart allgemein (Mackensen 1975; 1979). Mit treffendem Gespür konstatierte Willy Brandt 1969, daß erst da Hitler den Krieg endgültig verloren habe: Die Restaurationsperiode[20] war abgeschlossen, in der alle Kräfte und Gedanken auf Wiederherstellung gerichtet waren. Restauration hieß auch: Wiedereinsetzung (z.B. von Beamten und Vermögen) in wohlerworbene Rechte. Und: Der Nationalsozialismus ist vorbei – national, gesellschaftlich und persönlich. Nun kam es nicht darauf an zurückzuschauen und aufzuarbeiten, sondern vorauszublicken und aufzubauen.

Die Eltern von damals – die Generation der um 1970 etwa 60-jährigen – hatten 30 Jahre davor den Nationalsozialismus eingeführt und unterstützt. 30 Jahre davor, da brannten die Bücher und dann die Synagogen – und keiner wagte damals, dagegen anzugehen. 1938 marschierten die Deutschen in Österreich ein – der Jubel kannte keine Grenzen, in Deutschland wie in Österreich.

Und die Großeltern von damals – das waren die 60-jährigen von 1940, die 30-jährigen von 1910 – hatten unter Wilhelm II. die Früchte der Industrialisierung genossen und waren wenig später jubelnd in den I. Weltkrieg gezogen. Welche Katastrophen das auslöste, wird uns erst jetzt wieder richtig bewußt.

Die Jugend von 1970 wollte wissen: warum? Und sie erhielt keine Antwort. Da entwarf sie eine *Neue Welt* (wie das ihre Eltern 1933 ebenfalls und ihre Großeltern schon 1920 auch getan hatten). Das ist jedesmal schief gegangen; wir wissen das jetzt.

Zu der *Neuen Welt* von 1970 gehörte, daß „Gemeinschaft" verworfen wurde, wie die Großeltern unter Wilhelm II. und die Eltern unter Hitler sie verstanden hatten: Auf Eltern und Großeltern war kein Verlaß mehr. Man konnte sich nur noch auf sich selbst verlassen; man mußte zusehen, aus sich selbst etwas zu machen. Dem durfte nichts entgegenstehen.

Tab. 2: Bevölkerungsbewegung in Deutschland: Entwicklung in rohen Ziffern

	1950	1965	1994	Erläuterung
Eheschließungen	11,0	8,2	5,4	auf 1000 Ehen
Lebendgeborene	16,3	17,4	9,5	auf 1000 Einwohner
Gestorbene	10,9	11,9	10,9	auf 1000 Einwohner
Säuglingssterblichkeit	60,2	24,1	5,6	auf 1000 Lebendgeborene im 1. Lebensjahr.

Tab. 3: Bevölkerungsbewegung in Deutschland: Demographische Meßziffern 1994

	zusammen	West	Ost	Erläuterung
TFR 1994	1.241,4	1.346,0	771,7	Gesamtfruchtbarkeit[21]
GFR 1994	45,1	49,9	24,3	Allg. Fruchtbarkeit[22]
e_0 Männer	72,77	73,37	70,31	Lebenserwartung bei der Geburt 1992/94[23]
e_0 Frauen	79,30	79,69	77,72	Lebenserwartung bei der Geburt 1992/94[23]
e_1 Männer	72,25	72,85	69,82	Lebenserwartung am 1. Geburtstag 1992/94[23]
e_1 Frauen	78,71	79,09	77,17	Lebenserwartung am 1. Geburtstag 1992/94[23]

„Gemeinschaft" erlebte die Jugend von 1970 nur in der Erfahrung dieser Überzeugung – im Protest auf der Straße. „Leistung" war für sie Fron für andere. „Erwerbsstreben" wurde nur so weit geduldet, wie es zum eigenen Überleben unerläßlich war. „Verantwortung" kannten sie nur für sich selbst.

Es war – endlich – der Sieg des Individuums (Beck 1986; Hoffmann-Nowotny 1987). Der war bis dahin gescheitert: an der Gemeinschaftsidee Preußens und des zweiten wie des dritten Reiches, die noch in der Nachkriegsrestauration in Westdeutschland nachwirkte. Daß der Individualismus anfangs (und oft auch heute noch) überspitzt wurde, kann nicht verwundern – das ist immer so, wenn Neues erprobt werden soll.

Das hat sich alles abgeschliffen. Übrig blieben: die Emanzipation, die verbesserte Berufsausbildung und die verstärkte Erwerbstätigkeit der Frauen; der pragmatische Gebrauch von Ehe; der Vorrang eigener Entwicklung vor der Erfahrung mit eigenen Kindern. Übrig geblieben ist auch, daß der Versuch, aus dem neu erworbenen Selbstbewußtsein eine neue Art intensiver Beziehung zu anderen und damit eine neue Solidarität aufzubauen[24], noch immer nicht gelungen ist – und als gesellschaftliche Aufgabe weiter ansteht.

Die unmittelbaren Folgen – die Änderung des Verständnisses von Familie, die Nachwuchsbeschränkung – wurden sogleich erkennbar. Sie wirken nach; bewältigt sind sie nicht. Der Geburtenrückgang, die verzögerte Eheschließung (wenn überhaupt), die Elternschaft im fortgeschritteneren Alter: Das waren nur (sekundäre) Folgen. Die weiteren, späteren Konsequenzen stehen jetzt auf der Agenda.

Bei „1968" denkt man zunächst an Westdeutschland. Das gab es aber in allen Industrieländern; freilich in je besonderer Weise und mit Folgen, die für dieses Land dann jeweils charakteristisch bleiben sollten. In den USA z.B. im Trauma Vietnam und mit den Blumenkindern und dem allgemeinen Umgang mit Drogen. Heute denken manche, daß diese Erfahrung in Ostdeutschland ausgeblieben sei; das ist unzutreffend.

In Ostdeutschland meinte „1968" allerdings etwas anderes. Die Nachwuchsbeschränkung setzte dort – offiziell verschwiegen, dann bekämpft – zur gleichen Zeit ein. Die Auflösung der Institution Familie wurde öffentlich unterstützt – durch die (scheinbare) Gleichstellung der Frau in Ausbildung und Beruf, durch die Erleichterung von Abtreibung und Scheidung, durch die Ächtung der kirchlichen Eheschließung und die Funktionalisierung der standesamtlichen Eheschließung als Wohnberechtigung. Die „Nischenexistenz" der Familien in der DDR war kein Produkt der Politik, sondern deren Negation, der biedermeierliche Rückzug vor der sonst allgegenwärtigen Macht. Ein Aufbegehren gab es nicht. Man hatte schon 1953 schlechte Erfahrungen gemacht; und dann 1956 in Ungarn. So blieb für Ostdeutschland 1968 nur der Schrecken über die Niederschlagung der Bewegung in der Tschechoslovakei. Das Aufbegehren blieb unterdrückt. Bis es sich dann 1989 endlich Luft machte.

Es gab 1968 (bis 1974) in Ostdeutschland dieselbe Entwicklung der sinkenden Geburtenhäufigkeit wie in Westdeutschland: So isoliert war die DDR nicht. Im Privaten zog man mit – wie in allen Industrieländern, auch ohne Studentenrevolte. Das wurde den Bürgern der DDR ab 1974 abgekauft durch eine massive „pronatalistische Bevölkerungspolitik" – mit Kinderkrippen und neuen Wohnungen. Für ein Jahrzehnt hatte das tatsächlich den erwünschten Erfolg; dann freilich bröckelte es wieder.

Um so krasser war der Schock, als 1990 all die staatlichen Beihilfen, die Einrichtungen für Kinder und Mütter, die Großzügigkeit der Arbeitgeber, die Garantie der Arbeitsplätze auch für Mütter unvermittelt fortfielen. Das hatte Folgen: Eheschließungs- und Geburtenhäufigkeit sanken rapide. Erst in den letzten Jahren kann man eine gewisse Erholung erkennen. Doch das „westdeutsche Niveau" ist noch lange nicht erreicht. Auch die Konsequenzen dieser Ereignisse bleiben – für lange Zeit.

5. *Europa in der Welt von morgen*

Das sind nicht allein deutsche Probleme. In den Prozeß der Wandlung der Altersgliederungen sind schließlich alle Industrieländer eingetreten. Sie haben – in der einen oder anderen Art – ihren „demographischen Übergang" durchlaufen und die Geburtenzahlen gesenkt. Die Belastungsziffern steigen. Die Gesamtzahlen wachsen kaum noch oder gehen zurück. Inzwischen folgen auch die „Transformationsländer" demselben Kurs.

Ganz anders die „Entwicklungsländer". In ihnen sinkt die Sterblichkeit seit 1950 kontinuierlich und weiterhin. Auch die Geburtenziffern fallen seit zwanzig Jahren; aber bisher gleicht das den Rückgang der Sterblichkeit nicht aus: Die Bevölkerungszahlen wachsen weiter. Das hat damit zu tun, daß in Ländern mit hoher Geburtenzahl die Jahrgangsstärken andauernd gewachsen sind: Immer schwieriger wird ihre (namentlich gesundheitliche, aber auch Wohnungs-) Versorgung, ihre Ausbildung, ihre Beschäftigung. Immer mehr Jugendliche wachsen zu Eltern heran; auch bei relativ geringerer Fruchtbarkeit werden mehr und mehr Kinder geboren. Je schwieriger die Lebensbedingungen in den Entwicklungsländern werden, desto mehr Menschen suchen ihr Heil in der Auswanderung, vielfach: in der Flucht. Die Industrieländer stehen unter einem erheblichen Einwanderungsdruck, gerade auch Deutschland.

Eine weit vorausschauende Beurteilung ist riskant – trotz der sprichwörtlichen (relativen) Sicherheit demographischer Projektionen. Daß die Aussichten düster sind, bestätigen selbst die UN-amtlichen Modellrechnungen: Wie sollen Menschlichkeit, Frieden und die Funktionsfähigkeit der Erde in einer Welt gewahrt werden, die – in hundert Jahren – doppelt so viele Menschen beherbergen wird wie gegenwärtig? Das weiß keiner.

Die wirklich ernsthaften Konsequenzen des demographischen Wandels liegen noch vor uns.

Anmerkungen

1 Und in Fällen, in denen das „Handeln" sich eindeutig in „Tatsachen" manifestiert – wie das eben z.B. beim „generativen Verhalten" dann der Fall ist, wenn seine Konsequenzen „eindeutig" als „Lebendgeburten" zu registrieren sind. „Eindeutig" kann das jedoch nur dann genannt werden, wenn das „generative Verhalten" Koitus als „intentionales Handeln" mit der „Intention Nachwuchs" interpretiert wird – und wenn diese Intention auch realisiert wird, also nicht durch Abtreibung negiert wird oder in einer Todgeburt endet.

2 Die wichtigsten politikrelevanten Aspekte des „demographischen Wandels" behandelt jetzt der zweite Zwischenbericht der zuständigen Enquête-Kommission des

Deutschen Bundestages in aller Ausführlichkeit. Ich verzichte deshalb darauf, diese Probleme hier nocheinmal darzustellen.

3 Im Jahr der 200sten Wiederkehr der Veröffentlichung des „Bevölkerungsgesetzes" von Malthus, das eine neue Theoriekontroverse auslöst, weder dessen Namen zu verwenden, noch auf den Streit um seine Lehre einzugehen, wenn über „Demographischen Wandel" zu handeln ist, mag befremdlich erscheinen. Ich habe mich jedoch zu Malthus mehrfach geäußert (zuletzt 1999) und ziehe es vor, an dieser Stelle eine andere These zur Diskussion zu stellen: die These von der generationenübergreifenden Verantwortung für unser „generatives Verhalten".

4 Ich schließe hier, der Einfachheit halber, die „Nicht-Erwerbspersonen" mit ein.

5 Der demographische Kohortenbegriff ist durch eine schematische Handhabung mißverständlich geworden: Daß man vielfach gleichstarke Jahrgangsgruppen bildet, um sie zwar grob, aber doch vergleichbar zu fassen, dient lediglich der pragmatischen Operationalisierung – wie überhaupt die demographischen Verfahren ihren Vorzug in der Chance methodischer Verarbeitung haben. In der Zielsetzung unterscheidet sich der Kohortenbegriff nicht von dem – auf Mannheim zurückgreifenden – soziologischen Begriff der „Generationen". Dieser Ausdruck wird jedoch demographisch den aufeinander folgenden genealogischen Formationen der Familienzyklen vorbehalten.

6 Hier ist im übrigen nicht von der Einwohnerschaft anderer Staatsangehöriger oder von der (möglichen) Zuwanderung und ihren Folgen die Rede; und zwar deshalb, weil das Thema hier nicht die Entwicklung der Gesamtbevölkerung ist, sondern die Entwicklung demographischer Strukturen. Die übrigen Angaben beziehen sich auf die gesamte Wohnbevölkerung, also einschließlich der Einwohner anderer Staatsangehörigkeit.

7 In Abb. 1 und 3 sind die Altersjahrgänge in Gruppen zusammengefaßt, um die Strukturunterschiede zu verdeutlichen. Tabellen und Grafiken sind aus den Daten der amtlichen Veröffentlichungen vom Autor abgeleitet; Aufwand und Darstellung unterliegen den Restriktionen des Autors.

8 Die „Rahmenbedingungen" umfassen sowohl die biologischen Grundlagen wie die gesellschaftlichen „Randbedingungen" individuellen Handelns.

9 Daß daran auch die sozialen Verhältnisse – Dichte der familiären und nachbarlichen Beziehungen – einen gewichtigen Anteil haben, wird erst langsam bewußt; dazu Badura 1981, Kaufmann u.a. 1989, Diewald 1990, Schubert 1991, Schulz 1996.

10 Das ist besonders der Familienrekonstruktion aufgrund der Kirchenbücher zu verdanken, die von den Demographie-Historikern in Cambridge entwickelt wurde; siehe zuerst: Wrigley 1969; vgl. Imhoff 1977, 1981.

11 Trotz der „pronatalistischen Bevölkerungspolitik" unter dem Nationalsozialismus; diese führte zumeist – wie in der DDR ab 1975 – lediglich zur Akkumulation von nachgeholten und vorgezogenen Geburten.

12 Trotz des Nachkriegshochs der Geburten, deren wirklicher Wert sich nur in der Kohortenbetrachtung zeigt. Die Menge der Geburten war vorwiegend durch ältere Heiratskohorten bedingt, sie holten die im Krieg ausgefallenen Geburten nach. Auch die Ehehäufigkeit war in dieser Periode groß.

13 Die Entinstitutionalisierung der Ehe – siehe Linde 1984 – hat die ganze Last des Aufbaus und der Sicherung auf Dauer für die Paarbeziehungen den Partnern aufgebürdet. In immer weniger Fällen kann sie durchgehalten werden.

14 Die namentlich in den letzten Jahrzehnten gelungene Verminderung der Säuglings- und Kindersterblichkeit auf Minimalwerte wird in den massenstatistischen Aggregatdaten kaum noch sichtbar.

15 Diese dürfen nicht mit „Prognosen" verwechselt werden: Sie sagen nur wenig über die tatsächlichen künftigen Entwicklungen aus. Ihre Ergebnisse sind bedingt (a)

durch die Modellstrukturen, (b) durch die jeweiligen Annahmen der Verfasser über die denkbaren Veränderungen der „Parameter" – namentlich für die Geburtenentwicklung und (c) durch die unterstellte – und nicht prognostizierbare, weil politisch wechselhaft gelenkte – Wanderungsbewegung. Die hier mitgeteilten Modellrechnungen verzichten auf Annahmen zu (a) und (b); es sind eigene „ex post"-Projektionen in perioden-komponenten-spezifischer Modellrechnung des Verfassers auf der Basis 1995. Hier werden nur „Ergebnisse" für einen Generationenschritt bis 2025 verwendet.

16 Die Steigerung ist dadurch begründet, daß die Modellrechnung diese Folgerungen eben überzeichnet: Sie werden infolge von Wanderungen und von möglichen allmählichen Verhaltensänderungen nicht derart drastisch ausfallen. In Ostdeutschland etwa haben seit 1995 die Geburtenmengen bereits wieder etwas zugenommen; auf eine schnelle Anpassung an den „westdeutschen Standard" kann daraus nicht geschlossen werden.

17 Sie wurde wegen der Unwägbarkeiten der Rechnung, aber auch zur einsichtigeren Verdeutlichung der Strukturentwicklungen noch einmal durch die Zusammenfassung von mehreren Jahrgängen vergröbert.

18 Den langfristigen Prozeß der Entinstitutionalisierung von Ehe und Familie hat in dieser Hinsicht Hans Linde (1984, 169-190), eingehend beschrieben.

19 Die Beschreibung der veränderten sozioökonomischen Lage der Familien und deren Reaktion darauf durch „Nachwuchsbeschränkung" in den letzten zweihundert Jahren ist das Verdienst von Hans Linde (1984), der die „individualistischen" Entscheidungen der Familien in die Mitte seiner Erklärung rückt und sich damit in Gegensatz zu Mackenroth (1953) und der gesamten Traditionen der Theorie der Bevölkerungslehre setzt; vgl. Mackensen 1998.

20 Ich habe diese Periode schon 1979 so bezeichnet; und Gerhard Wurzbacher widersprach dieser Interpretation in der Diskussion. Der „Wiederaufbau" war jedoch nach allen Kriterien in erster Linie die Wiederherstellung des alten Zustandes – strukturell orientiert an demjenigen „vor 1933", aber auch in der Absicht, die weiterführenden Errungenschaften danach aufzugreifen. Dabei mußte die Reflektion über das nationalsozialistische Unrecht unterbleiben: Man brauchte die Fachleute noch.

21 TFR = Total Fertiliy Rate = Σ SFRs = Summe der altersspezifischen Fruchtbarkeitsziffern der Frauen.

22 GFR = General Fertility Rate = N /1000 $F_{15\text{-}45}$ = Anzahl der Lebendgeburten auf 1000 Frauen des Alters 15 bis 45.

23 Nach der Sterbetafel aus den Jahren 1992 bis 1994.

24 Für mich bleibt die Erfahrung einiger Kommunen in der Hausbesetzerszene in Berlin 1981 der Beleg, daß dies gewollt war und möglich ist.

Literatur

Bade, Klaus J. (Hrsg.) 1994: Das Manifest der 60 – Deutschland und die Einwanderung, München: Beck.

Badura, Bernhard 1981: Die sozialepidemiologische Bedeutung sozialer Bindung und Unterstützung. In: Badura, B. (Hrsg.): Soziale Unterstützung und chronische Krankheit – Zum Stand sozialepidemiologischer Forschung, Frankfurt/M.: Suhrkamp, 131-39.

Beck, Ulrich 1986: Risikogesellschaft – Auf dem Weg in eine andere Moderne. Frankfurt/M.: Suhrkamp.

Birg, Herwig, Flöthmann, E.-Jürgen, Reiter Iris 1991: Biographische Theorie der demographischen Reproduktion, Frankfurt/M.: Campus (ISB Forschungsberichte 18).

Bräuninger, Bettina/Lange, Andreas/Lüscher Kurt 1998: „Alterslast“ und „Krieg zwischen den Generationen?“ Generationenbeziehungen in aktuellen Sachbuchtexten; in: Ztschr.f. Bevölkerungswiss. 23, 1/98, 3-17.

Diewald, Martin 1990: Soziale Beziehungen – Verlust oder Liberalisierung? – Soziale Unterstützung in informallen Netzwerken, Berlin: Sigma.

Enquête-Kommission Demographischer Wandel 1998: Zweiter Zwischenbericht. Deutscher Bundestag, 13. Wahlperiode, Drucksache 13/11460 vom 5.10.98.

Herter-Eschweiler, Robert 1998: Die langfristige Geburtenentwicklung in Deutschland – Der Versuch einer Integration bestehender Erklärungsversuche zum generativen Verhalten, Opladen: Leske + Budrich (BIB Schriften 27).

Hoffmann-Nowotny, H.-J. 1987: The Furure of the Family, in: IUSSP ed.: European Population Conference, Helsinki: Central Statistical Office.

Hoffmann-Nowotny, H.-J. 1991: Lebensformen und Lebensstile unter den Bedingungen der (Post-) Moderne, in: Familiendynamik 16, 299-321.

Imhoff, Arthur E. 1977: Einführung in die Historische Demographie. München: Beck (Elementarbücher).

Imhoff, Arthur E. 1981: Die gewonnenen Jahre – Von der Zunahme unserer Lebensspanne seit dreihundert Jahren – oder: von der Notwendigkeit einer neuen Einstellung zu Leben und Sterben. München: Beck.

Kaufmann, Franz Xaver/Engelbert, Angelika/Herlth, Alois/Meier, Brigitte/Strohmeier, Klaus Peter 1989: Netzwerkbeziehungen von Familien. Wiesbaden: Bundesinstitut für Bevölkerungsforschung (Materialien SH 17).

Linde, Hans 1984: Theorie der säkularen Nachwuchsbeschränkung 1800-2000, Frankfurt/M.: Campus (IBS, Forschungsberichte 8); 164-190 wieder in: ders.: Kritische Empirie – Beiträge zur Soziologie und Bevölkerungswissenschaft 1937-1987, Opladen: Leske + Budrich, 1988, 203-219.

Mackenroth, Gerhard 1953: Bevölkerungslehre – Theorie, Soziologie und Statistik der Bevölkerung, Berlin u.a.: Springer.

Mackensen, Rainer 1963: Der Begriff der „generativen Struktur“ und seine statistische Indikation, in: La Sociologia y las sociedades en desarollo industrial, Cordoba: Universidad Nacional, III, 277-295.

Mackensen, Rainer 1975: Das generative Verhalten im Bevölkerungsrückgang. In: F.X. Kaufmann (Hrsg.): Bevölkerungsbewegung zwischen Quantität und Qualität – Beiträge zum Problem der Bevölkerungspolitik in industriellen Gesellschaften, Stuttgart: Enke, 82-104.

Mackensen, Rainer 1979: Bevölkerung und Gesellschaft in Deutschland 1945-1978. In: J. Matthes (Hrsg.): Sozialer Wandel in Westeuropa – Verhandlungen des 19. Deutschen Soziologentages Berlin 1979, Frankfurt: Campus, 443-464.

Mackensen, Rainer 1996: Mehrheit Alter – Minderheit Jugend: Künftige Generationenkonflikte. In: Sozialer Fortschritt 45 (3), 53-64.

Mackensen, Rainer 1997: Bevölkerungswissenschaft: Bringing Man Back In. In: Ztschr. f. Bevölkerungswissenschaft 22 (2/3), 195-216.

Mackensen, Rainer 1998: Nachwuchsbeschränkung – Ansatz, Theorie und Methode bei Hans Linde. In: Wege zur Geburtenbeschränkung – Kritische Beiträge zum (vermeintlichen) Abschluß des „Demographischen Übergangs“, Hg. A. Sokoll und U. Ferdinand, in Vorbereitung.

Mackensen, Rainer 1999: Malthus: Der perennierende Mythos. In: Malthus-Konferenz, DGBw und Gesellschaft für Demographie, Berlin 1998.

Mannheim, Karl 1928: Das Problem der Generationen. In: Kölner Vierteljahreshefte für Soziologie 7, 157-185, 309-329. Wieder in: ders.: Wissenssoziologie – Auswahl aus dem Werk, hg. v. Kurt H. Wolff. Berlin u. Neuwied: Luchterhand 1964, 509-565.

Mayer, Karl U./Allmendinger, Jutta/Huinink, Johannes (Hrsg.) 1991: Vom Regen in die Traufe – Frauen zwischen Beruf und Familie, Frankfurt: Campus.

Schubert, Herbert J. 1991: Private Hilfenetze – Solidaritätspotentiale von Verwandtschaft, Nachbarschaft und Freundschaft – Ergebniusse einer egozentrierten Netzwerkanalyse. Hannover: Institut für Entwicklungsplanung und Strukturforschung (Materialien 145).

Schulz, Reiner 1996: Der Familienstand als Determinante der Struktur des familialen Hilfs- und Unterstützungsnetzwerks. In: Zeitschrift für Bevölkerungswissenschaft 21, 3-28.

Schmid, Josef 1997: Auf Sand gebaut? Die Schicksalsgemeinschaft von Generation und Generationenvertrag. In: Ztschr. f. Bevölkerungswissenschaft 22 (2/3), 97, 217-238.

Serbser, Wolfgang 1997: Handeln und Struktur in der soziologischen Situationsanalyse – Zur Verknüpfungsproblematik mikro- und makrosoziologischer Perspektiven in der anwendungsorientierten Stadt- und Regionalsoziologie – Eine soziologische und methodologische Untersuchung, Berlin: VWF – Akademische Abhandlungen zur Soziologie.

Wrigley, E.A. 1969: Bevölkerungstruktur im Wandel – Methoden und Ergebnisse der Demographie, München.

Migrationsprozesse

Bedeutungswandel und aktuelle Konstellationen in Deutschland

Annette Treibel

1. Was bedeutet heute Migration?

Migration, der wissenschaftliche Begriff für Wanderung, hat mittlerweile Eingang in die Sprache der Öffentlichkeit und der Politik gefunden. Emigration und Immigration, die Bezeichnungen für jeweils unterschiedliche Richtungen der Migrationsbewegung, sind schon länger geläufig. Nun beginnt sich mit zeitlicher Verzögerung auch der Oberbegriff Migration durchzusetzen.

Was meint nun *Migration* genau? Die in Vielzahl vorhandenen Definitionen unterscheiden sich danach, welche räumlichen und zeitlichen Kriterien und welche Ursache der Wanderung sie zugrunde legen. Bezüglich Raum und Zeit werden häufig eine gewisse Distanz und eine gewisse Dauer für notwendig erachtet (wenn diese jeweils auch schwierig zu konkretisieren sind), damit aus einer bloßen Ortsveränderung Migration wird. Danach wäre ein Umzug von Potsdam nach Baden-Baden sozialwissenschaftlich als Migration zu verstehen, ein Umzug von Potsdam nach Berlin jedoch nicht. Entsprechend wird ein kurzfristiger Aufenthalt zu Besuchs- oder Urlaubszwekken auch dann, wenn die zurückgelegte Distanz beträchtlich ist (etwa zwischen Berlin und New York), nicht als Migration angesehen. Bezüglich der Ursache geht man davon aus, daß die Suche nach Arbeit und die Suche nach Schutz vor Verfolgung die Hauptursachen von Migration sind. Die Bedeutung dieser klassischen Unterscheidung kommt darin zum Ausdruck, daß zwei verschiedene Begriffe geprägt wurden – *Arbeitsmigration* einerseits und *Fluchtmigration* oder kurz Flucht andererseits.

Die Eingruppierung konkreter Migrantinnen oder Migranten als Arbeitsmigrantinnen oder Arbeitsmigranten oder als Flüchtlinge sieht sich jedoch vor wachsende Probleme gestellt. Handelt es sich bei den Bürgerinnen und Bürgern Albaniens, die seit 1996 in wachsender Zahl ihre Heimat verlassen und hoffen, sich in Italien niederlassen zu können, ‚nur' um Arbeitsmigrantinnen und Arbeitsmigranten, die auf bessere Löhne hoffen, oder um

Flüchtlinge, die sich aufgrund der katastrophalen Situation in ihrem Heimatland zur Wanderung gezwungen sehen – um zu überleben?

Da Zwang und Freiwilligkeit nur noch idealtypisch unterschieden werden können, in der Wanderungsrealität jedoch ineinander übergehen, ist es angemessen, einen umfassenden und dennoch präzisen Migrationsbegriff zugrunde zu legen. Dementsprechend verstehe ich unter *Migration* als den auf Dauer angelegten bzw. dauerhaft werdenden Wechsel in eine andere Gesellschaft bzw. in eine andere Region von einzelnen oder mehreren Menschen. Ein solcher Migrationsbegriff wird der Eigendynamik von Migrationsprozessen und den fließenden Übergängen zwischen den Migrationsformen gerecht. Dies soll an einem Beispiel verdeutlicht werden.

Einige der Bürgerkriegsflüchtlinge aus Bosnien-Herzegowina, die in der Bundesrepublik als de-facto-Flüchtlinge gelebt haben, sind aufgrund ihrer nicht mehr verlängerten Duldung bzw. Aufenthaltserlaubnisse zur Rückkehr gezwungen. Diese gestaltet sich jedoch schwierig, da die Situation im ehemaligen Jugoslawien insgesamt auch drei Jahre nach dem Abschluß des Friedensabkommens von Dayton prekär bleibt: „In Serbien warten nach Angaben des UNHCR zurzeit noch 500 000 serbische Flüchtlinge auf die Rückkehr nach Bosnien oder Kroatien, in der bosnischen Föderation 500 000 Personen auf die Rückkehr in die von bosnischen Serben kontrollierten Regionen und in der Republik Srpska 360 000 bosnische Serben auf die Rückkehr in die von Muslimen und bosnischen Kroaten kontrollierten Gebiete" (*Neue Zürcher Zeitung* v. 21./22.11.98, S. 4). Manche der Zurückgekehrten spielen mit dem Gedanken an eine erneute Migration – in die USA.

Die Eigendynamik des beschriebenen Prozesses macht es um so schwieriger, Migration typologisch zu klassifizieren: Die durch Vertreibungsmaßnahmen (sog. ethnische Säuberung) *erzwungene* Migration führte in die Bundesrepublik, an einen Ort, an dem Sicherheit vor Verfolgung und in vielen Fällen durch die Unterstützung von Verwandten und Bekannten, die als Gastarbeiter eingewandert waren, auch ein Netzwerk gegeben war. Angesichts der Länge des Krieges, der andauernden Krise auch nach Friedensschluß und des Einlebens in der Bundesrepublik wurde der als vorübergehend geplante Aufenthalt dauerhaft. Die ursprünglich von den Betroffenen selbst ersehnte Rückkehr wird nun – angesichts der potentiellen Abwehr durch die zurückgebliebenen Nachbarn und die neu angesiedelten Angehörigen ‚feindlicher' ethnischer Gruppen – ihrerseits zum Zwang. Nach der Rückkehr stellen manche ehemalige Flüchtlinge fest, daß sie sowohl ökonomisch als auch sozial nur sehr schwer wieder Fuß fassen werden und beschließen, da sie nach Deutschland, ihrer zwischenzeitlichen Heimat, nicht mehr zurückkehren können, ein Einwanderungsgesuch an die USA zu richten. Nach der ‚reinen Lehre' erfolgt dieser Entschluß *freiwillig* – und ist doch als *mehr oder weniger* freiwillig zu kennzeichnen.

Viele Wanderungen enthalten also in sich ganz verschiedene Aspekte: Freiwilligkeit und Zwang, Kurzfristigkeit und Dauerhaftigkeit, Niederlassung und Neu-Aufbruch. In der jüngeren Migrationsforschung besteht infolgedessen weitgehender Konsens darüber, daß selbst die klassischen Begriffe Arbeitsmigration und Fluchtmigration Hilfskonstruktionen mit fließenden Übergängen sind. Der oben vorgestellte Migrationsbegriff umfaßt beide Phänomene und dient als Basis für eine soziologisch weiterführende Perspektive. Diese sollte sich überdies weniger auf die beteiligten Personengruppen oder -kategorien (ausländische Bevölkerung, Aussiedler, Flüchtlinge u.ä.) als auf Migrations*prozesse* konzentrieren. Dies schließt ein, auch Abwanderungen und nicht immer nur Zuwanderungen, ebenso auch Binnenwanderung und nicht ausschließlich grenzüberschreitende Migration zu untersuchen. Eine solche Perspektive, die den neu gefaßten Migrationsbegriff verwendet, prozeßorientiert und auf Wanderung als Gesamtphänomen gerichtet ist, soll im folgenden auf die Migrationsprozesse in der Bundesrepublik Deutschland angewandt werden.

2. *Welche Migrationsprozesse finden in der heutigen Bundesrepublik statt? Entwicklungstendenzen nach 1989*

Deutschland, bis Anfang des 20. Jahrhunderts vor allem Auswanderungsregion, ist am Ende dieses Jahrhunderts eines der wichtigsten Zuwanderungsländer der Welt. Diese Entwicklung läßt häufig vergessen, daß nach wie vor in beträchtlichem Umfang nicht nur Zuwanderung *in* die Bundesrepublik, sondern auch Abwanderung *aus* der Bundesrepublik stattfindet. Im folgenden werden zunächst die wichtigsten Gruppen bzw. Phasen dieser beiden Prozesse aufgelistet.

Seit Ende des Zweiten Weltkrieges lassen sich folgende Gruppen von Zuwanderern und Phasen der *Zuwanderung* unterscheiden:

- Nach dem Zweiten Weltkrieg kamen 12 Mill. Flüchtlinge und Vertriebene, zwischen 1950 und 1980 4,5 Mill. Aus- und Übersiedler in die Bundesrepublik.
- Beginnend mit dem ersten Anwerbevertrag mit Italien (1955) wanderten Gastarbeiter und ihre Familienangehörigen zu (von 1960 bis 1990 16 Mill. Zuzüge).
- Seit den 80er Jahren und insbesondere nach 1989 kamen weitere Aussiedler bzw. Spätaussiedler in die Bundesrepublik (397.000 im Jahr 1990, seit 1993 – quotiert – jährlich 220 000 mit abnehmender Tendenz).
- Im selben Zeitraum und ebenfalls mit einem Höhepunkt im Jahr 1989 ff. war die Bundesrepublik Zielregion von Flüchtlingen und Asylbewerbern (1995 hielten sich 1,6 Mill. Flüchtlinge in Deutschland auf).
- Illegale bzw. irreguläre Zuwanderer stellen eine neue Gruppe dar, die seit der Asylrechtsänderung von 1993 zunimmt (lt. Schätzungen könnten es alleine in Berlin 100 000 Personen sein; vgl. *Freitag* 51 vom 11.12.98. S. 6).

In den vergangenen Jahrzehnten sind also Millionen von Menschen in die Bundesrepublik zugewandert, von denen die große Mehrheit der Flüchtlinge, Vertriebenen, Aussiedler und Spätaussiedler und der Übersiedler geblieben sind. Das Rekordjahr der Zuzüge stellt wiederum das ‚Revolutions-Jahr' 1989 dar – mit 930 000 Zuzügen, nicht zuletzt durch Übersiedler aus der DDR, die von 1990 dann als Binnenmigrantinnen und -migranten gelten.

Zur Migration gehört, wie oben festgestellt, jedoch nicht nur die Zuwanderung, sondern auch die *Abwanderung*.

- Die erste Gruppe der Abwanderer sind zurückkehrende Ausländer: Zwischen 1960 und 1990 verließen 12 Mill. der oben genannnten 16 Mill. Gastarbeiterinnen und Gastarbeiter die Bundesrepublik wieder.
- Des weiteren sind hier zurückkehrende Flüchtlinge zu nennen, die mehr oder weniger freiwillig, häufig aber auch unter eindeutigem Zwang (Abschiebung) die Bundesrepublik wieder verlassen müssen.
- Auch unter den Aussiedler gibt es Rückkehrer, die aber kaum erfaßt sind.
- Daneben wandern jedoch, von der Migrationsforschung kaum beachtet, auch Einheimische ab. Die Mehrheit von ihnen kann man als Arbeits- oder als Heirats- bzw. Beziehungsmigranten einstufen. Außerdem begründen viele ihren Auswanderungsentschluß mit der Suche nach einem neuen oder anderen Lebensstil oder Lebensgefühl.

Der Abwanderung von Ausländerinnen und Ausländern liegt eine Vielzahl von Motiven zugrunde: „ ... manche gingen freiwillig, andere nach Ablauf ihrer Arbeitsgenehmigung oder nach Ablehnung ihres Asylantrages" (Herden/Münz 1998: 81). Bei den abwandernden Einheimischen sind die USA die bevorzugte Zielregion (1994: 13.904 Personen), vor Frankreich und den Niederlanden. Nach dem Regierungswechsel im Herbst 1998 hat sich – offensichtlich als eine Form des Protests gegen die rot-grüne Regierung – das Interesse an *Auswanderung* verstärkt, wobei zum gegenwärtigen Zeitpunkt noch nicht abzusehen ist, inwiefern dieses Interesse in die Tat umgesetzt wird.[1]

Abwanderung ist also Weiterwanderung oder Rückwanderung von ursprünglich Zugewanderten oder Auswanderung von Einheimischen. Beide Migrationsbewegungen sind nicht unbedingt dauerhaft. Viele – insbesondere die Deutschen – wandern nicht tatsächlich aus, sondern kehren über kurz oder lang wieder zurück (vgl. Herden/Münz 1998: 80). Im Zuge der Freizügigkeit von EU-Bürgerinnen und -Bürgern wird das Ausmaß dieses ‚Hin-und-Her-Wanderns' noch zunehmen; im Jahr 1995 war der Wanderungssaldo Bundesrepublik – EU negativ, es wanderten 10 070 Deutsche mehr in die Staaten der EU ab als EU-Bürgerinnen und -Bürger ins Bundesgebiet zuwanderten. Bei vielen Migrantinnen und Migranten findet Abwanderung und Zuwanderung im Wechsel statt. Hierzu zählen Ruhestandswanderer, Aussteiger, Beziehungsmigranten, Expertenmigranten, Werkvertragsarbeitnehmer und Saisonarbeiter. Diese Entwicklungen scheinen die Prognose mancher

Forscher zu bestätigen, wonach Pendelmigration bzw. Transmigration die Migrationsformen der Zukunft sind (vgl. Kleger 1997; Pries 1997). Bei diesen Formen wird der eindeutig feststellbare Wohnortwechsel durch die Bewegung zwischen verschiedenen Wohnorten (Dresden – Rom – Dresden; Warschau – Stuttgart – Warschau) abgelöst.

Setzt man Zu- und Abwanderungen zueinander ins Verhältnis, so überwiegen in der Bundesrepublik jedoch bisher die Zuwanderungen. Der *Wanderungssaldo*, der eben dieses Verhältnis von Zu- und Abwanderungen zum Ausdruck bringt, ist meist positiv. Er betrug seit 1949 im Jahresdurchschnitt 275.000 Personen. Die Bevölkerungszunahme in Deutschland erfolgt seit Jahrzehnten nicht über Geburten, sondern über einen positiven Wanderungssaldo.

Legt man dem Migrationsbegriff, wie hier geschehen (s. Abschnitt 1) nicht das Kriterium des Grenzübertritts, sondern die Verlagerung des Lebensmittelpunkts zugrunde, so ist neben der Zuwanderung und der Abwanderung auch die *Binnenwanderung* innerhalb Deutschlands zu berücksichtigen. Nach dem Zweiten Weltkrieg in der Bundesrepublik war die Binnenwanderung tendenziell rückläufig. Das Jahr 1989 brachte auch hier eine Trendwende. „Ab 1989 nahmen sowohl die weiträumigen Wanderungen zwischen den Bundesländern als auch jene über kürzere Distanzen sprunghaft zu" (Zimmermann 1998: 518). Die Mehrheit der Binnenmigrantinnen und -migranten findet sich in der Altersgruppe 18 bis 35 und 60 bis 70 Jahre. Die Wanderung zwischen den Bundesländern insgesamt betrug im Jahr 1995 rund eine Million. Dabei ist zu beachten, daß der Wanderungssaldo der alten gegenüber den neuen Bundesländern rückläufig ist: Betrug er 1991 169.500 zugunsten der alten Bundesländer, so waren es im Jahr 1995 nur noch 25.300 (vgl. Schäfers 1998: 23). Mittlerweile zeichnet sich sogar ein Ausgleich zwischen Ost-West-Migration und West-Ost-Migration in Deutschland ab: 1997 zogen ebenso viele Personen von den alten in die neuen Länder wie umgekehrt, nämlich 150 000 (vgl. *Frankfurter Allgemeine Zeitung* vom 12.3.98).

Migration in der heutigen Bundesrepublik umfaßt also Zuwanderung, Abwanderung und Binnenwanderung. Dabei fällt auf, daß Abwanderung und Binnenwanderung kaum Gegenstand der Migrationsforschung oder überhaupt der Soziologie sind. Wissenschaftlich und öffentlich dominiert die Beschäftigung mit den *Zuwanderungen. Binnenwanderung* wird häufig unter dem Stichwort räumliche Mobilität und grundsätzlich eher in der Geographie als in der Soziologie verhandelt. Dies erstaunt umso mehr, als gerade die Soziologie Mobilität als einen der zentralen Indikatoren für die allseits festgestellte Individualisierung erklärt. Von daher müßte Binnenmigration – wenn schon nicht als Gegenstand der Migrationsforschung, so doch als Gegenstand der Individualisierungsforschung – viel stärker thematisiert werden.[2] Prozesse der *Abwanderung* geraten offensichtlich wie von selbst mit den Abwandernden aus dem Blick, oder man verläßt sich darauf, daß die meisten deutschen Migrantinnen und Migranten sowieso in die Bundesrepublik zurückkehren. Manchem sind vielleicht auch die sog. Auslandsdeutschen, denen man Rückwärtsgewandtheit und Deutschtümelei unterstellt, suspekt.[3]

Eine Ausnahme von der Ignoranz gegenüber Abwanderung stellt der *Fall ‚Mehmet‘* dar, der in Deutschland und in der Türkei große öffentliche Aufmerksamkeit erfährt. ‚Mehmet‘, der eigentlich Muhlis heißt, ist ein 14-jähriger Serienstraftäter, der als Kind türkischer Gastarbeiter in München aufgewachsen ist und dessen Aufenthaltsberechtigung nach monatelangen Diskussionen durch Beschluß des Bayerischen Verwaltungsgerichtshof endgültig nicht verlängert wurde (vgl. *die tageszeitung* vom 21.10.98). Mittlerweile wurde Muhlis in die Türkei abgeschoben, die er nur als Urlaubsland kennt und in der ihn von Seiten der Verwandtschaft verständlicherweise auch niemand haben wollte. Die dortigen Medien bauen ihn jedoch als Showstar auf. Es ist nicht auszuschließen, daß es ihm gelingt, in seine eigentliche Heimat München, in der auch seine Eltern geblieben sind, zurückzukehren. Von solchen, auch durch das Interesse der Medien an spektakulären Fällen und durch den Bundestagswahlkampf angeheizten Vorgängen abgesehen, finden Abwanderungen und Pendelwanderungen auch dann, wenn die Akteurinnen und Akteure ausländischer Herkunft sind, nur bedingt wissenschaftliches Interesse.

3. *Welche politischen und gesellschaftlichen Folgen haben die Migrationsprozesse? Strukturbrüche nach 1989*

Die bedeutsamste politische Veränderung des letzten Jahrzehnts stellt, das wurde auch bei den Phasen der Zu- und Abwanderung im vorherigen Abschnitt deutlich, das Jahr 1989 dar. Mit dem Fall des ‚Eisernen Vorhangs‘ rückten Osten und Westen weltweit, aber insbesondere in Europa näher zusammen. Die Übermacht des Westens scheint – was die Durchsetzung seines kapitalistischen oder wohlfahrtsstaatlichen Gesellschaftsmodells angeht – mit Händen greifbar, ohne daß zum gegenwärtigen Zeitpunkt absehbar wäre, welche Folgen der Zusammenbruch des sozialistischen oder kommunistischen Gesellschaftsmodells des Ostens noch mit sich bringen wird. Unabhängig davon ist erkennbar, daß die *Attraktivität von Europa insgesamt* als Zuwanderungsregion weiter zunehmen wird. Diese Attraktivität ist Spiegel einer gewaltigen historischenVeränderung, die durch den Fall der Mauer noch beschleunigt wurde: „Nach einem halben Jahrtausend europäischer Auswanderung wurde Europa seit der ersten Hälfte der 60er Jahre zu einem Kontinent, der mehr Menschen aufnimmt, als er aussendet. Aber erst seit Mitte der 80er Jahre beschleunigte sich die Migration nach Westeuropa. Zwischen 1985 und 1992 hat sich die Anzahl der Immigranten fast verdreifacht. (...) Peripherien ziehen normalerweise keine Menschenmassen an. Europas wachsende Anziehungskraft als ein Immigrationskontinent spiegelt seine Anerkennung wider, die es als Hort bemerkenswerter Lebenschancen, wenn nicht sogar als Machtzentrum ‚Draußen' weiterhin findet" (Therborn 1997: 579f.).

Bisher macht die Anziehungskraft *West*europas die Anziehungskraft Europas aus, und unter den Ländern Westeuropas ist es vor allem die Bundesrepublik, die als ‚Hort bemerkenswerter Lebenschancen' gilt. Das wiedervereinigte Deutschland hat an Attraktivität für Migranten noch zugenommen, nicht zuletzt für diejenigen aus dem ehemaligen ‚Ostblock'. Die äußerst ungleichen Einkommensverhältnisse in west- und osteuropäischen Ländern führen dazu, daß viele gutqualifizierte Osteuropäer in Deutschland gering qualifizierten Arbeiten nachgehen, für die sie ein Vielfaches des Lohnes erhalten, den sie beispielsweise in Polen verdienen würden. Im Zuge der EU-Erweiterung, die weiter stattfindet, ist abzusehen, daß zum einen innerhalb der EU die ‚Binnenmigration' aufgrund der ungleichen Lebensbedingungen anhält bzw. zunehmen wird, und daß zum andern bisherige sog. Drittstaaten (d.h. die Staaten, die nicht zur EU gehören), die bislang Migranten ‚abgegeben' haben, nun ihrerseits mit Zuwanderung konfrontiert werden. Zum gegenwärtigen Zeitpunkt zeigen die Wirtschaftsdaten eine für Polen und Rußland ähnliche Situation: Das Pro-Kopf-Einkommen in Polen betrug 1997 3.512 Dollar und in Rußland 3.056 Dollar – in Deutschland demgegenüber 24.657 Dollar (vgl. *Frankfurter Allgemeine Zeitung* Nr. 276 vom 27.11.98, S. 18). Von Rußland aus jedoch wird, wenn sich die dortige Situation nicht in absehbarer Zeit verbessert, vermutlich Polen als ‚Hort bemerkenswerter Lebenschancen' wahrgenommen werden.

Die Abschottung gegenüber den zukünftigen EU-Staaten Polen, Tschechien, Estland, Ungarn, Slowenien und Zypern wird mittelfristig nicht möglich sein – so sehr manche Politiker in Bonn/Berlin, Paris oder Rom die Erweiterung auch hinauszögern bzw. bei der Freizügigkeit Einschränkungen gemacht haben wollen. Die genannten Staaten werden integriert und zur gemeinsamen Abwehr derjenigen Migranten aufgefordert werden, die weiterhin Drittstaatler sind: Migranten aus Albanien, der Türkei oder dem Irak. Die Öffnung nach innen geht mit einer Abschottung nach außen einher. Hinter der politischen Losung ‚Europa – eine Union von Bürgern' verbirgt sich eine neue Grenzziehung, die zwischen Unionsbürgern und Drittausländern. Nicht alle in Europa Ansässigen gehören dieser Union an, sondern sie sind als sog. Drittausländer Bürger zweiter und dritter Klasse. Allerdings werden tendenziell aus immer mehr Drittausländer durch die Erweiterungen Unionsbürger. Die ökonomischen, politischen, sozialen und kulturellen Folgen dieses Prozesses für die ‚alten' und für die ‚neuen' Staaten der EU sind gegenwärtig nicht zu überblicken.

Die Dramatik der migrationspolitischen Auswirkungen des Jahres 1989 kommt besonders in der Entwicklung in der Bundesrepublik Deutschland zum Ausdruck:

- Die Zuwanderung, die 1989 schon beträchtlich war, nahm in diesen Jahren nochmals rapide zu; im Rekordjahr 1992 betrug die Nettozuwanderung fast 600.000 Personen.
- Die Diskussion über Begrenzungen dieser Zuwanderung verschwand überhaupt nicht mehr von der politischen und öffentlichen Tagesordnung.
- Eine mehr als zwei Jahre andauernde Welle rassistischer Anschläge auf Migrantinnen und Migranten setzte die Bundesrepublik in Schock.

Angesichts der Verdichtung der Ereignisse ließ und läßt sich auch heute, mit zeitlichem und emotionalem Abstand, kaum entscheiden, ob die Anschläge junger Männer der Neonazi-Szene die Asylrechtsänderung auslösten und von den Befürwortern des sog. Asylkompromisses, der Ende 1992 erzielt wurde, als Bestätigung ihrer Politik verstanden wurde, oder ob die öffentliche Debatte um das Asylrecht den Rechten als Stimulus für ihre mörderischen Handlungen diente, indem sie sich quasi als ‚Vollstrecker' einer öffentlichen Meinung inszenieren konnten.

Verglichen mit der Dauer früherer Debatten haben jedenfalls einschneidende Gesetzesänderungen die parlamentarischen Gremien im Zeitraum von wenigen Monaten passieren können: Neben anderen Gesetzen sind dies vor allem die Neuregelung des Ausländerrechts (1990), das Kriegsfolgenbereinigungsgesetz (1992), der Asylkompromiß (1992), das Asylverfahrensgesetz und das Asylbewerberleistungsgesetz (1993) (vgl. insgesamt die Textsammlung *Deutsches Ausländerrecht* 1996). Verglichen mit der Debatte über das Asylrecht ist das *Kriegsfolgenbereinigungsgesetz*, das die Zuwanderung für Spätaussiedler erschwert, ohne öffentliche Diskussion verhandelt und verabschiedet worden. Dabei ist es in zweierlei Hinsicht bemerkenswert: Zum einen handelt es sich um gravierende Einschränkungen, die ihren fortgesetzten Niederschlag in Änderungen des Bundesvertriebenengesetzes von 1953 (1993) und im Gesetz über die Festlegung eines vorläufigen Wohnortes für Spätaussiedler (1996) fanden. Zum anderen handelt es sich bei den juristischen und politischen Vorgaben und Regelungen der Aussiedlerpolitik eindeutig um Instrumentarien einer klassischen Einwanderungspolitik: Zwar wurden Kontingente von 225.000 Personen pro Jahr festgelegt und Sprachtests in den Heimatländern angeordnet, aber der betroffenen Gruppe wurde gleichwohl signalisiert, daß es kalkulierbare Wege für die Einwanderung nach Deutschland gibt.[4]

Insgesamt läßt sich festhalten, daß von Seiten der Bundesrepublik mit unterschiedlichen Formen der Abwehr auf die weiter gewachsene Attraktivität Deutschlands reagiert wurde. Es wurden die Zuwanderungsmöglichkeiten und die Aufenthaltsbedingungen für Asylbewerber, Aussiedler und die Kinder von Gastarbeitern erschwert: Flüchtlinge werden in sog. sichere Drittstaaten zurückverwiesen, über die sie eingereist sind, für Aussiedler wurden die Sprachkurse gekürzt, und die hier aufwachsenden minderjährigen Kinder von Nicht-EU-Ausländern (insbesondere Türkinnen und Türken) stehen unter Visum- bzw. Aufenthaltsgenehmigungspflicht (sog. Kindervisum).

Neben diesen Formen der Abwehr stehen jedoch zuwanderungserleichternde Maßnahmen wie die Kontingente für jüdische Zuwanderer aus der ehemaligen UdSSR, die diversen Regelungen der Anwerbestoppausnahmeverordnung, die Möglichkeit des Familiennachzugs (für Ehepartner und minderjährige Kinder) bei den ehemaligen Gastarbeiternationalitäten und die Tatsache, daß trotz der Einschränkungen bei der Aufnahme von Aussiedlern immerhin bis zu 225.000 Personen pro Jahr einreisen können.

Die Zuwanderungspolitik der CDU-/FDP-Regierung ist also im Rückblick nicht als ausschließlich restriktiv zu charakterisieren. Die genannten Maßnahmen zur Offenhaltung von „Selektionskorridoren" (Bös 1997: 126ff.) wurden jedoch in der Öffentlichkeit weniger lanciert als die umgesetzten und von einzelnen Abgeordneten zusätzlich geforderten Erschwernisse, wie die von der CSU gewünschte, aber nicht durchgesetzte Senkung des Nachzugsalters von 16 auf 10 Jahren im Rahmen der Familienzusammenführung.

Eindeutig verschärft haben sich seit 1989 der Tonfall und die öffentliche Repräsentierung des Themas Migration. In der Öffentlichkeit dominiert unvermindert der Eindruck eines Bedarfs immer weiterer Restriktionen – obwohl bereits die Asylbewerberquote drastisch gesenkt und die Grenzkontrollen immer mehr an die Außengrenzen der EU (gegenwärtig vor allem Italien und Tschechien) verlagert wurden. Der trotz Massenarbeitslosigkeit vorhandene Bedarf an Zuwanderern, dem durch entsprechende Maßnahmen durchaus Rechnung getragen wurde, wird demgegenüber öffentlich nicht kommuniziert, was eine Normalisierung des Diskurses über Migration beträchtlich erschwert.

Unzureichend beachtet wird auch ein weiterer Normalisierungsprozeß, nämlich die Differenzierung unter den Migranten, die sich nach 1989 weiter fortgesetzt hat: So kann man von ‚der' türkischen community eigentlich nicht sprechen. Vielmehr weisen die versteckten und offenen Auseinandersetzungen zwischen Aufstiegsorientierten (die auf das Erlernen der deutschen Sprache Wert legen) und eher Zurückgezogenen (die dies nicht oder weniger tun; vgl. *Süddeutsche Zeitung* vom 9.12.98, S. 3), die politischen Konflikte zwischen Kurden und Türken, die Konflikte zwischen Aleviten und Sunniten oder die zwischen den Generationen auf die Bedeutung *inner*ethnischer Konfliktlinien hin.

Hinzukommen *inter*ethnische Konfliktlinien. In Anlehnung an die Untersuchung von Elias/Scotson über „Etablierte und Außenseiter" (1990) ist folgender Prozeß zu beobachten: Unterschiedliche Gruppen von Zugewanderten schlossen und schließen aufgrund des Kriteriums einer früheren Zuwanderung in die Bundesrepublik gegeneinander die Reihen: Italienische gegen türkische Einwanderer, ehemalige Gastarbeiter gegen DDR-Flüchtlinge, Übersiedler aus der DDR gegen polnische Übersiedler, Aussiedler gegen Spätaussiedler, Spätaussiedler gegenüber Flüchtlingen aus dem Kosovo. Möglicherweise ist der Rassismus mancher Ostdeutscher, die sich ebenfalls in diese Zuwanderer-Reihenfolge eingruppiert sahen,[5] der verzweifelte Versuch, an der DDR-Identität festzuhalten – so brüchig diese Identität auch ist, hält man sich das jugendliche Alter vieler Akteure vor Augen. Ein Wir-Gefühl als Deutsche gibt es (noch) nicht: Es läßt sich nur in der Abgrenzung gegen die noch weniger Etablierten, die ethnisch Fremden, künstlich und z.T. mit massiver Gewalt erzeugen.

Die Konflikte im ‚neuen Deutschland' in Form von sozialen, ökonomischen und politischen Krisen, Status- und Verteilungskämpfen und der Problematisierung von Wir-Identitäten erschweren eine spannungsfreiere Beziehung zwischen Einheimischen und Zugewanderten. Unabhängig davon, ob sie gleicher oder fremder ethnischer Herkunft sind, ob sie Rußlanddeutsche, Asylsuchende oder nachziehende Familienangehörige der früheren Gastarbeiternationen sind: Die Zuwandernden werden von den Längeransässigen – wiederum unabhängig davon, ob *diese* die deutsche oder eine ausländische Staatsangehörigkeit haben – als beunruhigend empfunden. Dies ist um so mehr der Fall, je ungesicherter der eigene Status und der Platz in der jeweiligen Gesellschaft sind und je weniger mit Zuwanderung auf politischer Ebene menschlich und konstruktiv umgegangen wird.

4. Welche politischen Konsequenzen sind aus den analysierten Prozessen zu ziehen? Aspekte und Probleme der Migrationspolitik nach dem Regierungswechsel

Abschließend sollen die tagespolitischen Debatten über Zuwanderung und Staatsbürgerschaftsrecht in den Kontext der Grundlinien einer zukünftigen Migrationspolitik in der Bundesrepublik Deutschland gestellt werden.

In ähnlicher Weise wie in der Sozialwissenschaft (vgl. Abschnitt 1) bemüht man sich auch in der Öffentlichkeit um eine umfassende Perspektive. Viele Politiker und Medienvertreter sprechen nicht mehr von Ausländern, Aussiedlern, Asylbewerbern oder Illegalen, sondern von *Zuwanderung*. Dieser Begriff hat mittlerweile eine auffällige Verbreitung gefunden, wie beispielsweise die Debatte in der 11. Sitzung des Bundestages am 3.12.98 über den FDP-Entwurf für ein sog. Zuwanderungsbegrenzungsgesetz zeigt (vgl. *Das Parlament* Nr. 51 vom 11.12.98, S. 3-5). Speziell im deutschen Kontext bietet er den Vorteil, keinen Anglizismus verwenden zu müssen und gleichzeitig die Gruppe der Aussiedler, die juristisch und politisch weder als Ausländer noch als Einwanderer verstanden werden können, miteinzubeziehen.

Ein Ansatz, der jedoch nicht nur von der Begrifflichkeit, sondern auch durch seine Konzeption als umfassende Zuwanderungspolitik begriffen werden kann, ist zum gegenwärtigen Zeitpunkt nicht in Sicht. Dies spiegelt sich auch in der bisherigen Bezeichnung und ministeriellen Zuordnung der Ämter wieder, die mit Zuwanderung beschäftigt sind. Der *Beauftragte für die Belange der Aussiedler* war dem Bundesinnenministerium und die *Beauftragte der Bundesregierung für Ausländerfragen* dem Bundesarbeitsministerium zugeordnet. Letztere müßte etwa als ‚Beauftragte der Bundesregierung für die Belange von Migrantinnen und Migranten' bezeichnet werden. So heißt es im Bericht, den die Amtsinhaberin der vorherigen Regierung, Cornelia Schmalz-Jacobsen (FDP) im Dezember 1997 vorlegte: „Aber neben all den Unterschieden, die bei der Beschreibung der Lage der ausländischen Bevölkerung beachtet sein müssen, haben Migranten eine grundsätzliche Gemeinsamkeit: Sie sind irgendwann einmal selbst eingewandert oder zumindest unmittelbar von der Tatsache betroffen, daß die Eltern oder andere nahe Verwandte ihr ursprüngliches Herkunftsland verlassen haben. Aufgrund dieses gemeinsamen Nenners soll hier von Migrantinnen und Migranten und nicht von Ausländerinnen und Ausländern die Rede sein. Auch wenn die Bezeichnung Migrant nicht immer richtig sein mag, von all den falschen ist sie noch die korrekteste" (Beauftragte der Bundesregierung für Ausländerfragen 1997: 15).

Während es in der Öffentlichkeit eine rege Debatte um die Nachfolge von Cornelia Schmalz-Jacobsen gab, die dann Marieluise Beck (Bündnis 90/Grüne) antrat, blieb die Abschaffung des Amtes des Aussiedlerbeauftragten völlig unbemerkt.[6] Die Aufgaben des früheren Aussiedlerbeauftragten, Horst Waffenschmidt, hat offensichtlich die Parlamentarische Staatssekretärin beim Bundesinnenministerium, Cornelia Sonntag-Wolgast (SPD) übernommen. Eine dieser Aufgaben besteht darin, die weiterhin rückläufigen Zahlen bei der Zuwanderung von Spätaussiedlerinnen und Spätaussiedlern zu kommentieren: „Auch im Zeitraum Januar bis November 1998 sind der Spätaussiedlerzuzug und der Antragseingang im Verhältnis zum Vorjahreszeitraum zurückgegangen. Viele Menschen, die einen Aufnahmebescheid besitzen, sehen ihn als Sicherheitspapier für den Notfall, nicht als Anlaß zur sofortigen Aussiedlung. Sie vertrauen darauf, daß ihnen der Weg nach Deutschland offen bleibt. Das können sie auch! Ich nutze aber die Gelegenheit, um auf die Bedeutung guter Sprachkenntnisse bei der Eingliederung in Deutschland hinzuweisen (...)" (Pressemitteilung des BMI vom 2.12.98).

Nun sind die Zahlen zwar rückläufig, umfassen jedoch für den genannten Zeitraum 93.201 Personen, die fast ausschließlich aus der ehemaligen UdSSR einreisten (vgl. ebd.). Wird die mit dem Kriegsfolgenbereinigungsgesetz festgelegte Quote von 225.000 Personen damit auch weit unterschritten, so ist die Zuwanderung von Spätaussiedlern nicht abgeschlossen und sind die Folgeprobleme der Zuwanderungen während der letzten Jahre keineswegs gelöst (vgl. Dietz/Roll 1998). Wenn auch das sog. Ausländerproblem, wie es in den 80er Jahren lautete, heute unter dem Etikett Zuwanderung verhandelt wird und die Aussiedler hier mitgemeint sein sollen, so gewinnt man mittlerweile den Eindruck, daß diese Einsicht zurückgenommen werden und die Diskussion wieder auf die ‚eigentlichen' Ausländer verlagert werden soll – ungeachtet der Tatsache, daß für viele von diesen nicht einmal der Tatbestand der Zuwanderung gegeben ist, da sie in der Bundesrepublik geboren sind und hier aufwachsen.

Am Thema doppelte Staatsbürgerschaft läßt sich ablesen, daß die politischen und rechtlichen Folgeprobleme der jahrzehntelangen Zuwanderung längst nicht mehr nur rein programmatisch, sondern praktisch verhandelt werden – und nicht mehr nur unter Experten, sondern in einer größeren Öffentlichkeit. Hätte die Regierungskoalition im Frühjahr 1998 dem Oppositionsentwurf zur Reform des Staatsbürgerschaftsrechts zugestimmt, so hätte sie sich damit von der Beschwörungsformel, die vor allem von der CDU/CSU vertreten wird, daß Deutschland kein Einwanderungsland sei, verabschieden müssen. Ob die neue, rot-grüne Regierung, die diese Reform für das Jahr 1999 angekündigt hat, sich nun ihrerseits von der Beschwörungsformel verabschiedet oder sie – wie die Äußerungen von Innenminister Schily (SPD) im November und Dezember 1998 erwarten lassen – in veränderter Form neu auflegt, ist noch nicht abzusehen.

Ob die Zulassung von doppelter Staatsbürgerschaft die Akzeptanz und die Partizipation von Migrantinnen und Migranten in Deutschland verbessern wird, muß offen bleiben, als Signal ist eine solche Entscheidung jedoch überfällig und begrüßenswert: „Die Reform trägt Züge einer Rechtsrevolution" (*Frankfurter Allgemeine Zeitung* vom 16.10.98, S. 1). Die deutsche Staatsbürgerschaft per Geburt erhalten danach die Angehörigen der dritten Generation, was bedeutet, daß ein Elternteil bereits in Deutschland geboren sein bzw. vor dem 14. Lebensjahr eingereist sein muß. Diese Gruppe ist dann statistisch nicht mehr als Ausländer nachweisbar und würde sich damit auch für Argumentationen gegen einen zu hohen Ausländeranteil nicht mehr verwenden lassen. Möglicherweise standen nicht zuletzt solche strategische Überlegungen hinter dem Widerstand gegen eine Abkehr vom sog. ius sanguinis, der Vorstellung von Staatsbürgerschaft nach dem Abstammungsprinzip. Einbürgerungserleichterungen und doppelte Staatsbürgerschaft sind manchen Politikern auch deshalb ein Dorn im Auge, weil sie von den neuen Wählern eine Unterstützung des gegnerischen Lagers erwarten. So kam nach der Bundestagswahl eine interne Studie in der CSU-Landesgruppe zu dem Ergebnis, „daß durch eine entsprechende Änderung des Staatsbürgerschaftsrechts nicht nur eine ‚Wählerbeschaffung für Rot-Grün en gros' stattfände, sondern auch eine dramatische Zuspitzung der innenpolitischen Spannungen" (*Frankfurter Allgemeine Zeitung* vom 22.9.98).

Zu hoffen ist, daß in der anstehenden Diskussion der Reform solche Stimmen – jedenfalls nicht offiziell – den Ton angeben. Vielmehr sollten solche und weitere Weichenstellungen in Richtung einer pragmatischen, humanen und zeitgemäßen Migrationspolitik erfolgen. Theoretische und politische Konzepte für eine solche Politik sind intensiv diskutiert und der Öffentlichkeit vorgestellt worden (vgl. Kirchenamt der Evangelischen Kirche in Deutschland und Sekretariat der Deutschen Bischofskonferenz 1997; Göbel-Zimmermann/Masuch 1998), etwa die Einbürgerungs-Programme aus den Niederlanden – man braucht also nicht alles neu zu erfinden. Gleichwohl werden zukünftige Migrationsprozesse, die wir nur vermuten, aber nicht voraussagen können, auch neue *Denkprozesse* erfordern!

Anmerkungen

1 Vgl. die Titel-Geschichte des *Focus* Nr. 43 vom 19.10.98 „Auswandern – aber wohin?“ Vgl. auch die folgende Kontaktanzeige aus dem Tübinger Tageblatt: „Suche entschlußfreudige, freiheitlich denkende Frau, die angesichts der Machtübernahme des rot-grünen Regimes mit mir, M, 47, nicht unvermögend, gemeinsam auswandert“ (zit. nach *junge Welt* Nr. 246 vom 22.10.98).

2 Einen interessanten Beitrag aus handlungstheoretischer Perspektive stellt die Untersuchung von Kalter (1998) über „Partnerschaft und Migration“ dar.

3 Dabei spielt wohl auch eine Rolle, daß Organisationen wie der „Verein für das Deutschtum im Ausland“ allenfalls durch undurchsichtige Machenschaften in die Schlagzeilen kommen (vgl. *Süddeutsche Zeitung* Nr. 141 vom 23.6.98, S. 11).

4 Zur Aussiedlerpolitik und ihrer Umsetzung auf kommunaler Ebene vgl. die Untersuchung von Bommes (1996). Die uneingestandenen einwanderungspolitischen Instrumentarien arbeitet sehr anschaulich Santel (1998) heraus: Neben der Aussiedlerpolitik sind dies insbesondere die Bestimmungen zum Familiennachzug.

5 Auf der vom Graduiertenkolleg „Gesellschaftsvergleich in historischer, soziologischer und ethnologischer Perspektive“ veranstalteten Konferenz im Französischen Dom in Berlin zum Thema „Vereint entzweit? Vereinigungskrisen im Gesellschaftsvergleich“ wurde am 25./26.9.98 heftig darüber diskutiert, ob und inwiefern es sich bei den Ostdeutschen um eine ethnische Gruppe handele (vgl. die Debattenbeiträge im *Freitag* 43 vom 16.10.98, *Freitag* 47 vom 13.11.98 und *Freitag* 51 vom 11.12.98, jeweils S. 12).

6 Gegenwärtig gibt es drei „Beauftragte der Bundesregierung“: für die Sozialversicherungswahlen, für die Belange der Behinderten und für Ausländerfragen.

Literatur

Beauftragte der Bundesregierung für Ausländerfragen 1997: Bericht über die Lage der Ausländer in der Bundesrepublik Deutschland. Bonn.

Bös, Mathias 1997: Migration als Problem offener Gesellschaften. Globalisierung und sozialer Wandel in Westeuropa und in Nordamerika. Opladen: Leske + Budrich.

Bommes, Michael 1996: Migration, Nationalstaat und Wohlfahrtsstaat – kommunale Probleme in föderalen Systemen. In: Klaus J. Bade (Hrsg.): Migration – Ethnizität – Konflikt. Systemfragen und Fallstudien. Osnabrück: Universitätsverlag Osnabrück (Schriften des Instituts für Migrationsforschung und Interkulturelle Studien; Bd. 1), S. 213-248.

Deutsches Ausländerrecht 1996: Die wesentlichen Vorschriften des deutschen Fremdenrechts. Textausgabe mit ausführlichem Sachverzeichnis und einer Einführung von Helmut Rittstieg. 11., völlig neubearb. Auflage, München: Deutscher Taschenbuch Verlag (Beck-Texte im dtv).

Dietz, Barbara/Heike Roll 1998: Jugendliche Aussiedler – Porträt einer Zuwanderergeneration. Frankfurt a.M.; New York: Campus.

Elias, Norbert/John L. Scotson 1990: Etablierte und Außenseiter. Hg. und übersetzt von Michael Schröter. Frankfurt a.M.: Suhrkamp.

Göbel-Zimmermann, Ralph/Masuch, Thorsten 1998: Zuwanderung und Einwanderung im deutschen Normengestrüpp. Wer will in der aktuellen Debatte eigentlich was? In: *Frankfurter Rundschau* vom 19.11.98 (Dokumentation).

Herden, Rose-Elisabeth/Münz, Rainer 1998: Bevölkerung. In: Schäfers/Zapf, S. 71-85.

Hradil, Stefan/Immerfall, Stefan (Hrsg.) 1997: Die westeuropäischen Gesellschaften im Vergleich. Opladen: Leske + Budrich.

Kalter, Frank 1998: Partnerschaft und Migration. Zur theoretischen Erklärung eines empirischen Effekts. In: Kölner Zeitschrift für Soziologie und Sozialpsychologie, 50, H. 2, S. 283-309.

Kleger, Heinz (Hrsg.) 1997: Transnationale Staatsbürgerschaft. Frankfurt; New York: Campus.

Pries, Ludger (Hrsg.) 1997: Transnationale Migration. Baden-Baden: Nomos (Soziale Welt; Sonderband 12).

Santel, Bernhard 1998: Auf dem Weg zur Konvergenz? Einwanderungspolitik in Deutschland und den Vereinigten Staaten im Vergleich. In: Zeitschrift für Ausländerrecht und Ausländerpolitik, 18, H.1, S. 14-20.

Schäfers, Bernhard 1998: Politischer Atlas Deutschland. Gesellschaft, Wirtschaft, Staat. Bonn: Dietz (2., aktualisierte und verbesserte Ausgabe).

Schäfers, Bernhard/Zapf, Wolfgang (Hrsg.) 1998: Handwörterbuch zur Gesellschaft Deutschlands. Opladen: Leske + Budrich.

Therborn, Göran 1997: Europas künftige Stellung – Das Skandinavien der Welt? In: Hradil/Immerfall, S. 573-600.

Treibel, Annette 1999: Migration in modernen Gesellschaften. Soziale Folgen von Einwanderung, Gastarbeit und Flucht. Weinheim; München: Juventa.

Kirchenamt der Evangelischen Kirche in Deutschland und Sekretariat der Deutschen Bischofskonferenz in Zusammenarbeit mit der Arbeitsgemeinschaft Christlicher Kirchen in Deutschland (Hrsg.) 1997: , ... und der Fremdling, der in deinen Toren ist.‘ Gemeinsames Wort der Kirchen zu den Herausforderungen durch Migration und Flucht. Bonn u.a.

Walzer, Michael 1998: Über Toleranz. Von der Zivilisierung der Differenz. Hamburg: Rotbuch.

Zimmermann, Gunter E. 1998: Räumliche Mobilität. In: Schäfers/Zapf (Hrsg.) 1998: Handwörterbuch zur Gesellschaft Deutschlands. Opladen, S. 514-524.

Der Wert Leistung in Deutschland 1956 bis 1996*

Über den Nutzen der Kohortenanalyse zur Erklärung von Wertewandlungen durch Bedeutungswandlungen

Heiner Meulemann

1 Der Wert Leistung in einer geteilten und wieder vereinten Nation: Untersuchungsfragen

Eine der wichtigsten Erbschaften, die die beiden deutschen Staaten aus der gemeinsamen Geschichte übernommen haben, ist die starke Unterstützung der beiden Bevölkerungen für den Wert der Leistung. Leistung verlangt die Konzentration von Energie und die Hingabe an eine objektiv definierte Aufgabe, kurzum: Selbstaufopferung. Aber sie ist mehr als das. Wenn jemand sich mit einer gegebenen Aufgabe identifiziert und sie um ihrer selbst willen erfüllt, kann er Selbstaufopferung in Selbstverwirklichung verwandeln. Das gute oder schlechte Produkt ist sein Erfolg oder Mißerfolg. Leistung ist daher mehr als Arbeit, nämlich die Spiegelung des Selbsts in seinem Arbeitsprodukt, so daß das Selbst nach seinem Produkt bewertet wird. Diese Auffassung war in der deutschen Tradition besonders sichtbar. Luther betrachtete den Beruf als eine göttliche „Berufung", die den Menschen verpflichtet. Allgemein kann man das Leben überhaupt als eine „Berufung" ansehen; jeder Schritt ist eine Herausforderung, die gemeistert werden muß, eine Leistung, die über den Wert der Person entscheidet. Trotz dieser gemeinsamen Tradition schufen die Verfassungen der beiden deutschen Staaten jedoch ganz unterschiedliche Ausdrucksmöglichkeiten für diesen Wert Leistung.

Die alte Bundesrepublik gründete sich auf die soziale Marktwirtschaft: Die Teilhabe am Sozialprodukt hing von der individuellen Produktivität in spezialisierter Berufsarbeit ab, die zugleich Quelle der Selbstverwirklichung war. Die Verfassung bot die Chance, Selbstaufopferung und Selbstverwirklichung ins Gleichgewicht zu bringen. Zu Recht wurde Westdeutschland deshalb eine *Leistungsgesellschaft* genannt. Die Anforderungen des beruflichen, aber auch des außerberuflichen Lebens boten Gelegenheit genug, die Identifikation mit dem Wert Leistung auch am Handeln zu überprüfen. Deshalb konnten die positiven wie die negativen Folgen des Werts Leistung, die Chancen des Erfolgs wie die Risiken des Scheiterns, erfahren werden. Das bedingungslose Verständnis von Leistung als bloßer Selbstaufopferung konnte durch die Suche nach Selbstverwirklichung in und außerhalb des Berufs ausgeglichen werden.

Die DDR gründete sich auf eine staatliche Planwirtschaft, die Arbeit und Selbstaufopferung forderte, aber keinen Platz ließ für die Selbstverwirklichung durch Arbeit (siehe z.B. Seibel/Voigt 1983). Löhne hingen nicht von individueller Leistung ab, sondern von der Erfüllung politisch definierter Normen innerhalb des Kollektivs (Roesler 1994: 156-157, Rottenburg 1991: 314- 317). Verständlicherweise beklagten sich die Arbeiter vor allem über mangelnde Chancen, nach persönlicher Leistung bezahlt zu werden, wie Umfragen in Betrieben zwischen 1967 und 1989 immer wieder belegten (Meulemann 1996: 192-195). Deshalb konnte sich die politische Führung nicht auf individuelle Anreize verlassen, um die Produktion zu sichern und in der internationalen ökonomischen Konkurrenz zu bestehen, sondern mußte auf moralischen Druck zurückgreifen, mehr zu arbeiten, als der Plan verlangte. Leistung reduzierte sich auf „mehr Arbeit“ – wie immer wieder in offiziellen Berichten gefordert wurde (zusammengefaßt in Meulemann 1996: 195-213). In diesen Sinne übte der Staat dauernd Propaganda für mehr „Leistung“, d.h. Selbstaufopferung aus, die das Denken der Bevölkerung langfristig prägte – wie die hohe Zustimmung zu einer Vielzahl von Fragen zu Arbeit und Leistung in Ostdeutschland nach der Vereinigung zeigt (Meulemann 1996: 287-304).[1] Aber die eingebauten Mängel der Planwirtschaft – wie Lieferschwierigkeiten, Horten von Arbeitskräften usw. – bewahrten die staatliche Propaganda zugunsten von „Leistung“ davor, im Arbeitsleben ernsthaft getestet zu werden. Die Menschen konnten sich mit „Leistung“ als einen Wert gerade deshalb identifizieren, weil sie im sozialen Leben nicht praktiziert wurde. Kurzum, die DDR betonte in ihrer Propaganda den Wert Leistung, den sie aus der deutschen Geschichte geerbt hatte, aber sie ließ weder für die positiven noch die negativen Folgen des Leistungsprinzips, also für persönlich zurechenbare Erfahrungen von Erfolg und Mißerfolg, Raum. Zu Recht wurde die DDR daher als *Arbeitsgesellschaft* (Kohli 1994) bezeichnet, in der Leistung zwar dauernd als Verpflichtung zu „mehr Arbeit“ propagiert, aber kaum ernsthaft sozial auf den Prüfstand gestellt wurde.

Unter dieser Voraussetzung sollte der Wert Leistung in den beiden deutschen Staaten und nach ihrer Vereinigung ein unterschiedliches Schicksal haben. In der alten Bundesrepublik sollte er, gerade weil ihm institutionelle Möglichkeiten der Realisierung und Prüfung offenstanden, Anhängerschaft verloren haben. Die Chancen der Selbstverwirklichung in beruflicher Arbeit können zu Erfolgs- und Mißerfolgserfahrungen geführt, und der Saldo dieser Erfahrungen kann einen Bedeutungswandel von einer unbedingten Selbstaufopferung zur Suche nach verschiedenen Formen der Selbstverwirklichung auch jenseits der Arbeit bewirkt haben. In der DDR dagegen sollte der Wert Leistung, gerade weil ihm kein institutioneller Freiraum zur Realisierung offenstand, die hohe Wertschätzung behalten haben, die er aus der deutschen Tradition geerbt hat. Und weil die staatliche Führung gezwungen war, den Wert durch Propaganda zu befördern, kann er sogar Wertschätzung gewonnen haben. Weiterhin sollte die staatliche Propaganda, wenn sie allgemein Erfolg hatte, auch differentiell erfolgreich gewesen sein: Der Wert Leistung sollte besonders hoch bei den jüngeren Kohorten angesehen sein, die der staatlichen Propaganda stärker unterworfen waren und ihr nach dem Bau der Mauer nicht mehr entgehen konnten.

Deshalb ergeben sich insgesamt vier Fragen. Erstens: Hat der Wert Leistung in der alten Bundesrepublik bis 1990 Anhängerschaft verloren? Zweitens: Wird zwischen 1990 und 1996 der Wert Leistung in Ostdeutschland stärker unterstützt als in Westdeutschland? Beides sind Tatsachenfragen, die mit Zeitreihen für die gesamte Bevölkerung in Abschnitt 2 beantwortet werden sollen. Sollten sie positiv beantwortet werden, so kann man mit zwei weiteren Fragen nach Erklärungen suchen. Drittens: Kann der Rückgang des Werts Leistung in der alten Bundesrepublik durch einen Bedeutungswandel von Selbstaufopferung zu Selbstverwirklichung erklärt werden? Viertens: Kann die stärkere Anhängerschaft des Werts Leistung in Ostdeutschland in gleicher Weise als ein Bedeutungswandel erklärt werden – allerdings in diesem Fall als ein Bedeutungswandel von Selbstverwirklichung zu Selbstaufopferung, der von der staatlichen Propaganda der DDR für „Leistung als mehr Arbeit" auferlegt wurde? Die dritte und vierte Frage sollen mit Kohortenanalysen beantwortet werden. In Westdeutschland sollten die älteren Kohorten Leistung überwiegend als Selbstaufopferung verstehen, während die jüngeren Kohorten das Gleichgewicht zu einer größeren Bedeutung der Selbstverwirklichung verlagern sollten, so daß die Kohortenfolge den Rückgang in der Gesamtbevölkerung erklären könnte; das soll in Abschnitt 3 geprüft werden. In Ostdeutschland sollten ältere Kohorten durch die staatliche Propaganda relativ unbeeindruckt sein, im Gegensatz zu den Kohorten, die in der Blütezeit der DDR sozialisiert wurden; das soll in Abschnitt 4 geprüft werden.

Das Institut für Demoskopie in Allensbach hat eine Frage „Leben als Aufgabe" in Westdeutschland zwischen 1956 und 1996 und in Ostdeutschland zwischen 1990 und 1996 mehrfach repliziert. Die Formulierung lautet: „Zwei Männer/Frauen unterhalten sich über das Leben. Der/die eine sagt: Ich betrachte mein Leben als Aufgabe, für die ich da bin und für die ich alle Kräfte einsetze. Ich möchte in meinem Leben etwas leisten, auch wenn das oft schwer und mühsam ist. Der/die andere sagt: Ich möchte mein Leben genießen und mich nicht mehr abmühen als nötig. Man lebt schließlich nur einmal, und die Hauptsache ist doch, daß man etwas von seinem Leben hat. Was meinen Sie: Welche(r) von beiden macht es richtig, der/die erste oder der/die zweite?"[2] Wer die erste Alternative wählt, unterstützt Leistung als einen Wert, der das ganze Leben regiert; die entsprechenden Prozentwerte werden im folgenden analysiert.

2 *„Leben als Aufgabe" in den beiden deutschen Staaten: Entwicklungen in der Gesamtbevölkerung*

Wie Abbildung 1 zeigt, fällt in Westdeutschland die Zustimmung für „Leben als Aufgabe" von rund 60% zwischen 1956 und 1964 auf rund 45% zwischen 1973 und 1996; während bis 1964 und nach 1973 einige, überwiegend schwache Schwankungen auftauchen, fallen die Prozentwerte stark und stetig zwischen 1964 und 1973. In Ostdeutschland ist „Leben als Aufgabe" zwischen 1990 und 1993 so wichtig wie in Westdeutschland zwischen 1956 und 1964; 1996 beginnt ein Rückgang, der zur Angleichung beider Landesteile führen könnte: Die Prozentsatzdifferenz liegt zwischen 1990 und 1993 etwas über 15 Prozentpunkten und beträgt 1996 9 Prozentpunkte.

Abbildung 1: „Lebens als Aufgabe" – Prozentwerte in Westdeutschland 1956-1996 und in Ostdeutschland 1990-1996

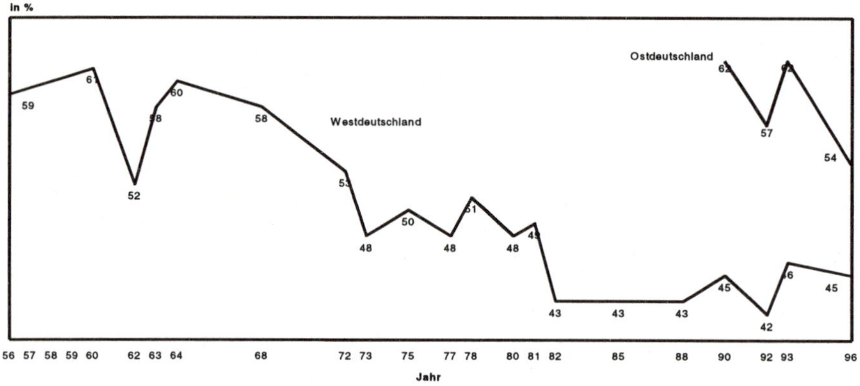

Offensichtlich wird das „Leben als Aufgabe" in Westdeutschland zwischen Mitte der sechziger und siebziger Jahre drastisch abgewertet. Der Rückgang wird durch den Rückgang einer Reihe ähnlicher Indikatoren validiert; er wird zudem von einem Anstieg der politischen Teilhabe und des Egalitarismus im Privatleben und einem Rückgang der Religiosität begleitet, so daß alle Wertwandlungen als ein Wertwandel von Akzeptanz zu Selbstbestimmung verstanden werden können (Meulemann 1982, 1995: 87-93, 130-135). Es gibt jedoch keine Anzeichen für einen vergleichbaren Wandel in Ostdeutschland. Entweder haben die Ostdeutschen auf dem Niveau verharrt, das beide Staaten von der gemeinsamen Tradition geerbt haben, oder eine rückläufige Tendenz wurde durch die staatliche Propaganda für Leistung ausgeglichen. Zudem folgt der institutionellen Vereinigung der beiden Staaten nicht sofort eine Angleichung der Werte. Vielmehr beginnt Ostdeutschland 1990 dort, wo Westdeutschland 1956 gestartet ist. Offenbar hat die gemeinsame Tradition über vier Jahrzehnte überlebt – und herrscht weiter vor. Ob das Schmelzen der Distanzen seit 1993 sich weiter fortsetzt, ist eine offene Frage. Zusammengefaßt können die erste und zweite Frage positiv beantwortet werden; beide waren Tatsachenfragen, so daß nun die Bewertungsfragen angegangen werden können – zuerst für Westdeutschland.

3 *„Leben als Aufgabe" in westdeutschen Kohorten 1956-1996: Kein Zerfall der Arbeitsethik, aber ein Bedeutungswandel*

Der Rückgang des Werts Leistung in Westdeutschland ist oft durch einen gleichzeitigen Verfall der Arbeitsethik erklärt worden. So wie die Menschen weniger geneigt seien, hart zu arbeiten, so brächten sie weniger Unterstützung für den Wert Leistung auf. Im Denken wie im Verhalten zeige sich eine schleichende „Proletarisierung" (Noelle-Neumann 1978). Im Rückblick ist dieses Deutung unvereinbar mit der Tatsache, daß Ostdeutsche stärker leistungsorientiert sind als Westdeutsche. Sollte eine „proletarische" Bundesrepublik mit einer „bürgerlichen" DDR vereint worden sein? Aber von solchen unplausiblen Implikationen ganz abgesehen, kann diese Deutung schon aufgrund der westdeutschen Daten zurückgewiesen werden. Viel eher als ein Zerfall der Arbeitsethik könnte ein Bedeutungswandel von Leistung hinter dem Rückgang von „Leben als Aufgabe" stehen.

Wenn man die Frageformulierung ernst nimmt, kann man den Verdacht eines Verständnisunterschieds zwischen den Generationen kaum von der Hand weisen. Leistung gegen Genuß auszuspielen ist sinnvoll, wenn die Not von Krieg und Nachkrieg Selbstaufopferung erfordert und Selbstverwirklichung in Mißkredit bringt – wie in der älteren Generation. In den Vorstellungen der jüngeren Generation schließt jedoch Leistung Genuß nicht mehr aus, so daß man dem Genuß leichter nachgeben kann, ohne Leistung abwerten zu müssen. An die Stelle einer unbedingten Herrschaft von Leistung über Genuß ist in der jüngeren Generation ein flexibles Gleichgewicht beider Seiten getreten. Wenn das zutrifft, dann sollten ältere Kohorten „Leben als Aufgabe" zu jedem Zeitpunkt öfter wählen als jüngere Kohorten. Wenn weiterhin der Rückgang des Werts Leistung in der gesamten Bevölkerung durch einen Wandel der Bedeutung zwischen den Generationen erklärt werden soll, dann sollte die Unterstützung für „Leben als Aufgabe" in jeder Kohorte konstant sein. Beide Bedingungen zusammen, der Unterschied des Verständnisses zwischen den Generationen und das Beharren jeder Generation auf ihrem Verständnis, ergibt notwendigerweise einen Rückgang des Werts Leistung in der gesamten Bevölkerung. Der Wertwandel in der Gesamtbevölkerung würde aus der natürlichen Tatsache der Kohortenfolge resultieren. In einer graphischen Darstellung, wäre der Wertwandel in der Gesamtbevölkerung zusammengesetzt aus einer Schichtung der Kohorten. Obwohl in der gesamten Bevölkerung der Wert Leistung zurückgegangen ist, hat jede Kohorte an ihrer Leistungsphilosophie festgehalten. Das aber deutet nicht auf einen Verfall, sondern auf einen Bedeutungswandel des Werts Leistung.

Abbildung 2: „Leben als Aufgabe“ in westdeutschen Kohorten 1956-1990

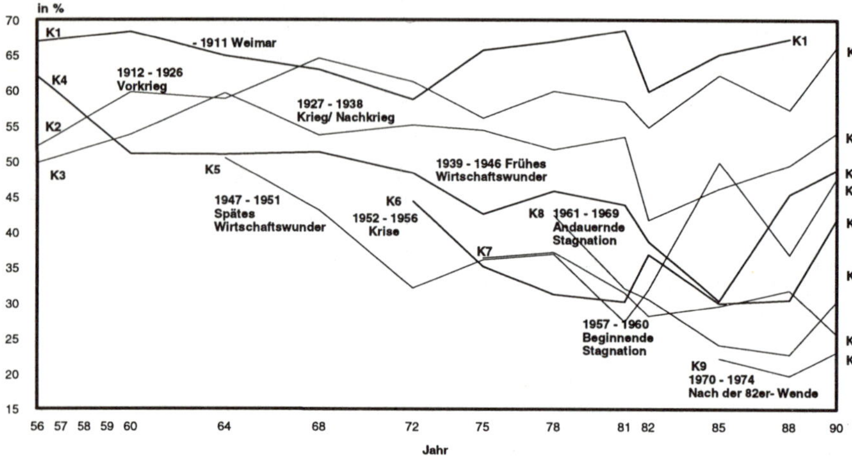

Der Prozentsatz „Leben als Aufgabe“ zwischen 1956 und 1990 ist für neun Kohorten in Abbildung 2 dargestellt. Die Kohorten sind nach dem Geburtsjahr definiert und nach der prägenden Periode 15 Jahre später bezeichnet.[3] Die vier ältesten Kohorten sind zu fast jedem Zeitpunkt erster bis vierter in der Unterstützung von „Leben als Aufgabe“.[4] Die fünf jüngeren Kohorten müssen ihrem Geburtsjahr entsprechend schrittweise später starten; sie alle liegen unterhalb der vier älteren Kohorten und sind in den meisten Fällen ihrer Folge entsprechend geschichtet.

Zusammengefaßt bestätigt Abbildung 2 die beiden Erwartungen, die man aus der Annahme eines Bedeutungswandels ableiten konnte: starke Kohortenunterschiede zu jedem Zeitpunkt auf der einen Seite, Beharren jeder Kohorte auf ihrem Niveau auf der anderen Seite. Beide Tatsachen zusammen produzieren das Bild einer Schichtung des Werts. Das Bild der Schichtung aber spricht gegen den Zerfall der Arbeitsethik. Niemand wird im Ernst behaupten, daß jede jüngere Kohorte fauler und unproduktiver ist und bleibt als die vorangehende ältere; wenn überhaupt, sollte die objektive Arbeitsleistung mit dem Alter zurückgehen. Das Bild der Schichtung spricht zudem für einen Bedeutungswandel von Leistung zwischen den Generationen. Die Bedingungen, unter denen die Generationen aufgewachsen sind, haben sich in den letzten Jahrzehnten gewandelt. Die Erziehung in Familie und Schule ist gleichzeitig freier und anspruchsvoller geworden; ohne Begründung werden Werte weder gelehrt noch akzeptiert, und Selbstvertrauen und Unabhängigkeit werden von den jüngeren Generationen erwartet. Daß der Wert Leistung seine Unbedingtheit verloren hat und in Konkurrenz zu anderen Werten getreten ist, spiegelt nur diese allgemeine Entwicklung wider. Aber nicht nur das kulturelle Klima, auch die materiellen Bedingungen haben sich gewandelt; das Sozialprodukt ist gewachsen und die Systeme der sozialen Sicherung haben expandiert. Warum sollte die jüngere Generation unter diesen Bedingungen das gleiche unbedingte Verständnis von Leistung beibehalten wie die ältere? Sie mußte geradezu ein neues Verständnis entwickeln. Gewandelt hat sich nicht die Intensität des Leistungsverhaltens, sondern die Allgegenwart von Leistung im Weltbild der Menschen. Während in den Augen der älteren Generation Leistung das ganze Leben überspannte, bringt die jüngere Generation Leistung in Wettbewerb, ja sogar in Symbiose mit dem, was früher als ihr Gegensatz galt. Leistung und Entspannung werden als Lebensziel in eine flexible Hierarchie gebracht. Leistung beherrscht nicht mehr das Leben der Person, sondern ist nach ihren Bedürfnissen und Möglichkeiten in ihr Leben eingefügt. Das Prinzip regiert nicht mehr die Person, sondern die Person das Prinzip. Auf diese Weise hat das Prinzip viel von seiner Bedrohlichkeit, aber nichts von seiner Fruchtbarkeit verloren.

Wie Abbildung 1 schon gezeigt hat, geht „Leben als Aufgabe" nicht kontinuierlich zurück, sondern am stärksten zwischen 1964 und 1973. Vor 1964 findet man Konstanz auf hohem, nach 1972 auf niedrigem Niveau. Warum der Rückgang zwischen 1964 und 1973 am stärksten ist, erkennt man, wenn man die Kohorten in Abbildung 2 betrachtet. Vor 1964 bleiben die vier ältesten Kohorten mehr oder minder auf dem gleichen Niveau. Nach 1964 starten die Kohorten K5 bis K8 nacheinander auf einem niedrigeren Niveau und bewegen sich über die beiden folgenden Meßzeitpunkte deutlich nach unten, um dann mehr oder minder konstant zu bleiben. Schließlich beginnt und verbleibt die Kohorte K9 zwischen 1985 und 1990 auf dem niedrigsten Niveau. Der deutlichste Wandel ist offensichtlich durch die Kohorten K5 bis K7 bewirkt worden, die zwischen der Zeit des späten Wirtschaftswunders und der Stagnationsperiode nach der ersten Wirtschaftskrise in den späten sechziger Jahren geprägt wurden. Wenn vor allem diese Kohorten neue Auffassungen gebracht haben, dann war für die nachfolgenden Kohorten wenig Spielraum, den Wandel weiter zu treiben. Der Wandel war abgeschlossen und ein neues Gleichgewicht erreicht, genauso wie ein altes Gleichgewicht bestand, bevor der Wandel anfing. Wenn diese drei Schritte in Westdeutschland einen endogenen Prozeß dargestellt haben, dann sollte selbst die deutsche Wiedervereinigung das neu erreichte Gleichgewicht nicht zerstören. Die westdeutschen Kohorten sollten nach 1990 auf dem gleichen Niveau bleiben, und neue Kohorten sollten die Zahlen der Vorgänger nur geringfügig unterbieten.

Abbildung 3: „Leben als Aufgabe" in westdeutschen Kohorten 1990-1996

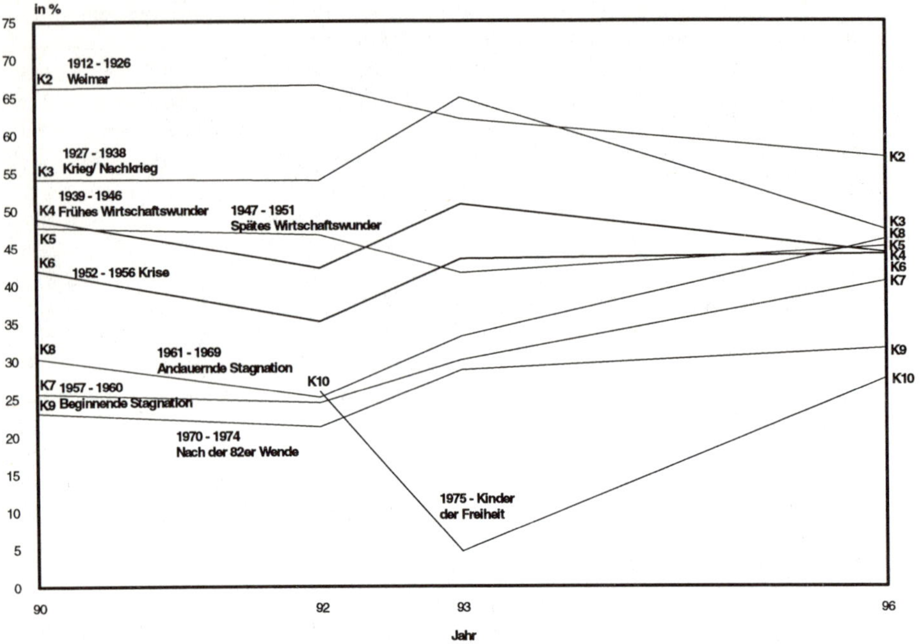

Wie Abbildung 3 zeigt, bestätigen die Entwicklungen der westdeutschen Kohorten zwischen 1990 und 1996 diese Erwartungen. Die Kohorten bewegen sich kaum mehr, und die neue Kohorte K10 beginnt und startet wie Kohorte K9. Als Gruppe betrachtet, sind die Kohorten K2 und K3 immer erster, K4-K6 immer zweiter und K7-K10 immer dritter. Das Bild ist ein Still-Leben.[5] Weiterhin nähern sich die mittleren Kohorten K3-K7 einander zwischen 1993 und 1996 an. Insgesamt also hält das neue Gleichgewicht auf niedrigerem Niveau auch in den neunziger Jahren an. Wie der vorausgehende Wandel ein endogener Prozeß war, so wird auch das neue Gleichgewicht von außen, durch die Wiedervereinigung, nicht zerstört. Die konstanten Prozentsätze für „Leben als Aufgabe" in der Gesamtbevölkerung nach 1985 ergeben sich aus konstanten Prozentsätzen für die Kohorten nach 1985: Es gibt keinen weiteren Wert- oder Bedeutungswandel.

Im Rückblick über 40 Jahre der Kohortenentwicklung in Westdeutschland läßt sich die dritte Frage beantworten. Der Rückgang des Werts Leistung ergibt sich aus einem Bedeutungswandel. Es gab keinen Zerfall der Arbeitsethik, keine „Proletarisierung". Zwischen den beiden Komponenten von Leistung hat sich der Schwerpunkt von der Selbstaufopferung zur Selbstverwirklichung verlagert.

4 *„Leben als Aufgabe" in ostdeutschen Kohorten 1990-1996 – im Vergleich mit Westdeutschland: kein Unterschied der Arbeitsethik, sondern Produkt der politischen Erziehung*

So wie der Rückgang von „Leben als Aufgabe" in Westdeutschland keinen Zerfall der Arbeitsethik spiegelt, so sollte die stärkere Unterstützung von „Leben als Aufgabe" in Ostdeutschland nicht auf eine stärkere Arbeitsethik deuten, sondern auf die anhaltenden Wirkungen der Propaganda einen Staates, der seinen Bürgern Chancen der Selbstverwirklichung durch Leistung verweigerte, aber auf ihre Selbstverpflichtung zu „mehr Arbeit" angewiesen war. Auch diese Hypothese soll mit Kohortenanalysen überprüft werden.

In Ostdeutschland können Kohorten nicht auf die gleiche Weise wie in Westdeutschland definiert werden; solange die beiden deutschen Staaten existierten, hatten die Geburtskohorten unterschiedliche prägende politische Erfahrungen im Alter von 15 Jahren. Deshalb müssen die Kohorten in Ostdeutschland anders bezeichnet werden, obwohl die Altersgrenzen gleich sind. In Westdeutschland wurden die Kohorten nach dem herausragenden politisch-ökonomischen Ereignis ihrer prägenden Periode bezeichnet; in Ostdeutschland wurden die Kohorten nach den Veränderungen der Beziehungen zwischen den beiden deutschen Staaten bezeichnet. Wie Tabelle 4 zeigt, können die beiden ältesten Kohorten - K2 und K3 - in beiden Staaten gleich benannt werden: Vorkrieg oder Krieg-Nachkrieg waren die überwältigenden Erfahrungen für die Geburtsjahrgänge 1912-1938. Die folgenden Kohorten sind jedoch anders aufgewachsen. Während in der alten Bundesrepublik zwischen 1954 und 1966 das Wirtschaftswunder die entscheidende Erfahrung war, konkurrierte die DDR mit ihr noch unmittelbar, bis 1961 die Mauer gebaut wurde - K4 und K5. Die erste Wirtschaftskrise der alten Bundesrepublik 1966/67 - der die Kulturrevolution 1968, der Fast-Eintritt der NPD in den Bundestag, die große Koalition 1966 und die sozial-liberale Koalition 1969 folgten – ging in eine Periode wirtschaftlicher Stagnation über, die zur konservativ-liberalen Koalition 1982 führte. Während dieser Zeit etablierte sich die DDR als zweiter deutscher Staat, der international anerkannt war und von seinen Bürgern *faute de mieux* akzeptiert wurde, bis die Sowjetunion begann, ihre Unterstützung für die DDR im Namen der *Perestroika* zurückzunehmen. Kurzum, während Krise und Stagnation die alte Bundesrepublik bestimmten, konkurrierte die DDR friedlich, aber wenig erfolgreich mit der Bundesrepublik – K6-K8; und während die konservativ-liberale Koalition die Macht übernahm, begann der Untergang des sozialistischen Systems – K9. Schließlich waren die Geburtsjahrgänge nach 1975 in beiden Landesteilen Kinder der Freiheit – kulturell im Westen und politisch im Osten – K10.

Tabelle 4: Kohortendefinition: Korrekte (1) und empirisch gegebene (2) Altersgruppen

Kohorte	Prägende Phase in			Jahr			
Geburtsdatum	BRD	DDR		1990	1992	1993	1996
2. 1912-1926	Weimar		1	64-	66-	67-	70-
			2	*65-*	*65-*	*65-*	*70-*
3. 1927-1938	Krieg/		1	52-63	54-65	55-66	58-69
	Nachkrieg		2	*50-64*	*55-64*	*55-64*	*55-69*
4. 1939-1946	Frühes Wirtschafts-wunder	offene Auseinander-setzung	1	44-51	46-53	47-54	50-57
			2	*45-49*	*46-54*	*46-54*	*50-54*
5. 1947-1951	Spätes Wirtschafts-wunder	Mauerbau	1	39-43	41-45	42-46	45-49
			2	*40-44*	*40-45*	*40-45*	*45-49*
6. 1952-1956	Krise	Nach dem Mauerbau	1	34-38	36-40	37-41	40-44
			2	*35-39*	*35-39*	*35-39*	*40-44*
7. 1957-1960	Beginnende Stagnation	Friedliche Koexistenz I	1	30-33	32-35	33-36	36-39
			2	*30-34*	*31-34*	*31-34*	*35-39*
8. 1961-1969	Andauernde Stagnation	Friedliche Koexistenz II	1	21-29	23-31	24-32	26-34
			2	*18-29*	*25-30*	*25-30*	*25-34*
9. 1970-1974	Nach 82er- Wende	Untergang	1	16-20	18-22	19-23	22-25
			2	*16-17*	*18-24*	*18-24*	*21-24*
10. 1975-1982	Kinder der Freiheit		1		16-17	16-18	16-21
			2		*16-17*	*16-17*	*16-20*

Unter Gebrauch dieser Kohortenbezeichnungen ist die Entwicklung der Kohorten in Ostdeutschland zwischen 1990 und 1996 in Abbildung 5 dargestellt. Zu jedem der vier Zeitpunkte verliert „Leben als Aufgabe“ in den jüngeren Kohorten an Unterstützung. Zu jedem der vier Zeitpunkte stehen die Kohorten K2-K3 an erster Stelle, gefolgt von den Kohorten K4-K6 und K7-K10. Zwischen 1990 und 1993 bleiben jedoch alle Kohorten auf ihrem früheren Niveau, während nach 1993 die meisten Kohorten ihre Unterstützung reduzieren – woraus sich in der gesamten Bevölkerung die Konstanz 1990-1993 und der Rückgang 1993-1996 ergibt, der schon in Abbildung 1 dargestellt war. Diese Entwicklung der Kohorten in Ostdeutschland kann auf drei Weisen mit Westdeutschland verglichen werden.

Abbildung 5: „Leben als Aufgabe“ in ostdeutschen Kohorten 1990-1996

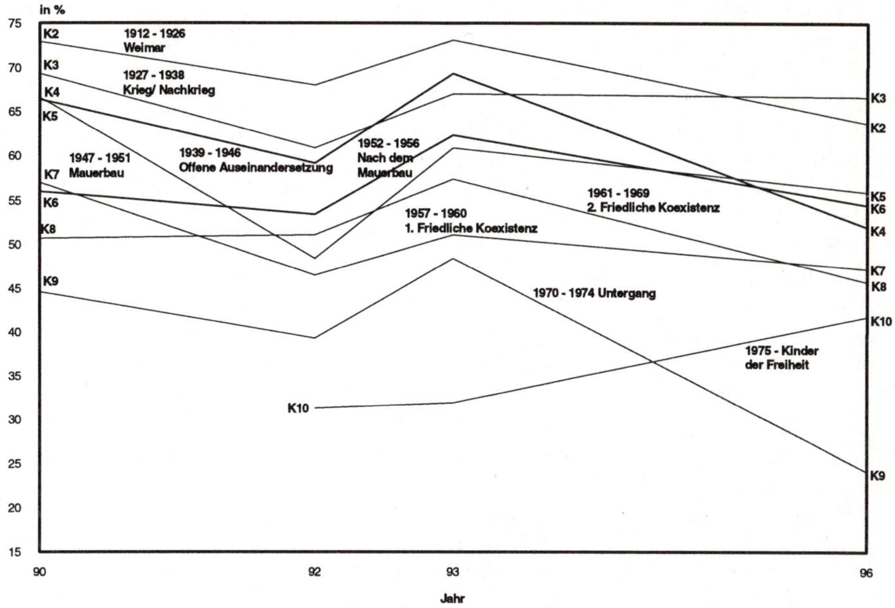

Erstens kann man die Entwicklung des Werts Leistung nach dem Abtritt eines totalitären und der Errichtung eines demokratischen Systems vergleichen – also Ostdeutschland nach 1990 mit Westdeutschland nach 1949. Wenn – wie es die Zahlen für die gesamte Bevölkerung in Abbildung 1 gezeigt haben – Ostdeutschland 1990 dort beginnt, wo Westdeutschland 1956 begonnen hat, und dort bis 1964 verbleibt, dann sollten auch die Altersunterschiede in Ostdeutschland 1990 und möglicherweise danach mit den Altersunterschieden in Westdeutschland 1956 vergleichbar sein. Ein Vergleich von Abbildung 5 mit Abbildung 2 prüft diese Erwartung. Die ostdeutschen Kohorten bleiben zwischen 1990 und 1993 auf dem gleichen Niveau, und dieses Niveau ist mit dem Niveau der westdeutschen Kohorten zwischen 1956 und 1964 vergleichbar. Die Reichweite der Positionen der Kohorten in Ostdeutschland 1990-1993 ist etwas weiter als die Reichweite der Positionen der Kohorten in Westdeutschland 1956-1964; aber die kleineren westdeutschen Reichweiten ergeben sich großteils aus der Tatsache, daß eine feinere Aufgliederung der Stichproben nach dem Alter zwischen 1956 und 1964 nicht möglich war. Alles in allem sind daher die Startpositionen nach dem Abtritt eines totalitären Systems in beiden Landesteilen vergleichbar. Aber in Westdeutschland gab es einen Wertwandel, der noch auf der ostdeutschen Tagesordnung steht.

Zweitens kann man die Entwicklung des Werts Leistung nach der Vereinigung vergleichen – also Ost- und Westdeutschland 1990-1996. Wenn man Abbildung 5 mit Abbildung 3 vergleicht, so verliert der Wert Leistung in beiden Landesteilen von den älteren zu den jüngeren Kohorten an Unterstützung. Aber die Distanz zwischen den Kohorten ist im Osten von 1990 bis 1993 und – wenn man den „Ausreißer" von K9 1996 ignoriert, der vermutlich durch die kleine Stichprobengröße verursacht ist – auch bis 1996 kleiner als im Westen: ungefähr 30 im Gegensatz zu 40 Prozentpunkten.[6] Kurzum, der Konsens über den Wert Leistung unter den Generationen ist in Ostdeutschland stärker als in Westdeutschland. Der höhere ostdeutsche Konsens kann schon als ein erstes Indiz auf die Wirkung der staatlichen Propaganda für „Leistung als mehr Arbeit" gewertet werden.

Drittens kann man die West-Ost-Unterschiede innerhalb jeder Kohorte zu jedem Zeitpunkt zwischen den Kohorten vergleichen. Da der Ost-West-Vorsprung in der gesamten Bevölkerung und der überdauernde positive Effekt des Alters auf den Wert Leistung in beiden Landesteilen ja gegeben sind, ist dies die einzige Form, die besondere Wirkung der DDR-Propaganda für „mehr Leistung" zu überprüfen. Der Erfolg der politischen Sozialisation in der DDR muß im Vergleich mit dem Niveau des Werts Leistung gemessen werden, der sich in der alten Bundesrepublik ohne den Druck staatlicher Propaganda eingestellt hat. Drei Ergebnisse eines solchen Vergleichs sind denkbar. *Erstens*: Wenn die DDR das Ziel hatte, die deutsche Tradition des Leistungswerts zu brechen – die man ja vom Standpunkt eines antikapitalistischen und antibürgerlichen Systems als autoritär und entfremdend hätte beurteilen können – und wenn eine solche Propaganda erfolgreich gewesen wäre, dann sollte der ostdeutsche Vorsprung innerhalb der Kohorten um so stärker abnehmen, je später die prägende Periode der Kohorte liegt. *Zweitens*: Wenn die Propaganda der DDR zum Wert Leistung sich kein Ziel gesetzt hat oder wenn die Propaganda unwirksam war, dann sollten die Ost-West-Unterschiede innerhalb der Kohorten in jeder Kohorte etwa gleich sein oder unsystematisch zwischen den Kohorten differieren. *Drittens*: Wenn – wie in der Einleitung argumentiert wurde – die DDR das Ziel hatte, die Arbeitsmotivation der Bevölkerung unter dem Etikett „Leistung" zu steigern und wenn diese Propaganda erfolgreich war, dann sollte der ostdeutsche Vorsprung um so mehr ansteigen, je später die prägende Periode der Kohorte liegt. Genauer sollte der ostdeutsche Vorsprung in den Kohorten am größten sein, deren prägende Periode in die beste Zeit der DDR zwischen dem Mauerbau und dem Untergang fiel, also bei K5 bis K9. Die Ost-West-Unterschiede innerhalb der Kohorten 1990-1996 sind, zusammen mit der Stichprobengröße und den Prozentsätzen für jeden Teil des Landes, in Tabelle 6 wiedergegeben.

Tabelle 6 „Leben als Aufgabe“ – nach Kohorten und zwischen West- und Ostdeutschland differenziert 1990-1996 Stichprobengröße, Prozentwerte und Prozentsatzdifferenzen

	K2 1912-26		K3 1927-38		K4 1939-46		K5 1947-51		K6 1952-56		K7 1957-60		K8 1961-69		K9 1970-74		K10 1975-82	
	W	O	W	O	W	O	W	O	W	O	W	O	W	O	W	O	W	O
Stichproben-größe																		
1990	51	214	525	311	161	127	177	101	185	148	196	120	419	337	386	36		
1992	192	176	142	132	191	179	93	89	73	102	87	105	126	143	129	96	35	31
1993	175	169	149	189	179	180	91	123	59	85	109	91	119	119	91	109	36	35
1996	148	111	244	254	57	62	110	110	121	123	78	91	228	194	43	48	69	87
Prozente																		
1990	66,2	72,9	54,1	69,3	48,8	66,4	47,7	66,6	41,9	56,0	25,6	57,0	30,3	50,7	23,1	(44,6)	-	-
1992	66,5	68,0	53,9	60,9	42,2	59,2	46,7	48,4	35,1	53,4	24,4	46,5	25,1	51,1	21,2	39,3	(25,9)	(31,3)
1993	62,0	73,1	64,9	67,0	50,7	69,3	41,5	60,9	43,4	62,3	30,0	51,1	33,1	57,4	28,7	48,4	(4,6)	(31,9)
1996	57,0	63,7	47,3	66,7	44,2	52,0	45,1	55,9	44,0	54,5	40,5	47,2	46,1	45,7	(31,5)	(24,1)	27,6	41,7
Differenzen																		
1990		-6,7		-15,2		-17,6		-18,9		-14,1		-31,4		-20,4		-21,5		-
1992		-1,5		-7,0		-17,0		-1,7		-18,3		-22,1		-26,0		-18,1		(-5,4)
1993		-12,1		-2,1		-18,6		-19,4		-20,9		-21,1		-24,3		-19,7		(-26,3)
1996		-6,7		-19,4		-7,8		-10,8		-10,5		-6,7		+0,4		(+7,4)		-14,1

Prozente und Differenzen in Klammern basieren auf Stichproben von weniger als 50. W = Westdeutschland, O = Ostdeutschland

Tabelle 6 zeigt sehr eindrucksvoll die Durchgängigkeit des ostdeutschen Vorsprungs auf dem Wert Leistung. Nur zwei von 35 Differenzen haben ein positives Vorzeichen, das eine stärkere Unterstützung in Westdeutschland anzeigt; beide tauchen erst zum letzten Zeitpunkt und unter den jüngsten Kohorten auf. Weiterhin bestätigt die Verteilung der Differenzen deutlich die dritte Hypothese. Zwischen 1990 und 1993 finden sich die größten Differenzen in den Kohorten K4 bis K9; im großen und ganzen steigen die Differenzen bis zu K9 an. 1996 sind dagegen die Differenzen unsystematisch zwischen den Kohorten verteilt, obwohl zwei der jüngsten Kohorten – K8 und K9 – die ersten zu sein scheinen, die den Bann brechen und sich den westdeutschen Niveau annähern. Dieses Ergebnis paßt gut zu unseren Erwartungen. Die DDR war mit ihrer Propaganda für „mehr Arbeit" offensichtlich erfolgreich, anders kann man die Durchgängigkeit der negativen Differenzen nicht verstehen. Wichtiger aber ist, daß die DDR Propaganda am meisten in den Kohorten erfolgreich war, die keine Alternative dazu hatten, ihren persönlichen Lebensweg mit dem Schicksal der DDR zu verknüpfen. Der durchgängige und der differentielle Erfolg der politischen Sozialisation der DDR waren also erfolgreich und haben der ostdeutschen Bevölkerung ihren Stempel aufgeprägt; dennoch aber beginnt die gemeinsame Sozialverfassung des vereinten Landes ihre Wirkungen zu zeigen.

Im Rückblick über sechs Jahre des Vergleichs der Kohortenentwicklung in Ost- und Westdeutschland kann die vierte Frage nun beantwortet werden: Die stärkere Unterstützung des Werts Leistung in Ostdeutschland ist ein Effekt der DDR-Propaganda für „Leistung als mehr Arbeit". Die Ostdeutschen sind nicht wirklich stärker leistungsorientiert als die Westdeutschen. Sie sind vielmehr in eine unterschiedliche Auffassung, eine unterschiedliche Bedeutung von Leistung hineingezwungen worden. Die staatliche Propaganda verlangte von den Menschen „mehr Arbeit", und die Menschen konnten dieses Ansinnen um so leichter akzeptieren, wie es nur selten im beruflichen Alltag auf den Prüfstand kam. Zwischen den beiden Polen von Leistung hat sich der Schwerpunkt von Selbstverwirklichung zu Selbstaufopferung verschoben.

5 *Schluß: Kohortenanalyse, Wertwandel und Bedeutungswandel*

Gemessen an der Frage nach einem „Leben als Aufgabe" geht der Wert Leistung in Westdeutschland zwischen 1956 und 1996, genauer zwischen 1964 und 1973, zurück und findet zwischen 1990 und 1996 mehr Anhänger in Ost- als in Westdeutschland. Der westdeutsche Rückgang ist als eine „Proletarisierung" der Bevölkerung beurteilt worden. Der ostdeutsche Vorsprung ist ein Rätsel: Wie kann eine säkularer, ja anti-religiöser Staat einen Wert verstärkt haben, der in der deutschen protestantische Tradition verwurzelt ist? Wie kann eine ineffiziente Planökonomie den Wert Leistung gefördert haben? Wenn man die Erklärung des westdeutschen Rückgangs ernst nimmt, müßte die sozialistische DDR weniger „proletarisch“ und „bürgerlicher“ gewesen sein als die alte Bundesrepublik.

In dieser Untersuchung wurden Kohortenanalysen genutzt, um an die Stelle simplifizierender Wertungen Erklärungen des Wertwandels durch Bedeutungswandlungen zu setzen. Der westdeutsche Rückgang wurde durch einen Bedeutungswandel von Selbstaufopferung zu Selbstverwirklichung erklärt, der in einer Gesellschaft möglich ist, die ihren eigenen Gesetzen folgt und weder von ihrer Wirtschaft noch von ihrer Politik beherrscht wird. Die ostdeutsche Überlegenheit wurde durch einen Bedeutungswandel erklärt, der von einem Staat oktroyiert wurde, der sowohl seine Gesellschaft wie seine Ökonomie beherrschen konnte. So wie es keine „Proletarisierung“ in der alten Bundesrepublik gab, so muß man nicht vermuten, daß die DDR „bürgerlicher“ war als die alte Bundesrepublik. Die Entwicklung der Kohorten in Ost wie in Westdeutschland liefern Belege gegen eine Bewertung des Wertwandels aufgrund gleichartiger Verhaltenswandlungen und bekräftigen die Interpretation des Wertwandels als eines Bedeutungswandels.

Ganz unabhängig vom speziellen Fall des Werts Leistung in Deutschland enthält unsere Untersuchung daher zwei allgemeine Lehren. Erstens sollte man vorsichtig sein, Wertwandlungen durch korrespondierende Veränderungen der Ethik oder des Verhaltens zu „erklären“ oder, genauer gesagt, zu bewerten, denn Wandlungen der Antworten auf konstante Frageformulierungen können aus einem Bedeutungswandel dieser Formulierungen resultieren. Zweitens kann die Kohortenanalyse ein nützliches Mittel zur Entdeckung und Prüfung von Bedeutungswandlungen sein.

Anmerkungen

* Eine englische Fassung dieses Aufsatzes ist in The Tocqueville Review 1998 erschienen.

1 Daß die hohe Zustimmung zu Leistung in Ostdeutschland dadurch verursacht sei, daß Ostdeutschland historisch überwiegend protestantisch war, kann empirisch ausgeschlossen werden. Ab 1960 war die DDR ein fast vollständig säkularisiertes Land: Die Teilnahme an kirchlichen Riten wie Taufe usw. fiel von ungefähr 80% 1955 auf ungefähr 30% 1960 (Meulemann 1996: 229-233). Zudem haben die Mitgliedschaft in der katholischen oder evangelischen Kirche und die Konfessionslosigkeit sowie die Kirchgangshäufigkeit keinen Einfluß auf insgesamt 9 Einstellungen zu Arbeit und Leistung, die im Europäischen Werte Survey 1990 gemessen wurden (Meulemann 1998: Tabelle1 und Fußnote 8).

2 Die Daten für die Kohorten wurden mir durch das Institut für Demoskopie zur Verfügung gestellt, wofür ich Prof. Dr. Elisabeth Noelle-Neumann, Dr. Renate Köcher und Werner Süßlin herzlich danke.

3 Die Definition der Kohorten ist weiter unten in Tabelle 4 zusammengefaßt, die auch ein Problem der Kohortendefinition zeigt. Da das Institut für Demoskopie das Alter nur in Gruppen von fünf Jahren erfragt, ist es nicht möglich, die Altersgrenzen für

eine gegebene Kohorte genau so festzulegen, wie es jeder Erhebungszeitpunkt erforderte. Deshalb ergeben sich Differenzen zwischen den durch die Kohortendefinition geforderten und den verfügbaren Altersgrenzen von bis zu zwei Jahren sowie Unregelmäßigkeiten der Stichprobengrößen.

4 Die einzige bemerkenswerte Ausnahme ist die Kohorte 4 1956; sie ist vermutlich zufällig. Die Kohorte 4 umfaßt 1956 nur 16- bis 17jährige und ist mit n=92 viel kleiner als die verbleibenden Kohorten 1956, deren Größe um 500 schwankt.

5 Der einzige „Ausreißer" – K10 1993 mit 4,6% – ist vermutlich durch die kleine Stichprobengröße bedingt (n=36).

6 Die Reichweiten der Unterschiede zwischen den Kohorten können für jeden Zeitpunkt in Tabelle 6 weiter unten überprüft werden.

Literatur

Kaelble, Hartmut/Kocka, Jürgen/Zwahr, Hartmut (Hrsg.) 1994: Sozialgeschichte der DDR. Stuttgart: Klett-Cotta.

Kohli, Martin 1994: Die DDR als Arbeitsgesellschaft? Arbeit, Lebenslauf und soziale Differenzierung, in: Kaelble/Kocka/Zwahr (Hrsg.), loc. cit.: 31-61

Meulemann, Heiner 1983: Value Change in West Germany 1950-1980: Integrating the empirical evidence. Social Science Information 22: 777-800.

Meulemann, Heiner 1992: Value Change in Generational Perspective: The Case of Achievement Values in Germany since 1950. in: Henk A. Becker (Hrsg.), Dynamics of Cohort and Generation Research. Amsterdam: Thesis Publishers: 203-217.

Meulemann, Heiner 1996: Werte und Wertwandel. Zur Identität einer geteilten und wieder vereinten Nation. Weinheim: Juventa.

Meulemann, Heiner 1997: Value Changes in Germany after Unification: 1990-95. in: German Politics, vol. 6, No. 1, 122-139.

Meulemann, Heiner 1998: Arbeit und Leistung vor der Wiedervereinigung: Differenzen von Werten und Differenzen von Konnotationen. 105-126 in: Meulemann, Heiner (Hrsg.). Werte und nationale Identität im vereinten Deutschland. Erklärungsansätze der Umfrageforschung. Opladen: Leske + Budrich.

Noelle-Neumann, Elisabeth 1978: Werden wir alle Proletarier? Wertewandel in unserer Gesellschaft. Zürich: Edition Interform.

Roesler, Jörg 1994: Die Produktionsbrigaden in der Industrie der DDR, Zentrum der Arbeitswelt? 156-157 in: Kaelble/Kocka/Zwahr (Hrsg.), loc. cit.

Rottenburg, Richard 1991: „Der Sozialismus braucht den ganzen Menschen". Zum Verhältnis vertraglicher und nichtvertraglicher Beziehungen in einem VEB. Zeitschrift für Soziologie 20: 314-317.

Seibel; Hans-Dieter/Voigt, Dieter: Stichwort Leistung in: Langenbucher, Wolfgang, Rytlewsky, Ralf/Weyergraf, Bernhard (Hrsg.) 1983: Kulturpolitisches Wörterbuch BRD – DDR. Stuttgart.

Soziale Ungleichheit und soziale Schichtung

Tendenzen zur Herausbildung einer Unterklasse?

Ein Problemaufriß aus sozio-ökonomischer Sicht

Richard Hauser

1. Einführung

Heiner Geißler, früherer Sozialminister der CDU in Rheinland-Pfalz, formulierte im Jahr 1976 die „Neue soziale Frage". Damit wollte er die Probleme der im Sozialstaat außerhalb des Arbeitsmarktes stehenden Gruppen beschreiben, die nicht durch mächtige organisierte Interessenverbände vertreten werden und daher in den wirtschaftlichen und politischen Auseinandersetzungen häufig zu kurz kommen. Die „Alte soziale Frage", den ungenügenden Anteil des Faktors Arbeit am Volkseinkommen, betrachtete er durch die Tätigkeit der Gewerkschaften und die im Rahmen der Tarifautonomie im Verhandlungsweg erzielten Ergebnisse als gelöst oder zumindest in geordnete Bahnen gelenkt. Diese Sicht wurde durch Ergebnisse seiner Armutsuntersuchung gestützt, die besonders hohe Armutsquoten bei Gruppen außerhalb des Arbeitsmarktes (Alte, Familien mit mehreren Kindern) zeigte. Dabei beschränkten sich die Ergebnisse auf Einkommensarmut. Diese politisch gegen die damalige sozial-liberale Koalition gerichtete Studie gab den Anstoß zu verstärkter Armutsforschung in Deutschland, die die Geißlerschen Ergebnisse in vielen Punkten modifizierte, und sie durch das Aufgreifen zusätzlicher Fragen weiterführte. Letztlich blieb aber offen, ob mit diesen Ergebnissen der Armutsforschung das Entstehen einer „Neuen sozialen Frage" bewiesen war. Genauer gesagt: Diese sehr generelle Fragestellung hat man einfach aus dem Auge verloren.

Ausgehend von Untersuchungen Wilsons (1987) in den USA wurde Ende der 80er Jahre ein neuer Begriff populär: Die „Unterklasse", oder wenn man meint, beim englischen Begriff bleiben zu müssen, die „underclass". Die Frage lautet nunmehr: Gibt es eine neue Unterklasse oder lassen sich zumindest demographische, gesellschaftliche und wirtschaftliche Tendenzen feststellen, die zu einer Unterklasse führen können oder sogar führen müssen. Aus der Sicht der Sozialpolitik, mit deren Zielen die Herausbildung einer Unterklasse unvereinbar ist und daher mit allen verfügbaren Instrumenten bekämpft werden muß, lautet die komplementäre Frage: Wie kann den möglicherweise vorhandenen Tendenzen entgegengesteuert werden, so daß es nicht zum Entstehen einer Unterklasse kommt oder eine bereits entstandene Unterklasse wieder aufgelöst wird und deren Mitglieder wiederum voll in die Gesellschaft integriert werden?

Auch zur Beantwortung dieser neuen Frage über die Herausbildung einer Unterklasse wird man auf Ergebnisse der Armutsforschung zurückgreifen müssen, wenn auch die beiden Problemkomplexe keineswegs deckungsgleich sind.

Grundsätzlich sind zwei Hauptfragen zu klären: Erstens, wann kann man vom Vorhandensein einer Unterklasse sprechen? Zweitens, wie läßt sich empirisch das Vorhandensein einer Unterklasse feststellen und wie lassen sich deren Mitglieder identifizieren? Denn wenn es keine empirische Verifizierbarkeit dieses neuen Konzepts gäbe, dann könnte es genau so schnell in Vergessenheit geraten wie die „Neue soziale Frage“, oder es könnte zu einem unsubstantiierten politischen Kampfbegriff wie die „Zwei-Drittel-Gesellschaft“ werden.

2. *Das Konzept der „Unterklasse“ – ein Definitionsversuch*

Ähnlich wie der Armutsbegriff läßt sich auch das Konzept der Unterklasse nicht ohne Werturteile des Forschers genauer bestimmen. Jedes werturteilsbehaftete Konzept muß daher in der wissenschaftlichen Auseinandersetzung um Anerkennung ringen. Noch größer ist das Anerkennungsproblem in der politischen Auseinandersetzung. Wenn die Regierung oder die sie tragenden Parteien schon bestreiten, daß es Armut in Deutschland gibt, dann wird sich voraussichtlich jede politische Gruppierung gegen die Feststellung des Vorhandenseins einer Unterklasse oder der drohenden Herausbildung einer solchen Klasse wehren. Schon, weil nicht sein kann, was nicht sein darf. Die Abwehr geschieht dabei immer durch das Ablehnen einer Definition, wobei aber sorgfältig darauf verzichtet wird, eine eigene Definition vorzulegen; denn dann könnte es der empirisch arbeitenden Sozialwissenschaft ja auf dieser Basis wieder gelingen, politisch Unerwünschtes festzustellen.

Nach dieser Vorüberlegung nun zum Versuch, eine operationale Definition einer Unterklasse zu entwickeln. Ich beginne mit einem Zitat von Offe: Er „befürchtet die gesellschaftliche Ausgrenzung einer neuen Unterklasse, die nicht über die Essentials sozialer Teilhabe (arbeitsmarktgängige Qualifikation, strafrechtliche Unbescholtenheit, intakte physische und psychische Gesundheit, soziale und familiäre Sicherheit, sprachlich-kulturelle Nähe zur Mehrheitsbevölkerung) verfügt (Offe 1996: 274, zitiert nach Scherr 1998: 513). Diese Definition Offes knüpft an den individuellen Ressourcen im weiteren Sinn an. Sie scheint mir allerdings einen viel zu breiten Personenkreis zu erfassen; denn hiernach würden alle Personen, die nur eine dieser Ressourcen nicht besitzen, zur neuen Unterklasse gehören. Selbst wenn man

Offe eingeschränkt interpretiert und sagt, daß kumulativ ein Mangel an allen diesen Ressourcen vorliegen muß, um eine Person der Unterklasse zuordnen zu können, ist diese Definition immer noch einerseits zu weit, andererseits zu eng. Sie dürfte kaum breite Anerkennung finden – weder im wissenschaftlichen noch im politischen Bereich. Eine solche Definition würde auch zu stark auf die Beteiligung am Arbeitsmarkt abstellen und damit die vielfältigen kompensierenden Sozialleistungen, die der Sozialstaat im Rahmen des Systems der sozialen Sicherung bei Eintritt anerkannter sozialer Risiken gewährt, in den Hintergrund treten lassen oder völlig ignorieren.

Man kommt bei dem Versuch der Abgrenzung einer Unterklasse nicht darum herum, beim verfügbaren Einkommen einer Person oder eines Haushalts anzusetzen, gleichgültig aus welchen legalen Quellen dieses Einkommen stammt und welche vorgelagerten Ressourcen zu seiner Erzielung eingesetzt werden. Es wäre unverständlich und nicht vermittelbar, wenn in einem marktwirtschaftlich organisierten Wirtschaftssystem mit starker sozialstaatlicher Komponente, in dem man alle notwendigen Güter kaufen kann, eine Person mit normalem Bedarf und durchschnittlichem Einkommen oder nur wenig unter dem Durchschnitt liegendem Einkommen zur Unterklasse gerechnet würde. Wenn vorhandene und anerkannte Sonderbedarfe (z.B. Krankheits-, Pflege-, Rehabilitations- oder Ausbildungskosten) durch zusätzliche monetäre Sozialleistungen oder durch ausreichende Sachleistungen abgedeckt werden, gilt diese Feststellung auch für Personen mit mittlerem Einkommen und Sonderbedarf. Ist Nettovermögen in größerem Umfang vorhanden, z.B. liquide Mittel in Höhe von mehreren Monatseinkommen oder Haus- und Grundbesitz, so kann man zunächst ebenfalls keine Zuordnung zu einer Unterklasse vornehmen, selbst wenn das Einkommen gering sein sollte. Umgekehrt könnte eine in Relation zum Einkommen hohe Verschuldung, der keine materiellen Vermögenswerte gegenüberstehen, eine Zuordnung zur Unterklasse rechtfertigen, wenn das Einkommen neben der Befriedigung des notwendigen Bedarfs nicht für Zins und Tilgung ausreicht, also *Überschuldung* vorliegt.

Mit der Einbeziehung von Vermögen und Verschuldung kommt bereits der Zeitaspekt ins Spiel. Die Dauer einer prekären Einkommenslage ist ein notwendiges weiteres Merkmal für die Zugehörigkeit zur Unterklasse. Eindeutig dürfte der Fall liegen, wenn das gesamte, individuell verfügbare Lebenseinkommen (einschließlich des innerfamilialen Transfers und des Vermögens) unterhalb des sozio-kulturellen Existenzminimums liegt, d.h. daß dieses Minimum lebenslang unterschritten wird. Dies ist allerdings ein Kriterium, das erst ex post – nach dem Tod bei Kenntnis des gesamten Lebenslaufs – festgestellt werden kann. Bei Lebenden ist eine Prognose erforderlich, wobei die Unsicherheit dieser Prognose mit zunehmendem Lebensalter der betrachteten Person abnimmt. Grundsätzlich ist es auch erforderlich, zu erwartende Erbschaften in die Überlegung einzubeziehen, um den Vermögensaspekt voll zu berücksichtigen.

Für die Zuordnung einer Person zur Unterklasse müßten also zunächst drei Kriterien erfüllt sein:

1. ein relativ geringes Einkommen in der zurückliegenden Lebensphase, z.B. in den vergangenen fünf bis zehn Jahren;
2. eine sehr ungünstige Prognose über das zu erwartende Einkommen in der nächsten Lebensphase, z.B. für die kommenden fünf bis zehn Jahre; diese Prognose könnte sich auf die verfügbaren Ressourcen zur Erzielung von Markteinkommen, die erworbenen Ansprüche auf Sozialleistungen und die Verfügbarkeit innerfamilialer Transfers stützen; in die Prognose wären auch Heiratschancen einzubeziehen;
3. das Fehlen von Nettovermögen oder das Vorliegen von Überschuldung; in die Vermögensprognose wären auch zu erwartende Erbschaften einzubeziehen.

Nun kann man nicht bestreiten, daß es vielfältige weitere Benachteiligungen und Ausschließungsphänomene gibt, die die Einkommenserzielungschancen von Personen beeinträchtigen, ihre Lebenslage verschlechtern und im Extremfall eine Zuordnung zur Unterklasse rechtfertigen, aber eben nur dann, wenn das verfügbare Einkommen und das Nettovermögen gleichzeitig sehr gering sind. Es wird daher ein mehrstufiges Vorgehen bei der Identifizierung von möglichen Mitgliedern einer Unterklasse vorschlagen:

1. Die Anwendung des erwähnten Einkommenskriteriums für eine vergangene Periode von fünf bis zehn Jahren bei einer Einkommensgrenze von 60% des Nettoäquivalenzeinkommens[1]; diese Grenze sollte oberhalb der gängigen Einkommensarmutsgrenze von 50% liegen, damit Spielraum für eine Kompensation von etwas höherem Einkommen durch besonders ungünstige andere Aspekte besteht.
2. Den Versuch einer Einkommensprognose für jede nach dem ersten Kriterium identifizierte Person, basierend auf dem arbeitsmarktbezogenen Qualifikationsniveau, der Arbeitsmarktlage für Personen mit dieser Qualifikation, dem Gesundheitszustand, dem Lebensalter, der familiären Situation und den zu erwartenden Sozialleistungen; bei in Ausbildung befindlichen Personen sollte das am Ende der Ausbildung erreichte Ausbildungsniveau zugrunde gelegt werden. Generell sollte auch bei dieser Prognose die Leitfrage lauten, ob die 60%-Grenze mit einer vorgegebenen hohen Wahrscheinlichkeit dauerhaft überschritten werden wird.
3. Ein Aussortieren jener Personen, die ein Nettovermögen von mehr als einem halben Jahreseinkommen oder nicht-überschuldeten Grundbesitz aufweisen; ersatzweise können zur Schätzung des Vermögenswertes die Vermögenserträge oder der Mietwert einer eigengenutzten Eigentumswohnung oder eines Hauses herangezogen werden; im Prinzip sind auch zu erwartende Erbschaften einzubeziehen.
4. Eine Prüfung jener Personen, die nach diesen ersten drei Kriterien ausgewählt wurden, dahingehend, ob eines oder mehrere der folgenden negativen Merkmale zusätzlich vorliegt:

a) Fehlen ausreichender sprachlich-kultureller Basisqualifikationen (z.B. Analphabetismus, mangelnde Sprachkenntnisse)
b) Vorliegen von Obdachlosigkeit
c) kaum zu überwindendes abweichendes Verhalten (Alkohol-, Drogenabhängigkeit, Aggressivität)
d) Vorhandensein von Vorbelastungen (z.B. Vorstrafen)
e) extrem ungünstiges, dauerhaftes Krankheitsbild oder schwere Behinderung
f) starke räumliche Konzentration einkommensschwacher Personen im Wohnumfeld der Person und gleichzeitige räumliche Segregation von anderen Räumen (d.h. Vorliegen einer Ghettosituation).

Erst wenn eines oder mehrere dieser Kriterien zusätzlich erfüllt sind, könnte man die betreffende Person einer Unterklasse zuordnen. Letztlich heißt dies: Ein langanhaltender Einkommensbezug unter der 60%-Grenze und fehlender Vermögensbesitz sind notwendige, aber keine hinreichenden Bedingungen für die Zugehörigkeit zur Unterklasse; es muß mindestens ein weiteres negatives Merkmal hinzukommen.

Dieses vierstufige Verfahren ist offensichtlich sehr anspruchsvoll. Man muß ein solches Verfahren und die damit implizit gegebene operationale Abgrenzung der Mitglieder einer Unterklasse jedoch zumindest abstrakt genau beschreiben, bevor man weitergehende Überlegungen über Entwicklungstendenzen und Gegenmaßnahmen anstellen kann. Mit Hilfe eines Venn-Diaramms soll die vorgeschlagene Abgrenzung einer Unterklasse nochmals verdeutlicht werden. Nur Personen, die die Schnittmenge aller Kriterien erfüllen (schraffierte Fläche), sind der Unterklasse zuzurechnen.

Ein zweiter Ansatz zur Identifizierung der Mitglieder einer Unterklasse, der sich stärker auf die institutionellen Regelungen der Bundesrepublik stützt, könnte von den Beziehern von Hilfe zum Lebensunterhalt außerhalb von Einrichtungen im Rahmen der Sozialhilfe ausgehen und an der bisherigen Dauer des Sozialhilfebezugs anknüpfen. In Frage kommen dabei jene Personen, die bereits seit mehr als fünf Jahren in einem Sozialhilfeempfänger-Haushalt leben. Das Einkommenskriterium und auch das Vermögenskriterium kann bei dieser Gruppe zumindest für die Vergangenheit als erfüllt angesehen werden. Über die Merkmale, die die künftigen Einkommenserzielungschancen determinieren, gibt es erste Hinweise aus den Sozialhilfeempfänger-Panels in Bremen und Halle. Die Fragestellung lautet dabei nicht, unter welchen Bedingungen Personen wieder aus der Sozialhilfebedürftigkeit herauskommen, sondern welche Merkmale eine hohe Wahrscheinlichkeit bedingen, weiterhin sozialhilfebedürftig zu bleiben. Vermutlich genügt das Kriterium des bisherigen langen Sozialhilfebezugs und des auch in einer längeren künftigen Periode zu erwartenden Sozialhilfebezugs für die Zuordnung zur Unterklasse.

Venn-Diagramm 1 zur Abgrenzung einer Unterklasse

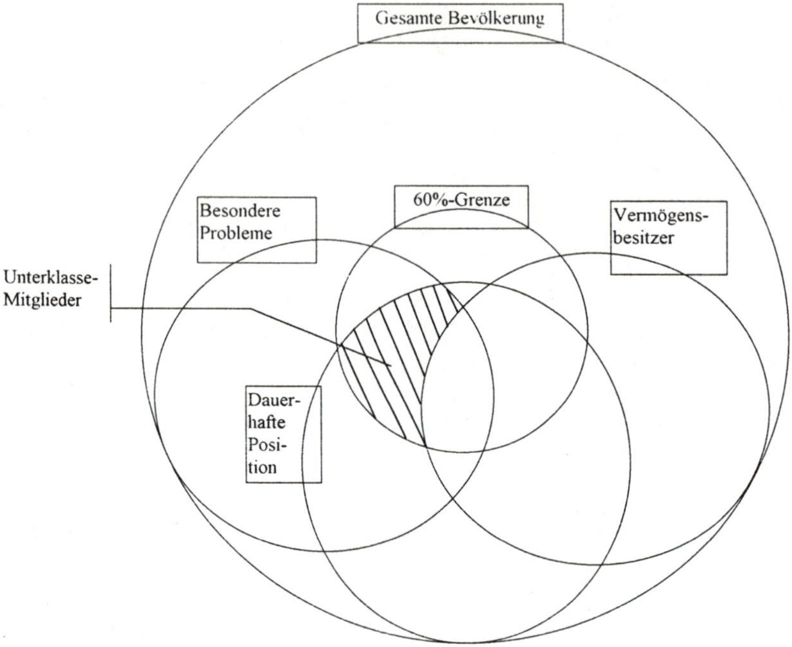

Dieser Zugang über den langfristigen Bezug von Sozialhilfe vernachlässigt allerdings zwei gravierende Elemente:

1. Personen in verdeckter Armut, die im Prinzip einen Sozialhilfeanspruch haben, diesen aber aus irgendwelchen Gründen nicht geltend machen. Sie sind jedoch wegen ihres geringen Einkommens auf jeden Fall in die Untersuchungspopoulation einzubeziehen. Hierzu bedarf es anderer Datenquellen.
2. Wohnungslose werden in der Sozialhilfestatistik nicht erfaßt. Diese Gruppe ist in den vergangenen Jahren deutlich größer geworden. Sie dürften in aller Regel Bestandteil einer Unterklasse sein, jedoch liegen hierfür nur ganz grobe Schätzungen zwischen ca. 35.000 und 150.000 betroffene Personen vor (Hauser, Hübinger 1993; Hauser, Kinstler 1993)

Einen dritten Zugang zur Frage des Vorhandenseins einer Unterklasse bildet die Untersuchung der Klienten der sechs großen freien Wohlfahrtsverbände (Deutscher Caritasverband, Diakonisches Werk, Paritätischer Wohlfahrtsverband, Arbeiterwohlfahrt, Rotes Kreuz, Zentralwohlfahrtsstelle der Juden), da sich bei den Beratungsstellen dieser Verbände die problembeladenen und hilfebedürftigen Bevölkerungsgruppen weit überproportional einfinden. Es gibt inzwischen Armutsuntersuchungen der Caritas für die alten Bundesländer (Hauser, Hübinger 1993) sowie der Caritas und des Diakonischen Werkes für die neuen Bundesländer (Hübinger, Neumann 1998) und eine Untersuchung des Paritätischen Wohlfahrtsverbandes (Hanesch u.a. 1994), die auch die vielfältigen nichtmonetären Probleme, mit denen diese Klienten zu kämpfen haben, sichtbar machen. Eine Kombination mehrerer Ansätze dürfte daher gegenwärtig die meisten Mosaiksteinchen für ein umfassendes Bild zusammentragen.

Mehrere kritische Fragen sind jedoch noch offen:

1. Es gibt in jedem Land Personen, die man als vielfach benachteiligt und weitestgehend aus der Gesellschaft ausgeschlossen betrachten muß. Hat deshalb jede Gesellschaft eine Unterklasse? Aus meiner Sicht ist die Feststellung, daß eine Unterklasse vorhanden sei, auch eine Frage der kritischen Masse. Bei welchem Anteil an der Bevölkerung kann man von einer Unterklasse sprechen? Wenn 0,1% oder wenn 1% oder gar erst wenn 3% aller Gesellschaftsmitglieder als zur Unterschicht gehörend identifiziert wurden? Ich wage einmal die Behauptung: Es müßten mehr als 2% sein, das sind in Deutschland 1,6 Mio. Personen.
2. Zweitens könnte man es als notwendiges Definitionsmerkmal einer Unterklasse ansehen, daß sie generationenübergreifend geschlossen ist; d.h. daß es nur einem sehr geringen Anteil ihrer Mitglieder im mittleren Alter und auch später nur einem kleinen Anteil von deren Kindern gelingt, die Klasse zu verlassen und in die dominierenden Gesellschaftsschichten aufzusteigen. Einer Klärung dieser Frage könnte man sich dadurch nähern, daß man biographische Informationen verwendet, beispielsweise retrospektive Angaben der Befragten über die Situation ihrer Eltern als der oder die Befragte 14 Jahre alt war. Hierdurch könnte man erste Anhaltspunkte für eine Übertragung einer benachteiligten Lage von den Eltern auf die Kinder gewinnen.
3. Mit der genannten Kombination von Kriterien identifiziert man bei jedem der Ansätze Individuen, die sich dauerhaft in ungünstigen Lebensumständen befinden. Man kann sie abstrakt zur „Unterklasse" zusammenfassen. Aber bedarf es für die Feststellung, daß eine neue Unterklasse entstanden ist, nicht mehr als nur der Identifizierung von einzelnen Individuen? Man könnte an zwei weitere notwendige Definitionsmerkmale für eine Unterklasse denken. Erstens, daß die empirisch identifizierten Mitglieder der Unterklasse sich selbst dieser Klasse zugehörig fühlen, und daß sie wissen, daß sie sich deutlich von den anderen Mitgliedern der Gesellschaft unterscheiden; vielleicht müßten sie sogar eine gewisse Solidarität untereinander empfinden, die stärker ist, als das Zugehörigkeitsgefühl zur Gesamtgesellschaft. Zweitens, daß die dominierenden Gruppen der Gesellschaft die Mitglieder einer Unterklasse als solche erkennen und sich von ihnen distanzieren oder sie sogar allein wegen dieser Zugehörigkeit aktiv diskriminieren.

Nach meiner Einschätzung ist keines dieser beiden letztgenannten Kriterien gegenwärtig in der Bundesrepublik erfüllt. Diese Vermutung im einzelnen zu stützen oder zu widerlegen, wäre ebenfalls eine mit Umfragen zu lösende Frage. Wenn man diese beiden Kriterien ebenfalls als definitionsnotwendig für eine Unterklasse betrachtet und wenn meine Einschätzung zutrifft, dann gibt es in der Bundesrepublik zwar Armut, auch langanhaltende Armut, aber keine Unterklasse.

Durch die in den letzten Jahren öffentlich geführte Diskussion über den Mißbrauch von Sozialhilfe, über „Sozialdetektive", über die Kürzungsvorschriften bei Arbeitsunwilligkeit und über die vor allem von Ökonomen vertretenen Reformvorschläge für das soziale Sicherungssystem, die auf eine Senkung der Sozialhilfe für alle, die nicht arbeiten, aber nur eine Teilanrechnung von Arbeitseinkommen statt der bisherigen fast 100%igen Anrechnung vorsehen – Stichwort: Kombilohn oder Bürgergeld – ist allerdings eine veränderte Einschätzung des Sozialhilfebezugs entstanden. Propagierte das zuständige Ministerium früher das „Recht auf Sozialhilfe", so förderten diese Diskussionen und die verschiedenen BSHG-Novellen in den letzten Jahren gewollt oder ungewollt eine stärkere Abgrenzung der besser gestellten Bevölkerung von den Sozialhilfebeziehern. Da längerfristige Bezieher auch erkennbar sind, wäre es denkbar, daß sich hieraus eine tiefgreifende Spaltung entwickelt und die obengenannten zusätzlichen Kriterien erfüllt werden.

Eine allerletzte Frage drängt sich hier auf. Wer gehört zur deutschen Gesellschaft? Jeder, der auf deutschem Boden lebt, oder nur jeder, der *legal seit langem* auf deutschem Boden lebt, oder nur jeder, der in Deutschland *wohnt* und die *deutsche Staatsbürgerschaft* besitzt? Eine Klärung dieser Frage oder zumindest die Offenlegung der hierzu implizit getroffenen Annahmen ist unabdingbar, da hierdurch der Kreis der betrachteten Personen mitbestimmt wird.

Bei den folgenden Anmerkungen beschränke mich auf die Gesellschaft der legal und dauerhaft in Deutschland lebenden Personen und auf die zur Identifizierung der objektiven Lebenslage von Individuen genannten Kriterien. Touristen, Asylbewerber, illegal in Deutschland lebende Personen und Bürgerkriegsflüchtlinge werden nicht zu dem betrachteten Personenkreis gerechnet, da sie nur einen temporären Aufenthaltsstatus innehaben.

3. Einige Hinweise über die Entwicklung der Einkommensverteilung und das mögliche Ausmaß einer Unterklasse

Im folgenden sollen einige Hinweise über das mögliche Ausmaß einer Unterklasse in Deutschland angeführt werden.

Der Anteil der Personen mit Niedrigeinkommen hat sich von 1973, dem letzten Jahr mit Vollbeschäftigung, bis 1993 folgendermaßen entwickelt:

Tabelle 1: Die Entwicklung des Niedrigeinkommenssektors in Deutschland Angaben in% der Bevölkerung auf Basis des Nettoäquivalenzeinkommens

Niedrig-einkommens-grenze	Alte Bundesländer					Neue Bundesländer		Gesamt-deutschland
	Nur Deutsche					Deutsche und Ausländer		
Jahr	1973	1978	1983	1988	1993	1993	1993	1993
60%	16,1	16,0	16,9	17,1	19,6	19,8	9,3	18,7
50%	6,5	6,5	7,7	8,8	10,1	10,3	3,1	9,2
40%	1,7	1,8	2,9	3,4	3,9	4,1	(0,7)	3,3

Quelle: EVS-Datenbank der Professur für Sozialpolitik der Universität Frankfurt a.M.; Berechnung von I. Becker

Insgesamt gesehen zeigte sich seit 1973 Jahren eine leichte Vergrößerung des Niedrigeinkommenssektors, gemessen an der 60%-Grenze. Hiermit ist das weitgefaßte Potential für eine Zuordnung zur Unterklasse charakterisiert, das in einem ersten Schritt auf Basis eines Jahreseinkommenskriteriums ausgewählt würde. Für die Dauer dieser ungünstigen Einkommenslage und für weitere Beeinträchtigungen, die eine tatsächliche Zuordnung einzelner Personen zu einer Unterklasse rechtfertigen würden, fehlen in den Einkommens- und Verbrauchsstichproben (EVS) jedoch weitere Angaben, so daß keine weitere Eingrenzung möglich ist.

Ergebnisse, die auf Basis des Sozio-ökonomischen Panels ermittelt wurden, unterscheiden sich hiervon nur wenig, jedoch läßt sich anhand dieser Datenquelle für die alten Bundesländer bis 1989 an der 60%-Grenze kein zunehmender Trend feststellen.

Über den Anteil derjenigen, die zwischen 1984 und 1989 in den alten Bundesländern länger als 5 Jahre unterhalb der 60%-Grenze lebten, gibt es ebenfalls Hinweise aus dem Sozio-ökonomischen Panel; es waren immerhin 11% der Bevölkerung (einschl. Ausländer). Im Zeitraum von 1990 bis 1995 waren es 9,7% (Statistisches Bundesamt 1997). Dies ist also das engere Potential, aus dem sich eine Unterklasse bilden könnte. Jedoch bedarf es – wie oben ausgeführt – für die Zuordnung zur Unterklasse weitere Merkmale, die auf zusätzliche Benachteiligung und noch ungünstigere Lebenslagen hinweisen. Außerdem müßte man noch die Vermögensbesitzer ausgliedern.

Blickt man in die neuesten Sozialstatistiken (Seewald 1998), so findet man folgende Angaben:

Am Jahresende 1996 bezogen 3,3% der Bevölkerung Hilfe zum Lebensunterhalt außerhalb von Einrichtungen, das sind knapp 2,7 Mio. Personen in knapp 1,4 Mio. Haushalten. Nur ein Zehntel dieser Haushalte, d.h. ca. 140.000 oder etwa 0,4 bis 0,5% aller Haushalte, bezog bereits länger als 5 Jahre diese Form der Sozialhilfe. Im Vorjahr hatte der Anteil der langfristigen Bezieher an allen Sozialhilfeempfänger-Haushalten noch bei 12% gelegen. Ein Vergleich mit früheren Jahren ist nur sehr begrenzt möglich, da die vergangene Dauer des Sozialhilfebezuges früher nicht regelmäßig erfaßt wurde. Eine einmalige Untersuchung für 1981 weist einen Anteil von 29,2% aller Empfängerhaushalte aus, die schon länger als 7 Jahre Sozialhilfe bezogen; dies waren damals ebenfalls ca. 140.000 Haushalte (Deininger 1983). Hinzu kommt eine Zahl von ca. 50.000 Haushalte, die zwischen fünf und sieben Jahren Hilfe bezogen. Die Anzahl der Haushalte, die schon länger als fünf Jahre Sozialhilfe beziehen, hat also von 1981 bis 1996 *abgenommen.*

Auch die Ergebnisse des Bremer Sozialhilfeempfänger-Panels deuten auf einen recht geringen Anteil von Langzeitbeziehern hin (Leibfried, Leisering 1995).

Selbst wenn man die in der Sozialhilfestatistik nicht erfaßten Gruppen (verdeckte Arme, Wohnungslose) hinzunimmt, dürfte der Anteil der langzeitig auf sehr niedrigem Lebenshaltungsniveau befindlichen Personen also unter 1% der Bevölkerung liegen und bisher nicht oder kaum zunehmen.

Die Cartitas-Armutsuntersuchung hat ebenfalls gezeigt, daß unter den zu den Beratungsstellen der Caritas kommenden Sozialhilfeempfängern nur ein Teil schon länger als 5 Jahre Sozialhilfe bezieht; es sind aber immerhin 26,7% aller dort aufgetauchten Sozialhilfeempfänger (Hauser, Hübinger 1993). Dieser höhere Anteil könnte daraus resultieren, daß zu den Beratungsstellen der Caritas insbesondere Personen mit mehrfachen Problemen, also eine besonders schlecht gestellte Klientel, kommen.

4. *Tendenzen zur Herausbildung einer Unterklasse?*

Seit Geißlers Untersuchung, die am Ende einer 20jährigen Vollbeschäftigungs- und Wachstumsperiode stattfand, haben sich vier wesentliche Veränderungen in den Rahmenbedingungen ergeben, die sowohl eine größere Ungleichheit der Einkommensverteilung als auch die Herausbildung einer Unterklasse fördern könnten:

1. Das Entstehen einer hohen strukturellen Arbeitslosigkeit, die mit einem großen Anteil Langzeitarbeitsloser verbunden ist;
2. ein starker Nettozustrom von Ausländern ohne ausreichende berufliche Qualifikationen, insbesondere aus Nicht-EU-Ländern;
3. ein durch die europäische Integration und die zunehmende Verflechtung der Weltkapitalmärkte verschärfter Wettbewerb bei gleichzeitiger Einschränkung der Einsatzmöglichkeiten und der Wirksamkeit nationaler wirtschafts- und sozialpolitischer Instrumente; die Einführung des Euro wird zu weiteren Einschränkungen der nationalen Handlungsmöglichkeiten führen;
4. eine starke politische Strömung, gefördert durch Interessengruppen, die auf eine Einschränkung des Sozialstaates abzielt und die auch in der Wissenschaft, insbesondere in den Wirtschaftswissenschaften, eine immer breitere Anhängerschaft findet.

Damit erhebt sich die Frage, ob diese Tendenzen das Herauskommen aus der untersten Schicht erschweren und ob hierdurch ein verstärktes Absinken in die unterste Schicht verursacht wird.

Von einem Absinken in die unterste Schicht sind vor allem Langzeitarbeitslose und ihre Familien, Alleinerziehende, bestimmte Gruppen von Berufsanfängern, Wiedereinsteiger und Zuwanderer ohne ausreichende Qualifikationen bedroht; daneben dürfte auch die Schrumpfung des Sozialwohnungsbestandes zu einer Zunahme der Wohnungslosigkeit und zu einem Absinken der Betroffenen beitragen.

Wichtige Möglichkeiten, die unterste Schicht zu verlassen, sind der Abschluß einer Ausbildung mit anschließender Arbeitsaufnahme, die erneute Arbeitsaufnahme von Arbeitslosen sowie Heirat mit einer Person in günstiger beruflicher Position oder eine größere Erbschaft oder Lotteriegewinne.

Im wesentlichen wird es also von der Entwicklung des Arbeitsmarktes und von der Zuwanderung abhängen, ob ein noch stärkerer Druck zur Herausbildung einer Unterklasse entsteht.

Dies ist jedoch nur die Seite der Markteinkommenserzielung. Grundsätzlich kann nämlich ein großzügiger Sozialstaat diesen von den Marktkräften ausgehenden Druck zur Herausbildung einer Unterklasse durch die Gewährung von Transfers als Lohnersatzleistung und von anderen Hilfen immer verhindern. Daher ist zur Beantwortung der genannten Fragen eine Prognose der Sozialstaatsentwicklung erforderlich. Ist zu erwarten, daß in den kommenden Jahren die erforderlichen Mittel aufgebracht werden,

- um einen noch zunehmenden Anteil von Langzeitarbeitslosen und von Alleinerziehenden in dem der Sozialhilfe vorgelagerten System der sozialen Sicherung zu unterstützen,
- um gleichzeitig höhere Aufwendungen für Kinder- und Wohngeld sowie für die Ausbildung von Berufsanfängern und Wiedereinsteigern und für die Integration von Ausländern mit geringer Qualifikation zu finanzieren,
- um gleichzeitig die steigenden Aufwendungen für Gesundheit und für die Renten des stark zunehmenden Anteils von Rentnern abzudecken?

Dies ist der kritische Punkt, an dem sich die Frage der Herausbildung einer Unterklasse entscheiden wird. Die gegenwärtig diskutierten Kürzungsvorschläge laufen im wesentlichen darauf hinaus,

- das Rentenniveau abzusenken, was ohne kompensierende Maßnahmen im unteren Bereich zu einem größeren Anteil von armen Rentnern führen wird,
- die Arbeitslosenhilfe zu befristen, was einen größeren Teil von Langzeitarbeitslosen in die Sozialhilfe absinken lassen wird,
- das Sozialhilfeniveau einzufrieren oder sogar abzusenken und für Arbeitseinkommen nur noch eine Teilanrechnung vorzusehen; hiermit soll arbeitslosen Sozialhilfeempfängern ein stärkerer Anreiz zur Arbeitsaufnahme gegeben werden; aber gleichzeitig wird sich die Lage der nicht Ar-

beitsfähigen verschlechtern, weil Kostenneutralität dieser Maßnahme gefordert wird.

Angesichts der ungünstigen wirtschaftlichen Umstände, unter denen die neue Bundesregierung angetreten ist, sollte man auch keine allzu großen Hoffnungen hegen, daß durch den Regierungswechsel die Tendenzen zum Abbau sozialstaatlicher Regelungen völlig umgekehrt würden. Man kann allenfalls hoffen, daß die zu erwartenden Einschnitte bei den mittleren und oberen Schichten und nicht bei der untersten Schicht vorgenommen werden.

Anmerkung

1 Das Nettoäquivalenzeinkommen einer Person ermittelt man aus dem Nettoeinkommen des Haushalts, dem die Person angehört, mit Hilfe einer Äquivalenzskala, die die Einsparungen beim gemeinsamen Wirtschaften und die unterschiedlichen Bedarfe von Erwachsenen und Kindern berücksichtigt. Es handelt sich daher um ein gewichtetes Pro-Kopf-Einkommen. Die ältere OECD-Skala, die dem ersten Erwachsenen in einem Haushalt ein Gewicht von 1,0, weiteren Personen über 14 Jahre Gewichte von 0,7 und jüngeren Kindern Gewichte von 0,5 zuordnet, repräsentiert weitgehend die in den sozialpolitischen Regelungen der Bundesrepublik implizierte Äquivalenzskala. Für die Ermittlung des Nettoäquivalenzeinkommens ist das Nettohaushaltseinkommen durch die Summe der Gewichte der Haushaltsmitglieder zu dividieren.

Literatur

Andreß, Hans-Jürgen 1996: Armut in Deutschland: Die Entstehung einer neuen „Underclass" Vorläufige Antworten über Prozesse sozialer Ausgrenzung auf der Basis von Umfragedaten, Arbeitspapier Nr. 34 des DFG-Projektes „Versorgungsstrategien privater Haushalte im unteren Einkommensbereich", Universität Bielefeld.

Andreß, Hans-Jürgen (Hrsg.) 1998: Empirical Poverty Research in a Comparative Perspective, Aldershot.

Bundesregierung 1998: Bericht über die Lebenssituation von Kindern und die Leistungen der Kinderhilfen in Deutschland – Zehnter Kinder- und Jugendbericht, BT-Drucksache 13/11368 vom 25.8.1998.

Danziger, Sheldon H., Sandefur, Gary D., Weinberg, Daniel H. (Hrsg.) 1994: Confronting Poverty, Cambridge/Mass.

Deininger, D. 1983: Sozialleistungen, Laufende Hilfe zum Lebensunterhalt, Ergebnis einer Zusatzstatistik zur Statistik der Sozialhilfe im September 1981, in: Wirtschaft und Statistik H. 3, S. 254-264.

Geißler, Heiner 1976: Die Neue soziale Frage, Freiburg.

Hanesch, W. u.a. 1994: Armut in Deutschland. Der Armutsbericht des DGB und des Paritätischen Wohlfahrtverbandes, Reinbeck.

Hauser, Richard 1998: Armut, Armutsgefährdung und Armutsbekämpfung in der Bundesrepublik Deutschland, in: Jahrb. F. Nat. Ök. U. Stat., Bd. 216, H. 4-5, S. 524-548.

Hauser, R., Hübinger, W. 1993: Arme unter uns, Teil 1: Ergebnisse und Konsequenzen der Caritas-Armutuntersuchung Freiburg.

Hauser, R., Kinstler, H- J. 1993: Zur Lebenslage alleinstehender Wohnungsloser (Nichtseßhafter), in Nachrichtendienst des DeutschenVereins für öffentliche und private Fürsorge, 73. Jg., H. 11, S. 412-422.

Hübinger, W., Neumann U. 1998: Menschen im Schatten, Lebenslagen in den neuen Bundesländern, Forschungsbericht für das Diakonische Werk der Evangelischen Kirche e.V. und den Deutschen Caritasverband e.V., Freiburg (im Druck).

Jencks, Christopher, Peterson, Paul (Hrsg.) 1991: The Urban Underclass, Washington

Katz, Michael B. 1989: The Undeserving Poor, From the War on Poverty to the War on Welfare, New York.

Leibfried, Stephan, Voges, Wolfgang 1992: Armut im modernen Wohlfahrtsstaat, Kölner Zeitschrift für Soziologie und Sozialpsychologie, Sonderheft 32.

Leibfried, S., Leisering, L. u.a. 1995: Zeit der Armut, Frankfurt a.M.

Leisering, Lutz, Walker, Robert (Hrsg.) 1998: The Dynamics of Modern Society, Poverty, Policy and Welfare, Bristol.

Offe, Claus 1996: Moderne „Barbarei“: Der Naturzustand in Kleinformat?, in Miller, M., Soeffner, H.-G. (Hrsg.): Modernität und Barbarei, Frankfurt a. M. , S. 258-289.

Scherr, Albert 1998: Randgruppen und Minderheiten, in: Schäfers, B., Zapf, W. (Hrsg.), Handwörterbuch zur Gesellschaft Deutschlands, Opladen, S. 504-514.

Seewald, H. 1998: Ergebnisse der Sozialhilfe- und Asylbewerberleistungsstatistik 1996, in: Wirtschaft und Statistik, H. 6, S. 509-519.

Statistisches Bundesamt (Hrsg.) 1997: Datenreport ,97, Bonn, S. 521; Berechnungen von Habich und Krause.

Wilson, W. J. 1987: The Truly Disadvantaged. The Inner City, the Underclass, and Public Policy, Chicago.

Subjektive Schichteinstufung

Aktuelle Befunde zu einer traditionellen Frage

Heinz-Herbert Noll

1. Einleitung

Die Frage nach der subjektiven Schichteinstufung gehört zum klassischen Repertoire der sozialwissenschaftlichen Umfrageforschung und ist einer der am häufigsten verwendeten Indikatoren der sozialen Schichtung. Sie geht zurück auf eine Untersuchung des amerikanischen Psychologen Richard Centers und wurde in Deutschland erstmals in den fünfziger Jahren in den Studien von Janovitz (1958) und Moore/Kleining (1959) eingesetzt. Informationen darüber, wie sich Personen in eine vorgegebene Rangordnung sozialer Schichten einstufen, lassen sich nicht nur zu einem Bild der Makrostruktur sozialer Ungleichheit zusammenfügen, sondern geben vor allem Aufschlüsse darüber, wie Individuen und Gruppen ihre eigene soziale Position im Vergleich zu anderen in der gesellschaftlichen Staushierarchie lokalisieren. Daraus lassen sich zugleich Schlüsse darauf ziehen, aus welcher Perspektive – als solche die eher oben oder unten stehen – sie in der Gesellschaft agieren und am sozialen, wirtschaftlichen und politischen Leben partizipieren. Bei Informationen und Untersuchungen zur subjektiven Einstufung in das Schichtgefüge bzw. der Identifikation mit den verschiedenen sozialen Schichten, die seit langem auch für die Sozialstrukturanalyse verwendet werden (z.B. Schäfers 1997, Statistisches Bundesamt 1997), geht es also in erster Linie darum, welches Bild sich die Bürger von der Ungleichheitsstruktur in der Gesellschaft und der eigenen Position darin machen. Dieses Bild muß nicht in jedem Falle mit den Befunden zur Struktur sozialer Ungleichheit und Statusdistribution kongruent sein, wie sie auf der Basis von objektiven Indikatoren – etwa Kategorien der beruflichen Stellung, Bildung oder Einkommen – gewonnen werden. Auf der Basis von Daten zur subjektiven Schichteinstufung lassen sich nicht nur die Plazierungen einzelner Gruppen innerhalb einer Gesellschaft, sondern – in internationaler Perspektive – auch ganze Gesellschaften in ihrer faktischen oder auch präferierten Verteilung miteinander vergleichen (z.B. Evans, Kelley, Kolosi 1992; Cuneo 1996).

Mit dem vorliegenden Beitrag wird untersucht, wie die deutsche Bevölkerung die Statushierarchie der Gesellschaft und die eigene Position darin wahrnimmt, welchem Wandel diese Wahrnehmung unterliegt und wie sich einzelne gesellschaftliche Gruppen darin unterscheiden. Dabei stellt sich auch die Frage, inwieweit Informationen und Befunde zur subjektiven Schichteinstufung in den ausgehenden neunziger Jahren überhaupt noch bedeutsam und von Interesse sind, nachdem das Konzept der sozialen Schichtung in den zurückliegenden Jahren grundsätzlich in Frage gestellt worden ist. Die Kontroverse darüber, ob soziale Klassen und Schichten als Konzepte für die Beschreibung und Analyse der Ungleichheitsstruktur in den fortgeschrittenen Industrie- bzw. postindustriellen Gesellschaften noch geeignet sind oder der Realität dieser Gesellschaften immer weniger gerecht würden, hatten Ulrich Beck (1983) und andere (u.a. Hradil 1987, Kreckel 1992) in den achtziger Jahren mit ihrer Kritik an den herkömmlichen Konzepten und Forderungen zu einer Neuorientierung der Sozialstrukturanalyse angestoßen[1]. Man sollte vermuten können, daß eine zunehmende Auflösung von sozialen Klassen und Schichten oder auch „Entschichtung der Gesellschaft" (Berger 1986)[2], wie sie vielfach behauptet worden ist, sich auch in der Wahrnehmung der Bevölkerung – den „class images" – und deren Wandel niederschlagen müßte. Insofern können Befunde zur subjektiven Schichteinstufung – wie sie hier präsentiert werden – auch im Kontext dieser Diskussion über den Wandel der Struktur der sozialen Ungleichheit und ihre angemessene Konzeptualisierung und Interpretation betrachtet und gewertet werden.

2. *Operationalisierung, Datenbasis, und Antwortverhalten*

In der Allgemeinen Bevölkerungsumfrage der Sozialwissenschaften (ALLBUS) wird die subjektive Schichteinstufung über die folgende Frage erhoben: „Es wird heute viel über die verschiedenen Bevölkerungsschichten gesprochen. Welcher Schicht rechnen Sie sich selbst eher zu, der Unterschicht, der Arbeiterschicht, der Mittelschicht, der oberen Mittelschicht oder der Oberschicht?"[3]. Diese Frage zur subjektiven Schichteinstufung wurde bisher in allen ALLBUS-Erhebungen von 1980 bis 1996 in identischer Form gestellt. Damit bietet der ALLBUS die Möglichkeit, die subjektive Zuordnung der Bevölkerung zu den verschiedenen sozialen Schichten für Westdeutschland über einen Zeitraum von bisher 16 Jahren zu untersuchen[4]. Von besonderem Interesse ist darüber hinaus der Vergleich der subjektiven Schichteinstufung von West- und Ostdeutschen sowie von Befragten mit deutscher und ausländischer Staatsangehörigkeit. Nachdem Informationen über die neuen Bundesländer erstmals mit der ALLBUS-Baseline-Befragung von 1991 erhoben wurden, erstreckt sich der innerdeutsche Ost-West-Vergleich über den Zeitraum von 1991 bis 1996. Mit der Baseline-Befragung von 1991 wurden im Rahmen des ALLBUS erstmals nicht nur deutsche Staatsangehörige, sondern auch Ausländer befragt. Die Tatsache, daß dies jedoch in dieser wie auch der folgenden ALLBUS Erhebung von 1992 im Rahmen des üblichen ADM-Designs realisiert wurde, hatte zur Folge, daß nur eine geringe Anzahl von Ausländern in die Stichprobe einbezogenen wurde, die für die ausländische Wohnbevölkerung nicht als repräsentativ angesehen werden kann. Der im vorliegenden Beitrag angestellte Vergleich von deutschen und ausländischen Befragten beschränkt sich daher auf die Jahre 1994 und 1996 sowie – wegen der geringen Zahl von Ausländern in den neuen Bundesländern – auf Westdeutschland[5].

Angesichts der bereits angesprochenen These einer im Zuge von Individualisierungsprozessen und zunehmenden Zersplitterung der „Großgruppengesellschaft" weitgehenden Auflösung von Klassen und Schichten erscheint zunächst bemerkenswert, daß sich nach wie vor eine große Mehrheit der Befragten mit einer der vorgegebenen Schichten identifiziert.

Tabelle 1: Subjektive Schichteinstufung in West- und Ostdeutschland[1]

	1980	1986	1991		1996		
	West	West	West	Ost	West		Ost
					Deutsche	Ausl.	
Gültige Angaben	95	94	93	87	94	89	95
Keine dieser Schichten	1	1	1	2	2	2	1
Einstufung abgelehnt	2	3	4	7	3	1	3
Weiß nicht	2	2	2	5	1	7	1
Keine Antwort	0	0	0	0	0	1	0
Fallzahl	2955	3095	1477	1540	2193	209	1113

1) Bis einschließlich 1991 sowie 1996 Ost nur deutsche Wohnbevölkerung; gültige und ungültige Angaben

Datenbasis: ALLBUS 1980, 1986, 1991, 1996

In den alten wie in den neuen Bundesländern beläuft sich dieser Anteil von gültigen Angaben 1996 auf 95 bzw. 94% aller Befragten: Lediglich 2% der westdeutschen und 1% der ostdeutschen Befragten erklärten, sich mit keiner der genannten Schichten zu identifizieren, 3% lehnten hier wie dort eine Einstufung ab, und 1% wählten die Kategorie „weiß nicht". Bei näherer Betrachtung zeigt sich, daß es der Tendenz nach eher Personen sind, die noch nicht über einen eigenen Erwerbsstatus verfügen, z.B. Schüler und Studenten, aber auch Arbeitslose, die ihren Erwerbsstatus vorübergehend verloren haben oder Rentner, die nicht mehr erwerbstätig sind, die sich nicht mit einer bestimmten Schicht zu identifizieren vermögen. In den neuen Bundesländern ist der Anteil derjenigen, die sich keiner Schicht zuzuordnen vermochten oder die eine Einstufung abgelehnt haben, im Vergleich zu 1991 sogar deutlich – von 14 auf 5% – zurückgegangen. Für Westdeutschland variiert der Anteil von ungültigen Angaben über den Zeitraum von 1980 bis 1996 zwischen 4 und 10%[6], ohne daß dabei im zeitlichen Verlauf ein Trend zu einer abnehmenden Schichtidentifikation zu erkennen wäre. Die Erwartung, daß der Anteil der Befragten, die eine Einstufung ablehnen, die ihre eigene Position in den vorgegebenen Schichtkategorien nicht wiederfinden oder „weiß nicht" angeben, im Zeitverlauf zunehmen würde, bestätigt sich damit nicht.

Insofern hat es den Anschein, daß eine vertikale Gliederung der Gesellschaft in übereinander angeordnete Schichten, wie sie das Schema nahelegt, von der Bevölkerung bisher kaum grundsätzlich in Frage gestellt und offenbar nach wie vor von einer großen Majorität der Befragten als eine angemessene Beschreibung der gesellschaftlichen Realität angesehen wird.

3. *Die subjektive Schichteinstufung der deutschen und ausländischen Bevölkerung*

In Deutschland stuften sich 1996 39% aller Befragten in die Unter- und Arbeiterschicht ein, 53% in die Mittelschicht und 9% in die obere Mittel- und Oberschicht. Im Vergleich zu 1991 deutet sich für Gesamtdeutschland überraschenderweise die Tendenz einer zunehmenden Identifikation mit der Unter- und Arbeiterschicht und eine abnehmende Tendenz mit der Mittelschicht, sowie der oberen Mittel- und Oberschicht an. Auf mögliche Gründe dafür wird weiter unten zurückzukommen sein.

Tabelle 2: Subjektive Schichteinstufung in Deutschland 1991-1996

	1991 %	1992 %	1994 %	1996 %
Unter-, Arbeiterschicht	31	33	37	39
Mittelschicht	58	57	54	53
Obere Mittel-, Oberschicht	11	10	10	9
Fallzahl	2787	3291	3276	3301

Datenbasis: ALLBUS

Die Unterschiede in der Wahrnehmung der eigenen Position im gesellschaftlichen Ungleichheitsgefüge, die sich auf der Basis der subjektiven Einstufung der Befragten im Ost-West-Vergleich ergeben, sind nach wie vor drastisch und haben sich entgegen den allgemeinen Erwartungen gegenüber 1991 kaum verringert. Während sich 1996 55% der Westdeutschen der Mittelschicht und ein Drittel der Unter- bzw. Arbeiterschicht zuordnen, stufen sich 59% der Ostdeutschen in die Arbeitsschicht und lediglich ein gutes Drittel in die Mittelschicht ein (Grafik 1). Auch der Anteil derjenigen, die sich mit der oberen Mittel- oder Oberschicht identifizieren, ist im Westen mit 11% deutlich größer als im Osten, wo sich lediglich 1% der gesellschaftlichen Elite zurechnet[7]. Daraus ergibt sich ein deutlich kontrastierendes Bild der Schichtstruktur in den beiden Teilgesellschaften: Für Westdeutschland die für Mittelschichtgesellschaften typische Zwiebelform, für Ostdeutschland das pyramidenförmige Bild einer Arbeitergesellschaft.

Grafik 1: Subjektive Schichteinstufung in West- und Ostdeutschland 1991-1996

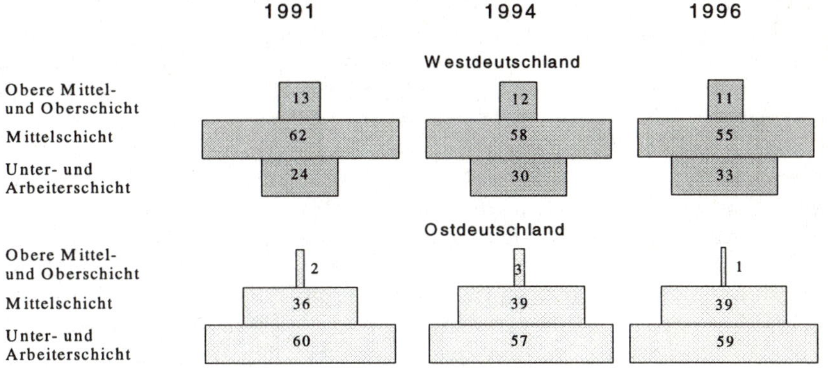

Datenbasis: ALLBUS 1991, 1994, 1996

Ebenso deutliche Unterschiede in der subjektiven Schichteinstufung wie zwischen West- und Ostdeutschen sind auch zwischen Deutschen und den in Deutschland lebenden Personen mit ausländischer Staatsangehörigkeit zu beobachten. Während sich 1996 von den westdeutschen Befragten mit deutscher Staatsangehörigkeit 11% der Ober- und oberen Mittelschicht, 58% der Mittelschicht und 31% der Unter- und Arbeiterschicht zuordnen, stufen sich von Befragten mit ausländischer Staatsangehörigkeit lediglich 5% in die Ober- und obere Mittelschicht sowie 36% in die Mittelschicht, aber 60% in der Unter- und Arbeiterschicht ein. Die Verteilung, die sich für das Jahr 1994 ergibt, ist damit praktisch identisch. Die bereits in den siebziger Jahren aufgekommene These von einer Unterschichtung der deutschen Gesellschaft durch die ausländischen Zuwanderer wird durch diese Daten bestätigt, d.h. sie manifestiert sich auch in der subjektiven Sicht der ausländischen Bevölkerung.

Auffällig ist die Ähnlichkeit in der Randverteilung der subjektiven Schichteinstufung zwischen den in Westdeutschland lebenden Ausländern und der ostdeutschen Bevölkerung. Von beiden Bevölkerungsgruppen ordnen sich jeweils 60% der Unter- und Arbeiterschicht zu, und auch die Anteile derjenigen, die sich der Mittel- bzw. oberen Mittel- und Oberschicht zugehörig betrachten, sind weitgehend identisch. Beide Gruppen, die in Westdeutschland lebenden Ausländer wie auch die ostdeutsche Bevölkerung nehmen die gesellschaftliche Statushierarchie demzufolge nach wie vor mehrheitlich aus einer Perspektive des "wir hier unten und Ihr da oben" wahr, während sich die Westdeutschen weiterhin in ihrer Majorität im mittleren und oberen Bereich plazieren. Nicht nur mit der deutschen und ausländischen Staatsangehörigkeit, sondern auch mit der westdeutschen und ostdeutschen Identität ist offensichtlich nach wie vor zugleich auch die Vorstellung einer höheren oder niedrigeren Position in der gesamtdeutschen Statushierarchie verbunden.

Im zeitlichen Verlauf sind in der Bundesrepublik – für den Bereich der alten Bundesländer – seit Beginn der achtziger Jahre keine dramatischen Veränderungen in der Schichtzuordnung festzustellen. Soweit Veränderungen zu beobachten sind, weisen sie – jedenfalls über den gesamten Zeitraum betrachtet – keinen einheitlichen Trend auf. Bemerkenswert ist jedoch, daß in Westdeutschland im Laufe der neunziger Jahre eine kontinuierlich abnehmende Mittelschichtidentifikation zugunsten einer zunehmenden Identifikation mit der Unter- und Arbeiterschicht zu beobachten ist (Grafik 1), es also auf der Basis dieser Daten auch hier Anzeichen für das Phänomen einer „declining middle“ (z.B. Kuttner 1983; Thurow 1984) gibt, wie es vor allem in den USA seit längerer Zeit festgestellt und diskutiert wird. Wenn in der subjektiven Schichteinstufung eine leichte Annäherung zwischen Ost und West eingetreten ist, dann nicht aufgrund einer zunehmenden Mittelschichtidentifikation in den neuen Bundesländern, wie man es infolge von Einkommenszuwächsen und dem doch beachtlichen Wandel der Wirtschafts- und Berufsstruktur hätte erwarten können, sondern aufgrund einer abnehmenden Mittelschichtidentifikation im Westen der Republik. Relativierend ist allerdings anzumerken, daß in dem hier verwendeten Bezugsjahr 1991 der für den gesamten Beobachtungszeitraum seit 1980 höchste Mittelschicht- und zugleich niedrigste Anteil der Unter- und Arbeiterschicht zu beobachten ist. Sofern sich in der Entwicklung der 90er Jahre dennoch ein Trend abzeichnet, ist er jedenfalls nicht auf den zunehmenden Ausländeranteil zurückzuführen, vielmehr ist die tendenziell abnehmende Mittelschichtidentifikation und zunehmende Identifikation mit der Unter- und Arbeiterschicht vor allem bei der deutschen Bevölkerung festzustellen.

4. Determinanten der subjektiven Schichteinstufung

Versucht man die empirisch festzustellenden Unterschiede in der Schichtzuordnung verschiedener Teilpopulationen zu erklären, so ist die zunächst naheliegendste Hypothese, sie als Reflex einer unterschiedlicher Verteilung auf sozioökonomische Statuslagen oder sonstige soziodemographische Strukturdifferenzen zu betrachten. Die subjektive Schichteinstufung spiegelt in erster Linie – so wäre die Vermutung – die objektive Position in der Schichtstruktur wider, wie sie anhand der „klassischen“ Schichtindikatoren – Beruf, Bildung und Einkommen – gemessen werden kann.

Tabelle 3 zeigt die Verteilung der Bevölkerung auf berufsbezogene Statuslagen für das Jahr 1996 im Ost- West – Vergleich, für Westdeutschland auch getrennt für Deutsche und Ausländer. Für eine durchgängige Klassifikation der gesamten erwachsenen Bevölkerung nach Statuslagen wurden Erwerbstätige entsprechend ihrer Stellung im Beruf, Nichterwerbstätige gemäß ihrer Stellung zum Beruf – als Arbeitslose, Hausfrauen, in Ausbildung befindlich oder Rentner – eingruppiert. Bei Rentnern wurde darüber hinaus noch danach unterschieden, ob sie während ihrer aktiven Zeit als Arbeiter oder in einer anderen beruflichen Stellung erwerbstätig waren.

Die Verteilung der Statuslagen weist einige charakteristische Merkmale auf. Die Ostdeutsche Bevölkerung unterscheidet sich in ihrer Verteilung auf die hier unterschiedenen Statuslagen von der Westdeutschen – abgesehen von dem höheren Arbeitslosigkeitsniveau – vor allem durch einen höheren Facharbeiteranteil und Anteil von Rentnern mit früherem Arbeiterstatus sowie niedrigere Anteilen von gehobenen und höheren Angestellten und Beamten aber auch Frauen mit Hausfrauenstatus.

Tabelle 3: Statuslagen nach Nationalität und im Ost-West-Vergleich 1996

Statuslage	Westdeutschland			Ostdeutschland
	Gesamt %	Deutsche %	Ausländer %	%
Un-/angelernte Arbeiter	6	5	24	3
Qualifizierte Arbeiter	12	11	15	17
Einfache, mittlere Beamte u. Angestellte	17	17	11	17
Gehobene, höhere Beamte u. Angestellte	15	15	7	11
Selbständige	7	7	5	5
Arbeitslose	4	4	11	13
Rentner – ehemalige Arbeiter	7	7	5	12
Rentner- sonstige	12	12	2	15
Hausfrauen	15	15	14	2
Schüler, Studenten, Azubis	6	6	6	5

Datenbasis: ALLBUS 1996

Die ausländische Wohnbevölkerung in Westdeutschland unterscheidet sich von der deutschen Wohnbevölkerung ebenfalls insbesondere durch einen höheren Arbeitslosenanteil sowie den erheblich größeren Anteil von unqualifizierten Arbeitern und niedrigere Anteile von Angestellten und Beamten und Rentnern ohne früheren Arbeiterstatus.

Betrachtet man die subjektive Schichtidentifikation in Abhängigkeit von der berufsbezogenen Statuslage, so zeigen sich signifikante Unterschiede und ein deutlicher Zusammenhang – in Ost- und Westdeutschland gleichermaßen – zwischen der subjektiven Einstufung und der objektiven Statuslage. Die Stärke des Zusammenhangs beträgt im Jahre 1996 für Westdeutschland und Ostdeutschland gleichermaßen eta = .50, wenn die Identifikation mit der Unter- u. Arbeiterschicht als abhängige Variable betrachtet wird, und ist damit beachtlich[8].

Tabelle 4: Subjektive Schichteinstufung in West- und Ostdeutschland nach Statuslagen 1996

Statuslagen	Westdeutschland			Ostdeutschland		
	Unter-, Arbeiterschicht	Mittelschicht	Obere Mittel-, Oberschicht	Unter-, Arbeiterschicht	Mittelschicht	Obere Mittel-, Oberschicht
Un-/angelernte Arbeiter	72	(28)	–	(82)	(18)	–
Qualifizierte Arbeiter	61	38	(1)	88	(12)	–
Einfache, mittlere Angestellte	23	69	(8)	48	52	–
Gehobene, höhere Angestellte	(7)	73	20	(23)	74	(4)
Beamte	(3)	66	31	(18)	(82)	–
Selbständige	(12)	63	25	(17)	81	(2)
Arbeitslose, Kurzarbeiter	63	(34)	(3)	76	24	–
Rentner-ehemalige Arbeiter	68	31	(1)	84	(16)	–
Rentner-Sonstige	19	68	13	50	49	(1)
Hausfrauen	30	61	(9)	(56)	(31)	(13)
Schüler, Studenten, Azubis	(18)	64	(17)	(42)	(53)	(5)
Insgesamt	31	58	11	60	39	1

( ) Fallzahl < 30.

Datenbasis: ALLBUS 1996.

Für Westdeutschland zeigt sich überdies, daß die Stärke des Zusammenhangs über den Zeitraum von 1980 bis 1996 nicht abgenommen hat. Gemessen an dem Koeffizienten eta schwankt die Stärke des bivariaten Zusammenhangs über die Jahre zwischen .43 als Minimum und .54 als Maximum. Die prägende Kraft der faktischen, durch die Stellung im oder zum Beruf bestimmten Statuslage auf die subjektive Einordnung in die gesellschaftliche Schichthierarchie hat sich daher im Laufe der vergangenen eineinhalb Jahrzehnte praktisch nicht verringert. Auch dieser Befund spricht eher gegen die Annahme eines schwindenden Schichtbewußtseins und dessen zunehmender Abkoppelung von der tatsächlichen sozioökonomischen Position in der Gesellschaft.

Aus Tabelle 5 geht hervor, wie die subjektive Schichteinstufung mit weiteren sozio-demographischen Merkmalen assoziiert ist. Die Geschlechtszugehörigkeit beeinflußt die Schichteinstufung erwartungsgemäß nur in geringem Maße, aber Frauen identifizieren sich im Vergleich mit Männern tendenziell häufiger mit der Mittelschicht als mit der Unter- und Arbeiterschicht. Das dürfte in erster Linie auf die Unterschiede in der Verteilung von Männern und Frauen auf berufsbezogene Statuslagen zurückzuführen sein. Auch der Zusammenhang mit dem Alter ist wenig ausgeprägt. In Westdeutschland sind es die unter 25- sowie die 65-Jährigen und älteren, die sich am häufigsten der Unter- und Arbeiterschicht zuordnen, während die mittlere Altersgruppe der 35 – 49-Jährigen die höchsten Mittel- und Oberschichtanteile aufweist. In Ostdeutschland ist es dagegen die jüngste Altersgruppe der 18-24-Jährigen, die sich häufiger als alle anderen Altersgruppen mit der Mittel- und Oberschicht identifiziert. Hier deutet sich an, daß ein Wandel in der subjektiven Zuordnung zu sozialen Schichten in Richtung einer stärkeren Mittelschichtidentifikation in den neuen Bundesländern wohl in erster Linie über den Generationenwechsel zu erwarten ist.

Tabelle 5: Subjektive Schichteinstufung nach ausgewählten sozio-demographischen Merkmalen in West- und Ostdeutschland 1996

	Westdeutschland			Ostdeutschland		
	Unter-/ Arbeiter-schicht	Mittel-schicht	Oberschicht/ obere Mittel-schicht	Unter-,/ Arbeiter-schicht	Mittel-schicht	Oberschicht/ obere Mittel-schicht
Insgesamt	31	58	11	60	39	(1)
Geschlecht						
Männer	35	54	11	66	34	(1)
Frauen	27	61	11	55	44	(2)
Altersgruppen						
18 – 24 J.	37	52	(11)	48	49	(4)
25 – 34 J.	30	59	11	64	36	–
35 – 49 J.	26	60	14	58	40	(2)
50 – 64 J.	32	57	11	59	40	(1)
65 J. und älter	36	56	(8)	66	34	–
Schulabschluß						
Hauptschule/ keinen Abschluß	48	50	(2)	74	26	–
Realschule	20	67	13	61	38	(1)
Abitur/Fachhoch-Schulreife	9	62	29	25	71	(4)
Haushaltsnetto-Einkommen/ Kopf						
Unterstes Quintil	52	45	(3)	76	24	(1)
2. Quintil	40	55	(5)	69	31	(1)
3. Quintil	38	54	(8)	68	31	(2)
4. Quintil	32	56	12	59	40	(1)
oberstes Quintil	(8)	67	25	39	60	(1)

Deutsche Wohnbevölkerung. ( ) Fallzahl < 30.

Datenbasis: ALLBUS 1996.

Wesentlich stärker als von Geschlecht und Alter wird die subjektive Schichteinstufung erwartungsgemäß vom Bildungs- und Einkommensniveau bestimmt. Je höher der Bildungsabschluß, desto größer ist – in Ost und West gleichermaßen – die Wahrscheinlichkeit einer Einstufung in die Mittel- oder Oberschicht. Entsprechendes gilt für das Einkommensniveau, hier gemessen über das Haushaltsnettoeinkommen pro Haushaltsmitglied. Hier ist der Zusammenhang jedoch insbesondere für die neuen Bundesländer etwas schwächer ausgeprägt als der mit dem Schulabschluß.

Tabelle 6: Determinanten der subjektiven Schichteinstufung in West- und Ostdeutschland – Multiple Klassifikationsanalyse[1]

	Westdeutschland		Ostdeutschland		Gesamtdeutschland	
	Eta	Beta	Eta	Beta	Eta	Beta
Geschlecht	.06	.01	.13	.10	.07	.03
Alter	.12	.15	.11	.12	.09	.11
Haushaltseinkommen/ Kopf	.30	.16	.25	.16	.33	.15
Schulabschluß	.37	.19	.36	.20	.34	.18
Statuslage	.48	.37	.50	.37	.49	.36
West/Ost	–	–	–	–	.24	.17
R / R^2	.55	.30	.56	.31	.57	.33

1) Abhängige Variable: %-Anteil „Unter-, Arbeiterschicht"; nur deutsche Wohnbevölkerung

Datenbasis: ALLBUS 1996

Die starke Abhängigkeit der subjektiven Schichteinstufung von der objektiven Statuslage und anderen Schichtindikatoren wie Bildung und Einkommen bestätigt sich auch in der multivariaten Betrachtung (Tabelle 6). In einer multiplen Klassifikationsanalyse, die neben der Statuslage noch das Geschlecht, das Alter, den Schulabschluß sowie das Haushaltseinkommen pro Kopf als unabhängige Variablen berücksichtigt, erweist sich die Statuslage in West- und Ostdeutschland gleichermaßen als der mit Abstand erklärungskräftigste Einflußfaktor. Es folgen der allgemeine Schulabschluß und das Haushaltseinkommen pro Kopf. Unter Kontrolle der übrigen Variablen verschwindet der ohnehin schwache Zusammenhang mit der Geschlechtszugehörigkeit in Westdeutschland vollständig, bleibt in Ostdeutschland jedoch in geringem Umfang erhalten. Davon abgesehen sind Struktur, aber auch die Stärke dieser Zusammenhänge in West- und Ostdeutschland praktisch identisch. Angesichts der doch beachtlichen Unterschiede in der Zuordnung zu den sozialen Schichten zwischen West- und Ostdeutschen erscheint dieser Befund durchaus bemerkenswert und weist auf robuste Zusammenhänge hin.

Für Westdeutschland[9] zeigt sich in der multivariaten Analyse zudem, daß die oben dargestellten Unterschiede in der subjektiven Schichteinstufung zwischen Deutschen und Ausländern erheblich reduziert werden und sich als statistisch nicht mehr signifikant erweisen, wenn die genannten Variablen kontrolliert werden. Das bedeutet, daß die in der bivariaten Betrachtung deutlichen Unterschiede in der Schichtidentifikation zwischen Deutschen und Ausländern im Wesentlichen auf die ausgeprägten Differenzen in der beruflichen Statusdistribution sowie im Bildungs- und Einkommensniveau zurückzuführen sind. Einen davon unabhängigen Effekt des Ausländerstatus scheint es nicht zu geben.

Anders stellt sich die Situation im Vergleich der West- und Ostdeutschen Bevölkerung dar. Wie die für Gesamtdeutschland durchgeführte Analyse ergibt, unterscheiden sich West- und Ostdeutsche auch dann noch signifikant in ihrer Zuordnung zu sozialen Schichten, wenn die übrigen Variablen kontrolliert werden. Nach Kontrolle dieser Variablen reduziert sich die Ost-West-

Differenz im Anteil derjenigen, die sich der Unter- und Arbeiterschicht zuordnen, lediglich von 28 auf 20 Prozentpunkte. Das bedeutet, daß die Ost-Westunterschiede in der subjektiven Schichteinstufung nicht allein auf Niveau und Strukturunterschiede im Hinblick auf Einkommen, Bildung und berufsbezogene Statuslagen zurückgeführt werden können. Manches spricht vielmehr dafür, daß dabei auch der Vergleichsmaßstab eine Rolle spielt, der bei der Wahrnehmung und Bewertung des eigenen Status im Vergleich zu anderen und der Allgemeinheit zugrunde gelegt wird. Allem Anschein nach stuft sich die ostdeutsche Bevölkerung innerhalb des gesamtdeutschen Schichtungsgefüges nicht zuletzt auch deshalb nach wie vor insgesamt niedriger ein, weil sie sich in erster Linie an der westdeutschen Bevölkerung orientiert und sich ihr aus einer Perspektive der Unterprivilegierung und relativen Deprivation kollektiv unterordnet.

Obwohl mit den berücksichtigten Strukturvariablen beachtliche Varianzanteile gebunden werden – in Westdeutschland 30%, in Ostdeutschland 31% – verbleibt ein nicht unerheblicher „unerklärter" Rest[10]. Die subjektive Schichteinstufung ist ein Indikator dafür, wie die eigene Position in der gesellschaftlichen Statushierarchie im Vergleich zu anderen individuell wahrgenommen und eingeschätzt wird. Neben anderen objektiven Statusmerkmalen, wie z.B. Hausbesitz oder sonstige Vermögenswerte, sind dafür auch die Zugehörigkeit zu bestimmten Milieus, Freundschaften, Mitgliedschaften in Organisationen, wie z.B. der Gewerkschaft, aber auch die angelegten Vergleichsmaßstäbe und angestellten Vergleichsprozesse von Bedeutung, die es zu berücksichtigen gälte, wenn die subjektive Schichteinstufung möglichst vollständig erklärt werden sollte.

5. *Subjektive Schichteinstufung und Einstufung auf „Oben-Unten-Skala"*

Aufschlußreich ist in dem Zusammenhang auch der Vergleich der subjektiven Schichtidentifikation mit der Einstufung auf einer anderen vertikalen Statusskala, der sogenannten „Oben-Unten-Skala". Diese Skala, die die Begrifflichkeit sozialer Schichten bewußt vermeidet und stattdessen eine „neutrale" und zugleich eindeutig eindimensionale Hierarchie von „oben" und „unten" vorgibt, wurde für die Bundesrepublik zuletzt im Rahmen des ALLBUS/ISSP von 1992 verwendet. Bei Verwendung dieser Skala bestätigt sich zunächst einmal die im Durchschnitt statushöhere Einstufung der Westdeutschen im Vergleich zu den Ostdeutschen.

Mit einem Wert von 5,8 ordnen sich die Westdeutschen im Durchschnitt um mehr als einen Punkt höher auf der 10-stufigen Skala ein als die Ostdeutschen mit einem Wert von 4,7, d.h. die Verteilung der Skalenwerte ist im Bereich der neuen Bundesländer gegenüber der in den alten deutlich nach „unten" verschoben (Grafik 2)

Grafik 2: Häufigkeitsverteilung auf der „Oben-Unten-Skala" West- und Ostdeutschland 1992

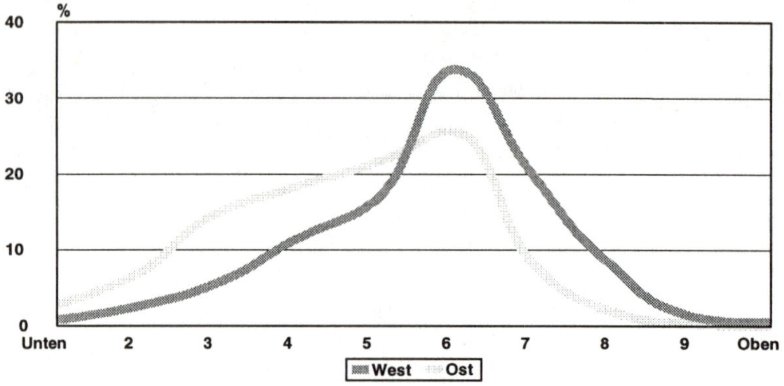

Datenbasis: ALLBUS/ISSP 1992

Es zeigt sich überdies, daß die im Vergleich zu den Westdeutschen niedrigere Einstufung der Ostdeutschen auch innerhalb der Schichten zu beobachten ist, die aufgrund der subjektiven Einstufung gebildet wurden.

Das Muster des Zusammenhangs zwischen der subjektiven Schichtidentifikation und der Einstufung auf der „Oben-Unten-Skala" ist in Ost und West weitgehend identisch: Je höher die Schicht, desto höher auch die Einstufung auf der „Oben-Unten-Skala". Die Stärke des Zusammenhangs zwischen diesen beiden Variablen ist in Westdeutschland mit eta = .48 jedoch etwas ausgeprägter als in Ostdeutschland mit eta = .38. Bemerkenswert ist auch, daß die Abstände in der Einstufung auf der „Oben-Unten-Skala" zwischen West- und Ostdeutschen über die Schichten hinweg nahezu identisch sind (Grafik 3). Das spricht unter anderem gegen die verschiedentlich geäußerte Vermutung, daß die Kategorien der sozialen Schichtung – insbesondere der Begriff „Arbeiterschicht" – in den neuen Bundesländern als Nachwirkung der in der früheren DDR vorherrschenden sozialistischen Ideologie und der damit verbundenen besonderen Bedeutung der „Arbeiterklasse" in diesem Kontext anders verstanden und mit einem anderen Bedeutungsgehalt versehen würden als in Westdeutschland. In diesem Fall, wäre zu erwarten gewesen, daß sich ostdeutsche Befragte, die sich mit der Arbeiterschicht identifizieren, im Vergleich zu den anderen Schichten auf der „Oben-Unten-Skala" deutlich höher einstufen als entsprechende westdeutsche Befragte.

Grafik 3: Durchschnittswerte auf der „Oben-Unten-Skala“ nach subjektiver Schichteinstufung in West- und Ostdeutschland

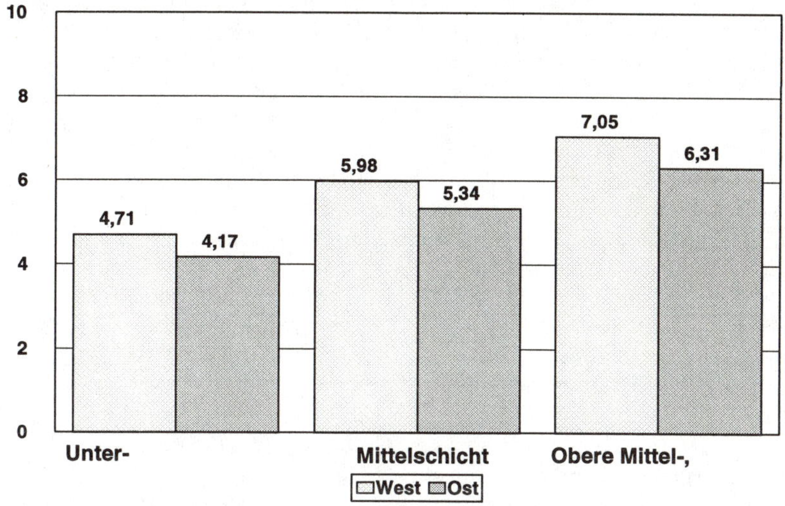

Datenbasis: ALLBUS/ISSP 1992

Im Vergleich mit der subjektiven Schichteinstufung hängt die Einstufung auf der „Oben-Unten-Skala“ weniger eng mit der objektiven Statuslage zusammen (West eta = .28; Ost eta =.31) und wird offensichtlich stärker von Vergleichsprozessen bestimmt[11], d.h. die subjektive Schichteinstufung ist ein besserer Indikator für die berufsbezogene Statuslage als die „Oben-Unten-Skala“.

6. *Zusammenfassung und Schlußfolgerungen*

Informationen zur subjektiven Schichteinstufung wurden hier daraufhin betrachtet, wo sich gesellschaftliche Teilpopulationen in der Statushierarchie lokalisieren, mit welchem Milieu sie sich identifizieren und aus welcher Perspektive sie in der Gesellschaft agieren und am sozialen, wirtschaftlichen und politischen Leben partizipieren. Die Ergebnisse unserer Unsuchungen haben verdeutlicht, wie drastisch sich die Deutschen in Ost und West nach wie vor in ihrer Einordnung in die Statushierarchie und in ihren Handlungsperspektiven unterscheiden. Während sich die Westdeutschen mehrheitlich der Mittelschicht zuordnen, stuft sich die Mehrheit der Ostdeutschen in die Unter- und Arbeiterschicht ein. Das gilt auch für die in Westdeutschland lebenden Ausländer, die sich von der westdeutschen Bevölkerung ebenso deutlich unterscheiden wie die Ostdeutschen. Ostdeutsche und Ausländer betrachten die

Statushierarchie mehrheitlich aus einer Perspektive des „wir hier unten und Ihr da oben". Trotz drastischer Strukturveränderungen in den neuen Bundesländern hat sich die subjektive Schichteinstufung der ostdeutschen Bevölkerung seit der deutschen Vereinigung bisher kaum verändert und dem westdeutsche Muster noch nicht angepaßt. Dagegen ist in Westdeutschland im Laufe der neunziger Jahre eine Tendenz zur „declining middle" in der Form einer abnehmenden Mittelschichtidentifikation zu beobachten, die aber nur die deutsche Bevölkerung betrifft. Obwohl sich in der subjektiven Zuordnung zu einer bestimmten Schicht immer auch die Ergebnisse sozialer Vergleichsprozesse manifestieren, gehören die objektiven Statusmerkmale – Beruf, Bildung und Einkommen – in West- und Ostdeutschland gleichermaßen zu ihren wichtigsten Determinanten.

Für die verbreiteten Thesen einer zunehmenden Destratifizierung der sozialen Ungleichheit und eines schwindenden Bewußtseins der Schichtzugehörigkeit bieten die hier präsentierten Befunde kaum Anhaltspunkte. Die Frage nach der subjektiven Schichteinstufung wird von den Befragten heute so wenig problematisiert wie am Beginn der Beobachtungsperiode im Jahre 1980. Die Item-Nonresponse-Rate ist gering und weist über die Zeit keinerlei Trend auf. Wenn sich zudem zeigt, daß die subjektive Schichtidentifikation eng mit objektiven Statusmerkmalen korreliert und über die Zeit auch keine Abschwächung dieses Zusammenhangs festzustellen ist, ist dies ein weiteres Indiz, das gegen die These einer Entschichtung spricht. Das anhaltende Schichtbewußtsein der deutschen Bevölkerung manifestiert sich nicht zuletzt aber auch in der Bedeutung, die die Befragten Schichtunterschieden und der sozialen Herkunft selbst zuschreiben: So stimmten 1994 immerhin 57% der Westdeutschen und gar 74% der Ostdeutschen der Aussage zu "In Deutschland gibt es noch große Unterschiede zwischen den sozialen Schichten, und was man im Leben erreichen kann, hängt im wesentlichen davon ab, aus welchem Elternhaus man kommt" (Noll 1996: 493f.). Der Anteil der Befragten, die dieser Einschätzung zustimmen, blieb in Westdeutschland seit der Mitte der siebziger Jahre unverändert. Einiges deutet daher darauf hin, daß der Grad der Entschichtung der deutschen Gesellschaft von manchen Beobachtern deutlich überschätzt wird und es unseres Erachtens auch am Ende dieses Jahrhunderts noch verfrüht ist, das Ende der sozialen Schichtung zu proklamieren.

Anmerkungen

1 Diese kritische Sichtweise blieb allerdings nicht unwidersprochen. Vgl. dazu zuletzt Geißler (1996a).

2 Auf die Unterschiede zwischen den Konzepten „Klasse" und „Schicht" soll und kann an dieser Stelle nicht näher eingegangen werden. Vgl. dazu z.B. Geißler (1996b, S. 69ff.).

3 Die im Wohlfahrtssurvey verwendete Frage ist gleichlautend, dort wird jedoch auf die Kategorie „Unterschicht" verzichtet.

4 Die Daten des ALLBUS 1998 standen zum Zeitpunkt der Arbeiten an diesem Beitrag noch nicht zur Verfügung.

5 Da im Rahmen des ALLBUS lediglich Personen mit ausländischer Staatsangehörigkeit befragt werden, mit denen ein Interview in deutscher Sprache durchgeführt werden kann, können die erhobenen Informationen möglicherweise nicht für die gesamte ausländische Wohnbevölkerung als repräsentativ angesehen werden.

6 Für westdeutsche Befragte mit ausländischer Staatsangehörigkeit ist der Anteil ungültiger Anworten mit 11% 1996 erwartungsgemäß höher als für Deutsche mit 6%.

7 Die Kategorien „Unterschicht" und „Arbeiterschicht" sowie „obere Mittelschicht" und „Oberschicht", die hier aufgrund von z.T. sehr geringen Besetzungszahlen in den Kategorien „Unterschicht" und „Oberschicht" zusammengefaßten werden, sind in der Frageformulierung getrennt aufgeführt.

8 Die Stärke und weitgehende Ähnlichkeit dieses Zusammenhangs spricht übrigens – neben anderen Befunden (vgl. Noll/Schuster 1992: 216 ff.) – gegen die gelegentlich geäußerte Vermutung, wonach die in Ostdeutschland vorherrschende Identifikation mit der Unter- und Arbeiterschicht vor allem auf eine in Ost und West unterschiedliche Konnotation des Begriffs „Arbeiterschicht" und die Verwandtschaft mit dem Begriff „Arbeiterklasse" und dessen besonderen Stellenwert in der Staatsideologie der DDR zurückzuführen sei.

9 Für Ostdeutschland ist die Ausländerstichprobe zu klein, um diese Frage zu prüfen.

10 Allerdings trifft – wie oben gezeigt – für die deutschen Verhältnisse nicht zu, daß sich die Mehrheit der Bevölkerung der Mittelschicht zuordnet „regardless of their objective position" wie Kelley und Evans (1995: 175) kürzlich behauptet haben. In ihrem internationalen Vergleich auf der Basis von ISSP – Daten war auch die frühere Bundesrepublik enthalten. Als Maß für „subjective class identification" wurde allerdings die „Oben-Unten-Skala" verwendet (s.u.).

11 Darauf deuten auch die Ergebnisse von Kelley und Evans (1995) hin.

Literatur

Beck, Ulrich 1983: Jenseits von Klasse und Stand? In: Kreckel, R. (Hrsg.), Soziale Ungleichheiten. Soziale Welt, Sonderband 2, Göttingen: Otto Schwartz & Co., S. 35-74.

Berger, Peter A. 1986: Entstrukturierte Klassengesellschaft? Klassenbildung und Strukturen sozialer Ungleichheit im historischen Wandel. Opladen: Westdeutscher Verlag.

Berger, Peter A., Hradil, Stefan (Hrsg.) 1990: Lebenslagen, Lebensläufe, Lebensstile. Soziale Welt, Sonderband 7, Göttingen: Otto Schwartz & Co.

Cuneo, Carl J. 1996: International Images of Social Inequality. A ten country comparison. In: A. Frizell, J.H. Pammett (Hrsg.), Social Inequality in Canada. Ottawa: Carleton University Press, S. 31-66.

Evans, M.D.R., Kelley, Jonathan, Kolosi, Tamas 1992: Images of Class: Public Perceptions in Hungary and Australia. In: American Sociological Review, 57, S. 461-482.

Geißler, Rainer 1996a: Kein Abschied von Klasse und Schicht. In: Kölner Zeitschrift für Soziologie und Sozialpsychologie, 48. Jg., S. 319-338.

Geißler, Rainer 1996b: Die Sozialstruktur Deutschlands. 2. Auflage. Bonn: Bundeszentrale für Politische Bildung.

Hradil, Stefan 1987: Sozialstrukturanalyse in einer fortgeschrittenen Gesellschaft. Von Klassen und Schichten zu Lagen und Milieus. Opladen: Leske + Budrich.

Janovitz, Moriss 1958: Soziale Schichtung und Mobilität in Westdeutschland. In: Kölner Zeitschrift für Soziologie und Sozialpsychologie, 10. Jg., S. 1-38.

Kelley, Jonathan, Evans, M.D.R. 1995: Class and Class Conflict in Six Western Nations. In: American Sociological Review, 60, S. 157-178.

Kreckel, Reinhard 1992: Politische Soziologie der sozialen Ungleichheit. Frankfurt a.M.: Campus.

Kuttner, Bob 1983: The Declining Middle. In: The Atlantic Monthly, July.

Moore, H., Kleining G. 1959: Das Bild der sozialen Wirklichkeit. Analyse der Struktur und der Bedeutung eines Images. In: Kölner Zeitschrift für Soziologie und Sozialpsychologie, 11. Jg., S. 353-376.

Noll, Heinz-Herbert 1996: Ungleichheit der Lebenslagen und ihre Legitimation im Transformationsprozeß: Fakten, Perzeptionen und Bewertungen. In: L. Clausen (Hrsg.), Gesellschaften im Umbruch. Verhandlungen des 27. Kongresses der Deutschen Gesellschaft für Soziologie in Halle an der Saale 1995. Frankfurt a.M.: Campus, S. 488-504.

Noll, Heinz-Herbert, Schuster, Friedrich 1992: Soziale Schichtung und Wahrnehmung sozialer Ungleichheit im Ost-West-Vergleich. In: W. Glatzer, Noll, H.-H. (Hrsg.), Lebensverhältnisse in Deutschland: Ungleichheit und Angleichung. Frankfurt a.M.: Campus, S. 209-230.

Schäfers, Bernhard 1997: Politischer Atlas Deutschland. Gesellschaft, Wirtschaft, Staat. Bonn: J.H.W. Dietz.

Statistisches Bundesamt (Hrsg.) 1997: Datenreport 1997 – Zahlen und Fakten über die Bundesrepublik Deutschland. Bonn: Bundeszentrale für politische Bildung.

Thurow, Lester C. 1984: The Disappearance of the Middle Class. In: The New York Times, February 5, E2.

Generationswandel in der (west)deutschen Elite

Ursula Hoffmann-Lange, Wilhelm Bürklin

1. Einleitung

Jede Gesellschaft läßt sich als ein nach verschiedenen Merkmalen geschichtetes soziales System auffassen. Aus der sozialen Schichtungs- und Klassentheorie ist uns die Schichtung nach Berufsstatus, Einkommen und Bildung am geläufigsten. Neben diesen sozialstrukturellen Schichtungsmerkmalen ist auch die Verteilung politischer Macht bzw. politischen Einflusses bedeutsam. Diese betrifft die Chancen, die eigenen Interessen im politischen Willensbildungsprozeß zur Geltung zu bringen. Die Personen an der Spitze der politischen Machtstruktur werden in den Sozialwissenschaften als gesellschaftliche Elite bezeichnet. Auch in Demokratien existieren große Unterschiede im politischen Einfluß von Individuen und Gruppen. Da politische Macht bzw. politischer Einfluß in Demokratien jedoch prinzipiell der demokratischen Legitimation bedürfen, ist die empirische Erforschung der Zusammensetzung und Wandel von Eliten also nicht nur von deskriptivem Interesse, sondern auch unter demokratietheoretischen Aspekten bedeutungsvoll, v.a. im Hinblick auf die Aufstiegschancen der Angehörigen verschiedener Bevölkerungsgruppen in die Elite und die Repräsentation verschiedener gesellschaftlicher Interessen im politischen Willensbildungsprozeß.

Wir sind hier bewußt von der Analogie zwischen sozialer und politischer Schichtung ausgegangen, um zu verdeutlichen, daß die Verwendung des Elitebegriffs in modernen Gesellschaften kein dichotomes Gesellschaftsmodell impliziert, sondern lediglich die Annahme einer Schichtung der Gesellschaft nach politischer Macht bzw. politischem Einfluß. Bei der Analyse gesellschaftlicher Eliten ist jedoch darüber hinaus auch noch eine weitere Unterscheidung relevant, nämlich die zwischen der politischen Elite im engeren Sinne und zwischen den übrigen Eliten, die hier der Einfachheit halber als nicht-politische Eliten bezeichnet werden sollen, auch wenn sie tatsächlich eine eminent politische Rolle spielen. Zur politischen Elite einer Gesellschaft zählen die Spitzenpolitiker, die aufgrund der mit ihren Ämtern verbundenen

Kompetenz, gesamtgesellschaftlich verbindliche Entscheidungen zu treffen, im Zentrum des politischen Willensbildungsprozesses stehen. Zu den nichtpolitischen Eliten gehören zum einen die Inhaber von Führungspositionen in den übrigen staatlichen Organe (öffentliche Verwaltung, Justiz, Militär), die eine wichtige Rolle bei der Vorbereitung und Implementation der Gesetze spielen. Zum anderen zählen hierzu auch die führenden Vertreter der bedeutendsten gesellschaftlichen Organisationen, die kraft ihrer Kontrolle über gesellschaftliche Machtressourcen ihre Interessen im politischen Willensbildungsprozeß zur Geltung bringen können, v.a. Großunternehmen, große Interessenverbände, Massenmedien sowie wissenschaftliche Institutionen (Universitäten, Forschungsinstitute).

Sowohl sozialstrukturell als auch von ihren Einstellungen her kann sich eine Elite mehr oder weniger stark vom Rest der Gesellschaft unterscheiden, wobei man davon ausgehen kann, daß in demokratischen Gesellschaften die Rückbindung an die Gesellschaft stärker ist als in vordemokratischen. Dies schließt aber nicht aus, daß die Elite auch in solchen Gesellschaften Avantgarde sozialen Wandels sein, diesen aber auch blockieren können. Dagegen hatte sich die verkrustete DDR-Elite weitgehend vom Rest der Gesellschaft abgekoppelt, was sich beispielsweise in einem zunehmenden Durchschnittsalter (vgl. Meyer 1991; Schneider 1994), aber auch in der Tatsache manifestierte, daß sie die zunehmende Unzufriedenheit der Bevölkerung mit den politischen und ökonomischen Bedingungen weitgehend ignorierte.

Für die alte Bundesrepublik sind wir in der erfreulichen Lage, daß für die Zeit seit 1968 die Ergebnisse mehrerer Elitebefragungen vorliegen, die es erlauben, sozialstrukturelle Veränderungen und den Wandel der politischen Einstellungen in verschiedenen Elitegruppen nachzuzeichnen. Es sind dies die drei Mannheimer Elitestudien von 1968, 1972 und 1981, sowie die Potsdamer Elitestudie von 1995. In allen vier Umfragen wurden Inhaber von Spitzenpositionen aus einem breiten Spektrum gesellschaftlicher Sektoren berücksichtigt. Zudem sind die Fallzahlen groß genug, um sektorspezifische Analysen zu erlauben (vgl. Tabelle 1).

Wir werden uns bei der folgenden Analyse auf drei Entwicklungen beschränken, die für den sozialen Wandel der letzten Jahrzehnten besonders charakteristisch gewesen sind, nämlich Bildungsexpansion, Säkularisierung und Wertewandel. Die entsprechenden Wandlungsprozesse sind für die westdeutsche Bevölkerung vielfach analysiert worden (vgl. Gabriel 1998; Geißler 1992; Inglehart 1990). Anhand der Daten über die deutschen Eliten soll hier der Frage nachgegangen werden, ob sich diese Wandlungsprozesse auch in den Eliten feststellen lassen und ob der Wandel in Elite und Bevölkerung synchron oder asynchron verlief. Da entsprechende Daten für die DDR-Gesellschaft nicht verfügbar sind, wird sich die Analyse im wesentlichen auf die westdeutschen Eliten beschränken, obwohl die Potsdamer Elitestudie von 1995 gesamtdeutsch angelegt war und auch aus der ehemaligen DDR stammende Personen umfaßt, soweit diese zur heutigen gesamtdeutschen Elite gehören. Wir werden die Daten dieser Studie jedoch am Schluß dazu nutzen, um wenigstens ansatzweise Ähnlichkeiten und Unterschiede zwischen den aus Ost- und Westdeutschland stammenden Eliten herauszuarbeiten.

Tabelle 1: Befragtenzahlen der Mannheimer und Potsdamer Elitestudien 1968-1995 (Spaltenprozent)

Sektor	1968	1972	1981	1995[1]
Politik: CDU/CSU	6,4	7,0	7,2	4,2
Politik: SPD	6,2	6,0	7,1	4,7
Politik: FDP	2,2	2,6	1,4	2,4
Politik: Bündnis90/Die Grünen	–	–	–	4,2
Politik: PDS	–	–	–	0,3
Politik Insgesamt	14,9	15,6	15,7	16,3
Verwaltung	11,6	27,5	17,0	22,3
Wirtschaft	15,8	14,5	16,3	12,0
Wirtschaftsverbände	11,6	10,0	10,0	7,7
Gewerkschaften	8,5	2,7	5,0	4,1
Massenmedien	17,9	15,0	12,7	12,0
Wissenschaft	4,8	2,6	7,5	7,3
Militär		2,2	2,5	6,5
Kultur		–	6,0	4,3
Andere Sektoren[3]	14,7	9,8	7,4	7,4
Nichtpolitische Eliten Insgesamt	85,1	84,4	84,3	83,7
n	808	1825	1744	2069

1 Nur westdeutsche Befragte.

2 Einschließlich 15 Politiker ohne Parteimitgliedschaft.

3 Die Zusammensetzung der Restgruppe ist in den verschiedenen Studien unterschiedlich. Sie umfaßt kommunale Eliten (Oberbürgermeister und Oberstadtdirektoren von Großstädten), das Spitzenpersonal von Berufsverbänden, Verbraucherverbänden und Neuen Sozialen Bewegungen (1995), Bischöfe der evangelischen und katholischen Kirche, leitende Parteifunktionäre (1968, 1972 und 1995) sowie Mitglieder der Bundesgerichte einschließlich des Bundesverfassungsgerichts (1981 and 1995).

Quelle: Mannheimer Elitestudien 1968, 1972, 1981; Potsdamer Elitestudie 1995

2. *Der Generationswandel in der westdeutschen Elite seit den fünfziger Jahren*

Der Aufstieg in Elitepositionen ist die Endstufe einer beruflichen Karriere, die in der Regel viele Jahre in Anspruch genommen hat. Die Einnahme von Führungspositionen erfordert überall eine hinreichende Berufserfahrung. Keine Organisation – auch keine politische Partei – möchte ihren Erfolg und ihre Durchsetzungschancen in Verhandlungen mit anderen Organisationen durch den Einsatz unerfahrener Kräfte aufs Spiel setzen. Die vorherrschenden Karrieremuster für den Aufstieg in gesellschaftliche Spitzenpositionen spiegeln sich dementsprechend im Durchschnittsalter der Elite sehr deutlich wider, das fast 54 Jahre beträgt. Nur 2,5% der 1995 befragten Eliten gehören der Altersgruppe bis 35 Jahren an, und nur knapp 15 Prozent sind unter 45 Jahre alt. Der Schwerpunkt liegt bei den 50- bis 60jährigen. Fast vier Prozent sind sogar schon im Rentenalter.

Traditionell sind die Eliten in Verwaltung, Wirtschaft, Wissenschaft und Militär mit einem Durchschnittsalter von über 55 Jahren am ältesten, die in den Medien mit etwas über 50 Jahren am jüngsten. Diese Werte haben sich in den letzten Jahrzehnten kaum verändert. Lediglich im Sektor Politik ist das Durchschnittsalter von 51 auf 48 Jahre zurückgegangen, was aber in erster Linie auf das Konto einer neuen Partei, nämlich der Grünen geht. Deren Führungscrew ist mit durchschnittlich 40,5 Jahren die mit Abstand jüngste Gruppe in der Elite. Dagegen haben sich die etablierten Parteien in den letzten Jahrzehnten nicht besonders bemüht, jüngeren Personen schnellere Aufstiegschancen in Spitzenämter zu eröffnen. Lediglich in der FDP fand zwischen 1968 und 1972 eine Verjüngung der Parteispitze von 52 Jahren auf knapp 50 Jahre statt. Seitdem ist das Durchschnittsalter in dieser Gruppe aber gleich geblieben.

Das hohe Durchschnittsalter der Elitemitglieder impliziert gleichzeitig auch, daß sie einem im Vergleich zur Gesamtbevölkerung relativ schmalen Alterssegment angehören. Von daher verläuft der Generationswandel in dieser Gruppe relativ schnell. Während noch 1956 fast die Hälfte der westdeutschen Eliten vor der Jahrhundertwende geboren war und vier politische Regime, zwei Weltkriege und die deutsche Teilung bewußt erlebt hatte (vgl. Edinger 1960), nahm der Anteil der im Kaiserreich Aufgewachsenen danach schnell ab. Allerdings wurde die westdeutsche Elite noch bis Mitte der achtziger Jahre durch Personen dominiert, die durch die Erfahrung des Nationalsozialismus und durch Weltkriegserlebnisse geprägt waren (vgl. Tabelle 2).

Tabelle 2: Generationswandel in der westdeutschen Elite 1968-1995 (Spaltenprozent)

Generation[1]	Elite 1968	Elite 1972	Elite 1981	Elite 1995	Bevölkerung 1996
Kaiserreich (-1903)	12,6	3,1	0,1	–	0,1
Weimarer Republik (1904-1917)	48,8	36,0	6,0	0,3	2,8
Drittes Reich (1918-1930)	35,8	48,8	59,0	5,7	12,2
Nachkrieg (1931-1945)	2,8	12,1	34,1	68,6	24,6
Wohlstand/Protest (1946-1960)	–	–	0,9	23,5	27,1
Neue Soziale Bewegungen (1961-1975)	–	–	–	1,9	30,7
Deutsche Einheit (1976-)	–	–	–	–	2,5
Insgesamt	100,0	100,0	100,1	100,0	100,0

1 Für die Benennung der Generationen wurde das Alter von 14 bis 18 Jahren als ausschlaggebend für die generationstypische politische Prägung zugrundegelegt.

Quelle: Mannheimer Elitestudien 1968, 1972, 1981; Potsdamer Elitestudie 1995 (nur westdeutsche Befragte); ALLBUS 1996 (westdeutsche Befragte ab 18 Jahren).

3. *Generationswandel und sozialstruktureller Wandel*

3.1 *Formale Bildungsqualifikation*

Praktisch überall weisen Eliten ein weit überdurchschnittliches Ausbildungsniveau auf. Sie haben in ihrer überwiegenden Zahl zumindest das Abitur oder einen vergleichbaren Schulabschluß erworben. Dies hat natürlich damit zu tun, daß die Einnahme von Führungspositionen ein hohes Maß an Wissen und systematischer Schulung kognitiver Fähigkeiten voraussetzt, wie sie nur in tertiären Bildungseinrichtungen vermittelt werden. Für verschiedene Laufbahnen ist ein abgeschlossenes Studium sogar Eintrittsvoraussetzung, v.a. in der öffentlichen Verwaltung, der Justiz und der Wissenschaft. Daneben liegt es auf der Hand, daß für den journalistischen Beruf ein hohes Maß an Allgemeinwissen und Sprachbeherrschung erforderlich ist. Daneben gibt es jedoch Sektoren, die traditionell auch Personen ohne einen hohen formalen Bildungsabschluß interne Aufstiegschancen geboten haben. So gab und gibt es in der Wirtschaft immer wieder Karrieren, die von einer gewerblichen Lehre bis hin in Vorstandspositionen führten.

Die Werte in Tabelle 3 zeigen, daß parallel mit der allgemeinen Bildungsexpansion seit den siebziger Jahren auch das Bildungsniveau der westdeutschen Elitemitglieder gestiegen ist. Bereits 1968 verfügten vier Fünftel von ihnen über das Abitur und knapp drei Fünftel über ein abgeschlossenes Hochschulstudium. Bis 1995 sind die entsprechenden Anteilswerte auf fast neun Zehntel bzw. über drei Viertel gestiegen. In der westdeutschen Bevölkerung (ab 18 Jahren) lag der Anteil von Personen mit Abitur dagegen noch 1981 bei lediglich 14,3% und hat sich seitdem auf etwa ein Viertel erhöht. In den jüngsten Altersgruppen ist er inzwischen auf etwas über ein Drittel angestiegen. Nach wie vor liegt das formale Ausbildungsniveau der Eliten aber weit über dem der Bevölkerung. Insofern ist der Anstieg des Bildungsniveaus in den Eliten vermutlich keine Folge der Bildungsexpansion, sondern – ebenso wie die Bildungsexpansion selbst – durch veränderte Anforderungen in der Arbeitswelt bedingt. Abitur und Hochschulstudium sind immer mehr zu einer Eintrittskarte für qualifizierte Berufe geworden. Dies läßt sich u.a. deutlich an der rasanten Akademisierung ablesen, mit der sich die SPD-Politiker seit 1968 dem Bildungsniveau der Politiker der bürgerlichen Parteien angepaßt haben.

Eine Aufschlüsselung nach Generationen zeigt, daß diese Akademisierung in erster Linie durch den Generationswandel bedingt war. Während unter den bis 1930 geborenen SPD-Politikern weniger als 60 Prozent das Abitur erworben hatten bzw. haben, ist dieser Anteil bei den jüngeren SPD-Politikern deutlich gestiegen, nämlich auf drei Viertel in der Nachkriegsgeneration der 1931 bis 1945 Geborenen und sogar auf fast neun Zehntel bei den jüngeren Altersgruppen. Gleichzeitig hat sich auch die Klassenherkunft der führenden SPD-Politiker verbürgerlicht. 1995 stammte nur noch ein knappes

Fünftel von ihnen aus Arbeiterhaushalten, während dieser Anteil noch 1981 bei über einem Drittel lag. Während auch schon früher die aus Angestellten- und Selbständigenhaushalten stammenden SPD-Politiker durchweg ein ebenso hohes formales Ausbildungsniveau aufwiesen wie die Politiker der bürgerlichen Parteien, bot die SPD bis vor drei Jahrzehnten auch in nennenswertem Maße Kindern aus Arbeiterhaushalten Aufstiegschancen. Dieser Aufstiegsweg ist jedoch im Verlauf der Zeit immer seltener geworden.

Tabelle 3: Ausbildungsniveau der Eliteangehörigen nach Sektor 1968-1995 (Prozentwerte)

	1968		1972		1981		1995	
Sektor	Abitur	Hochschule	Abitur	Hochschule	Abitur	Hochschule	Abiturl	Hochschule
Politik: CDU/CSU	76,9	69,2	85,9	75,8	80,8	73,6	77,6	74,1
Politik: SPD	56,0	38,0	58,3	45,4	64,5	55,4	81,4	75,3
Politik: FDP	83,3	61,1	85,1	66,0	84,0	68,0	85,4	79,2
Politik: Bündnis 90/Die Grünen	–	–	–	–	–	–	83,7	70,9
Verwaltung	96,8	85,1	98,6	96,4	97,3	93,9	97,8	93,5
Wirtschaft	89,1	69,5	89,0	73,9	87,7	75,1	82,6	74,1
Wirtschaftsverbände	81,7	62,4	86,3	76,4	86,2	67,8	88,1	80,5
Gewerkschaften	26,5	10,3	22,9	14,6	19,5	8,0	30,1	26,5
Massenmedien	88,9	44,4	88,6	38,4	93,7	47,3	93,9	67,2
Wissenschaft	100,0	100,0	97,9	95,7	100,0	96,2	100,0	100,0
Militär	–	–	97,5	22,5	93,0	32,6	96,3	30,6
Kultur	–	–	–	–	88,5	61,5	97,7	81,8
Insgesamt	80,6	58,5	87,2	70,9	85,1	68,5	89,1	76,6
Westdeutsche Bevölkerung ab 18 Jahren	–	–	–	–	14,3	7,7	24,7	15,0

Quelle: Mannheimer Elitestudien 1968, 1972, 1981; Potsdamer Elitestudie 1995 (nur westdeutsche Befragte); Bevölkerungsumfrage 1982 (ab 18 Jahren); ALLBUS 1996 (nur westdeutsche Befragte ab 18 Jahren).

1995 gibt es lediglich noch zwei Elitegruppen, in denen der Anteil derjenigen ohne abgeschlossenes Hochschulstudium unter zwei Dritteln liegt, nämlich im Militär und in den Gewerkschaften. Auch in diesen beiden Gruppen ist der Akademikeranteil aber gestiegen. Dabei war das Abitur allerdings schon immer eine fast unabdingbare Voraussetzung für die Offizierslaufbahn, aber die systematische Einführung eines obligatorischen Studiums (v.a. an den Bundeswehrhochschulen) ist in der Bundeswehr neueren Datums.

Die Gewerkschaften dagegen rekrutieren ihre Funktionäre traditionell primär aus der Berufspraxis. Dies ist offenkundig nach wie vor der Fall. Auch noch 1995 – und unabhängig vom Geburtsjahrgang – stammt knapp über die Hälfte der Gewerkschaftselite aus Arbeiterfamilien, und nur eine kleine Minderheit der Befragten aus solchen Familien verfügt über einen höheren Schulabschluß. Insofern sind die Gewerkschaften inzwischen die einzige Organisation, die in nennenswertem Umfang Personen ohne hohe formale Bildungsqualifikationen Aufstiegschancen eröffnet.

3.2 Säkularisierung

Neben der Bildungsexpansion ist eine fortschreitende Säkularisierung wesentliches Merkmal des Wandels in den modernen Gesellschaften. Diese hat sich in der alten Bundesrepublik seit dem sechziger Jahren zum einen in einer zunehmenden Anzahl von Kirchenaustritten manifestiert, von denen vor allem die evangelische Kirche betroffen war. Der Anteil der Protestanten ging daher in den Jahren zwischen 1950 und 1996 von etwa 51% auf rund 42% zurück (Statistisches Bundesamt: Datenreport 1989/90: 166f.; Gabriel 1998: 372). Der Anteil der Konfessionslosen stieg in diesem Zeitraum von unter 5 Prozent auf 15,5 Prozent an. Da nach wie vor die große Mehrheit der Westdeutschen einer der beiden Kirchen angehört, wird das wahre Ausmaß der Säkularisierung aber erst sichtbar, wenn man zusätzlich die Kirchgangshäufigkeit heranzieht. Alleine von 1982 bis 1996 sank der Anteil der Kernmitglieder der beiden Kirchen, die mindestens einmal monatlich den Gottesdienst besuchen, von 29,0% auf 18,6%. Inzwischen hat fast die Hälfte der Kirchenmitglieder nur noch eine rudimentäre Bindung an ihre Kirche, d.h. diese Personen gehen selten oder nie zum Gottesdienst (vgl. Tabelle 4).

Tabelle 4: Kirchliche Bindung[1] in Elite und Bevölkerung Westdeutschlands 1972-1996 (Zeilenprozent)

	Katholiken			Protestanten			
	Kern	Rand	Formal	Kern	Rand	Formal	Ohne Konf.
1972							
Politik: CDU/CSU	52,8	2,4	0,8	23,2	6,4	14,4	0,0
Politik: SPD	1,9	1,0	6,7	6,7	10,6	40,4	32,7
Politik: FDP	2,2	2,2	4,4	6,7	13,3	55,6	15,6
andere Eliten	17,9	2,7	10,2	9,9	9,2	37,6	12,5
1981/82							
Politik: CDU/CSU	44,0	6,4	4,8	17,6	20,0	7,2	0,0
Politik: SPD	3,3	5,0	5,0	9,1	17,4	35,5	24,8
Politik: FDP	4,2	4,2	8,3	12,5	16,7	45,8	8,3
andere Eliten	13,2	7,3	8,5	8,8	19,3	24,0	19,0
Bevölkerung	21,8	10,4	12,5	7,2	13,7	27,0	7,5
1995/96							
Politik: CDU/CSU	41,9	11,6	3,5	11,6	17,4	11,6	2,3
Politik: SPD	1,0	6,3	8,3	7,3	25,0	25,0	27,1
Politik: FDP	4,3	4,3	10,6	6,4	23,4	34,0	17,0
Politik: B 90/Die Grünen	0,0	3,6	10,8	1,2	7,2	15,7	61,4
andere Eliten	12,5	8,2	8,5	9,1	18,5	19,2	23,9
Bevölkerung	13,8	10,1	17,5	4,8	10,5	27,8	15,5

1 Kernmitglieder: Kirchgangshäufigkeit mindestens einmal monatlich; Randmitglieder: Kirchgangshäufigkeit mehrmals im Jahr; Formalmitglieder: Kirchgangshäufigkeit seltener oder nie: Mitglieder sonstiger Religionsgemeinschaften wurden bei der Prozentuierung nicht berücksichtigt.

Quelle: Mannheimer Elitestudien 1972 und 1981; Potsdamer Elitestudie 1995 (nur westdeutsche Befragte); Bevölkerungsumfrage 1981 (ab 18 Jahren); ALLBUS 1996 (nur westdeutsche Befragte ab 18 Jahren)

Auf Elitenebene erfordert die Analyse der kirchlichen Bindung eine differenzierte Betrachtung, da die konfessionelle Frage die Entwicklung des Parteiensystems stark beeinflußt hat. Die CDU/CSU knüpfte nach 1945 an die Tradition der katholischen Zentrumspartei an, jedoch nun mit einem bewußt interkonfessionellen Programm, das nach wie vor dezidiert auf christliche Werte setzt. Die führenden Politiker der Unionsparteien gehören dementsprechend fast ausnahmslos einer Konfession an, und eine Mehrheit von ihnen geht regelmäßig zur Kirche. Allerdings ist selbst in dieser Gruppe der Anteil der Kernmitglieder der beiden Kirchen deutlich gesunken.

Demgegenüber sind FDP und SPD traditionell säkulare Parteien. Dies zeigt sich zunächst in einem im Vergleich zur Bevölkerung relativ hohen Anteil an Konfessionslosen und einem sehr kleinen Anteil an regelmäßigen Kirchgängern unter ihren Spitzenpolitikern. In beiden Parteien waren die säkularen Kräfte 1972 am stärksten. Seitdem hat der Anteil der Konfessionslosen und Formalmitglieder wieder etwas abgenommen, während der Anteil der zumindest gelegentlichen Kirchgänger leicht zugenommen hat. Dennoch ist die Kluft zwischen den Unionsparteien und den säkularen Parteien nach wie vor sehr ausgeprägt. Die Ergebnisse für die Parteieliten bestätigen also die fortdauernde Bedeutung der konfessionell-religiösen Konfliktlinie im deutschen Parteiensystem. Diese ist durch das Hinzutreten der Grünen, deren Führungsspitze zu fast zwei Dritteln keiner Religionsgemeinschaft angehört, eher noch stärker akzentuiert worden.

Die übrigen Eliten ähneln in ihrer konfessionellen Bindung eher den säkularen Parteien als den Unionsparteien. Dabei existieren jedoch beträchtliche Unterschiede zwischen den Repräsentanten der verschiedenen Sektoren. Gewerkschafts-, Medien- und Kultureliten weisen die höchsten Anteile an Konfessionslosen auf. Zudem ist der Anteil der Konfessionslosen seit 1972 deutlich angestiegen. Dieser Anstieg ging allerdings ausschließlich zu Lasten der Formalmitglieder. Insofern ist also primär die Bereitschaft zum Kirchenaustritt gestiegen und man kann kaum von einem ausgeprägten Rückgang konfessioneller Bindungen sprechen. Ähnlich wie bei den Politikern von SPD und FDP nahm der Anteil derjenigen, die zumindest gelegentlich zur Kirche gehen, nach 1972 aber wieder etwas zu und hat sich seitdem stabilisiert. Insofern ist also der Trend der Säkularisierung zumindest in der Elite an ein vorläufiges Ende gelangt.

Im Vergleich zur Bevölkerung weisen die nichtpolitischen Eliten einen deutlich höheren Anteil an Konfessionslosen auf. Kontrastiert man jedoch die Kern- und Randmitglieder der Kirchen einerseits mit den Formalmitgliedern und Konfessionslosen andererseits, dann liegt der Anteil der Personen mit einer starken oder mittleren Bindung an ihre Kirche in den Eliten sogar höher. Insofern sind die Eliten also bestenfalls im Hinblick auf ihre höhere Bereitschaft zum Kirchenaustritt als Schrittmacher des Säkularisierungstrends anzusehen.

3.3 Geschlecht

Angesichts der breiten öffentlichen Diskussion über die Benachteiligung von Frauen im Berufsleben und über Quotenregelungen in den politischen Parteien, ist nicht zuletzt auch die Entwicklung des Frauenanteils in der Elite von Interesse. Noch 1981 zeichnete sich die westdeutsche Elite durch eine fast vollständige Abwesenheit von Frauen aus. Nur 2,8% der Befragten (1972: 1,6%) waren weiblich. In der politischen Elite lag der Frauenanteil damals noch bei lediglich 6.2% (1972: 6,0%). In den übrigen Eliten betrug er sogar nur 1.7% (1972: 0,8%). Spitzenreiter in Bezug auf die Chancen für Frauen, Führungspositionen zu erreichen, waren 1981 die Gewerkschaftselite (6.9%) und die Kulturelite (6.7%). Seitdem hat der Frauenanteil in der politischen Elite auf insgesamt 36,4% ganz erheblich zugenommen und erreicht vor allem bei den Grünen (58,1%) und der SPD (35.7%) hohe Werte. Selbst beim Schlußlicht CSU liegt er inzwischen bei 15.8%. In den übrigen Eliten war der Zugewinn für die Frauen dagegen weit weniger ausgeprägt. Der Frauenanteil erreicht hier auch 1995 lediglich 5,3%. Am resistentesten haben sich dabei die Bundeswehr (0,7%), Wirtschaftsunternehmen (0.8%), Wirtschaftsverbände (2,5%), die Wissenschaft (3.3%) und die Verwaltung (5.4%) erwiesen.

4. Generationswandel und Einstellungswandel

Als nächstes ist zu fragen, ob der Generationswandel in der westdeutschen Elite auch von einem Einstellungswandel begleitet war. Dies ist aus zwei Gründen wichtig. Erstens war die Gründergeneration der Bundesrepublik noch in erheblichem Maße durch die traumatischen Erfahrungen der Weimarer Republik und des Nationalsozialismus geprägt, was bei Kritikern stets den Verdacht nährte, unter der äußerlich demokratischen Haltung der Eliten verberge sich möglicherweise noch ein beträchtliches antidemokratisches, oder doch zumindest autoritäres Einstellungspotential. Selbst Beobachter, die der frühen bundesdeutschen Elite keine antidemokratischen Neigungen unterstellten, konstatierten, daß diese Generation aufgrund ihrer historischen Erfahrungen im Umgang mit politischen Gegnern weniger Gelassenheit und Toleranz aufwies als es in den seit langem etablierten Demokratien üblich ist.

Zum anderen hat die Wertewandelsforschung gezeigt, daß sich in den entwickelten demokratischen Gesellschaften in den letzten Jahrzehnten ein Wertewandel in Richtung auf individualistische und partizipatorische Werte vollzogen hat. Eine individualistische Wertorientierung betont den Vorrang der Möglichkeiten zu individueller Selbstentfaltung vor Pflicht- und Akzeptanzwerten. Gleichzeitig haben – nicht zuletzt als Folge der Bildungsexpansion – in allen modernen Gesellschaften auch Forderungen nach mehr sozialen und politischen Teilhaberechten zugenommen, die sich beispielsweise in den Forderungen von Minderheiten nach einer angemessenen Berücksichtigung ihrer Interessen durch die Politik sowie in Bestrebungen zur Ausweitung direktdemokratischer Beteiligungsrechte für die Bürger niederschlagen. Angesichts der Tatsache, daß vor allem die Forderung nach mehr direktdemokratischen Beteiligungsrechten eine Einengung des Handlungsspielraums der Eliten bedingt – Inglehart bezeichnet solche Forderungen explizit als ‚*elite challenging*‘ –, scheint es keineswegs ausgemacht, daß diese durch die Eliten unterstützt werden. Ebenso steht die oben angesprochene Betonung einer traditionellen christlichen Sozialmoral durch die Unionsparteien in einem gewissen Widerspruch zu individualistischen Werten. Von daher erhebt sich die Frage, inwieweit der Wertewandel auch die Eliten ergriffen hat, und welche Elitegruppen dabei Vorreiter bzw. Nachhut spielen.

Alle vier Elitestudien enthielten ein Statement, mit dem die Befragten eine Präferenz für individuelle Meinungsfreiheit gegenüber einer allgemeinverbindlichen Sozialmoral angeben sollten. Dieses wird im folgenden als Indikator für eine liberale, individualistische Grundhaltung herangezogen. Ein zweites Statement, das nach der Unterstützung für die Forderung nach umfassender Demokratisierung fragte und in den drei seit 1972 durchgeführten Studien enthalten war, soll als Indikator für die Befürwortung partizipatorischer Werte dienen. Beide Statements korrelieren jeweils hoch mit verwandten Einstellungsitems, so daß ihre exemplarische Verwendung gerechtfertigt ist (vgl. Hoffmann-Lange 1992: 294ff.; Bürklin/Rebenstorf 1997: 391ff.).

Tabelle 5 enthält die Unterstützung für diese beiden Statements in den verschiedenen Studien, jeweils aufgeschlüsselt nach Generationszugehörigkeit. Für das Item zur Meinungsfreiheit zeigt sich das auf den ersten Blick paradoxe Ergebnis, daß die Zustimmung im Aggregat (Insgesamt-Spalte) weitgehend konstant ist, während gleichzeitig zu jedem Befragungszeitpunkt ein starker Generationseffekt existiert. Die Angehörigen der jüngeren Alterskohorten in der Elite weisen also jeweils eine liberalere Einstellung auf. Gleichzeitig ist die Unterstützung für dieses Item in der Elite erheblich stärker als in der Wählerschaft, wobei die Unterstützung in der Bevölkerung allerdings von 1982 bis 1995 deutlich zugenommen hat.
Für das Item zur umfassenden Demokratie, das ein vergleichbares generationsspezifisches Muster aufweist, hat die Unterstützung in der Elite dagegen auch im Aggregat etwas zugenommen. In der Wählerschaft ist dagegen kein Generationseffekt und nur eine geringe Zunahme über die Zeit zu erkennen.

Die scheinbare Ungereimtheit der Ergebnisse für die Eliten ist darauf zurückzuführen, daß auf Elitenebene Generationszugehörigkeit, Sektorzugehörigkeit, parteipolitische Präferenzen und die Zustimmung zu den beiden Items in komplexer Weise zusammenhängen. Grundsätzlich werden individualistische und partizipatorische Werte wesentlich stärker durch Politiker und Anhänger von FDP, SPD und Grünen unterstützt als durch die der Unionsparteien. Während 1995 Einschränkungen der Meinungsfreiheit bei den Unionspolitikern und -anhängern nur von 31,4% abgelehnt werden, steigt dieser Anteil bei den SPD- und FDP-Anhängern auf knapp über 50 Prozent, und bei denen der Grünen sogar auf zwei Drittel. In vergleichbarer Weise wird eine umfassende Demokratie lediglich von knapp 61 Prozent der Unionsanhänger und zwei Dritteln der FDP-Anhänger, aber von über 85 Prozent bei SPD und Grünen befürwortet.

Tabelle 5: Unterstützung für Meinungsfreiheit und umfassende Demokratie nach Generationszugehörigkeit in Westdeutschland 1968-1995 (% Befürwortung)

	Generation Kaiserreich -1903	Weimarer Republik 1904-1917	Drittes Reich 1918-1930	Nachkieg 1931-1945	Wohlstand / Protest 1946-1960	NSB 1961-	Ingesamt
Meinungsfreiheit[1]							
Elite 1968:	35.7	42.2	57.7	69.6	–	–	47.7
Elite 1972:	–	30.8	51.0	69.0	–	–	45.4
Elite 1981:	–	14.7	39.1	55.9	50.0	–	43.5
Elite 1995:	–	–	28.6	43.2	56.5	57.9	45.7
Bevölkerung 1982:	10.6	10.2	14.9	18.3	30.7	32.1	21.1
Bevölkerung 1995:	–	13.0	19.9	24.5	32.4	37.7	29.0
Umfassende Demokratie[2]							
Elite 1972:	–	57.8	65.2	74.8	–	–	63.5
Elite 1981:	–	67.0	70.2	69.5	81.3	–	69.9
Elite 1995:	–	–	58.5	70.3	80.2	89.2	72.3
Bevölkerung 1982:	81.3	78.6	79.6	84.0	86.9	87.0	83.5
Bevölkerung 1995:	–	88.1	84.3	86.9	88.3	85.0	86.3

Bei Gruppengrößen < 15 wurden die Befragten der nächstälteren bzw. nächstjüngeren Kategorie zugeordnet.

1 „Meinungs- und Diskussionsfreiheit müssen dort ihre Grenze haben, wo elementare moralische Überzeugungen und sittliche Grundwerte berührt werden." (% ablehnende Antworten)

2 1972 und 1981: „Demokratie kann nur verwirklicht werden, wenn der Einzelne die Chance hat, sich nicht nur an den allgemeinen Wahlen zu beteiligen, sondern auch am Arbeitsplatz weitgehend mitzubestimmen."
1995: „Demokratie sollte nicht auf den politischen Bereich beschränkt bleiben, sondern in allen gesellschaftlichen Bereichen realisiert werden.

Quelle: Mannheimer Elitestudien 1968, 1972, 1981; Potsdamer Elitestudie 1995 (nur westdeutsche Befragte); Bevölkerungsumfrage 1982 (ab 18 Jahren); Bevölkerungsumfrage 1995 (nur westdeutsche Befragte ab 18 Jahren)

Gleichzeitig hängt in den nichtpolitischen Eliten die Parteizugehörigkeit mit der Sektorzugehörigkeit zusammen. Die Vertreter der Wirtschafts- und der Militärelite präferieren mehrheitlich die CDU/CSU, während die Gewerkschaftselite überwiegend der SPD nahesteht. Diese parteipolitische Konstellation weist eine große Konstanz über die Zeit auf. Die Grünen als Newcomer im Parteiensystem haben wiederum innerhalb der letzten beiden Jahrzehnte eine relativ große Anhängerschaft in der Medien- und Kulturelite gewonnen (26,7% und 47,0%).

Aufgrund der weiter oben analysierten unterschiedlichen Karrierebedingungen in den verschiedenen Elitesektoren und den daraus resultierenden

Unterschieden im Durchschnittsalter der Sektoren weisen die verschiedenen Alterskohorten eine signifikant unterschiedliche sektorale Zusammensetzung auf. In der Studie von 1995 dominieren beispielsweise in der ältesten Kohorte die Angehörigen der Wirtschaftselite (mit 36,3%) und die Vertreter der kleineren Elitesektoren (33,1%). In der jüngsten Kohorte dominieren dagegen Politiker der Grünen (21,9%) und Vertreter der Medien- und Kulturelite (33,8%). Auch in den früheren Befragungen gehörten die Angehörigen der jüngeren Altersgruppen überproportional den Elitegruppen mit SPD- und FDP-Präferenz an, während unter den älteren Befragten die Angehörigen der überwiegend unionsorientierten Wirtschaftselite dominierten. Da gleichzeitig die Parteipräferenzen innerhalb der Sektoren über die Zeit relativ konstant geblieben sind, erklärt sich alleine daraus die gleichzeitige Existenz eines starken Generationseffekts und einer hohen Stabilität im Aggregat für das Statement zur Meinungsfreiheit. Dieser Kompositionseffekt bedingt auch, daß die Angehörigen ein- und derselben Alterskohorte über die Zeit scheinbar konservativer werden. Denn während die Angehörigen der nachwachsenden Kohorten zunächst vor allem in der Medienelite Fuß fassen können, rücken mit der Zeit immer mehr konservative Vertreter dieser Kohorten in Elitepositionen auf, die dementsprechend auch deren Orientierungen immer stärker prägen.

Bei der Unterstützung für eine umfassende Demokratie dagegen gibt es bei einem vergleichbar starken Generationseffekt tatsächlich eine Zunahme der Zustimmung über die Zeit, auch wenn diese nicht besonders ausgeprägt ist. Diese Ergebnisse zeigen deutlich, wie unverzichtbar Längsschnittdaten für die Analyse von Einstellungstrends sind, und daß diese nicht durch einfache Kohortenanalysen von Querschnittsdaten ersetzt werden können.

Insgesamt läßt sich als Ergebnis festhalten, daß der Wertewandel in Richtung auf eine stärkere Unterstützung für individualistische Werte in erster Linie eine gewisse Annäherung der Bevölkerungseinstellungen an die erheblich liberaleren Orientierungen der Eliten gewesen ist. Dies ist vermutlich nicht zuletzt Resultat der Bildungsexpansion gewesen. Denn politische Einstellungsuntersuchungen haben immer wieder ergeben, daß liberal-individualistische Einstellungen mit zunehmendem formalen Bildungsniveau ansteigen. Gleichzeitig wird der individualistische Wert der Meinungs- und Diskussionsfreiheit im vorliegenden Item jedoch mit einem anderen Wert konfrontiert, nämlich mit der Befürwortung eines Kanons allgemeinverbindlicher sozialmoralischer Grundwerte. Die der kirchlichen Tradition stärker verpflichteten Christdemokraten geben in einem solchen Konfliktfall häufig den letzteren den Vorrang. Da es sich hierbei um einen Wertekonflikt handelt, bei dem keine der beiden Positionen a priori moralische Überlegenheit beanspruchen kann, und der zugleich im Parteiensystem der Bundesrepublik verankert ist, deuten die Ergebnisse darauf hin, daß diese Konfliktlinie seit 1968 relativ konstant geblieben ist. Allerdings ist die individualistische Position innerhalb der politischen Elite im engeren Sinne durch die Ausdifferenzierung des Parteiensystems um die Grünen deutlich gestärkt worden, was diesen innerelitären Wertkonflikt nicht unbeträchtlich verschärft hat.

Auch im Hinblick auf partizipatorische Werte hat das Aufkommen der Grünen die Konflikte im Parteiensystem verstärkt. Allerdings können sich die Grünen in dieser Frage auf eine verbreitete Befürwortung in der Wählerschaft zählen. Insofern ist es nicht so verwunderlich, daß die Eliten einer Ausweitung demokratischer Beteiligungsrechte gegenüber aufgeschlossener geworden sind.

5. Ausblick auf die gesamtdeutsche Elite

Die vorgestellten Analysen haben gezeigt, daß der Generationswandel in der westdeutschen Elite zu beträchtlichen demographischen Veränderungen geführt hat, die sich allerdings sektorspezifisch unterschiedlich ausgewirkt haben. Auf der Einstellungsebene ist der Wandel dagegen deutlich geringer und weniger eindeutig, da hier generationsspezifische, sektorspezifische und parteipolitische Effekte miteinander verwoben sind.

Bislang wurde, um die Analyse nicht noch weiter zu komplizieren, bewußt auf die Berücksichtigung der Veränderungen verzichtet, die sich durch die Vereinigung Deutschlands ergeben haben. An dieser Stelle sollen diese jedoch wenigstens noch kurz angesprochen werden. Angesichts der Tatsache, daß mit der Vereinigung Deutschlands nicht nur das Grundgesetz, sondern auch die gesamte Verwaltungsstruktur, die Struktur des Interessengruppensystems sowie die wirtschaftlichen Strukturen auf die neuen Bundesländer übertragen wurden, ist es nicht weiter verwunderlich, daß Ostdeutsche innerhalb der neuen gesamtdeutschen Elite unterrepräsentiert sind. Lediglich 11,6% der in der Potsdamer Elitestudie von 1995 befragten Eliten stammen aus den neuen Bundesländern, nämlich 272 von 2341. Dabei fällt diese Unterrepräsentation allerdings sektorspezifisch sehr unterschiedlich aus. Im Sektor Politik sind die Ostdeutschen mit 32 Prozent am stärksten vertreten, in der Wirtschaftselite und im Militär am schwächsten. Der im Verhältnis zur Bevölkerungszahl hohe Anteil der Ostdeutschen in der politischen Elite ist darauf zurückzuführen, daß aufgrund der relativ großen Zahl der neuen Bundesländer und der Vertretung der PDS in den ostdeutschen Landesparlamenten die Zahl der politischen Führungspositionen hier relativ hoch ist.

Von ihrer formalen Qualifikation stehen die ostdeutschen Eliten ihren westlichen Pendants nicht nach. Die Anteile der Befragten mit Abitur (88,6%) und abgeschlossenen Hochschulstudium (78,7%) entsprechen fast genau denen im Westen.

Unterschiedlich ist dagegen ihre Altersstruktur. Die aus den neuen Bundesländern stammenden Eliten sind deutlich jünger als ihre westdeutschen Pendants und haben durch den politischen Umbruch fast durchweg einen Karrierebruch erlitten. Dies ist typisch für neue Eliten, die im Gefolge politischer Machtveränderungen in Führungspositionen einrücken, und galt in den ersten Jahren beispielsweise auch für die Politiker der Grünen. Erfahrungsgemäß bringt die Stabilisierung der politischen und gesellschaftlichen Verhältnisse eine rasche Angleichung der neuen Eliten an die üblichen Karrieremuster mit sich. Verschiedene Untersuchungen über die Karrieremuster ostdeutscher Politiker bestätigen solche Angleichungstendenzen, z.B. eine abnehmende Fluktuation bei den Kandidaturen für politische Ämter sowie eine zunehmende Verflechtung zwischen Parteiämtern und parlamentarischen Mandaten.

Weiterhin sind die ostdeutschen Eliten mehrheitlich konfessionslos. Dies trifft vor allem auf nichtpolitischen Eliten sowie auf die Politiker von PDS, Bündnis 90/Die Grünen und der FDP zu. Die ostdeutschen CDU- und SPD-Politiker unterscheiden sich demgegenüber kaum von ihren westdeutschen Parteikollegen, d.h. bei ihnen ist der Anteil der Konfessionslosen wesentlich geringer.

Der Frauenanteil ist unter den Elitemitgliedern aus den neuen Bundesländern mit insgesamt fast 30 Prozent erheblich höher als im Westen. Unter den Spitzenpolitikern beträgt er mehr als zwei Fünftel, in den übrigen Eliten immerhin noch 12,5%. Auch dieses Ergebnis könnte auf die Umbruchssituation in Ostdeutschland zurückzuführen sein, die ambitionierten Frauen mehr Chancen bot als die relativ festgefahrenen Organisationsstrukturen in den alten Bundesländern. Ob sich dieses Muster erhalten wird, bleibt abzuwarten. Da jedoch der allgemeine Trend in Richtung auf eine stärkere Repräsentation von Frauen in den Eliten geht, stehen die Chancen dafür nicht schlecht.

Angesichts der geringen Repräsentation Ostdeutscher in der gesamtdeutschen Elite und ihrer abweichenden Verteilung über die Sektoren, lassen sich Einstellungsunterschiede zwischen den beiden Elitegruppen nicht durch einen einfachen Ost-West-Vergleich feststellen, sondern erfordern eine nach Partei- und Sektorzugehörigkeit differenzierte Analyse. Wie wir aus zahlreichen Bevölkerungsumfragen wissen, neigen die Ostdeutschen aufgrund ihrer Sozialisation im umfassenden Versorgungsstaat DDR ganz generell dazu, dem Staat größere Verantwortung für das Wohlergehen der Bürger zuzuschreiben. Zugleich befürworten sie aufgrund der Erfahrungen in der friedlichen Revolution mehr direktdemokratische Beteiligungsmöglichkeiten für die Bürger (vgl. u.a. Roller 1997). Dagegen sind sie im Hinblick auf individualistische Werte etwas konservativer. Ein Einstellungsvergleich zwischen Politikern in Ost- und West-Berlin ergab vergleichbare Unterschiede im Hinblick auf die Unterstützung für egalitäre Werte und direktdemokratische Verfahren (Rohrschneider 1994). Die Ost-West-Unterschiede hängen allerdings vor allem damit zusammen, daß die aus dem Osten stammenden Spitzenpolitiker überwiegend dem linken Parteienspektrum angehören. Auch nach der Kontrolle für diesen Parteieffekt ist aber noch ein deutlicher Regimeeffekt nachweisbar (vgl. auch Welzel 1997: 159ff.). Die Unterschiede zwischen den ost- und westdeutschen Eliten entsprechen dabei denen zwischen den Bürgern in beiden Regionen, d.h. die Ostdeutschen befürworten seltener individualistische und häufiger partizipatorische Werte als die Westdeutschen. Insofern weichen die aus Ostdeutschland stammenden Angehörigen der gesamtdeutschen Elite also auch in ihren Einstellungen von den aus Westdeutschland stammenden ab. Inwieweit sich diese Unterschiede im Laufe der Zeit abschleifen oder erhalten, bleibt abzuwarten.

Literatur

Bürklin, Wilhelm, Hilke Rebenstorf et al. 1997: Eliten in Deutschland, Opladen: Leske + Budrich.

Edinger, Lewis J. 1960: Post-Totalitarian Leadership: Elites in the German Federal Republic. American Political Science Review 54, S. 58-82.

Fuchs, Dieter 1997: Welche Demokratie wollen die Deutschen? In: Oscar W. Gabriel (Hrsg.), Politische Orientierungen und Verhaltensweisen im vereinigten Deutschland, Opladen: Leske + Budrich, S. 81-113..

Gabriel, Karl 1998: Kirchen/Religionsgemeinschaften. In: Bernhard Schäfers, Wolfgang Zapf (Hrsg.), Handwörterbuch zur Gesellschaft Deutschlands, Opladen: Leske + Budrich, S. 371-382.

Geißler, Rainer 1992: Die Sozialstruktur Deutschlands, Opladen: Westdeutscher Verlag.

Higley, John, Ursula Hoffmann-Lange, Charles Kadushin, Gwen Moore 1991: Elite integration in stable democracies: a reconsideration. In: European Sociological Review 7, S. 35-53.

Hoffmann-Lange, Ursula 1992: Eliten, Macht und Konflikt in der Bundesrepublik, Opladen: Leske + Budrich.

Hoffmann-Lange, Ursula 1997: Demokratieentwicklung und Elitentransformation in Deutschland. In: Schweizerische Zeitschrift für Soziologie 23, S. 507-530.

Inglehart, Ronald 1990: Kultureller Umbruch, Frankfurt a.M.: Campus.

Meyer, Gerd 1991: Die DDR-Machtelite in der Ära Honecker. Tübingen: A. Francke Verlag.

Rohrschneider, Robert 1994: Report from the Laboratory: The Influce of Institutions on Political Elites' Democratic Values in Germany. In: American Political Science Review 88, S. 927-941.

Roller, Edeltraut 1997: Sozialpolitische Orientierungen nach der deutschen Vereinigung. In: Oscar W. Gabriel (Hrsg.), Politische Orientierungen und Verhaltensweisen im vereinigten Deutschland, Opladen: Leske + Budrich, S. 115-146.

Schneider, Eberhard 1994: Die politische Funktionselite der DDR. Opladen: Westdeutscher Verlag.

Welzel, Christian 1997: Demokratischer Elitenwandel. Opladen: Leske + Budrich.

Berufliche Mobilität im Transformationsprozeß

Die Generation der „Wende“

Michael Windzio, Ansgar Weymann

1. Fragestellung

Die Transformation Ostdeutschlands von einer sozialistischen Planwirtschaft zu einer sozialen, von staatlichen Interventionen gerahmten Marktwirtschaft wurde durch eine Übertragung der westdeutschen Institutionen eingeleitet, die mit den Wahlen vom März 1990, der Währungsunion und den Vereinbarungen des Einigungsvertrags ihren Abschluß fand (Mayer 1996: 332).

Mit diesen Institutionen wurden zugleich deren *Rationalitätskriterien* (Wiesenthal 1995) übernommen, die denen der DDR-Institutionen teilweise zuwiderliefen. So bestimmte sich die betriebliche Rationalität in der DDR insbesondere durch die Einhaltung der Planvorgaben, was in vielen Fällen zu einer wenig effizienten Allokation von Arbeitskräften führte. Holle Grünert (1996: 37) weist darauf hin, daß Betriebe zu einer „Hortung von Arbeitskräften“ neigten, um sich entweder für die wenig berechenbaren „Stoßaufgaben“ zu rüsten, oder um auch nur die Bedeutung des Betriebes und seiner Leitung zu heben. Im Zuge der Institutionenübertragung gewann, soweit es die sozialpolitischen und rechtlichen Restriktionen erlaubten, das Rationalitätskriterium der Rentabilität eine „dominante Verhaltensrelevanz“ (Lepsius 1995: 397). Allokationsprozesse am Arbeitsmarkt erfolgten nun wesentlich stärker als bisher nach diesem Kriterium, was häufig einen massiven Personalabbau zur Konsequenz hatte. Die sukzessive Institutionalisierung markt- und betriebswirtschaftlicher Rationalitätskriterien erzwang neben der massiven Freisetzung von Beschäftigten auch erhebliche Mobilitätsprozesse innerhalb des Erwerbssystems. Rainer Geißler (1996: 295) beschreibt sie auf der Makroebene als Umschichtungen von einer Arbeiter- und Bauerngesellschaft hin zu einer tertiären Mittelstandsgesellschaft. Über die Auswirkung dieses Tertiarisierungsprozesses auf intragenerationale berufliche Auf- und Abstiege existieren für die Gesellschaft Westdeutschlands substantielle empirische Befunde. Dagegen ist offen, inwieweit die westdeutschen Beobachtungen auch für die Transformationsgesellschaft Ostdeutschlands gültig sind.

Ziel der folgenden Ausführungen ist die Klärung der Frage, mit welchen Chancen und Risiken beruflicher Mobilität die nachholende Tertiarisierung in Ostdeutschland nach der „Wende“ einherging und welche spezifischen Determinanten der beruflichen Mobilität im Transformationsprozeß zugrunde liegen. Welche Rolle spielt die Kohortenzugehörigkeit junger Absolventen des Bildungssystems? Und welchen Einfluß auf den Berufsverlauf haben bei dieser „Generation der Wende“ die individuelle Berufserfahrung und der Periodeneffekt der unmittelbaren Umbruchszeit der Jahre 1990-92 in Relation zum langfristigen Tertiarisierungsprozeß in Ostdeutschland?

2. *Theorien der intragenerationalen Statusmobilität*

2.1 *Humankapitaltheorie und vacancy competition Ansatz*

Prozesse intragenerationaler Statusmobilität wurden bisher zumeist anhand zweier gegensätzlicher Paradigmen untersucht. Auf der einen Seite steht die *Humankapitaltheorie* (Becker 1993), die insbesondere den Austauschprozeß von Arbeitgeber und Arbeitnehmer in den Mittelpunkt ihrer Betrachtungen rückt. Ihr zufolge haben zum einen höher Qualifizierte bessere Karrierechancen und sind vor Abstiegen tendenziell geschützt, weil die von ihnen angebotenen Qualifikationen von den Arbeitgebern eher nachgefragt werden. Zum anderen nimmt mit steigender Berufserfahrung die Mobilität ab, da mit der Reduzierung der verbleibenden Zeit zur Amortisierung der Humankapitalinvestitionen (insbesondere allgemeine Bildung und „on the job training“) zugleich der Grenznutzen einer Investition sinkt[1].

Auf der anderen Seite entwickelte sich aus der Kritik an den Annahmen der Humankapitaltheorie eine *strukturalistische* Perspektive, aus der heraus die Mobilitätsprozesse eher als Folge der Struktur und Verteilungsform von Positionen und leeren Plätzen innerhalb dieser Struktur betrachtet wurden. Aage B. Sørensens vacancy competition theory (Sørensen 1977; 1983) betont, daß Positionen innerhalb einer hierarchischen Struktur unabhängig von den sie besetzenden Personen eine eigenständige Existenz aufweisen. Folglich müssen erst durch Verrentungen oder Neuschaffungen vakante Positionen entstehen, damit es zu einer Aufstiegsbewegung in der Hierarchie kommen kann. Eine Erweiterung der qualifikatorischen Ressourcen führt demnach nicht zu Aufstiegen, wenn die Gelegenheitsstruktur keine vakante Position bereithält. Sørensens Modell liegt die restriktive Annahme einer statischen, pyramidal zulaufenden hierarchischen Struktur zugrunde, in der die Gelegenheiten für Aufstiege abnehmen, je höher in der Hierarchie eine Person sich bereits befindet, da die Zahl der Positionen mit fortlaufender Höhe abnimmt. Darum muß mit steigendem Prestigescore der Ausgangsposition auch die Aufstiegsrate sinken. Höher qualifizierte Personen haben nach diesem Ansatz Vorteile bei der Konkurrenz um die Besetzung vakanter Positionen. Über Abstiege macht die Theorie keine systematischen Aussagen.

2.2 *Mobilitätsprozesse im Kontext einer dynamischen Arbeitsmarktstruktur*

Problematisch an der vacancy competition theory ist jedoch, daß sie zwar im Gegensatz zur Humankapitaltheorie die positionale Gelegenheitsstruktur systematisch berücksichtigt, aber nicht deren Wandel im gesellschaftshistorischen Zeitverlauf. In Anlehnung an Theorien des langfristigen Wandels der Arbeitsmarktstruktur und aufgrund eigener empirischer Befunde kommt Hans-Peter Blossfeld zu der Schlußfolgerung, daß in der Bundesrepublik neben der Arbeitslosigkeit insbesondere die Tertiarisierung den zentralen Mechanismus der Karrieremobilität darstellte, da durch sie neue Positionen mit höherem Qualifikations- und Prestigeniveau geschaffen wurden. Blossfeld entwickelte ein ereignisanalytisches Mehrebenenmodell, in dem der Wandel der Arbeitsmarktstruktur vollständig zeitabhängig als unabhängige Variable eingebunden ist. Seine Ergebnisse zeigen, daß der Periodeneffekt des Modernisierungsniveaus (insbesondere die Tertiarisierung der Berufsstruktur) signifikante Effekte sowohl auf Auf- als auch auf Abstiege aufweist. Blossfeld (1989: 144) interpretiert diesen Effekt als Hinweis auf eine mit dem Modernisierungsprozeß einhergehende Polarisierung der Qualifikationserfordernisse.

2.3 *Die These vom Gelegenheitsfenster*

Es ist in der aktuellen Diskussion allerdings umstritten, ob der andauernde Prozeß der Tertiarisierung den wesentlichen makrostrukturellen Bestimmungsgrund der intragenerationalen Mobilität im ostdeutschen Transformationsprozeß darstellt. In der Literatur (Diewald/Solga 1997: 187 und 233; Rasztar u.a. 1996: 54f; Lutz 1996: 134) finden sich Hinweise darauf, daß der Umbau der Wirtschafts- und Arbeitsmarktstruktur innerhalb einer relativ kurzen Periode vollzogen wurde, nämlich insbesondere in den Jahren von 1990-1992. Danach sei es zu einer Polarisierung zwischen den in das Beschäftigungssystem Integrierten und den Ausgeschlossenen und einer raschen Schließung der Arbeitsmärkte gekommen. Das bedeutete: „Wer es in der kurzen Umbruchphase nicht geschafft hatte, der hatte auch im weiteren Verlauf ‚schlechte Karten'" (Diewald/Solga 1997: 158).

Wie *Abbildung 1* zeigt, schreitet der zwischen 1991 und 1992 sehr dynamische Tertiarisierungsprozeß auch nach 1992 weiter voran, jedoch mit verminderter Dynamik. Die Tertiarisierung resultierte jedoch nur zum Teil aus der Expansion des Dienstleistungssektors. Sie war insbesondere eine Folge der Schrumpfung des Agrar- und Industriesektors (Diewald/Sørensen 1996: 67; Diewald/Solga 1997: 164 und 226f).

Abbildung 1: Anteil der Erwerbstätigen nach Wirtschaftssektoren in Ostdeutschland

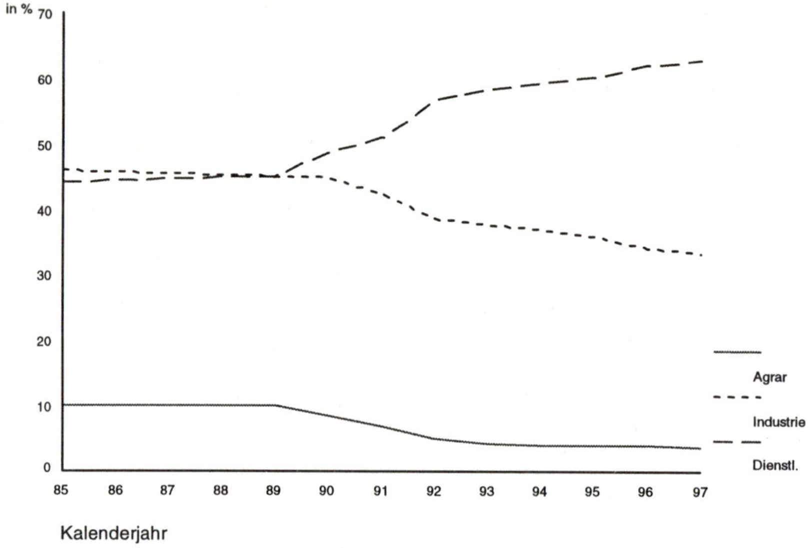

Quelle: Statistisches Bundesamt, eigene Berechnungen

Würde diese These vom „Gelegenheitsfenster" zutreffen, wäre der größte Teil der Mobilitätsereignisse auf die kurze Periode der Jahre 1990-92 konzentriert. Der Einfluß des *nach* 1992 immer noch voranschreitenden Tertiarisierungsprozesses auf die berufliche Mobilität wäre demnach nicht mehr sehr ausgeprägt. Positive Effekte auf die Mobilitätsrate würden somit nur durch den steilen Anstieg der Tertiarisierung innerhalb der Periode des Gelegenheitsfensters zustande kommen. Statistische Modelle, die den Einfluß des *nach* dieser Periode weiter voranschreitenden Tertiarisierungsprozesses auf die Mobilitätsrate wiedergeben, müßten dann schlechter angepaßt sein, als Modelle, in denen man diese Variable durch einen Periodenindikator[2] ersetzt.

3. *Daten und Methoden*

Im Teilprojekt A4 des an der Universität Bremen angesiedelten Sonderforschungsbereichs 186 wurden die beruflichen Verläufe von insgesamt 3777 Personen in bisher zwei Erhebungswellen (1994 und 1997) mit monatsgenauen Zeitangaben retrospektiv erfragt (vgl. Rasztar 1998).[3] Um den Einfluß des Transformationsprozesses in Ostdeutschland auf berufliche Verläufe abbilden zu können, wurden für die postalische Befragung Personen ausgewählt, die entweder 1985, 1990 oder 1995 in Rostock oder Leipzig eine berufliche Ausbildung oder ein Universitätsstudium absolviert haben. Mit diesem Erhebungsdesign sind drei unterschiedlich geprägte „Generationen" von Berufseinsteigern erfaßt: erstens die Absolventenkohorte 1985, die ihren Ausbildungsabschluß und ihre ersten fünf Berufsjahre unter dem institutionellen Regime der DDR erlebte, zweites die Kohorte 1990, die ihre noch zu Zeiten der DDR begonnene Ausbildung direkt nach der „Wende" abgeschlossen hat und den Berufseinstieg inmitten der Umbruchphase bewältigen mußte und drittens die Kohorte 1995, die ihre Ausbildung und ihren Berufseinstieg bereits unter den stabilisierten Bedingungen eines weitgehend abgeschlossenen institutionellen Umbaus vollziehen konnte.

Gegenstand der folgenden Analyse ist die berufliche Mobilität im Transformationsprozeß unter dem Kriterium von Auf- bzw. Abstiegen.[4]

4. *Kohorten, der Tertiarisierungsprozeß und das Gelegenheitsfenster*

In *Tabelle 1* sind die Modelle dargestellt, in denen der gesamte (bisherige) Erwerbsverlauf der drei Kohorten enthalten ist.[5]

Das *Modell I* enthält hoch signifikante Kohorteneffekte für Aufstiege. Gegenüber der Referenzkategorie (Kohorte 1985) hat die Kohorte 1995 eine um 47,11 %, die Kohorte 1990 sogar eine um 51,33% erhöhte Aufstiegswahrscheinlichkeit. Für berufliche Abstiege sind die Kohorteneffekte nicht signifikant. Im Sinne der Ausgangsfrage muß folglich festgehalten werden, daß innerhalb der Generation der Wende, die zwischen 1985 und 1995 in den Arbeitsmarkt eintrat, signifikante Unterschiede im Berufsverlauf je nach Eintrittssituation der Kohorte zu verzeichnen sind. Der Berufsverlauf verbessert sich mit der Anpassung des Humankapitals an die neuen Berufs- und Arbeitsmarktbedingungen von Kohorte zu Kohorte. Muß man also – im Sinne Mannheims – eigentlich von drei Generationen sprechen, die „im historischen Strom gesellschaftlichen Geschehens" (1978: 39) unterschiedlich eingebettet sind?

Diese erste Schlußfolgerung hinsichtlich der Generation der Wende ist problematisch. Zu berücksichtigen ist bei einer derartigen Modellierung, daß sich die beobachtbaren Prozeßzeiten unterscheiden. Während das Beobachtungsfenster der Kohorte 1985 immerhin zwölf Jahre beträgt, wurden bislang für die Kohorten 1990 und 1995 lediglich sieben bzw. zwei Jahre nach Ausbildungsabschluß erfaßt.[6] Um die Heterogenität hinsichtlich dieser wichtigen Zeitdimension zu kontrollieren, wird in die Modelle 2 und 3 in Abb. 2 die Variable „Berufserfahrung" eingeführt, die operationalisiert ist als zeitabhängige Nettoverweildauer (d.h. abzüglich Unterbrechungen) im Erwerbssystem. Kontrolliert man *in Modell II* die Berufserfahrung der Kohorten, so verschwinden – mit Ausnahme der niedrigeren Abstiegsrate der Kohorte 1995 – die signifikanten Kohorteneffekte. Die Kohorte 1995 hatte wahrscheinlich den Vorteil, ihren Ausbildungsverlauf bereits auf das neue Beschäftigungssystems abgestimmt zu haben und war darum besser vor Abstiegen geschützt. Man darf also bei der Betrachtung der Gesamtprozesse die Kohorteneffekte nicht einfach als institutionelle Systemeffekte (DDR – Umbruchphase – ostdeutsche Bundesländer) interpretieren, wenn die Berufserfahrung als wichtige, mit den Kohorten konfundierte Zeitebene nicht kontrolliert ist.[7] Interessant ist weiterhin, daß – wie von der Humankapitaltheorie vorhergesagt – mit steigender Berufserfahrung sowohl die Aufstiegs- als auch die Abstiegsrate sinkt. Die Schutzfunktion gegen Abstiege entspricht der Berufserfahrung als Ressource im Sinne der neoklassischen Humankapitaltheorie und auch der Variante von Nancy B. Tuma (1985), wenn man sie so liest, daß mit fortdauernder Verweildauer im Erwerbssystem die Wahrscheinlichkeit einer Fehlallokation sinkt und sich die Wahrscheinlichkeit einer Allokation im Gleichgewicht erhöht.

Im *Modell III* wurden zusätzlich die Periodeneffekte kontrolliert.[8] Hier haben die beiden jüngeren Kohorten nun höchst signifikant niedrigere Aufstiegsraten als die Kohorte 1985 (1990: -67,66%, 1995: -88,57%). Allerdings weist die Kohorte 1985 auch die höchsten Abstiegsraten auf und ist damit die Kohorte mit der größten Mobilität insgesamt.[9] Die Effekte der Tertiarisierung und des Gelegenheitsfensters der Periode 1990-1992 sind für Auf- als auch für Abstiege signifikant positiv. Erhöht sich der Anteil der im tertiären Sektor Beschäftigen um einen Prozentpunkt, so steigen die Auf- und Abstiegsraten nach Modell III um 15,07% (Aufstieg) bzw. 16,05% (Abstieg). In der Periode des Gelegenheitsfensters 1990-92 erhöhen sich diese Raten gegenüber allen anderen Jahren um 57,02% bzw. 95,61%. Der Einfluß der Tertiarisierung in der Periode 1990-92 (Anstieg um 7,97% – Punkte) erhöhte die Aufstiegsrate nach diesem Modell sogar um 206,1%.[10] Auch der Vergleich der t-Werte zeigt wesentlich *deutlichere* Einflüsse des Tertiarisierungsniveaus (t=15,59 Aufstiege und t=13,94 Abstiege) gegenüber dem Gelegenheitsfenster (t=5,63 Aufstiege und t=7,68 Abstiege). Daraus folgt, daß die Periode 1990-92 zwar durchaus als „Gelegenheitsfenster" interpretiert werden kann, da sie einen zusätzlichen Erklärungsbeitrag liefert.[11] Solange der Tertiarisierungsprozeß aber derart dynamisch voranschreitet, kann nicht mit Diewald und Solga (1996: 233) behauptet werden, daß sich nach 1992 die sektorale Verschiebung auf der Makroebene nicht mehr stark auf individuelle Mobilitätschancen und –risiken auswirkt. Vielmehr scheint sich in Ostdeutschland dieselbe – hier: *nachholende* – Modernisierung durchzusetzen, wie sie für Westdeutschland behauptet wird.[12]

Tabelle 1: Berufliche Auf- und Abstiege der Kohorten 1985, 1990 und 1995 im Gesamtverlauf. (Piecewise constant rate model, relative Risiken: individuelle Merkmale und Periodeneffekte.)

Variablen	Modell I		Modell II		Modell III	
	Aufstiege	Abstiege	Aufstiege	Abstiege	Aufstiege	Abstiege
Übergangsrate						
0-12 Monate	0,0962 **	0,0024 **	0,2394 **	0,0063 **	0,0004 **	0,000007 **
12-24 Monate	0,0901 **	0,0028 **	0,2979 **	0,0098 **	0,0004 **	0,000010 **
24-36 Monate	0,0740 **	0,0031 **	0,3112 **	0,0143 **	0,0004 **	0,000015 **
36-48 Monate	0,0551 **	0,0021 **	0,2871 **	0,0125 **	0,0004 **	0,000015 **
48-60 Monate	0,0760 **	0,0018 **	0,4816 **	0,0144 **	0,0006 **	0,000012 **
> 60 Monate	0,1176 **	0,0027 **	1,1513 n.s.	0,0385 **	0,0008 **	0,000017 **
Kohorte 1985	*Referenzk.*	*Referenzk.*	*Referenzk.*	*Referenzk.*	*Referenzk.*	*Referenzk.*
Kohorte 1990	1,5133 **	1,1029 n.s.	1,1398 n.s.	0,8595 n.s.	0,3234 **	0,1885 **
Kohorte 1995	1,4711 **	1,0401 n.s.	0,9248 n.s.	0,7105 *	0,1143 **	0,0730 **
Prestige (MPS)	0,9593 **	1,0011 n.s.	0,9611 **	1,0016 n.s.	0,9616 **	1,0023 n.s.
Lehre	0,3772 **	1,4575 **	0,2766 **	1,0143 n.s.	0,2685 **	0,9199 n.s.
Studium	*Referenzk.*	*Referenzk.*	*Referenzk.*	*Referenzk.*	*Referenzk.*	*Referenzk.*
Frau	1,1019 n.s.	0,8942 n.s.	1,1621 n.s.	0,9094 n.s.	1,1484 n.s	0,9075 n.s
Kind unter 6 Jahren.	1,0535 n.s.	0,9456 n.s.	1,2379 n.s.	0,9846 n.s.	1,3715 **	1,0125 n.s.
Berufserfahrung	--	--	0,9693 **	0,9683**	0,9596 **	0,9578 **
nachträglich studiert	5,3913 **	1,1853 n.s.	4,0241 **	1,0167 n.s.	2,1201 **	0,4138 **
Interaktionseffekt						
Frau*Kind u. 6 Jahren	0,7282 *	1,2160 n.s.	0,4776 **	0,8390 n.s.	0,3890 **	0,7156 *
Periodeneffekte						
Tertiarisierung	--	--	--	--	1,1507 **	1,1605 **
Periode 90-92	--	--	--	--	1,5702 **	1,9561 **
Personen	3490	3490	3490	3490	3490	3490
Subepisoden	26735	26735	26735	26735	26735	26735
Ereignisse	909	719	909	719	909	719
Log-likelihood	-10141,47	-10141,47	-9748,75	-9748,75	-9539,53	-9539,53

* signifikant (p<= 0,05) **hoch signifikant (p<=0,01) n.s. nicht signifikant

Quelle: Sonderforschungsbereich 186, Berufsverlaufsstudie Ost, eigene Berechnungen. Die in *Tabelle 1* dargestellten relativen Risiken sind so zu lesen, daß ein Wert über 1 die Rate erhöht, während ein Wert unter 1 die Rate senkt.

Eine inhaltliche Bestimmung des Gelegenheitsfensters, also die Identifikation der makrostrukturellen Bestimmungsgründe, die hinter der Periode 1990-92 standen, ist in der dargestellten Analyse noch nicht enthalten. Zu diesen Faktoren gehören sicherlich die *Nettoveränderung der Positionen* sowie die „*turbulences*" in Berufen und Branchen, die von Thomas A. DiPrete und K. Lynn Nonnemaker (1997: 388) in ein Mehrebenenmodell zur Analyse beruflicher Mobilität in den USA der 80er Jahre einbezogen wurden. Analoge Modellierungen der intragenerationalen beruflichen Mobilität bieten sich auch für weitere Analysen der Berufsverläufe im Transformationsprozeß an.

5. Generationsablösung und Generationsschicksal

Die Analyse hat zwar ergeben, daß das „*Gelegenheitsfenster*" zu einer höchst signifikant verbesserten Modellanpassung führt und man darum von einer Besonderheit der turbulenten Periode 1990-92 ausgehen kann. Wesentlich erklärungskräftiger bleibt aber auch im Transformationsprozeß der ostdeutschen Bundesländer der längerfristig wirksame nachholende Tertiarisierungsprozeß, der die Arbeiter- und Bauerngesellschaft unter Hinnahme hoher sozialer Kosten zu einer „tertiären Mittelstandsgesellschaft" (Geißler) umschichtete.

Was die Rolle der Generation der Wende betrifft, so zeigt die hohe Dynamik der beruflichen Wechselprozesse im ostdeutschen Transformationsprozeß und ihr Anstieg in den drei Jahren des Gelegenheitsfensters, daß der berufsstrukturelle Wandel aufgrund seiner Geschwindigkeit nicht mehr hauptsächlich *inter*generational vermittelt werden konnte. Neben der beruflichen *Erstplazierung* bzw. der *Generationenablösung* im Sinne eines Neueinsetzens neuer Kulturträger (Karl Mannheim) mit modernisierten Qualifikationsprofilen wurde dieser Wandel zu einem großen Teil durch *intra*generationalen Wechsel von Betrieben, Branchen und Statuspositionen vollzogen. Die Generation der Wende hat „durch eine gemeinsame schicksalsmäßigverwandte Lagerung im ökonomisch-machtmäßigen Gefüge" (Mannheim 1978: 38) den institutionellen Umbau *innerhalb* ihrer eigenen Biographie zu verarbeiten (Struck-Möbbeck u.a. 1996).

Anmerkungen

1 Zur Anwendbarkeit der Humankapitaltheorie auf Mobilitätsprozesse und deren Weiterentwicklung vgl. Nancy B. Tuma (1985), die den Ansatz um das Suchkostenargument und das Problem der unvollständigen Information erweiterte (Zur Theoriediskussion auch Sackmann 1998).

2 In Form einer Dummyvariable, die den Wert 1 annimmt, wenn die jeweilige Subepisode in der Kalenderperiode von 1990 bis 1992 liegt, andernfalls den Wert 0. Ein Periodenindikator läßt zwar die eigentlichen Determinanten beruflicher Mobilität inhaltlich unbestimmt, er kann aber zeigen, daß es sich bei der relativen Zunahme der Beschäftigten im tertiären Sektor (vgl. Abb. 1) *nicht* um die eigentliche Ursache intragenerationaler Mobilitätsprozesse handelt.

3 Monatsgenaue Zeitangaben ermöglichen die Verwendung parametrischer Übergangsratenmodelle, in denen die abhängige Variable in der „Wahrscheinlichkeit" eines Zustandswechsels zu einen Zeitpunkt besteht und deren Ausprägung auf einen Vektor von zeitkonstanten und zeitveränderlichen Kovariaten zurückgeführt wird.

Weil das diesen Modellen zugrundeliegende Maximum Likelihood Verfahren das kumulierte Produkt sowohl der Dichtefunktion als auch der Survivorfunktion enthält, können auch rechtsszensierte Episoden zur Parameterschätzung herangezogen werden (Blossfeld/Rohwer 1995: 83). Eine eventuell auftretende Verweildauerabhängigkeit, die vom einfachen Exponentialmodell nicht berücksichtigt werden kann, wird in den folgenden Analysen durch ein Modell mit stückweise konstanter Rate („piecewise constant rate“) (ebd.: 110f) approximiert.

4 Der Zielzustand „Aufstieg“ ist dadurch definiert, daß der Prestigescore nach Wegener (1988) der Folgeepisode gegenüber der aktuellen Episode um 5% zunimmt. Komplementär dazu, d.h. durch einen Verlust des Prestigewertes um 5%, sind Abstiege definiert. Horizontale Mobilität wurde nicht berücksichtigt. Im Falle von Berufswechseln ohne 5%- Prestigeveränderung wurde die Verweildauer über die Episoden hinweg kumuliert, bis ein 5%- Prestigeverlust oder -zuwachs relativ zur Ausgangsposition zu verzeichnen war. Zur Einbindung zeitabhängiger Kovariaten wurde ein *Episodensplitting* (Blossfeld/Rohwer 1995: 128ff) im Geburtsmonat und im Monat des sechsten Geburtstags der Kinder, einen Monat vor Abschluß eines nachträglichen Studiums von Lehrabsolventen und immer zu Beginn eines Kalenderjahres durchgeführt. Letzteres war notwendig, um den Episodendatensatz mit den Zeitreihen des Statistischen Bundesamtes zu verknüpfen. Die Abb. 1 und die Variable „Tertiarisierung“ in Tabelle 1 wurden gebildet aus: Statistisches Bundesamt (1994): Sonderreihe mit Beiträgen für das Gebiet der ehemaligen DDR, Heft 14 (Arbeitsunterlage), S. 19-21 und Statistisches Bundesamt (1998): Bevölkerung und Erwerbstätigkeit. Fachserie 1, Reihe 4.1.1, Stand und Entwicklung der Erwerbstätigkeit 1997, Ergebnisse des Mikrozensus. Zur Analyse vgl. auch Rasztar 1999.

5 Die Umrechnung in die Prozenteffekte erfolgt durch: (rrisk-1)*100.

6 Um das Bild zu vervollständigen und auch das Beobachtungsfenster der Kohorte 1995 auf fünf Jahre auszudehnen, ist eine Nachbefragung im Jahr 2000 geplant.

7 Ein deutlicher Hinweis auf die Existenz eines Systemeffektes findet sich aber in dem Modell der „Alterskonstanz“ (Vergleich der ersten vier Berufsjahre der Kohorten 1985 und 1990) bei Rasztar u.a. (1996: 33, 36), indem die Berufserfahrung implizit in der Modellogik enthalten ist.

8 In den Modellen dienen die Variablen „nachträglich studiert“, die sich nur auf die Lehrabsolventen bezieht, „Frau“, „Kind unter 6 Jahren“ und der Interaktionseffekt „Frau*Kind unter 6 Jahren“ der Kontrolle weiterer bedeutsamer Einflußfaktoren.

9 Es besteht eine relativ hohe Multikollinearität zwischen den Kohorten und der Tertiarisierung (vgl. Abb. 1). Bei der Interpretation der Kohortendummies ist darum Vorsicht geboten, als Kontrollterme müssen sie aber im Modell verbleiben

10 $\%\Delta r = (1{,}1507^{7{,}97} - 1) * 100 = 206{,}1$.

11 Der likelihood-ratio Test (Blossfeld/Rohwer 1995: 91) ergab dabei für Modell III (Aufstiege) gegen dasselbe Modell *ohne* den Periodenindikator bei einem Freiheitsgrad mit
$\chi^2 = 2*((-9539{,}5378) - (-9584{,}3804)) = 89{,}7$ eine höchst signifikant verbesserte Modellanpassung.

12 Ergänzen läßt sich, daß der Effekt des *Prestigescores* des Ausgangsjobs sich in Modell III so verhält, wie es gemäß der vacancy competition theory zu erwarten war: je höher der Prestigescore, desto niedriger ist die Aufstiegsrate. Ähnlich verhält es sich mit dem Effekt des Qualifikationsniveaus. Mit niedrigem Qualifikationsniveau, also einem nicht- akademischen Abschluß, geht eine um 73,15% niedrigere Aufstiegsrate einher. Allerdings kann nicht im Gegenzug gesagt werden, daß Akademiker vor Abstiegen geschützt sind, da der Effekt für Abstiege nicht signifikant ist (Ausnahme: Modell I).

Literatur

Becker, Gary S. 1993: Human capital. A theoretical and empirical analysis with special reference to education, Chicago/London: University Press.

Blossfeld, Hans-Peter 1989: Kohortendifferenzierung und Karriereprozeß. Eine Längsschnittstudie über die Veränderung der Bildungs- und Berufschancen im Lebensverlauf, Frankfurt/New York: Campus.

Blossfeld, Hans-Peter/Rohwer, Götz 1995: Techniques of event history modeling. New approaches to causal analysis, Mahwah, New Jersey.

Diewald, Martin/Mayer, Karl-Ulrich (Hrsg.) 1996: Zwischenbilanz der Wiedervereinigung. Strukturwandel und Mobilität im Transformationsprozeß, Opladen: Leske + Budrich.

Diewald, Martin/Sørensen, Annemette 1996: Erwerbsverläufe und soziale Mobilität von Frauen und Männern in Ostdeutschland: Makrostrukturelle Umbrüche und Kontinuitäten im Lebensverlauf, in: Martin Diewald, Karl-Ulrich Mayer (Hrsg.), S.63-88.

Diewald, Martin/Solga, Heike 1997: „Nach dem Sturm folgte zwar Ruhe, jedoch nicht der Sonnenschein!". Mobilitätsprozesse und Allokationskriterien in Ostdeutschland nach 1989, in: Sabine Schenk (Hrsg.): Ostdeutsche Erwerbsverläufe zwischen Kontinuität und Wandel, Beiträge zum Bericht 1 der KSPW „Arbeit, Arbeitsmarkt und Betriebe", Opladen: Leske + Budrich, S. 153-277.

DiPrete, Thomas A./Nonnemaker, K. Lynn 1997: Structural change, labor market turbulence, and labor market outcomes, in: American Sociological Review, 1997, Vol. 62 (June: 386-404).

Geißler, Rainer 1996: Von der realsozialistischen zur sozialstaatlichen Struktur der sozialen Ungleichheit. Umbrüche im ostdeutschen Ungleichheitsgefüge, in: Diewald, Martin, Karl-Ulrich Mayer (Hrsg.) (1996): Zwischenbilanz der Wiedervereinigung. Strukturwandel und Mobilität im Transformationsprozeß, Opladen: Leske + Budrich, S. 289-302.

Grünert, Holle 1996: Das Beschäftigungssystem der DDR, in: Burkart Lutz u.a. (Hrsg.), S. 20-68.

Lepsius, M. Rainer 1995: Institutionenanalyse und Institutionenpolitik, in: Birgitta Nedelmann (Hrsg.): Politische Institutionen im Wandel, Kölner Zeitschrift für Soziologie und Sozialpsychologie Sonderheft 35: Westdeutscher Verlag.

Lutz, Burkart 1996: Die Mühsame Herausbildung neuer Beschäftigungsstrukturen, in: Burkart Lutz u.a. (Hrsg.), S.121-187.

Lutz Burkart/Nickel, Hildegard M./Schmidt, Rudi/Sorge, Arndt (Hrsg.) 1996: Arbeit, Arbeitsmarkt und Betriebe, KSPW Bericht 1, Opladen: Leske + Budrich.

Mannheim, Karl 1978: Das Problem der Generationen. In: Kohli, M.: Soziologie des Lebenslaufs. Darmstadt/Neuwied: Kiepenheuer & Witsch, 33-53.

Mayer, Karl-Ulrich 1996: Lebensverläufe und Transformation in Ostdeutschland – eine Zwischenbilanz, in: Diewald, Martin, Karl-Ulrich Mayer (Hrsg.), S. 329-345.

Rasztar, Matthias 1998: Feldbericht der 1. und 2. Panelwelle, Sonderforschungsbereich 186, Projekt A4, Manuskript, Bremen.

Rasztar, Matthias 1999: Transformation und Berufsmobilität. Eine empirische Analyse beruflicher Wechselprozesse mit Daten der ‚Bremer Absolventenstudie' in dem Zeitraum von 1985 bis 1994. Opladen: Centaurus (im Erscheinen).

Rasztar, Matthias/Sackmann, Reinhold/Struck-Möbbeck, Olaf/Weymann, Ansgar/Wingens, Matthias 1996: Berufliche Wechselprozesse in Ostdeutschland. Eine Längsschnittstudie über Berufswechselprozesse von ostdeutschen Berufs- und Hochschulabsolventen im Transformationsprozeß. Sonderforschungsbereich 186 Arbeitspapier Nr. 39, Bremen.

Sackmann, Reinhold 1998: Konkurrierende Generationen auf dem Arbeitsmarkt. Opladen: Westdeutscher Verlag.

Sørensen, Aage B. 1977: The structure of inequality and the process of attainment, in: American Sociological Review 1977, Vol. 42 (December): 965-978.

Sørensen, Aage B. 1983: Processes of allocation to open and closed positions in social structure, in: Zeitschrift für Soziologie, Jg. 12, Heft 3, Juli 1983, S. 203-224.

Struck-Möbbeck, Olaf/Rasztar, Matthias/Sackmann, Reinhold/Weymann, Ansgar/Wingens, Matthias 1996: Gestaltung berufsbiographischer Diskontinuität. Bewältigungsstrategien von ostdeutschen Berufs- und Hochschulabsolventen im Transformationsprozeß, Sonderforschungsbereich 186, Arbeitspapier Nr. 38.

Tuma, Nancy Brandon 1985: Effects of labor market structure on job shift patterns, in: James J. Heckman, Burton Singer (Hrsg.) (1995): Longitudinal analysis of labor market data, Camebridge, New York: University Press, pp. 327-363.

Wegener, Bernd 1988: Kritik des Prestiges, Opladen: Westdeutscher Verlag.

Wiesenthal, Helmut 1995: Einheit als Interessenpolitik. Studien zur sektoralen Transformation Ostdeutschlands. Frankfurt/New York: Campus.

Geschlechtersegregation im Erwerbsbereich

Berufsfelder, Organisationen und Arbeitsgruppen[1]

Jutta Allmendinger, Thomas Hinz

Die soziale Ungleichheit von Frauen und Männern wird maßgeblich geprägt durch die horizontale Segregation in Frauen- und Männerberufe und durch die vertikale Segregation in statushohe und statusniedrige Tätigkeiten innerhalb einzelner Berufsfelder. Beide Formen beruflicher Segregation liegen auf anhaltend hohem Niveau und haben weitreichende Folgen für die gesellschaftliche Stellung der Frauen. So trägt die berufliche Segregation nach Geschlecht stark zu Einkommens- und Machtunterschieden zwischen Frauen und Männern bei (England/McCreary 1987; Petersen/Morgan 1995; Schömann/Hannan/Blossfeld 1991). Weiterhin beeinflußt die Segregation im Beruf auch andere Lebensbereiche, insbesondere die familiäre Arbeitsteilung: Das höhere Einkommen und der höhere berufliche Status von Männern führen dazu, daß Frauen primär für die Kindererziehung verantwortlich bleiben (Reskin/Hartmann 1986). Die geschlechtsspezifische berufliche Segregation geht durchaus im wörtlichen Sinne „auf Kosten von Frauen".

Der folgende Beitrag versucht, das Ausmaß der Geschlechtersegregation auf der Ebene von *Berufsfeldern, Organisationen* und innerhalb von Organisationen auf der Ebene von *Arbeitsgruppen* zu bestimmen und zu erklären. Es soll – soweit es der Forschungsstand erlaubt – auch ein länderspezifischer Vergleich durch die Gegenüberstellung von Deutschland und den USA einbezogen werden. Ansatzweise soll gezeigt werden, inwieweit die Segregation in Berufsfeldern und Organisationen, aber auch die konkreten Interaktionsprozesse in den Arbeitsgruppen vom nationalen Kontext geprägt sind.

Begriffsbestimmung. Berufliche Segregation meint die unterschiedliche Konzentration von Männern und Frauen in Berufen und Berufsfeldern, Wirtschaftsbereichen, Tätigkeitsgruppen und hierarchischen Positionen. Sie bezeichnet die geschlechtliche Trennung bezahlter Erwerbsarbeit, in welcher Frauen und Männer unterschiedliche Aufgaben übernehmen oder die gleichen Aufgaben bei unterschiedlicher Bezeichnung durchführen. Die Geschlechtersegregation ist dabei nur eine Form von Segregation, die auch nach

Ethnizität, Alter und Seniorität beschrieben werden kann. Wir beschränken uns in dieser Untersuchung auf die Segregation von Frauen und Männern: Sie ist eines der konstanten Ungleichheitsmerkmale der Gesellschaft.

Geschlechtersegregation kann über Segregationsindizes gemessen werden. Einer dieser Kennwerte beruflicher Segregation, der Dissimilaritätsindex, bestimmt den Anteil von Frauen (oder Männern), welcher von geschlechtstypischen zu geschlechtsatypischen Berufen wechseln müßte, um eine Gleichverteilung von Frauen und Männern über die Berufe herzustellen. Doch selbst eine solche hypothetische Umverteilung würde noch nicht zu Gleichheit führen, da Männer und Frauen in der Regel für unterschiedliche Arbeitgeber in unterschiedlichen Wirtschaftsbereichen arbeiten und daher unterschiedliche Tätigkeiten ausüben (Bielby/Baron 1986; Böge 1995).

1. Segregation in Berufsfeldern

Die zunehmende Bildungs- und Erwerbsbeteiligung von Frauen hat – entgegen aller Erwartung – das Ausmaß der beruflichen Segregation nur wenig verändert (Tomaskovic-Devey 1995; für Westdeutschland siehe Blossfeld 1987; Beckmann 1996). Der Dissimilaritätsindex lag in Westdeutschland im Jahr 1990 bei .54 (Rubery/Fagan/Maier 1996), von 100 Frauen müßten also 54 von Frauen- in Männerberufe wechseln, um eine Gleichverteilung unter Berücksichtigung der unterschiedlichen Erwerbsquoten von Männern und Frauen herzustellen. Der entsprechende amerikanische Wert liegt bei .57 (King 1992) und ist zwischen 1910 und 1990 gerade um 12 Prozentpunkte gesunken (Reskin 1993: 246). Auf der hoch aggregierten Ebene nationaler Kennwerte sind Ländervergleiche allerdings sehr problematisch: So führen Untersuchungen von Maria Charles (1992: 490) nicht zu dem eben referierten Ergebnis einer im Vergleich zu den USA etwas niedrigeren Segregation in Deutschland. Vielmehr belegt die Studie von Charles, daß in Deutschland verglichen mit den USA eine leicht höhere Segregation vorliegt.[2] Dies ist auf die Nutzung unterschiedlicher statistischer Maßzahlen, eine andere Zusammenfassung von Berufsgruppen und die stärkere Berücksichtigung vertikaler Segregation zurückzuführen (hierzu kritisch und weiterführend: Hakim 1992; Charles/Grusky 1995).

Ein alternativer empirischer Zugang, das Ausmaß der Geschlechtersegregation darzustellen, besteht in der Berechnung der Frauenanteile für einzelne Berufsfelder. Mit den kumulierten Daten des ALLBUS 1980-1996 und des GSS (General Social Survey) 1972-1996 läßt sich die Entwicklung der Frauenanteile in sechs Berufsgruppen von 1980 bis 1996 untersuchen: professionelle Berufe, Verwaltungs- und Managementberufe (Leitungsberufe), Büroberufe, Handelsberufe, Dienstleistungsberufe und Berufe im produzierenden Gewerbe (vgl. Abbildung 1).[3]

Abbildung 1: Frauenanteile (in Prozent) nach Berufsgruppen

Deutschland

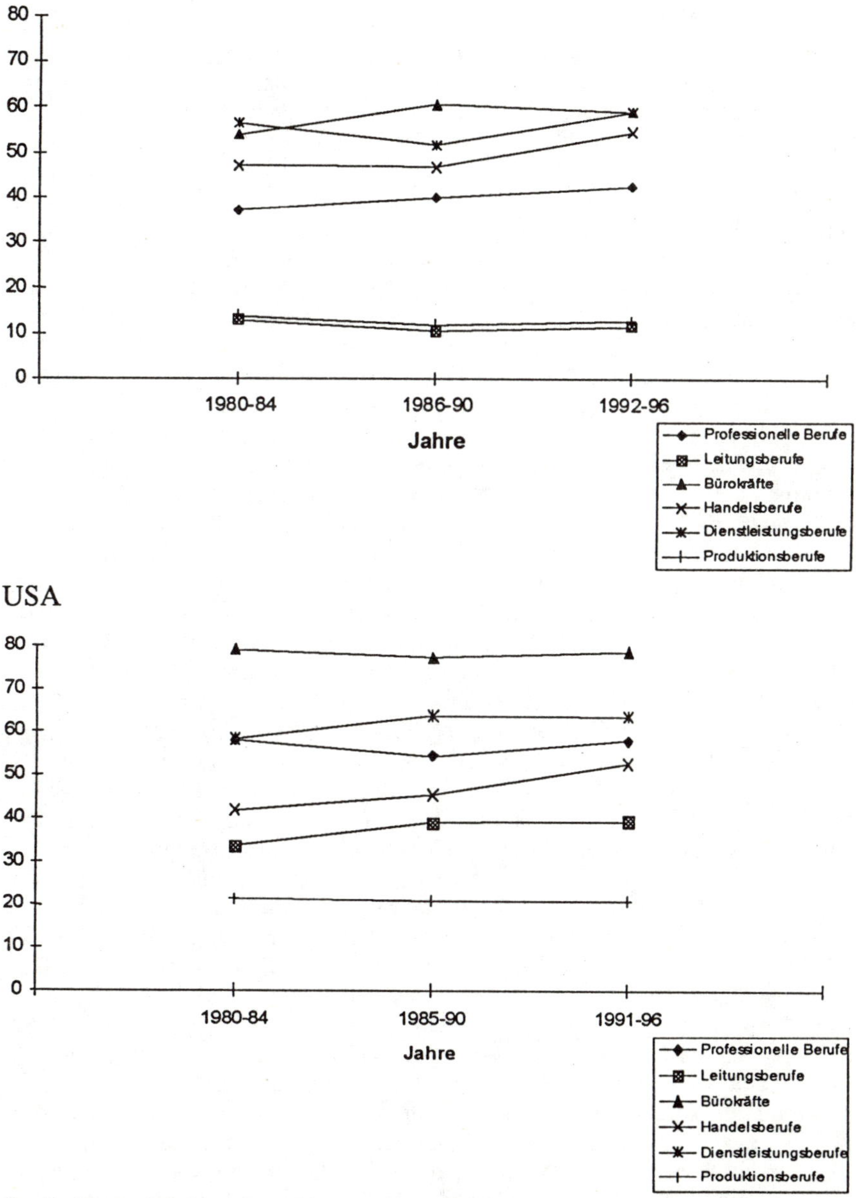

Quelle: Eigene Berechnungen mit dem ALLBUS 1980-96 und dem GSS 1972-96

Die Anteilswerte sind im Zeitverlauf relativ stabil, auf der Aggregatsebene läßt sich also nur wenig sozialer Wandel abbilden.[4] Bei aller Vorsicht, die sich aus der für Deutschland und für die USA geltenden Berufskategorisierungen ergeben mag, zeichnen sich jedoch einige deutliche Unterschiede zwischen den beiden Ländern ab. In der Gruppe der *professionellen Berufe* besteht in den USA bei einem Frauenanteil von etwa 55% eine Geschlechtsintegration, in Deutschland hat der Frauenanteil in dieser Berufsgruppe erst in den 90er Jahren die 40%-Marke überschritten. Diese „horizontale" Integration geht jedoch in den USA nicht mit einer „vertikalen" Integration einher, wie neuere Untersuchungen zu „professionals" im Bereich der Rechtspflege belegen (z.B. Fay/Hagen 1998). So gibt es verglichen mit dem Frauenanteil an Juristen deutlich weniger weibliche Partner in Anwaltssozietäten. In der Gruppe der *Managementberufe* sind Frauen in den USA weitaus häufiger vertreten als in Deutschland (39% gegenüber 11%), doch bestehen auch hier vertikale Segregationslinien fort (Cohen/Broschak/Haveman 1998). In der Gruppe der *Büroberufe* fällt die Segregation in den USA dagegen deutlich stärker aus als in Deutschland. Acht von zehn Bürokräften sind in den USA weiblich, in Deutschland sind es sechs von zehn. Keine Länderunterschiede zeigen sich in den *Handels-* und *Dienstleistungsberufen.* In den *produzierenden Berufen* erkennen wir dagegen einen deutlichen Niveauunterschied zwischen den USA und Deutschland: In den USA beträgt der Frauenanteil über 20%, während er in Deutschland bei etwa 13% liegt. Hierin spiegelt sich wohl auch der in Deutschland stärker ausgeprägte Gedanke, Frauen vor „unangemessener" Arbeit zu schützen. Die dargestellten Unterschiede im Segregationsniveau einzelner Berufsgruppen verweisen auf die Kontextbedingungen der Frauenbeschäftigung in den USA und Deutschland. Die beiden Länder gehören anderen wohlfahrtsstaatlichen Welten an, deren Prinzipien die Erwerbstätigkeit von Frauen beeinflussen (Überblick bei Orloff 1996). In den USA besteht ein größerer „Marktzwang" zur Erwerbsbeteiligung von Frauen aus Haushalten mit geringem Einkommen. Darüber hinaus wurden in den USA im Zuge der Bürgerrechtsbewegung der 60er Jahre frauenpolitische Forderungen (etwa nach gleichem Lohn für gleiche Arbeit oder dem Zugang zu bestimmten Berufspositionen; „affirmative action policy") stärker als in Deutschland institutionalisiert. Eine stärkere Integration von Frauen in das Erwerbsleben erscheint also für die USA leicht erklärbar. Gleichwohl bestehen dort – wie in Deutschland – hartnäckige Exklusionserscheinungen, gerade wenn man die vertikale Segregation innerhalb von Berufsfeldern betrachtet.

Erklärungen beruflicher Segregation. Die Erklärung der anhaltend hohen Geschlechtersegregation erfährt in der Soziologie sozialer Ungleichheit und der Frauenforschung hohe Aufmerksamkeit. So liegen Erklärungsansätze vor, wonach Tätigkeiten, die mehrheitlich von Frauen ausgeübt werden, kulturell entwertet werden. Mit zunehmendem Frauenanteil sinkt in der Folge die Entlohnung der vormals mit Männern besetzten Stellen, und zwar für

Frauen wie für Männer. Diese These wurde durch zahlreiche empirische Studien im amerikanischen Raum bestätigt (für viele: Reskin 1988), wird jedoch durch eine neuere Untersuchung in Frage gestellt. Tony Tam (1997) zeigt anhand einer Sekundäranalyse von Daten des Current Population Survey, daß Effekte der Geschlechterkomposition von Berufen auf die Lohnhöhe nahezu vollständig durch Unterschiede in der Ausrichtung der beruflichen Ausbildung von Männern und Frauen erklärt werden können. Die Frage nach der unterschiedlichen Allokation von Frauen und Männern in Tätigkeitsbereiche bleibt damit allerdings weiterhin unbeantwortet, ebenso bleibt offen, inwieweit diese Ergebnisse auf die deutsche Situation zu übertragen sind.

Verwiesen wird häufig auf Unterschiede im spezifischen Humankapital (Bildungsdefizite von Frauen) und auf unterschiedliche berufliche Zuweisungen durch das Elternhaus, die Freunde, die Schule, und, damit verbunden, auf ein geschlechtsspezifisches Berufswahlverhalten. Weiterhin wird die Geschlechtstypik von Berufen als Bestimmungsgrund von Segregation bezeichnet (Born/Krüger/Lorenz-Meyer 1996; Gottschall 1990). Hier sind auch am „weiblichen Arbeitsvermögen" orientierte Erklärungsansätze zu nennen (grundlegend: Beck-Gernsheim/Ostner 1978), die einen Zusammenhang zwischen den Anforderungen an Frauenberufe und den spezifischen Eigenschaften herstellen, die Frauen im Zuge ihrer Sozialisation erworben haben. Die Erklärungskraft dieser Ansätze für das Ausmaß der Geschlechtersegregation wird allerdings zunächst durch die zunehmende Bildungsdauer von Frauen in Frage gestellt. Weiterhin kann man zeigen, daß Frauen zwar durchaus männerdominierte Berufe ergreifen oder diesen zugewiesen werden, aus diesen aber recht schnell wieder „herausbefördert" werden. Diese „revolving doors" (Jacobs 1989) führen dazu, daß im Aggregat ein hohes Ausmaß beruflicher Segregation bestehen bleibt (Reskin/Roos 1990; Allmendinger et al. 1997). Somit werden sozialisationstheoretische Ansätze in Schranken verwiesen, zeigen die einschlägigen Untersuchungen doch, daß Frauen durchaus Männerberufe ergreifen wollen und können. Aus welchen Gründen eine dauerhafte Integration nicht stattfindet, welcher Mechanismus die „Türen" letztlich zum Drehen bringt, bleibt jedoch ungeklärt.

Damit muß sich der Blick auf andere Ursachen richten: Organisationen (Acker 1990; Mills/Tancred 1992; Reskin/Padavic 1994), Arbeitgeber (Rudolph 1994) und die Interaktionen in Arbeitsgruppen rücken in den Vordergrund. Steuernde soziale Einheiten müssen identifiziert, Merkmale von Organisationen und soziale Interaktionen am konkreten Arbeitslatz untersucht werden.

2. *Segregation in Organisationen*

Für Deutschland gibt es bislang nur wenige Forschungsarbeiten, die Organisationen oder Betriebe zur Analyseeinheit von Segregationsuntersuchungen machen. Dies gilt nicht für die Forschungslage in den USA. Hier liegt eine repräsentative Organisationsstudie, die National Organizations Study (NOS), vor, welche von Arne Kalleberg, David Knoke, Peter Marsden und Joe Spaeth (1996) verantwortlich geleitet wurde. Einige wesentliche Ergebnisse sollen im folgenden referiert werden.

Zunächst belegt die NOS, daß der gemeinhin für die USA berichtete Segregationswert deutlich höher ausfällt, wenn von der beruflichen Segregation zwischen den Geschlechtern in Organisationen ausgegangen wird: Nur 19% aller Jobs können als „geschlechtsintegriert" bezeichnet werden, obgleich „Geschlechterintegration" mit einem Anteil zwischen 30% und 70% Männer bzw. Frauen sehr breit definiert wurde. Alle anderen Jobs haben eine (noch) schiefere Verteilung von Männern und Frauen oder sind vollständig nach Geschlecht segregiert. Zur Erklärung der Geschlechtersegregation wird in der NOS-Monographie auf theoretische Ansätze im Zusammenhang mit der Bürokratisierung von Organisationen, zurückgegriffen – insbesondere auf Aspekte der Formalisierung, Spezialisierung, Unternehmensgröße und Marktposition.

Formalisierung bezieht sich auf Regeln, welche organisationale Routinen festschreiben – so beispielsweise einige Merkmale der Vertragsbeziehungen zwischen Arbeitnehmern und Arbeitgebern (Arbeitsverträge, Arbeitszeiterfassung, Stellenbeschreibungen, Bewertungen der Arbeitsleistung), aber auch schriftliche Unterlagen über Einstellungsvoraussetzungen und Aufstiegswege (Tomaskovic-Devey/Kalleberg/Marsden 1996). Die NOS-Ergebnisse belegen, daß formalisierte Beziehungen zwischen Arbeitgeber und Arbeitnehmern die Beschäftigungsmöglichkeiten von Frauen stärken und mit einem Abbau geschlechtsspezifischer Beschäftigung einhergehen.[5] *Spezialisierung* bezieht sich auf die Differenzierung von Arbeitsinhalten, auf die Abstufung von Verantwortungsbereichen, letztlich auch auf eine Verengung von Qualifikationen und Fertigkeiten. Spezialisierung wirkt hinsichtlich der Geschlechtersegregation der Formalisierung entgegen, da Männer- und Frauenarbeit dann besser getrennt und Frauen der Zugang zu bestimmten Berufen verwehrt werden können (Bielby/Baron 1984). Die NOS-Daten bestätigen diese Annahmen teilweise, stehen jedoch im Widerspruch zu anderen amerikanischen Studien, die keinen Zusammenhang zwischen Spezialisierung und Segregation finden (Tomaskovic-Devey 1993).[6] Weiterhin belegen die amerikanischen Untersuchungen den Einfluß der *Betriebsgröße:* Die Geschlechtersegregation ist in kleinen Betrieben besonders hoch, nimmt mit zunehmender Betriebsgröße ab, um ab einem bestimmten Punkt wieder zu steigen. Schließlich wird mit den NOS-Daten der Einfluß der *Marktposition* eines Unternehmens auf die Geschlechtersegregation überprüft. Neoklassische Theorien gehen davon aus, daß sich eine geschlechtsspezifische Segregation auf dem Arbeitsmarkt dann nicht halten kann, wenn sich Organisationen in einem perfekten Wettbewerb befinden und Frauen wie Männer die gleichen Berufe wählen. Der Vergleich von „profit", „non-profit" und staatlichen Betrieben zeigt allerdings, daß „non-profit"-Betriebe Männer und Frauen am stärksten integrieren, ein Ergebnis, das u.a. mit einem spezifischen Führungsstil in diesen Betrieben erklärt wird.

In eigenen Untersuchungen zur Segregation in Organisationen konnten die meisten Zusammenhänge in ähnlicher Weise wie in der NOS festgestellt werden.[7] Eine formalisierte Personalrekrutierung begünstigt die Einstellung von Frauen. Spezialisierung von Aufgaben geht mit einer Trennung von Männer- und Frauenwelten innerhalb der Organisation einher. Die Größe der Institute und deren Wachstum haben dagegen keinen Einfluß auf die Integration von Frauen. Am deutlichsten zeigt sich die Abhängigkeit der Integration von Frauen von der „Marktnähe": Je stärker die Organisationen hinsichtlich finanzieller Ressourcen im Wettbewerb stehen, desto besser sind die Einstiegschancen von Frauen.[8] Darüber hinaus konnten wir in Expertengesprächen den Eindruck gewinnen, daß die „organisationspolitische" Behandlung der Integrationsfrage etwa durch den Betriebsrat die Integrationschancen für Frauen erhöhen. Dieses Ergebnis würde auf Unterschiede zur Bedeutung gewerkschaftlichen Einflusses auf die berufliche Segregation in den USA hindeuten (Überblick bei Reskin 1993: 262) und bedarf noch eingehender empirischer Prüfung.

Abbildung 2: Der Anteil von Frauen in verschiedenen beruflichen Positionen in einer multinationalen Bank

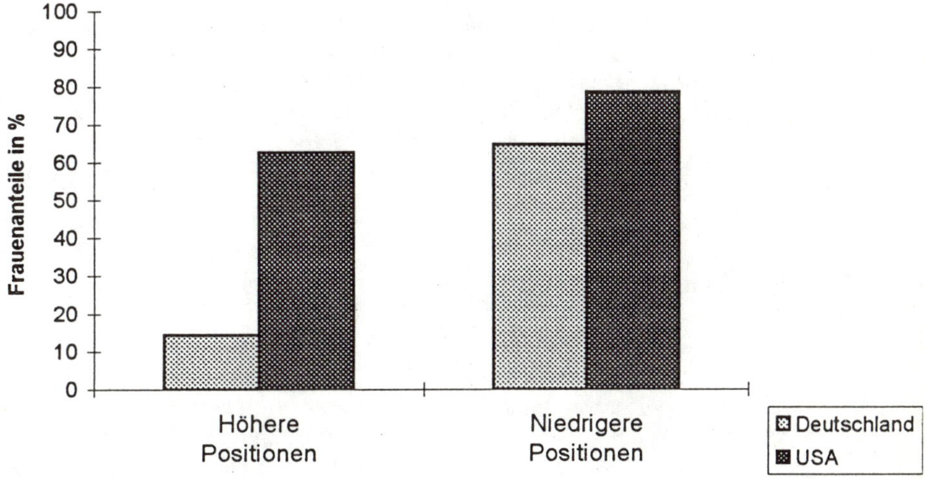

Quelle: Tinsley/DiPrete (1998)

An dieser Stelle soll zu illustrativen Zwecken noch auf einen deutsch-amerikanischen Vergleich hinsichtlich der *vertikalen* Segregation in Organisationen eingegangen werden. Wir beziehen uns auf eine von Vanessa Tinsley und Thomas DiPrete vorgelegte Analyse eines Unternehmens, das in den USA und in Deutschland im privaten Bankgeschäft aktiv ist (Tinsley/DiPrete 1998).

Zunächst erkennen wir in Abbildung 2, daß die firmeninterne Integration von Frauen in den USA im höheren und im niedrigeren Segment größer ist als in Deutschland. Die vertikale Segregation ist im deutschen Unternehmensteil weitaus stärker ausgeprägt. In den höheren Hierarchieebenen beträgt der Frauenanteil in Deutschland 14%; der Vergleichswert für die USA beläuft sich auf 63%. Allerdings sind in Deutschland die höheren Positionen im Unternehmen „knapper“ (12% aller Positionen sind im höheren Segment zu finden), während sie in den USA etwa die Hälfte aller Arbeitsplätze ausmachen. Das Ergebnis von Tinsley und DiPrete muß allerdings noch ergänzt werden: Der Markt für Finanzdienstleistungen ist in den USA stark differenziert; viele verschiedene Organisationen bieten spezifische Produkte an. Diese Differenzierung kennt wiederum getrennte Welten für Männer und Frauen, so arbeiten in Firmen im Bereich des Investment-Banking ganz überwiegend Männer, das Geschäft der Filialbanken wird – wie wir gesehen haben – hingegen überwiegend von Frauen abgewickelt.

Unterschiedliche Ausprägungen der Formalisierung, Spezialisierung, Unternehmensgröße und Marktposition stehen also trotz länderspezifischer Unterschiede in Zusammenhang mit der Geschlechtersegregation in den jeweiligen Organisationen. Allerdings verbleiben auch bei dieser Betrachtungsweise deutliche Erklärungsdefizite: Es bleibt weitgehend unklar, wie und warum diese organisationalen Merkmale das Ausmaß der Segregation verändern. Warum werden Tätigkeitsbereiche aufgebrochen und anschließend die „alte“ Geschlechterordnung wieder reinstitutionalisiert? Diese Fragen lassen sich u.E. nur unter bezug auf eine „tiefere“ Analyseebene – den konkreten Arbeitszusammenhang – untersuchen.

3. Segregation in Arbeitsgruppen

Sprechen wir von Segregation von und in Arbeitsgruppen, so verlassen wir den Anspruch, Personen gleicher Berufs- oder Tätigkeitsdefinitionen zusammenzufassen und deren Segregationswerte zu untersuchen. In Arbeitsgruppen, d.h. unter den regelmäßigen Interaktionspartnern am Arbeitsplatz, arbeiten häufig Personen mit unterschiedlicher Ausbildung, oft auch mit ganz unterschiedlichem beruflichen Status. Da wir uns hier jedoch auf der Ebene sozialen Handelns und sozialer Interaktion befinden, können wir die mikrosozialen Ursachen und Mechanismen der geschlechtssezifischen Segregation untersuchen. Bislang lassen sich drei inhaltliche Perspektiven unterscheiden, die untereinander wenig verbunden sind: Die Perspektive des *„organizational behavior"*, die Frage nach dem *Einfluß struktureller Merkmale (Gruppenzusammensetzung) auf individuelles Verhalten* und die Fragen *nach Machtverhältnissen zwischen den Geschlechtern.* Diese Ansätze sollen in aller Kürze dargestellt werden: Sie können unsere Fragestellung aus unterschiedlichen Positionen beleuchten, sie leiden aber auch an gemeinsamen Defiziten, wie abschließend darzustellen sein wird.

Die Frage der Geschlechtersegregation in Arbeitsgruppen wird im Rahmen des *„organizational behavior"* unter dem Aspekt der für Arbeitgeber wie Arbeitnehmer optimalen Zusammensetzung von Arbeitsgruppen verhandelt. Damit stehen nicht die individuellen Attribute einzelner Arbeitnehmerinnen und Arbeitnehmer im Vordergrund, sondern die demographische Zusammensetzung der gesamten Gruppe, zum Beispiel nach Alter, Seniorität, Bildung und Ethnizität. Die Grundannahme lautet: Die demographische Zusammensetzung der Arbeitsgruppe prägt die Gruppendynamik und – vermittelt über Interaktionsprozesse – das Leistungsniveau und die Kohäsion einer Gruppe, den Rollenstreß ihrer Mitglieder, deren Arbeitszufriedenheit sowie die gesamte Arbeitsorganisation. Einschlägige Untersuchungen kommen übereinstimmend zu dem Ergebnis, daß Mitglieder homogener Gruppen aufgrund hoher gegenseitiger Attraktion (Byrne 1969) häufiger als Mitglieder heterogener Gruppen miteinander kommunizieren, dichtere Netzwerke in ihren Kommunikationsstrukturen entwickeln und sozial stärker integriert sind. Gleichermaßen kann gezeigt werden – und das mag man als „Paradox der Gruppe" bezeichnen –, daß die Arbeitsergebnisse heterogen zusammengesetzter Arbeitsgruppen besser sind als die homogener Arbeitsgruppen: Gruppen, in denen Personen mit unterschiedlichen Merkmalen zusammenkommen, haben eine höhere Kapazität, neue Aufgaben intelligent zu lösen, alte Aufgaben neu zu gestalten, Arbeitsinhalte weiterzuentwickeln und auf neue Anforderungen flexibel und schnell zu reagieren. Insbesondere heterogene Gruppen erzielen Ergebnisse, die von ihren einzelnen Mitgliedern nicht hätten erbracht werden können. Die Stärke der Gruppe liegt also in ihrer Heterogenität – doch genau diese Heterogenität ist auch das stärkste Hindernis für ihre Integration (Hackman 1990; 1997).

Die soziologische Forschung beschäftigt sich kaum mit der Frage, was effiziente Gruppen ausmacht, und richtet ihr Augenmerk eher auf die Integration von einzelnen in soziale Gruppen. So liegen mehrere Arbeiten vor, die sich dem *Zusammenhang zwischen der strukturellen Zusammensetzung einer Arbeitsgruppe und dem Zusammenhalt ihrer Mitglieder* widmen. Die meisten dieser Studien knüpfen dabei an die Arbeiten von Rosabeth Moss Kanter (1977) an. Kanter untersucht den Einfluß der demographischen Zusammensetzung auf die Integration von Frauen und Männern in Arbeitsgruppen, wobei es hier zunächst nicht mehr um Arbeitsergebnisse oder Integrationsleistungen der Gesamtgruppe, sondern um die individuelle Stellung von Frauen und Männern im Kontext ihrer jeweiligen anteilsmäßigen Vertretung in der Gesamtgruppe geht. Nach Kanter erleben Frauen (und Männer) in

Minderheitenpositionen (Frauenanteil unter 15%) einen erhöhten Leistungs- und Anpassungsdruck („visibility" und „assimilation"), es kommt zu einer Spaltung („polarization") von Minderheit und Mehrheit, wodurch Gruppengrenzen zusätzlich betont werden. Kanter kommt zu dem Ergebnis, daß eine Angleichung des zahlenmäßigen Verhältnisses der Geschlechter die innerbetriebliche Situation von und für Frauen verbessert. Andere Studien (u.a. South et al. 1982; Allmendinger/Hackman 1995) kommen zu einem abweichenden Resultat. Diese Untersuchungen zeigen, daß bei hohem Frauenanteil das Interaktionsklima, die Arbeitszufriedenheit und die Beurteilung der Arbeitsleistung schlechter ausfallen als bei geringem Frauenanteil. Mit wachsender Größe der Minorität, so eine mögliche Interpretation, kommen (zunächst latente) Konflikte über die Ressourcenverteilung auf, es entsteht Rivalität, die Verteidigung des eigenen status quo beginnt, und das Interaktionsklima wird schlechter (für eine theoretische Interpretation: Blalock 1967).

Die Frauenforschung thematisiert Fragen nach der Konstruktion von Geschlecht in Arbeitsgruppen und Organisationen (West/Zimmerman 1977; Wetterer 1995; Knapp 1993) und der *„machinery of dominance"* (Cockburn 1988, ähnlich auch Maruani 1997), also der aktiven Vergeschlechtlichung von Arbeit durch Männer. Männer, so Cockburn, forcieren die Geschlechtertrennung und Geschlechtertypisierung von Tätigkeiten, um sich dadurch eigene Bereiche zu sichern. Die „machinery of dominance" setzt bereits beim Interaktionsverhalten zwischen Männern und Frauen ein (vgl. z.B. die Sammelbände von Trömel-Plötz 1984 und Kotthoff 1988). So stellt Aries (1984) fest, daß sich das Verhalten von Männern und Frauen hinsichtlich formaler Interaktionsmerkmale (Häufigkeit und Art von Redebeiträgen sowie die Frage, an wen der Beitrag gerichtet ist) und inhaltlicher Themen (Intimität, persönliche Beziehungen, Leistung, Wettstreit und Aggression) danach unterscheidet, ob sie sich in gemischt- oder eingeschlechtlichen Gruppen befinden. Aries interpretiert dies so, „daß in gemischten Gruppen Geschlechtsrollen-Normen bezüglich gemischtgeschlechtlicher Interaktion mitspielten und das Verhalten änderten" (Aries 1984: 123).

Alle drei Forschungsrichtungen vernachlässigen, unter welchen konkreten Randbedingungen der „stress of group relations" moderiert oder gar gemindert werden könnte. Eine Definition dessen, was überhaupt eine Arbeitsgruppe darstellt und welche Merkmale sie charakterisieren, wird eher vermieden, das vollständige Sektrum der Geschlechterzusammensetzung in Arbeitsgruppen wird nicht untersucht und die Frage nach Auswirkungen der Geschlechtsspezifik der Arbeitsinhalte wird selten gestellt. Eine systematische Bearbeitung solcher kontextuellen Faktoren scheint schon deshalb fruchtbar, da bislang vorliegende Studien ausschnitthaft deren Bedeutung unterstreichen konnten. So hat der *nationale Kontext* mit seinen je spezifischen Geschlechterkulturen einen Einfluß auf das geschlechtsbezogene Geschehen in Arbeitsgruppen, gleiches läßt sich über den Einfluß von *Führungsstilen* sagen (Allmendinger/Hackman 1998). Auch die *Tradition der Frauenbeschäftigung* in dem jeweiligen Arbeitsgebiet spielt eine große Rolle für die Gruppenkohärenz. Dieser Aspekt hat Eingang in viele qualitative Analysen gefunden, die sich insbesondere mit einer spezifischen Gruppenkonstellation, den „tokens“, beschäftigen. In diesen Untersuchungen werden Frauen in Männerberufen, Männer in Frauenberufen und die typischen Probleme dieser „go-betweens“ untersucht (unter vielen anderen: Williams 1989; Pierce 1995; Leidner 1991; Heintz et al. 1997). So geht es in der Untersuchung von Bettina Heintz et al. (1997) um die „mikrosozialen Ursachen und Mechanismen der geschlechtsspezifischen Segregation des Arbeitsmarktes“ (ebda.: 12). Dabei werden Männer und Frauen untersucht, die in gegengeschlechtlichen Berufen arbeiten und gefragt „was ihnen im fremden Territorium geschieht“. Untersucht werden Männer und Frauen in der Krankenpflege (frauendominiert), der Informatik (männerdominiert) und der Sachbearbeitung einer Versicherung (integriert). Die Studie kommt zu folgendem Ergebnis: „Während Kanter die von ihr beschriebenen Handlungsparadoxien als Minderheiten-, nicht als Frauenproblem interpretiert, zeigen unsere Fallstudien, daß sich die Außenseitersituation für die beiden Geschlechter verschieden präsentiert und sie auch unterschiedlich mit ihr umgehen“ (ebda.: 227).[9] Als überaus fruchtbar erweisen sich auch Untersuchungen, in denen Gruppen in der Tradition von Mary Douglas und Aaron Wildavsky (1983) nach Aspekten ihrer *Organisations- und Belohnungsstruktur* unterschieden werden. In Organisationen, welche die individuelle Leistung prämieren, scheinen sich Probleme heterogen zusammengesetzter Gruppen eher zu zeigen als in Organisationen, welche ihre Gruppen mit Gemeinschaftsaufgaben betreuen, so daß Individuen nur dann erfolgreich sein können, wenn die gesamte Gruppe „an einem Strang“ zieht (Allmendinger/Aisenbrey 1999).

Die hier vorgestellten Ergebnisse zur Bedeutung von Kontextbedingungen ergeben bislang nur „Spuren“, denen weiter nachgegangen werden sollte. Weiterhin und nicht weniger wichtig ist die Beachtung eines *methodischen Aspekts:* Alle Untersuchungen sind Querschnittsuntersuchungen, welche dennoch so interpretiert werden, als hätte man sie an Arbeitsgruppen gewonnen, deren Frauenanteil und damit einhergehend deren Gruppenergebnisse sich unter den Augen der Forscherinnen und Forscher verändert. Dies ist eine starke Annahme und ein methodisch kaum zu rechtfertigender Ausgangspunkt aller Interpretationen. Schließlich – und das betrifft vor allem die organisationsdemographischen Studien – erfolgen die *Interpretationen* der gefundenen Zusammenhänge überwiegend ad hoc, da die eigentlichen Interaktionsprozesse, die zu den gefundenen Arbeitsergebnissen führen, ja gerade nicht untersucht werden. Damit wird aber auch der Blick auf alternative theoretische Ansätze verstellt.

Zukünftige Forschungsanstrengungen sind darauf zu richten, die drei Analyseebenen, die wir in diesem Artikel unterschieden haben, besser zu verbinden. Dazu bedarf es theoretischer Anstrengungen und empirischer Untersuchungen zu geschlechtsspezifischen Schließungsprozessen in Berufsfeldern, Organisationen und Arbeitsgruppen. Werden weitere kontextuelle Faktoren berücksichtigt, sind durchaus neue Einsichten zu den Ursachen von Geschlechtersegregation zu erwarten.

Anmerkungen

1 Der vorliegende Beitrag stützt sich auf Vorarbeiten von Allmendinger/Hinz (1997).

2 Allerdings zeigen die statistischen Kennwerte auch, daß in den skandinavischen Ländern die Geschlechtersegregation besonders hoch ist, was sich mit der Konzentration von Teilzeit arbeitenden Frauen im öffentlichen Sektor erklären läßt (Rubery/Fagan/Maier 1996).

3 Zu den *professionellen Berufen* zählen beispielsweise Wissenschaftler, Ärzte, Architekten, Juristen und Lehrer; die Berufsgruppe der *Leitungsberufe* setzt sich aus Verwaltungsbediensteten in leitenden Stellungen, Geschäftsführern, Produktionsleitern, Unternehmern etc. zusammen; zu den *Büroberufen* werden u.a. Buchhalter, Telefonisten, Sekretäre, Maschinenschreiber gezählt; in die Kategorie der *Handelsberufe* fallen z.B. Handelsvertreter, Kundenberater, Verkäufer und Verkaufshilfskräfte; in die Kategorie der *Dienstleistungsberufe* gehen z.B. Gastwirte, Kellner, Friseure, Gebäudereiniger und Polizisten ein; in die *Berufsgruppe des produzierenden Gewerbes* wird eine sehr breite Palette von gütererzeugenden und handwerklichen Berufen (z.B. Bergleute, Weber, Elektromechaniker) eingeteilt.

4 Für Deutschland werden nur die alten Bundesländer berücksichtigt. Der Dissimilaritätsindex, der für die sechs Berufsgruppen berechnet wurde, erhöht sich für Deutschland von 1980-84 bis 1992-96 von .34 auf .38. In den USA geht er im gleichen Zeitraum von .38 auf .36 zurück. Eine ergänzende Berechnung für die neuen Bundesländer ergibt im Zeitraum 1992-96 einen weitaus höheren Index von .53. Dies ist ein weiterer Beleg, wie eine höhere Erwerbsbeteiligung von Frauen mit größerer beruflicher Segregation einhergehen kann.

5 Dagegen zeigt eine deutsche Studie zur Auswirkung von Frauenförderplänen, daß keine nennenswerten Unterschiede hinsichtlich der Neueinstellung in männlich dominierten Berufspositionen und des Aufstiegs in Führungspositionen zwischen Organisationen mit und ohne Frauenförderung existieren (Rudolph/Grüning 1993).

6 In einer deutschen Untersuchung zum Einsatz neuer Bürotechnologien (Gottschall 1990) wird deutlich, wie „Auswirkungen der Innovationsprozesse“ (ebda.: 229-230) zu einer Verfestigung von Geschlechtergrenzen – Gottschall spricht von einer „Renaissance von Frauendiskriminierung“ – führen.

7 Die Untersuchungen beziehen sich bislang auf die Integration von Frauen in deutsche Wissenschaftsorganisationen (Allmendinger et al. 1997; Achatz et al. 1998) und werden in den nächsten Forschungsschritten auf privatwirtschaftliche Organisationen und weitere non-profit-Organisationen ausgeweitet.

8 Der stärkere Wettbewerb in der Organisationsumwelt drückt sich organisationsintern z.B. in „flexibler Beschäftigung“ aus. Letztlich gehen also verschlechterte Arbeitsbedingungen mit einer höheren Integration von Frauen einher.

9 Siehe hierzu kritisch: Allmendinger/Hollstein (1998).

Literatur

Achatz, Juliane/Allmendinger, Jutta/Hinz, Thomas/Pfeil, Patricia 1998: Determinanten der Integration von Frauen in Organisationen im zeitlichen Verlauf, unveröffentlichtes Arbeitspapier, Institut für Soziologie, München.

Acker, Joan 1990: Hierarchies, Jobs, Bodies: A Theory of Gendered Organizations. In: Gender and Society, Jg. 4, S. 1939-158.

Allmendinger, Jutta/Aisenbrey, Silke 1999: Group Composition and Individual Job Satisfaction, unveröffentlichtes Arbeitspapier, Institut für Soziologie, München.

Allmendinger, Jutta/Brückner, Hannah/Fuchs, Stefan/von Stebut, Janina 1997: Die Integration von Frauen in der Wissenschaft: Eine Echternacher Springprozession. In: Rehberg, Karl-Siegbert (Hrsg.): Differenz und Integration. Die Zukunft moderner Gesellschaften, Opladen: Westdeutscher Verlag, S. 537-544.

Allmendinger, Jutta/Hackman, J. Richard 1995: The More, the Better? On the Inclusion of Women in Professional Organizations. In: Social Forces, Jg. 74, S. 423-460.

Allmendinger, Jutta/Hackman, J. Richard 1998: Mitigating the Stress of Gender Relations, unveröffentlichtes Arbeitspapier, Institut für Soziologie, München und Harvard University, Cambridge MA.

Allmendinger, Jutta/Hinz, Thomas 1997: Growth to Limits? Geschlechtersegregation in Organisationen und Arbeitsgruppen. Antrag an die Deutsche Forschungsgemeinschaft auf Gewährung einer Sachbeihilfe (unveröffentlicht), Institut für Soziologie, München.

Allmendinger, Jutta/Hollstein, Bettina 1998: Rezension von Heintz et al.: „Ungleich unter Gleichen". Erscheint in: Kölner Zeitschrift für Soziologie und Sozialpsychologie, Jg. 50, Heft. 4.

Aries, Elizabeth 1984: Zwischenmenschliches Verhalten in eingeschlechtlichen und gemischtgeschlechtlichen Gruppen. In: Trömel-Plötz, Senta (Hrsg.): Gewalt durch Sprache. Die Vergewaltigung von Frauen in Gesprächen, Frankfurt/Main: Fischer, S. 114-127.

Beck-Gernsheim, Elisabeth/Ostner, Ilona 1978: Frauen verändern – Berufe nicht? Ein theoretischer Ansatz zur Problematik von „Frau und Beruf". In: Soziale Welt, Jg. 29, S. 257-287.

Beckmann, Petra (Hrsg.) 1996: Gender-specific Occupational Segregation. Beiträge zur Arbeitsmarkt- und Berufsforschung (BeitrAB) 188, Nürnberg.

Bielby, William T./Baron, James, N. 1984: A Women's Place is with Other Women: Sex Segregation within Organizations. In: Reskin, Barbara F. (Hrsg.): Sex Segregation in the Workplace, Washington DC: National Academy, S. 27-55.

Bielby, William, T./Baron, James, N. 1986: Men and Women at Work: Sex Segregation and Statistical Discrimination. In: American Journal of Sociology, Jg. 91, S. 759-799.

Blalock, H.M. 1967: Toward a Theory of Minority-Group Relations, New York: Wiley.

Blossfeld, Hans-Peter 1987: Labor-Market Entry and the Sexual Segregation of Careers in the Federal Republic of Germany. In: American Jornal of Sociology, Jg. 93, S. 89-118.

Böge, Sybille 1995: Geschlecht, Prestige und „horizontale" Segmentierungen in der juristischen Profession. In: Wetterer, Angelika (Hrsg.): Die Konstruktion von Geschlecht in Professionalisierungsprozessen, Frankfurt/Main, New York: Campus, S. 139-154.

Born, Claudia/Krüger, Helga/Lorenz-Meyer, Dagmar 1996: Der unentdeckte Wandel. Annäherungen an das Verhältnis von Struktur und Norm im weiblichen Lebensverlauf, Berlin: Edition Sigma.

Byrne, David 1969: Attitudes and Attraction. In: Berkowitz, L.: Advances in Experimental Social Psychology, New York: Academic Press, S. 35-89.

Charles, Maria 1992: Cross-National Variation in Occupational Sex Segregation. In: American Sociological Review, Jg. 57, S. 483-502.

Charles, Maria/Grusky, David B. 1995: Models for Describing the Underlying Structure of Sex Segregation. In: American Journal of Sociology, Jg. 100, S. 931-971.

Cockburn, Cynthia 1988: Die Herrschaftsmaschine. Geschlechterverhältnisse und technisches Know-How, Berlin/Hamburg.

Cohen, Lisa E./Broschak, Joseph P./Haveman, Heather H. 1998: Sex Composition and the Hiring/Promotion of Women Managers. In: American Sociological Review, Jg. 63, S. 711-727.

Douglas, Mary/Wildavsky, Aaron 1983: Risk and Culture, Berkeley, CA: UP.

England, Paula/McCreary, L. 1987: Gender Inequality in Paid Employment. In: Hess, H./Ferree, M. (Hrsg.): Analyzing Gender, Newbury Park, CA: Sage Publications, S. 286-320.

Fay, Fiona M./Hagan, John 1998: Gender Stratification in Law Firms. In: American Sociological Review, Jg. 63, S. 728-743.

Gottschall, Karin 1990: Frauenarbeit und Bürorationalisierung, Frankfurt/Main, New York: Campus.

Hackman, J. Richard 1990: Groups that Work (and Those That Don't), San Francisco: Jossey-Bass.

Hackman, J. Richard 1997: Why Teams Don't Work. In: Tindale, R.S./Edwards, J./Posavac, E.J. (Hrsg.): Applications of Theory and Research on Groups to Social Issues, New York: Plenum. Im Erscheinen.

Hakim, Catherine 1995: Explaining Trends in Occupational Segregation: The Measurement, Causes, and Consequences of the Sexual Division of Labour. In: European Sociological Review, Jg. 8, S. 127-152.

Heintz, Bettina/Nadai, Eva/Fischer, R./Ummel, Hans 1997: Ungleich unter Gleichen. Studien zur geschlechtsspezifischen Segregation des Arbeitsmarktes, Frankfurt/Main, New York: Campus.

Jacobs, Jerry A. 1989: Revolving Doors. Sex Segregation and Women's Careers, Stanford: UP.

Kalleberg, Arne L./Knoke, David/Marsden, Peter V./Spaeth, Joe L. 1996: Organizations in America. Analyzing their Structures and Human Resource Practices, Thousand Oaks u.a.: Sage Publications.

Kanter, Rosabeth M. 1977: Men and Women of the Corporation, New York: Basic Books.

King, M.C. 1992: Occupational Segregation by Race and Gender 1940-1980. In: Monthly Labor Review, Jg. 115, S. 30-37.

Knapp, Gudrun-Axeli 1993: Segregation in Bewegung: Einige Überlegungen zum „Gendering" von Arbeit und Arbeitsvermögen. In: Hausen, Karin/Krell, Gertraude (Hrsg.): Frauenerwerbsarbeit: Forschungen zu Geschichte und Gegenwart, München, Mering: Hampp, S. 25-46.

Kotthoff, Helga 1988 (Hrsg.): Das Gelächter der Geschlechter. Humor und Macht in Gesprächen von Frauen und Männern, Frankfurt/Main: Fischer.

Leidner, Robin 1991: Serving Hamburgers and Selling Insurance: Gender, Work, and Identity in Interactive Service Jobs. In: Gender and Society, Jg. 5, S. 154-177.

Maruani, Margaret 1997: Die gewöhnliche Diskriminierung auf dem Arbeitsmarkt. In: Dölling, Irene/Krais, Beate (Hrsg.): Ein alltägliches Spiel. Geschlechterkonstruktion in der sozialen Praxis, Frankfurt a.M.: Suhrkamp, S. 48-72.

Mills, Albert J./Tancred, Peta (Hrsg.) 1992: Gendering Organizational Analysis, Newbury Park u.a.: Sage Publilcations.

Orloff, Ann 1996: Gender in the Welfare State. In: Annual Review of Sociology, Jg. 22, S. 51-78.

Petersen, Trond/Morgan, Laurie A. 1995: Separate and Unequal: Occupation – Establishment Sex Segregation and the Gender Wage Gap. In: American Journal of Sociology, Jg. 101, S. 329-365.

Pierce, Jennifer L. 1995: Gender Trials. Emotional Lives in Contemporary Law Firms, Berkeley: University of California Press.

Reskin, Barbara 1988: Bringing Men Back In. Sex Differentiation and the Devaluation of Women's Work. In: Gender and Society, Jg. 2, S. 58-81.

Reskin, Barbara 1993: Sex Segregation in the Workplace. In: Annual Review of Sociology, Jg. 19, S. 241-270.

Reskin, Barbara F./Hartmann, H.I. 1986: Women's Work, Men's Work: Sex Segregation on the Job, Washington, D.C.: National Academy.

Reskin, Barbara F./Padavic, Irene 1994: Women and Men at Work, Thousand Oaks u.a.: Pine Forge Press.

Reskin, Barbara F./Roos, Patricia A. 1990: Job Queues, Gender Queues: Explaining Women's Inroads into Male Occupations, Philadelphia (PA): Temple UP.

Rubery, Jill/Fagan, Colette/Maier, Friederike 1996: Occupational Segregation, Discrimination and Equal Opportunity. In: Schmidt, Guenther/O'Reilly, Jacqueline/Schoemann, Klaus (Hrsg.): International Handbook of Labour Market Policy and Evaluation, Cheltenham: Edward Elgar, S. 431-461.

Rudolph, Hedwig 1994: Jenseits der „behäbigen Gegend" – Wie weiblich ist der Arbeitsmarkt? In: Zapf, Wolfgang/Dierkes, Meinolf (Hrsg.): Institutionenvergleich und Institutionendynamik, Berlin: Edition Sigma, S. 201-214.

Rudolph, Hedwig/Grüning, Marlies 1993: Neue Jobs für neue Frauen? Frauenförderpläne und die Dynamik gespaltener Arbeitsmärkte. In: Strümpel, Burkhard/Dierkes, Meinolf (Hrsg.): Innovation und Beharrung in der Arbeitspolitik, Stuttgart: Schäffer-Poeschel, S. 209-239.

Schömann, Klaus/Hannan, Michael, T./Blossfeld, Hans-Peter 1991: Die Bedeutung von Bildung und Arbeitsmarktsegmenten für die Arbeitseinkommen von Frauen und Männern. In: Mayer, Karl Ulrich u.a. (Hrsg.): Vom Regen in die Traufe: Frauen zwischen Beruf und Familie, Frankfurt a.M.: Campus, S. 163-184.

South, Scott/Bonjean, Charles M./Markham William T./Corder, Judy 1982: Social Structure and Intergroup Interaction. Men and Women of the Federal Bureaucracy. In: American Sociological Review, Jg. 47, S. 587-599.

Tam, Tony 1997: Sex Segregation and Occupational Gender Inequality in the United States: Devaluation or Specialized Training? In: American Journal of Sociology, Jg. 102, S. 1652-1692.

Tinsley, Vanessa V./DiPrete, Thomas A. 1998: Corporate and Environmental Influences on the Outcomes of Personnel Practices: A Cross-National Comparison of U.S. and German Branch Offices of a Multinational Bank. Unpublished Paper, Duke University, Durham NC.

Tomaskovic-Devey, Donald 1993: The Gender and Race Composition of Jobs and the Male/Female, White/Black Pay Gaps. In: Social Forces, Jg. 72, S. 45-76.

Tomaskovic-Devey, Donald 1995: Sex Composition and Gendered Earnings Inequality: A Comparison of Job and Occupational Models. In: Jacobs, Jerry (Hrsg.): Gender Inequality at Work, London: Sage, S. 23-56.

Tomaskovic-Devey, Donald/Kalleberg, Arne/Marsden, Peter 1996: Organizational Patterns of Gender Segregation. In: Kalleberg, Arne et al. (Hrsg.): Organizations in America, Thousand Oaks CA, Sage, S. 276-301.

Trömel-Plötz, Senta (Hrsg.) 1984: Gewalt durch Sprache. Die Vergewaltigung von Frauen in Gesprächen, Frankfurt/Main: Fischer.

West, Candace/Zimmermann, Don H. 1991: Doing Gender. In: Lorber, Judith/Farrell, Susan A. (Hrsg.): The Social Construction of Gender, S. 13-37.

Wetterer, Angelika (Hrsg.) 1995: Die Konstruktion von Geschlecht in Professionalisierungsprozessen, Frankfurt/Main, New York: Campus.

Williams, Christine, L. 1989: Gender Differences at Work: Women and Men in Nontraditional Occupations, Berkeley: University of California Press.

Ethnische Zugehörigkeit und Geschlecht

Ein Plädoyer für eine theoretische Öffnung der bundesdeutschen Frauen- und Geschlechterforschung für die Kategorie der „Ethnizität" und für die Notwendigkeit einer geschlechtsbewußten Migrationssoziologie

Ingrid N. Sommerkorn

1. Die Bundesrepublik als Einwanderungsgesellschaft

Migrationsbewegungen verlaufen weltweit; sie sind mit Prozessen der sozialen Veränderung, wie zum Beispiel sozialer Differenzierung und Entstehung von neuen Formen von Integration und Ausgrenzung verbunden, und machen auch an den deutschen Nationalstaatsgrenzen nicht halt. Einwanderungen haben dazu geführt, daß die Bundesrepublik heute keine ethnisch homogene Gesellschaft ist – wenn sie es denn jemals gewesen ist. Zwar hat es in den letzten Jahren Schwankungen bei den Zu- und Abwanderungszahlen gegeben, insgesamt jedoch kann man seit dem Beginn der Anwerbung ausländischer Arbeitnehmer im Jahre 1955 eine Einwanderungszunahme in die Bundesrepublik konstatieren. Wanderungsbewegungen heute betreffen Menschen, die einen Rechtsanspruch auf Einreise in die Bundesrepublik haben: Asylbewerber, Kontingent- und Kriegsflüchtlinge sowie sog. Familiennachzügler. So lag im Jahr 1995 das Zuwanderungssaldo – das ist die Anzahl der eingewanderten Personen abzüglich der Zahl der Rückkehrer und der Personen, die die Bundesrepublik aus den verschiedensten Gründen verlassen haben oder verlassen mußten – bei knapp 225.000 Menschen. Damit hatte die Bundesrepublik eine höhere Zuwanderungsquote als das klassische Einwanderungsland USA. 1996 ging das Zuwanderungssaldo auf 149.000 Personen zurück, und 1997 überwog erstmalig die Zahl der Abwanderungen die Zahl der Zuwanderungen um 22.000. Dies ist wohl insbesondere auf die starken, oftmals erzwungenen Rückwanderungen der Bürgerkriegsflüchtlinge zurückzuführen. Diese Zahlen lassen die deutschstämmigen Aussiedler und Aussiedlerinnen unberücksichtigt. Sie werden in der Statistik zur deutschen Bevölkerung gerechnet und gehen in die Zuwanderungsberechnungen der ausländischen Bevölkerung nicht mit ein. 1996 betrug ihre Zahl 178.000; im Jahre 1997 waren es 134.000 Personen.[1]

In dem Bericht der Beauftragten der Bundesregierung für die Belange der Ausländer (1995) schreibt die damalige Amtsinhaberin, Cornelia Schmalz-

Jacobsen: „Die neuere Geschichte unseres Landes als ‚Einwanderungsland'" (ebda.: 11) beginnt 1955 mit der Unterzeichnung des ersten Anwerbevertrags zwischen der Republik Italien und der Bundesrepublik. Die Zahl der Ausländer blieb in den 50er Jahren mehr oder weniger konstant bei ca. 650.000 und betrug somit gut ein Prozent der westdeutschen Bevölkerung. Seit 1960 ist die Zahl der ausländischen Bevölkerung langsam und kontinuierlich gestiegen; seit Ende der 80er Jahre hat der bis dahin stetige Anstieg insb. durch die Ost-West Migrationen stark zugenommen (vgl. Schmidt/Weick 1998: 2 und Graphik 1.[2] Angesichts der Tatsache, daß der Ausländeranteil in den neuen Bundesländern nur knapp zwei Prozent ausmacht, belief sich der Anteil von Ausländern und Ausländerinnen im vereinigten Deutschland Ende 1997 auf rund 9 Prozent, – das sind gut 7,4 Millionen statistisch erfaßte Menschen, die als ‚Fremde' unter uns leben; 54 Prozent von ihnen sind Männer, 46 Prozent Frauen (Statistisches Bundesamt, 31.12.1997). Von diesen Menschen mit einer nicht-deutschen ethnischen und kulturellen Zugehörigkeit leben allerdings über 70 Prozent bereits länger als zehn Jahre in der Bundesrepublik, und über 80 Prozent der ausländischen Kinder sind hier geboren (Kang 1997: 123f.). Auch wenn sie keine deutschen Staatsbürgerrechte besitzen, so haben doch viele Migrantinnen und Migranten die Bundesrepublik Deutschland faktisch zu ihrem Lebensmittelpunkt gemacht: Im Sozio-ökonomischen Panel von 1995 gab durchschnittlich jeder Zweite aus den verschiedenen nationalen Gastarbeiter-Gruppen an, „für immer" in Deutschland bleiben zu wollen (Schmidt/Weick 1998: 2). Für diese Menschen gilt also Georg Simmels (1908) klassische Beschreibung des Fremden „als der, der heute kommt und morgen bleibt" – und eben nicht „als der Wandernde, der heute kommt und morgen geht" (Simmel 1968: 63).

Die Zuwanderungsströme von Menschen verschiedener ethnischer und kultureller Zugehörigkeit haben die Bundesrepublik Deutschland de facto zu einer heterogenen Einwanderungsgesellschaft werden lassen, – auch wenn wir uns nicht als solche verstehen wollen: Die erhitzten politisch-öffentlichen Debatten, die derzeit im Zusammenhang mit der von der neuen Rot-Grünen Koalition geplanten Modernisierung des Staatsangehörigkeitsrechts sowie der damit verbundenen Möglichkeit des Besitzes der doppelten Staatsbürgerschaft in großer Breite und in höchstem Maße emotionalisiert in den Medien geführt werden, belegen zur Genüge unseren Widerstand gegen ein Selbstbild als Einwanderungsland.[3]

2. *Die geschlechtsspezifische Dimension von Einwanderung – ein vernachlässigter Problemzusammenhang auch in der Geschlechterforschung*

Das Phänomen der Migrationsbewegung bezieht sich nicht nur auf Deutschland, sondern ist weltweit zu einem bedeutsamen Aspekt von sozialem Wandel in modernen Gesellschaften geworden. Ein anderer wichtiger Faktor sozialen Wandels stellen die Veränderungen der Frauenrolle und des Geschlechterverhältnisses dar. Diese beiden Strukturkategorien sozialen Wandels sind jedoch bislang hinsichtlich ihrer wechselseitigen Beeinflussung nicht systematisch reflektiert worden. Auch die neue deutsche Frauenbewegung hat – von Ausnahmen abgesehen – lange Zeit die strukturelle Veränderung durch Migration nicht zur Kenntnis genommen und hat einer eurozentrischen Blickweise nachgehangen. Mußte sich die etablierte Soziologie von der Frauen- und Geschlechterforschung Androzentrismus vorwerfen lassen, so mußten die Frauenforscherinnen sich mit dem Vorwurf des Eurozentrismus und eines feministischen Ethnozentrismus auseinandersetzen. Also nicht nur Politiker nahmen keine Kenntnis davon, daß die Bundesrepublik de facto bereits ein Einwanderungsland ist (vgl. stellvertretend für viele andere: Schönbohm 1998: 7), sondern auch in der feministischen Diskussion wurde das soziale Faktum „40 Jahre Migrantinnen in Deutschland" (Kang 1996: 9) oftmals ausgeblendet. Das blieb nicht ohne Auswirkungen auf die feministische Theoriedebatte, in der erst seit kurzem thematisiert wird, daß es aufgrund verschiedener ethnischer Zugehörigkeiten nunmehr auch in unserer Gesellschaft Unterschiede zwischen Frauen geben könnte.

Das galt auch für mich. Als Bildungssoziologin und als Frauenforscherin, für die die Thematik „Geschlechterverhältnisse im Bildungswesen" in den letzten Jahren ein wichtiger Arbeitsschwerpunkt in Forschung, Lehre und bildungspolitischer Praxis war (vgl. Hoeltje, Liebsch, Sommerkorn 1995), war es bereits ein Fortschritt, daß das Bildungsreformpostulat der Chancengleichheit, das in den späten 60er und den frühen 70er Jahren unter der Perspektive der schichtspezifischen Benachteiligung erhoben worden war, in den 80er Jahren aufgrund der schulbezogenen Untersuchungen und Initiativen von Frauen-Bildungsforscherinnen nunmehr um den Aspekt der geschlechtsspezifischen Sozialisation erweitert wurde. Das kritische Interesse der feministischen Schulforscherinnen im neu erwachten Diskurs um Chancengleichheit zwischen Mädchen und Jungen in der koedukativen Schule hatte sich damals an der sog. Technikdistanz von Mädchen und Frauen entzündet: Das scheinbar mangelnde Interesse der Mädchen an den ‚harten' naturwissenschaftlichen Fächern und den in diesen Fächern zumindest in den höheren Klassenstufen sichtbar werdenden geschlechtsspezifischen Leistungsunterschieden machte erstmalig deutlich, daß die Einführung der Koedukation, die mit ihren formal gleichen Lehr- und Lernbedingungen für Mädchen und Jungen eine erfolgreiche Maßnahme der Bildungsreform war, dennoch nicht zur erhofften qualitativ-inhaltlichen Chancengleichheit für beide Geschlechter geführt hatte.

Die vielen Debatten, die unter dem Motto ‚Koedukation auf dem Prüfstand‘ geführt wurden, hatten zwar zu einer in der Öffentlichkeit weit verbreiteten Chancengleichheits- und Frauenförderungsrhetorik geführt. Auf der Erfahrungs- und Alltagsebene in der koedukativen Schule war es jedoch desillusionierend und demotivierend, immer wieder an emotionale Barrieren zu gelangen, auf die die Geschlechterthematik bei Lehrenden und Lernenden sowie bei vielen, die an Schul- und Bildungspolitik beteiligt sind, immer noch stößt. Außerdem wurde mir bei diesen bildungspolitischen und schulischen Aktivitäten in den letzten Jahren immer deutlicher bewußt, daß es zur Verbesserung der Chancengleichheit von Mädchen und jungen Frauen zwar einerseits notwendig ist, daß die Existenz des bi-polaren Geschlechterverhältnisses, das ein strukturbestimmendes und ordnendes Merkmal unserer Gesellschaft ist, in Schule und Unterricht auf kognitiver und auf emotionaler Ebene zur Kenntnis genommen wird. Andererseits war bereits auf der Ebene der Beobachtung im Hamburger Schulalltag nicht zu übersehen, daß es innerhalb eines Geschlechtes vielfältige Differenzierungen gibt:

> „Wenn nicht ‚Geschlecht‘ der Referenzpunkt des Vergleichs ist, sondern Schicht, Ethnie oder Hautfarbe, dann müssen in der [bundesdeutschen (I.Sk.)] feministischen Forschung auch die sozialen, kulturellen und politischen Differenzen zwischen Frauen zur Kenntnis genommen werden“ (Becker-Schmidt 1998: 5).

Aufgrund ihrer schichtspezifischen, ethnischen, nationalen, religiösen, ja auch altersspezifischen Verschiedenheiten zwischen Schülerinnen und jungen Frauen einerseits und zwischen Schülern und jungen Männern andererseits, trifft es die ‚bunte‘ Vielfalt sozialer Wirklichkeit nur partikular, wenn von einem Geschlechterverhältnis nur im Singular gesprochen wird, wodurch soziale Ungleichheit und Diskriminierung allein im Verhältnis zu Männern als zentrales und universales Strukturierungsprinzip von Gesellschaft gesehen wird. Die Kategorie ‚Geschlecht‘ als vorrangiges Analysekriterium in der feministischen Theoriebildung westlicher Prägung unterstellt eine Homogenität unter Frauen, die es in der gesellschaftlichen Realität nicht gibt.

Trotz aller Notwendigkeit, die Bewußtwerdungsarbeit zum Thema ‚Geschlechterverhältnisse im Bildungwesen‘ weiter voranzutreiben, werden wichtige Dimensionen schulischer Wirklichkeit ausgeklammert, wenn nicht zusätzlich zu den Strukturmerkmalen Geschlecht und Klasse auch die ethnische Zugehörigkeit in der sozialwissenschaftlichen Frauenforschung Berücksichtigung findet.

Die ‚Entdeckung‘ von Geschlecht als Strukturmerkmal mit ihren historisch und gesellschaftlich gewachsenen Asymmetrien, Ungleichheiten und normativen Zumutungen sowie der damit verbundene lange Kampf um Anerkennung von der Mainstream-Soziologie als legitime Kategorie gesellschaftlicher Erkenntnis war so absorbierend, daß es wahrscheinlich gar nicht allzu verwunderlich ist, wenn Feministinnen, die vorwiegend aus der Mittelschicht stammen, erst seit kurzem dazu in der Lage sind, neben der Geschlechterdifferenz auch noch ethnisch-kulturelle Differenzen als zentrale Differenz-Kategorien zuzulassen. Interessant ist, daß diese Blickerweiterung von der „ausschließlichen und andere Kategorien ausschließenden Geschlechterorientierung" im Rahmen des „Paradigmas der Zweigeschlechtlichkeit" (Gümen 1997: 128) vorwiegend aufgrund eigener Betroffenheit gefordert wird:

„Es erscheint nicht als zufällig, daß die Forderung nach jeweils sehr konkreter Rekonstruktion bzw. Dekonstruktion der Verbindung von Diskriminierungsprozessen aufgrund der Zugehörigkeit zu Geschlecht einerseits, dem Migrations- bzw. Minderheitenkontext andererseits in der Regel von Forscherinnen und Forschern erhoben wird, die selbst dem sozialen Kontext von Minderheiten aufgrund von Wanderungsprozessen und/oder rassischer Diskriminierung entstammen" (Apitzsch 1994: 247).

Bislang wurden in Deutschland die miteinander verwobenen Prozesse der Vergeschlechtlichung und die Prozesse der Ethnisierung getrennt in zwei verschiedenen Wissenschaftsbereichen erforscht, nämlich zum einen im Bereich der Frauen- und Geschlechterforschung und zum anderen im Bereich der interkulturellen Pädagogik und der oftmals sozialpädagogisch orientierten Migrantinnenforschung (vgl. Westphal 1997: 51). Seit Anfang der 90er Jahre zeichnet sich allerdings eine Wende in Richtung Grenzüberschreitungen ab, – basieren doch beide Forschungsrichtungen auf folgenden gemeinsamen Annahmen:

- Beide beruhen auf der wissenschaftlichen Kategorie der Differenz: Geschlechterdifferenz und kulturelle und/oder ethnische Differenz, die wiederum in Zusammenhang mit gesellschaftlichen Marginalisierungs- und Ausschlußkriterien stehen.
- Beide thematisieren „kulturelle Differenzen zwischen Frauen".
- Beide haben den Anspruch, selbstkritisch und selbstreflexiv zu sein und so gesellschaftspolitisch zu wirken (vgl. Gümen 1996: 77). Mit anderen Worten, es gilt also,

> „im Bemühen um Emanzipation konzeptuelle Grenzen zu überschreiten und Verbindungen zwischen verschiedenen Ideen herzustellen, in denen Affinitäten *wie auch* Unterschiede entdeckt und anerkannt werden können" (Scheidhauer 1997: 13).[4]

Seit kurzem wird in der bundesdeutschen Frauenforschung wenigstens der Mangel an geeigneten Konzeptualisierungen und an empirischen, systematisch abgesicherten Daten über Pluralitäten und ethnischen Differenzen zwischen Frauen betont. Die Stimmen, die auf die noch relativ unerforschten Interdependenzen zwischen ethnischer Zugehörigkeit und Geschlecht als interagierende Elemente sozialer Ungleichheit hinweisen, mehren sich und werden eindringlicher. Nur einige dieser Stimmen seien hier aufgelistet: Schultz 1990, Lenz 1993 und 1996, Apitzsch 1994, FeMigra 1994, Gümen 1996 und 1997, Kang 1996 und 1997, Rodriguez 1996, Scheidhauer 1997, Westphal 1997. Allerdings bleibt dieser neue feministische Diskurs teilweise noch zu sehr an der Oberfläche. Gümen (1997) spricht in diesem Zusammenhang von einer „neuen Politik der Benennung", da zwar die Existenz einer Vielzahl von Differenzen zwischen Frauen aufgrund der Kategorien ‚Ethnizität', ‚race', ‚Kultur' in den Texten häufiger genannt wird, jedoch bleibt weiterhin

„die ‚strukturelle' Basis der binär kodierten Klassifikation der Zweigeschlechtlichkeit auf der Ebene der Geschlechterhierarchie ... als eine konstante und durchgängige Größe von den ‚anderen' Unterdrückungsformen und Ungleichheitsverhältnissen anscheinend unberührt" (ebda.: 129).

Jedoch: Geschlecht und Ethnizität sind beides relationale Kategorien, die als Beziehung zwischen Menschen in spezifischen historischen Situationen und hierarchischen Kontexten sozial ausgehandelt und hergestellt werden. Dabei greifen die Prozesse der sozialen Konstruktion von Geschlecht und Ethnizität ineinander über. Da beide Kategorien in sich weder Homogenität noch Geschlossenheit darstellen, kann es sich nicht um eine simple Addierung sozialer Unterdrückungsverhältnisse handeln. Vielmehr gilt es, eine Perspektivenerweiterung zu vollziehen:

„Die Sichtweise, daß die mit Einwanderung verbundenen Strukturierungsprozesse die Lebensbedingungen *aller* Gesellschaftsmitglieder beeinflussen – zwar unterschiedlich nach Geschlecht sowie politischem und ökonomischem Status – verschiebt den Blickwinkel von einer isolierten binären Grundstruktur der Geschlechterhierarchie auf das Ineinanderwirken mehrdimensionaler ungleichheitserzeugender Prozesse" (ebda.: 129f.).

Bedauerlicherweise bleiben diese ersten Bemühungen, ein Theorieprogramm zu entwickeln, in dem versucht wird, die soziale Konstruktion von Vergeschlechtlichungs- und Ethnisierungsprozessen in ihrer Verwobenheit zu verorten, bislang auf die sozialwissenschaftliche Frauen- und Geschlechterforschung begrenzt. Auch in neueren migrationssoziologischen Publikationen ist die Geschlechtszugehörigkeit der Zugewanderten kein Thema; ‚Gender' als ein konstitutives Element der Migrationserfahrung sowie der Integration ethnischer Minoritäten bleibt ausgeblendet.

3. *‚Gender' als vernachlässigte Kategorie der Migrationssoziologie*

Auch in einem erst kürzlich erschienenen Überblick über die Geschichte der Migrationssoziologie bleibt das Geschlecht als strukturierende Kategorie der Migration unreflektiert. Zwar fordert beispielsweise Hoffmann-Nowotny (1998) zu Recht, daß sich Minoritätenforschung sowohl mit der Integrationsbereitschaft der ethnischen Minderheiten und der der jeweils aufnehmenden Mehrheitsgesellschaft auseinandersetzen muß, sowie ferner auch mit den kulturellen Hintergrundsbedingungen der verschiedenen Migrantengruppen (vgl. ebda.: 335). Er meint, daß in diesem Zusammenhang u.a. folgende Fragen erforscht werden müßten:

> „Vergleichende Analysen familiärer Netzwerkstrukturen und Leistungsorientierungen und allgemein von entsprechenden Werten und Normen könnten hier Antworten geben" (ebda.: 335).

Jedoch müßte er explizit in seinem Forschungsdesiderat Frauen mit einschließen, denn „Netzwerkstrukturen" von Familie und Schule werden häufig von Frauen getragen. Damit aber sind Kontexte bezeichnet, die auf geschlechtsspezifische Erfahrungen bei der Migration hinweisen, und das müßte in der sozialwissenschaftlichen Analyse mit reflektiert werden.

Angesichts der Tatsache, daß derzeit knapp die Hälfte der Migranten Frauen sind (bereits unter den Gastarbeitern waren 1969 ca. 30% Frauen) und deshalb auch von einer „Feminisierung der Migration" gesprochen wird (ifu 2000: 4), können in einer professionsgeschichtlichen Analyse zum Thema der Integration migrationsbedingter Minderheiten, die sich ansonsten dem ‚mainstream' soziologischer Minoritätenforschung gegenüber kritisch verhält, die Erkenntnisse der sozialwissenschaftlichen Frauenforschung sowie die Geschlechterperspektive nicht unreflektiert bleiben. Im Gegenteil, hier ist zur Klärung dieses soziologischen und gesellschaftlich brisanten Problems der Integration ethnischer Minderheiten auch Fachgrenzen überschreitende Kooperation nötig: Eine soziologische Migrationsforschung ohne Geschlechterperspektive ist genau so verkürzt wie eine sozialwissenschaftliche Geschlechterforschung, die die Kategorie der Ethnie und Hautfarbe unberücksichtigt läßt.

4. Schlußbemerkung

Es war Ziel dieser kurzen Problemskizze, die migrationsbedingten sozialen Wandlungsprozesse in unserer Gesellschaft ins Bewußtsein zu rücken. Wir werden durch die Migrationsbewegungen zu einer anderen Gesellschaft bzw. wir sind es schon geworden – auch wenn wir es noch nicht so recht wahrgenommen haben. Wir sind noch zu sehr dem vertrauten „Mythos der ethnisch homogenen deutschen Kulturnation" (Kang 1997: 123) verhaftet und wollen deshalb den durch Zuwanderung verursachten sozialen Wandel nicht wahrhaben. Wir haben noch keine Selbstverständlichkeit für die in unserer Gesellschaft real existierende ethnisch-kulturelle bunte Vielfalt entwickelt. Zumindest in den großen Städten, wohin die Fremden vorwiegend migrieren, treffen wir in der U-Bahn und an anderen Orten Frauen und Männer fremdländischen Aussehens, die eine andere, uns unverständliche Sprache sprechen und wahrscheinlich auch einer anderen Religion angehören. Darauf wird noch immer mit Angst und Unsicherheit reagiert. In unserer globalisierten Welt mit ihren weltweiten Wanderungsbewegungen werden wir jedoch mit sehr viel mehr DIFFERENZ umgehen lernen und auskommen müssen, weil, wie Umberto Eco (1998) prophezeit, „Europa im nächsten Jahrtausend ... ein ‚farbiger' Kontinent sein wird." Zu einem Umgang mit DIFFERENZ aber gehört auch immer ein bewußter Umgang mit der Geschlechterdifferenz. Insofern möchte dieser Beitrag dazu auffordern, das Verhältnis von Gender und Ethnizität in der sozialwissenschaftlichen Forschung, Lehre und Praxis zu reflektieren.

Anmerkungen

1 Die Zahlen und offiziellen Begriffe in diesem Abschnitt wurden mir von Herrn Voit aus dem Statistischen Bundesamt übermittelt.

2

Graphik 1: Ausländeranteil in Deutschland

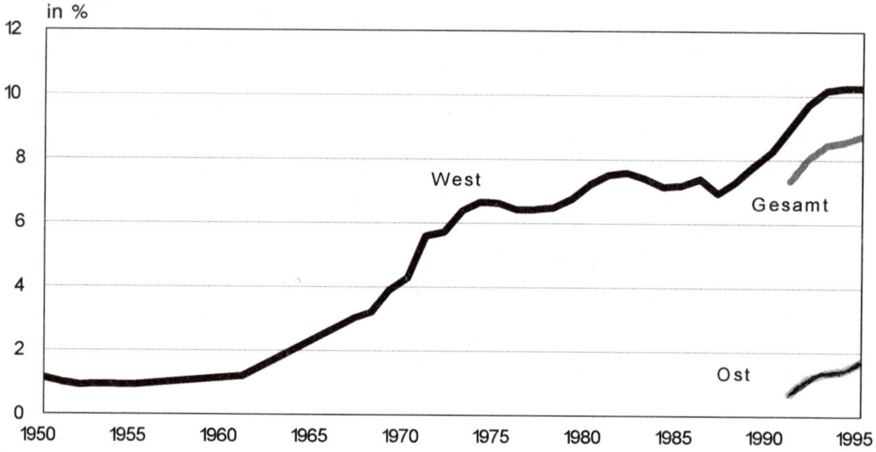

Datenbasis: Statistisches Bundesamt

Schmidt/Weick 1998: 2

3 Vgl. beispielsweise die Fernsehdiskussionen am 22.11.1998 „Talk im Turm: Wieviele Ausländer verträgt Deutschland noch?" sowie am 23.11.1998 „Talk vor Mitternacht: Das Boot ist voll?" Von den unzähligen Zeitungsartikeln, die zu dieser Thematik erscheinen, während ich an diesem Artikel schreibe, seien nur einige aufgelistet:
- Der Tagesspiegel, 15.11.1998: „Schily: Zuwanderung geht bereits über die Grenze der Belastbarkeit hinaus."
- Die Zeit, 19.11.1998: „Schily hat nicht recht: Deutschland ist ein Einwanderungsland und braucht ein Einwanderungsgesetz" (Rainer Münz)
- Der Spiegel, 23.11.1998: „Zu viele Ausländer?"
- Hamburger Abendblatt, 27.11.1998: „Wer darf nach Deutschland?"

Ich nehme also die Kritik von Heinz Hartmann ernst, der einen fehlenden Aktualitätsbezug als Mißstand in unseren soziologischen Lehrangeboten anprangert (Hartmann 1990).

4 In ihrer exzellenten soziologischen Diplomarbeit entwickelte Katrin Scheidhauer (1997), wie und auf welche Weise Fragen nach der Kategorie ‚Geschlecht‘ im angelsächsischen sozial-historischen Kontext anders gestellt sowie auch in veränderten Bezugssystemen diskutiert werden. Mit dieser Arbeit, deren Haupttitel charakteristischerweise „Grenzüberschreitungen“ lautet, hat die Autorin einen wichtigen Beitrag zur Überwindung nationaler Grenzen im wissenschaftlichen Denken geleistet. Sie setzt sich in ihrer Analyse kritisch mit zwei im US-amerikanischen Feminismus verbreiteten aktuellen theoretischen Perspektiven auseinander, für die in der bundesdeutschen Frauen- und Geschlechterforschung noch eine Rezeptionslücke besteht, nämlich mit der Standpunkttheorie des „black feminism“ in den USA und dem postmodernen Feminismus. Die von Katrin Scheidhauer herausgearbeiteten „Affinitäten“ zwischen beiden Theorieansätzen, nämlich ihre Orientierung an Differenz und Pluralität, machen deutlich, daß „Frau“ ... „ein widersprüchliches, vieldeutiges, fragmentiertes, partielles und stets in Veränderung begriffenes Konstrukt (ist) – äußerst variabel je nach historischer, kultureller und sozialer Situierung und Positionierung“ (ebda.: 57).

Literatur

Apitzsch, Ursula 1994: Migrationsforschung und Frauenforschung. In: Deutsche Forschungsgemeinschaft – Sozialwissenschaftliche Frauenforschung in der Bundesrepublik Deutschland. Berlin: Akademie Verlag, S. 240-254.

Becker-Schmidt, Regina 1998: Relationalität zwischen den Geschlechtern, Konnexionen im Geschlechterverhältnis. In: Zeitschrift für Frauenforschung, 16. Jg., H. 3, S. 5-20.

Bericht der Beauftragten der Bundesregierung für die Belange der Ausländer über die Lage der Ausländer in der Bundesrepublik Deutschland 1995. Bonn: Bonner Universitäts-Buchdruckerei.

Eco, Umberto 1998: Die Migrationen des 3. Jahrtausends. In: Frankfurter Rundschau, Nr. 14, 17. Jan. 1998.

FeMigra (Feministische Migrantinnen, Frankfurt) 1994: Wir, die Seiltänzerinnen: Politische Strategien von Migrantinnen gegen Ethnisierung und Assimilation. In: Cornelia Eichhorn/Sabine Grimm (Hrsg.): Gender Killer. Berlin/Amsterdam: Edition II-Archiv, S. 49-63.

Gümen, Sedef 1996: Die sozialpolitische Konstruktion „Kultureller“ Differenzen in der bundesdeutschen Frauen- und Migrationsforschung. In: Beiträge zur feministischen Theorie und Praxis 42, 19. Jg., S. 77-89.

Gümen, Sedef 1997: Grenzziehungen zwischen Frauen in der Einwanderungsgesellschaft BRD. In: Karl-Siegbert Rehberg (Hrsg.): Differenz und Integration. 28. Kongreß der Deutschen Gesellschaft für Soziologie in Dresden 1996. Kongreßband II. Opladen: Westdeutscher Verlag, S. 127-131.

Hartmann, Heinz 1990: Mängel im soziologischen Lehrangebot. In: Ingrid N. Sommerkorn (Hrsg.): Lehren und Lernen in der Soziologie heute. Berlin: Edition Sigma, S. 89-104.

Hoeltje, Bettina/Liebsch, Katharina/Sommerkorn, Ingrid N. 1995 (Hrsg.): Wider den heimlichen Lehrplan: Bausteine und Methoden einer reflektierten Koedukation. Bielefeld: Kleine Verlag.

Hoffmann-Nowotny, Hans-Joachim 1998: Die Integration ethnischer Minderheiten. In: J. Friedrichs/M.R. Lepsius/K.U. Mayer (Hrsg.): Die Diagnosefähigkeit der Soziologie. Sonderheft 38/1998 der Kölner Zeitschrift für Soziologie, Opladen: Westdeutscher Verlag, S. 316-339.

Internationale Frauenuniversität (ifu) 2000: Bericht der Curriculumsarbeitsgruppe für den Projektbereich „Migrationen" der ifu in Hannover am 30.10.1998.

Kang, Chong-Sook 1996: 40 Jahre Migrantinnen in Deutschland. In: Beiträge zur feministischen Theorie und Praxis 42. 19. Jg., S. 9-14.

Kang, Chong-Sook 1997: Rechtliche und soziale Probleme der Migrantinnen in der BRD. In: Karl-Siegbert Rehberg (Hrsg.): Differenz und Integration. 28. Kongreß der Deutschen Gesellschaft für Soziologie in Dresden 1996. Kongreßband II. Opladen: Westdeutscher Verlag, S. 123-127.

Lenz, Ilse 1993: Wie hängen Geschlecht und Ethnizität zusammen? In: Bernhard Schäfers (Hrsg.): Lebensverhältnisse und soziale Konflikte im neuen Europa. Verhandlungen des 26. Deutschen Soziologentages in Düsseldorf 1992. Frankfurt/New York: Campus, S. 337-345.

Lenz, Ilse 1996: Grenzziehungen und Öffnungen: Zum Verhältnis von Geschlecht und Ethnizität zu Zeiten der Globalisierung. In: Ilse Lenz/Andrea Germer/Brigitte Hasenjürgen (Hrsg.): Wechselnde Blicke. Opladen: Leske + Budrich, S. 200-228.

Rodriguez, Encarnación G. 1996: Migrantinnenpolitik jenseits des Differenz- und Identitätsdiskurses. In: Beiträge zur feministischen Theorie und Praxis 42, S. 99-111.

Scheidhauer, Katrin 1997: Grenzüberschreitungen: Eine kritische Auseinandersetzung mit theoretischen Konzepten der Kategorie ‚Geschlecht' vor dem Hintergrund neuerer feministischer Diskurse in den USA. Universität Hamburg: Diplomarbeit im Fach Soziologie.

Schmidt, Peter/Weick, Stefan 1998: Starke Zunahme von Kontakten und Ehen zwischen Deutschen und Ausländern: Studie zur Zuwanderung, Einbürgerung und sozialen Integration von Migranten. In: Informationsdienst Soziale Indikatoren (Eine ZUMA Publikation), Ausgabe 19, S. 1-5.

Schönbohm, Jörg 1998: Warum Deutschland kein Einwanderungsland sein kann. In: Die WELT, 28. Aug. 1998, S. 7.

Schultz, Dagmar 1990: Unterschiede zwischen Frauen – ein kritischer Blick auf den Umgang mit „den Anderen" in der feministischen Forschung weißer Frauen. In: Beiträge zur feministischen Theorie und Praxis 27, S. 45-57.

Simmel, Georg 1998 (zuerst 1908): Der Fremde. In: Michael Landmann (Hrsg.): Georg Simmel: Das individuelle Gesetz – Philosophische Exkurse. Frankfurt/Main: Suhrkamp, S. 63-70.

Statistisches Bundesamt 1997: Ausländische Bevölkerung am 31.12.1997 nach Alters- und Geburtsjahren (Tabelle B 15).

Westphal, Manuela 1997: Aussiedlerinnen: Geschlecht, Beruf und Bildung unter Einwanderungsbedingungen. Bielefeld: Kleine Verlag.

Lebensformen und Lebensverhältnisse

Die soziale Lage von Kindern

Anmerkungen zum Forschungsstand und ausgewählte Befunde.

Thomas Olk, Doris Rentzsch

1. Zum Forschungsstand

Ziel dieses Beitrages ist es, in knapper Form die soziale Lage der Bevölkerungsgruppe der Kinder in Deutschland zu skizzieren. Ein solches Unterfangen sieht sich allerdings mit gravierenden Problemen konfrontiert. Eine umfassende und systematische Sozialberichterstattung über die Bevölkerungsgruppe der Kinder gibt es in der Bundesrepublik – trotz einer langen Tradition von Jugend- und Familienberichten und ersten Ansätzen und Bemühungen in dieser Richtung – bislang noch nicht (vgl. die kritischen Überblicke bei Bertram 1993 sowie Nauck/Meyer/Joos 1996). Weder werden Kinder in amtlichen Statistiken eigenständig erfaßt noch hat sich eine amtliche Berichterstattung über Kinder entwickelt. Damit können die Bedürfnisse und Sichtweisen von Kindern auch nicht systematisch bei der Entwicklung politischer Maßnahmen und Programme für Kinder berücksichtigt werden. Die Entwicklung und Erprobung von Indikatoren zur sozialwissenschaftlichen Analyse der Lebensbedingungen und der Lebensqualität von Kindern galt offensichtlich bislang keineswegs als eine Aufgabe von hoher Priorität. Dies hängt nicht zuletzt mit weit verbreiteten Bildern und Vorstellungen über Kindheit und Kinder zusammen. Während Öffentlichkeit und Politik in der Gruppe der Kinder vornehmlich die spätere Erwachsenengeneration sehen, betrachtete sie die sozialwissenschaftliche Kindheitsforschung lange Zeit nahezu ausschließlich als „Werdende", also als entwicklungs- und erziehungsbedürftige Wesen. Aus einer solchen, auf Zukunft, Entwicklung und Erziehung fußenden Betrachtungsweise gerieten die Kinder als „hier und jetzt Seiende" mit ihren konkreten Lebensbedingungen sowie subjektiven Zufriedenheiten und Belastungen aus dem Blick.

Seit etwa der zweiten Hälfte der 80er Jahre hat die sozialwissenschaftliche Kindheitsforschung allerdings einen Paradigmenwechsel vollzogen und auch die öffentlichen Bilder über Kindheit beginnen sich allmählich zu wandeln. Eingefordert wird nun eine konsequent kindorientierte Betrachtungsweise und eine Anerkennung der Kinder als eigenständige und wirkungsmächtige Akteure (vgl. z.B. Zeiher 1996). Dieser Perspektivenwechsel hat das Interesse an den Lebensverhältnissen und Lebenslagen der Kinder als einer spezifischen Altersgruppe der Bevölkerung und ihren Teilhabechancen an den wohlfahrtsrelevanten materiellen wie immateriellen Ressourcen der Gesellschaft in jüngster Zeit erheblich befördert. Nicht zuletzt die intensive Beschäftigung mit dem Phänomen der Kinderarmut in der Kindheitsforschung ist durch diesen Perspektivenwechsel begünstigt worden(vgl. z.B. die Beiträge in Klocke/Hurrelmann 1998 sowie Mansel/Neubauer 1998).

Ein weiteres Problem aller Bemühungen um eine Sozialberichterstattung über die soziale Lage von Kindern stellt die Auswahl eines geeigneten theoretisch – konzeptionellen Analyserahmens, die Entwicklung und Auswahl geeigneter Indikatoren sowie deren Operationalisierung für empirische Untersuchungen dar. Bei der Beschreibung der sozialen Lage von Bevölkerungsgruppen (synonym dazu: Lebenslage, soziale Lebensbedingungen) geraten in der Regel in erster Linie materielle Lebensbedingungen in das Blickfeld. Insofern gilt das (Geld-)Einkommen von Personen bzw. Haushalten auch heute noch gemeinhin als ein zentraler Indikator zur Kennzeichnung der sozialen Lage entsprechender Untersuchungspopulationen und dient daher als Ausgangspunkt auch umfassenderer Beschreibungen von Soziallagen. Obwohl die Bedeutung herkömmlicher Indikatoren zur Kennzeichnung sozialer Ungleichheitslagen, wie z.B. Einkommen, Berufsstatus und Bildungsstand keineswegs bestritten werden soll, hat sich dennoch in der einschlägigen Forschung (wie etwa der Ungleichheits-, Sozialstruktur- und Armutsforschung) die Einsicht durchgesetzt, daß zur Kennzeichnung und Bewertung gruppenspezifischer sozialer Lagen situationsnähere und komplexere Analysekonzepte und Indikatorensysteme herangezogen werden müssen.

Insbesondere an der Nahtstelle zwischen Soziologie und Sozialpolitik hat in diesem Zusammenhang in den letzten Jahren das Konzept der „Lebenslage" an Attraktivität hinzugewonnen. Der Lebenslagen – Ansatz wurde in der Weimarer Republik insbesondere von Otto Neurath geprägt und in der Nachkriegszeit von Gerhard Weisser (vgl. 1956) und Ingrid Nahnsen (vgl. 1974) weiterentwickelt. Der besondere Erkenntniswert des Begriffs der Lebenslage ergibt sich für Gerhard Weisser daraus, daß er – besser als konkurrierende Ansätze – dazu in der Lage ist, die Wechselbeziehungen zwischen unterschiedlichen Lebenslagen und ungleichen Handlungsspielräumen zur Befriedigung der Bedürfnisse der davon betroffenen Menschen aufzuklären. In diesem Sinne definiert Weisser die Lebenslage eines Menschen als „den Spielraum, den einem Menschen (einer Gruppe von Menschen) die äußeren Umstände nachhaltig für die Befriedigung der Interessen bieten, die den Sinn seines Lebens bestimmen" (Weisser 1956: 986). Um den Lebenslagen – Ansatz für empirische Untersuchungen fruchtbar machen zu können, müssen die eine Lebenslage konstituierenden Bedingungskomplexe und Einflußfaktoren definiert werden. Dabei gilt, daß der Lebenslagen – Ansatz im Vergleich zu ähnlich gelagerten analytischen Konzepten insbesondere durch folgende

Aspekte gekennzeichnet ist: Es handelt sich um ein multidimensionales Konzept, das zur Kennzeichnung von Handlungsspielräumen im Hinblick auf materielle wie immaterielle Versorgungslagen abzielt und insofern ökonomische, nicht – ökonomische sowie immaterielle Dimensionen in die Analyse einbezieht.

Mit der aus der „Sozialindikatorenbewegung" der 60er Jahre hervorgegangenen Wohlfahrtsforschung ist eine Forschungstradition benannt, die durchaus am Lebenslagen – Konzept anschließt und sicherlich den umfassendsten und einflußreichsten Ansatz einer Sozialberichterstattung über die Lebensbedingungen und die Lebensqualität sowohl der Gesamtbevölkerung als auch ausgewählter Bevölkerungsgruppen vorgelegt hat (vgl. z.B. Glatzer/Zapf 1984). Lebensqualität gilt hier sowohl als ein mehrdimensionaler analytischer Wohlfahrtsbegriff, der „objektive" Lebensbedingungen und „subjektives" Wohlbefinden miteinander kombiniert als auch als ein normativer Maßstab für die Evaluation gesellschaftlicher Entwicklungen. Insofern Beeinträchtigungen der Lebensqualität bestimmter Bevölkerungsgruppen auf die Verfehlung zentraler gesellschaftlicher Zielvorstellungen hinweisen, lassen sich die empirischen Befunde der Lebensqualitätsforschung gleichzeitig als unverzichtbare Grundlage für die Gestaltung (sozial-)politischer Maßnahmen und Programme verstehen. Während aus einer erwachsenenzentrierten Perspektive Kinder regelmäßig als Determinanten der Lebensqualität von Erwachsenen untersucht werden, mangelt es allerdings an Untersuchungen darüber, wie Kinder selbst ihre Lebensbedingungen subjektiv bewerten. Eine Ausnahme bildet die bundesweite Befragung 8 bis 10-jähriger Kinder zu ihren objektiven Lebensbedingungen und ihrer subjektiven Lebensqualität von Sabine Lang (1985), die bis zum gegenwärtigen Zeitpunkt im Rahmen dieser Forschungstradition keine weitere Fortsetzung gefunden hat.

Andererseits ist unübersehbar, daß die Bemühungen um eine umfassende Analyse der Lebensbedingungen und der subjektiv wahrgenommenen Lebensqualität von Kindern insbesondere seit Beginn der 90er Jahre von verschiedenen Seiten und auf verschiedenen Ebenen zugenommen haben. Im Bereich der Politik sind in diesem Zusammenhang zunehmende Bestrebungen zu erwähnen, eine Kinderberichterstattung auf kommunaler Ebene – vornehmlich in städtischen Regionen – zu etablieren und die Jugendberichte auf Bundes- und Länderebene auf die Untersuchungsgruppe der Kinder auszuweiten. Auch in der Markt- und Umfrageforschung, die sich bislang weitgehend auf die Jugendphase ab dem 15. Lebensjahr beschränkt hatte, berücksichtigt zunehmend auch Altersgruppen ab dem 12. und 13. Lebensjahr (vgl. Zinnecker 1996).

Die folgende Darstellung einiger Dimensionen der sozialen Lage von Kindern in Deutschland beschränkt sich auf repräsentative Kinder-Surveys, die den Anspruch erheben, eine umfassende Gesamtsicht der Lebenssituation von Kindern zu erstellen. Allerdings hören die Gemeinsamkeiten dieser wenigen verfügbaren Studien mit dieser allgemeinen Charakterisierung bereits auf, denn sie unterscheiden sich in Hinblick auf den theoretisch – konzeptionellen Rahmen, die Erkenntnisziele und die methodischen Vorgehensweisen. Diese Differenzen betreffen auch die bereichsspezifische Gliederung der Untersuchungsfragen und Auswertungsstrategien. Mit der demographischen Entwicklung, der materiellen Lage, Familie, Wohnen und Wohnumfeld, Gleichaltrigenbeziehungen/Freundschaften und Schule sollen im folgenden diejenigen Dimensionen und Bereiche thematisiert werden, zu denen auf der Grundlage vorliegender Studien Aussagen getroffen werden können.

2. *Die demographische Entwicklung*

Eine erste allgemeine Kennzeichnung von Lebenssituation und sozialer Lage der Bevölkerungsgruppe der Kinder in der Gesellschaft läßt sich durch einen Blick auf die demographische Zusammensetzung der Bevölkerung vornehmen. Die Bevölkerungsstatistik weist aus, daß der Anteil der unter 15-jährigen an der Bevölkerung aufgrund des Rückgangs der Geburten und der Zunahme der Lebenserwartung kontinuierlich gesunken ist. So lebten im Jahre 1970 noch über 18 Millionen unter 15-jährige in Deutschland, was einem Anteil von 23,2% an der Bevölkerung entspricht. Dieser Anteil ist bis 1997 auf nur noch 16% zurückgegangen, was etwas mehr als 13 Millionen Kindern entspricht. Im gleichen Zeitraum hat sich der relative Anteil der ausländischen Kinder von über 3% auf über 11% erhöht. Nach Modellrechnungen der Bundesregierung zur Bevölkerungsentwicklung wird der Anteil der Kinder bis zum Jahre 2040 weiter zurückgehen, wobei der relative Anteil ausländischer Kinder stark zunehmen wird (vgl. Bundesministerium des Inneren 1996).

Diese zahlenmäßige Entwicklung kann erhebliche Auswirkungen auf die soziale Lage der Bevölkerungsgruppe der Kinder zeitigen. Der „Minderheitenstatus“ von Kindern und die „latente Macht“ der Älteren kann dazu führen, daß die Interessen und Bedürfnisse älterer Menschen im politischen Prozeß bevorzugt berücksichtigt werden, was wiederum Auswirkungen auf die altersspezifische Verteilung finanzieller und infrastruktureller Ressourcen haben kann. Die möglichen Auswirkungen der demographischen Entwicklung auf die soziale Lage von Kindern sind also ambivalent zu beurteilen. Einerseits verbessern sich die Voraussetzungen dafür, den weniger werdenden Kindern sowohl seitens der Politik als auch der Eltern um so mehr Aufmerksamkeit und Lebenschancen bereitzustellen. Andererseits könnte sich aber ebenso das moderne Gesellschaften kennzeichnende Element der „strukturellen Rücksichtslosigkeit“ gegenüber Kindern verstärken und auf diese Weise der „Außenseiterstatus“ (vgl. Kaufmann 1980) der Kinder in der modernen Gesellschaft verfestigen.

3. *Zur materiellen Lage der Kinder*

Eine Besonderheit des „Kindseins“ besteht in der materiellen Abhängigkeit der Kinder von den Eltern bzw. anderen erwachsenen Personen, mit denen sie eine Haushaltsgemeinschaft bilden. Die ökonomische Lage von Kindern, die das Niveau der kindgerechten Versorgung bestimmt, ist in der Regel durch die ökonomische/materielle Situation der Familie festgelegt, in der sie aufwachsen und leben. Betrachtet man unter diesem Blickwinkel die personelle Einkommensverteilung auf Grundlage des Nettoäquivalenzeinkommens der Haushalte (vgl. Müller/Hauser/Frick/Wagner 1995, Hauser 1997), so zeigt sich einerseits, daß es in den letzten Jahrzehnten einen immensen Anstieg des materiellen Wohlstandes[1] gab, von dem natürlich auch die unter diesen Bedingungen aufwachsenden Kinder partizipierten. Andererseits wird bei getrennt berechneten Verteilungen des Nettoäquivalenzeinkommens (Müller/Hauser/Frick/Wagner 1995, 96, 98) für Personen in Haushalten mit mindestens einem Kind unter 18 Jahren und besonders bei Personen in Ein-Eltern-Familien mit mindestens einem Kind unter 18 Jahren deutlich, daß die relative Einkommensposition[2] von Familien mit Kindern im Vergleich zu allen Haushalten deutlich geringer und in den letzten Jahren sogar noch weiter abgefallen ist. So hatten Personen in Haushalten mit mindestens einem Kind unter 18 Jahren 1990 in Westdeutschland eine relative Einkommensposition von 81,1% (bei Ein-Eltern-Familien 68,7%), 1992 von 80,9% (bei Ein-Eltern-Familien 65,4%) und in Ostdeutschland entsprechend 93,0% (bei Ein-Eltern-Familien 79,3%) und 91,1% (bei Ein-Eltern-Familien 69,7%). Hinsichtlich der Verteilung auf Klassen von Vielfachen des durchschnittlichen Äquivalenzeinkommens gilt, daß der Anteil der Personen, deren Äquivalenzeinkommen unterhalb des Gesamtdurchschnitts liegt, in der Gruppe der Haushalte mit mindestens einem Kind unter 18 Jahren wesentlich höher und in den letzten Jahren sogar noch angestiegen ist (Westdeutschland 1990 – 77,6%, 1992 – 78,2%; Ostdeutschland 1990 – 62,9%, 1992 – 66,6%), als im Durchschnitt aller Haushalte (Westdeutschland 1990 – 59,7%, 1992 – 60,6%; Ostdeutschland 1990 – 54,2%, 1992 – 55,9%). Mit anderen Worten: Kinder leben relativ häufig in Haushalten mit einem unterdurchschnittlichen Äquivalenzeinkommen. Darüber gilt, daß gerade in Haushalten mit Kindern der Anteil der Personen, die über weniger als 50% des durchschnittlichen Äquivalenzeinkommens verfügen und damit der Armutspopulation zuzurechnen sind, besonders hoch ausfällt.

Da es weder eine gesellschaftspolitische Übereinkunft hinsichtlich des Armutsverständnisses noch eine verbindliche sozialwissenschaftliche Definition von Armut gibt, kann Kinderarmut stets nur im Zusammenhang mit den jeweils zugrunde liegenden theoretischen Armutskonzepten und ihrer Operationalisierung bestimmt werden. Unabhängig von der Art der zugrundegelegten Datenquelle (Sozio-Ökonomisches Panel, Familiensurvey, Sozialhilfestatistik) ist allerdings festzuhalten, daß Kinder in West- und Ostdeutschland im

Verlaufe der 90er Jahre stets in höherem Maße von Armut betroffen waren als die Bevölkerung Deutschlands im Durchschnitt.

Dieses ist *zum einen* auf Basis eines relativen Armutskonzeptes ersichtlich, mit dessen Hilfe ein Zurückfallen der materiellen Position bestimmter Gruppen von Kindern gegenüber anderen Bevölkerungsgruppen nachgewiesen werden kann (vgl. Hauser 1997, Joos/Nauck 1998, Weick 1998)[3]. Abbildung 1 weist unter Zugrundelegung getrennter Armutsschwellen den Anteil relativ armer Kinder im Alter bis zu sechzehn Jahren sowie die Differenz zwischen den relativen Armutsquoten der Bevölkerung insgesamt und den bis 16jährigen Jungen und Mädchen in den alten und neuen Bundesländern aus. Danach zeigt sich, daß 1990 in den alten Bundesländern etwas mehr als 10% der westdeutschen Bevölkerung in relativer Armut lebte, aber unter den bis 16jährigen der Anteil relativer Armut mehr als 15% betrug. Im Vergleich dazu ist im Jahre 1995 ein weiterer Anstieg der relativen Armutsquoten der westdeutschen Bevölkerung insgesamt auf fast 12%, bei den bis 16jährigen aber auf fast 17% festzustellen. In den neuen Bundesländern vollzog sich in dieser Zeitspanne ausgehend von einem viel niedrigerem Ausgangsniveau eine weit dynamischere Entwicklung der Kinderarmut. Waren hier 1990 nur 4-5% aller bis 16jährigen in diesem Sinne relativ arm und übertrafen damit die durchschnittlichen relativen Armutsquoten in Ostdeutschland nur um etwa 1%, so gab es im Jahre 1995 mehr als 13% relativ arme Kinder in Ostdeutschland, was im Vergleich zur Gesamtbevölkerung ein Mehr von 5% bedeutete. Trotz dieses Anstiegs hatte die relative Kinderarmut das westliche Niveau zum Zeitpunkt der verfügbaren letzten Berechnung (1995) keineswegs eingeholt.

Daß Kinder in West und Ost im Verlaufe der 90er Jahre stets stärker von Armut betroffen waren, als die Bevölkerung Deutschlands im Durchschnitt, läßt sich *zum anderen* auch am Indikator der staatlich „bekämpften Armut“ nachweisen. Hier stellt die Sozialhilfebedürftigkeit (genauer: der Anspruch auf laufende Hilfe zum Lebensunterhalt, HLU) das entscheidende Armutskriterium dar.

In Abbildung 2 wird die Entwicklung der Sozialhilfebetroffenheit (HLU) der Kinder in den alten und neuen Bundesländern im Vergleich zu den entsprechenden Quoten der Bevölkerung in den 90er Jahren ausgewiesen.

Abb. 1: Anteil der bis 16jährigen Bevölkerung in relativer Armut (50% des durchschnittlichen Nettoäquivalenzeinkommens) in den alten und neuen Bundesländern

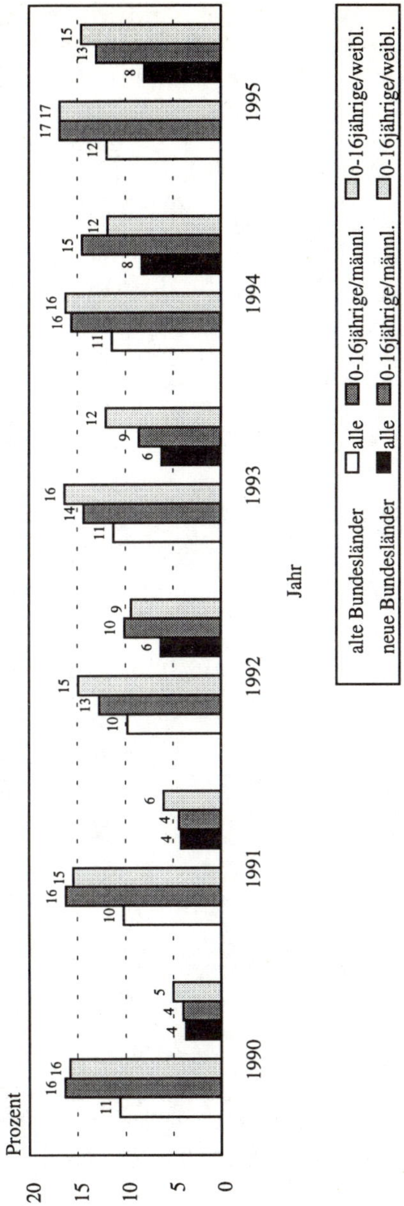

Quelle: Hauser 1997, 72, 77

Abb. 2: Sozialhilfequoten (Prozentanteile der Empfänger(innen) außerhalb von Einrichtungen von Hilfe zum Lebensunterhalt) der bis 15jährigen in den alten und neuen Bundesländern)

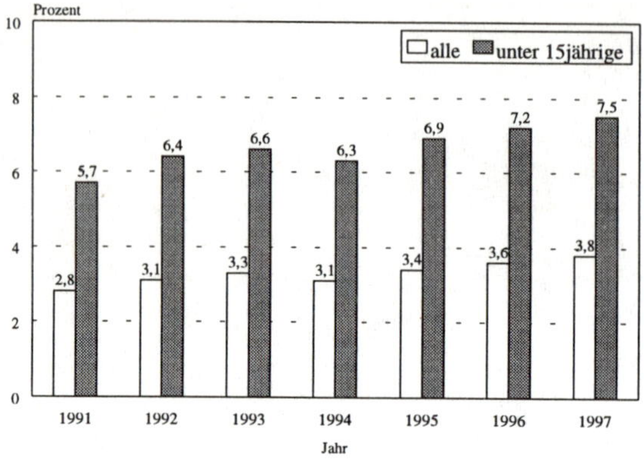

alte Bundesländer

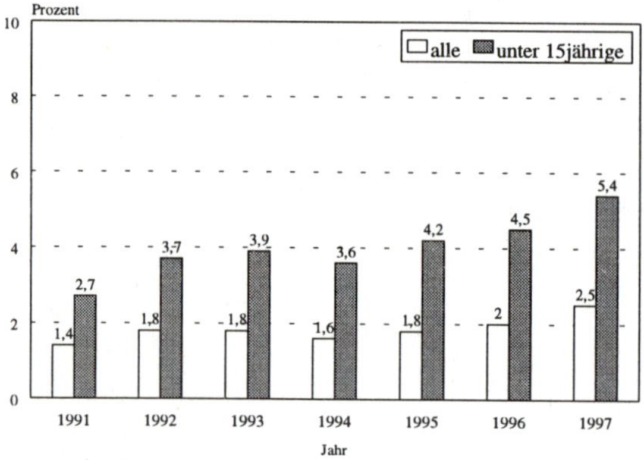

neue Bundesländer

(Statistisches Bundesamt 1998)

Abbildung 2 belegt, daß die Sozialhilfebetroffenheit der bis 15jährigen in West und Ost (wie auch der Bevölkerung insgesamt) im Zeitraum 1991-1997 zugenommen und die Anteile der Sozialhilfebetroffenheit in der Gesamtbevölkerung in der Regel um mehr als das Doppelte übertroffen hat. So lebten 1991 in den alten Bundesländern 2,8% der Bevölkerung, aber 5,7% der bis 15jährigen in Abhängigkeit von Sozialhilfe. Der allgemeine Anstieg der bekämpften Armut führte im Jahre 1997 zu entsprechenden Sozialhilfequoten von 3,8% und 7,5%. In den neuen Bundesländern bezogen 1991 1,4% der Bevölkerung und 2,7% der bis 15jährigen Sozialhilfe, im Jahre 1997 waren es entsprechend 2,5% und 5,4%, was wiederum auf einen im Vergleich zu Westdeutschland dynamischeren Anstieg der Sozialhilfeempfängerzahlen hindeutet. Allerdings sind die Sozialhilfequoten im Westen auch im Jahre 1997 immer noch höher als im Osten[4].

Wie belastend die Situation für Kinder in einkommensschwachen Familien ist, hängt nicht zuletzt von der Dauer (vgl. Buhr 1998, Olk/Rentzsch 1998) der prekären ökonomischen Familienlage ab. Bezugnehmend auf die Hallesche Längsschnittstudie[5] ist Abbildung 3 zu entnehmen, daß erstens Kinder eine überdurchschnittlich lange Bezugsdauer von Sozialhilfe haben (Kinder 10,5 Monate, alle, d.h. im Kohortendurchschnitt, 7 Monate). Zweitens ist ersichtlich, daß sich die Sozialhilfedauer innerhalb der Kindergruppe in Abhängigkeit vom Zugangsalter, der Familienform und -phase sowie der Ursache des Sozialhilfebezuges unterscheidet. So haben vor allem die Jüngsten sowie Kinder aus Ein-Eltern-Familien bzw. aus Familien, deren Eltern/-teile noch sehr jung sind und sich in der Familiengründungsphase befinden, überdurchschnittlich lange Sozialhilfebezugszeiten.

Abb. 3: Durchschnittliche Nettodauer (Median) des Sozialhilfebezugs bei Kindern

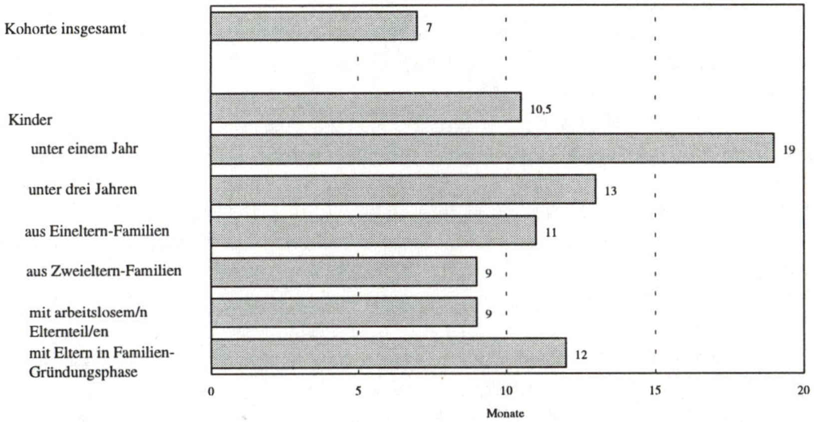

(Hallesche Längsschnittstudie, Kinderdatensatz 1993/1997)

4. *Familie*

Trotz aller Relativierungen durch die Ausweitung des Einflusses institutionalisierter Formen der Kinderbetreuung, der Schule und der Gleichaltrigen-Gruppen stellt die Familie auch weiterhin einen zentralen Lebensbereich für Kinder dar. Dies gilt sowohl im Hinblick auf den Einfluß konkreter Familienverhältnisse auf die objektiven Lebensbedingungen als auch auf das subjektive Wohlbefinden. Die Befragung von 8-10-jährigen durch Lang (vgl. 1985) zeigt, daß die Familie nach den sozialen Kontakten mit Freunden und dem Spiel derjenige Bereich ist, in dem sich die Kinder sehr wohl fühlen (S. 82ff.). Das Wohlbefinden sinkt kontinuierlich mit steigender Geschwisterzahl und Kinder in ausländischen Familien und „unvollständigen Familien" fühlen sich etwas weniger wohl als deutsche Kinder bzw. Kinder aus „vollständigen Familien". Die (positive) Bewertung der Familie hängt dabei vor allem von Determinanten wie der elterlichen Strenge, von bestrafendem Erziehungsverhalten sowie vom Ausmaß gemeinsamer Beschäftigungen von Kindern und Eltern ab. Merkmale wie Familiengröße, Berufstätigkeit der Mutter oder Fehlen eines Elternteils haben sich dagegen als nicht wichtig erwiesen. Der Anteil derjenigen Kinder, die im Hinblick auf das familiale Wohlbefinden eine neutrale oder eine negative Kategorie angegeben haben, ist mit 8% zwar gering, aber das Antwortverhalten dieser Kinder auf andere Fragen macht deutlich, daß die Familiensituation von ihnen insgesamt als problematisch erlebt wird, so daß für diese Kinder belastende und problematische familiäre Verhältnisse angenommen werden müssen. Die subjektive Zentralität des Lebensbereichs der Familie kommt auch in dem Befund zum Ausdruck, daß das allgemeine (lebensbereichsübergreifende) Wohlbefinden der Kinder in erster Linie von familialen Faktoren abhängt, erst danach rangieren Einflußfaktoren wie Lernschwierigkeiten in der Schule und soziale Kontakte zu Gleichaltrigen.

Eine hervorgehobene Bedeutung für die Kennzeichnung der familiären Lebenslage und Lebensqualität von Kindern ist den „Kindschaftsverhältnissen" zuzuschreiben (vgl. Nauck 1995). Die Analyse von Kindschaftsverhältnissen auf der Grundlage des Familiensurveys des DJI (Erhebungszeitpunkt: 1988 bzw. 1990) ergibt, daß mehr als 85% aller minderjährigen Kinder in Westdeutschland und über 75% der Kinder in Ostdeutschland in einem „normalen Kindschaftsverhältnis" (also leiblicher Vater und leibliche Mutter leben mit ihren Kindern zusammen) leben. Tabelle 1 weist aus, daß sich der Anteil der Kinder, die in „normalen Kindschaftsverhältnissen" aufwachsen, in Westdeutschland von über 90% mit zunehmendem Alter auf etwa 80% reduziert, während er hingegen in Ostdeutschland zunächst niedriger ist – 72,9% – und mit zunehmendem Alter wieder etwas ansteigt. Mit 4,5% ist in Ostdeutschland der Anteil der Kinder, die in nichtehelichen Lebensgemeinschaften aufwachsen etwa doppelt so hoch wie in Westdeutschland (mit 1,9%). In Ost- und Westdeutschland werden diese Kindschaftsverhältnisse allerdings im relativ frühen Kindesalter zumeist legalisiert oder in ein Stiefkindverhältnis überführt, so daß dauerhaft mit einem alleinerziehenden Elternteil aufwachsende Kinder in beiden Teilen Deutschlands äußerst selten vorkommen. Während also für die überwiegende Mehrzahl der Kinder in beiden Teilen Deutschlands während der gesamten Kindheit und Jugend das „normale Kindschaftsverhältnis" dominiert, prägen bei den übrigen Kindern Kindschaftsverhältnisse die Situation, die durch multiple Elternschaft infolge von erneuter Aufnahme (ehelicher oder unehelicher) Beziehungen durch einen Elternteil geprägt werden.

Tabelle 1: Kindschaftsverhältnisse in Ostdeutschland nach dem Alter der Kinder

Kindschaftsverhältnis		Alter des Kindes							
		<2	<4	<6	<8	<10	<12	<14	<16
mit verheirateten leiblichen	West	90,6	89,1	88,6	83,5	82,4	80,1	82,2	77,1
Eltern	Ost	72,9	79,6	78,3	75,6	76,1	75,5	74,3	74,2
in anderen familiären Le-	West	9,4	10,9	11,4	16,5	17,6	19,9	17,8	22,9
bensformen	Ost	27,1	20,4	21,7	24,4	23,9	24,5	25,7	25,8

(nach Nauck 1995: 62, eigene gekürzte Darstellung)

Zu den zentralen Determinanten kindlicher Lebensbedingungen in der Familie gehören zweifellos die Beziehungen zwischen Eltern und Kindern. Diese haben sich in den letzen Jahrzehnten grundlegend verändert. Herkömmliche, auf Unterordnung, Gehorsam und Anpassung ausgerichtete Erziehungsverhältnisse werden durch Beziehungsformen ersetzt, die sich eher als partnerschaftliches Verhältnis beschreiben lassen. Dieser Trend kommt in der so bezeichneten Entwicklungsthese „vom Befehlshaushalt zum Verhandlungshaushalt“ (vgl. du Bois-Reymond 1994) prägnant zum Ausdruck. Die Bedürfnisse, Sichtweisen und Interessen von Kindern werden von ihren Eltern und anderen erwachsenen Familienmitgliedern schon sehr früh ernst genommen und berücksichtigt und strittige Fragen ausgehandelt (vgl. Reuband 1997). Insoweit berichtet die überwiegende Mehrzahl 10- bis 13jähriger Kinder über gute Beziehungen zu ihren Eltern, während etwa ein Viertel der Befragten dieses Verhältnis eher als durch Konflikte und Kommunikationsstörungen beeinträchtigt kennzeichnen (vgl. Zinnecker/Georg/Strzoda 1996). Ein weiteres Kennzeichen dieses langfristigen Entwicklungstrends ist die Veränderung von elterlichen Erziehungszielen. Während Ziele wie „Gehorsam“ und „Einordnung“ an Bedeutung verlieren, werden „Selbständigkeit“ und „Übernahme eigener Verantwortung“ immer wichtiger (vgl. BMFSFJ 1998, S.98). Damit entsprechen die Eltern mehr oder weniger bewußt veränderten Anforderungen an Entscheidungs- und Planungskompetenzen von Individuen in modernen, funktional differenzierten Gesellschaften.

5. *Wohnen und Wohnumfeld*

Für die Lebensqualität und den Handlungsspielraum von Kindern hochbedeutsam ist der unmittelbare sozialräumliche Kontext, in dem sie leben und aufwachsen. Aus der Perspektive der sozialökologischen Sozialisationsforschung gelten räumlich-dinghafte Gegebenheiten der alltäglichen Umwelt von Kindern wie zum Beispiel Spielzeug, Vorhandensein und Ausstattung eines Kinderzimmers, Verfügung über Wohnraum und Art der Wohnungsausstattung, Spielmöglichkeiten und Infrastruktureinrichtungen im Wohnumfeld etc. als Determinanten der Entwicklung eine bedeutsame Rolle (vgl. Engelbert/Herlth 1993).

Als bestätigt gilt, daß es Zusammenhänge zwischen geringer Wohnungsgröße und einer stärkeren Kontrollhaltung der Eltern gibt und daß eine zu hohe „Dichte“ und „Enge“ im Wohnbereich das individuelle Wohlbefinden und die Persönlichkeitsentwicklung von Kindern einschränken können. In dieser Hinsicht zeigt sich aber, daß das Nutzungsverhalten der Familien schichtabhängig variiert: mit steigendem Bildungsgrad der Eltern wird den Kindern eher mehr Platz eingeräumt und selbst bei gleicher Wohnraumversorgung den Kindern eher ein eigenes Zimmer zugestanden bzw. zugelassen, daß die Kinder auch andere Räume (wie z.B. das Wohnzimmer) mitnutzen (vgl. Engelbert/Herlth 1993). Nach der Studie von Lang (vgl. 1985: 130ff) verfügen zwei Drittel der befragten Kinder im Jahre 1980 über ein eigenes Zimmer, ein Drittel teilt das Zimmer mit Geschwistern, Eltern oder Oma und Opa. Mit steigender Geschwisterzahl nimmt der Anteil derjenigen Kinder, die ein eigens Zimmer haben, ab. Auf der Grundlage des DJI-Familiensurveys ergeben sich folgende Befunde: Der Ost-West-Vergleich zeigt, daß zu Beginn der 90er Jahre ostdeutsche Kinder in bezug auf Wohnbedingungen ungünstigeren Bedingungen ausgesetzt sind. So verfügt nach diesen Daten z.B. bei den sechsjährigen Kindern in Westdeutschland nicht ganz die Hälfte und in Ostdeutschland zirka ein Drittel über ein eigenes Zimmer, bei den 13-14jährigen Schulkindern waren es entsprechend zwei Drittel und die Hälfte (vgl. Joos 1995: 184). Neben der Wohnung ist vor allem auch die Wohnumgebung ein wichtiger Faktor für die Bestimmung der Lebensqualität von Kindern. In Tabelle 2 sind verschiedene kindliche Belastungen zusammengefaßt, die nach der Untersuchung von Lang in bezug auf Wohnung und Wohnumfeld ermittelt worden sind.

Tabelle 2: Ausmaß von Belastungen in Wohnung und Wohnumgebung in Deutschland (% der befragten Kinder/Eltern)

Variable	Indikatoren für Belastungen/ negative Situation	% der Befragten
Wohnhaus	wohnt im Mehrfamilienhaus/Hochhaus	49,3
Anzahl vorhandener Spielmöglichkeiten	wenig Plätze zum Spielen	33,9
Spielmöglichkeiten in der Wohnung*	wenig Spielmöglichkeiten innerhalb der Wohnung	10,1
Spielmöglichkeiten draußen*	wenig Spielmöglichkeiten außerhalb der Wohnung	16,2
Eigenes Zimmer	kein eigenes Zimmer	36,7
Lärm in der Wohnung	Wohnung ist sehr laut	14,4
Bewertung der Wohnumgebung	Gegend ist nicht schön	13,4
Kinderfreundlichkeit der Gegend*	Gegend ist überhaupt nicht kinderfreundlich	11,7

* gekennzeichnete Variablen wurde bei den Eltern erhoben

(nach Lang 1985: 222)

Im Hinblick auf Wohnung und Wohnumfeld macht Lang (vgl. 1985, S. 138ff) vor allem auf die Bedeutung von Stadt-Land-Differenzen aufmerksam. Städtische und ländliche Wohnumwelten sind durch je spezifische Gelegenheiten und Einschränkungen gekennzeichnet, was sich auch in unterschiedlichem Nutzungsverhalten der Kinder und in unterschiedlichen Veränderungswünschen niederschlägt. Insgesamt gestalten sich danach ländliche Lebensumwelten etwas günstiger für die Befriedigung kindlicher Bedürfnisse als städtische Umwelten. Im ländlichen Raum leben die Kinder eher in Einfamilienhäusern, verfügen eher über ein eigenes Zimmer und können sich auch in der Wohnumgebung eher auf für Kinderspiel geeigneten Flächen bewegen, ohne durch starken Autoverkehr, Lärmbelästigungen und andere Widrigkeiten eingeschränkt zu werden. Mittelstädte nehmen in dieser Hinsicht eine mittlere Position ein. Insgesamt zeigt die Untersuchung – und dies wird im wesentlichen durch die österreichische Lebenslagenuntersuchung von Wilk und Bacher (vgl. 1994) bestätigt –, daß Kinder in ihrem Entfaltungsspielraum besonders stark von räumlichen Umweltbedingungen abhängig sind.

6. *Freizeitinteressen/Hobbies und Gleichaltrigenbeziehungen*

Die Befunde auf der Grundlage des Siegener Kindersurveys zeigen, daß Kinder im Vergleich zu Jugendlichen ganz eigenständige Freizeitinteressen und Hobbies entfalten.

Tabelle 3: Anteil der Kinder, die eine bestimmte Gruppe von Hobbies ausüben in West- und Ostdeutschland (%)

	Jungen West	Mädchen West	Jungen Ost	Mädchen Ost
Sport	84	74	84	68
Lesen	13	29	11	41
Liebhabereien	27	24	26	27
Kunst	11	36	11	23
Spielen	10	14	4	14
Tanz	2	19	4	12
Medien	30	35	40	48
Computer	24	5	33	9

(nach Strzoda/Zinnecker 1996: 48)

Aus Tabelle 3 geht hervor, daß sportliche Aktivitäten bei der Bevölkerungsgruppe der Kinder mit ca. 80% der Nennungen der 10-13Jährigen im Vordergrund stehen. Dabei bezieht sich die kindliche Sportbegeisterung insbesondere auf Sportarten wie Schwimmen, Fußball und Radfahren. Kulturelle Interessen, wie schöne Künste betreiben, eine Instrument spielen, Singen oder Theater spielen etc., werden dagegen nur von Minderheitengruppen der Kinder zwischen 10 und 20% genannt.

Eine wichtige Dimension kindlicher Lebensbedingungen sind auch die Gleichaltrigenbeziehungen. In dieser Hinsicht zeigt der Siegener Kindersurvey (vgl. Zinnecker/Strzoda 1996), daß fast alle Befragten einen gleichgeschlechtlichen „wirklichen Freund“ (bei Mädchen „eine wirkliche Freundin“) benennen. Insgesamt überwiegen bei den 10-13Jährigen mehrheitlich noch die gleichgeschlechtlichen Bezugspersonen und -gruppen. Die Mitgliedschaft in einer Clique ist unter den 10-13Jährigen zwar durchaus verbreitet, aber keinesfalls ein dominantes Muster. Im Ost-West-Vergleich zeigt sich, daß die ostdeutschen Kinder noch etwas stärker familiengebunden sind, während westdeutsche Kinder in stärkerem Maße bereits in Peer-Gruppen involviert sind. Im Hinblick auf die Bewertung von normabweichendem Verhalten stellen sich Cliquen aus der Darstellung der befragten Kinder als eine präventive Instanz dar, denn nach deren Einschätzungen wird abweichendes Verhalten (wie Diebstahl, Sachbeschädigung und übermäßiger Alkoholgenuß) von den Mitgliedern der Cliquen überwiegend mißbilligt. Nur im Hinblick auf das Schuleschwänzen ergeben sich stärkere Differenzierungen in der Gruppenmeinung.

7. *Schule*

Die Institution der Schule hat für Kinder mehrere Funktionen und Bedeutungen. Zum einen sind Schule und Unterricht die ersten Erfahrungsbereiche von Kindern, in denen sie mit den Verhaltensansprüchen und Leistungsanforderungen der Erwachsenengesellschaft konfrontiert werden. Eng hiermit verknüpft ist der Sachverhalt, daß die Schule diejenige Instanz ist, die die subjektiv begehrten Bildungsabschlüsse und damit auch Lebenschancen verteilt. Andererseits stellt das schulische Leben auch den Ort dar, an dem Kinder mit Gleichaltrigen zusammenkommen, sich mit ihren Freunden treffen. Der Schulalltag ist also auch Kristallisationspunkt und Ausgangspunkt für kinderkulturelle Aktivitäten und kindliche Geselligkeit. Die Schule hat in den letzten Jahrzehnten den kindlichen Alltag immer mehr strukturiert und vermittelt damit auch für die Phase der mittleren und späten Kindheit immer mehr zeitliche Zwänge und Anforderungen. Aus dieser Perspektive ist es berechtigt, von einer „Verschulung“ der Kindheit zu sprechen. In der Jugendphase meint die These der Verschulung insbesondere die enorme Verlängerung der Schul- und Studienzeiten bis in das dritte Lebensjahrzehnt hinein. Für die Phase der mittleren und späten Kindheit stehen Aspekte wie die zunehmende Partizipation von Kindern an weiterführenden Schulformen nach der Grundschule und die hiermit verbundene Intensivierung der Leistungsanforderungen im Vordergrund (vgl. Stecher 1996). Ferner werden die Leistungsanforderungen der Schule durch hohe Bildungsaspirationen der Eltern flankiert und verstärkt. Zirka 50% der Eltern und der Kinder streben heute das Abitur als Schulabschluß an (vgl. die Beiträge Rolff u.a. 1994). Im Falle eines Scheiterns an diesen Erwartungen können sich weiterreichende Streß- und Problembelastungen für die Kinder ergeben.

Dem entspricht, daß nach den Befunden von Lang (vgl. 1985: 107ff) die Schule derjenige Lebensbereich ist, für den die befragten Kinder das geringste Wohlbefinden berichten Ein Viertel der Kinder fühlt sich danach in der Schule nicht besonders wohl. Im Hinblick auf die Schulfreude bestehen erhebliche geschlechtsspezifische Unterschiede, Mädchen gehen sehr viel lieber zu Schule als Jungen. Aus Tabelle 4 geht hervor, daß ausländische Kinder die Schule zwar mit mehr Freude besuchen, aber mehr Lernschwierigkeiten haben.

Tabelle 4: Schulfreude und Lernschwierigkeiten deutscher und ausländischer Schülerinnen (%)

	geht zur Schule...				Lernen fällt...		
	sehr gern	gern	nicht so gern	überhaupt nicht gern	leicht	unterschiedlich	schwer
Deutsche	32,6	41,4	20,4	5,9	41,3	37,4	21,2
Ausländer	49,1	34,5	11,8	4,5	30,3	37,6	32,1

(eigene zusammenfassende Darstellung nach Lang 1985: 108, 110)

7. *Fazit*

Welches Bild läßt sich aus den Befunden zu den einzelnen Dimensionen kindlicher Lebenslagen zeichnen? Kennzeichnend für Lebenslage und Lebensqualität von Kindern scheinen weitreichende Ambivalenzen zu sein. Dieser Befund ist nicht neu. Bereits 1980 hatte Kaufmann (vgl. 1980) von tiefgreifenden Widersprüchlichkeiten in der Lebenslage von Kindern berichtet. Allerdings war man sich bis in die erste Hälfte der 80er Jahre unter den einschlägigen Experten weitgehend einig, daß das zentrale Spannungsmoment in den kindlichen Lebensbedingungen zwischen einer vergleichsweise komfortablen und gesicherten materiellen Lebenslage einerseits und neuen psychosozialen Belastungen andererseits zu suchen sei. Diese Diagnose muß für Gegenwart und absehbare Zukunft insofern modifiziert werden, als nun trotz unbestreitbarer Verbesserungen in den materiellen Lebensbedingungen nicht lediglich psychosoziale und gesundheitliche Belastungen zuzunehmen scheinen, sondern nun auch große Gruppen der nachwachsenden Generation mit neuen und unvermuteten materiellen Lebensrisiken konfrontiert werden.

Die präsentierten Befunde zu einzelnen Lebensbereichen haben gezeigt, daß Lebensbedingungen und Lebensqualität von Kindern auch weiterhin von Prozessen der funktionsspezifischen Differenzierung und Spezialisierung beeinträchtigt werden, weil der Handlungsspielraum für Kinder eng wird und diese immer mehr auf institutionelle Sonderwelten (wie Kindertagesstätte, Schule und Kinderspielplatz) verwiesen werden. Kinder werden zwar in ihrer gesellschaftlichen Bedeutung und Sichtbarkeit aufgewertet, aber dies ist zugleich mit neuen Verhaltenszumutungen und Leistungsanforderungen verbunden. Auf diese Weise scheint sich aber der „Alltagsstreß" nun auch in die Kindheitsphase zu verlängern. Symptome wie schulische Leistungs-, Lern- und Konzentrationsschwierigkeiten, somatische und psychische Störungen der Entwicklung und „moderne" gesundheitliche Probleme wie Schlafstörungen, Unruhe und Nervosität signalisieren problematische Formen der Lebensbewältigung und Problemverarbeitung auch im Kindesalter. Die Zusammenhänge zwischen der Verteilung solcher Symptome und bestimmten Merkmalen der Lebensbedingungen und subjektiven Problemverarbeitungsmuster der Kinder sind allerdings bislang kaum empirisch untersucht worden. In dieser Hinsicht ist es erforderlich, die inzwischen entwickelten und vielfach erprobten Konzepte und methodischen Instrumente aus der Jugendforschung nun auch für die Kinderforschung fruchtbar zu machen.

Darüber hinaus wird erkennbar, daß Teilgruppen von Kindern in der modernen Arbeitsgesellschaft auch von materiellen Risiken und Verschlechterungen ihrer Lebenslage betroffen sind. Die Maßnahmen und Instrumente der Familienpolitik und anderer Zweige der familienbezogenen Sozialpolitik konnten bislang nicht verhindern, daß Familienhaushalte mit Kindern gegenüber Haushalten ohne Kinder zum Teil erhebliche materielle Einbußen hinnehmen müssen, was für einen Teil von ihnen mit einem Absinken unter die Armutsgrenze verbunden ist. Hierzu dürfte – neben der unzureichenden Höhe familienpolitischer Transfers – insbesondere auch der Tatbestand beigetragen haben, daß Kinder selten selbst als Anspruchsberechtigte gegenüber dem Sozialstaat auftreten können (vgl. Olk/Mierendorff 1998). Vielmehr fördert der moderne Sozialstaat immer noch (indirekt) Kinder, indem er primär Erwachsene (vor allem ihre Eltern) unterstützt. Eine nachhaltige Verbesserung von Lebensbedingungen und Lebensqualität der Kinder ist allerdings nur von Maßnahmen und Instrumenten zu erwarten, die konsequent an der kindlichen Lebenslage, ihren Merkmalen und Belastungen ansetzt, und nicht ausschließlich an den Lebenslagen von erwachsenen Personen, die mit Kindern zusammenleben. Um die Treffsicherheit einer solchen Politik für Kinder zu erhöhen, wäre allerdings eine Intensivierung und Verstetigung der Aktivitäten einer Sozialberichterstattung über Kinder dringend erforderlich.

Anmerkungen

1 Die Entwicklung des durchschnittlichen monatlichen Nettoäquivalenzeinkommens kann dieses belegen: Anhand von SOEP-Daten und einer Gewichtung nach der BSHG-Skala veränderte sich das Äquivalenzeinkommen in den alten Bundesländern von 1 222 DM (1984) bzw. 1 580DM (1990) auf 1 870 DM (1995), in den neuen Bundesländern stieg das Äquivalenzeinkommen (kaufkraftbereinigt) von 1 042 DM (1990) auf 1 646 DM (1995) (Habich /Krause 1997, 516, 517).

2 Relative Einkommenspositionen sind definiert als gruppenspezifische durchschnittliche Netto-Pro-Kopfeinkommen in Prozent des gesamtdurchschnittlichen Nettoäquivalenzeinkommens.

3 Für die folgenden drei Abbildungen in Form von Grafiken bedanken wir uns herzlich bei Constanze Stange.

4 Nach Neumann /Hertz (1998) ist im Osten allerdings von einer höheren verdeckten Armut als im Westen auszugehen, so daß nach Hinzuziehung der verdeckt Armen zwischen Ost und West kaum noch eine Differenz auszumachen sein würde.

5 Hierbei handelt es sich im Unterschied zu der bisherigen Argumentation um Befunde einer Regionalstudie, die am Beispiel der Kommune Halle/Saale die Armutsdynamik in den neuen Bundesländern untersucht.

Literatur

Bertram, Hans 1993: Sozialberichterstattung zur Kindheit. In: Markefka, Manfred/Nauck, Bernhard (Hrsg.): Handbuch der Kindheitsforschung, Neuwied: Luchterhand, S. 91-108.

Bois-Reymond, Manuela du 1994: Die moderne Familie als Verhandlungshaushalt. Eltern-Kind-Beziehungen in West- und Ostdeutschland und in den Niederlanden. In: dies./Büchner, Peter/Krüger, Heinz-Hermann/Ecarius, Jutta/Fuhs, Burkhard (Hrsg.): Kinderleben, Opladen: Leske + Budrich, S. 137-219.

Buhr, Petra 1998: Übergangsphase oder Teufelskreis? Dauer und Folgen von Armut bei Kindern. In: Klocke, Andreas/Hurrelmann, Klaus (Hrsg.): Kinder und Jugendliche in Armut, Opladen/Wiesbaden: Westdeutscher Verlag, S. 72-86.

Bundesministerium des Innern (Hrsg.) 1996: Modellrechnungen zur Bevölkerungsentwicklung in der Bundesrepublik Deutschland bis zum Jahr 2040.

Bundesministerium für Familie, Senioren, Frauen und Jugend (Hrsg.) 1998: Zehnter Kinder- und Jugendbericht. Bericht über die Lebenssituation von Kindern und die Leistungen der Kinderhilfe in Deutschland, Bonn: Bonner Universitätsdruckerei.

Engelbert, Angelika/Herlth, Alois 1993: Sozialökologie der Kindheit: Wohnung, Spielplatz und Straße. In: Markefka, Manfred/Nauck, Bernhard (Hrsg.): Handbuch der Kindheitsforschung, Neuwied: Luchterhand, S. 403-415.

Glatzer, W./Hübinger, W. 1990: Lebenslagen und Armut. In: Döring, D./Hanesch, W./ Huster, E.-U. (Hrsg.): Armut im Wohlstand, Frankfurt/Main: Suhrkamp, S. 31-55.

Glatzer, W./Zapf, W. (Hrsg.) 1984: Lebensqualität in der Bundesrepublik Deutschland. Frankfurt/Main: Campus.

Grünheid, Evelyn/Mammey, Ulrich 1997: Bericht 1997 über die demographische Lage in Deutschland, Zeitschrift für Bevölkerungswissenschaft, Jg. 22, 4/1997, S. 377-480.

Habich, Roland/Krause, Peter 1997: Armut. In: Statistisches Bundesamt (Hrsg.): Datenreport 1997. Zahlen und Fakten über die Bundesrepublik Deutschland, Schriftenreihe der Bundeszentrale für politische Bildung Bd. 340, Bonn: S. 515-525.

Hauser, Richard 1997: Vergleichende Analyse der Einkommensverteilung und der Einkommensarmut in den alten und neuen Bundesländern 1990-1995. In: Becker, Irene/ Hauser, Richard (Hrsg.): Einkommensverteilung und Armut. Deutschland auf dem Weg zur Vierfünftel-Gesellschaft? Frankfurt/New York: Campus.

Joos, Magdalena 1995: Selektive Kontexte. Umwelten von Kindern und Erwachsenen in Ost- und Westdeutschland. In: Nauck, Bernhard/Bertram, Hans (Hrsg.): Kinder in Deutschland. Lebensverhältnisse im Regionalvergleich, Opladen: Leske + Budrich, S. 171-204.

Joos, Magdalena/Nauck, Bernhard 1998: Sozialberichterstattung und Kinderarmut in Ost- und Westdeutschland. In: ZSE, 2. Beiheft, S. 248-264.

Klocke, Andreas/Hurrelmann, Klaus (Hrsg.) 1998: Kinder und Jugendliche in Armut. Opladen/Wiesbaden: Westdeutscher Verlag.

Lang, Sabine 1985: Lebensbedingungen und Lebensqualität von Kindern. Frankfurt und New York: Campus.

Mansel, Jürgen/Neubauer, Georg (Hrsg.) 1998: Armut bei Kindern und Jugendlichen. Opladen: Leske + Budrich.

Müller, Klaus/Hauser, Richard/Frick, Joachim/Wagner, Gert G. 1995: Zur Entwicklung der Einkommensverteilung und der Einkommenszufriedenheit in den neuen und alten Bundesländern 1990 bis 1993. In: Glatzer, Wolfgang/Noll, Heinz-Herbert (Hrsg.): Getrennt vereint. Lebensverhältnisse in Deutschland seit der Wiedervereinigung, Frankfurt/New York: Campus, S. 73-108.

Nahnsen, Ingeborg 1975: Bemerkungen zum Begriff und zur Geschichte des Arbeitsschutzes. In: Osterland, Martin (Hrsg.): Arbeitssituation, Lebenslage und Konfliktbereitschaft, Frankfurt am Main/Köln: Europäische Verlagsanstalt, S. 145-166.

Nauck, Bernhard 1995: Kinder als Gegenstand der Sozialberichterstattung – Konzepte, Methoden und Befunde im Überblick. In: ders./Bertram, Hans: Kinder in Deutschland. Lebensverhältnisse im Regionalvergleich, Opladen: Leske + Budrich.

Nauck, Bernhard/Meyer, Wolfgang/Joos, Magdalena 1996: Sozialberichterstattung über Kinder in der Bundesrepublik. Zielsetzungen, Forschungsstand und Perspektiven. In: Aus Politik und Zeitgeschichte. Beilage zur Wochenzeitung Das Parlament B 11/96.

Neumann, Udo/Hertz, Markus 1998: Verdeckte Armut in Deutschland. Forschungsbericht im Auftrag der Friedrich-Ebert-Stiftung, ISL, Frankfurt/M.

Noll, Heinz-Herbert (Hrsg.) 1997: Sozialberichterstattung in Deutschland, Weinheim/München: Juventa.

Olk, Thomas/Mierendorff, Johanna 1998: Existenzsicherung für Kinder – Zur sozialpolitischen Regulierung von Kindheit im bundesdeutschen Sozialstaat. In: Zeitschrift für Soziologie der Erziehung und Sozialisation 18. Jg. H 1, S. 38-52.

ders./Rentzsch, Doris 1998: Kinder in ostdeutschen Armutshaushalten. In: Klocke, Andreas/Hurrelmann, Klaus (Hrsg.): Kinder und Jugendliche in Armut, Opladen/Wiesbaden: Westdeutscher Verlag, S. 87-111.

Reuband, K.-H. 1997: Aushandeln statt Gehorsam. Erziehungsstile und Erziehungspraktiken in den alten und neuen Bundesländern im Wandel. In: Böhnisch, L./Lenz, K.: Familien. Eine interdisziplinäre Einführung, München, S. 129-154.

Rolff, Hans-Günter u.a. (Hrsg.) 1994: Jahrbuch der Schulentwicklung, Band 8, Weinheim/München: Juventa.

Statistisches Bundesamt 1997: Fachserie 1, Reihe 1, 2.

Statistisches Bundesamt 1998: Kinder in der Sozialhilfestatistik (HLU 1997), Arbeitsunterlagen.

Stecher, Ludwig 1996: Schulhabitus und soziales Kapital in der Familie. In: Zinnecker, J./Silbereisen, R. K. (Hrsg.): Kindheit in Deutschland. Aktueller Survey über Kinder und ihre Eltern, Weinheim und München: Juventa, S. 267-289.

Strzoda, Christiane/Zinnecker, Jürgen 1996: Interessen, Hobbies und deren institutioneller Kontext. In: Zinnecker, Jürgen/Silbereisen, Rainer K. (Hrsg.): Kindheit in Deutschland. Aktueller Survey über Kinder und ihre Eltern, Weinheim und München: Juventa, S. 41-79.

Weick, Stefan 1998: Relative Einkommensarmut bei Kindern in Deutschland (bei der Zeitschrift für Familienforschung eingereichtes Manuskript).

Weisser; Gerhard 1956: Wirtschaft. In: Ziegenfuss, W. (Hrsg.): Handbuch der Soziologie, Stuttgart.

Weisser, Gerhard 1957: Einige Grundbegriffe der Sozialpolitiklehre, unveröffentl., vervielfältigtes Manuskript.

Wilk, Liselotte/Bacher, Johann (Hrsg.) 1994: Kindliche Lebenswelten, Opladen: Leske + Budrich.

Wilk, Liselotte u.a. 1994: Familienkindheit heute: Vielfalt der Formen – Vielfalt der Chancen. In: Wilk, Liselotte/Bacher, Johann (Hrsg.): Kindliche Lebenswelten, Opladen: Leske + Budrich, S. 89-159.

Zeiher, Helga 1996: Kinder in der Gesellschaft und Kindheit in der Soziologie. In: Zeitschrift für Sozialisationsforschung und Erziehungssoziologie, 16, H 1, S. 26-46.

Zinnecker, Jürgen 1995: Ein neues Kapitel Kindheit und Kindheitsforschung. In: Clausen, Lars (Hrsg.): Gesellschaften im Umbruch. Verhandlungen des 27. Kongresses der Deutschen Gesellschaft für Soziologie in Halle an der Saale 1995, Frankfurt/New York: Campus, S. 782-794.

ders./Silbereisen, Rainer K. 1996: Kindheit in Deutschland. Aktueller Survey über Kinder und ihre Eltern, Weinheim und München: Juventa.

ders./Strzoda, Christiane 1996: Freundschaft und Clique. Das informelle Netzwerk der Gleichaltrigen. In: ders./Silbereisen, Rainer K. 1996: Kindheit in Deutschland. Aktueller Survey über Kinder und ihre Eltern, Weinheim und München: Juventa, S. 81-97.

Familie und private Lebensformen

oder: Geht der Gesellschaft die Familie aus?

Wolfgang Lauterbach

1. Die Gretchenfrage der 70er und 80er Jahre: Pluralität ohne Grenzen?

Die letzten zwei Jahrzehnte können als ein Zeitraum gesehen werden, in der sich bedeutsame Wandlungen der Lebensformen der Menschen sowie der kulturell normativen Wertbezüge von Ehe und Familie vollzogen haben. In der deutschen Soziologie etablierte sich seit Mitte der 70er Jahre der Begriff der ‚privaten Lebensformen' zur Charakterisierung des Wandels des Zusammenlebens. Der Terminus entwickelte sich einerseits zu einer wissenschaftlichen Kategorie, andererseits fand er immer häufiger in kritischer Auseinandersetzung mit dem Begriff der ‚bürgerlichen Familie' sowie mit der damit verbundenen Lebensform in öffentlichen Diskursen Verwendung. Er umschreibt die Struktur der privaten sozialen Beziehungen von Menschen: „Unter Lebensformen werden relativ stabile Beziehungsmuster der Bevölkerung im privaten Bereich verstanden, die allgemein mit Formen des Alleinlebens oder Zusammenlebens (mit oder ohne Kinder) beschrieben werden können (Niemeyer/Voigt 1995: 437). Die Kriterien, die bei der begrifflichen Abgrenzung einer Lebensform Verwendung finden, benennt Zapf (1987: 30): das Vorhandensein eines Haushaltes, die Generationszusammensetzung des Haushaltes, die sozialrechtliche Stellung der Person und des/der etwaigen Partner/in, der Familienstand und die Kinderzahl. ‚Familie' ist also ein unterzuordnender Begriff unter die Oberkategorie der ‚privaten Lebensform'.

Der Wandel der Lebensformen war nach Meinung einiger Wissenschaftler und Publizisten darauf zurückzuführen, daß ‚die Familie' seit den 70er Jahren als Institution immer weniger in der Lage war, dem Wertewandel, hinsichtlich des Diktums der ‚gestiegenen individuellen Ansprüche' gerecht zu werden. Als Folge dieses kulturellen Wandels wurde ein Vordringen nichtfamilialer Lebensformen festgestellt: Es entstanden die Formen der nichtehelichen Lebensgemeinschaften, der Scheidungsfamilien, Wohngemeinschaften und des Singlelebens. Seit Mitte der 80er Jahre wurden diese Lebensformen ergänzt um solche, wie etwa die der Dinks (double income no kids), Commuter-Ehen, dual-carreer families, Werkstattfamilien oder auch Verhandlungsfamilien auf Zeit (Hoffmann-Riem 1989; Peukert 1989; Gross/ Honer 1990; Lange 1994; Hradil 1995; Beck-Gernsheim 1994,1998). Es erfolgte, unter Rekurs auf die strukturellen Charakteristiken der ‚bürgerlichen Familie', namentlich der Form des Zusammenlebens (Leben in getrennten oder einem gemeinsamen Haushalt), der sozialrechtlichen Stellung der (Ehe-) partner, sowie der Tatsache, ob mindestens ein Kind mit im Haushalt lebte oder diesen bereits verlassen hatte, die Benennung immer weiterer Lebensformen. Dadurch wurde der Eindruck vermittelt, daß sich Mitte bis gegen Ende der 70er Jahre die Lebensformen von Menschen beachtlich vervielfältigt hätten. Einer der eindrücklichsten Versuche die entstandene Variationsbreite begrifflich zu beschreiben beruhte auf einer in den 80er Jahren empirisch basierten Untersuchung: Es wurde festgestellt, daß 32 verschiedene Lebensformen statistisch zu ermitteln waren (Höhn/Dorbritz 1995: 161, Tabelle 1).

Tabelle 1: Lebensformen im früheren Bundesgebiet nach dem Familiensurvey des DJI 1988

Lebensformen	Rangplatz	Anteil	Prozent, kumuliert
Verheiratet, mit Kind(ern) im Haushalt, Ehemann allein erwerbstätig	1	21,01	21,01
Verheiratet, ohne Kinder im Haushalt, beide Partner erwerbstätig	2	19,43	40,44
Verheiratet, mit Kind(ern) im Haushalt, beide Partner erwerbstätig	3	13,83	54,27
Verheiratet, ohne Kinder im Haushalt, Ehemann allein erwerbstätig	4	13,19	67,46
Partnerschaft, ohne Kinder, beide Partner erwerbstätig	5	8,92	76,38
Lebensgemeinschaft, ohne Kinder im Haushalt, beide erwerbstätig	6	5,59	81,97
Mann, Single, erwerbstätig	7	3,78	85,75
Frau, Single, erwerbstätig	8	3,27	89,02
Verheiratet, ohne Kinder im Haushalt, beide nicht erwerbstätig	9	1,76	90,78
Frau, alleinerziehend, erwerbstätig	10	1,17	91,95
Verheiratet, ohne Kinder im Haushalt, Ehefrau allein erwerbstätig	11	1,01	92,96
Frau, alleinerziehend, nicht erwerbstätig	12	0,86	93,82
Mann, Single, nicht erwerbstätig	13	0,68	94,50
Frau, Single, nicht erwerbstätig	14	0,64	95,14
Verheiratet, mit Kind(ern) im Haushalt, beide nicht erwerbstätig	15	0,61	95,75
Lebensgemeinschaft, ohne Kinder, Mann allein erwerbstätig	16	0,59	96,34
Partnerschaft, ohne Kinder, Mann allein erwerbstätig	17	0,48	96,82
Verheiratet, mit Kind(ern) im Haushalt, Ehefrau allein erwerbstätig	18	0,43	97,25
Partnerschaft, mit Kind(ern) im Haushalt, beide erwerbstätig	19	0,41	97,66
Lebensgemeinschaft, mit Kind(ern) im Haushalt, Frau erwerbstätig	20	0,36	98,02
Lebensgemeinschaft, mit Kind(ern) im Haushalt, beide erwerbstätig	21	0,35	98,37
Partnerschaft, ohne Kinder im Haushalt, Frau allein erwerbstätig	22	0,33	98,70
Partnerschaft, mit Kind(ern) im Haushalt, Mann allein erwerbstätig	23	0,32	99,02
Lebensgemeinschaft, mit Kind(ern) im Haushalt, Mann erwerbstätig	24	0,25	99,27
Lebensgemeinschaft, o. Kinder im Haushalt, Frau erwerbstätig	25	0,18	99,45
Lebensgemeinschaft, o. Kinder im Haushalt, beide nicht erwerbstätig	26	0,18	99,63
Mann, alleinerziehend, erwerbstätig	27	0,13	99,76
Lebensgemeinschaft, mit Kind(ern), beide nicht erwerbstätig	28	0,13	99,89
Partnerschaft, ohne Kind(ern) im Haushalt, beide nicht erwerbstätig	29	0,08	99,97
Partnerschaft, mit Kind(ern) im Haushalt, beide nicht erwerbstätig	30	0,02	99,99
Mann, alleinerziehend, nicht erwerbstätig	31	0,01	100,00
Partnerschaft, mit Kind(ern) im Haushalt, Frau allein erwerbstätig	32	0,00	100,00

Quelle: Familiensurvey 1988, (Höhn/Dorbritz 1995: 161)

Kulturell wurde die zu diesem Zeitpunkt festgestellte ‚Vielfalt' dann als ein, sich seit den 60er Jahren vollziehender Prozeß einer steten Zunahme der ‚Vielfalt' interpretiert. Diese Entwicklung wurde rhetorisch mit der Begrifflichkeit der ‚Pluralisierung von Lebensformen' umschrieben und konzeptuell als ein Ausbruch aus der ‚bürgerlichen Familie' verortet. Als verantwortlich für diese Entwicklung sahen viele das Vordringen ‚neuer individuenzentrierter Werte', im Sinne eines ‚Individualisierungsschubes' oder eines ‚ausufernden Individualismus' (Beck 1986: 195; Beck/Beck-Gernsheim 1990; Bertram/Borrmann-Müller 1988). Vereinzelt wurde sogar unter diesem Eindruck sowie der allgemein konstatierten Trends einer gestiegenen individuellen Wohlfahrt sowie eines höheren Sicherheitsniveaus im Lebensverlauf, der „Tod der Familie" (Cooper 1972) ausgerufen[1]. Bis in die Gegenwart wird dieser Trend von zahlreichen Autoren kulturpessimistischer Provenienz mit einem stattfindenden „Ab- und Auflösungsprozeß von Ehe und Familie" gleichgesetzt (Hoffmann-Nowotny 1995: 338) und ebenso mit einer vermuteten, dazu parallel verlaufenden abnehmenden Integrationsfähigkeit der Gesellschaft. Hoffmann-Nowotny beschrieb diese Entwicklung für die 80er und den Beginn der 90er Jahre zusammenfassend mit den Worten: „Dem Zeitgeist entspricht deshalb wohl eher die Formel der anarchistischen Erkenntnislehre von Paul Feyerabend ‚anything goes'" (Hoffmann-Nowotny 1995: 329). Geht also der Gegenwartsgesellschaft die Familie aus und sind wir auf dem Weg in eine sozial atomisierte ‚Single-Gesellschaft'? Denn „in dem zu Ende gedachten Marktmodell der Moderne wird die familien- und ehelose Gesellschaft unterstellt" (Beck/Beck-Gernsheim 1990: 52/53).

Aus sozialstruktureller Sicht konnte allerdings die konstatierte Mannigfaltigkeit privater Lebensformen nicht als ein ‚anything goes' umschrieben werden, da sich bei genauer Betrachtung zeigte, daß die Vielfältigkeit familialer- und partnerschaftlicher Lebensformen auf einige wenige dominierende zu beschränken waren: So verteilten sich auf nur fünf Lebensformen knapp 80 Prozent der Personen im Alter von 15 bis 65 (siehe Tabelle 1, Rangfolge 1-5). Bereits 90 Prozent lebten in nur acht Lebensformen, wobei sich die meisten Menschen in einer Ehe befanden. Anzumerken ist ferner, daß sich die betrachteten Lebensformen auch durchaus anders gruppieren hätten lassen: Differenziert man etwa in Anlehnung an Niemeyer/Voigt (1995: 437), nur nach den Kriterium des Zusammen- oder Alleinelebens mit oder ohne Kinder, reduziert sich die Anzahl der Lebensformen beträchtlich. Schlußfolgernd läßt sich auch nur in einem geringen Maße von einer Pluralisierung familialer Lebensformen sprechen, eher von einer Differenzierung privater Lebensformen: „Seit den 70er Jahren hat sich die Heterogenität der Lebensformen etwas vergrößert. Hier spricht einiges dafür, daß es nicht nur im nichtfamilialen, sondern auch im familialen Sektor zu einer Pluralisierung gekommen ist" (Huinink/Wagner 1998: 103)[2]. Es ist also Ernüchterung eingetreten, und der Begriff der ‚Pluralität in Grenzen' trifft die Entwicklung wohl besser als ein ‚anything goes' (Nave-Herz 1994).

Die begrenzte Vielfalt der Lebensformen ist wesentlich anhand zweier Kriterien erkennbar: Am Vorhandensein von Kindern und am Alter der Menschen. Somit kann die sozialstrukturelle Betrachtungsweise präzisiert werden: Zum einen hat sich der ausgeprägte Wandel von Lebensformen außerhalb filiativ organisierter Familienverhältnisse vollzogen und weniger stark innerhalb[3]. Definiert man Familie über das Filiationsprinzip und bezieht sich im Unterschied zur amtlichen Statistik nicht auf das Kriterium des Lebens in einem gemeinsamen Haushalt oder wie in der christlich-theologischen Lehre, strenger in der katholischen Soziallehre, primär auf die Ehe, dann läßt sich der Wandel des Verhältnisses von ‚Familie und privaten Lebensformen' als eine Änderung des Lebens von Menschen mit oder ohne Kinder darstellen. Strohmeier (1989,1991,1993) sprach in diesem Zusammenhang deshalb von einer ‚Polarisierung' der privaten Lebensformen in einen ‚Familiensektor' und einen ‚Nicht-Familiensektor'. Die begriffliche Unterscheidung dieser Sektoren bezieht sich wesentlich auf den seit einigen Jahren steigenden Anteil an lebenslang kinderlos bleibenden Ehen und Paargemeinschaften. Parallel zu diesem Anstieg ist ein geringfügiges Sinken des Anteils an Familien mit einem oder zwei Kindern festzustellen und ein starkes Absinken des Anteils an Familien, in denen drei und mehr Kinder leben (Engstler 1997). Im Vergleich zu den 50er Jahren ist also eine neue Entwicklung erkennbar: Ein steigender Anteil von Ehen und Paaren bleibt lebenslang kinderlos, wodurch der ‚Nicht-Familiensektor' an Gewicht gewinnt. Hinzu kommt, daß die beschriebene Pluralisierung der Lebensformen dann innerhalb dieses Sektors stattfindet.

Zum anderen kann formuliert werden, daß sich ein Leben alleine oder mit einem (verheirateten) Partner und ggf. Kindern entlang des Alters entwickelt: Dies führt dazu, daß dann im jungen Alter bis zum Ende der dritten Lebensdekade die Pluralität der Lebensformen am größten ist und im anschließenden mittleren Alter am geringsten. Zwischen dem 30sten und 40sten Lebensjahr lebt ein Großteil der Bevölkerung auch in den 90er Jahren in Familien. Der konstatierte generelle „Ab- und Auflösungsprozeß von Ehe und Familie" (Hoffmann-Nowotny 1995: 338) traf bisher nicht ein, was sich jedoch gewandelt hat, ist der Beginn der Familiengründung und die Dauer des Lebens in einer Kernfamilie. Diese Wandlungstendenzen können sodann als eine neue Stufe in der Entwicklung moderner Gesellschaften gesehen werden. Es findet eine Differenzierung der Lebensformen innerhalb des Lebenslaufs, in Anpassung an neue gesellschaftliche Rahmenbedingungen statt (Meyer 1992): In jene Lebensformen, die dem ‚Nicht-Familiensektor' zuzurechnen sind und die sich in partnerschafts- und singleorientierte unterscheiden lassen, sowie jene, die zum ‚Familiensektor' zu zählen sind, also in einer Lebensform mit einem oder mehreren Kind(ern) leben.

2. *Begrenzte Pluralität und die Entstehung des Familien- und Nicht-Familiensektors*

Um die Zusammenhänge zwischen den skizzierten Pluralisierungstendenzen sowie der Entstehung des Familien- und Nicht-Familiensektors zu verdeutlichen, bietet sich als eine Annäherung der Vergleich der Haushaltsstrukturen, in denen Menschen gegenwärtig leben und vor 25 Jahren lebten, an (vgl. Tabelle 2).

Tabelle 2: Anteil der Bevölkerung in ausgewählten Haushaltstypen nach West- und Ostdeutschland (Prozentangaben)

	1972	1991	1996
		alte Bundesländer	
Familienhaushalte mit 2 u. mehr Generationen	71,6	59,9	56,6
Paarhaushalte ohne Kinder	17,7	23,3	25,4
Einpersonenhaushalte	9,8	15,6	16,6
		neue Bundesländer	
Familienhaushalte mit 2 u. mehr Generationen	/	64,4	59,4
Paarhaushalte ohne Kinder	/	22,5	24,9
Einpersonenhaushalte	/	11,6	13,6

Quelle: Engstler 1998, S.20

Generell zeigt sich, daß der Anteil, der in einem Haushalt gemeinsam lebenden Familienmitglieder abnahm und parallel dazu die Anteile der Alleinlebenden und der Paare ohne Kinder, zunahmen. Ein Monopolverlust der ‚bürgerlichen Familie' (Meyer 1992), und der dazugehörigen, in der Bundesrepublik in den 50er und 60er Jahren dominierenden Lebensform, zeichnet sich ab: Lebten noch 1972 nahezu drei Viertel der Bevölkerung der alten Bundesländer in einem Familienhaushalt mit zwei und mehr Generationen, so waren dies 1996 gerade noch ca. 57 Prozent. Parallel dazu nahm der Anteil der Einpersonenhaushalte im gleichen Zeitraum um nahezu 70 Prozent von 9,8 Prozent im Jahre 1972 auf 16,6 Prozent 1996 zu. Aber auch die Paarhaushalte ohne Kinder nahmen im selben Zeitraum von 17,7 Prozent auf 25,4 Prozent zu. Für die neuen Bundesländer ist im Vergleich der Jahre 1991 und 1996 derselbe Trend auf ähnlichem Niveau festzustellen.

Die Zusammensetzung der Haushalte markiert eine erste Annäherung an die beschriebene Polarisierung der Lebensformen in einen ‚Familien- und einen Nicht-Familiensektor'. Für die alten Bundesländer wird die genannte Entwicklung deutlicher erkennbar, wird sie mit dem Wandel des generativen Verhaltens in Verbindung gebracht. Dieser zeitigt seit den Geburtsjahrgängen der um 1950 Geborenen einen generellen Anstieg der lebenslang kinderlos bleibenden Frauen (vgl. Tabelle 3). Die zwischen 1940 und 1950 geborenen Frauen sind im Durchschnitt nur zu ca. 12 Prozent kinderlos. Gleichzeitig verlief innerhalb dieser Kohorten die Abnahme des Anteils an Frauen mit drei und mehr Kindern zugunsten derjenigen, mit einem Kind, bei einem nahezu gleichbleibendem Anteil an Frauen, die zwei Kinder bekamen.

Tabelle 3: Geschätzte endgültige Kinderzahl der 1940 bis 1960 geborenen Frauen in den alten und neuen Bundesländern

Geburtsjahr der Frau	keine Kinder	1 Kind	2 Kinder	3 und mehr
		alte Bundesländer		
1940	10,1	23,6	39,4	27,0
1945	13,3	26,9	39,4	20,4
1950	14,9	27,2	39,5	18,5
1955	19,4	24,3	38,5	17,8
1960	23,3	21,6	37,4	17,8
		neue Bundesländer		
1940	8,9	33,2	47,4	10,5
1945	8,5	33,0	47,7	10,8
1950	8,0	29,3	49,6	13,1
1955	6,0	25,7	53,7	14,6
1960	10,6	20,7	54,0	14,8

Quelle: Engstler, 1998, S. 103

Mit dem Geburtsjahrgang 1950 beginnt die bis in die Gegenwart anhaltende Polarisierung: Es steigt der Anteil kinderloser von ca. 15 Prozent bis zu den 1960 geborenen Frauen auf ca. 25 Prozent an. Dies ist eine Steigerung um das 1,5 fache. Parallel dazu ging der Anteil der Frauen, die drei und mehr Kinder bekamen nochmals merklich bis auf ca. 18 Prozent bei den 1960 geborenen zurück. Die beschriebene Polarisierung kann allerdings nicht dahingehend interpretiert werden, daß ein Trend in Richtung kinderreiche Familien und kinderlose Paare vorliegt. Vielmehr ist der Anteil an Frauen, die ein oder zwei Kinder bekommen über die Geburtsjahrgänge betrachtet relativ stabil, mit einer dominierenden Gruppe von Frauen, die zwei Kinder bekommen. Extrapoliert man diese Ergebnisse, so bedeutet dies bei einem angenommenen weiter ansteigenden Anteil an lebenslang kinderlos bleibenden bei einem gleichzeitigem Sinken des Anteils derjenigen, die drei und mehr Kinder bekommen, einen weiteren Rückgang der mittleren Kinderzahl je Frau (vgl. Engstler 1998: 103).

Für die neuen Länder zeigen sich hingegen andere Befunde. Hier kann kaum von einer Polarisierung der Lebensformen in einen ‚Familien- und Nicht-Familiensektor' gesprochen werden. So ist der Anteil, der bis 1955 geborenen Frauen, die keine Kinder bekommen mit ca. acht Prozent relativ gering und der Anstieg der Kinderlosigkeit bei denjenigen der jüngsten Geburtskohorte läßt sich schwerlich als ein Trend interpretieren. Denn die Situation in den neuen Ländern ist gegenwärtig von einem Nebeneinander unterschiedlich verlaufender Fertilitätsprozesse gekennzeichnet. Ältere, vor 1969 geborene, Frauen haben 1990 im Jahr der Vereinigung ihre Familienbildung teilweise eingestellt, jüngere, in den Jahren 1969 bis 1972 Geborene, ihre Familiengründung aufgeschoben und die Geburtsjahrgänge nach 1972 folgen wohl bereits dem Muster der aufgeschobenen, späten Familiengründung zahlreicher westdeutscher Frauen (vgl. Dorbritz 1997). Folglich ist kein ausgeprägter ‚Nicht-Familiensektor' festzustellen. Auffallend ist ferner, daß als Lebensform ein Leben mit zwei Kindern dominierte (ca. 54 Prozent).

Merklich weniger Frauen als in den alten Bundesländern hatten hingegen drei und mehr Kinder.

Zusammenfassend ergibt sich, daß in der DDR bis zu den Geburtsjahrgängen 1960 kein wesentlicher Anteil an Kinderlosen festzustellen war. Aufgrund der zwischen den Jahren 1991 und 1995 gestiegenen Anzahl an Haushalten, in denen keine Kinder lebten, läßt sich aber auch für die neuen Bundesländer eine stärkere Pluralisierung der Lebensformen vermuten. Wie sieht nun die Entwicklung der Lebensformen in verschiedenen Altersgruppen aus?

3. Private Lebensformen und familiales Leben im Lebensverlauf

Trotz des geschilderten Anstieges der lebenslang Kinderlosen bekommen noch knapp 80 Prozent der Frauen jüngerer Geburtsjahrgänge mindestens ein Kind, und 1992 hielten sogar noch zwischen 85 und 90 Prozent der Männer und Frauen in Deutschland die Ehe für eine sinnvolle Einrichtung (Kaufmann 1995), wenngleich generell eher eine kulturelle Liberalisierung familialer Werte eingetreten ist. Die Pluralisierung von Lebensformen im Sinne des Aufkommens eheähnlicher, dauerhafter Beziehungen, die nicht legitimiert sind, ist wesentlich ein Phänomen des jungen Erwachsenenalters. Im mittleren Alter hingegen, vornehmlich in der vierten Lebensdekade leben die meisten Menschen in Familien. Private Lebensformen, oder, wie sie mittlerweile auch genannt werden, ‚nichtkonventionelle Lebensformen' (Schneider 1998) werden unter den gegenwärtigen, in Deutschland vorfindbaren, rechtlichen und kulturell-normativen Vorstellungen von nur sehr wenigen als bewußte Alternative zu Ehe und Familie gelebt. Zwar stellen beispielsweise nichteheliche Lebensgemeinschaften eine eigenständige Phase im Leben von Männern und Frauen dar und sind nicht nur als eine kurze Vorphase zur Ehe zu sehen, Aber es werden bis in die Gegenwart immer noch sehr viele private Lebensformen in eine dauerhafte und häufig auch legitimierte Ehe überführt (Lauterbach 1999). Eine erste Annäherung an die lebensphasenspezifische Verteilung privater und familialer Lebensformen ergibt eine Betrachtung nach dem Alter (vgl. Tabelle 4).

Beim Vergleich der Anteile der Bevölkerung im Jahr 1996 ist auffallend, daß sowohl für die neuen als auch für die alten Bundesländer in der zweiten Hälfte der dritten Lebensdekade die augenscheinlich geringste Homogenität in bezug auf die Dominanz einer einzigen Lebensform vorzufinden ist. So leben noch 17 Prozent der ledigen Kinder in den neuen Bundesländern bei den Eltern, bei ca. 16 Prozent handelt es sich um Alleinlebende und nahezu jede dritte Person lebt verheiratet mit Kindern zusammen.

Tabelle 4: Private Lebensformen der Bevölkerung nach dem Alter 1972 und 1996 (Spaltenprozente)

	Altersgruppen 18-24	25-29	30-34	35-44	45-54	55-64	X > 65
	Neue Länder und Berlin-Ost (1996)						
Ledige Kinder bei den Eltern	68,3	17,5	5,9	2,6	0,9	/	/
Alleinlebend, ledig	11,2	16,1	8,0	4,2	2,8	2,8	4,0
Alleinlebende, nicht mehr ledig	0,2	1,1	2,4	3,4	7,1	11,5	36,3
Mit Partner, ohne Kinder							
verheiratet zusammenlebend	2,1	6,5	3,7	5,4	36,3	64,1	47,6
unverheiratet zusammenlebend	9,6	11,0	3,6	1,5	2,6	2,4	1,5
Mit Partner, und Kind(ern)							
verheiratet zusammenlebend	3,3	30,0	58,6	69,6	43,3	15,0	3,2
unverheiratet zusammenlebend	3,0	10,6	10,1	5,5	1,7	0,5	/
Alleinerziehend	1,7	5,8	6,8	6,9	4,4	2,4	2,5
Sonstige	0,6	1,5	0,8	0,9	1,0	1,2	4,8
	Früheres Bundesgebiet (1996)						
Ledige Kinder bei den Eltern	63,1	19,9	7,3	2,9	1,0	0,4	/
Alleinlebende, ledig	14,3	21,6	15,2	8,4	4,8	4,1	4,5
Alleinlebende, nicht mehr ledig	0,4	1,5	2,7	4,3	7,2	11,6	34,1
Mit Partner, ohne Kinder							
verheiratet zusammenlebend	4,9	12,5	12,2	11,0	29,9	54,5	47,1
unverheiratet zusammenlebend	7,2	12,3	6,8	3,4	2,6	2,1	1,4
Mit Partner, und Kind(ern)							
verheiratet zusammenlebend	6,3	25,8	48,5	61,8	48,1	22,5	5,2
unverheiratet zusammenlebend	0,6	1,8	2,2	2,0	1,0	0,3	0,1
Alleinerziehend	1,1	2,4	3,6	4,9	4,1	2,9	2,5
Sonstige	2,1	2,1	1,5	1,2	1,2	1,5	5,1
	Früheres Bundesgebiet (1972)						
Alleinlebende		8,1		6,3		26,0	
Verheiratet zusammenlebend, o. K.		13,7		15,0		47,6	
Verheiratet zusammenlebend, m. K.		39,7		70,6		19,2	
Alleinerziehend		1,6		3,8		4,4	

Quelle: Engstler, 1998, S.25

Im Unterschied zu dieser feststellbaren Heterogenität erscheint im Alter zwischen 35 und 44 Jahren die Homogenität, im Sinne der Dominanz einiger weniger Lebensformen, doch recht groß. 70 Prozent leben als Verheiratete mit Kindern zusammen. Die Struktur der Verteilung der Bevölkerung auf die einzelnen Lebensformen im früheren Bundesgebiet ist ähnlich, wenngleich auf einem anderen Niveau. Auffallend ist der merklich höhere Anteil an Personen, die ohne Kinder in der Altersgruppe der 35-44-jährigen leben (11 Prozent leben als verheiratetes Paar). Obwohl die Angaben für das Jahr 1972 nicht mit denjenigen von 1996 direkt vergleichbar sind, zeigt sich doch 1972 in der Altersgruppe der 35 bis 54-jährgen ein höherer Anteil an verheiratet mit Kindern zusammenlebenden Eltern als 1996. Folglich kann von einem Rückgang des Anteils der verheiratet mit Kindern in einem Haushalt Zusammenlebenden gesprochen werden.

Konzentrieren wir uns im nächsten Schritt detaillierter auf die 1992 am häufigsten in der Bundesrepublik gewählten Lebensformen im Alter von 20 bis 39 Jahren, so wird der altersphasenbezogene Wandel der Lebensformen deutlich[4] (Tabelle 5). Ersichtlich ist, daß in den alten Bundesländern ca. 10 Prozent der Bevölkerung in einer Nichtehelichen Lebensgemeinschaft leben, ungefähr 50 Prozent der Männer und Frauen in diesem Alter in einer Ehe und nahezu 40 Prozent allein leben (vgl. Schneider/Rosenkranz/Limmer 1998: 75; Glatzer 1997: 15,1998).

Tabelle 5: Die drei häufigsten privaten Lebensformen 1992 in den alten und neuen Bundesländern nach dem Alter der Personen (Zeilenprozente)

	alte Bundesländer				neue Bundesländer			
	NEL[2]	Ehe	lebt Alleine	N[1]	NEL	Ehe	lebt Alleine	N[1]
Alle	10,5	49,6	39,9	8013	12,2	61,2	26,7	1921
Altersgruppen								
20-21	6,9	7,0	86,1	880	13,3	8,1	78,6	176
22-23	10,8	16,6	72,6	727	22,0	27,8	50,2	147
24-25	17,5	23,0	59,5	837	17,0	48,6	34,4	184
26-27	10,4	43,7	45,9	835	17,3	53,5	29,2	196
28-29	14,4	57,7	27,9	912	11.5	71.8	16,7	213
30-31	10,8	61.9	27,3	803	13,7	69,4	16,9	206
32-33	9,9	69,1	21.0	834	7,7	77,9	14,5	210
34-35	8,4	73,4	18,2	647	6,6	79,6	13,8	164
36-37	7,0	75,8	17,2	595	5,4	79,6	15,0	166
38-39	7,7	74,6	17,7	909	9,1	78,9	12,0	249

1 Die Zeilenprozente wurden mit dem Gewichtungsfaktor korrigiert
2 NEL = Nichteheliche Lebensgemeinschaft

Quelle: Family and Fertility Survey (FFS), 1992, eigene Berechnungen

Nach dem Alter differenziert zeigt sich, daß vorwiegend jüngere Personen in nichtehelichen Lebensgemeinschaften und in Single-Haushalten leben. Bis zum Alter von ca. 25 Jahren steigt der Anteil an Personen in nichtehelichen Lebensgemeinschaften bis auf ca. 17,5 Prozent kontinuierlich an. Danach sinkt dieser Anteil langsam bis zum Ende der vierten Lebensdekade. Häufig wird der in jungen Jahren bestehende hohe Anteil an Nichtehelichen Lebensgemeinschaften als eigenständige Lebensphase vor der Eheschließung und Familiengründung interpretiert.

Alternativ dazu findet sich auch die Interpretation, daß das gemeinsame Zusammenleben die noch in den 50er Jahren vorfindbaren ‚Frühehen' substituiert hat (Vaskovics/Rupp/Hofmann 1997: 18). Im Unterschied zum Rückgang des Anteils der Nichtehelichen Lebensgemeinschaften steigt bis in die Mitte der vierten Lebensdekade kontinuierlich der Anteil derjenigen, die in einer Ehe leben, auf ca. 75 Prozent an. Parallel dazu sinkt der Anteil der alleine Lebenden auf 17 Prozent ab. Zu verzeichnen ist also ein steter Rückgang der Alleinlebenden und ein Anstieg der in einer Ehe Lebenden. Am Ende der vierten Lebensdekade leben dann noch ca. 7 Prozent als Unverheiratete zusammen. Das entspricht hochgerechnet ca. 1.25 Millionen Personen.

Für die neuen Bundesländer sind für das Jahr 1992 ähnliche Verteilungsstrukturen erkennbar, wenngleich teils ein differierendes Niveau vorliegt. Ein großer Unterschied besteht beispielsweise bei den Alleinlebenden: Grundsätzlich ist dieser Anteil niedriger. Er liegt bei 26 Prozent, wohingegen er in den alten Bundesländern ca. 40 Prozent beträgt. Der Anteil an nichtehelich Zusammenlebenden ist mit ca. zwölf Prozent geringfügig höher, trotzdem ist nach der Altersdifferenzierung dieselbe Entwicklung erkennbar: Zu Beginn der dritten Lebensdekade ist mit 22 Prozent der Anteil an Personen, die als Unverheiratete zusammenleben am größten, und am Ende dieser Dekade mit ca. fünf Prozent am geringsten. Insgesamt zeigen die Befunde, daß Anfang der 90er Jahre private Lebensformen meist von jüngeren Erwachsenen bis zum Ende der dritten Lebensdekade gelebt werden. Mit Beginn des vierten Lebensjahrzehntes steigt dann der Anteil an verheiratet Zusammenlebenden auf ca. zwei Drittel der Bevölkerung an. Einen Grund, warum das Zusammenleben ohne Trauschein häufig durch eine Heirat legitimiert wird, stellt die Geburt eines Kindes dar.

4. *Private Lebensformen und die Geburt eines Kindes: Zur Legitimierung familialer Lebensformen*

Die Geburt eines Kindes begründet eine Familie. Bis in die Gegenwart wird in den alten Bundesländern mit dem Schwangerschaftsbeginn oder auch mit der Entscheidung, ein Kind zu bekommen, die bisherige Lebensform meist in eine legitimierte Ehe überführt (Blossfeld/Klijzing/Pohl/Rohwer 1996; Vaskovics/Rupp/Hoffmann 1997: 216). Neben dem Streben nach Sicherheit und Geborgenheit sind häufig auch pragmatische Gründe mit dafür verantwortlich, daß unverheiratete Paare im Falle der Geburt eines Kindes eine Eheschließung vollziehen (vgl. Glatzer 1997: 50f). In der DDR hingegen wurden Paargemeinschaften oder nichteheliche Lebensgemeinschaften häufig als eine Vorphase zur Ehe gesehen (Gysi 1989), in der im wesentlichen die Beziehung erprobt wurde. Befunde zeigten, daß die Geburt eines ersten Kindes oder die Absicht ein Kind zu bekommen, keine markanten Gründe für eine Eheschließung waren. Schneider (1994) wies diesbezüglich darauf hin, daß unverheiratetes Zusammenleben in der DDR und auch in den neuen Bundesländern häufig nach einer sehr kurzen zeitlichen Phase in eine Ehe überführt wurde, was auch dadurch begünstigt war, daß vermutlich weitaus weniger junge Personen der Ehe gegenüber negativ eingestellt waren als in den alten Bundesländern. In Tabelle 6 ist nun für die alten und neuen Bundesländer dargestellt, zu welchem Ausmaß nichteheliches Zusammenleben im Falle der Geburt eines Kindes durch eine Heirat in eine Ehe überführt wurde. Für die alten Bundesländer zeigt sich, daß mehr als 80 Prozent der unverheiratet zusammenlebenden Paare die Partnerschaft durch eine Eheschließung institutionalisierten. Nur ca. acht Prozent trennen sich und knapp zehn Prozent leben weiterhin unverheiratet zusammen.

Tabelle 6: Die Geburt eines Kindes und der Übergang in die Ehe (Zeilenprozente)

	alte Bundesländer Paar ...				neue Bundesländer Paar ...			
	hat sich getrennt	hat geheiratet	lebt zusammen	N	hat sich getrennt	hat geheiratet	lebt zusammen	N
Alle	22,6	55,0	22,4	3129	21,4	51,7	26,9	785
Kindgeburt	7,6	82,7	9,6	808	14,0	66,9	19,1	331
kein Kind	27,7	45,4	26,9	2321	26,8	40,6	32,6	454

Quelle: Fertility and Family Survey (FFS), 1992, eigene Berechnungen

Betrachten wir hierzu noch Befunde aus anderen Studien, so sind die vorliegenden Ergebnisse aus Tabelle 6 doch markant in bezug auf den hohen Anteil an Heiraten. Erler (1996) zeigte, daß der Anteil der nichtehelich mit Kindern Zusammenlebenden bei ca. 17 Prozent liegt. Vaskovics/Rupp (1995: 16) und Niemeyer (1994: 514) kommen zu ähnlichen Befunden. Berücksichtigt man allerdings bei Niemeyer nur den Anteil der Lebensgemeinschaften, in denen beide Partner ledig sind, so sinkt der Anteil auch auf ca. zehn Prozent. Ballof (1991: 191) hingegen kommt ebenfalls zu vergleichbaren Ergebnissen: Ca. zehn Prozent leben mit Kindern ohne Trauschein zusammen. Glatzer (1997: 45) schließt aus diesen Ergebnissen, daß das Neue an diesem Phänomen „...eine veränderte Einstellung gegenüber den traditionellen Familienmodellen“ ist. Zwischen den alten und den neuen Bundesländern sind die Unterschiede in bezug auf diese Frage doch markant. Zum einen trennen sich ca. doppelt so viele wie in den alten Bundesländern und ebenso leben mehr als doppelt so viele ohne eine Eheschließung mit Kindern zusammen. Kinder sind in den neuen Bundesländern in geringerem Ausmaß ein Grund zur Eheschließung (vgl. Gysi 1989).

5. *Das Verhältnis von Familie und privaten Lebensformen in der Zukunft*

In sozialstruktureller Hinsicht sind die Wandlungen der Lebensformen also nicht dramatisch ausgeprägt. Die von vielen geführte Diskussion der 80er Jahre überzeichnete, unter dem Eindruck einer kulturell interpretierten ‚Individualisierung‘, die Wandlungen der privaten Lebensformen. Diversifiziert haben sich die Lebensformen ohne Kinder in der dritten Lebensdekade. Familie ist daher wesentlich zu einer kindorientierten Lebensform geworden, gefestigt durch die gestiegene Bedeutung des Normkomplexes „verantwortete Elternschaft“ (Kaufmann 1995: 125f). So gesehen trifft es auch zu, daß private Lebensformen von vielen bis in die Gegenwart nicht als Alternative zu einem Leben in einer Familie gesehen werden. Die moderne Dauerbeziehung mit eigenen Kindern ist von hoher gesellschaftlicher Akzeptanz gekennzeichnet. Trotzdem hat das Modell der ‚bürgerlichen Familie‘ an gesellschaftlicher Anerkennung eingebüßt; vor allem kollektiv-normative Werte zur staatlichen oder kirchlichen Affirmation der Ehe als Institution haben an gesellschaftlicher Legitimation verloren. Daher kann die Wahl privater Lebensformen zu Beginn der 90er Jahre kaum noch als bewußte und ideologisch unterfütterte Distanzierung vom Modell der ‚bürgerlichen Ehe und Familie' angesehen werden. Die mit dem Eingehen dieser Lebensformen seit Beginn der 70er Jahre artikulierte Abkehr von der institutionalisierten Norm der Eheschließung hat sich weitgehend verflüchtigt (Trost 1989). Ein Kennzeichen ist jedoch geblieben: Besonders häufig sind nichtfamiliale Lebensformen bei jüngeren, vorzugsweise bei denjenigen anzutreffen, die sich in der dritten Lebensdekade befinden. Dies gilt weitgehend für alle jüngeren Personen und nicht mehr nur für bestimmte Gruppen. Somit haben private Lebensformen ohne Kinder gesellschaftsweit Verbreitung gefunden, sie sind zu einer selbstverständlichen Lebensform in jungen Jahren geworden, wenngleich geringe bildungsspezifische Differenzen weiter bestehen!

Auffallend ist aber auch, daß sehr viele junge Unverheiratete doch auch in den 90er Jahren noch heiraten. Es gilt also: Zuerst zieht man mit jemandem zusammen oder lebt getrennt in zwei Haushalten und ‚prüft' aus alltagspragmatischer und emotionaler Sicht sowie unter Aspekten der Verbindlichkeit die Partnerschaft. Erst dann wird, nachdem die Partnerschaft als ‚tauglich' befunden wurde, gegebenenfalls geheiratet. Das Zusammenleben ohne Trauschein und ohne Kinder wurde also zum ‚Normalfall' und nicht mehr das Heiraten, ohne vorher mit dem jeweiligen Partner in einer Partnerschaft zusammengelebt zu haben. Tölke (1993) unterstreicht diese These, indem sie betont, daß in den 80er Jahren zwei Drittel aller Ehepaare angaben, bereits vor der Eheschließung mit dem Partner zusammengelebt zu haben. Die Geburt eines Kindes stellt aber nach wie vor in den alten Bundesländern einen der markantesten Gründe dar, warum Paare auch zu Beginn der 90er Jahre die Partnerschaft oder das familiale Leben durch eine Eheschließung staatlich oder kirchlich legitimieren. Allerdings bestehen hier auffallende Unterschiede zu den neuen Bundesländern: Paare, die in den neuen Ländern ein Kind bekommen, institutionalisierten ihre Partnerschaft auffallend weniger häufig.

Bemerkenswert sind aber trotzdem der Wandel der Familiengründung, sowie die Dauer des elterlichen Zusammenlebens mit minderjährigen Kindern. Zum einen hatte die Bildungsreform der 70er Jahre zur Konsequenz, daß sich für viele junge Erwachsene die Jugendphase um Jahre verlängerte, wovon vor allem auch Frauen betroffen waren (Blossfeld/Nuthmann 1989). Dies hatte zur Konsequenz, daß auch ein Aufschub der Familiengründungen erfolgte (Blossfeld/Huinink 1991; Klein/Lauterbach 1994). Die Unklarheiten in den Rollenverbindlichkeiten sowie die Schwierigkeit Familien- und Berufsorientierung zu vereinen, führten zu einem Dilemma, das bis heute besteht. Es ist daher nicht verwunderlich, wenn viele, auch ohne es direkt zu wollen, auf Kinder verzichten, da sie die bindende Entscheidung der Übernahme von Verantwortung für Kinder einfach aufschieben und das Leben in einer Paarbeziehung sich dann ‚einfach entwickelt'. Die Konzentration der relativen Vielfalt von Lebensformen in der dritten Lebensdekade ist von daher auch wesentlich den Veränderungen der generellen Höherqualifikation im Bildungssystem geschuldet.

Zum anderen änderte sich die Dauer des familialen Lebens innerhalb einer Kernfamilie. Die Reduzierung der Kinderzahl und der häufig geringe Geburtenabstand sowie die Verlängerung der Lebenserwartung haben dazu beigetragen, daß die nachelterliche Phase, also ein Leben als Paar, nachdem die Kinder den elterlichen Haushalt verlassen haben, von sehr vielen Vätern und Müttern noch für Jahre erlebt werden (Lauterbach 1998). Die familiale Phase, in der Eltern mit minderjährigen Kindern in einem gemeinsamen Haushalt leben, hat sich also innerhalb der gesamten Lebensspanne verkürzt. Dies drückt sich beispielsweise darin aus, daß der Anteil der Paare, die ohne Kinder im Alter zwischen 55 und 64 Jahren leben, auf über 50 Prozent der Bevölkerung ansteigt (vgl. Tabelle 4).

Das gesellschaftliche Teilsystem ‚Familie' entwickelte sich also zu einem Teilsystem der ‚privaten Lebensformen' wovon die Familie eine mögliche ist – allerdings eine bedeutsame. Ein Leben ohne Kinder ist bis heute für die große Mehrheit der Bevölkerung nicht vorstellbar, obgleich das Leben in einer Kernfamilie, ab dem Beginn der dritten Lebensdekade, keine die gesamte restliche Lebensspanne mehr umfassende Lebensform ist.

Anmerkungen

1 Die Diskussion über den ‚Zerfall der Familie' begleitet die Soziologie seit ihren Anfängen. Einen dazu sehr instruktiven und klärenden Beitrag liefert Nave-Herz (1998).

2 Derartige Befunde lassen sich auch für die Schweiz konstatieren (Lüscher 1997).

3 Bereits Weber (1964: 275-279) verwies darauf, daß Generationenbeziehungen das „proprium" der Familie sind und Neidhardt (1975: 10) betont nachdrücklich, daß die „Geschlechts- und Generationendifferenzierungen in der Familie nicht nur vorhanden sind ... () ..., sondern sie sind für die Familie konstitutiv. Das Familiengeschehen besteht geradezu primär in typischen Begegnungen von Geschlechtern und Generationen". Das Filiationsprinzip betont also die genealogisch legitimierte Zugehörigkeit, das aus gleichem „Fleisch und Blut" sein (Tyrell 1978: 622), und wird ergänzt durch den Bindungsmechanismus der elterlichen Liebe für das Kind und der Liebe des Kindes gegenüber den Eltern. Die Hervorhebung des Filiationsprinzipes unterscheidet sich jedoch prinzipiell von der Betonung der Ehe in der katholischen Soziallehre (Klüber 1965; Pesch u.a. 1981; Tyrell 1993). Zu Rate zu ziehen ist auch die Auseinandersetzung von Nave-Herz (1989) zur ‚Definition von Familie'.

4 Mein Dank gilt dem Bundesinstitut für Bevölkerungsforschung für die Bereitstellung des Datensatzes des Family and Fertility Surveys (FFS). Die Grundgesamtheit der Untersuchung bilden deutsche Männer und Frauen im Alter von 20 bis 39 Jahren, unabhängig vom Familienstand. Insgesamt wurden 5036 Personen im früheren Bundesgebiet und 4976 Personen auf dem Gebiet der DDR befragt. Die Befragung fand im Sommer 1992 statt (Pohl 1995).

Literatur

Ballof, Reiner 1991: Lebensgemeinschaften nicht verheirateter Eltern mit Kindern – Bestandsaufnahme, Perspektiven und Grenzen aus juristischer und psychologischer Sicht. In: Zentralblatt für Jugendrecht, 78, S. 189-240.

Beck, Ulrich 1986: Risikogesellschaft. Auf dem Weg in eine andere Moderne, Frankfurt a.M.: Suhrkamp.

Beck, Ulrich/Beck-Gernsheim, Elisabeth 1990: Das ganz normale Chaos der Liebe, Frankfurt a.M.: Suhrkamp.

Beck-Gernsheim, Elisabeth 1994: Auf dem Weg in die postfamiliale Familie. Von der Notgemeinschaft zur Wahlverwandtschaft. In: Aus Politik und Zeitgeschichte, 44, 29/30, S. 3-14.

Beck-Gernsheim, Elisabeth 1998: Was kommt nach der Familie? Einblicke in neue Lebensformen, München: Beck.

Bertram, Hans/Borrmann-Müller, Renate 1988: Individualisierung und Pluralisierung familialer Lebensformen. In: Aus Politik und Zeitgeschichte, 37, B13, S. 14-23.

Blossfeld, Hans-Peter/Nuthmann, Reinhard 1989: Strukturelle Veränderungen der Jugendphase zwischen 1925 und 1984 als Kohortenprozeß. In: Zeitschrift für Pädagogik, 35, 6, S. 845-867.

Blossfeld, Hans-Peter/Huinink, Johannes 1991: Human Capital Investments or Norms of Role Transition? How Women's Schooling and Career Affect the Process of Family Formation. In: American Journal of Sociology, 97, 2, S. 143-168.

Blossfeld, Hans-Peter/Klijzing, Erik/Pohl, Katharina/Rohwer, Götz 1996: Modellierung paralleler und interdependenter Prozesse in der Bevölkerungswissenschaft. In: Zeitschrift für Bevölkerungswissenschaft, 21, 1, S. 29-56.

Dorbritz, Jürgen 1997: Der demographische Wandel in Ostdeutschland – Verlauf und Erklärungsansätze. In: Zeitschrift für Bevölkerungswissenschaft, 22, 2/3, S. 239-269.

Engstler, Heribert 1998: Die Familie im Spiegel der amtlichen Statistik. Lebensformen, Familienstrukturen, wirtschaftliche Situation der Familien und familiendemographische Entwicklung in Deutschland, Bonn: Bundesministerium für Familie, Senioren, Frauen und Jugend, 2. Auflage.

Erler, Michael 1996: Nichteheliche Lebensgemeinschaften zwischen Alternative und Normalität. In: Familie und Recht, 7, S. 10-13.

Glatzer, Wolfgang 1997: Nichteheliche Lebensgemeinschaften. Eheähnlich oder eher alternativ? – Stand der Forschung in Deutschland 1996/97 –, Wiesbaden: Bundesinstitut für Bevölkerungsforschung.

Glatzer, Wolfgang 1998: Nichteheliche Lebensgemeinschaften in Deutschland – eheähnlich oder alternativ? In: Informationsdienst Soziale Indikatoren, 3, 19, S. 6-9.

Gross, Peter/Hohner, Anne 1990: Multiple Elternschaften. Neue Reproduktionstechnologien, Individualisierungsprozesse und die Veränderung von Familienstrukturen. In: Soziale Welt, 41, S. 97-116.

Hoffmann-Nowotny, Hans-Joachim 1995: Die Zukunft der Familie – Die Familie der Zukunft. In: Uta Gerhardt, Hradil, Stefan, Lucke, Doris, Nauck, Bernhard (Hrsg.): Familie der Zukunft, Opladen: Leske + Budrich, S. 325-348.

Hoffmann-Riem, Christa 1989: Elternschaft ohne Verwandtschaft: Adoption, Stiefbeziehung und heterologe Insemination. In: Rosemarie Nave-Herz/Manfred Markefka (Hrsg.): Handbuch der Familien- und Jugendforschung, Bd.1 Familienforschung, Neuwied: Luchterhand, S. 389-413.

Höhn, Charlotte/Dorbritz, Jürgen 1995: Zwischen Individualisierung und Institutionalisierung. Familiendemographische Trends im vereinten Deutschland. In: Bernhard Nauck, Onnen-Isemann, Corinna (Hrsg.): Familie im Brennpunkt von Wissenschaft und Forschung, Neuwied: Luchterhand, S. 149-176.

Hradil, Stefan 1995: Die „Single-Gesellschaft“, München: Beck.

Kaufmann, Franz-Xaver 1995: Zukunft der Familie im vereinten Deutschland, München: Beck.

Klein, Thomas/Lauterbach, Wolfgang 1994: Bildungseinflüsse auf Heirat, die Geburt des ersten Kindes und die Erwerbsunterbrechung von Frauen. Eine empirische Analyse familienökonomischer Erklärungsmuster. In: Kölner Zeitschrift für Soziologie und Sozialpsychologie, 46, 2, S. 278-299.

Klüber, Franz 1965: Katholische Soziallehre. In: Franz Karrenberg (Hrsg.): Evangelisches Soziallexikon, Stuttgart/Berlin: Klett, S. 662-668.

Lange, Andreas 1994: Veränderungen der Familie – Entwicklungen der Familienforschung: Ein Trendbericht. In: Arbeitspapier Nr. 9, Universität Konstanz, Forschungsschwerpunkt „Gesellschaft und Familie“, S. 1-86.

Lauterbach, Wolfgang 1998: Späte Familienphasen. Das Altern der Gesellschaft und die Zukunft generativer Familienphasen. Freiburg, Soziologentag, unveröffentlichtes Manuskript.

Lauterbach, Wolfgang 1999: Verbreitung und Dauer nichtehelicher Lebensgemeinschaften. Alternative oder Vorphase zur Ehe? In: Thomas Klein/Wolfgang Lauterbach (Hrsg.): Nichteheliche Lebensgemeinschaften. Analysen zum Wandel partnerschaftlicher Lebensformen, Opladen: Leske + Budrich (im Erscheinen).

Lüscher, Kurt 1997: Demographische Annäherungen an die ‚Pluralität familialer Lebensformen‘. Ergebnisse einer Sekundäranalyse von Daten der schweizerischen Volkszählung. In: Zeitschrift für Bevölkerungswissenschaft, 22, 2/3, S. 269-309.

Nave-Herz, Rosemarie 1989: Familie als Gegenstand soziologischer Forschung. In: Zeitschrift für Familienforschung, 1, 1, S. 6-19.

Nave-Herz, Rosemarie 1994: Familie heute. Wandel der Familienstrukturen und Folgen für die Erziehung, Darmstadt: Wissenschaftliche Buchgesellschaft.

Nave-Herz, Rosemarie 1998: Die These über den „Zerfall der Familie“. In: Jürgen Friedrichs/Rainer M. Lepsius/Karl Ulrich Mayer (Hrsg.): Die Diagnosefähigkeit der Soziologie, Opladen: Westdeutscher Verlag, S. 286-316.

Niemeyer, Frank 1994: Nichteheliche Lebensgemeinschaften und Ehepaare – Formen der Partnerschaft gestern und heute. In: Wirtschaft und Statistik, 7, S. 504-517.

Pesch, Otto Hermann/Kaufmann, Franz-Xaver/Mandel, Karl-Herbert/Lüscher, Kurt/Böckle, Franz (Hrsg.) 1981: Christlicher Glaube in moderner Gesellschaft, Freiburg/Basel/Wien: Herder.

Peuckert, Rüdiger 1989: Die Commuter-Ehe als „alternativer“ Lebensstil. Zur Ausbreitung einer neuen Form ehelichen und familialen „Zusammenlebens“ in der individualisierten Gesellschaft. In: Zeitschrift für Bevölkerungswissenschaft, 15, 2, S. 175-187.

Schneider, Norbert/Rosenkranz, Doris/Limmer, Ruth 1998: Nichtkonventionelle Lebensformen. Entstehung, Entwicklung, Konsequenzen, Opladen: Leske + Budrich.

Strohmeier, Klaus Peter 1989: „Movers“ and „Stayers“. Räumliche Mobilität und Familienentwicklung. In: Alois Herlth/Klaus Peter Strohmeier (Hrsg.): Lebenslauf und Familienentwicklung. Mikroanalysen des Wandels familialer Lebensformen, Opladen: Leske + Budrich, S. 165-187.

Strohmeier, Klaus Peter 1991: Die Polarisierung der Lebensformen in der Bundesrepublik Deutschland. Neue Probleme der Stadtpolitik. In: Bernhard Blanke/Susanne Benzler (Hrsg.): Staat und Stadt. Sytematische, vergleichende und problemorientierte Analysen „dezentraler“ Politik, Opladen: Westdeutscher Verlag, S. 177-209.

Strohmeier, Klaus Peter 1993: Pluralisierung und Polarisierung der Lebensformen in Deutschland. In: Aus Politik und Zeitgeschichte, 42, B 17, S. 11-29.

Tölke, Angelika 1993: Erste Partnerschaften und Übergang zur Ehe. In: Andreas Diekmann/Stefan Weick (Hrsg.): Der Familienzyklus als sozialer Prozeß. Bevölkerungssoziologische Untersuchungen mit den Methoden der Ereignisanalyse, Berlin: Duncker & Humblot, S. 109-136.

Tyrell, Hartmann 1993: Katholizismus und Familie – Institutionalisierung und Deinstitutionalisierung. In: Jörg Bergmann/Alois Hahn/Thomas Luckmann (Hrsg.): Religion und Kultur, Opladen: Westdeutscher Verlag, S. 126-150.

Vaskovics, Laszlo A./Rupp, Marina/Hofmann, Barbara 1997: Lebensverläufe in der Moderne: Nichteheliche Lebensgemeinschaften. Eine soziologische Längsschnittstudie, Opladen: Leske + Budrich.

Zapf, Wolfgang 1987: Individualisierung und Sicherheit – Untersuchungen zur Lebensqualität in der Bundesrepublik Deutschland, München: Beck.

Lebenschancen von Frauen in Ostdeutschland

Risiken und Optionen der Neuformierung von Frauenerwerbsarbeit

Hildegard Maria Nickel

1. Ambivalenzen der Transformationsforschung und unerledigte methodolgische Herausforderungen

Im Zuge des deutschen Vereinigungsprozesses zeigen sich Chancen und Risiken der Neuformierung von Frauenerwerbsarbeit, Verflüssigungen und Erstarrungen im Geschlechterverhältnis. Der Transformationsprozeß wird allerdings in der Frauen- und Geschlechterforschung bisher kaum debattiert. Lautet insgesamt die Bilanz der sozialwissenschaftlichen Transformationsforschung zum deutschen Vereinigungsprozeß; theoretische Innovationen seien ausgeblieben und die Forschung habe sich entlang der traditionellen Trennungslinie von System- und Akteurstheorien bewegt, mehr noch separiert (Bulmahn 1997: 29), so gilt für die Frauen- und Geschlechterforschung, daß die erkenntnistheoretische, empirische und wissenschaftsstrategische Herausforderung der Wandlungsprozesse kaum aufgegriffen worden sind – von einzelnen Stippvisiten einiger weniger Forscherinnen abgesehen. Der gesellschaftliche Transformationsprozeß (längst nicht mehr nur bezogen auf Ostdeutschland) wirft aber zahlreiche soziologische Fragen auf, zum Beispiel: Was passiert mit dem Geschlechterverhältnis, den -beziehungen und im *doing gender,* wenn sich gesellschaftliche Strukturen fundamental wandeln? Gibt es überhaupt Ansätze in der sozialwissenschaftlichen Frauen- und Geschlechterforschung, die in der Lage wären, die vielfältigen und widersprüchlichen Dynamisierungen im Geschlechterverhältnis und in bezug auf die damit zusammenhängende Optionenstruktur von (ostdeutschen) Frauen aufzunehmen und abzubilden?

Peter A. Berger hatte schon früh eine von vielen Beobachtern übersehene Schwierigkeit des Transformationsprozesses formuliert: Institutionen wie auch Rechtsgebilde sind zwar mit einem Federstrich zu einem präzise terminierten Stichtag abzuschaffen oder einzuführen, die Rekrutierung neuer und die Nach- und Umqualifizierung ‚alter‘ Mitglieder zweckrational verfaßter Organisationen hingegen sind ein zeitintensiver, mithin langdauernder Prozeß. Die Anpassungsgeschwindigkeit an die neuen Verhältnisse sinkt in dem

Maße, wie man sich von der *„systemischen Sphäre zweckrational konstruierter Sozialgebilde entfernt und sich den tiefer verankerten, lebensweltlichen Handlungsorientierungen, kulturellen Schemata und Normen nähert"* (Berger 1992: 143). Die biographische Zeit und die historische Zeit institutioneller Gebilde laufen nicht nach den gleichen Gesetzmäßigkeiten ab. Die Transformation braucht Forschungsansätze, die der Verschränkung dieser beiden durch unterschiedliche Tempi und Logiken charakterisierten *„Zeitzonen"* nahekommt, will sie Kongruenzen und Inkongruenzen, Kompetenzen und Inkompetenzen, Gelingen und Mißlingen des Anpassungsprozesses sichtbar machen. Im Rahmen eigener Projekte (Hüning/Nickel 1997, 1998a, 1998b) haben wir einen methodologischen Weg gewählt, der quer zur „gespaltenen Sozialwissenschaft" (Mayntz 1994) liegt: Es wurde versucht, die Ebene des *„Institutionentransfers"* mit der Ebene der individuellen *„sozialen Lage, Einstellungen und Verhaltensweisen"* (Mayntz 1994) von Beschäftigten zu verknüpfen und die Interdependenz zwischen beiden Ebenen, der institutionellen und der handlungsanalytischen, deutlich zu machen.

Die Befunde zeigen, daß der in den gesellschaftlichen System- und Strukturwandel eingelagerte betriebliche Transformationsprozeß nur dann adäquat erfaßt ist, wenn die Macht und Eigendynamik von kulturellen (symbolischen und habituellen) Prägungen hinreichend berücksichtig werden. *Die „kulturelle Verständigungsorientierung"* ist eine wesentliche Voraussetzung gelingender technischer und arbeitsorganisatorischer Integration; Rationalisierung und Akkulturation stellen einen nicht zu trennenden wechselseitigen Zusammenhang im Transformationsprozeß dar. Die kultursoziologische „Auffüllung" traditioneller Forschungsansätze macht deutlich, daß der betriebliche Transformationsprozeß viel weniger einer politischen oder ökonomischen Sachlogik folgt, als gemeinhin unterstellt wird, sondern – was nicht genug betont werden kann – daß er gestaltet wird und zwar vor allem auch im betrieblichen Alltag. Er setzt sich z.B. auch innerhalb einer Branche entlang durchaus variierender Unternehmensphilosophien und -strategien um und ist kein zwanghaft verlaufender, nur „objektiver" Prozeß.

Der deutsche Vereinigungsprozeß erzeugte in den von uns analysierten Unternehmen (Banken, Sparkassen, Versicherungen, Verkehr) eine zeitlich zäsierte *Gelegenheitsstruktur*, die gestalterische und integrative Potentiale freisetzte, auch bezogen auf die Strukturierung des betrieblichen Geschlechterverhältnisses. Darin eingelagert ist eine Optionenstruktur für (ostdeutsche) weibliche Beschäftigte, die nicht nur in der Sprache von Ausgrenzungs- und Schließungsprozessen thematisiert" (Goldmann 1997: 157) werden darf.

2. *Ambivalenzen des Wandels: ein unerledigter Transformationsprozeß*

Der Transformationsprozeß in (Ost-)Deutschland ist noch nicht an sein Ende gekommen (Lutz 1996). Er tritt vielmehr in eine neue Phase ein. Dies zum einen, wenn man an die vielfältigen und miteinander verwobenen Gegebenheiten der Wirtschaft, der Infrastrukturausstattung sowie der Lebensbedingungen und Mentalitäten denkt, also an die (sozial-) politischen und kulturellen *„Folgezustände“* (Hradil 1996) der Transformation. Dies zum anderen, wenn man sich vor Augen führt, daß der wirtschaftliche (und soziale) Wiederaufstieg der ostdeutschen Bundesländer ernstlich ins Stocken geraten ist und daß die augenblickliche Stagnation keine konjunkturelle Atempause, sondern arbeitsmarktseitig ein dauerhaft strukturelles Phänomen ist (s. die Arbeitsmarktdaten seit Oktober 1997), d.h. von einer Spaltung des Arbeitsmarktes zu Ungunsten Ostdeutschlands auszugehen ist. Die Wirtschaft in den neuen Ländern befindet sich vermutlich erst am *Anfang einer zweiten und sehr langen Phase des Transformationsprozesses.* Die Startbedingungen für diese zweite Phase sind die Ergebnisse der ersten (Umbruch-)Phase (Paqué 1997): auf der Aktivseite eine modernisierte technische Infrastruktur und angeglichene Qualifikationspotentiale der Erwerbspersonen, auf der Passivseite eine dramatisch geschrumpfte industrielle Basis mit der Gefahr einer „tertiären Krise“ (Zinn).

Beschäftigungsseitig beinhaltet der Transformationsprozeß Ambivalenzen, die beispielsweise auch das IAB deutlich aufzeigt (IAB Kurzbericht Nr. 9/15.09.1997):

1. Trotz Arbeitsmarktkrise nahm die Erwerbsbeteiligung bei westdeutschen Frauen auch in den 90er Jahren kontinuierlich zu, und sie blieb bei den ostdeutschen Frauen auf hohem Niveau erhalten (vgl. Holst/Schupp in diesem Band).
2. Vom dramatischen Arbeitsplatzabbau Anfang der 90er Jahre war das produzierende Gewerbe mit seinem hohen Männeranteil in Ost- und Westdeutschland stärker betroffen als der Dienstleistungsbereich, in dem der überwiegende Teil der Frauen tätig ist.
3. Während in Westdeutschland vor allem Männer freigesetzt wurden, kam es in Ostdeutschland zwischen 1991 und 1995 bei Frauen zu größeren Arbeitsplatzverlusten als bei Männern, die von der Beschäftigungszunahme im Baugewerbe profitierten.
4. Anders als in Westdeutschland waren in Ostdeutschland auch Frauen im Dienstleistungsbereich zum Teil Verliererinnen am Arbeitsmarkt.
5. Trotz der Beschäftigungseinbrüche konnten in West- und in geringerem Maße in Ostdeutschland zwischen 1991 und 1995 Frauen und Männer mit Fachhochschul- und Universitätsabschluß an Beschäftigungspositionen hinzugewinnen.

Insgesamt lassen sich die Entwicklungen des Transformationsverlaufs zu der These verdichten, daß wir es bezüglich der *ersten Phase* der Transformation mit einer Situation des *„Bruchs“* zu tun hatten, die auf der Strukturebene durch rigiden Instituitonentransfer und auf der individuellen Handlungsebene durch Rückgriff auf bewährte Ressourcen und durch die Integration neuer Anforderungen von den Individuen „widerständig“ bewältigt wurde. Die *zweite Phase* ist durch *„auf Dauer gestellte Diskontinuität“* gekennzeichnet, die auf der Strukturebene in der Form der Neuausrichtung auf neue Produktionskonzepte umgesetzt wird und die auf der individuellen Handlungsebene „Feinabstimmung“ bezüglich der betrieblichen und außerbetrieblichen Orientierungen abfordert. Wir gehen von der Hypothese aus, daß die (Fein)Koordination von beruflichem und alltagskulturellem Handeln sich differenziert und individualisiert. Sie ist zunehmend abhängig von Eigenleistungen („Selbstunternehmertum“) der Individuen, d.h. von individuellen sozialen, kulturellen und ökonomischen Ressourcen und kann sich immer weniger auf eine Angebotsstruktur in einem kalkulierbaren Organisationsrahmen verlassen.

3. Ambivalenzen der Neuformierung von Frauenerwerbsarbeit: Schatten und Spektralfarben des Dienstleistungssektors

Im folgenden will ich nicht den Arbeitslosenquoten nachgehen, die – das muß nicht nochmals betont werden – die stärkere Gefährdung von Frauen belegen, sondern es sollen Beispiele des großbetrieblichen (privaten) Dienstleistungssektors in den neuen Bundesländern grob umrissen werden (vgl. Meyer in diesem Band). Insgesamt geht es nicht nur darum, widersprüchliche Entwicklungslinien des Sektors, in dem die Masse der Frauen zur Zeit beschäftigt ist, aufzuzeigen, sondern es soll auch nach den Potentialen gefragt werden, die der Bereich für die Erwerbsintegration von Frauen mittelfristig bietet.

Monika Goldmann weist darauf hin, daß in den Modernisierungsstrategien der Unternehmen zwei Entwicklungslinien auszumachen sind, die höchst unterschiedliche Auswirkungen auf die Organisation der Arbeit und die beruflichen Perspektiven von Frauen haben: „Einerseits gibt es einen personalintensiven Low Tech-Bereich, der im Handel, Hotel- und Gaststättengewerbe, im Reinigungsgewerbe sowie bei den unternehmensbezogenen Hilfsdiensten niedrig qualifizierte Arbeitsplätze mit geringer Entlohnung und vielfach mangelnder sozialer Sicherung überwiegend für Frauen bereithält“ (Goldmann 1997: 161). Andererseits sind davon „die tendenziellen High-Tech-Bereiche im Finanzdienstleistungssektor, in Industrie- und Handelsverwaltungen und bei den qualifizierten unternehmenbezogenen Dienstleistungen (Beratung, Software, Werbung) zu unterscheiden, die hochqualifizierte Arbeitsplätze für Frauen und Männer anbieten, und sowohl kunden- als auch mitarbeiterInnenorientiert sind“ (Goldmann). Insbesondere der zweite Bereich scheint hinsichtlich seiner Geschlechterstruktur noch ein vergleichsweise offener Gestaltungsbereich zu sein. Stichworte organisatorischer Konzepte des betrieblichen Modernisierungsprozesses sind hier: „Abbau von Hierarchieebenen, Dezentralisierung von Aufgaben und Verantwortung, kundenorientiertes, ganzheitliches Qualitätsmanagement, kooperativer Führungsstil, Teamarbeit in teilautonomen Gruppen, Innovationsfähigkeit bei Produkten und Prozeßablauf und last not least flexible Arbeitszeitmodelle“ (Goldmann 1997: 161); das Festhalten an geschlechtsspezifischer und hierarchischer Arbeitsteilung könnte bei diesen Anforderungen durchaus dysfunktional werden.

Allerdings ist Euphorie fehl am Platze, zeigen die Befunde doch mit aller Deutlichkeit, daß die bundesdeutsche Arbeitsmarktkrise den Dienstleistungssektor in den neuen Bundesländern mittlerweile voll erfaßt hat und er nicht – jedenfalls zur Zeit nicht – als „Hoffnungsträger für Beschäftigung“ gelten kann. Ein Exempel dafür ist die Fusionierung der beiden deutschen Bahnen in der Deutschen Bahn AG.[1] Der Privatisierungsprozeß in diesem Unternehmen ist mit drastischen Rationalisierungseffekten verbunden, so daß erwerbsbiographische Umbrüche für die MitarbeiterInnen zur „Normalität“ geworden sind und Sicherheiten auch für diejenigen sich nicht mehr herstellen, die die Erschütterungen der „Wende“ zunächst mit dem Erhalt ihres Arbeitsplatzes überstanden hatten. „Auf Dauer gestellte Diskontinuität“ ist – wie erwähnt – auf eine knappe Formel gebracht der Effekt dieser Form der betrieblichen Integration.

Der Dienstleistungssektor ist ein außerordentlich heterogenes Erwerbsfeld. Daher soll versucht werden, auf einzelne Bereiche etwas genauer einzugehen und entlang ausgewählter Dienstleistungssegmente zu argumentieren (Hüning/Nickel 1997).

Handel: Trotz Fleiß kein Preis?

Der betriebliche Transformationsprozeß im Einzelhandel ist von einer geschlechtsspezifischen Umstrukturierung auf den internen Arbeitsmärkten begleitet. Wenngleich der Einzelhandel auch 1994 noch mit einem Frauenanteil von 64,2% eine Frauenbranche darstellte (und offensichtlich auch geblieben ist), ist dennoch der weibliche Anteil an den Erwerbstätigen von 1991 bis 1994 gravierend gesunken. Die Entlassenen – bei insgesamt aber bis 1994 wachsenden Beschäftigungszahlen – aus den ehemaligen DDR-Einzelhandelsinstitutionen waren vorrangig (ältere) Frauen. Demgegenüber wurden in der betrieblichen Aufbauphase (junge) branchenfremde Männer häufiger in ein neues Arbeitsverhältnis übernommen als Frauen. Nur in beschränktem Umfang wurde bei der Restrukturierung von Personal Wert auf die Nutzung von handelsspezifisch qualifizierter und erfahrener Leitungsarbeit gelegt, die 1988 in der DDR in der Branche Handel und Versorgung zu 62% von Frauen wahrgenommen wurde. Vielmehr wurden die ehemaligen betrieblichen Hierarchien „entschlackt" und westdeutsche, zumeist männliche Führungskräfte für den Bereich des Managements eingesetzt. Auf diesem Wege wurden überproportional viele Frauen von Leitungsfunktionen entbunden, und in nur wenigen Fällen gelang es ihnen, nach (auch formal) anerkannten Qualifizierungsmaßnahmen, mittlere Leitungspositionen einzunehmen.

Insbesondere für den Handel gilt, daß Frauen zunehmend in Erwerbspositionen zu finden sind, die keine ausreichende Existenzsicherung mehr bieten. Mit anderen Worten, es wächst auch in Ostdeutschland jene soziale Gruppe von Frauen, die trotz eigener Erwerbsarbeit von Versorgungsleistungen durch Ehemann oder Staat abhängig ist bzw. die in ungeschützte, prekäre Beschäftigungsverhältnisse gestellt ist.

Finanzdienstleistungsunternehmen: Frauen auf dem Weg nach oben?

In der *Aufbauphase* hatten ostdeutsche Frauen aufgrund der geschlechtsspezifischen Segregation der DDR-Erwerbsarbeit in Sparkassen, Banken und Versicherungen gute Chancen für die Fortsetzung ihrer Erwerbsarbeit. Sie wurden in der Regel nicht nur nicht entlassen, sondern kamen auch im Rahmen eines Einstellungsbooms im Zeitraum 1990/91 für Personal mit kaufmännischer Ausbildung zum Zuge (Hüning/Nickel 1997).

Die Mehrzahl der Frauen erhielt durch betriebliche *Qualifizierungsoffensiven* eine moderne, dem westlichen Standard des Sektors entsprechende Basisqualifikation. Das eröffnete den Frauen nicht nur Chancen zur Weiterbeschäftigung, sondern höhere Qualifikationen stellten für junge Frauen in dieser ersten Phase eine Brücke für die Aufnahme einer leitenden Tätigkeit im mittleren Management oder für eine Spezialisierung im Finanzgeschäft dar. So ist bis heute der Frauenanteil in der dritten, vor allem aber vierten Führungsebene (das sind Filialleiterinnen und Gruppenleiterinnen) in den meisten untersuchten Unternehmen des Finanzdienstleistungssektors in den neuen Bundeländern höher als in den alten.

In der *Konsolidierungsphase*, also ab 1993/94, geraten die Beschäftigten, vor allem Frauen, allerdings zunehmend in die Defensive. Und dies aus mehreren Gründen: Der ökonomische und soziale Bedeutungsgewinn der Finanzbranche im Osten Deutschlands schlägt sich in einer Erhöhung des männlichen Bewerberanteils auf Ausbildungsstellen nieder. Personalpolitische Praxis ist, daß männliche Lehrstellenanwärter – nicht selten trotz schlechterer Schulleistungen – in den Auswahlverfahren bevorzugt werden. Darüber hinaus trifft die Wegrationalisierung überwiegend manueller Tätigkeiten vorwiegend niedrig qualifizierte Frauen. Vor allem die älteren von ihnen haben geringe Chancen, über den Erwerb zusätzlicher Qualifikationen ihre Beschäftigungspositionen zu halten. Mit der Auslagerung von Betriebsfunktionen (z. B. EDV) sowie der Verlagerung von bisherigen Zentralfunktionen (z.B. Personal) in die dezentralen Beschäftigungsbereiche sind in der Finanzdienstleistungsbranche Ansätze des oben genannten betrieblichen Modernisierungskonzeptes erkennbar. Auch hier werden untere und mittlere Managementebenen der einzelnen Unternehmensbereiche „entschlackt“. Dies könnte sich – sind das doch gerade jene Positionen, in denen Frauen vertreten sind – als eine „*Modernisierungsfalle*“ für karriereambitionierte Frauen erweisen.

Auch in den Finanzdienstleistungsunternehmen manifestiert sich – wie im tertiären Wirtschaftssektor insgesamt – die Ungleichstellung von Frauen in geschlechtstypischen Arbeitszeitmodellen und in die sich weiter öffnende Lohnschere zu ihren Ungunsten. Dennoch ist für diese Branche momentan noch offen, ob sich der Prozeß der Neustrukturierung von Erwerbarbeit zugunsten männlicher Beschäftigung so ohne weiteres *linear* fortsetzen wird: So befinden sich in den seit Ende 1993/Anfang 1994 nahezu geschlossenen internen Arbeitsmärkten Frauen mit neuerworbenen Basis- und modernen Fachsowie zum Teil Führungsqualifikationen in der Mehrheit, nämlich bis zu ca. 68%. Angesichts dieser Tatsache kann einerseits angenommen werden, daß Frauen Chancen haben, sich mittelfristig zu behaupten, ja sogar, daß der Frauenanteil auch an Führungskräften steigen wird. Andererseits ist wegen des avisierten dramatischen Personalabbaus in der Branche ab Ende der 90er Jahre der jetzige ‚Standortvorteil‘ der Frauen mehr als labil. Inwieweit Frauen auf diese Strukturveränderungen „widerständig“ und gestaltend zu antworten vermögen, ist noch ungewiß, zumal sich die Anforderungen an die zeitliche und räumliche Flexibilität des betrieblichen Einsatzes erhöhen und die Arbeitsstrukturen zunehmend auf eine „ganzheitliche“, „totale“ – alle Reserven der Lebenszeit betreffende – Nutzung qualifizierter menschlicher Arbeitskraft zielen.

Deutsche Bahn AG: Auf Dauer gestellte Diskontinuität?

Der Stand der Forschung, das sei ausdrücklich betont, erlaubt nur erste Einblicke und sehr vorsichtige Verallgemeinerungen, aber soviel ist schon jetzt klar erkennbar: Die ostdeutschen Beschäftigten – sowohl Männer wie Frauen – durchlaufen seit 1990 einen Prozeß permanenter Diskontinuität. Für die Deutsche Reichsbahn war die Zeit bis zur Vereinigung der beiden Verkehrsunternehmen im Jahre 1994 von drastischem Personalabbau gekennzeichnet: 1990 hatte die DR 222.841 MitarbeiterInnen, Ende 1993 nur noch 137.638. Der Frauenanteil sank von 1990 bis 1993 von 32% auf 28%. Seit der Vereinigung beider deutschen Bahnen zur DB AG 1994 hat sich dieser Prozeß weiter fortgesetzt. Allerdings sind auch in diesem Beschäftigungssegment gegenläufige Tendenzen feststellbar, von denen Frauen profitieren: Geschäftsbereiche im Service, mit Kundennähe, wie z. B. der Geschäftsbereich Personenbahnhöfe, sind im Aufwind, hier kommt es sogar zum *Ausbau* der Beschäftigtenzahlen. Waren 1994 in diesem Bereich noch 3.573 Personen beschäftigt, so sind es Ende 1995 bereits 7.686. Chancen haben diejenigen, die mobil und flexibel sind. Zur Förderung der Mobilität ist z. B. sogar eine „Task Force Personalausgleich“ gegründet worden, die Ost-Beschäftigten sollen verstärkt für die „West-Wanderung“ gewonnen werden. Daß das problematische Konsequenzen für den Lebensalltag insbesondere für weibliche Beschäftigte haben muß, liegt auf der Hand. Viele von ihnen sind skeptisch, vor allem auch weil sie im Laufe der Jahre sehen konnten, daß selbst Mobilitätsbereitschaft kein Schutz vor Personalabbau ist.

Soziale Differenzierungen

Die Untersuchungen zeigen insgesamt, daß das Merkmal ‚Geschlecht‘ noch immer eine zentrale „Platzanweiserfunktion“ im härter werdenden Verteilungskampf um Arbeit hat, vor allem auch im Kampf um Einkommen und Positionen. Zugleich zeigen sie aber auch neue, geradezu enorm expandierende Differenzierungen und Hierarchien innerhalb der Gruppe der Frauen. Im Rahmen der Untersuchungen im Finanzdienstleistungssektor sind wir darauf gestoßen, daß eine Gruppe von Frauen – vor allem in der in den alten Bundesländern weitgehend ‚frauenfreien‘ Versicherungsbranche – erstaunlich gute Aufstiegschancen hat und diese auch zu nutzen weiß: Das sind Frauen mittleren Alters (zur Wende zwischen 30 und 40 Jahren), die bereits zu DDR-Zeiten stark bildungs-, leistungs- und aufstiegsmotiviert waren, Leitungserfahrungen mitbrachten und die Familienphase zum Zeitpunkt der Wende in der DDR abgeschlossen hatten bzw. deren Kinder heute selbständig sind. Diese Gruppe von Frauen legte schon zu DDR-Zeiten Konsequenz und Zielstrebigkeit in der Verfolgung ihrer beruflichen Entwicklung an den Tag. Viele haben ihre formale berufliche Qualifikation – zumeist einen Hochschulabschluß – parallel zur Familienphase und zur Berufstätigkeit in einem Fernstudium erworben. Sie haben also bereits unter DDR-Bedingungen Zeiteffizienz beherrschen und ‚Wandelmanagement‘ praktizieren müssen. Sie haben offenbar Kompetenzen in der Koordinierung vielfältiger Anforderungsstrukturen trainiert. Genau diese Kompetenzen, verbunden mit dem ‚Druck der Verhältnisse‘, der anscheinend bei diesen Frauen ein enormes Leistungspotential freisetzte, scheinen heute in hohem Maße anschlußfähig zu sein. Diese Frauen sind mittlerweile nach erfolgreichen Nach- bzw. Weiterqualifizierungen in Führungspositionen fusionierter Ost-West-Unternehmen in Ostdeutschland gut verankert.

Eine Analyse[2] der Daten des Sozioökonomischen Panels (SOEP) bestätigt diese Tendenz, vor allem die enormen sozialen Differenzierungen, die mittlerweile ostdeutsche Frauen spalten. Mehr noch, in dieser Analyse zeigt sich deutlich, daß die konkrete Familiensituation, in der sich ostdeutsche Frauen gerade befinden, wenig Erklärungskraft für ihre Erwerbssituation hat. Nicht die Tatsache, ob Klein- oder Schulkinder zu betreuen sind, ist das Selektionskriterium für die stabile Erwerbsintegration von Frauen, sondern als markante Differenzierungslinie erweist sich das Qualifikationspotential der weiblichen Beschäftigten. Analysiert man beispielsweise die Erwerbskonstellation von Partnerschaftshaushalten in Ostdeutschland, so zeigt sich, daß die

Erwerbsintegration von Männern relativ unabhängig von ihrer beruflichen Ausbildung ist, die von Frauen aber stark von ihrer Qualifikation abhängt. Von 1990 bis 1995 läßt sich eine qualifikationsspezifische Verdrängung von Frauen aus dem ostdeutschen Arbeitsmarkt konstatieren, mit dem Effekt, daß un- und angelernte Frauen und Frauen mit einem Facharbeiterabschluß die schlechtesten Karten im Verteilungskampf um Erwerbsarbeit haben, hochqualifizierte Frauen in Angestelltenpositionen hingegen überwiegend in Haushalten leben, in denen auch 1995 beide Partner vollerwerbstätig waren.

Im ostdeutschen Transformationsprozeß werden Chancen und Risiken also gerade nicht über die Binnenstruktur der Partnerschaftshaushalte ausgeglichen und harmonisiert, sondern es kommt – wie die Daten zeigen – ein Mechanismus in Gang, der soziale Differenzierungen verschärft: Vermittelt über Erwerbschancen unterschiedlich qualifizierter Frauengruppen polarisieren sich Lebensbedingungen von Haushalten und Familien in den neuen Bundesländern; es ist nicht in erster Linie das Einkommen eines „männlichen Ernährers“, das soziale Ungleichheit erklärt.

4. *Ein ambivalentes Fazit: Ver-Geschlechtlichungs- oder Ent-Geschlechtlichungsprozesse?*

Die Wandlungsprozesse in den Erwerbsstrukturen der neuen Länder sind längst nicht abgeschlossen, im Gegenteil, sie dynamisieren sich in einem atemlosen Tempo. Dabei zeigt sich empirisch, daß es eine Pfadabhängigkeit der (Re)Strukturierung von Geschlechterverhältnissen gibt, mit dem Effekt, daß strukturelle Asymmetrien des bundesdeutschen Arbeitsmarktes zu Ungunsten von Frauen eine „selbstregulative“ Tendenz haben: Trotz individueller „Widerständigkeiten“, entgegengesetzter subjektiver Interessen und partnerschaftlicher Orientierungen von Frauen und Männern stellen sie sich tendenziell auch in Ostdeutschland her. Diesem strukturellen Zwang der Verhältnisse ist nur mit politisch-institutioneller Gegensteuerung wirksam zu begegnen, und zwar in arbeitsmarkt- und mikropolitischer Hinsicht.

Hier ist längst nicht alles ausgereizt, und es liegt ein enormer Forschungsbedarf vor. Vor allem geschlechtsbezogene mikropolitische Analysen stehen noch weitgehend aus, und zwar in Ost und West (Goldmann 1997: 163). Gerade sie könnten zeigen, in welchem Maße (ostdeutsche) Frauen Beteiligte und Akteurinnen der Vergeschlechtlichung von organisatorischen Prozessen der Transformation sind bzw. auch, ob und wie sie zu ihrer „Desexualisierung“ oder Entgeschlechtlichung beitragen. Jedenfalls ist die (Re)Strukuturierung des Geschlechterverhältnisses mehrdimensional und „immer weniger in der griffigen Formel ‚hier Männer – da Frauen‘ zu fassen“ (Goldmann 1997: 169). Es fehlt bisher an Forschungen, die den Blick für mehrdeutige, widersprüchliche und filigrane „Verflüssigungen“ im Geschlechterverhältnis schärfen. Der Transformationsprozeß ist – bezogen auf das Geschlechterverhältnis – noch nicht in einem neuen Muster geronnen; Pfadabhängigkeit schließt Gestaltbarkeit nicht aus. Es gibt Gestaltungspoteniale, die mittels sozialwissenschaftlicher (Transformations-)Forschung offenzulegen sind.

Anmerkungen

1 Nickel/Hüning u.a. (1998c). DFG-Projekt 1996-98. An dem Projekt arbeiteten mit: Michael Frey, Irina Kohlmetz, Alexandra Manske, Iris Peinl, Ulrike Stodt und Susanne Völker.

2 Sabine Schenk hat im Rahmen einer Sonderauswertung des SOEP für die neuen Bundesländer, die im Autrag der Zukunftskommission der Friedrich-Ebert-Stiftung entstanden ist, diese Tendenz bestätigt. Die folgende knappe Zusammenfassung basiert auf „Transformationsprozesse in Deutschland: Geschlechterverhältnisse – Frauenerwerbsarbeit – Familienstrukturen in den neuen Bundesländern" in: Zukunftskommission der Friedrich-Ebert-Stiftung, Wirtschaftliche Leistungsfähigkeit, sozialer Zusammenhalt, ökologische Nachhaltigkeit, Bonn: Dietz, 1998.

Literatur

Berger, Peter A. 1992: Was früher starr war, ist nun in Bewegung. In: Michael Thomas (Hrsg.): Abbruch und Aufwind. Berlin: Akademie Verlag.

Bulmahn, Thomas 1997: Vereinigungsbilanzen. In: Beilage zu Das Parlament 40-41/1997, S. 29-37.

Goldmann, Monika 1997: Globalisierungsprozesse und die Arbeit von Frauen im Dienstleistungsbereich. In: Elmar Altvater/Frigga Haug/Oskar Negt u.a. (Hrsg.): Turbo-Kapitalismus. Hamburg: VSA.

Hradil, Stefan 1996: Die Transformation der Transformationsforschung. In: Berliner Journal für Soziologie 3/1996, S. 299-303.

Hüning, Hasko/Nickel, Hildegard M. (Hrsg.) 1997: Großbetrieblicher Dienstleistungssektor in den neuen Bundesländern. Opladen: Leske + Budrich.

Hüning, Hasko/Nickel, Hildegard M. (Hrsg.) 1998a: Finanzmetropole Berlin. Strategien betrieblicher Transformation. Opladen: Leske + Budrich.

Hüning, Hasko/Nickel, Hildegard M. et al. 1998b: Transformation – betriebliche Reorganisation – Geschlechterverhältnisse; Themenschwerpunkt Zeitschrift für Frauenforschung Heft 1+2/98, S. 5-94.

Hüning, Hasko/Nickel Hildegard M. u.a. 1998c: Betriebliche Transformation und Handlungsoptionen von Frauen. Zur Neuorganisation der Deutschen Bahn AG. Zwischenbericht an die DFG (Manuskript).

IAB Kurzbericht Nr. 9 vom 15.09.1997.

Lutz, Burkart 1996: Einleitung. In: Burkart Lutz/Hildegard Maria Nickel/Rudi Schmidt/Arndt Sorge (Hrsg.): Bericht zum sozialen und politischen Wandel in Ostdeutschland. Opladen: Leske + Budrich, S. 1-16.

Mayntz, Renate 1994: Die deutsche Vereinigung als Prüfstein für Leistungsfähigkeit der Sozialwissenschaften. In: BISS-public 13/1994.

Paqué, Karl-Heinz 1997: Neue Wege der neuen Länder. In: FAZ Nr. 171 vom 26. Juli 1997.

Zinn, Karl-Georg 1997: Von der tertiären Zivilisation in die tertiäre Krise: zum Verhältnis von Dienstleistung und Produktion. Supplement der Zeitschrift Sozialismus 97,2. Hamburg: Sost.

Auswirkungen des neuen Namensrechts

Zur Geschichte des Namensrechts und der heutigen Wahl des Nachnamens

Rosemarie Nave-Herz

Das neue Namensrecht – vor Jahren viel diskutiert – findet in den öffentlichen Medien seit seiner letzten Veränderung im Jahr 1994 (Böhnisch/Lenz 1997: 51) kaum noch Beachtung. Die Juristen haben den Weg zur Namenskontinuität auch bei Heirat freigegeben; Selbstbestimmtheit in der Namenswahl soll Identitätsprozessen und individuellen Präferenzen Rechnung tragen. Damit wird die Veränderung dieser juristischen Bestimmung als Ausdruck des allgemeinen gesellschaftlichen Wandels gesehen, der mit „Individualisierung" oder „Deinstitutionalisierung", z.B. von Ehe und Familie, beschrieben wird. Mit der Einführung des neuen Namensrechtes wird – so von Bender – der „unaufhaltsame Niedergang des Patriarchats" konstatiert (Bender 1991: 250), der aber von keinem mehr beklagt zu werden scheint.

Wenn der Zwang zur Namensänderung für Frauen bei Eheschließung auch juristisch beseitigt wurde, so könnte er aber u.U. nun auf der individuellen bzw. partnerschaftlichen Ebene „fröhliche Auferstehung" feiern. Hat eventuell die juristische Änderung zu dem paradoxen Effekt geführt, daß ein zuvor zwischen einzelnen Personen und den juristischen Institutionen geführter „Kampf" nunmehr in viele individuelle „Einzelkämpfe" umfunktioniert wurde? Wird überhaupt die neue „Freiheit" angenommen?

Zumeist paßt sich das Recht – vielfach mit einer gehörigen Verspätung – lediglich der neuen gesellschaftlichen Entwicklung an (Limbach 1988: 12); selten eilt es dieser voraus, schafft – die Zukunft antizipierend – den Rahmen für künftigen sozialen Wandel. Wie ist das neue Namensrecht im Hinblick auf diese cultural-lag-These zu bewerten? Diese Frage soll im folgenden zu beantworten versucht werden. Hierzu ist es zunächst notwendig, die geschichtliche Entwicklung des Namensrechts in unserem Kulturkreis zu skizzieren.

1. Historisch-soziologischer Rückblick über die Selektion von Vornamen und der Entstehung der Nachnamen

Zu betonen ist zunächst, daß Familiennamen bis zum späten Mittelalter in unserem Kulturkreis nicht allgemein verbreitet waren, sondern man trug nur Vornamen. Zuweilen wurden persönliche Beinamen, zumeist im Erwachsenenalter und eher bei adeligen Personen hinzugefügt. Selbst die Vornamenwahl war begrenzt und ist dies im übrigen bis heute geblieben. So sollte (und soll) durch den Vornamen das Geschlecht erkennbar sein, d.h. die Namensgebung stellt einen Etikettierungsprozeß dar, in dem öffentlich und auf Dauer dem Säugling die soziale Rolle (männlich/weiblich) zudiktiert wird. Die Alternative – so schreibt Struck – „daß Menschen Menschennamen bekommen, wird fast nie gedacht" (1991: 412). Weiterhin war früher (sogar bis ins vorige Jahrhundert hinein) an Vornamen vielfach die soziale Schicht ablesbar. Nach einer Untersuchung von Gerhards und Hackenbroch ist inzwischen jedoch eine Entschichtung in der Vergabe von Vornamen zu erkennen (1997: 424); ich möchte hinzufügen, aber nicht in bezug auf das Geschlecht. Diese Einschränkung ist juristisch heutzutage noch festgeschrieben. So müssen geschlechtsneutrale Vornamen durch einen weiteren geschlechtsspezifschen Vornamen ergänzt werden (Diederichsen 1987: 80).

So weit wir in die Geschichte zurückblicken, war für das europäische System der Vornamensgebung das Prinzip der Namenwiederholung charakteristisch (Mitterauer 1993: 22). Dabei sollte der erste Träger des Namens häufig dem zweiten als Vorbild dienen. Ferner waren die Eltern – historisch gesehen – zunächst an die Nachbenennung nach Ahnen gebunden oder wählten die Namen verstorbener Geschwister erneut. Dann – mit der Durchsetzung des Christentums – nahm die Nachbenennung nach Heiligen zu. Mitterauer schreibt: „Auf Dauer führte freilich das neue Prinzip der Namensgebung nach Heiligen zu einer latenten Spannungssituation: Mit der Verehrung neuer Heiliger bzw. solcher, deren Namen in der Familie noch nicht eingeführt waren, kam es immer wieder von neuem zu einer solchen Konkurrenz. Das Spannungsmoment zwischen Ahnen und Heiligen ist eines der großen Leitmotive der christlich-europäischen Namensgebung von der Spätantike bis weit herauf in die Moderne" (Mitterauer 1993: 16). Dieses Spannungsverhältnis schwingt noch 1987 in der Antwort einer Salzburger Bergbäuerin mit, auf die Frage nach der Namensgebung ihrer vielen Kinder; sie sagte: „Wenn viele Kinder in der Familie sind, dann kommen die vererbten Namen dran und dann sagt der Pfarrer, wie's heißen soll" (zit. bei Mitterauer 1993: 13).

Erst seit dem 11. Jahrhundert wurde vereinzelt dem Vornamen ein vererbbarer Familienname angefügt, und zwar zunächst beim Adel. Die Ehefrauen nahmen hier zunehmend erstmalig den Nachnamen des Mannes an und fügten einen Zusatz hinzu, der ihre Abstammung kennzeichnete (Schwenzer 1991: 391; Sturm 1988: 291).

Im Bürgertum setzte sich erst sehr langsam der Nachname durch. Urkundlich erwähnt sind die ersten – vereinzelt vorgefundenen – Familiennamen 1106 in Köln (Brexel 1962: 8). Zu einer allgemeinen sozialen Norm wurden sie erst vor ca. 200 Jahren. Zunächst wurden Nachnamen – abgesehen vom Adel – nur vom vermögenden Bürgertum, speziell von Bank- und Kaufmannsfamilien, ausgewählt und getragen. Mit der Nachnamensführung war bei ihnen die Absicht verbunden, eine Identifizierung des Bank- oder Handelshauses auch über regionale Entfernungen hinweg zu ermöglichen. Der Nachname sollte – wie wir heute sagen würden – ein „Gütesiegel" und ein „Kreditbrief" sein; deshalb konnten den Familienmitgliedern, die den Namen „entehrten", der Name aberkannt werden. Namensänderungen waren ferner in jener Zeit jederzeit möglich.

Auf dem Lande wählte man die Hofnamen zum Nachnamen, weswegen hier sogar sehr lange auch die Möglichkeit der Übernahme des Frauennamens – wenn er Hofname war – durch den Ehemann gegeben war.

Bei Frauen war damals Namenskontinuität möglich. Sie behielten überwiegend bis ins 17. Jahrhundert hinein nach Verheiratung ihren Geburtsnamen bei (evtl. mit einem Zusatz verbunden, der sich auf den Namen des Hofes oder Familienbetriebes des Ehemannes bezog). Vor allem die allgemeine Ausprägung des bürgerlichen „Familiensinns" verstärkte dann den Prozeß des gemeinsamen Familiennamens. Damit bekam der Nachname in dieser Schicht die Funktion der Dokumentation der Familientradition, selbstverständlich orientierte diese sich nur an der männlichen Linie, war Zeichen des damals vor allem in diesen Familien herrschenden Patriarchats.

Im Laufe der Zeit hat sich die Namensgebung und -vererbung also erst langsam in allen Schichten seit ca. 200 Jahren durchgesetzt und wurde schließlich Teil des Brauchtums.

Erste Rechtsregeln zur Namensführung, denen nur teilweise Gesetzeskraft zukam (Brexel 1962: 53), wurden im ausgehenden 18. Jahrhundert und beginnenden 19. Jahrhundert aufgestellt, wobei nicht zuletzt militärische Zwecke, nämlich die Erleichterung der Erfassung der jungen Männer im Rahmen der allgemeinen Wehrpflicht, Anlaß für die Verrechtlichung gewesen sein dürften (Schwenzer 1991: 390). Der Nachname bekam nunmehr auch eine Identifizierungs- und Ordnungsfunktion.

Allgemeine juristische Namensregelungen wurden dann im Allgemeinen Preußischen Landrecht von 1794 aufgenommen.

Obligatorisch wurde das Tragen von Nachnamen in ganz Deutschland vor allem durch die Einführung der standesamtlichen Trauung, also 1875. Über Österreich berichtet Kaserer, daß ab 1878 derjenige bestraft werden sollte, der „noch keinen bestimmten Geschlechtsnamen hat und sich ungeachtet behördlicher Aufforderung weigert, einen solchen anzunehmen" (zit. bei Raschauer 1978: 3).

Die juristische Vorschrift des pflichtmäßigen Tragens eines Nachnamens (auf die besonderen Vorschriften der Namensgebung für Juden kann hier nicht eingegangen werden) ist also relativ jungen Datums, nämlich ca. 130

Jahre alt. Mit der Einführung des BGBs in Deutschland (01.01.1900) wurde einerseits die Namenskontinuität festgeschrieben (nunmehr waren Namensänderungen schwierig, genehmigungsbedürftig und begründungsnotwendig) und zugleich der Namenswechsel der Frau bei Verheiratung juristisch verordnet. Diese gesetzliche Vorschrift wurde von den Vätern des BGBs folgendermaßen begründet: „Es ist eine natürliche Folge der Innigkeit und der das ganze Leben umfassenden Bedeutung der ehelichen Gemeinschaft, daß beide Ehegatten denselben Ehenamen führen. Die Stellung des Mannes bringt es mit sich, daß die Ehefrau seinen Familiennamen erhält, und zwar ist sie diesen Namen zu führen nicht nur berechtigt, sondern ... auch verpflichtet“ (Schwenzer 1991: 391). Im Falle der Scheidung konnte die Frau den Familiennamen des Mannes behalten oder ihren eigenen Namen wieder annehmen, evtl. wurde sie sogar zur Namensänderung verpflichtet, wenn sie nämlich für überwiegend schuldig an der Scheidung erklärt worden war und der Mann ihr die Weiterführung seines Namens untersagte.

1958 wurde in der Bundesrepublik das Namensrecht insofern verändert, als mit dem §1355 der Ehefrau die Möglichkeit geboten wurde, ihren Mädchennamen dem Ehenamen hinzuzufügen, aber nur ihn, nicht einen durch eine vorhergehende Heirat erworbenen. Die Zeit der ersten Ehe blieb namensmäßig unberücksichtigt; man könnte auch sagen: diese Lebensphase wurde namensmäßig annulliert. Aber insgesamt wurde durch diese Veränderung – nämlich mit der Möglichkeit des Tragens eines Doppelnamens für die Frau – im Prinzip die Namenseinheit der Familie partiell aufgegeben.

In der DDR sah das Familiengesetzbuch von 1965 eine Wahlpflicht vor; man hatte sich entweder für den Namen der Frau oder den des Mannes als Ehenamen zu entscheiden. Die Führung eines Doppelnamens war nicht vorgesehen (Schwenzer 1991: 392; Struck 1991: 412).

1976 und 1979 wurde das Namensrecht in der Bundesrepublik erneut verändert. Während die Wahl eines gemeinsamen Ehenamens prinzipiell bei Eheschluß erhalten blieb, war es nunmehr möglich, den Geburtsnamen oder den zur Zeit der Eheschließung geführten Namen diesem hinzuzufügen, d.h. er konnte seitdem vorgestellt oder auch angehängt werden.

Dem §1355 wurde aber der Abs. 2 S. 2 BGB hinzugefügt, der erneut nicht mit dem Gleichberechtigungsgebot bzw. mit dem Artikel 3 Abs. 2 des GG in Einklang stand. Denn trafen die Ehegatten keine Bestimmung, so wurde der Geburtsname des Mannes zum Ehenamen.

Ohne auf alle weiteren einzelnen Veränderungen hier eingehen zu können, sei nur daran erinnert, daß der Erste Senat des Bundesverfassungsgerichtes in seinem Beschluß vom 5. März 1991 betonte: „Der Geburtsname eines Menschen ist Ausdruck der Individualität und Identität; der einzelne kann daher grundsätzlich verlangen, daß die Rechtsordnung seinen Namen respektiert und schützt“ (Bender 1991: 250). Hierdurch wurde schließlich juristisch der Name als ein Persönlichkeitsgut anerkannt, und er hat Teil am verfassungsrechtlichen Persönlichkeitsschutz (Raschauer 1978: 23). Die bisherigen Wahlmöglichkeiten des §1355 i.d.F.v. 1976 wurden dementsprechend 1994 erweitert, indem die Ehepartner nunmehr auch jeweils ihren eigenen Namen behalten können, wenn nur einer dies wünscht oder keine Einigkeit erzielt wird (Struck 1991: 412). Auf die Namensgebung der Kinder kann hier nicht eingegangen werden.

Das Bundesverfassungsgericht sowie der Gesetzgeber wollten (trotz der kontroversen Diskussion unter den Juristen; vgl. Giesen 1993: 73) also – wie aus der Begründung zu entnehmen ist – das Namensgesetz durch die vergrößerte Wahlfreiheit dem allgemeinen sozialen Wandel, nämlich dem zugenommenen Individualisierungs- und Deinstitutionalisierungsprozeß, anpassen. Der Name wird sowohl als identitätsstiftend als auch als identitätsstabilisierend anerkannt und u.a. damit das persönliche Wahlrecht begründet. Die Namenskontinuität wird ebemsp garantiert wie der Namenswechsel, letzter jedoch nur in begrenztem Umfange. Das heißt, daß die Wahl nur im Hinblick auf den Partnernamen getroffen werden kann. So ist z.B. die Wahl eines völlig neuen gemeinsamen Nachnamens bei Eheschließung (z.B. zur Demonstration der neuen, gemeinsamen Identität) ausgeschlossen. In der Literatur werden als Begründung bürokratische Vorbehalte für eine völlig freie Namenswahl und für Namensänderungen genannt; aber Nachnamen haben durch die Personennumerierung verwaltungsmäßig längst ihre Ordnungs- und Identifizierungsfunktion verloren.

Dagegen gibt es andere Staaten, wie die USA, in denen Namen rechtlich weitgehend zur freien Verfügung des einzelnen stehen. Es bleibt im Prinzip einem jeden überlassen, welchen Namen er führt und ob er seinen Namen wechselt (Beispiel: Hillary Clinton trägt diesen Namen nicht seit ihrer Eheschließung, sondern erst seit der Präsidentschaft ihres Mannes). Dieses Prinzip der grundsätzlichen Namensfreiheit geht bereits auf das englische „Common Law" zurück. Auch die Frage, welchen Namen die Ehefrau nach der Eheschließung führe, unterliegt dem Grundsatz der dort geltenden Namensfreiheit, die bedeutet, daß jeder Mensch seinen Namen nach Belieben und ohne Grund ändern kann; dies gilt gleichermaßen für Nach- wie auch für Vornamen (Flessner 1993: 181). Interessant ist aber, daß im Alltag überwiegend die patriarchalisch orientierte Namensgebung gewählt wird. Für die Schweiz gilt übrigens umgekehrt: Obwohl juristisch bis 1984 die Frau den Namen des Mannes erhielt, war es im Alltag üblich – also Rechtsgewohnheit –, daß sie oder auch das Ehepaar den Doppelnamen, bestehend aus den beiden Geburtsnamen, führte. Seit 1984 ist nach Artikel 160 des Familienrechts weiterhin der Name des Mannes der Familienname. Die Frau – und nur sie! – kann nunmehr mit ausdrücklicher Zustimmung des Gesetzgebers ihren Geburtsnamen voranstellen (Boschan 1972: 477; Bergmann/Ferid 1995).

Überblickt man die deutsche Namensrechtsgeschichte, so wird deutlich, daß sich in der Bestimmung des Nachnamens die Entwicklung der patriarchalisch hochbürgerlichen Familie und Familientradition widerspiegelt. Weil beides zum allgemeinen Leitbild aller Schichten wurde, breitete sich schließlich dieser Nachnamensgebrauch im Sinne eines Gewohnheitsrechts auf alle

Bevölkerungsgruppen aus. Das juristisch codifizierte Namensrecht hat sich dieser Entwicklung in Deutschland erst relativ spät angepaßt, dann aber die auf Brauch und Sitte beruhende Namensselektion in Richtung auf die patriarchalische Familienordnung verengt und Ausnahmen – wie Namensänderungen, Annahme oder Weiterführung des Namens der Frau – nicht mehr zugelassen. Erst in den letzten Jahren wurden die Spielräume innerhalb der Verwaltungsvorschrift über die Namensgebung größer.

Insofern bleibt die eingangs gestellte Frage unbeantwortet: ob sich de facto das neue Namensrecht – wie es der Gesetzgeber beabsichtigte – der gesellschaftlichen Entwicklung, also dem veränderten Werte- und Normensystem, gewandelten Einstellungen und Bedürfnissen, angepaßt hat oder ob es noch immer dem sozialen Wandel „nachhinkt", also ein cultural lag für die Gegenwart weiterhin gegeben ist. Ist der Gesetzgeber mit dem neuen Namensgesetz der gesellschaftlichen Entwicklung vielleicht sogar vorangeeilt?

2. *Ein soziologischer Erklärungsversuch für die heutige Wahl des Nachnamens*

Matthias-Bleck (1999) hat verschiedene Standesämter in bezug auf die Namenswahl von Eheschließenden befragt, die Antworten zusammengetragen, und eine qualitative Untersuchung über die Begründungen der Namenswahl bei Jungverheirateten durchgeführt. Beide Erhebungen zeigen, daß die Namenswahl weiterhin traditionell verläuft, d.h. die Frau zu ca. 90 % den Namen des Mannes annimmt. Wenn überhaupt vom neuen Namensrecht Gebrauch gemacht wird, dann eher von den Frauen. Von den 90% wählten ca. 12% den Doppelnamen; selten (unter 10%) wird das Recht der Namenskontinuität wahrgenommen (Matthias-Bleck 1999). Der letztgenannte Befund ist nicht weiter verwunderlich, ging doch der Wunsch nach Gesetzesänderung nur von einer kleinen Gruppe, die sich dennoch als Vertreterinnen der Frauen definierte, aus.

Da Gesetze nicht nur instrumentell, nämlich als Mittel zur Erreichung erwünschter Zustände zu verstehen sind, sondern auch als Ausdruck dessen, was als Recht angesehen bzw. als soziale Veränderung anerkannt wird u.a.m (vgl. ausführlicher Schäfers 1993: 195ff.), muß also aufgrund der o.a. Befunde betont werden, daß diese Symbolfunktion dem neuen Namensrecht – jedenfalls bisher – nicht zuerkannt werden kann; noch ist das Rechtsbedürfnis nach Inanspruchnahme des neuen Namensrecht auf wenige Personen bzw. Personengruppen beschränkt. Das Namensrecht scheint nicht – das wäre jedenfalls bei oberflächlicher Betrachtung zu deuten – die These vom Nachhinken des Gesetzes gegenüber der sozialen Realität zu bestätigen.

Erkämpft wurden die Gesetzesänderung und die Durchsetzung der Namenskontinuität für Frauen von den Antragstellern bzw. von den Antragstellerinnen (und begründet vom Gesetzgeber) mit den Begriffen „Individualität" und „Identität"; das Namensrecht sollte also dem zugenommenen Individualisierungsprozeß angepaßt werden. Aus den Begründungen ihrer Namenswahl seitens der Interviewpartner wird ebenfalls sichtbar, daß Identitäts- und Individualisierungsargumente kaum – aber eigentlich so gut wie gar nicht – angeführt werden (Matthias-Bleck 1999).

Dagegen wird sich eher auf Traditionen berufen (mit Individualisierung ist aber u.a. gerade die Abkehr von traditionellen Vorgaben durch die heutige Optionsvielfalt gemeint!). Also: Entweder steht die Namenswahl in keiner Beziehung zum – wie viele Autoren betonen – *allgemein* stattgefundenen Individualisierungsprozeß oder die Individualisierungsthese stimmt nicht. Würde man nämlich die Inanspruchnahme der neuen Namenswahlmöglichkeit als Indikator zur Überprüfung des Individualisierungstheorems wählen, wäre dieses zu falsifizieren. Gerhards und Hackenbrock, die in ihrer Untersuchung über „Kulturelle Modernisierung und die Entwicklung der Semantik von Vornamen", zu einem ähnlichen Schluß aufgrund der Vornamenswahl gelangen, betonen aber zurecht, daß man dann „dem kleinen Indikator eine zu große Last aufladen" würde (1997: 434).

Trotz dieser von mir bisher dargestellten Einwände, die sich auf die Mehrzahl der statistisch nachgewiesenen Namensentscheidungen beziehen, möchte ich betonen, daß bei einer verschwindenden Minorität dennoch individualistische Orientierungen für die Namensentscheidung eine Rolle zu spielen scheinen. Oder vorsichtiger formuliert: daß man derartige Tendenzen in der Namenspräferenz aus manchen Argumenten einiger Interviewter herausinterpretieren könnte. So ist erstaunlich, daß immer wieder – und zwar gleichgültig, für welche Namensform man sich entschied – die Auswahl mit der Art des Namens begründet wurde; seine Schönheit, sein Klang, seine Kürze usw. wären ausschlaggebend gewesen (Matthias-Bleck 1999/; das gilt im übrigen auch für die Wahl von Vornamen (vgl. Gerhards/Hackenbroch 1997: 410ff.). Man könnte daraus m.E. auch folgern, daß – jenseits aller Identitäts- und Traditionsfragen – die neue Möglichkeit der individuellen Namenswahl, also die Freiheit des Wählens, von diesen wenigen Paaren jedenfalls als neue Chance der Erfüllung ihrer ästhetischen Bedürfnisse begriffen und in diesem Sinne in Anspruch genommen wird. Und insofern wird die Individualisierungsthese im Hinblick auf die neue Namenswahl – wenn auch nicht unter quantitativ-statistischen Beurteilungskriterien – nicht vollständig widerlegt.

Dennoch bleibt die Frage weiterhin offen: Warum entscheidet sich die weit überwiegende Mehrzahl für die traditionelle Namenswahl?

Knüpfen wir erneut an die Geschichte des Namensrechtes – wie im ersten Teil gezeigt – an, dann hat der Gesetzgeber vor ca. 120 Jahren nur festgeschrieben, was zu jener Zeit sowieso schon allgemeiner Brauch und Sitte war. Die zuvor gegebene Namensfreiheit und damit auch Namenskontinuität für Frauen, Namensungleichheit für Ehepartner usw. hatten, bereits ohne Gesetzgeber an normativer Kraft verloren und herrschen heute weiterhin trotz Gesetzesänderung Brauch und Sitte in der Namensgebung vor. Brauch und Sitte sind unreflektierte Selbstverständlichkeiten in einer Gesellschaft; sie sind nicht begründungsnotwendig, häufig sogar nicht einmal begründungsmöglich. Und in vielen Interviews – wie die Studie von Matthias-Bleck (1999) zeigt – kommt dieser Sachverhalt zum Ausdruck, weil kaum inhaltliche Begründungen oder nur der Hinweis auf die Selbstverständlichkeit, die Tradition usw. als Entscheidungsargumente im zitierten Material zu finden sind. Sie scheinen die noch heute gegebene Wirksamkeit des sich über Jahrhunderte hinweg entwickelten Brauches der Namensgebung zu belegen. Die in der Einleitung aufgeworfene Frage, ob die Namensgebung nunmehr zum „individuellen Kampf" der Partner geführt hat, muß also verneint werden.

Gestützt wurde die traditionelle patriarchalische Orientierung in der Namensgebung lange Zeit durch einen damit verbundenen Statusgewinn für die Frauen. Gisela Niemeyer, pensionierte Richterin des höchsten Gerichtes in der Bundesrepublik, schreibt in einer Glosse zum §1355 Abs. 1 BGB: „Frauen meiner Generationen waren in der Regel froh, wenn sie mit dem Eintritt in den Stand der Ehe das ‚Fräulein' in ‚Frau' und den Mädchennamen mit dem Namen ihres Gatten tauschen konnten; denn der Status einer nicht verheirateten Frau war nach der allgemeinen Auffassung, nicht auf ihren Entschluß, sondern darauf zurückzuführen, daß kein Mann bereit war, die Ringe zu tauschen. Der Namenswechsel war in diesem Zusammenhang Dokumentation ihres weiblichen Erfolges" (1990: 368).

Dieser Statusgewinn ist fortgefallen. Was – so müßte man fragen – stützt heute noch den alten Brauch der Namenswahl? Hierauf möchte ich im folgenden kurz eingehen.

Daß Rechtsnormen nicht nur regulierende Funktionen haben, sondern auch eine konstitutive, wird gerade am neuen Namensrecht deutlich, weil durch den Entscheidungszwang die Eheschließenden heute überhaupt erst zu einer Reflexion über den Nachnamen gezwungen werden. Gleichgültig für welche Namenswahl sie sich entschieden, betonten viele (vgl. Matthias-Bleck 1999), daß die Heirat die Paarverbindung nach außen hin auch über den Namen dokumentieren sollte.

Die Dokumentationsfunktion des Nachnamens, nämlich der äußerlich sichtbare Hinweis auf die Zugehörigkeit zum Partner – oder für die heutige Zeit treffender formuliert – für die Zusammengehörigkeit beider Partner – ist geblieben. Nur wie läßt das neue Recht die Möglichkeit einer derartigen Dokumentation zu?

Das neue Namensrecht hat Möglichkeiten für individuelle, weniger für paarorientierte Entscheidungen geschaffen. Denn Namensgleichheit ist nur durch Wahl des männlichen oder des weiblichen Geburtsnamens möglich. Doppelnamen oder völlig neue Namenswahlen zur Dokumentation des neuen Lebensabschnittes „Ehe", mit denen eine neue Identitätsbildung, wie Berger/Kellner (1965: 220ff.) gezeigt haben, verbunden ist, schließt das Gesetz weiterhin aus.

Also: Durch unsere paarorientierte Gesellschaft und die Form des neuen Namengesetzes, besser gesagt: durch seine Begrenzung, bekommt der alte Brauch in der Namenswahl, also die traditionelle Namensgebung, ihre heutige Unterstützung. Oder m.a.W.: Die Wahl des Frauennamens – die einzige neue Möglichkeit für eine Namensgleichheit der Partner neben der traditionellen gesetzlichen – bedeutet eine Verkehrung eines Brauches, und für diese Entscheidungsorientierung besteht bisher keine öffentlich anerkannte Legitimation; die patriarchalisch orientierte Namensgebung dagegen legitimiert sich an der Tradition.

Für einen Teil der Befragten scheinen also – im Sinne des rationalchoice-Ansatzes – die Begründungskosten für den Erhalt beider Geburtsnamen oder das Tragen eines Doppelnamens für einen Partner höher als die Kosten des Verlustes der Kontinuität der Identität des Namens, weil gleichzeitig nur hierdurch der Wunsch, die Partnerverbindung durch den Namen nach außen zu dokumentieren, erfüllbar wird.

Man könnte vermuten, daß – falls andere Namenswahlen bei Eheschließung möglich wären – die Funktion der heutigen Eheschließung als „rite de confirmation" im Hinblick auf den Partner (vgl. Nave-Herz 1997: 42ff.) auch in neuen Namenskombinationen oder durch neue Namen ihren Ausdruck finden könnte.

In den Staaten, in denen Namensfreiheit garantiert ist, wird zwar auch überwiegend die traditionelle Namensgebung gewählt, aber dennoch wählen hier, vor allem qualifiziert ausgebildete und ökonomisch unabhängige Frauen, häufiger ihren Geburts- oder den Doppelnamen nach der Eheschließung. Denn bei ihnen erfährt die Kosten-Nutzen-Bilanzierung eine andere Bewertung, weil das Identitätsargument durch die berufliche Position eine begründungsfähige Legitimation besitzt. Mit der Wahl des Doppelnamens für beide Partner kann zudem der Wunsch, die Partnerbeziehung zu dokumentieren erfüllt werden. Das veränderte neue deutsche Namensrecht trägt dieser Entwicklung, weil es nicht für beide Partner den Doppelnamen zuläßt, nicht Rechnung. Insofern kann die cultural-lag-These doch nicht ganz abgelehnt werden.

Literatur

Bender, Biggi 1991: Der unaufhaltsame Niedergang des Patriarchats. Das Recht der Ehefrau auf den eigenen Namen. In: Kritische Justiz, 24 (2), S. 250-252.

Berger, Peter L./Kellner, Hansfried 1965: Die Ehe und die Konstruktion der Wirklichkeit. In: Soziale Welt, 16 (3), S. 220-235.

Bergmann, Alexander/Ferid, Murad 1995: Internationales Ehe- und Kindschaftsrecht, (Loseblattsammlung, Stand 1995), Frankfurt/Main: Verlag für Standesamtswesen.

Brexel, Richard 1962: Die Entwicklung des Namensgebrauchs zu einem Persönlichkeitsrecht, Augsburg (Diss.), Berlin: Freie Universität Berlin.

Böhnisch, Lothar/Lenz, Karl 1997: Zugänge zu Familien – ein Grundlagentext. In: Böhnisch, Lothar/Lenz, Karl: Familien – eine interdisziplinäre Einführung, Weinheim/München: Juventa, S. 9-64.

Boschan, Siegfried 1972: Europäisches Familienrecht, 5. neubearb. u. erweiterte Aufl., München: Vahlen.

Coester, Michael 1994: Das neue Familiennamensrechtsgesetz. In: Familie und Recht, 5 (1), S. 1-8.

Diederichsen, Uwe 1987: Rechtsprobleme bei Vornamengebung, Nachnamenserwerb und Namensänderungen. In: Zeitschrift für Literaturwissenschaft und Linguistik, 17 (67), S. 74-85.

Flessner, Melanie J. 1993: Der Familienname der Ehegatten und der Kinder im amerikanischen Recht. In: Das Standesamt. Zeitschrift für Standesamtswesen (StAZ), 46 (6), S. 181-190.

Freud, Sigmund 1973: Totem und Tabu, 5. Aufl., Frankfurt/Main: Fischer.

Gerhards, Jürgen/Hackenbroch, Rolf 1997: Kulturelle Modernisierung und die Entwicklung der Semantik von Vornamen. In: Kölner Zeitschrift für Soziologie und Sozialpsychologie, 49 (3), S.410-439.

Giesen, Dieter 1993: Der Familienname aus rechtshistorischer, rechtsvergleichender und rechtspolitischer Sicht. In: Familie und Recht, 4 (2), S. 65-81.

Klippel, Diethelm 1985: Der zivilrechtliche Schutz des Namens. Eine historische und dogmatische Untersuchung, Paderborn: Schöningh.

Limbach, Jutta 1988: Die Entwicklung des Familienrechts seit 1949. In: Nave-Herz, Rosemarie (Hrsg.): Wandel und Kontinuität der Familie in der Bundesrepublik Deutschland, Stuttgart: Enke, S.11-35.

Masche, Gowert 1995: Geschlechts- und geschlechtsrollenspezifische Präferenzen zur Wahl des Ehenamens. In: Zeitschrift für differentielle und diagnostische Psychologie, 16 (2), S.113-124.

Matthias-Bleck, Heike 1999: Die Wahl des Ehenamens: Neue Freiheiten – neue Unsicherheiten. Folgen des Deinstitutionalisierungsprozesse von Ehe und Familie. In: Dokumentation der 2. Fachtagung Frauen-/Gender-Forschung in Rheinland-Pfalz, Stauffenburg (im Druck).

Mitterauer, Michael 1993: Ahnen und Heilige – Namengebung in der europäischen Geschichte, München: Beck.

Nave-Herz, Rosemarie 1997: Die Hochzeit – ihre heutige Sinnzuschreibung seitens der Eheschließenden: eine empirisch-soziologische Studie, Würzburg: Ergon.

Nave-Herz, Rosemarie 1998: Die These über den „Zerfall der Familie". In: Friedrichs, Jürgen/Lepsius, M. Rainer/Mayer, Karl Ulrich: Die Diagnosefähigkeit der Soziologie, Sonderheft 38, Opladen: Westdeutscher Verlag, S. 286-315.

Nelle, Dietrich 1990: Der Familienname. Perspektiven für eine rechtsvereinheitlichende Reform. In: FamRZ, 37 (8), S. 809-817.

Niemeyer, Gisela 1990: Der gesetzlich verordnete gemeinsame Familienname – §1355 Abs.1 BGB – oder: wie sich die Zeiten ändern. In: Familie und Recht, 1 (6), S. 368.

Raschauer, Bernhard 1978: Namensrecht – eine systematische Darstellung des geltenden österreichischen und des geltenden deutschen Rechts, Wien: Springer.

Rottleuthner, Hubert 1987: Einführung in die Rechtssoziologie, Darmstadt: Wissenschaftliche Buchgesellschaft.

Rottleuthner, Hubert 1994: Rechtssoziologie. In: Kerber, Harald/Schnieder, Arnold: Spezielle Soziologien, Hamburg: Rowohlt, S. 216-239.

Schäfers, Bernhard 1993: Rechtssoziologie. In: Korte, Hermann/Schäfers, Bernhard: Einführung in spezielle Soziologien, Opladen: Leske + Budrich, S. 191-213.

Schwab, Dieter 1992: Der Name ist Schall und Rauch. In: FamRZ, 39 (10), S. 1015-1018.

Struck, Gerhard 1991: Reglementierung und Emanzipation im Namensrecht. In: Recht der Jugend und des Bildungswesens, 39,(4), S. 412.

Schwenzer, Ingeborg 1991: Namensrecht im Überblick. Entwicklung-Rechtsvergleich-Analyse. In: FamRZ, 38, H. 4, S. 390-397.

Sturm, Fritz 1988: Der Ehename – versteinerte Eitelkeit oder betonte Familieneinheit. In: Das Standesamt. Zeitschrift für Standesamtswesen (StAZ), 41, H. 10, S. 290-293.

Das neue Altern

Strukturen und Prozesse

Elke Korte

Was einer an sich selbst hat, kommt ihm nie mehr zugute als im Alter.
Schopenhauer

1. Einleitung: Das Neue am Altern

„Niemals hätte ich mir vorgestellt, daß ich so lange leben würde. Weder in der Familie meines Vaters noch in der meiner Mutter gibt es Verwandte, die weit über achtzig Jahre alt geworden sind." Der italienische Politik- und Rechtsphilosoph Norberto Bobbio drückt in seinem Essay „Vom Alter – De senectute" (1997: 41) das aus, was heute die meisten alten Menschen sagen und denken: „Ich habe doch nie daran gedacht, so alt zu werden." Die heute 80jährigen sind häufig von ihrem Altern überrascht worden: ohne familiäre Vorbilder, ohne bewußte Vorstellung und Vorsorge sind sie in ihre späten Jahre hineingeglitten.

„Was ich empfinde angesichts der Tatsache, daß ich immer noch lebe, ist vor allem Staunen, fast schon Argwohn. Ich kann mir nicht erklären, welches günstige Schicksal mir beschieden war, wer mich beschützt, getragen, an die Hand genommen hat, daß es mir gelungen ist, all den Widrigkeiten und Risiken bis hin zu tödlichen Gefahren, all den Krankheiten und Unfällen, Naturkatastrophen, kurz den unzähligen Schicksalsschlägen, durch die das menschliche Leben vom Moment der Geburt an bedroht wird, zu entgehen." (Bobbio 1997: 43) Immer mehr Menschen entgehen diesen Katastrophen für immer längere Zeit. An einen frühen Tod zu denken, war für Jahrhunderte das Alltäglichste von der Welt, daß das Leben „nur einen flüchtigen Moment" währt – eine Selbstverständlichkeit. Der historische Demograph Arthur E. Imhof benennt diesen Prozeß „Von der unsicheren zur sicheren Lebenszeit," und hält ihn für einen „folgenschweren Wandel im Verlaufe der Neuzeit". Er weist aber auch auf das Paradox hin, daß der moderne Mensch mit seinem Verzicht auf den Glauben an das ewige Leben seine individuelle Lebenserwartung beträchtlich verkürzt hat (Imhof 1996: 13).

Das Verhältnis der Generationen untereinander wird sich durch die für viele „sichere lange Lebenszeit" tiefgreifend ändern. Welche Richtung diese Änderung nimmt, ob „ein Krieg der Generationen droht" (Mohl 1993) oder die „neue Kultur des Helfens“ (SGB XI, §8) winkt, ob der Generationenvertrag aufgekündigt oder solidarisches Handeln als „Daseinskompetenz“ erlernt wird, wie es der Zweite Altenbericht des Bundesministeriums für Familie, Senioren, Frauen und Jugend 1998 fordert, ist noch nicht entschieden. In der öffentlichen Diskussion ist von Altenlast, von Überalterung, von Vergreisung die Rede, sogar Altersrassismus wird ausgemacht. In der Demographie wird die Veränderung der Bevölkerungsstruktur als „von der Pyramide zum Pilz“ beschrieben, wobei im Pilz – beabsichtigt oder nicht – die Bedrohung durch die Atombombe mitschwingt.

Die öffentliche Diskussion ist beherrscht von der Sorge um die materielle Sicherstellung der Alten und der Jungen. Aber welche Jungen und welche Alten sind heute gemeint?

Der Generationenvertrag ging bisher von drei Generationen aus: die Kinder, die aufgezogen werden müssen, die Erwerbstätigen, die die materielle Basis oder die Kindererziehung sichern und die Alten, die den Lohn für bis dahin geleistete Arbeit als Rente beziehen. Heute müssen häufig schon für vier bis fünf Generationen Verträge geschlossen werden. Die Generation der Alten differenziert sich immer stärker. Kommen einige Alternsforscher noch mit der Differenzierung in „junge“ und „alte“ Alte aus, unterscheiden andere in forscher Weise die *go gos*, die *slow gos* und die *no gos* (amerikanische Variante) oder *young old*, *old old* und *very old* (englische Variante). Für jede dieser Gruppen gelten besondere altenpolitische Konzepte und individuelle Lebenspläne.

Wann ist ein Mensch alt? Dies ist eine beliebte aber müßige Frage. Für jeden Kontext muß sie nach Zweckmäßigkeitsgründen beantwortet werden. Die Frage ist deswegen so heikel, weil (fast) jeder alt werden, aber nicht sein will. Man kann pragmatisch zwischen kalendarischem, bürokratischem, medizinisch/biologischem, sozialem, psychologischem und subjektiv empfundenem Alter unterscheiden. Das kalendarische Alter ist nicht erklärungsbedürftig: Jede Person hat ein Alter – auch wenn sie ein Jahr alt ist.

Das bürokratische Alter wird mit dem Ausscheiden aus dem Erwerbsleben festgesetzt, dem Zeitpunkt des Bezugs von Altersruhegeld. Er ist Gegenstand politischer Debatten. Bismarck hatte die „Altersgrenze“ auf 70 Jahre angesetzt, aktuell wird eine Grenze von 60 Jahren diskutiert.

Das medizinisch/biologische Alter ist ein überwiegend defizitäres Konzept: Altern wird mit Nachlassen von Funktionen und Fähigkeiten definiert – erst, wer hilflos und gebrechlich ist, ist alt. Das physiologische Alter kann aus den „normalen“ Veränderungen wie Zellverminderung und –vermehrung und ihren Steuerfunktionen berechnet werden. Die meisten älteren Menschen übernehmen das medizinisch/biologische Altersbild als Selbstkonzept: alt ist, wer Pflege oder viel Hilfe braucht – Altsein begänne dann mit 85 bis 90 Jahren.

Das soziale Alter wird an der Abfolge der Generationen und ihren familiären Rollen festgemacht und auch das führt nicht zu eindeutigen Bestimmungen. Es gibt 40jährige Großmütter und 60jährige Kinder (20% der über

60jährigen haben noch einen lebenden Elternteil). Der früh verstorbene Soziologe Rudolf Tartler, der sich in der Nachkriegssoziologie als erster mit dieser Thematik befaßte, sprach von der Funktionslosigkeit des Alters, um den Verlust sozialer Rollen zu benennnen (Tartler1961). Innerfamiliär hat heute die Großelterngeneration noch die Funktion der Pflege der Urgroßeltern. Altsein begänne danach mit ca. 70 Jahren.

Das psychologische Modell des Alter(n)s hat sich der Kompetenz verschrieben. Welche Fähigkeiten und Fertigkeiten erhalten bleiben, wachsen, gefördert werden können, ist Gegenstand der Forschung.

Schließlich gibt es noch das subjektive Alter. Untersuchungen zeigen, daß sich heute die meisten Menschen jünger fühlen als sie kalendarisch sind. Dies führt dazu, daß viele alte Menschen nicht alt sein können oder wollen, sondern einem Jugendkult huldigen. Das Phänomen wurde von Peter F.N. Hörz in der *Frankfurter Rundschau* (20.6.1998) betitelt: „Jugendlichkeitsdemonstration mit der Nußecke – Die alternde Gesellschaft wird immer jünger."

Im folgenden werden die Strukturmerkmale, die sich in älterwerdenden Gesellschaften herausbilden, aufgezeigt (Kapitel 2) und die Lebenslagen, die sich ergeben, über die aber zwischen und innerhalb der Generationen noch verhandelt wird, dargestellt (Kapitel 3).

2. *Ausgewählte Aspekte des gesellschaftlichen Strukturwandels des Alterns*

2.1 *Verjüngung des Alters durch Entberuflichung*

In immer jüngeren Jahren müssen sich Arbeitnehmer und Arbeitnehmerinnen mit dem eigenen Älterwerden auseinandersetzen, da das Berufsaustrittsalter unter die 60-Jahresgrenze gesunken ist. Für Eltern (besonders Mütter) ist die Tatsache, daß das Kind oder die Kinder nicht mehr erzogen werden müssen oder können, ebenfalls Anlaß über die Zukunft „danach" intensiver nachzudenken (MAGS 1989:29-36).

Das Berufsaustrittsalter der Männer ist kontinuierlich gesunken.Während Anfang der siebziger Jahre noch 70% zwischen 60 und 65 Jahren erwerbstätig waren, sind es Mitte der neunziger Jahre nur noch knapp ein Drittel. Auch Frauen scheiden früher aus: waren 1970 noch ca. 20% der 60-65jährigen im Berufsleben, waren es 1995 noch ca.11%. Allerdings ist heute in den darunterliegenden Jahrgängen, bedingt durch die gestiegene Anzahl der Berufsrückkehrerinnen, die Erwerbsbeteiligung gestiegen. Waren 1970 42% der 50- bis unter 55jährigen erwerbstätig, sind es 1995 62% (Funkkolleg Altern 11/7-8). Insgesamt scheint der Trend zur Verjüngung des Alters zur Zeit unumkehrbar, auch wenn die Diskussionen über Flexibilisierung und Altersteilzeit darüber hinwegtäuschen könnten.

Die Diskussionen um Flexibilisierung der Altersgrenzen und Altersteilzeit werden aus unterschiedlichen Motiven geführt. Im Vordergrund steht derzeit das Problem der Erwerbslosigkeit jüngerer Menschen. Ältere Arbeitnehmer sollen Platz machen, damit der Jugend mehr Chancen eingeräumt werden können. Es wird an die Solidarität der Älteren appelliert – was für Unternehmen den Vorteil hat, sich von den vermeintlich Leistungsschwächeren auf akzeptierte und öffentlich mitfinanzierte Weise zu trennen. Ein weiteres Motiv geht von der Besorgnis um nichtfinanzierbare Altersruhegelder aus und will durch Teilzeit die Erwerbsbeteiligung auch der Älteren erhöhen, erreicht aber, daß die bisher Vollerwerbstätigen ihre Arbeitszeit verkürzen. Ein wiederum anderes Motiv ist die Sicht auf die Betroffenen, für die der Ausstieg, der als Lebenseinschnitt gesehen wird, abgefedert werden könnte. Je nach politischem Kontext haben die aufgezeigten Diskussionsverläufe ihre Berechtigung. Fest steht aber auch, daß die bürokratischen Altersregelungen eine starke „faktische Kraft des Normativen" haben. Die individuelle Lebensplanung der meisten Menschen geht von einem Ruhestand so früh wie möglich aus.

Die steigende Erwerbsbeteiligung von Frauen macht zudem ein Aushandeln des Berufsaustrittsalters in Partnerschaften nötig und möglich. Daß Frauen mit 60 Jahren in Rente gehen konnten, ist vom Bundesverfassungsgericht als Ausgleich für lebenslange Doppelbelastung als verfassungskonform angesehen worden. Es ist nicht von der Hand zu weisen, daß auch die häusliche Versorgung des meist älteren Partners nach seinem Renteneintritt damit ermöglicht werden sollte.

2.2 *Hochaltrigkeit*

Unsere Zeit ist in den Industrieländern durch ein „doppeltes Altern" gekennzeichnet – viele werden alt, nicht wenige werden sehr alt. Dies hat zur Folge, daß in der Statistik weiter differenziert werden muß. Das Alter der „wirklich Alten", der Hochaltrigen, wird immer höher angesetzt. Es stieg von 75 auf 80 Jahren und liegt in einigen Veröffentlichungen erst bei 85 Jahren. Ein Mensch hat dann ein hohes Alter erreicht, wenn „negative Aspekte" überwiegen.

Die Anzahl der Menschen im Alter von 95 Jahren und mehr ist in Deutschland seit 1965 von 8059 auf 67779 im Jahre 1996 angestiegen, eine Steigerung von ca.900%. Die Anzahl der über 100jährigen steigt ebenfalls an. Diese sehr alten Menschen sind keinesfalls alle in einer beklagenswerten Verfassung, wenn auch nicht alle an ihrem hundersten Geburtstag ihren Reisepass verlängern, wie es von der Reiseschriftstellerin Alexandra David-Neel berichtet wird. Etwa ein Fünftel der über 100jährigen ist immer noch in einer guten physischen und psychischen Verfassung.

Die große Anzahl alter und sehr alter Menschen ist nicht ohne Einfluß auf die Einstellung zum Alter. In vielen ländlichen Tageszeitungen wird ein

80jähriger Geburtstag oder eine Goldhochzeit noch ausführlich mit Bild gewürdigt. Derartige Gedenktage nehmen einen immer größeren Teil der Lokalberichterstattung ein. Es ist für die Jüngeren nichts besonderes mehr und wird von ihnen auch nicht mehr bewundert: alt werden kann jede und zunehmend auch jeder.

2.3 Singularisierung des Alters

Ein Indikator für die sogenannte Singularisierung ist die Entwicklung der Haushaltsgrößen. Der Anteil der Mehrpersonen-Haushalte nimmt seit Jahren ständig ab.

Dabei ist der Anteil der Fünfpersonen-Haushalte sehr stark zurückgegangen: 1961 betrug er im früheren Bundesgebiet 14,3% und 1995 nur noch 4,7%. Der Anteil der Drei- und Vierpersonen-Haushalte ist ebenfalls geringer geworden. Dagegen stieg der Anteil der Einpersonen-Haushalte kontinuierlich an: von 20,6% im Jahre 1961 auf 25,1% (1970), 30,2% (1980) und 35% (1990). Diese Entwicklung gilt für die alten Bundesländer.

Einpersonen-Haushalte waren in den neuen Ländern niedriger. Für das gesamte Bundesgebiet wird 1995 ein Anteil von 34,9% erreicht. Ebenfalls zugenommen haben Zweipersonen-Haushalte.

Allein leben die jüngeren und die älteren Menschen. Am stärksten zugenommen haben im früheren Bundesgebiet die Haushalte alleinlebender Männer. Betrugen sie 1972 noch 7,6% der Haushalte, sind es 1995 schon 13,8%. Bei den Frauen liegen die Anteile bei 18,6% und 21,1%. Bei den jüngeren Menschen ist das Alleinleben häufig Ausdruck einer zumindest zeitweise gewünschten Lebensform. Mit zunehmendem Alter lebt ein wachsender Anteil vor allem der Frauen unfreiwillig allein. So lebten 1972 von den über 75jährigen Frauen 49,2%, 1995 waren es schon 67,8% allein (BMFSFJ 1998a: 74f.).

Zwar ist Alleinleben nicht gleichbedeutend mit Vereinsamung. Die Anzahl der Personen in einem Haushalt sagt nichts über die Quantität und Qualität sozialer und familiärer Netzwerke aus (man/frau kann auch im Zweipersonenhaushalt einsam sein). Aber die individuellen Anstrengungen für soziale Beziehungen sind in der Regel erheblich größer. Der Trend wird durch hohe Scheidungsraten und geringe Wiederverheiratungen weiter verstärkt.

2.4 Feminisierung des Alters

„Das Alter ist weiblich“. Bis zum Alter von 55 Jahren leben in jedem Jahrgang mehr Männer im Bundesgebiet. Erst dann schmilzt ihr „Geburtenüberschuß“ rapide ab. Der hohe Frauenanteil ist in erster Linie Ergebnis ihrer längeren Lebenserwartung, aber in der jetzigen Generation der Älteren auch noch eine Kriegsfolge. Auch wenn dies mit den Jahren kompensiert wird, bleibt das Alter weiblich. In Europa gibt es bei den über 65jährigen in jedem

Jahrgang mehr Frauen, bei den 65jährigen liegt der Frauenanteil um 18%, bei den über 90jährigen um 74% höher. Noch vor 100 Jahren war das Verhältnis fast ausgeglichen.

Das Altern ist ein Lebensabschnitt „unter Frauen“. Nicht nur, daß Frauen aufgrund ihrer Hochaltrigkeit überwiegend Hilfe- und Pflegeleistungen in Anspruch nehmen, auch die Menschen, die Hilfe- und Pflegeleistungen erbringen, sind mehrheitlich weiblich Die Angebote der Tagesstätten sind auf Besucherinnen ausgerichtet, weil sie es sind, die sie auch überproportional Anspruch nehmen. Auch die vielen ehrenamtlichen Helfer im caritativen Bereich sind weiblich. Es ist eine besondere Aufgabe zukünftiger Altenpolitik, das bürgerschaftliche Engagement der jungen alten Männer zu erhöhen, damit gesellschaftlich erwünschte Arbeit auch in Zukunft getan werden kann.

Von Feminisierung des Alters kann auch in einem übertragenen Sinne gesprochen werden. In stereotypen Altersbildern altern Frauen eher als Männer. Eine 50jährige Frau ist danach älter als ein gleichaltriger Mann, ein Mann reift, eine Frau altert. Diese Stereotypen ändern sich nur langsam, sie werden durch Werbung verstärkt und führen zu einem negativen Selbstwertgefühl älterer Frauen.

Die Feminisierung des Alterns betrifft – ebenfalls in einem übertragenen Sinn – auch die Veränderungen der Lebenslagen von Männern. Die Lebensbedingungen vieler alter Männer nähern sich denen an, die Frauen ihr ganzes Leben lang (zumindest in Mitteleuropa) überwiegend zu bewältigen hatten: Organisation des Alltags, Beziehungsarbeit, Meisterung der Wechselfälle des Lebens, Ringen um Anerkennung.

3. Lebenslagen im Alter

In äußerster Armut kann das Alter nicht erträglich sein,
selbst nicht für einen Weisen.
Cicero

Eine Erkenntnis der Gerontologie ist zum Allgemeingut geworden: Altern ist primär ein sozialer Prozeß, dessen Faktoren oder auch Zutaten während des Lebens erworben werden. Je älter die Menschen werden, desto unterschiedlicher werden sie. Das betrifft alle Lebenslagen: Gesundheit, Reichtum, gesellschaftliche Teilhabe, Wohnungssituation, Kommunikation. Mit anderen Worten, die materiellen, geistigen, psychischen, physischen und sozialen Ressourcen sind nie so ungleich verteilt wie im Alter. Lebenslange Benachteiligung kumuliert im Alter ebenso wie ein lebenslanger Platz an der Sonne. Zunächst soll festgehalten werden, daß die Ansprüche älterwerdender Menschen an selbständige Lebensführung, finanzielle Unabhängigkeit, ausreichenden Wohnraum, Gesundheit, Anerkennung, Geborgenheit und sozialer Teilhabe sich nicht grundsätzlich von denen jüngerer, die noch voll im Berufsleben stehen, unterscheiden – präziser: nicht von den Ansprüchen, die jeder und jede in jüngeren Jahren hatte. Allerdings verringern sich mit zunehmendem Alter oft die Möglichkeiten, entsprechende Bedürfnisse zu befriedigen. Dies gilt für alle, wenn auch auf höchst unterschiedlichem Niveau. Die Ressourcen werden knapper, Verwandte und Freunde weniger, die Mobilität wird langsam aber sicher eingeschränkt, die Alltagskontakte nehmen ab. „Die Kreise werden enger“ nennen die AutorInnen des Funkkollegs „Alter“ diesen Prozeß. Arm, krank und einsam waren Vorstellungen, die mit Altern verknüpft wurden, und sie sind längst nicht aus der Innenausstattung der Menschen verschwunden. Nicht um Klischees zu stärken, sondern eine differenzierte Betrachtung zu ermöglichen, werden die Lebenslagen entlang dieser Härtefälle des Alterns diskutiert.

Im folgenden sollen drei klassische Härtefälle beschrieben werden. Der Härtefall, den sehr viele Ältere für Jüngere darstellen, wenn nicht solidarische, intra- und intergenerationelle Konzepte entwickelt werden, kann hier aus Platzgründen nicht ausgeführt werden.

3.1 Härtefälle des Alterns

3.1.1 Armut

Der früher fast selbstverständliche Zusammenhang von Armut und Alter ist weitgehend beseitigt. Noch nie war eine ganze Altengeneration so reich wie heute. Jeder zweite Seniorenhaushalt lebt im eigenen Haus, westdeutsche Rentner sind Spitzensparer, ihre Sparguthaben sind doppelt so hoch wie die der Arbeitnehmer.

Seniorenwirschaftsunternehmen halten die Kaufkraft älterer Menschen für einen erst noch zu hebenden Schatz. Bekannt ist außerdem, daß auf einige Nachkommen hohe Erbschaften zukommen. Armut im Alter – besiegt wie die Pest? Im Jugendbericht der ehemaligen Bundesregierung ist davon die Rede, daß Kindheit in Deutschland eine gute Kindheit sei, aber nicht für alle. Den gleichen Schluß ließe auch die Betrachtung des Alters zu. Altern in Deutschland ist im internationalen Vergleich ein gutes Altern, aber eben längst nicht für alle. Zwar nimmt der Anteil der älteren Menschen an der Hilfe zum Lebensunterhalt kontinuierlich ab, prozentual allerdings ungleich stärker als absolut. 1980 waren 20% der Sozialhilfeempfänger über 65 Jahre alt, 1993 waren es 8%. Die Armut von Frauen ist aus der gegenwärtigen Debatte (1998) fast völlig ausgeblendet und findet sich nur in der Diskussion um die eigenständige Rente der Frauen wieder.

Der Frauenbericht der Bundesregierung (BMFSFJ,1998b) enthält folgende Feststellung: Ende 1996 lag die durchschnittliche selbst erworbene Altersrente von Frauen in den alten Bundesländern (AB) bei DM 816,–, die von Männern bei 1.796, (NB: DM 1.101 für Frauen, DM 1.783,– für Männer). Frauen haben in den alten Ländern nur zu einem Viertel, in den neuen Bundesländern jedoch zu mehr als der Hälfte 35 und mehr rentenrechtlich relevante Berufsjahre aufzuweisen. Diesen niedrigen Renten wird der kumulative Bezug der Witwenrenten entgegenhalten. Die durchschnittliche Witwenrente (AB) liegt bei DM 1.022,–, die der Witwer bei DM 356,–. Aber nur ein Drittel der Frauen bezieht gleichzeitig eine eigene Versicherungs- und eine Witwenrente. Selbst in diesen Fällen wird das Versorgungsniveau der Männer nicht erreicht. Ledige Frauen verfügen über ein ca. 13% geringeres Nettogesamteinkommen als verwitwete ältere Frauen. Durchschnittswerte nivellieren die finanzielle Lage. Sie geben nur Anhaltspunkte, aber wenig konkrete Hinweise auf Armut im Alter. Aus qualitativen Untersuchungen ist bekannt, daß gerade Frauen den Gang zum Sozialamt scheuen, obwohl sie dringend auf Hilfe zum Lebensunterhalt angewiesen wären – oft ist es die Sorge, Eigentum verkaufen zu müssen, häufig die Angst, die Kinder könnten herangezogen werden, sie würden ihren Kindern damit zur Last fallen (MAGS 1992). Die Anrechnung von Erziehungszeiten löst das Problem der Armut nicht, aber sie erhöht das Selbstwertgefühl und wird oft als Ausdruck der Anerkennung einer geleisteten Arbeit interpretiert (MAGS 1992:158).

Eine finanzielle Unterausstattung vermindert Handlungsspielräume im sozialen und kommunikativen Bereich. Gesellige Veranstaltungen sind zu teuer und oft schwer zu erreichen. Die Bewältigung des Alltags erfordert ein Management, das oft nur diejenigen gut handhaben, die sich ihr ganzes Leben einschränken mußten. Jede Verschlechterung des Gesundheitszustandes ist für arme Frauen bedrohlich (MAGS 1992: 122f.).

Aufgrund der hohen Arbeitslosigkeit, der Patchworkbiographien, die auch unter männlichen Erwerbstätigen zunehmen, zunehmend singularisierter Lebensverhältnisse ist das Problem der Altersarmut noch nicht dauerhaft gelöst.

3.1.2 Krankheit

Ebensowenig wie mit Armut ist das Alter notwendigerweise mit Krankheit verbunden. Die individuelle Lebensbiographie hat einen erheblichen Einfluß auf biologische Alterungsprozesse. Gerade unter alten Menschen ist die Bandbreite der Befindlichkeit außerordentlich groß. „Aufgrund der Vielzahl biologischer Alterungsprozeße, die im Lauf der Zeit im menschlichen Organismus stattfinden, gelingt es auch heute noch nicht immer, sicher zwischen biologischen beziehungsweise physiologischen („normalen“) und pathologischen („krankhaften“) Alterungsprozessen zu unterscheiden.“ (Funkkolleg Altern: 7/4). Außerdem gibt es nur wenige sogenannte primäre Alterskrankheiten, Krankheiten, die fast ausschließlich im höheren Lebensalter auftreten. Als Beispiele seien erwähnt: Prostatavergrößerung bei älteren Männern, die senile Demenz, die senile Linsentrübung des Auges. Die meisten Krankheiten werden in jüngeren Jahren erworben.

Unbestritten ist, daß Multimorbidität (Mehrfacherkrankung) im höheren Lebensalter zunimmt. Die Berliner Altersstudie (Mayer/Baltes 1996) zeigt, daß mindestens eine körperliche Erkrankung bei 98% der über 70jährigen diagnostiziert wird. Ohne Berücksichtigung des Schweregrades haben 88% dieser Altersgruppe fünf und mehr Krankheiten. Aber nur 6% dieser Altersgruppe leiden subjektiv unter dem gleichzeitigen Auftreten von mehr als vier Krankheiten. Vollständig geklärt ist der Zusammenhang zwischen subjektiver Wahrnehmung und objektivem Gesundheitszustand nicht. Wahrscheinlich sind es innerpsychische Prozesse, „die den alternden Menschen zumindest teilweise davor schützen, von der objektiv schlechter werdenden Gesundheit mit zunehmenden körperlichen Beschwerden und Behinderungen subjektiv überwältigt zu werden“ (Funkkolleg : 7/13).

Die großen Schreckgespenster des Alterns sind heute Pflegebedürftigkeit und dementielle Erkrankung. Die Zahl der dementiell Erkrankten nimmt ständig zu, jeder und jede kennt einen verwirrten Menschen in der Nachbarschaft, Familie oder im Freundeskreis. Die Vorstellung, das Gedächtnis zu verlieren, ist eng verknüpft mit der Vorstellung, die eigene Identität würde ausgelöscht, und damit existenziell bedrohlich – wie der Tod.

Steigende Lebenserwartung ist nun nicht immer mit steigender gesunder Lebenserwartung verknüpft. Die Wahrscheinlichkeit, gepflegt werden zu müssen, nimmt im hohen Alter zu: von 1,7% der 65-69jährigen auf 26,5% der über 85jährigen. Diese Angaben sind einer Infrateststudie entnommen, die Angaben über die Pflebedürftigen in Privathaushalten macht (Schneekloth 1996). In dreiviertel aller Fälle wird Pflege (noch) in Privathaushalten geleistet – überwiegend von Partnerin, Tochter oder Schwiegertochter.

Die zukünftige Entwicklung wird davon bestimmt werden, welche Möglichkeiten genutzt werden, durch Prävention und Rehabilitation die Pflegebedürftigkeit zu reduzieren, und welche verbindlichen Formen sozialer Netzwerke Älterer sich entwickeln, die das familiäre System ergänzen und zunehmend ersetzen müssen, da aufgrund der demographischen Entwicklung die Netzwerke mit jüngeren abnehmen werden.

3.1.3 Einsamkeit

In der Triade der Härtefälle des Alterns kann Einsamkeit als zunehmende Bedrohung angesehen werden. Als Indikatoren gelten

- die zunehmende Hochaltrigkeit
- die Entwicklung zum Einpersonenhaushalt
- die zunehmende Kinderlosigkeit

Frauen des Jahrgangs 1945 blieben zu 13% kinderlos, der 1950 bzw. 1960 Geborenen 15% bzw. 25%, und Schätzungen für den Geburtsjahrgang 1965 belaufen sich auf 33% (BMFSFJ 1998a).

Die Möglichkeiten, in räumlicher Nähe zu Kindern und Enkeln zu leben, – der häufigste Wunsch der heute Alten – werden mangels Nachkommen drastisch reduziert. Familiäre Netzwerke, auf die die heute Alten zurückgreifen können, müssen durch andere Formen sozialer Beziehungen ergänzt werden.

Seit den 70er Jahren haben sich gruppen- und altersspezifische Lebenswelten entwickelt, die es so vorher nicht gegeben hat. „Zwar hatte es schon immer je eine eigene Jugend- und Erwachsenenkultur gegeben, seit kurzem lösen sich viele der bisdahin noch existierenden Verbindungslinien und Gemeinsamkeiten auf". Davon wird auch die ländliche Bevölkerung erfaßt (Borscheid in Biegel 1993:45). Borscheid stellt weiter fest, daß viele „Haltetaue" zwischen den Lebenswelten von Jung und Alt deutlich schwächer werden und die Kontaktsuche auf Gleichaltrige gerichtet ist (ebda). Die Kontakte zwischen den Generationen reißen nicht ab, aber sie sind in vieler Hinsicht freier gewählt.

Es ist unverkennbar, daß in der verbandlichen Wohlfahrtspflege der Kontakt zwischen den Generationen und innerhalb der Generationen wieder organisiert werden soll. Projekte wie „Alte helfen Jungen", „Oma-Service", die Einrichtung von Seniorenagenturen, Seniorenbüros dienen dieser Kontaktpflege. Sie sollen Selbsthilfepotentiale der Älteren mobilisieren, aber auch als Prophylaxe drohender Vereinsamung dienen.

4. *Rahmenbedingungen des modernen Alterns*

> Altern ist nichts für Feiglinge.
> Mae West

4.1 Wohnen im Alter

Der Wohnsituation im Alter wird von Seiten der Politik, der Wirtschaft und der Forschung große Aufmerksamkeit gewidmet. Der zweite Altenbericht der Bundesregierung konzentriert sich auf das Wohnen im Alter. Der ältere, nicht mehr erwerbstätige Mensch verbringt im Durchschnitt nicht mehr als drei Stunden täglich außer Haus. Der Radius und die Dauer sind abhängig von der körperlichen Konstitution, dem Einkommen, der Schulbildung und der Verfügbarkeit eines Autos.

Alle Untersuchungen bestätigen, daß ältere Menschen so lange wie möglich selbstbestimmt in den eigenen vier Wänden wohnen wollen. Der Wechsel in ein Pflegeheim ist nur ultima ratio und erfolgt aufgrund ihres angegriffenen Gesundheitzustands, eines unzureichenden sozialen und familiären Netzwerks und einer der Pflegebedürftigkeit nicht angemessenen Wohnungssituation. Dennoch kann nicht mehr angenommen werden, daß die eigene Wohnung dieselbe ist, die man vor vielen Jahren, als die Familie noch größer war, bezogen hat. Umzüge erfolgen häufiger, und die Umzugsbereitschaft ist höher als bisher angenommen, wie aus einer Untersuchung der Schader-Stiftung hervorgeht (Heinze 1997) Zwar werden von einem Fünftel der Befragten Bedingungen gestellt, von der die Umzugsbereitschft abhängt. Dazu zählen das Angebot einer altersgerechten Wohnung, aber auch Umzugshilfen, Umzugsmanagement und Beratung. Eine bevorzugte Wohnform ist das Service-Wohnen oder Wohnen plus: das Plus sind Dienstleistungen und Ausstattungsstandards (Heinemann-Knoch/Korte 1997:49).

In Zukunft wird es vielfältige Angebote geben müssen, um den sich ausdifferenzierenden Lebenslagen und Lebensstilen gerecht zu werden. Ein Konzept, das sich auf die Leitlinie stützt „einen alten Baum verpflanzt man nicht" greift heute zu kurz, da es die neue Beweglichkeit verkennt und personale und Umweltressourcen nicht optimiert.

4.2 Partizipationschancen

Alte Menschen – das ist bekannt – wollen nicht ausgegrenzt werden. Altersbegrenzungen enthalten aber immer tendentiell ein diskriminierendes Element und werden von Betroffenen auch so eingeschätzt. Der Rat der weisen Alten wird nicht mehr eingeholt, der schnelle Wandel des Wissens fördert die Segregation der Generationen: Waren früher die Alten Träger des kulturellen Wissens – heute im Informationszeitalter kehrt sich das Verhältnis um: die Jungen wissen viel und die Alten wissen wenig. Daß das Erfahrungswissen als Alterskapital dennoch für die Entwicklung einer solidarischen Gesellschaft unverzichtbar ist, muß in den Kommunikationsprozeß zwischen den Generationen eingespeist werden. Gerade die neuen Technologien ermöglichen alten Menschen aber auch neue Kommunikationschancen und damit neue Wege sozialer Teilhabe. Die Entwicklung von Modellprojekten ist in vollem Gange: Senioren ins Netz!

Die oben genannten Möglichkeiten der Kommunikation sind aber meistens nicht gemeint, wenn es um Partizipation geht. In vier Aspekten ist die alte Generation unterrepräsentiert:

- politische Beteiligung in Parlamenten und Ämtern
  Interessenvertretung
- Organisationsgrad
- freiwillige Netzwerke, bürgerschaftliches Engagement.

Die politische Partizipation ist durch das aktive Wahlrecht ohne Altersgrenze nach oben garantiert. Davon wird auch in hohem Maße Gebrauch gemacht. Die politische Repräsentation in Parlamenten und Räten ist dagegen sehr gering, obwohl es Altersgrenzen formal nicht gibt. In vielen „Politik als Beruf"-Feldern gelten Pensionsgrenzen und schließen daher die Beteiligung Älterer strukturell aus (z.B.Hauptamtliche Bürgermeister). Die Mitwirkung an der Willensbildung ist durch Mitgliedschaft in Parteien möglich, die eigene Arbeitsgemeinschaften der Seniorinnen und Senioren eingerichtet haben.

Obwohl die älteren Menschen die Wahlen entscheiden, kann nur von einer latenten Macht in Deutschland gesprochen werden, da es keine straff organisierte Interessenvertretung gibt. In den USA z.B. zählt die größte Senioreninteressenvertretung 34 Millionen Mitglieder. Die ständig wachsende Zahl kommunaler Seniorenbeiräte läßt aber auf eine Aktivitätsbereitschaft von „Altersfunktionären" schließen (Kohli 1994).

4.3 Mobilität

„Immer in Bewegung bleiben" ist eine vernünftige Maxime älterwerdender Menschen. Dazu gehört die physische Mobilität – gegebenfalls auch mit Hilfsmitteln, die Mobilität des Ortswechsels durch Umzug, die geistige Beweglichkeit und eine neue soziale Beweglichkeit. Für den Erhalt und der Stützung der physischen Bewegungsfähigkeit im Alter sind Prävention und Rehabilitation unverzichtbar und auch gesetzlich im SGB V und SGB XI gefordert. Dennoch haben sie nicht den gebührenden Vorrang, den neue Forschungsergebnisse einfordern. So berichtet das British Medical Journal, daß sich das Risiko für gefährliche Stürze von Frauen über 80 Jahren zu über 40% und zu minimalen Kosten verringern läßt – durch gezielte Balanceübungen, Stärkung der Muskulatur und Spaziergänge. Die Untersuchungen des European Institute of Women's Health (Dublin) haben gezeigt, daß bei älteren Frauen die vier häufigsten Krankheiten mit Todesfolge Herzerkrankungen, Krebserkrankungen, Osteoropose und Depressionen sind. Drei dieser Erkrankungen könnten durch gezielte Bewegungsmaßnahmen gemildert werden (Heinemann-Knoch/Korte 1997:48). Auf die neue soziale Beweglichkeit – die Bildung von Netzwerken Älterer wurde schon eingegangen.

4.4 Selbstverantwortung

Generell kann gelten: Das Individuum wird auf sich und seine selbst gewählte Gemeinschaft gestellt werden. Der Staat zieht sich aus der Versorgung (die er bisher allerdings auch nicht jedem und jeder hat zukommen lassen) heraus und wird seine Funktion im Moderieren von Aushandlungsprozessen sehen. „Hilfe zur Selbsthilfe", „Stärkung der Eigenverantwortlichkeit", „Förderung der Kompetenz" heißen die Konzepte, die für alle Härtefälle und Rahmenbedingungen gelten. Ob die Fragen der Alterssicherungssysteme angesprochen werden oder die der Netzwerke bei Hilfe und Pflegebedürftigkeit oder der sozialen Teilhabe: die Alten der Zukunft müssen als junge Menschen Vorstellungen entwickeln, wie sie ihr Alter gestalten wollen. Ihr wichtigster Beitrag ist das Eingebundensein und –bleiben in tragfähige Beziehungen. Der Altenbericht der ehemaligen Bundesregierung spricht von notwendigem Erlernen von „Daseinskompetenzen", wozu solidarisches Handeln, Toleranz, Umgang mit Schmerzen und Trauer, aber auch rationelles Haushalten zählen – Kompetenzen, die jüngere Menschen nicht gerade auf steile Karrieren vorbereiten (BMFSFJ1998a:32).

Mit wenig Phantasie ließe sich das Konzept der Selbstverantwortung auf Selbstheilung, Selbstpflege, Selbsterlösung ausdehnen. Der Phantasie sind kaum Grenzen gesetzt, dem realen Leben sehr wohl. Aber: Die Biologie ist mit der Jugend, die Kultur mit dem Alter. Das wird dazu führen, daß „Altersstrukturwandel als Element gesellschaftlicher Modernisierung" begriffen, erforscht und politisch gestaltet wird.

Literatur

Baltes, Paul.B/Mittelstraß, Jürgen (Hrsg.) 1992: Zukunft des Alterns und gesellschaftliche Entwicklung. Berlin: de Gruyter.

BMFSFJ, Bundesministerium für Familie, Senioren, Frauen und Jugend 1998a: Zweiter Altenbericht. Wohnen im Alter, Bonn.

BMFSFJ, Bundesministerium für Familie, Senioren, Frauen und Jugend 1998b: Frauen in der Bundesrepublik Deutschland, Bonn.

Bobbio, Norberto 1997 : Vom Alter – De senectute, Berlin: Wagenbach.

Borscheid, Peter 1993. Alterskonjunkturen, oder: Von der Verehrung oder Verachtung der Alten in der Geschichte. In: Gerd Biegel (Hg): Geschichte des Alters in ihren Zeugnissen von der Antike bis zur Gegenwart, Braunschweig: Braunschweigisches Landesmuseum.

Deutscher Bundestag 1998: Zweiter Zwischenbericht der Enquete-Kommission „Demographischer Wandel – Herausforderungen unserer älter werdenden Gesellschaft an den einzelnen und die Politik", Drucksache 13/11460.

Funkkolleg Altern 1996: Deutsches Institut für Fernstudienforschung an der Universität Tübingen,Tübingen: TC DRUCK.

Imhof, Arthur E. 1996: Von der unsicheren zur sicheren Lebenszeit: das Konzept vom Lebensplan. In: Forschungsinstitut der Friedrich-Ebert-Stiftung (Hrsg.): Gesellschaft des langen Lebens: Sozialgeschichte und Gesellschaftspolitik. Gesprächskreis Arbeit und Soziales Nr.68, Bonn, S.13-27.

Heinemann-Knoch, Marianne/Korte Elke 1997: In Bewegung bleiben. Selbständigkeit und Mobilität alter Menschen erhalten. In: Forum Sozialstation Nr.89 S. 48-51.

Heinze, Rolf G./Eichener, Volker/Naegele, Gerhard/Bucksteeg, Mathias/Schauerte, Hartmut 1997: Neue Wohnung auch im Alter. Schader-Stiftung. Schriftenreihe Gesellschaftswissenschaften Praxis, Darmstadt.

Kohli, Martin 1994 : Von Solidarität zu Konflikt ? Der Generationenvertrag und die Interessenorganisation der Älteren. In: Günter Verheugen (Hrsg.): 60plus, die wachsende Macht der Älteren, Köln: Bund Verlag, S. 61-74.

MAGS Ministerium für Arbeit, Gesundheit und Soziales des Landes NRW 1989: Ältere Menschen in Nordrhein-Westfalen. Wissenschaftliches Gutachten zur Lage der älteren Menschen und zur Altenpolitik.

MAGS Ministerium für Arbeit, Gesundheit und Soziales 1992: Landessozialbericht Armut im Alter.

Mayer, K. U./Baltes P. B.(Hrsg.)1996: Die Berliner Altersstudie, Berlin: Akademie-Verlag.

Mohl, Hans 1993: Die Altersexplosion. Droht uns ein Krieg der Generationen?, Stuttgart: Kreuz.

Schneekloth, Ulrich/Potthoff, Peter 1996: Hilfe- und Pflegebedürftigkeit in privaten Haushalten. Endbericht zur Repräsentativerhebung im Forschungsprojekt „Möglichkeiten und Grenzen der selbständigen Lebensführung im Alter". BMFSFJ (Hrsg.) Band 111.2., Stuttgart: Kohlhammer.

Tartler, Rudolf 1961: Das Alter in der modernen Gesellschaft, Stuttgart.

Erwerbsbeteiligung und Arbeitszeitwünsche 1993 und 1997

West- und Ostdeutschland im Vergleich

Elke Holst, Jürgen Schupp

In der arbeitsmarktpolitischen Debatte der Bundesrepublik Deutschland wird spätestens seit den 80er Jahren diskutiert, mittels Arbeitszeitpolitik Arbeitslosigkeit zu reduzieren oder zumindest den Bestand der Beschäftigung zu sichern und damit ein weiteres Anwachsen der Arbeitslosigkeit zu verhindern (Seifert 1998). Hier sind grundsätzlich zwei Wege zur Erreichung von Arbeitszeitverkürzungen von Bedeutung, nämlich individuelle und kollektivvertragliche Arbeitszeitreduzierungen (mit und ohne Lohnausgleich). Die Erfolge dieser unterschiedlichen Politikpfade sind in ihrem Umfang nicht unumstritten, insgesamt werden ihnen in wissenschaftlichen Untersuchungen jedoch durchaus positive Beschäftigungseffekte zugeschrieben (Stille/Zwiener 1997). Einig ist man sich, daß Arbeitszeitverkürzungen nur mit Unterstützung der Beschäftigten und der Betriebe durchgeführt werden können.

Inwieweit Arbeitszeitverkürzungen von den Erwerbstätigen gewünscht werden und inwieweit hieraus Konsequenzen für die Geschlechterrollen in der bundesrepublikanischen Gesellschaft erwachsen, soll in diesem Beitrag untersucht werden[1]. Die empirischen Ergebnisse basieren auf Daten des Sozio-ökonomischen Panels (SOEP)[2] der Jahre 1993 und 1997.

1. Entwicklung der Erwerbsbeteiligung

Die eigentliche (r)evolutionäre Entwicklung am westdeutschen Arbeitsmarkt insbesondere seit Mitte der 80er Jahre ist die zunehmende Erwerbsbeteiligung von Frauen. Vor allem verheiratete Frauen nahmen eine Erwerbsarbeit auf. Diese Entwicklung stellt einen typischen säkularen Trend sozialstrukturellen Wandels dar und ist Bestandteil des Modernisierungspfades in (West-) Deutschland (Zapf 1998:481). Das „männliche Versorgermodell" in Form der Hausfrauenehe tritt zunehmend in den Hintergrund, während sich das

„Vereinbarkeitsmodell der Versorgerehe“ (Pfau-Effinger 1998) an Bedeutung gewinnt. In diesem Modell sind Frauen nicht von der Erwerbsarbeit ausgeschlossen, die Hauptverantwortung für die Kindererziehung verbleibt aber nach wie vor bei ihnen. Beruf und Familie werden durch Teilzeitarbeit vereinbart[3]. Der Mann bleibt in diesem Modell nach wie vor Haupternährer der Familie, die Frau von ihm finanziell abhängig[4].

In der DDR war das Versorgermodell kein gesellschaftliches Leitbild. Hier lag die Erwerbsbeteiligung von Frauen fast auf dem Niveau der Männer. Frauen waren finanziell weitgehend unabhängig vom Ehemann. Auch nach der Wende setzte sich das Versorgermodell bislang nicht durch. Obwohl vom Abbau der Beschäftigung zunächst vor allem Frauen betroffen waren (Engelbrech/Reinberg 1997), zogen sie sich kaum dauerhaft vom Arbeitsmarkt zurück (Holst/Schupp 1996). Die meisten Frauen wollen erwerbstätig sein und suchen bei Nichtbeschäftigung Alternativen zur Verbesserung ihrer Chancen auf dem Arbeitsmarkt[5].

Eine weitere wichtige Entwicklung spielen Rückzüge von älteren Männern am Arbeitsmarkt, denen die Inanspruchnahme von Regelungen zum vorzeitigen Ausstieg aus dem Erwerbsleben eine wirtschaftlich unabhängige Existenz auch ohne Erwerbsarbeit sichert.

2. *Beschäftigungsverhältnisse 1993 und 1997*

Ein Vergleich der Beschäftigungsverhältnisse von 1993 und 1997 in Ost- und Westdeutschland zeigt, daß Frauen nach wie vor Tätigkeiten mit geringerem Arbeitsumfang ausüben als Männer (Tabelle 1). Allerdings steigt – auf niedrigem Niveau – der Anteil der Männer in Teilzeitarbeit insbesondere in Westdeutschland. Inwieweit diese Zunahme „freiwillig“ ist und auf Wünschen der männlichen Beschäftigten beruht, soll später untersucht werden.

Tab. 1: Entwicklung der Beschäftigungsverhältnisse in West- und Ostdeutschland

	Männer			Frauen			
	1993	1997	Veränderung 97 zu 93	1993	1997	Veränderung 97 zu 93	Veränderung 1997 zu 1993 Männer und Frauen
Berufliche Stellung				Westdeutschland			
	in %		in 1000	in %		in 1000	
Sozialversicherungspflichtig	72	74	-189	67	62	-709	-898
– Vollzeitbeschäftigt	71	70	-617	46	40	-885	-1502
– Teilzeitbeschäftigt	1	4	428	21	22	176	604
Beamte	10	9	-243	5	5	27	-216
Selbständige	12	11	-241	10	10	-73	-314
– Mithelfende Familienangehörige	1	1	-9	3	3	-127	-136
Geringfügig Beschäftigte	6	6	-42	14	17	487	446
darunter: mit subjektiver Zuordnung „Erwerbstätig"	2	2	-100	10	10	81	-19
Mutterschafts-/Erziehungsurlaub	0	0	-18	5	6	237	220
Erwerbstätige insgesamt in 1000[1]	17559	16826	-733	14078	14048	-30	-763
				Ostdeutschland			
	in %		in 1000	in %		in 1000	
Sozialversicherungspflichtig	85	80	-131	86	73	-217	-348
– Vollzeitbeschäftigt	84	79	-154	72	56	-358	--512
– Teilzeitbeschäftigt	1	2	23	14	17	141	164
Beamte	2	4	52	1	2	56	109
Selbständige	9	10	48	5	8	98	147
– Mithelfende Familienangehörige	0	2	44	1	1	7	51
Geringsfügig Beschäftigte	4	6	79	4	11	241	320
darunter: mit subjektiver Zuordnung „Erwerbstätig"	1	1	-3	1	2	27	24
Mutterschafts-/Erziehungsurlaub	0	0	4	4	6	78	82
Erwerbstätige insgesamt in 1000[1]	3605	3657	52	3133	3390	256	309

1 Errechnet als Gesamtzahl der Erwerbstätigen nach Mikrozensus ohne geringfügige Beschäftigte plus SOEP-Anteil an geringfügig Beschäftigten.

Quelle: Das Sozio-ökonomische Panel (SOEP), 1993, 1997

Nach wie vor geht der überwiegende Teil der Erwerbstätigen in Westdeutschland einer sozialversicherungspflichtigen Vollbeschäftigung nach, wobei deren Bedeutung im Vergleich zu 1993 deutlich abgenommen hat. Absolut gingen von 1993 bis 1997 über 1,5 Millionen solcher Beschäftigungsverhältnisse, davon über 0,6 Millionen bei den Männern und knapp 0,9 Millionen bei den Frauen verloren. Diese Veränderung ging mit einem Anstieg der Teilzeitarbeit einher, wobei die Männer insbesondere Zuwächse bei der sozialversicherungspflichtigen Teilzeitarbeit (rund 430.000), Frauen hingegen bei der sozialversicherungsfreien geringfügigen Beschäftigung (knapp 500.000) verzeichneten. Im Jahr 1997 waren 17% der erwerbstätigen Frauen geringfügig beschäftigt; bei den Männern waren es 6%.

In Ostdeutschland ist der Rückgang versicherungspflichtiger Vollzeitarbeitsplätze noch stärker ausgeprägt als in Westdeutschland, auch der Anstieg des Anteils der sozialversicherungspflichtigen Teilzeitarbeit und sozialversicherungsfreien geringfügigen Beschäftigung fiel höher aus. Diese Entwicklung ist bei den Frauen wesentlich stärker als bei den Männern. So waren Frauen in Ostdeutschland beispielsweise 1993 noch zu 72% in sozialversicherungspflichtgen Vollzeitbeschäftigungen (Männer 84%), 1997 nur noch zu 56% (Männer 72%). Insgesamt liegt das Niveau sozialversicherungspflichtiger Beschäftigung in Ostdeutschland allerdings (noch) auf höherem Niveau als in Westdeutschland.

3. Vereinbarte Arbeitszeit 1993 und 1997

Im SOEP werden abhängig Beschäftigte in mehrfacher Hinsicht nach ihrem Erwerbsumfang befragt. Sie können sich als Voll- oder Teilzeitkräfte selbst einordnen und werden zudem gebeten, auch ihre vereinbarte Arbeitszeit anzugeben. Insgesamt gingen 1997 in Westdeutschland im Durchschnitt erwerbstätige Frauen 1997 29,2 Stunden pro Woche (Ost 36 Stunden) einer Beschäftigung nach, Männer 37,8 Stunden (Ost 40,2 Stunden) (Tabelle 2). Frauen in Ostdeutschland waren wesentlich länger erwerbstätig als Frauen in Westdeutschland. Die durchschnittliche wöchentliche Arbeitszeit aller Frauen sank im Vergleich zu 1993 – in Ostdeutschland stärker als in Westdeutschland – die von Männern blieb in etwa gleich.

Vor allem Teilzeitkräfte verzeichneten eine Reduktion des durchschnittlichen Erwerbsumfangs (hier nur ausgewiesen für Beschäftigte mit festgelegter Arbeitszeit), was wesentlich auf einen Anstieg der geringfügigen Beschäftigung zurückzuführen ist (Schupp et al. 1998). Dies wird besonders deutlich bei den (allerdings nur mit geringen Fallzahlen vertretenen) Männern. Vollzeitbeschäftigte wiesen für den untersuchten Zeitraum kaum Rückgänge auf. Vollzeitbeschäftigte Männer in Westdeutschland weiteten ihre Arbeitszeit nach den Ergebnissen des SOEP sogar leicht aus.

Tab. 2: Durchschnittliche vereinbarte Arbeitszeit abhängig Beschäftigter in West- und Ostdeutschland 1993 und 1997 – Stunden pro Woche

	Frauen			Männer		
	1993	1997	Differenz	1993	1997	Differenz
			Westdeutschland			
Fallzahlen	2019	1978		2808	2633	
Beschäftigte hochgerechnet in 1000 Stunden pro Woche	10077	10015		13667	13439	
Insgesamt	31,0	29,2	-0,8	37,9	37,8	-0,1
Vollzeit[1]	37,9	37,8	-0,1	38,3	39,3	+1,0
Teilzeit[1]	19,6	18,8	-0,8	23,7	16,5	-7,2
nachrichtlich:			in %			
Anteil Erwerbstätiger ohne festgelegte Arbeitszeit	12,1	9,9	-2,2	17,5	20,2	+2,7
Ostdeutschland						
Fallzahlen	895	830		1030	902	
Beschäftigte hochgerechnet in 1000 Stunden pro Woche	2396	2449		2644	2816	
Insgesamt	37,3	36,0	-1,3	40,2	40,2	0
Vollzeit[1]	39,4	39,3	-0,1	40,4	40,5	+0,1
Teilzeit[1]	27,6	26,6	-1,0	(29,7)	26,7	(-3,0)
nachrichtlich:			in %			
Anteil Erwerbstätiger ohne festgelegte Arbeitszeit	6,0	9,0	+3,0	14,6	15,8	+1,2

1 Voll- und Teilzeitbeschäftigung jeweils nach Selbstzuordnung der Befragten. Werte in Klammer; Fallzahlen unter 10.

Quelle: SOEP 1993, 1997, eigene Berechnungen

4. *Gewünschte Arbeitszeit 1993 und 1997*

Das durch die hohe Erwerbsbeteiligung und Vollzeitbeschäftigung von Frauen in der DDR geschaffene Selbstverständnis hat durch die veränderten Rahmenbedingungen nach der Wende bislang offensichtlich keine radikale Veränderung erfahren. Zwar zeigen sich auch in Ostdeutschland geschlechtsspezifische Unterschiede bei den Arbeitszeitwünschen – Frauen wünschen einen unter dem der Männer liegenden Erwerbsumfang – diese fallen jedoch erheblich geringer aus als in Westdeutschland (Tabelle 3). Sowohl vollzeitbeschäftigte, aber insbesondere teilzeitbeschäftigte Frauen präferieren in Ostdeutschland deutlich höhere wöchentliche Arbeitszeiten als in Westdeutschland.

Tab. 3: Durchschnittliche gewünschte Arbeitszeit[1] abhängig Beschäftigter in West- und Ostdeutschland 1993 und 1997 – Stunden pro Woche

	Frauen			Männer		
	1993	1997	Diff.	1993	1997	Diff.
			Westdeutschland			
Insgesamt	28,7	28,7	0	38,0	38,7	+0,7
Vollzeit	34,2	34,8	0,6	38,4	39,3	1,1
Teilzeit	20,2	21,3	1,1	26,9	30,2	3,3
			Ostdeutschland			
Insgesamt	34,9	35,4	0,5	39,3	39,6	0,3
Vollzeit	35,8	37,1	1,3	39,5	39,7	0,2
Teilzeit	30,6	30,8	0,2	(28,7)	(32,9)	(-4,2)

1 Frage zur Wunscharbeitszeit: „Wenn Sie den Umfang Ihrer Arbeitszeit selbst wählen könnten und dabei berücksichtigen, daß sich ihr Verdienst entsprechend der Arbeitszeit ändern würde: Wieviele Stunden in der Woche würden Sie dann am liebsten arbeiten?“

2 Einschließlich Personen ohne Angaben zur Wunscharbeitszeit.
Werte in Klammern unter 10.

Quelle: SOEP 1993, 1997, eigene Berechnungen.

Im innerdeutschen Vergleich haben sich die Arbeitszeitwünsche der Frauen von 1993 auf 1997 auseinander entwickelt. Auch sieben Jahre nach der Wende differieren die Lebensentwürfe der abhängig beschäftigten Frauen noch deutlich (vgl. auch Beckmann 1997). Mit 30,6 Stunden lag der Arbeitszeitwunsch teilzeitbeschäftigter Frauen in Ostdeutschland 1997 um über zehn Stunden über dem Vergleichswert von Frauen in Westdeutschland. Die Arbeitszeitwünsche vollzeitbeschäftigter Frauen nahmen in Ostdeutschland noch zu; hier wurde im Durchschnitt eine wöchentliche Arbeitszeit von gut 37 Wochenstunden angestrebt, 1993 lag dieser Wert noch mehr als eine Stunde niedriger.

Befragt nach ihrer Wunscharbeitszeit (unter Berücksichtigung der finanziellen Konsequenzen einer Veränderung der Arbeitszeit) würden abhängig beschäftigte Männer in Westdeutschland gerne 38,7 Stunden pro Woche erwerbstätig sein; dies sind 0,7 Stunden mehr als noch 1993. In Teilzeit beschäftigte Männer wünschten mit reichlich 30 Wochenstunden einen deutlich höheren Arbeitszeitumfang als noch 1993 (plus vier Stunden). Auch die Wunscharbeitszeit abhängig beschäftigter Männer in Ostdeutschland hat leicht zugenommen. Sie lag 1997 allerdings nur noch eine knappe Stunde über jener in Westdeutschland.

5. Saldierte Erwerbswünsche: Rechnerisches Umverteilungspotential unter den Erwerbstätigen vorhanden?

Die Saldierung des durchschnittlich gewünschten Arbeitszeitvolumens und der vereinbarten Arbeitszeit aller Beschäftigten kann einen Hinweis darauf geben, in welchem Umfang eine höhere „Zufriedenheit" mit der ausgeübten Arbeitszeit erreicht werden kann und ob ein rechnerisches „Umverteilungspotential"[6] in der bundesrepublikanischen Volkswirtschaft besteht, das zur Beschäftigung weiterer Personen genutzt werden könnte und so auch die gesellschaftliche Wohlfahrt erhöhen würde.

Insgesamt besteht in Westdeutschland ein solches „Umverteilungspotential" nur bei den vollzeitbeschäftigten Frauen, die ihre Arbeitszeit saldiert um drei Wochenstunden pro Beschäftigter verkürzen möchten (1993: 3,7 Stunden) (Tabelle 4). Teilzeit beschäftigte Frauen wollen ihre Arbeitszeit im Saldo weitaus stärker ausdehen als noch 1993 (1997 2,5 Stunden; 1993 0,6 Stunden). Die kleine Gruppe teilzeitbeschäftigter Männer signalisiert einen noch größeren Bedarf an Aufstockung ihrer Arbeitszeit. Im Saldo verblieb ein Wunsch nach fast 14 Stunden Mehrarbeit pro Beschäftigtem, was ein Indikator dafür sein dürfte, daß bei Männern nach wie vor Teilzeitarbeit höchstens als Übergangstätigkeit, keineswegs als Normalität erachtet wird. Insbesondere aufgrund der umfangreichen Erwerbswünsche teilzeitbeschäftigter Männer ergibt sich ein Angebotsüberhang von knapp einer Stunde pro Beschäftigtem bei den Männer in Westdeutschland insgesamt.

Tab. 4: Differenz zwischen gewünschter und vereinbarter Arbeitszeit abhängig Beschäftigter in West- und Ostdeutschland 1993 und 1997 – Stunden pro Woche

	Frauen		Männer	
	1993	1997	1993	1997
		Westdeutschland		
Insgesamt	-2,3	-0,5	0,1	0,9
Vollzeit	-3,7	-3,0	0,1	0
Teilzeit	0,6	2,5	3,2	13,7
		Ostdeutschland		
Insgesamt	-2,4	-0,6	-0,9	-0,6
Vollzeit	-3,6	-2,2	-0,9	-0,8
Teilzeit	3,0	4,2	(-1,0)	(6,2)

Werte in Klammern Fallzahlen unter 10.

Quelle: SOEP 1993, 1997, eigene Berechnungen.

In Ostdeutschland besteht nach wie vor ein rechnerisches Umverteilungspotential, es liegt für beide Geschlechter bei einer guten halben Stunde pro Arbeitnehmer/Arbeitnehmerin. Bei den Männer sank das Potential im Vergleich zu 1993 nur leicht, bei den Frauen hingegen erheblich (fast zwei Stunden).

Dies liegt sowohl daran, daß vollzeitbeschäftigte Frauen im Saldo ihre Arbeitszeit weniger verkürzen möchten, wie auch daran, daß Teilzeitbeschäftigte ihre Arbeitszeit stärker ausweiten wollen. Viele sind in dieser letztgenannten Beschäftigungsform nur unfreiwillig tätig, weil kein Vollzeitjob zur Verfügung steht (Beckmann/Kempf 1996, Holst/Schupp 1998).

6. *Welche Vollzeitbeschäftigten wollen ihre Arbeitszeit verkürzen, welche verlängern? – Ausgewählte Merkmale für Westdeutschland*

Für eine Reduzierung ihrer Arbeitszeit kommen vor allem Vollzeitbeschäftigte in Frage, da sie noch am ehesten bereit sind, auf einen Teil ihrer Arbeitszeit zu verzichten und über eine vergleichsweise hohe Stundenzahl verfügen. Für Westdeutschland soll nun anhand einiger Indikatoren untersucht werden, welche Gruppen ihre Arbeitszeit verkürzen möchten und welche Gruppen eine Ausweitung wünschen (Tabelle 5)[7].

Nach den Ergebnissen des SOEP sind jüngere Männer mit ihrer Arbeitszeit eher „zufrieden". Viele Ältere würden dagegen gern ihre Arbeitszeit verkürzen. Offensichtlich trifft das gesetzliche Angebot zur Förderung eines gleitenden Übergangs in den Ruhestand (Altersteilzeitgesetz)[8] auch auf einen bestehenden Bedarf. Bei den Jüngeren überwog der Wunsch nach Ausweitung des Beschäftigungsumfangs.

Von gesellschaftspolitischer Bedeutung ist, daß mittlerweile 44% der vollbeschäftigten Männer mit einem Kind unter drei Jahren im Haushalt ihre Arbeitszeit ausweiten wollen. Im Jahr 1993 wollte dagegen praktisch kein vollbeschäftigter Mann mit einem Kleinkind im Haushalt seine Erwerbsarbeit ausdehnen, aber nahezu zwei Drittel strebten eine Verkürzung an (1997 nur noch ein knappes Fünftel). Es scheint, daß unter günstigeren Bedingungen viele Männer durchaus bereit wären, sich in der Familie auch auf Kosten eines geringeren Einkommens zu engagieren. Daß die Wünsche jetzt wieder eher traditionellen Mustern folgen, ist sicherlich auch auf die Möglichkeit der Inanspruchnahme eines Erziehungsurlaubs bis zur Vollendung des dritten Lebensjahres eines Kindes zurückzuführen[9]. Diese Regelung stellt keinen geschlechtsneutralen Weg zur Verbesserung der privaten Kinderbetreuung dar, sondern wird fast ausschließlich von Frauen in Anspruch genommen[10]. Sie schafft offenbar für Männer sogar einen Anreiz zur Ausweitung der Beschäftigung (zur Kompensation des entgangenen Erwerbseinkommens der Frau), so daß tradierte geschlechtsspezifische Rollenverteilungen im Haushalt gefestigt werden und der Intention entgegenwirken, die Geschlechter in Familie und Beruf gleichzustellen.

Tab. 5: Vollzeitbeschäftigte (ohne Auszubildende) nach Geschlecht und Arbeitszeitwünschen in Westdeutschland 1997

	von den Vollzeitbeschäftigten Männern					von den Vollzeitbeschäftigten Frauen				
	in vH	wollten ihre Arbeitszeit...				in vH	wollen[1] ihre Arbeitszeit			
		um 6 u. mehr Std. verkürzen in vH	um 2 bis 5 Std. verkürzen	beibehalten[2]	um 2 u. mehr Std. verlängern		um 6 u. mehr Std. verkürzen	um 2 bis 5 Std. verkürzen	beibehalten[2]	um 2 u. mehr Std. verlängern
insgesamt	100	13	14	41	32	100	27	15	42	16
Altersgruppe										
16- bis 29jährige	16	7	17	43	33	28	23	14	50	14
30- bis 39jährige	39	11	14	40	35	30	29	17	40	15
40- bis 49jährige	25	11	12	44	33	25	29	17	39	15
50jährige und älter	21	22	13	39	25	18	30	11	40	19
Familienstand										
ledig	23	15	18	39	29	41	23	18	46	13
verheiratet zusammenlebend	70	12	13	42	32	44	33	13	39	16
geschieden	7	14	4	41	40	12	19	14	47	21
jüngstes Kind unter 3 Jahren	7	6	14	37	44	1	/	/	/	/
Wirtschaftszweige										
Landwirtschaft, Bergbau und Energie	3	/	19	37	31	1	/	/	/	/
Verarbeitendes Gewerbe	46	11	11	39	39	25	16	21	46	18
Baugewerbe	10	10	12	38	41	1	/	/	/	/
Handel	7	12	20	42	26	13	34	13	41	12
übrige Dienstleistungen (ohne Staat)	23	20	13	45	22	51	33	11	40	16
Staat	11	7	24	45	24	9	24	16	52	8
Pro-Kopf-Haushaltsnettoeinkommen		2142	1952	1873	1833		2480	2372	2072	2180
nachrichtlich:										
Veänderungen zu Betrag 1993 (in Preisen von 1993)		0,99	0,98	0,98	0,87		0,98	1,10	0,89	0,98

(/) Aufgrund geringer Fallzahl (weniger als 10 Fälle) nicht ausgewiesen

1 Frage zur Wunscharbeitszeit: „Wenn Sie den Umfang ihrer Arbeitszeit selbst wählen könnten und dabei berücksichtigten, daß sich ihr Verdienst entsprechend der Arbeitszeit ändern würde: Wie viele Stunden in der Woche würden Sie dann am liebsten arbeiten?“

2 Differenz der vereinbarten Arbeitszeit zur Wunscharbeitszeit beträgt 0, 1 oder 1,5 Std.

Quelle: SOEP 1997, eigene Berechnungen

Der Wunsch nach Ausweitung der Arbeitszeit mag zudem durch die in den letzten Jahren angespannte Lage auf dem Arbeitsmarkt und die eingetretenen

Realeinkommensverluste der abhängig Beschäftigten (vgl. Arbeitskreis Konjunktur 1998) verstärkt worden zu sein sowie durch die Einführung neuer Arbeitszeitmodelle (z.B. Jahresarbeitszeitmodelle, die auch die Möglichkeit, Überstunden leisten zu können,[11] eingeschränkt haben). So wollten in Vollzeit beschäftigte Männer in Haushalten mit einem überdurchschnittlichen Realeinkommensverlust (gegenüber 1993) und Personen, die keine Überstunden (im letzten Monat) geleistet hatten (Holst/Schupp 1998), ihre Arbeitszeit eher ausdehnen. Insbesondere männliche Beschäftigte im verarbeitenden Gewerbe und im Baugewerbe äußerten diesen Wunsch.

7. *Stabilität der Beschäftigungsverhältnisse im Längsschnitt*

Die Arbeitszeitwünsche der Beschäftigten unterliegen im Zeitablauf zum Teil erheblichen Schwankungen (Holst/Schupp 1998). Zum Teil können diese Wünsche im Zeitablauf realisiert werden, zum Teil ist dies nicht möglich[12]. Eine Untersuchung der Binnenstabilität einer Sozialstruktur durch einen Vergleich der Erwerbsstatus im Längsschnitt der Jahre 1993 und 1997 zeigt, daß Vollzeitbeschäftigungsverhältnisse eine besonders hohe „Stabilität“[13] aufweisen, Beschäftigungsverhältnisse unterhalb der Vollzeiterwerbstätigkeit hingegen einer recht hohen Fluktuation unterliegen (Tabelle 6). Dies gilt insbesondere für geringfügig Beschäftigte. Im Vergleich der Geschlechter weisen Männer (insbesondere in Westdeutschland) eine deutlich höhere Beschäftigungsstabilität bei den „Normalarbeitsverhältnissen“ aus als Frauen. Dies kann sicherlich auf ihre hohe „Zufriedenheit“ mit dieser Beschäftigungsform zurückgeführt werden. Teilzeitarbeit und vor allem geringfügige Beschäftigung ist hingegen für Frauen häufiger von Dauer als für Männer, was wiederum die relativ größere „Zufriedenheit“ von Frauen mit diesen niedrigeren Arbeitszeiten widerspiegelt.

Die „freiwilligen“ Präferenzen der Betroffenen für die jeweiligen Beschäftigungsformen können nicht isoliert betrachtet werden, sondern sind auch im Zusammenhang mit den „sozialen Rollen“ zu interpretieren. Diese „strukturieren“ das soziale Handeln „durch Verhaltensvorschriften (Normen), Erwartungen und Ansprüche der Handlungspartner“ vor (Schäfers 1990: 343). In ihrer traditionellenVariante beinhaltet diese Rolle bei den Männern ein berufliches Vollzeit-Engagement. Im Betrieb äußert sich dies – insbesondere bei Karriereabsichten – im Anspruch auf eine allzeitige Verfügbarkeit. Von Ehefrauen wird dagegen ein mit der Familie zu vereinbarendes zeitlich begrenztes Engagement auf dem Arbeitsmarkt erwartet. Allzeit verfügbar soll die Ehefrau und Mutter vielmehr in der Familie sein. Da diese sozialen Rollen Präferenzen und Handeln von Frauen und Männern mitprägen, bleibt festzuhalten, daß ökonomische Aspekte zwar sehr zentrale, aber nicht alleinentscheidende Faktoren für die Organisation von Erwerbs- und Familienarbeit in Familie und Gesellschaft darstellen. Dieser Aspekt sollte bei der Entwicklung von Arbeitszeitpolitiken nicht vergessen werden.

Tabelle 6: Mobilitätsmatrix für Erwerbsstatus 1993 und 1997 – Erwerbspersonen im Alter 16 bis unter 60 Jahre (1997)

	Fallzahlen (ungewichtet)	Anteil insgesamt	davon: Erwerbsstatus 1997						
Westdeutschland - Männer			(A)	(B)	(C)	(D)	(E)	(F)	
Erwerbsstatuts 1993		1993							1997
– Geringfügig beschäftigt (A)	123	4,6	17,1	11,5	58,1	2,6	2,2	8,4	100
– Selbständig(Mith. Fam.ang. (B)	212	8,4	2,0	80,9	9,6	2,1	0,0	5,3	100
– Vollzeit abhängig beschäftigt (C)	2335	72,7	2,1	2,7	81,8	1,1	5,3	7,0	100
– Teilzeit abhängig beschäftigt (D)	25	1,3	8,9	13,7	27,2	20,0	0,0	30,2	100
– Arbeitslos gemeldet 1 (E)	137	4,3	9,2	3,2	30,6	2,4	34,2	20,4	100
– Nichterwerbstätig 2 (F)	283	8,7	13,0	5,7	29,4	6,0	34,2	41,1	130
Ostdeutschland Männer									
Erwerbsstatus 1993									
– Geringfügung beschäftigt (A)	30	2,9	22,4	22,6	37,9	0,0	2,3	14,7	100
– Selbständig/Mith. Fam.ang. (B)	85	6,2	0,7	67,5	20,2	0,0	8,8	2,7	100
– Vollzeit abhängig beschäftigt (C)	918	68,9	1,9	3,3	78,3	0,8	11,5	4,2	100
– Teilzeit abhängig beschäftigt (D)	11	1,1	11,8	9,7	31,8	8,2	13,4	25,1	100
– Arbeitslos gemeldet 1 (E)	133	11,7	3,3	3,5	35,8	3,4	26,3	27,8	100
– Nichterwerbstätig 2 (F)	126	9,2	13,6	0,0	27,0	1,1	3,2	55,1	100
Westdeutschland – Frauen									
Erwerbsstatus 1993									
– Geringfügig beschäftigt (A)	292	9,9	45,2	5,5	12,3	12,2	1,5	23,3	100
– Selbständig/Mith. Fam.ang. (B)	120	5,3	12,6	55,9	7,2	7,3	0,0	16,9	100
– Vollzeit abhängig beschäftigt (C)	1093	35,2	5,5	2,3	62,8	9,0	6,7	13,8	100
– Teilzeit abhängig beschäftigt (D)	470	16,5	5,8	2,4	12,6	59,6	2,8	16,8	100
– Arbeitslos gemeldet 1 (E)	122	3,4	7,6	2,0	14,8	11,6	23,6	40,4	100
– Nichterwerbstätig 2 (F)	1022	29,7	13,2	3,6	9,2	7,7	2,2	64,1	100
Ostdeutschland Frauen									
Erwerbsstatus 1993									
– Geringfügig beschäftigt (A)	43	2,9	33,1	5,8	19,7	14,1	5,9	21,4	100
– Selbständig/Mith. Fam.ang (B)	39	2,5	6,2	56,8	25,4	1,6	8,1	1,9	100
– Vollzeit abhängig beschäftigt (C)	703	48,9	2,5	1,9	66,2	10,6	12,8	6,0	100
– Teilzeit abhängig beschäftigt (D)	126	9,8	8,7	2,8	12,2	48,6	21,2	6,4	100
– Arbeitslos gemeldet 1 (E)	247	18,8	9,0	3,1	22,1	11,3	28,5	26,0	100
– Nichterwerbstätig 2 (F)	224	17,1	5,5	1,3	15,4	6,0	10,0	61,9	100

1 Arbeitslos gemeldete mit (geringfügiger) Beschäftigung werden als Erwerbstätigt ausgewiesen.

2 Einschl. Personen in Mutterschutz/Erziehungsurlaub.

Quelle: SOEP; eigene Berechnungen.

Auch in den Übergangsquoten spiegeln sich geschlechtsspezifische Besonderheiten. So war ein geringerer Anteil der geringfügig beschäftigten Frauen des Jahres 1993 vier Jahre später in einer Vollzeitbeschäftigung; bei den Männern in Westdeutschland waren nach vier Jahren hingegen fast sechs von zehn der 1993 geringfügig Beschäftigten auf einem solchen existenzsichernden Arbeitsplatz zu finden. Rund ein Drittel aller nichterwerbstätigen Frauen des Jahres 1993 übte 1997 eine Beschäftigung aus, wobei insbesondere die geringfügige Beschäftigung, aber auch die Teilzeitarbeit eine wichtige Rolle spielten.

Die Bedeutung der steigenden Erwerbsbeteiligung von Frauen ist vor diesem Hintergrund zu relativieren. Zwar haben immer mehr Frauen Kontakt zum Arbeitsmarkt, die Aufnahme einer Teilzeitarbeit, insbesondere aber einer geringfügigen Tätigkeit, hatte zumindest in der Längsschnittbetrachtung der Jahre 1993 und 1997 dabei nur in einem relativ geringem Umfang Brükkenfunktion in einen regulären Vollzeitjob. Auch wenn Frauen ihre Position am Arbeitsmarkt im Vergleich zur Vergangenheit verbessern konnten, wurde eine Gleichstellung mit den Männern bei weitem nicht erreicht.

In Ostdeutschland sind die geschlechtsspezifischen Unterschiede weniger stark ausgeprägt. Doch auch hier läßt sich in den Jobs unterhalb der Teilzeitarbeit eine vergleichsweise hohe Fluktuation finden.

8. *Ausblick*

Die Ergebnisse zeigen, daß die Bereitschaft zur Verkürzung der Arbeitszeit bei einem Teil der Belegschaften noch besteht, aber gleichzeitig ein großer Teil der Beschäftigten auch wieder eine Ausweitung der Arbeitszeit wünscht und zwar in höherem Umfang als noch 1993. Insgesamt sind die rechnerischen Umverteilungsspielräume von Erwerbsarbeit geringer geworden. Ansprüche an ein Bündnis für Arbeit, Arbeitslosigkeit mit individueller Arbeitszeitverkürzung gravierend reduzieren zu wollen, sollten nicht allzu hoch gesteckt werden. Arbeitsmarktpolitik kann kein Ersatz für eine Beschäftigungspolitik sein, eine gerechtere Verteilung bezahlter Arbeit zwischen den Geschlechtern jedoch unterstützten. Letztendlich ist nur ein anhaltendes Wirtschaftswachstum in der Lage, grundsätzliche Entlastung auf dem Arbeitsmarkt zu bringen. Ob und wann sie jedoch eintritt und Vollbeschäftigung sichern kann, bleibt fraglich und kann nicht Gegenstand dieses Beitrags sein.

Die erfolgte Veränderung der Geschlechterrollen bringt es mit sich, daß in wachsendem Maße das Arbeitsangebotspotential von Frauen auf dem Arbeitsmarkt zu berücksichtigen ist. Im Zuge des generellen Wandels der Beschäftigungsverhältnisse, in dem familienernährende dauerhafte Vollzeitbeschäftigungen für immer weniger Arbeitnehmer als (erwerbs-)lebenslange Option garantiert werden können (Holst/Maier 1998), kommt der Erwerbsarbeit von Frauen zudem eine wachsende Bedeutung bei der Absicherung des innerfamiliären materiellen Wohlstandsniveaus zu.

In der DDR war der Haushalt stets weitgehend auf das Erwerbseinkommen der Frau angewiesen, und auch nach Wende können die meisten Haushalten auf dieses Einkommen nicht verzichten (Holst/Schupp 1996: 467). Gelegentlich findet sich die Hoffnung, daß sich vor dem Hintergrund des Angebotsdrucks auf dem Arbeitsmarkt „so manches Problem auf dem ostdeutschen Arbeitsmarkt (...) in den kommenden Jahren von allein lösen" (iwd 1997: 3) könnte. Grundlage für diese „Hoffnung" ist, daß sich „nicht wenige" Frauen vom Arbeitsmarkt entmutigt zurückzögen, weil sie keinen passenden Arbeitsmarkt finden würden bzw. „das Feld räumen, weil mit steigendem Wohlstand die ökonomische Notwendigkeit abnimmt zum Lebensunterhalt der Familie beizutragen" (ebenda). Der Rückzug der Frauen vom Arbeitsmarkt würde implizieren, daß viele Frauen in Ostdeutschland das westdeutsche „Vereinbarkeitsmodells der Versorgerehe" nach und nach adaptierten. Folgt man Pfau-Effinger (1998), würde insbesondere das letztgenannte Argument des zunehmenden Wohlstands, vor allem aber auch die Herausbildung einer nach dem westlichen Muster geprägten bürgerlichen Gesellschaft mit ihren traditionellen Normen (anstelle der sozialistischen Fiktion einer gleichen Sozialstruktur im Arbeiter- und Bauernstaat) diese Entwicklung unterstützen. Allerdings zeichnet sich bislang weder ein breiter Wohlstand noch eine bürgerliche Gesellschaft nach westlichem Vorbild ab.

Gegen einen Rückgang der Erwerbsorientierung der Frauen spricht zudem auch das kulturelle Bewußtsein der ostdeutschen Bevölkerung: Hierzu gehörten die Erwerbsbeteiligung und eigenständige Sicherung der Frau genauso wie die des Mannes[14]. Auch nach der Wende hat die Erwerbstätigkeit für beide Geschlechter einen sehr hohen Status; sie wird von den meisten unabhängig von der Notwendigkeit des Geldverdienens ausgeübt[15] Zwei Drittel der Nichterwerbstätigen im erwerbsfähigen Alter (bis 59 Jahre) hielten 1994 den Beruf sogar für die wichtigste Tätigkeiten des Menschen (Holst/Schupp 1995)[16].

Vor dem Hintergrund der zunehmenden Erwerbsorientierung und Erwerbsbeteiligung von Frauen in industrialisierten Ländern (OECD 1994), steigender Scheidungswahrscheinlichkeiten, der Ausbreitung alternativer Lebensformen und wachsender Unsicherheit über die Sicherung des wirtschaftlichen Wohlstandes scheint es auch nicht sehr wahrscheinlich, daß das westdeutsche Rollenmodell der hinzu verdienenden Ehefrau eine positive Vorbildfunktion in Ostdeutschland erhält. Der gesellschaftliche Wandel weist vielmehr in Richtung individueller existenzsichernder Erwerbsarbeit und damit in Richtung (modifizierter) ostdeutscher Erwerbsmuster.

So stellt sich die Frage, ob sich aus den Arbeitszeitpräferenzen neue zukunftsweisende Beschäftigungsformen für die Geschlechter ableiten lassen. Frauen scheinen hiernach für die künftig am Arbeitsmarkt häufiger anzutreffenden atypischen Beschäftigungsverhältnisse besser gerüstet zu sein als Männer, die fast immer noch Normalarbeitsverhältnisse präferieren. Allerdings wird ihre Flexibilität andererseits durch ihre familiären Verpflichtungen eingeschränkt. Wenn existenzsichernde Vollzeitbeschäftigungen auf

Dauer nicht mehr in ausreichendem Maße zur Verfügung stehen, bleibt zumindest einem Teil der Männer nichts anderes übrig, als entweder arbeitslos zu bleiben oder einen bzw. mehrere atypische Job anzunehmen. Die durch atypische Beshcäftigungsverhältnisse gewonnene Flexibilität ist allerdings nur dann in der Lage, die Genese einer modernen Geschlechterordnung[17] zu fördern, wenn die Beschäftigten sich nicht einseitig auf die Bedürfnisse der Betriebe einstellen müssen, sondern beider Organisaion der Erwerbsarbeit auch die familiären Bedürfnisse Berücksichtigung finden.

Bei einer gut verdienenden Ehefrau ist es möglich, daß familienorientierte Männer ihre Arbeitszeit dauerhaft reduzieren[18]. Auch Peinelt-Jordan (1996: 177ff.) stellte fest, daß bei „jungen Vätern" ein ernsthaftes Interesse vorliegt, sich mehr als bisher um die familiären Pflichten zu kümmern, dieser ernsthafte Wunsch aber in der realen Arbeitswelt (derzeit) als nicht verwirklichbar angesehen wird. Dies wird umso einfacher zu realisieren sein, wie sich die soziale Rolle des Mannes wandelt. Hier kommt auch auf die Betriebe eine hohe Verantwortung zu, zur Sicherung der gesellschaftlichen Wohlfahrt (die längerfristig auch dem Betrieb zugute kommt) den Wandel der Lebenswirklichkeiten ihrer Mitarbeiter bei der Organisation stärker zu berücksichtigen[19].

Da sich *die* Frauen und *die* Männer sowie *die* Familien nicht alle gleich entwickeln, sondern zunehmend – worauf Ostner hinweist – auch Ungleichheiten entstehen, wird künftig eine besondere Herausforderungen an den Staat gestellt, mit der Setzung seiner Rahmenbedingungen ein zukunftsträchtiges neues Geschlechterarrangement zu unterstützen. Die bestehenden gesetzlich/institutionellen Rahmenbedingungen (z.B. Ehegattensplitting, Mitversicherung der Ehefrau in der Krankenkasse des Mannes, Hinterbliebenenversorgung, Steuersystem) knüpfen bislang noch an traditionelle Lebensformen an[20].

Es bleibt zu hoffen, daß der von Schäfers (1990: 197) in „der Sozialgeschichte der Bundesrepublik (...) – trotz verbliebener ständischer, vor allem bürgerlicher Auffassungen von Mann und Frau – (...) fast radikal zu nennende Bruch mit den älteren Selbst- und Fremdbildern von Mädchen und Frauen und damit verbundenen Rollenzuschreibungen" auch zu einem neuen, den Geschlechtern Chancengleichheit sichernden Arrangement führen wird und die zahlreichenden Veränderungen in der Sozialstruktur auf Werte und Normen in der Gesellschaft einwirken bzw. auf dieser Ebene wiederum strukturverändernde soziale Bewegungen entstehen lassen (Schäfers 1990:198), die die gesellschaftliche Wohlfahrt auf Basis solidarisch ausgehandelter Rechte und Pflichten vorantreibt.

Anmerkungen

1 Registrierte Arbeitslosigkeit und Stille Reserve am Arbeitsmarkt stehen also nicht im Vordergrund. Hier wird auf die amtlichen Zahlen bzw. auf einen Beitrag von Holst/Schupp (1997) verwiesen, der sich mit dem Thema der Arbeitsmarktreserve bei den Nichtbeschäftigten auseinandersetzt.

2 Das SOEP ist eine repräsentative Wiederholungsbefragung von über 13 000 erwachsenen Personen in Privathaushalten, die jährlich seit 1984 in Westdeutschland und seit 1990 in Ostdeutschland durchgeführt wird (Projektgruppe Panel 1995).

3 So ging der Anstieg der Erwerbsbeteiligung von Frauen mit einer Zunahme genau dieser Beschäftigungsformen (incl. geringfügiger Tätigkeit) einher, was auf dem Arbeitsmarkt insgesamt zu einem Anstieg der Zahl und des Anteils „atypischer" Beschäftigungsverhältnisse führte (Hoffmann/Walwei 1998).

4 Ostner spricht hier von der Norm des starken „Ernährer-Ehemannes", die im Zuge der zunehmenden zumindest teilzeiterwerbstätigen Mutter von einer Norm der „sorgenden Eltern" abgelöst zu werden beginnt (Ostner 1998:220).

5 In Ostdeutschland verläuft der Rückgang der Erwerbsbeteiligung Jüngerer spiegelbildlich zu deren gestiegener Erwerbsbeteiligung, auch die Erwerbsquoten Älterer steigen nach Auslaufen der Vorruhestandsregelungen wieder an (Fuchs et al. 1998).

6 Selbstverständlich ist Erwerbsarbeit kein homogenes Gut, sondern unterscheidet sich in ihren Qualifikationsanforderungen erheblich. Auch kann nicht von einer vollkommenen regionalen wie beruflichen Mobilität der Beschäftigten ausgegangen werden. Dies bedeutet, daß dem „Umverteilungspotential" nicht notwendigerweise ein entsprechendes Arbeitsangebot gegenüber steht (z.B. wegen eines Fachkräftemangels in einer oder mehreren Branchen). Weiterhin ist zu berücksichtigen, daß erfahrungsgemäß Arbeitszeitverkürzungen auch zu Produktivitätsgewinnen führen können und sich hierdurch das „Umverteilungspotential" verringert. Für den Versuch einer Quantifizierung vgl. Schwarz 1997:78f.

7 Vgl. zu ähnlichen Ansätzen die Arbeiten am Wissenschaftszentrum Berlin (WZB) (Schulze-Buschoff 1997 sowie Bothfeld 1997).

8 Mit diesem seit 1996 bestehenden Gesetz können ab 1998 Personen ab 55 Jahren, die in den letzten fünf Jahren mindestens drei Jahre vollzeitbeschäftigt waren, ihre Arbeitszeit auf die Hälfte der tariflichen regelmäßigen wöchentlichen Arbeitszeiten vermindern. Sie erhalten (unter bestimmten Bedingungen) in der Regel mindestens 70% des pauschalierten Vollzeit-Nettoarbeitsentgelts, das sie erhalten hätten, wenn ihre Arbeitszeit nicht reduziert worden wäre. Die Förderleistungen des Arbeitsamtes werden pro Person für längstens fünf Jahre erbracht. Die Leistungen werden aber nur gewährt, wenn auf dem freigewordenen Arbeitsplatz ein arbeitslos gemeldeter Arbeitnehmer oder ein Arbeitnehmer nach Abschluß der Ausbildung beschäftigt wird (vgl. ausführlich Bundesministerium für Arbeit und Sozialordnung 1998).

9 Für ab 1992 geborene Kinder wurde eine dreijährige Inanspruchnahme des Erziehungsurlaubs ermöglicht. Bis Ende 1993 war der Anspruch auf Erziehungsgeld teilweise einkommensabhängig, danach hing auch die Zahlung des Erziehungsgeldes im ersten halben Jahr vom Einkommen ab. Die Gewährung von Erziehungsgeld blieb auf die für 1992 festgelegte Grenze von zwei Jahren begrenzt. Dies bedeutet, daß im Frühjahr 1993 die Neuregelung sicherlich noch keine Effekte zeigen konnte, 1997 hingegen schon.

10 Seit Inkrafttreten des Bundeserziehungsgeldgesetzes (1986 – Anm. d. Verf.) haben 97% aller berechtigten Eltern (darunter allerdings nur ganz wenige Väter) von den Möglichkeiten Erziehungsurlaub und Erziehungsgeld Gebrauch gemacht" (Bundesministerium für Familie, Senioren, Frauen und Jugend 1998).

11 Der Überstundenanteil am gesamtwirtschaftlichen Arbeitsvolumen stieg nach 1993 zunächst leicht an, stagnierte 1995 und ist bei insgesamt schwacher Wirtschaftsentwicklung 1996 und 1997 rückläufig. Vgl. Autorengemeinschaft 1998:37.

12 Zu einem Versuch, dieses Phänomen für eine dynamische Sozialberichterstattung fruchtbar zu machen, vgl. Schupp 1995:12 ff.

13 Unter Stabilität ist hier zu verstehen, daß bei den Befragten derselbe Status zum Beschaftigungsverhältnis zu den zwei Befragungszeitpunkten der Jahre 1993 und 1997

angegeben wurde. Die zwischen diesen beiden Zeiträumen möglicherweise stattgefundene Fluktuation wird hier also nicht berücksichtigt.

14 „In seinem Bestreben, einen historisch neuen Familientyp und eine neue gesellschaftliche Stellung der Frau zu schaffen, verpflichtete der sozialistische Staat Mann und Frau in gleicher Weise zu beruflicher und gesellschaftlicher Tätigkeit“ (Ostner 1998:217). Dieser theoretische Anspruch konnte aber nicht verhindern, daß sich auch in der DDR in Familie und Beruf geschlechtsspezifische Verhaltensmuster herausbildeten, wenn auch nicht so ausgeprägt wie im Westen.

15 Drei Viertel der erwerbstätitigen Frauen in Ostdeutschland würden auch berufstätig sein, wenn sie nicht auf das Geldverdienen angewiesen wären (Engelbrech et al. 1997).

16 Frauen im erwerbsfähigen Alter, die sich vom Arbeitsmarkt zurückgezogen haben, wollen zu über 90% erwerbstätig werden (Holst/Schupp 1996).

17 „Geschlechterordnungen“, so Ostner (1998:211) – „regeln mittelbar oder unmittelbar, wer – Frau oder Mann – welche Aufgabe in welcher Form wo und für welchen Zeitraum übernehmen soll. Sie formulieren Normen, Erwartungen, an die beiden Geschlechter. (...) Welche sozialen Kosten welcher Art sollen jeweils in Kauf genommen werden: von den einzelnen, von der Gemeinschaft?“ So kann z.B. die Betreuung von Kindern und Pflegebedürftigen von den erwerbstätigen Frauen nicht allein getragen werden. Sicherlich werden öffentliche und private Dienstleistungsangebote Frauen nur zum Teil entlasten (vgl. für Vorschläge zur Kinderbetreuung Kreyenfeld et al. 1998), so daß auf Männer in diesem Bereich künftig verstärkt Anforderungen zukommen werden.

18 Zu neuen Lebensformen vgl. z.B. Beck-Gernsheim 1998, zur Verantwortung der Männer vgl. auch Bundesministerium für Familie und Senioren 1994.

19 Auf der anderen Seiten könnten in Familien mit ausreichendem Allein-Ernährer-Einkommen auch konservative Tendenzen wieder verstärkt an Einfluß gewinnen und Frauen z.B. ehrenamtliche Tätigkeiten schmackhaft zu machen versuchen (Kommission 1997:146ff.). Die Entwicklung der Erwerbsorientierung von Frauen unabhängig vom finanziellen Erwerbsdruck läßt allerdings nicht zuletzt aufgrund ihrer gestiegenen Qualifikation kein strukturell bedeutsames „roll-back“ in die 60er Jahre erwarten.

20 Bislang setzt das „deutsche System *sozialer Sicherung* (...) die volle Verfügbarkeit für den Arbeitsmarkt voraus“ (Ostner 1998:215). Entweder muß man selber ein existenzsicherndes Normalarbeitsverhältnis ausüben oder mit einem Vollzeit-Arbeitnehmer verheiratet sein. Für das Jahr 2002 plant die Bundesregierung eine Reform des Ehegattensplittings, die auf einen Abbau der Hemmnisse für die Aufnahme einer umfangreicheren Erwerbsarbeit insbesondere von Ehefrauen zielt (Seidel/Teichmann 1998).

Literatur

Arbeitskreis Konjunktur 1998: Tendenzen der Wirtschaftsentwicklung 1998/99. In: Wochenbericht des DIW, 65, H. 27, S. 469-478.

Autorengemeinschaft 1998: Der Arbeitsmarkt in der Bundesrepublik Deutschland in den Jahren 1997 und 1998. In: Mitteilungen aus der Arbeitsmarkt- und Berufsforschung, 31, H. 1, S. 5-57.

Beckmann, Petra 1997: Beschäftigungspotentiale der Ausweitung von Teilzeitarbeit. In: WSI-Miteilungen. H. 9. S. 634-640.

Beckmann, Petra/Kempf, Birgit 1996: Arbeitszeit und Arbeitszeitwünsche von Frauen in West- und Ostdeutschland. In: Mitteilungen aus der Arbeitsmarkt- und Berufsforschung, 29, H. 3, S. 388-408.

Beck-Gernsheim, Elisabeth 1998: Was kommt nach der Familie? Einblicke in neue Lebensformen. München.

Bothfeld, Silke 1997: Teilzeitarbeit für alle? WZB-Diskussionspapier FS I 97-205. Berlin

Bundesministerium für Arbeit und Sozialordnung (BMA) 1998: Neu: Mobilzeit ab 55. Bonn.

Bundesministerium für Familie und Senioren (Hrsg.) 1994: Familien und Familienpolitik im geeinten Deutschland – Zukunft des Humanvermögens. Fünfter Familienbericht, Bonn.

Bundesministerium für Familie, Senioren, Frauen und Jugend (BMFSFJ) 1998: Frauen in der Bundesrepublik Deutschland, Bonn.

Engelbrech, Gerhard/Reinberg, Alexander 1997: Beschäftigungskrise trifft im Westen vor allem die Männer, im Osten die Frauen. In: IAB Kurzbericht, Nr. 9.

Engelbrech, Gerhard/Gruber, Hannelore/Jungkunst, Maria 1997: Erwerbsorientierung und Erwerbstätigkeit ost- und westdeutscher Frauen unter veränderten gesellschaftlichen Rahmenbedingungen. In: Mitteilungen aus der Arbeitsmarkt- und Berufsforschung. H. 1. S. 150-169.

Fuchs, Johann/Schnur, Peter/Walwei, Ulrich/Zika, Gerd 1998: Arbeitsmarktperspektiven bis 2010. Trübe Aussichten signalisieren hohen Handlungsbedarf. IAB Werkstattbericht Nr. 12. Nürnberg.

Hoffmann, Edeltraut/Walwei, Ulrich 1998: Das Arbeitsverhältnis aus Sicht der Rechtsökonomie und der Arbeitsmarktprognostik. In: Jürgen Schupp et al. (Hrsg.): Arbeitsmarktstatistik zwischen Realität und Fiktion, Berlin: Sigma, S. 299-331.

Holst, Elke/Schupp, Jürgen 1995: Veränderung der Erwerbsneigung von Frauen. In: Beer, Doris et al. (Hg): Empirische Arbeitsmarktforschung zur Transformation in Ostdeutschland. SAMF-Arbeitspapier 1995-4. Gelsenkirchen.

Holst, Elke/Schupp, Jürgen 1996: Erwerbstätigkeit von Frauen in Ost- und Westdeutschland weiterhin von steigender Bedeutung. In: Wochenbericht des DIW, 63, H. 28, S. 461-469.

Holst, Elke/Schupp, Jürgen 1997: Hohe Fluktuation in der Stillen Reserve. In: Wochenbericht des DIW, 64, H. 47, S. 921-928.

Holst, Elke/Schupp, Jürgen 1998: Arbeitszeitpräferenzen in West- und Ostdeutschland 1997. In: Wochenbericht des DIW, 65, H. 37, S. 667-677.

Holst, Elke/Maier, Friederike 1998: Normalarbeitsverhältnis und Geschlechterordnung. In: Mitteilungen aus der Arbeitsmarkt- und Berufsforschung. 31. H. 3 (im Druck).

iwd Informationdienst des Instituts der deutschen Wirtschaft 1997: Erwerbsverhalten. Arbeitsame Frauen in Ostdeutschland. Nr. 19. 8. Mai 1997.

Kommission für Zukunftsfragen der Freistaaten Bayern und Sachsen 1997: Erwerbstätigkeit und Arbeitslosigkeit in Deutschland. Teil III. Maßnahmen zur Verbesserung der Beschäftigungslage. Bonn.

Kreyenfeld, Michaela/Wagner, Gert/Tillmann, Katja 1998: Finanzierungsmodelle sowie Verteilungs- und Finanzierungsrechnungen für eine bedarfsgerechte Kinderbetreuung von Vorschul- und Schulkindern in Deutschland. Endbericht eines Gutachtens der Hans-Böckler-Stiftung. Berlin.

OECD 1994: Women and Structural Change. New Perspectives. Paris: OECD.

Ostner, Ilona 1998: Frauen. In: Schäfers, Bernhard/Zapf, Wolfgang (Hrsg.): Handwörterbuch zur Gesellschaft Deutschlands. Opladen: Leske + Budrich, S. 210-221.

Peinelt-Jordan, Klaus 1996: Männer zwischen Familie und Beruf. München/Mering: Hampp.

Pfau-Effinger, Birgit 1998: Der soziologische Mythos von der Hausfrauenehe – soziohistorische Entwicklungspfade der Familie. In: Soziale Welt. 49. H. 2. S. 167-182.

Projektgruppe Panel 1995: Das Sozio-oekonomisches Panel (SOEP) im Jahre 1994. In: Vierteljahrshefte zur Wirtschaftsforschung, H 1, S. 5-15.

Schäfers, Bernhard 1990: Gesellschafticher Wandel in Deutschland. 5. Auflage. Stuttgart: Ferdinand Enke Verlag.

Schulze-Buschoff, Karin 1997: Arbeitszeiten – Wunsch und Wirklichkeit in Ost- und Westdeutschland. WZB-Diskussionspapier FS III 97-410. Berlin.

Schupp, Jürgen 1995: Stabilität, Wandel und „Optionalität". Vom Nutzen der Panelmethode für dynamische Sozialstrukturanalysen. In: Berger, Peter A./Sopp, Peter (Hrsg.): Sozialstruktur und Lebenslauf. Opladen: Leske + Budrich, S. 107-130.

Schupp, Jürgen/Schwarze, Johannes/Wagner, Gert 1998: Methodische Probleme und neue empirische Ergebnisse der Messung geringfügiger Beschäftigung. In: Jürgen Schupp et al. (Hrsg.): Arbeitsmarktstatistik zwischen Realität und Fiktion, Berlin: Sigma, S. 85-111.

Schwarz, Karl 1997: Teilzeitbeschäftigung und Arbeitszeitwünsche. In: Sozialer Fortschritt, 46, H. 3. S. 76-79.

Seidel, Bernhard/Teichmann, Dieter 1998: Zur geplanten Einkommensteuerreform 2002: Nachbesserungen notwendig. In: Wochenbericht des DIW, 65, H. 47-48, S. 841-852.

Seifert, Hartmut 1998: Arbeitszeitpolitik: auf der Suche nach neuen Wegen. In: WSI-Mitteilungen, H. 9, S. 579-588.

Stille, Frank/Zwiener, Rudolf 1997: Arbeits- und Betriebszeiten in Deutschland: Analysen zu Wettbewerbsfähigkeit und Beschäftigung. In: DIW-Sonderheft 160. Berlin: Duncker & Humblot.

Zapf, Wolfgang 1998: Modernisierung und Transformation. In: Schäfers, Bernhard/Zapf, Wolfgang (Hrsg.): Handwörterbuch zur Gesellschaft Deutschlands. Opladen: Leske + Budrich, S. 472-482.

Europäischer und globaler Strukturwandel

Die Sozialstruktur(en) der Europäischen Union

Stefan Hradil

1. Die Fragen nach der sozialstrukturellen (Un-)Einheitlichkeit in der EU

Die Europäische Union gibt viel Geld dafür aus, um bestimmte Lebensverhältnisse in den Regionen und Ländern ihres Gebietes anzugleichen. Offenkundig sind gleiche oder wenigstens ähnliche Lebensbedingungen eine günstige Voraussetzung für die gedeihliche Entwicklung eines Gemeinwesens. Auch in der Bundesrepublik soll beispielsweise der Länderfinanzausgleich für nicht allzu disparate Lebensverhältnisse sorgen. In bestimmter Hinsicht gilt also Einheitlichkeit oder mindestens Ähnlichkeit innerhalb und zwischen den Ländern der EU als Vorzug, den es zu erreichen oder wenigstens zu erhalten gilt.

Auf der anderen Seite ist es gerade die bunte Vielgestaltigkeit, die Europa so interessant macht. Wohl selten in der Welt finden sich Territorien wie das der EU, in denen so viele historische, kulturelle, sprachliche, konfessionelle und weitere Verschiedenartigkeiten auf so engem Raum aufeinanderstoßen. Viele Europäer sind stolz darauf. Zahlreiche Menschen kommen von weit her, um diese Vielfalt zu bewundern. In dieser Hinsicht gilt also Verschiedenartigkeit als Vorzug, der zu bewahren und zu fördern ist.

In dieser Situation fragen sich politische Instanzen, Wirtschaftsunternehmen und EU-Bürger, in welcher Hinsicht Einheitlichkeit und in welcher Vielfalt erwünscht ist und wie die diese Homogenität bzw. Heterogenität erreicht werden kann. Wer jedoch Antworten auf diese Fragen haben will, muß zuvor wissen, inwiefern und wieso die Länder der Europäischen Union (in)homogen sind.

Der vorliegende Beitrag versucht einige Informationen hierzu im Hinblick auf die *Sozialstruktur(en)* der Europäischen Union beizusteuern. Er konzentriert sich also auf die gesamtgesellschaftlichen Beziehungsgefüge der Menschen (z.B. Familien- oder Bildungs- oder Ungleichheitsstrukturen), auf die Positionen, die Menschen hierin einnehmen und auf die Gruppierungen (wie z.B. Mütter, Studierende und Arme) derjenigen, die gleiche Positionen innehaben.

Die Frage nach der sozialstrukturellen Einheitlichkeit oder Verschiedenartigkeit ist recht voraussetzungsreich. Zu ihrer Beantwortung sind *erstens* Bezugsrahmen vonnöten, die die notwendigen Maßstäbe und Vergleichspunkte enthalten. *Zweitens* sind Fragen nach Homogenität und Heterogenität nur dann zu beantworten, wenn (dynamischen) Entwicklungstendenzen nachgegangen wird. Wenn beispielsweise die Armutsrisiken in zwei EU-Ländern zu einem gegebenen Zeitpunkt übereinstimmen, diese Gleichheit jedoch in einem Land durch wachsende, im andern Land durch sinkende Armut entsteht, haben wir eine nur scheinbare Übereinstimmung vor uns. Umgekehrt sind Unterschiede (z.B. unterschiedlich große Bevölkerungsanteile von Alleinlebenden) dann nur in einem eingeschränkten Sinne als heterogen anzusehen, wenn sie Entwicklungsabstände darstellen, wenn sich also die verglichenen Länder in die gleiche Richtung entwickeln. Und *drittens* lassen sich Fragen nach der sozialstrukturellen (Un-)Einheitlichkeit in der EU nur dann in einer Weise beantworten, die für politische und gesellschaftliche Akteure hilfreich ist, wenn gezeigt wird, aufgrund welcher Bestimmungsgründe sich Entwicklungen vollziehen. Es ist nicht das Gleiche, ob z.B ein hohes Maß der Frauenerwerbstätigkeit von einem breit ausgebauten öffentlichen Dienstleistungssektor (wie in Skandinavien) oder (wie z.B. in den USA) von Arbeitsplätzen in Privatunternehmen ausgeht. Oder: Wir beobachten in Ländern mit ähnlich hoher wirtschaftlicher Leistungskraft und nicht allzu unähnlichen Sozialsystemen (z.B. Belgien und Frankreich) sehr unterschiedlich hohe Einkommenskonzentrationen. Wir verstehen das nur, wenn wir den Ursachen nachgehen.

2. *Thesen zur sozialstrukturellen (Un-)Einheitlichkeit in der EU*

Verfolgt man die Fragen nach dem Ausmaß, den Entwicklungstendenzen und den Bestimmungsgründen von Homogenität und Heterogenität in den (der) Sozialstruktur(en) der Europäischen Union, so stößt man auf sehr verschiedenartige Thesen. Geordnet nach „Ebenen“, finden wir unter anderem folgende typische Behauptungen:

1. *Globale Modernisierung:* Modernisierungstheoretiker kommen zur Auffassung, daß die Modernisierung eines Landes, also die Entwicklung hin zu mehr Wohlstand, Mobilität, technischen Errungenschaften, Bildung, Gesundheit etc., sich nach dem Maße des Vorhandenseins „evolutionärer Universalien“ [nach Talcott Parsons (1969): kulturell legitimierte soziale Schichtung, Bürokratie, Geld- und Marktorganisation, generell gültige Normen und demokratische Assoziationen] oder bestimmter „Basisinstitutionen“ [nach Wolfgang Zapf (1991): Marktwirtschaft, Konkurrenzdemokratie, Konsum, Wohlfahrtsstaat] bemißt. Gesellschaften mit diesen

Kennzeichen gehen den gleichen Weg der Modernisierung und unterscheiden sich allenfalls durch Modernisierungsabstände. Zudem lassen nach Meinung der Vertreter der These von der globalen Modernisierung Kommunikationsprozesse die Gesellschaften bis hin zur Herausbildung einer „Weltgesellschaft“ zusammenwachsen.

2. *Typisch europäische Entwicklungen*: Andere Thesen sprechen indessen von „multiplen Modernitäten“ (Eisenstadt 1999), von Spezifika der europäischen Geschichte (Kaelble 1997) und dem angleichenden Wirken der Europäischen Union. Viele dieser Meinungen kommen zum Schluß, die EU-Gesellschaften seien einander vergleichsweise ähnlich und würden einander immer ähnlicher, unterschieden sich aber durchaus von anderen Teilen der Welt.
3. *Wohlfahrtsstaatliche und andere institutionelle Ländertypen:* Eine dritte Gruppe von Thesen hebt typische Gemeinsamkeiten von bzw. typische Unterschiede zwischen Gruppen von Ländern innerhalb der Europäischen Union hervor. So kommen die in letzter Zeit viel beachteten institutionellen Analysen sozialpolitischer Einrichtungen (Esping-Andersen 1990) zum Ergebnis, daß die unterschiedlichen Entwicklungspfade zwischen liberalen (z.B. Großbritannien), konservativen (z.B. Deutschland) und sozialdemokratischen Wohlfahrtsstaaten (z.B. Schweden) auch typische sozialstrukturelle Gemeinsamkeiten bzw. Unterschiede begründen.
4. *Nationale Sonderwege:* Louis Roussel (1992) und viele andere halten die Länder Europas für einen „Flickenteppich“. Die Nachwirkungen historischer Herrschaftsverhältnisse, aktuelle nationale Besonderheiten der Politik u.v.a.m. schüfen Sonderwege und zahlreiche Eigenheiten der einzelnen Länder.
5. *Regionale Spezifika:* Schließlich kommen viele Thesen (vgl. Schmidt-Seiwert 1997) zum Schluß, daß im Europa der Regionen markante Unterschiede innerhalb der einzelnen Länder bestünden, die keineswegs im Verschwinden begriffen seien. Vielmehr bilde die Heterogenität der Regionen ein Gegengewicht zu den supranationalen Vereinheitlichungstendenzen. Die politischen Regionalisierungen in vielen Ländern, die Hervorhebung lokaler Identitäten und „Heimaten“ sei typisch für die Tendenzen postindustrieller Gesellschaften, die die vereinheitlichende Industriegesellschaft überwunden hätten.

Trotz oder gerade wegen dieser disparaten Thesen fällt auf, wie wenige soziologisch begründete Vorstellungen über Entwicklungsschritte moderner Gesellschaften existieren. Möglicherweise wird es in dieser Hinsicht aber bald Verbesserungen geben. Denn soziologische Theorien, Modelle und Konzeptionen entstehen m.E. durchaus nicht nur aus theoretischer Deduktion, Intuition, Erkenntnisinteresse oder „Zeitgeist“, wie wir das Studierenden in Grundkursen beibringen. Sie kommen keineswegs immer von den Höhen dieser hehren Gedankengebäude, sondern häufig aus den Tiefen der Computerkeller. Sie bilden sich auf der Grundlage verfügbarer Daten. Jetzt, da immer mehr Zeitreihen und echte Längsschnittdaten verfügbar werden, kann und wird man m.E. darangehen, diachrone Konzeptionen der gesellschaftlichen Entwicklung im allgemeinen und der sozialstrukturellen im besonderen zu formulieren. Bis wir allerdings die Fülle an Längsschnittvorstellungen nutzen können, über die wir heute schon an sozialstrukturellen Querschnittsmodellen verfügen, wird sicher noch einige Zeit vergehen.

Die derzeit verwendeten Konzepte öffnen vor allem den Blick auf Differenzierungen. Denn, ganz anders als etwa die Rechtswissenschaften, hat die Soziologie das vorgängige Interesse, eher Differenzierungen als Vereinheitlichungen aufzuspüren. Jede Entdeckung (vielleicht auch Erfindung) einer Differenzierung führt der Soziologie neue Aufgaben zu. Deren Erkenntnisinteresse ist darum dem der Juristen nahezu entgegengesetzt. Diese müssen sich durch Differenzierungen (z.B. der unterschiedlichen Wahrnehmung, Implementation und Akzeptanz von Rechtsnormen) gefährdet fühlen. Wenn die Juristen sich vorwerfen lassen müssen, die Einheitlichkeit z.B. des Rechtsbewußtseins geradezu gesundzubeten, dann müssen Soziologen sich vorhalten lassen, manchmal vor lauter Unterschieden den Überblick zu verlieren.

Die hier gestellten Fragen nach dem Stand, der Entwicklung und den Bestimmungsgründen von sozialstuktureller (Un-)Einheitlichkeit lassen sich keinesfalls vollständig beantworten. Schon deshalb nicht, weil mir kein Modell der Sozialstruktur bekannt ist, das eine theoretisch oder sonstwie begründete Vollständigkeit beanspruchen könnte. Aber auch der knappe, hier zur Verfügung stehende Raum erlaubt es nur, auf Ausschnitte einzugehen. Daher will ich den genannten Fragen im folgenden nur anhand einiger, wenn auch m.E. wichtiger Beispiele nachgehen.

3. Wohlstand

Als wichtigster Indikator der allgemeinen Modernisierung gilt nach wie vor der Wohlstand, gemessen als das Bruttoinlandsprodukt (BIP) eines Landes. Von dessen Höhe sind viele Möglichkeiten abhängig (z.B. ein Bildungssystem oder wohlfahrtsstaatliche Einrichtungen aufzubauen oder den privaten Lebensstandard zu heben). In der Europäischen Union bewegen sich mittlerweile die meisten Länder auf sehr ähnlichem Wohlstandsniveau. 1996 hatten Deutschland, Belgien, Dänemark, Frankreich, Großbritannien, Irland, Italien, die Niederlande und Österreich ein BIP je Einwohner zwischen 18.000 und 21.000 Ecu, umgerechnet als Kaufkraftstandards (KKS). Spanien und Portugal waren mit 13.900 und 12.200 KKS zwar noch abgeschlagen, aber immerhin im Aufholen begriffen. Vom Schlußlicht Griechenland (11.700) kann man das nicht unbedingt sagen (Stat. Bundesamt 1998: 152).

Zweifellos unterscheidet sich der Wohlstand der einzelnen Regionen innerhalb der genannten Länder oft stark. Süd- und Norditalien sowie Ost- und Westdeutschland sind hierfür die markantesten Beispiele. Aber im Hinblick auf die erste der oben erwähnten Thesen, die einer allgemeinen Modernisierung, bilden die meisten EU-Länder im großen und ganzen einen geschlossenen Block. Diesen trennt mit einem EU-Durchschnittswert von gut 18.100 KKS nur wenig von Japan (21.500), aber noch viel von den USA (26.850). (Stat. Bundesamt 1998: 152)

4. *Bevölkerung*

Die Bevölkerungen in der heutigen Europäischen Union haben ihre *Kinderzahlen* von den 60er bis Mitte der 70er Jahre in nahezu parallel verlaufenden Entwicklungsprozessen reduziert. Der „Pillenknick" ist also beileibe keine deutsche Besonderheit. Seit dieser Zeit haben sich die relativen Kinderzahlen (pro Frau) in der EU nur noch wenig verändert. Mitte der 90er Jahre bewegten sich die „zusammengefaßten Geburtenziffern" in einem, verglichen mit anderen Ländern der Welt, recht engen Korridor von 1,2 (Italien, Spanien) bis (in Schweden, Norwegen und Irland) gut 1,8 Kinder pro Frau. In keinem Land der EU wird das Niveau der Bestandserhaltung durch Geburten (ca. 2,1 Kinder pro Frau) erreicht. (Amt 1997: 66)

Was die Geburtenverhältnisse in Europa vollends ähnlich macht, sind die langfristigen Entwicklungstendenzen, die sich – oft zeitversetzt – in allen Ländern ähnlich entwickelten. In allen EU-Ländern sanken die relativen Geburtenraten mit der Durchsetzung der industrialisierten Gesellschaft. Diese Entwicklung ist in Irland erst im Gange. Sie ist in Italien und Spanien derzeit auf ihrem Tiefpunkt angekommen. Und in den entwickelteren „postindustriellen" Gesellschaften mit einem ausgebauten Dienstleistungssektor und Wohlfahrtsstaat steigt die Kinderzahl wieder leicht an. In Skandinavien ist dies gut zu sehen.

Auch was die *Sterblichkeit* betrifft, so haben sich die Bevölkerungsprozesse und -strukturen in der EU einander angenähert. Langfristig ist die Lebenserwartung, wie überall in modernen Gesellschaften, angestiegen. 1995 hatten neugeborene Jungen in den Ländern der EU mit 76,7 Jahren in Island und 76,1 Jahren in Schweden die höchsten Lebenserwartungen und mit 71,5 Jahren in Portugal und 72,7 Jahren in Dänemark die niedrigsten. Die Lebenserwartung der neugeborenen Mädchen hat sich in der EU in einem noch engeren Korridor zwischen 78 Jahre in Dänemark und 81,4 Jahren in Italien angeglichen. (Amt 1997: 26)

Auf dem dritten Sektor der Bevölkerungsstrukturen und -prozesse, dem der *Ein- und Auswanderungen*, fällt es schon schwerer, Gemeinsamkeiten in der EU auszumachen. Zwar nimmt in der Tendenz die Zuwanderung durchweg zu, aber sowohl die Herkunftsländer der Immigranten, wie auch die Ausmaße der Außenwanderungen und der Einbürgerungen hängen stark von nationalen Vorgaben und Gegebenheiten ab und unterscheiden sich daher erheblich. So erstaunt es nicht, daß schon die bloßen Bevölkerungsanteile von

Ausländern stark auseinandergehen. Sieht man vom Sonderfall Luxemburg mit seinem vollen Drittel ausländischer Bevölkerung einmal ab, so reicht die Spannweite von Italien, Spanien und Finnland, wo es (offiziell) praktisch keine Ausländer gibt, bis hin zu Österreich, Deutschland und Belgien, wo jede(r) 13., 12. bzw. 10. Bewohner einen ausländischen Paß besitzt.

5. *Lebensformen*

Gehen wir über zu Lebensformen (z.B. „normale" Zwei-Eltern-Familie, Alleinerziehende, kinderlose Paare, Singles), so fällt vor allem auf, daß die *Größe der Haushalte,* in denen die Menschen zusammenleben, überall in der EU abnimmt. Spitzenreiter in dieser Entwicklung sind die skandinavischen Länder und Deutschland, wo ein Haushalt im Mittel nur noch gut 2 Menschen umfaßt. Die größten Haushalte finden sich noch in Irland und in den Mittelmeerländern. Mit gut 3 Personen sind aber auch sie nicht mehr wirklich groß. Zudem schrumpfen die Haushaltsgrößen auch und gerade dort. Entsprechend selten sind große Haushalte geworden, die fünf und mehr Personen umfassen. Beispielsweise bestand 1960 in Italien noch fast ein Drittel aller Haushalte aus wenigstens fünf Personen. Bei weitem die Mehrheit der Bevölkerung lebte damals noch in den großen Familienhaushalten, die wir aus zahlreichen Filmen und Romanen kennen. In den 90er Jahren bestand indessen weniger als jeder 10. italienische Haushalt und weniger als jeder 20. Haushalt in Skandinavien und in Deutschland aus fünf und mehr Personen (Höpflinger 1997: 100).

Einpersonenhaushalte werden dagegen häufiger. Diese „Versingelung" vollzieht sich nicht nur aus Gründen der Alterung und der Verwitwung, sondern vor allem wegen des häufigeren Alleinlebens im mittleren Lebensalter. Gut ein Drittel aller Haushalte in Skandinavien und Deutschland, aber erst ein gutes Fünftel aller irischen und italienischen Haushalte besteht heute aus nur einer Person (Höpflinger 1997: 102). Im Unterschied zur Geburtenentwicklung ist aber kein Anhalten oder gar eine Umkehr in der Entwicklung hin zu kleineren Haushalten erkennbar. Es fällt auf, daß die bislang in den einzelnen Ländern erreichte Verkleinerung von Haushalten eng mit dem jeweiligen Grade des nationalen Wohlstands, aber vermutlich auch mit dem Ausbau sozialer Sicherungssysteme und mit dem Vorhandensein einer protestantisch-individualistischen Kultur zusammenhängt.

Ähnlichkeiten der Entwicklungstendenz bei erheblichen Entwicklungsabständen zwischen den Ländern der EU können wir auch im Hinblick auf das *Heiratsalter* und das *Alter der Eltern bei der Geburt ihres ersten Kindes* beobachten. Im Unterschied zur Verkleinerung von Haushalten verlief diese Entwicklung zunächst aber nicht linear. Mit der Durchsetzung der modernen Industriegesellschaft sank das Heiratsalter zunächst in allen Ländern auf ein Minimum. In vielen Ländern war die Nachkriegszeit die Zeit der „Frühehen", in Italien und Irland war diese Phase erst in den 80er Jahren erreicht. Seither steigt das Heirats- und Elternalter auch dort, wie in vielen anderen entwickelten Ländern innerhalb und außerhalb der heutigen EU schon vorher. Maßgebend für diesen internationalen Trend ist der allgemeine Modernisierungsgrad, insbesondere aber die immer längeren (Aus-)Bildungszeiten (Höpflinger 1997: 108).

Die heute feststellbaren Unterschiede der Haushaltsgrößen und der Heirats- bzw. Elternalter in den Ländern der EU lassen sich im großen und ganzen mit Modernisierungabständen erklären. Wenn Entwicklungen aber in dieser Weise in gleiche Richtung gehen, verlieren die aktuellen Unterschiede an Gewicht. Überdies werden die Unterschiede der Haushaltsgrößen sowie der Heirats- und Elternalter auch dadurch kleiner, daß die weiter zurückliegenden Länder in dieser Hinsicht aufholen.

Da liegt die Angelegenheit bei *Scheidungen* und *nichtehelichen Geburten* komplizierter. Hier stimmen zwar im groben die allgemeinen Entwicklungstendenzen hin zu mehr Scheidungen und mehr nichtehelichen Geburten in den EU-Ländern ebenfalls überein. Aber die Unterschiede sind enorm. In Schweden vollzogen sich in den 90er Jahren 50% aller Geburten außerhalb der Ehe, in Griechenland ganze 3%. In Dänemark, Finnland, Großbritannien, Norwegen und Schweden wurden mehr als 40% aller Ehen geschieden. In Griechenland, Italien, Portugal und Spanien bewegten sich die Scheidungsraten allenfalls um 10%. Zwar zeigen die Variationskoeffizienten, daß seit den 60er Jahren bei Scheidungsraten und der Häufigkeit nichtehelicher Geburten, rein numerisch gesehen, leichte Angleichungen zwischen den EU-Ländern festzustellen sind (Höpflinger 1997: 109, 119). Aber es steht in den Sternen, ob eine so weitgehende Angleichung wie etwa auf dem Feld der Geburtenhäufigkeiten oder der Lebenserwartungen je zustande kommen wird. Denn unterschiedliche Konfessionen, Traditionen und Rechtsverhältnisse scheinen hier ähnlich mächtig zu sein wie Modernisierungstendenzen und werden wohl noch sehr lange für krasse Unterschiede sorgen.

6. *Bildung*

In allen Ländern der EU wie in den meisten modernen Staaten der Welt hat eine *Bildungsexpansion* stattgefunden. Immer mehr Menschen besuchen immer länger Bildungseinrichtungen. Die Statistiken zeigen, daß sich die Sozialstrukturen der EU im Hinblick auf das Ausmaß der Bildung kaum noch unterscheiden. In fast allen Ländern der EU besucht ca. die Hälfte der 20jährigen noch Schulen oder Hochschulen. Nur Großbritannien, die Schweiz und (eigentümlicherweise Schweden) sind Länder, die in dieser Hinsicht zurückstehen (Müller/Steinmann/Schneider 1997: 207).

Einige EU-Länder, wie z.B. Spanien, haben in den letzten Jahren riesige Schritte zur Ausweitung der Bildung unternommen und unterscheiden sich heute nicht mehr vom Gros der übrigen EU-Länder. Auffälligerweise hängt die Menge der hervorgebrachten Bildung nur bedingt mit dem relativen Wohlstand eines EU-Landes zusammen. Irland und Spanien sind gewiß nicht die reichsten EU-Länder und haben dennoch EU-typische Bildungsquoten erreicht.

Auch die *Ungleichheiten der Bildungschancen* und deren Entwicklungen bieten in den EU-Ländern ein relativ ähnliches Bild. Die vieldiskutierten schichtspezifischen Bildungschancen gleichen sich in den meisten Ländern der EU nicht nur (Müller/Steinmann/Schneider 1997: 218), sie haben sich (mit Ausnahme der Niederlande und Schwedens) in den 70er und 80er Jahren auch praktisch nicht verändert. Genauer gesagt: Alle Schichten haben zwar im Zuge der Bildungsexpansion ihre Bildungsbeteiligung erhöht, aber die relativen Abstände zwischen den Schichten sind im wesentlichen gleichgeblieben. Diese Stabilität war zu beobachten, obwohl völlig unterschiedliche Organisationen der Bildungseinrichtungen bestanden, sehr unterschiedliche Bildungsreformen durchgeführt wurden und auch durchaus unterschiedliche ökonomische Wohlstandsentwicklungen abliefen. Angesichts der parteipolitischen Verbissenheit, mit der nicht nur hierzulande um organisatorische Reformen im Bildungswesen gestritten wird, gibt m.E. deren offenkundige Wirkungslosigkeit bezüglich der schichtspezifischen Bildungschancen zu denken.

Andererseits haben sich die Bildungschancen von Frauen und Männern in allen EU-Ländern sehr angeglichen. In vielen Ländern der EU haben Mädchen im Wettbewerb um Bildungserfolge die Jungen nicht nur eingeholt, sondern sogar überholt. Überholt haben interessanterweise auch die Spanierinnen und die Portugiesinnen, von denen man dies vielleicht nicht vermutet, ihre männlichen Bildungskonkurrenten (Müller/Steinmann/Schneider 1997: 213). Auch die Bildungserfolge der Frauen ergaben sich in durchaus unterschiedlichen Schulsystemen, sogar vor dem Hintergrund sehr unterschiedlicher nationaler und konfessioneller Traditionen.

7. *Einkommen*

Modernisierungstheoretiker vermuteten, die Einkommen würden in den einzelnen Ländern im Zuge der Modernisierung immer gleicher verteilt werden, und die Einkommensverteilungen der einzelnen Länder würden einander immer ähnlicher werden. Mögen die Modernisierungstheoretiker auf dem Sektor der Bevölkerungsstrukturen und der Lebensformen teilweise recht behalten haben. Was die Verteilung der Einkommen betrifft, lagen sie mit ihren Voraussagen falsch.

Stellt man die nationalen Verteilungen des (verfügbaren bedarfsgewichteten Pro-Kopf-Haushalts-)Einkommens einander gegenüber, so fallen sofort die ganz erheblichen Unterschiede auf. In einigen Ländern (Finnland, Schweden, Belgien, Norwegen, Dänemark) verdiente zu Beginn der 90er Jahre das einkommensstärkste Bevölkerungszehntel nur 2,75 bis 3 mal so viel wie das einkommensschwächste. In anderen Ländern (Großbritannien, Irland, Spanien) verdiente das einkommensstärkste Zehntel mehr als vier mal so viel als das Zehntel mit den geringsten Einkommen (Smeeding 1997: 11). Zum Vergleich: In Deutschland betrug dieses Verhältnis 1991 3,2 zu 1, in den USA sogar 6 zu 1. Da in der EU ausgerechnet in Ländern wie Großbritannien oder Irland, die ohnehin zu den einkommensungleichsten gehören, die Einkommenskonzentration in den 80er Jahren gewachsen ist, kann man kaum von internationaler Angleichung sprechen.

Offenkundig hängt die jeweilige nationale Ungleichheit der Einkommensverteilung kaum mit dem Grad des nationalen Reichtums und der allgemeinen Modernität des betreffenden Landes zusammen. Unter den Ländern, in denen sich die Einkommen Anfang der 90er Jahre in relativ wenigen Händen zusammenballten, gab es reiche (USA), mittelreiche (Großbritannien) und weniger reiche (Irland 1991). Reiche Länder haben, wie erwähnt, teilweise sehr ungleiche (USA) oder aber besonders gleiche Einkommensverteilungen (Skandinavien). Es sind schon eher die wohlfahrtsstaatlichen Regeln und Einrichtungen, die die Verteilung der Einkommen beeinflussen. Aber auch kulturelle Traditionen tun wohl das ihre. Anders lassen sich die ausgeprägten Unterschiede zum Beispiel zwischen dem eher einkommensungleichen Frankreich und dem viel gleicheren Belgien wohl kaum erklären.

8. Armut

Modernisierungstheoretiker kamen zum Schluß, daß Armut mit der Mondernisierung und mit wachsendem Wohlstand schwinden werde. Wie viele moderne Gesellschaften, so mußten auch einige Länder der EU die gegenteilige Erfahrung machen. Armut gedieh mitten im Wohlstand.

Die Armutsrisiken gehen in den Ländern der EU weit auseinander. Betrachtet man jene Menschen als arm, die weniger als die Hälfte des nationalen Durchschnitts ausgeben konnten (bedarfsgewichtete Pro-Kopf-Haushaltsausgaben), so waren Ende der 80er Jahre in Dänemark nur 3,9%, in den Niederlanden 4,8% und in Belgien nur 7,4% der Bevölkerung arm. Dagegen war ein Viertel aller Portugiesen (24,6%) und ein Fünftel aller Italiener (21,1%), Griechen (18,7%) und Spanier (16,9%) arm. In „strenger Armut“ lebten in Portugal sogar 15,5%, in Italien 11,6% und Griechenland 11,5% der Menschen. Sie konnten weniger als 40% des nationalen Durchschnitts ausgeben (Haagenars 1994: 59, zit. n. Hradil 1997: 499).

Offenkundig hat verbreitete Armut durchaus etwas mit dem allgemeinen Modernitäts- und Wohlstandsniveau einer Gesellschaft zu tun, möglicherweise auch nur deswegen, weil sich die weniger reichen Länder kein genügend dichtes Netz sozialer Sicherheit leisten können. Die Länder mit den höchsten Armutsquoten, vor allem jene mit den höchsten Raten strenger Armut, sind in der EU jene mit dem niedrigsten Bruttoinlandsprodukt. Die Verhältnisse im

Bereich extremer und weit verbreiteter Armut lassen sich also mit der These der allgemeinen Modernisierung noch recht gut erklären. Aber schon bald über diesem Armutsniveau beginnen die Verhältnisse komplizierter zu werden. So ist im reichen und modernen Frankreich (14,7%) und in Großbritannien (14,8%) Armut vergleichsweise verbreitet, in den ähnlich reichen und modernen Niederlanden, in Dänemark und Belgien hingegen nicht (Haagenars 1994: 59, zit. n. Hradil 1997: 499). Hier wird man die Bestimmungsgründe der Armut in länder- oder ländergruppenspezifischen institutionellen Faktoren, vor allem in ungleichen Systemen sozialer Sicherung, suchen müssen.

9. *Soziale Milieus und Lebensstile*

Vielfach besteht die Meinung, daß die vielbesprochene Pluralisierung der sozialen Milieus und Lebensstile in den modernen Gesellschaften sehr ähnlich ablaufe, daß also gesellschaftsinterne Ausdifferenzierung mit gesellschaftsübergreifender Entdifferenzierung einhergehe.

Vor diesem Hintergrund ist der Versuch interessant, die Existenz von soziokulturellen Gruppierungen mit gleichen oder doch zumindest ähnlichen Werthaltungen und Mentalitäten in Großbritannien, Frankreich, Italien und Deutschland nachzuweisen.

Zwar sollte man m.E. den Versuch, diese Ähnlichkeiten aufzuspüren, durchaus kritisch sehen. Hier zeigt sich besonders deutlich, daß in international vergleichenden Studien recht grobe Modelle verwenden werden (müssen), die die Gefahr enthalten, letzten Endes nirgends zu passen, weil sie überall zu passen haben. Gleichwohl erscheint es aufschlußreich, daß trotz der anscheinend völlig unterschiedlichen Gewohnheiten, Traditionen und Lebensweisen in den genannten Ländern diese übereinstimmenden Gruppierungen wenigstens im groben aufzufinden waren.

Großbritannien	Frankreich	Italien	Deutschland
The Upper Classes	Les Héritieurs	Neo Conservatori	Konservativ gehobenes Milieu
Traditional Middle Class Milieu	Les Conservatives Installés	Piccola Borghesia	Kleinbürgerliches Milieu
Traditional Working Class Milieu	Les Labourieurs Traditionels	Cultura Operaia	Traditionelles Arbeitermilieu
Social Climber	Les Nouveaux Ambitiaux	Rampanti Crisalidi	Aufstiegsorientiertes Milieu
Progressive Working Class Milieu	Les Managers Modernes	Borghesia Illuminata	Technokratisch-liberales Milieu
Socially Concerned	Les Néo-Realistes	Critica Sociale	Alternatives Milieu
British Poor	Les Oubliés Les Rebelles Hedonistes	Sottoproletariato Urbano	Traditionsloses Arbeitermilieu

(Homms/Ueltzhoeffer 1990: 28, zit. n. Hradil 1997:508)

10. Fazit

Festzuhalten bleibt, daß in den einzelnen Bereichen der Sozialstruktur(en) der EU-Länder recht unterschiedliche Grade aktueller (Un-)Einheitlichkeit, unterschiedliche Entwicklungstendenzen und unterschiedliche Bestimmungsgründe zu registrieren sind. Dennoch stellt sich die Situation so heterogen nicht dar. Insgesamt läßt sich zeigen, daß die vielfach totgesagte Theorie der universellen Modernisierung (s.o. These 1) zumindest auf bestimmten Sektoren der Sozialstrukturentwicklung recht lebendig, sprich erklärungskräftig ist. Hierzu zählen unter anderem Geburten- und Sterblichkeitsentwicklungen und die Bildungsexpansion. Aber auch die in letzter Zeit sehr beachteten institutionellen Theorien (s.o. These 3) können manches erklären. Sie besagen, daß je nach Typ z.B. der sozialpolitischen Einrichtungen sich bestimmte sozialstrukturelle Entwicklungen zwischen den betreffenden Gruppen von Ländern deutlich unterscheiden. Dies ist unter anderem in divergenten Einkommensverteilungen gut zu erkennen. Nationale Besonderheiten (These 4) schließlich halten sich zumindest auf dem Gebiet der Sozialstruktur in engeren Grenzen, als viele glauben.

Daß von gesamteuropäischen Eigenheiten (These 2) und von regionalen Spezifika (These 5) sowie von deren Ursachen im vorstehenden Beitrag wenig die Rede war, kann nicht heißen, daß diese nicht bestünden oder für sie keine spezifischen Wirkungskräfte auszumachen seien. Es hätte weit umfangreicherer Datendokumentationen und Vergleichspunkte bedurft, um hierauf einzugehen.

Literatur

Amt für amtliche Veröffentlichungen der Europäischen Gemeinschaften 1997: Eurostat Jahrbuch 1997: Brüssel-Luxemburg.

Eisenstadt, Samuel N. 1999: Multiple Modernities. In: Gunz, Josef/Honegger, Claudia/ Hradil, Stefan (Hg.): Grenzenlose Gesellschaft? Opladen: Leske + Budrich (im Erscheinen).

Esping-Andersen, Gøsta 1990: The Three Worlds of Welfare Capitalism, Oxford: Polity Press.

Höpflinger, Francois 1997: Haushalts- und Familienstrukturen im intereuropäischen Vergleich. In: Hradil, Stefan/Immerfall, Stefan (Hg.) 1997: Die westeuropäischen Gesellschaften im Vergleich, Opladen: Leske + Budrich, S. 97-138.

Hradil, Stefan 1997: Soziale Ungleichheiten, Milieus und Lebensstile in den Ländern der Europäischen Union. In: Hradil, Stefan/Immerfall, Stefan (Hg.): Die westeuropäischen Gesellschaften im Vergleich, Opladen: Leske + Budrich, S. 475-520.

Hradil, Stefan 1999: Soziale Ungleichheit in Deutschland, 7. Aufl., Opladen: Leske + Budrich

Hradil, Stefan/Immerfall, Stefan (Hg.) 1997: Die westeuropäischen Gesellschaften im Vergleich, Opladen: Leske + Budrich.

Kaelble, Hartmut 1997: Europäische Vielfalt und der Weg zu einer europäischen Gesellschaft. In: Hradil, Stefan/Immerfall, Stefan (Hg.): Die westeuropäischen Gesellschaften im Vergleich, Opladen: Leske + Budrich, S. 27-68.

Müller, Walter/Steinmann, Susanne/Schneider, Reinhart 1997: Bildung in Europa. In: Hradil, Stefan/Immerfall, Stefan (Hg.) 1997: Die westeuropäischen Gesellschaften im Vergleich, Opladen: Leske + Budrich, S. 177-246.

Parsons, Talcott 1969: Evolutionäre Universalien der Gesellschaft. In: Zapf, Wolfgang (Hg.): Theorien des sozialen Wandels, Köln-Berlin, S. 55-75.

Roussel, Louis 1992: La famille en Europe occidentale: divergences et convergences. In: Population 47, Heft 1, S. 133-152.

Schäfers, Bernhard 1998: Sozialstruktur und sozialer Wandel in Deutschland. Mit einem Anhang: Deutschland im Vergleich europäischer Sozialstrukturen, 7. Aufl., Stuttgart: Enke.

Schmidt-Seiwert 1997: Landkarten zum Vergleich der Regionen Westeuropas. In: Hradil, Stefan/Immerfall, Stefan (Hg.) 1997: Die westeuropäischen Gesellschaften im Vergleich, Opladen: Leske + Budrich, S. 603-628.

Smeeding, Timothy 1997: American Income Inequality in a Cross-national Perspective: Why Are We So Different? Luxembourg: LIS-Working Paper No. 157.

Statistisches Bundesamt (Hg.) 1998: Statistisches Jahrbuch für das Ausland, Stuttgart: Metzler-Poeschel.

Zapf, Wolfgang 1991: Modernisierung und Modernisierungstheorien. In: Zapf, Wolfgang (Hg.): Die Modernisierung moderner Gesellschaften. Verhandlungen des 25. Deutschen Soziologentages in Frankfurt am Main 1990, Frankfurt a.M.: Campus, S. 23-39.

Wohlfahrtsstaatliche Regimetypen im Vergleich[1]

Jürgen Kohl

1. Eine Typologie von Wohlfahrtsstaaten

Den gegenwärtig wohl am meisten diskutierten Versuch der Entwicklung einer empirisch fundierten Typologie von Wohlfahrtsstaaten stellt die Studie von *Esping-Andersen* „The Three Worlds of Welfare Capitalism" (1990) dar.[2] Er geht aus von den politisch-ideologischen Leitvorstellungen der kollektiven Akteure, die in der Entwicklung der westlichen Wohlfahrtstaaten geschichtswirksam geworden sind, und unterscheidet demzufolge idealtypisch ein liberales, ein konservativ-korporatistisches und ein sozialdemokratisches Modell des Wohlfahrtsstaats (bzw. „wohlfahrtsstaatlichen Regimetyp")[3].

Er definiert diese Regimetypen durch bestimmte Konfigurationen institutioneller Merkmale. Konkret verwendet er zwei Methoden der Operationalisierung, um die von ihm untersuchten entwickelten kapitalistischen Industriegesellschaften mit demokratischer politischer Ordnung (OECD-Länder) den unterschiedenen Regimetypen zuzuordnen:

- Zum einen einen „Index der Dekommodifizierung".
  Dekommodifizierung" meint das Ausmaß, in dem der Lebensunterhalt unabhängig vom (Arbeits-) Markt gesichert werden kann, insbesondere im Falle von Einkommensausfällen bei der Erwerbsarbeit. Operationalisiert wird dieses Konzept vor allem mit Einkommensersatzquoten im Falle von Alter, Krankheit und Arbeitslosigkeit, gewichtet mit dem Bevölkerungsanteil des jeweils geschützten Personenkreises. Unterstellt wird dabei, daß ein hohes Maß an Dekommodifizierung ein Kennzeichen des sozialdemokratischen Regimetyps ist, ein geringes Maß an Dekommodifizierung dagegen dem liberalen Regimetyp entspricht.
- Zum anderen verwendet er verschiedene Indikatoren, um den Grad der Ausprägung von bestimmten Stratifikationsprinzipien in jedem Land zu bestimmen, die nach seiner Interpretation für den liberalen, den konservativ-korporatistischen und den sozialdemokratischen Regimetyp charakteristisch sind. Die Länder, die in der jeweiligen Dimension die

höchsten Punktwerte erreichen, ordnet er dem entsprechenden Regimetyp zu.

Schaubild 1: Merkmale unterschiedlicher (Ideal-)Typen von Wohlfahrtsstaaten

Variablen - Indikatoren	Typus des Wohlfahrtsstaates		
	liberal	konservativ	sozial-demokra-tisch
Dekommodifizierung: Schutz gegen Marktkräfte und Einkommensausfälle Einkommensersatzquoten Anteil individueller Finanzierungsbeiträge (invers)	schwach	mittel (?)	stark
Residualismus Anteil von Fürsorgeleistungen an gesamten Sozialausgaben	stark	stark	schwach
Privatisierung Anteil privater Ausgaben für Alter bzw. Gesundheit an jeweiligen Gesamtausgaben	hoch	niedrig	niedrig
Korporatismus/Etatismus Anzahl von nach Berufsgruppen differenzierten Sicherungssystemen Anteil der Ausgaben für Beamtenversorgung	schwach	stark	schwach
Umverteilungskapazität Progressionsgrad des Steuersystems Gleichheit der Leistungen	schwach	schwach	stark
Vollbeschäftigungsgarantie Ausgaben für aktive Arbeitsmarktpolitik Arbeitslosenquote, gewichtet mit Erwerbsbeteiligung	schwach	schwach (?)	stark

Quelle: Kohl (1993) in Anlehnung an Esping-Andersen (1990) u. Schmidt (1988)

Die beiden Methoden führen zu teils übereinstimmenden, aber doch leicht unterschiedlichen Ergebnissen.

Schaubild 2: Die drei Welten des Wohlfahrtskapitalismus

Dekommodifizierung			Prinzip der Stratifikation		
niedrig	mittel	hoch	liberal	konservativ	sozialdemo-kratisch
Australien	Italien	Österreich	*USA*	Österreich	*Dänemark*
USA	Japan	Belgien	*Kanada*	Belgien	*Norwegen*
Neuselland	*Frankreich*	*Niederlande*	Schweiz	*Frankreich*	*Schweden*
Kanada	*Deutschland*	*Dänemark*	*Australien*	*Deutschland*	Finnland
Irland	Finnland	*Norwegen*	Japan	Italien	*Niederlande*
Großbritannien	Schweiz	*Schweden*			

Eine übereinstimmende Zuordnung ergibt sich

– beim liberalen Modell für: USA, Kanada, Australien

- beim konservativen Modell für: Deutschland, Frankreich, Italien
- beim sozialdemokratischen Modell für: Schweden, Dänemark, Norwegen und die Niederlande.

Diese können als die unstrittigen, prototypischen Fälle gelten, die dem Idealtypus am nächsten kommen.

Abweichende Zuordnungen ergeben sich

- bei Japan und der Schweiz (mittlere Dekommodifizierung, aber liberale Stratifikationsprinzipien),
- bei Österreich und Belgien (hohe Dekommodifizierung, aber konservative Stratifikationsprinzipien), sowie
- bei Finnland (sozialdemokratische Stratifikationsprinzipien, aber mittlere Dekommodifizierung)

Diese Länder lassen sich nicht eindeutig zuordnen, was darauf hindeutet, daß in ihnen konkurrierende, ja gegensätzliche Strukturprinzipien realisiert sind. Das eigentliche Problem aber sind diejenigen Länder, in denen keines der drei Stratifikationsprinzipien stark ausgeprägt ist: Großbritannien, Irland, Neuseeland.

Für die folgende empirische Untersuchung verwende ich die Operationalisierung mittels des „Index der Dekommodifizierung", da nur diese es erlaubt, alle Untersuchungsländer eindeutig einem Regimetyp zuzuordnen.

In der Diskussion um die von Esping-Andersen entwickelte Typologie werden zum einen die theoretischen Konstruktionsprinzipien thematisiert und z.B. kritisiert, daß bestimmte Dimensionen von Wohlfahrtsstaatlichkeit außer Betracht blieben (z.B. die sozialen Dienstleistungen oder die geschlechtliche Arbeitsteilung). Zum andern werden von empirisch orientierten Kritikern – bei grundsätzlicher Anerkennung der Sinnhaftigkeit der Typologie – die Zuordnungen einzelner Länder zu bestimmten Regimetypen kritisiert und hierzu Ergänzungen bzw. Alternativen vorgeschlagen. In diesem Aufsatz soll eine andere Fragestellung im Vordergrund stehen, nämlich die Frage, ob sich die unterschiedenen Regimetypen nicht nur hinsichtlich der ihnen zugrunde liegenden Strukturprinzipien unterscheiden, sondern auch hinsichtlich ihrer Leistungen, d.h. ihrer Auswirkungen auf die Gesamtgesellschaft.

In der Tat liegt ja der Bildung von (Ideal-)Typen meist die Vorstellung zugrunde, damit Schlüsselvariablen zu identifizieren, die Erklärungskraft in Bezug auf weitere Phänomene haben. In diesem Sinne geht die Aufgabe der Typologiebildung über die bloße Deskription und Ordnung der empirischen Vielfalt hinaus. Im Falle der Typologie von Esping-Andersen liegt wohl implizit die Hypothese zugrunde, daß die aus den politisch-ideologischen Leitvorstellungen der kollektiven Akteure entwickelten Gestaltungsmaximen für sozialpolitische Institutionen und Programme auch faktisch folgenreich sind in ihren ökonomischen, politischen und sozialen Auswirkungen, daß es also eine Entsprechung gibt zwischen den *intendierten* und den tatsächlich *erzielten* Wirkungen wohlfahrtsstaatlicher Intervention.

Intentionen der kollektiven Akteure => Regimetypen => Leistungen bzw. Wirkungen

2. *Die Forschungsfrage und ihre Operationalisierung*

Die Forschungsfrage lautet also:

Unterscheiden sich die wohlfahrtsstaatlichen Regimetypen hinsichtlich ihrer wirtschafts- und sozialpolitischen Leistungsfähigkeit? Es geht also um die empirische Überprüfung von Wirkungshypothesen in Bezug auf zentrale gesellschaftspolitische Zielsetzungen. Als solche sind etwa anzusehen:

- zum einen die *wirtschaftspolitischen* Globalziele, die unmittelbar wohlfahrtsrelevant sind:
  - reales Wirtschaftswachstum (operationalisiert über die Wachstumsraten des BIP pro Kopf)
  - Preisniveaustabilität (operationalisiert über Inflationsraten)
  - Vollbeschäftigung (negativ operationalisiert über Arbeitslosenquoten, positiv über Zuwachsraten der Beschäftigung);
- zum andern die im engeren Sinn *sozialpolitischen* Zieldimensionen der Verteilungsgerechtigkeit (Einkommensgleichheit) und Armutsvermeidung.

Hierzu werden in der politischen und wissenschaftlichen Diskussion bekanntlich kontroverse Meinungen und Behauptungen vertreten. So wird etwa von Verteidigern des skandinavischen Wohlfahrtsstaats-Typs behauptet, daß dieser aufgrund seiner egalitären Zielsetzungen auch tatsächlich erfolgreicher in der Bekämpfung von Armut und der Reduzierung von Einkommensungleichheit sei. Außerdem genieße das Ziel der Vollbeschäftigung eine höhere Priorität, so daß anzunehmen sei, daß Länder dieses Typs auch erfolgreicher in der Bekämpfung von Arbeitslosigkeit seien. Demgegenüber wird von Kritikern behauptet, daß ein verteilungspolitisch stark ausgebauter Wohlfahrtsstaat abträglich für die wirtschaftliche Leistungsfähigkeit sei, insbesondere zu geringerem Wirtschaftswachstum und höherer Inflation führe.

Sind also z.B. die Länder, die dem liberalen Modell folgen bzw. ihm nahestehen, erfolgreicher im Hinblick auf Wirtschaftswachstum und Preisstabilität? Sind andererseits die Länder, die dem sozialdemokratischen Modell folgen, erfolgreicher im Hinblick auf Bekämpfung von Arbeitslosigkeit und Armut? Inwieweit entsprechen die tatsächlich erzielten Ergebnisse den intendierten Wirkungen bzw. den proklamierten Zielvorstellungen?

Wie verhält es sich schließlich mit der Leistungsfähigkeit des konservativ-korporatistischen Modells des Wohlfahrtsstaates, wo zwar das Umverteilungs*volumen* höher ist als im liberalen Modell, jedoch eher statuserhaltende und Ungleichheiten konservierende als egalitäre und redistributive Zielsetzungen verfolgt werden? Stehen Länder dieses Typs im Ergebnis infolge des hohen Umverteilungsvolumens dem sozialdemokratischen Typ nahe oder infolge seines marktwirtschaftskonformen Leistungssystems eher dem liberalen Modell?

Oft wird in der öffentlichen Diskussion solcher Fragen auf das Beispiel einzelner (vermeintlich) typischer Länder Bezug genommen. Der internationale Vergleich nicht nur einzelner Länder, sondern von Ländergruppen, die einem bestimmten Regimetypus mit ähnlichen Strukturmerkmalen zugeordnet werden können, kann hier vielleicht zur Klärung der Streitfrage beitragen, ob die Ursachen beobachteter Performanzunterschiede eher in spezifischen Bedingungen einzelner Länder zu suchen oder aus bestimmten regimetypischen Merkmalen abzuleiten sind.

Um Zufallsergebnisse zu vermeiden, wie sie bei Querschnittsvergleichen zu einem bestimmten Zeitpunkt leicht auftreten können, wurden zunächst Zeitreihen auf Jahresbasis für den gesamten Untersuchungszeitraum seit Anfang der 80er Jahre bis in die Gegenwart (meist 1980-94) erhoben und daraus mehrjährige Durchschnitte berechnet. Im folgenden werden aus darstellungstechnischen Gründen nur die Durchschnittswerte für den Gesamtzeitraum wiedergegeben, von denen angenommen wird, daß sie relative stabile Strukturmuster darstellen. Es ist jedoch einzuräumen, daß sich bei der Analyse kürzerer Zeiträume auch phasenspezifisch unterschiedliche Entwicklungen bzw. Strukturmuster ergeben können.[4] Weiterhin wurden jeweils die Mittelwerte für *alle* einem Regimetyp zugeordneten Länder berechnet, sodann aber auch nur für diejenigen „prototypischen“ Länder, die nach den beiden genannten Methoden der Operationalisierung dem gleichen Regimetyp zuzurechnen sind.

3. Einige zentrale Ergebnisse

Wenngleich die wohlfahrtsstaatlichen Regimetypen nach den theoretischen Überlegungen Esping-Andersens *nicht* durch das Niveau der Staats- bzw. Sozialausgaben *definiert* werden, ist es dennoch eine interessante Frage, ob die durch Strukturmerkmale ihrer sozialen Sicherungssysteme definierten Regimetypen sich *empirisch* in dem Ausmaß unterscheiden, in dem sie gesamtwirtschaftliche Ressourcen in Anspruch nehmen, um öffentliche Güter und Dienstleistungen zu produzieren (sog. Staatsverbrauch und öffentliche Investitionen) bzw. Einkommen umzuverteilen (Transferleistungen).

Die den Regimetypen zugrunde liegenden Gesellschaftsbilder bzw. ‚Philosophien‘ der Aufgaben und Ziele der Sozialpolitik lassen erwarten, daß im liberalen Modell der Grad der staatlichen Interventionen in das Wirtschaftssystem und der Umfang der staatlichen Aktivitäten insgesamt wesentlich geringer ist als im sozialdemokratischen Modell. Für das konservative Modell ist ein mittlerer Grad staatlicher Intervention und Einflußnahme zu erwarten aus einem paternalistischen Staatsverständnis heraus, das auf staatliche Machtentfaltung abzielt, aber andererseits die politische Macht zur Sicherung, nicht zur weitreichenden Veränderung gesellschaftlicher Grundstrukturen einsetzen will.

Tabelle 1: Staatsausgaben und Sozialausgaben (in % des BIP) nach Typen von Wohlfahrtsstaaten

	Staatsausgaben 1983 – 1994	Sozialausgaben 1983 – 1994
Liberales Modell		
Australien	38,0	14,4
USA	36,8	14,0
Neuseeland		20,7
Kanada	47,8	17,6
Irland	47,5	21,0
Großbritannien	44,2	21,0
Mittelwert	42,9	18,1
Standardabweichung	4,6	3,0
Mittelwert	**40,9**	**15,3**
Standardabweichung	**4,9**	**1,6**
Konservatives Modell		
Italien	52,3	22,7
Japan	32,8	12,3
Frankreich	51,7	26,8
Deutschland	47,6	24,7
Finnland	49,9	26,9
Schweiz	32,2	18,5
Mittelwert	44,4	22,0
Standardabweichung	8,5	5,2
Mittelwert	**50,5**	**24,7**
Standardabweichung	**2,1**	**1,7**
Sozialdemokratisches Modell		
Österreich	51,4	24,3
Belgien	58,9	27,5
Niederlande	59,5	29,3
Dänemark	60,0	28,3
Norwegen	52,6	25,0
Schweden	64,3	33,4
Mittelwert	57,8	28,0
Standardabweichung	4,5	3,0
Mittelwert	**59,1**	**29,0**
Standardabweichung	**4,2**	**3,0**

Quelle: Historical Statistics, OECD, 1994, Tab. 6.5 OECD/GD (96)49, Labour Market and Social Policy, Occasional Papers No.17

In der Tat liegt das Niveau der staatlichen Gesamtausgaben im sozialdemokratischen Regimetyp mit ca. 58% des BIP deutlich höher als in den Ländern des liberalen und des konservativen Modells (ca. 43-44%), die sich in dieser Hinsicht nur wenig unterscheiden, wenn man die Durchschnittswerte für alle

Länder betrachtet. Greift man jedoch die für das jeweilige Modell typischen Länder heraus (die „prototypischen Fälle", s.o.), so ergibt sich eine distinkte Reihenfolge: knapp 60% beim sozialdemokratischen Modell, etwas über 50% beim konservativen Modell, und etwas über 40% beim liberalen Modell.

Ein ähnliches Muster ergibt sich im Hinblick auf die Sozialausgaben, die nach der OECD-Definition nicht nur die sozialen Transferleistungen umfassen, sondern auch die personell zurechenbaren sozialen Dienstleistungen.

Nach der Logik der Dekommodifizierung, die der Bildung der wohlfahrtsstaatlichen Regimetypen zugrundeliegt, ist zu erwarten, daß die Länder des sozialdemokratischen Modells die höchsten Sozialausgabenquoten aufweisen, die Länder des liberalen Modells die geringsten. Dies ist auch im Durchschnitt der einem Regimetyp zuzurechnenden Länder der Fall. Die Länder des konservativ-korporatistischen Modells nehmen auch hier eine mittlere Position ein. Allerdings ist die Varianz innerhalb dieses Regimetyps am größten: mit Japan und der Schweiz gehören zwei Länder mit besonders niedrigen Sozialausgaben zu dieser Gruppe. Beschränkt man den Vergleich wiederum auf die prototypischen Fälle, so rücken die Länder des konservativen Modells näher an die des sozialdemokratischen Modells heran (ca. 25% gegenüber 29%).

Sowohl beim sozialdemokratischen als auch beim konservativen Regimetyp entfällt etwa die Hälfte aller Staatsausgaben auf Sozialausgaben (in dem hier definierten Sinn). Gemessen an den staatlichen Ressourcen, nehmen die sozialpolitischen Aufgaben also einen annähernd gleichen Stellenwert im Rahmen der gesamten öffentlichen Aufgaben ein. Deutlich geringer ist der Anteil der Sozialausgaben an den gesamten Staatsausgaben hingegen in den dem liberalen Modell zuzurechnenden Ländern (ca. 40 %).

Wie eine genauere Zeitreihenanalyse zeigt, ist in allen drei Regimetypen im Untersuchungszeitraum 1983-94 tendenziell ein Anstieg der Sozialausgabenquoten festzustellen. Das oben beschriebene strukturelle Muster bleibt eben dadurch im Zeitablauf erhalten. Es hat demnach nicht den Anschein, daß es in einem der Regimetypen merklich besser gelingt, den Trend steigender Sozialausgaben zu bremsen oder gar zu brechen.

Allerdings gilt dies nicht in jedem einzelnen Land. Deutschland z.B. ist eines der wenigen Länder, wo entgegen dem allgemeinen Trend in dem genannten Zeitraum bereits ein kontinuierlicher Rückgang des Sozialausgabenniveaus festzustellen ist.[5]

Tabelle 2: Gesamtwirtschaftliche Leistungsindikatoren nach Typen von Wohlfahrtsstaaten

	Reales Wirtschaftswachstum[1] 1983-1994	Inflationsraten[2] 1983-1994	Standardisierte Arbeitslosenquoten[3] 1983-1994	Gesamtbeschäftigung[4] 1983-1994
Liberales Modell				
Australien	1,6	6,7	8,2	1,7
USA	1,4	5,0	6,9	1,4
Neuseeland	1,4	8,8	7,2	0,4
Kanada	1,2	5,5	9,6	1,3
Irland	3,4	7,2	15,3	0,4
Großbritannien	1,7	6,7	9,7	0,0
Mittelwert	1,8	6,7	9,5	0,9
Standardabweichung	0,7	1,2	2,8	0,6
Mittelwert	**1,4**	**5,7**	**8,2**	**1,5**
Standardabweichung	**0,2**	**0,7**	**1,1**	**0,2**
Konservatives Modell				
Italien	1,9	9,4	9,8	0,4
Japan	2,8	2,5	2,6	1,1
Frankreich	1,3	5,9	9,5	0,1
Deutschland	1,6	3,2	6,0	0,2
Finnland	1,7	6,9	7,2	-0,7
Schweiz	1,1	3,7	3,1	0,2
Mittelwert	1,7	5,3	6,4	0,2
Standardabweichung	0,6	2,4	2,8	0,5
Mittelwert	**1,6**	**6,2**	**8,4**	**0,2**
Standardabweichung	**0,2**	**2,5**	**1,7**	**0,1**
Sozialdemokratisches Modell				
Österreich	1,8	3,8	3,2	1,4
Belgien	1,7	4,2	9,9	0,0
Niederlande	1,3	2,7	8,7	1,4
Dänemark	1,7	5,3		0,2
Norwegen	2,4	6,6	3,7	0,4
Schweden	0,9	7,5	3,7	-0,4
Mittelwert	1,6	5,0	5,8	0,5
Standardabweichung	0,5	1,6	2,9	0,7
Mittelwert	**0,4**	**-4,8**	**5,0**	**1,8**
Standardabweichung	**0,6**	**1,8**	**2,4**	**0,6**

1 (BIP pro Kopf)
2 (Veränderung des Index der Lebenshaltungskosten)
3 (in % der Erwerbspersonen)
4 (prozentuale Veränderung gegenüber Vorjahr)

Quelle: Historical Statistics, OECD, 1994, Tab. 1.6, Tab. 2.20, Tab. 3.2 und Tab. 8.11. Income Distribution in OECD Countries,1996, Tab.3.2a

Hinsichtlich des wohl zentralen wirtschaftspolitischen Leistungsindikators, des realen Wirtschaftswachstums (pro Kopf), sind im Untersuchungszeitraum seit den 80er Jahren keine signifikanten und systematischen Unterschiede zwischen den wohlfahrtsstaatlichen Regimetypen zu erkennen. Die Bandbreite beträgt für die Periode 1980-94 lediglich 1,6%-1,8%, bei Beschränkung auf die prototypischen Länder nur 1,4%-1,6% pro Jahr. Damit verglichen, ist die Spannweite innerhalb der einem Regimetyp zugeordneten Länder erheblich. In jeder Ländergruppe finden sich Länder mit relativ starkem Wachstum (über 2% p.a.): Irland beim liberalen Modell, Japan beim konservativen, Norwegen beim sozialdemokratischen Modell. Gerade das Beispiel dieser Länder deutet aber darauf hin, daß hier besondere länderspezifische Bedingungskonstellationen für eine überdurchschnittliche Wirtschaftsentwicklung vorliegen, aber eben keine systematische Verknüpfung mit Merkmalen des sozialpolitischen Institutionensystems.

Eine genauere periodenspezifische Analyse (vgl. Kohl 1998: 123, Tab. 3) zeigt, daß konjunkturelle Zyklen sich offenbar bei allen Regimetypen auswirken, auch wenn sie in den einzelnen Ländern unterschiedlich stark ausgeprägt und u.U. zeitlich etwas verschoben sein mögen. So ist in fast allen Ländern in der zweiten Hälfte der 80er Jahre eine relativ günstige Wirtschaftsentwicklung festzustellen, während in den 90er Jahren das Wachstum des BIP pro Kopf durchweg sehr mäßig ist und es in mehreren Ländern zu mehrjährigen Phasen mit Realeinkommenseinbußen kommt. Die durchschlagende Wirkung solcher Konjunkturzyklen deutet auf zunehmende weltwirtschaftliche Interdependenzen (zumindest innerhalb der OECD-Länder) hin, denen sich kein Land auf Dauer entziehen kann.

Es hat zwar den Anschein, daß in den letzten Jahren (etwa ab 1993) in mehreren, dem liberalen Modell folgenden Ländern (USA, Australien, Neuseeland, Irland, Großbritannien) ein relativ starkes Wirtschaftswachstum zu verzeichnen ist. Doch gilt dies durchaus nicht im mehrjährigen Durchschnitt und auf lange Sicht. Es bleibt deshalb abzuwarten (bzw. genauer zu analysieren), ob sich dieser Trend in Zukunft fortsetzen wird. Sollte dies der Fall sein, würde dies darauf hindeuten, daß sich ein neues strukturelles Bedingungsgefüge zwischen wohlfahrtsstaatlichem Institutionensystem und wirtschaftlichem Leistungsvermögen herausbildet, das so jedenfalls in der Vergangenheit nicht wirksam war.

Ähnlich ist das Bild auch bezüglich des Leistungsindikators ‚Preisstabilität‘, dessen Zielerreichungsgrad man negativ an der Höhe der Inflationsraten ablesen kann. Im Gesamtzeitraum finden wir im Vergleich der Regimetypen die durchschnittlich höchsten Preissteigerungsraten beim liberalen Modell, während die Unterschiede zwischen dem konservativen und dem sozialdemokratischen Modell relativ gering sind. Doch ist auch hier zu konzedieren, daß die Varianz innerhalb der Ländergruppen so erheblich ist, daß man aus den Unterschieden zwischen den Regimetypen keine voreiligen kausalen Schlüsse ziehen sollte.

Im Zeitverlauf sind die Inflationsraten seit den frühen 80er Jahren bei allen Regimetypen rückläufig, wodurch sich auch die Schwankungsbreite innerhalb der Ländergruppen verringert (vgl. Kohl 1998: 125, Tab. 4). Was die Höhe der Inflationsraten betrifft, ist also ein deutlicher Trend zur Konvergenz auf niedrigerem Niveau festzustellen. Dieser Trend dürfte sich in den 90er Jahren weiter fortgesetzt haben im Zuge der Bemühungen um die Schaffung einer Europäischen Währungs-Union (EWU), wo ja die Gewährleistung der Preisstabilität einen wichtigen Platz unter den Konvergenzkriterien, d.h. den Beitrittsbedingungen zur EWU, einnimmt. Der Hinweis auf die sog. Maastricht-Kriterien macht zugleich deutlich, daß die wesentlichen Determinanten der Preisentwicklung – und folglich auch die wesentlichen Instrumente zur Verfolgung des Ziels der Preisstabilität – auf anderem als sozialpolitischem Gebiet liegen (insbes. Geldpolitik, Lohnpolitik, Staatsverschuldung, etc.).

Entgegen landläufiger Meinung (und verbreiteter politischer Propaganda) ist es keineswegs so, daß ein ausgebauter Wohlfahrtsstaat – weder nach dem konservativ-korporatistischen noch nach dem sozialdemokratischen Modell – zu hohen Inflationsraten führen müsse, daß also geringere Preisstabilität der Preis sei, der für einen Ausbau des Wohlfahrtsstaates zu zahlen sei. Daraus folgt im Umkehrschluß, daß ein Abbau des Wohlfahrtsstaates i. S. einer Reduzierung der Sozialausgaben zumindest keine notwendige Bedingung für die Erreichung und Gewährleistung des Ziels der Preisstabilität ist.

Die Bekämpfung von Arbeitslosigkeit, oder positiv gewendet: die Sicherung eines hohen Beschäftigungsstandes gilt zu Recht als ein unmittelbar wohlfahrtsrelevantes Ziel. Verbreitete Arbeitslosigkeit vertieft soziale Ungleichheiten, schafft zusätzliche Armutsrisiken und zieht eine Reihe weiterer sozialer Folgeprobleme nach sich. Sie gefährdet zudem die Funktionsfähigkeit sozialer Sicherungssysteme (insbesondere wenn deren Finanzierung über Beiträge erfolgt, die an das Erwerbseinkommen anknüpfen). Aus diesen Gründen nimmt das Ziel der Vollbeschäftigung vor allem im sozialdemokratischen Modell des Wohlfahrtsstaates programmatisch einen hohen Rang ein. Aber auch in anderen Wohlfahrtsstaatsmodellen gilt niedrige Arbeitslosigkeit als Indikator wirtschafts- und arbeitsmarktpolitischen Erfolges.

Allerdings ist die Arbeitslosenquote, d.h. der Anteil der Arbeitslosen an den Erwerbspersonen,[6] – für sich genommen – ein unzureichender Indikator erfolgreicher Arbeitsmarktpolitik. Denn es ist durchaus denkbar, daß bei gleicher Arbeitslosenquote der gesamtwirtschaftliche Beschäftigungsstand in Land A höher ausfällt als in Land B, Land A also erfolgreicher ist in der Sicherung eines hohen Beschäftigungsniveaus. Es ist auch denkbar, daß trotz der Schaffung neuer Arbeitsplätze die Arbeitslosigkeit nicht zurückgeht (oder sogar zunimmt), wenn etwa die Zahl der erwerbsfähigen oder der erwerbswilligen Personen (und damit die Nachfrage nach Arbeitsplätzen) stärker steigt. Deshalb erscheint es zweckmäßig, als einen weiteren Indikator arbeitsmarktpolitischen Erfolges den prozentualen Zuwachs der Gesamtbeschäftigung (Zahl der Arbeitsplätze) heranzuziehen.

Im Vergleich der Regimetypen weisen die dem sozialdemokratischen Modell zugeordneten Länder im Gesamtzeitraum 1980-94 die geringste Arbeitslosigkeit auf, die dem liberalen Modell subsumierten Länder dagegen die höchste; die dem konservativen Modell zugerechneten Länder verzeichnen mittlere Arbeitslosenquoten. Diese Reihenfolge bestätigt sich auch in allen drei Untersuchungsperioden (vgl. Kohl 1998: 127, Tab. 5), stellt also ein relativ stabiles Muster dar.

Jedoch gibt es innerhalb der Regimetypen auch hier eine erhebliche Streuung. So liegt die Arbeitslosigkeit in Japan und der Schweiz, zwei Ländern, die von Esping-Andersen dem konservativ-korporatistischen Modell zugeordnet werden, typischerweise auf einem so niedrigen Niveau, wie es sonst nur in den skandinavischen Ländern und in Österreich erreicht wird.

Die Arbeitslosigkeit unterliegt naturgemäß starken konjunkturellen Schwankungen, die durch die Berechnung von langjährigen Durchschnittswerten verdeckt werden. Die periodenspezifische Analyse zeigt in der zweiten Hälfte der 80er Jahre in den meisten Ländern eine leicht sinkende Arbeitslosigkeit, parallel zu relativ günstigen wirtschaftlichen Wachstumsraten und einer positiven Entwicklung der Gesamtbeschäftigung. In den 90er Jahren steigt die Arbeitslosigkeit dagegen meist wieder an, am stärksten in den dem konservativen Modell zugerechneten Ländern. Aber auch in Schweden, dem Musterland des sozialdemokratischen Modells, wo die Arbeitslosigkeit noch bis 1990 unter 2% lag, hat sie sich binnen weniger Jahre vervierfacht.

Überprüft man die Entwicklung der Gesamtbeschäftigung in den OECD-Ländern, so fällt auf, daß diese meist nicht über 1% pro Jahr hinausgeht und – ebenso wie die Arbeitslosigkeit – starken konjunkturellen Schwankungen unterliegt. Im Vergleich der Regimetypen schneiden hier die Länder des liberalen Modells relativ am günstigsten ab, die des konservativen Modells hingegen am ungünstigsten. Während in der erstgenannten Ländergruppe seit der Mitte der 80er Jahre die Beschäftigung kräftig gewachsen ist, sind in den 90er Jahren in einigen Ländern des konservativen, aber auch des sozialdemokratischen Modells Beschäftigungsverluste über mehrere Jahre hinweg zu verzeichnen.

Diese Beobachtung ist es vor allem, die von den Kritikern des Wohlfahrtsstaates in den letzten Jahren ins Feld geführt wird. Man sollte jedoch auch hier die ausgeprägte Varianz innerhalb der Regimetypen beachten, die es fraglich erscheinen läßt, ob wirklich regimespezifische Gründe für diese Entwicklung verantwortlich zu machen sind. Man vergleiche etwa die durchaus positive Beschäftigungsentwicklung in Österreich und den Niederlanden mit den recht dramatischen Beschäftigungseinbrüchen in den skandinavischen Ländern.

Außerdem müssen die Beschäftigungsentwicklung und die Entwicklung der Arbeitslosigkeit im Zusammenhang gesehen werden. Trotz der relativ günstigen Beschäftigungsentwicklung in den Ländern des liberalen Modells ist auch dort die durchschnittliche Arbeitslosenquote in den 90er Jahren noch angestiegen. Das Niveau der Arbeitslosigkeit liegt immer noch um die Hälfte höher als in den Ländern des sozialdemokratischen Modells.

Zu den genuin sozialpolitischen Zielen des Wohlfahrtsstaates gehören sicherlich die Reduzierung der Einkommensungleichheit (auch wenn es keinen Konsens über einen ‚optimalen' bzw. noch akzeptablen Grad der Ungleichheit gibt) und die Bekämpfung von Armut (auch wenn es keinen Konsens über die Definition und Messung von Armut, insbesondere über die anzuwendenden Armutsgrenzen gibt). Als angemessenes Einkommenskonzept für

Verteilungsanalysen wird in der Regel heute das verfügbare Haushaltseinkommen angesehen, das mittels einer Äquivalenzskala haushaltsgrößenspezifisch gewichtet wird, und somit geeignet ist, die individuelle Wohlstandsposition abzubilden. Als statistische Maßzahl zur Messung der Einkommensungleichheit bzw. -konzentration wird hier der Gini-Koeffizient verwendet, der Werte zwischen 0 (vollkommene Gleichheit) und 1 (maximale Ungleichheit) annehmen kann.

Tabelle 3: Einkommensungleichheit und Armut nach Typen von Wohlfahrtsstaaten

	Jahr	Gini-Index	Armutsquoten 40%	50%	60%
Liberales Modell					
Australien	85/86	**29,5**	5,9	12,9	21,0
USA	86	**34,1**	12,8	18,4	24,1
Neuseeland					
Kanada	87	**28,9**	7,5	12,1	18,1
Irland	87	35,2	4,4	12,3	20,1
Großbritannien	86	30,4	3,9	8,7	17,3
Mittelwert		31,6	6,9	12,9	20,1
Mittelwert		30,8	8,7	14,5	21,1
Konservatives Modell					
Italien	86	30,2	5,6	11,0	18,0
Japan					
Frankreich	84	**29,6**	3,9	7,1	13,2
Deutschland	84/85	26,0	2,7	6,4	12,4
Finnland					
Schweiz					
Mittelwert		28,6	4,1	8,2	14,5
Mittelwert		28,6	4,1	8,2	14,5
Sozialdemokratisches Modell					
Österreich	87	31,6	2,6	6,7	12,2
Belgien	85	**22,8**	1,9	4,4	10,7
Niederlande	87	**26,8**	1,9	3,9	8,3
Dänemark					
Norwegen	86	**23,4**		7,3	12,8
Schweden	87	22,0	4,2	6,8	11,8
Mittelwert		25,3	2,7	5,8	11,2
Mittelwert		24,1	3,1	6,0	11,0

Anmerkungen:

a) Die fett gedruckten Zahlen in der Spalte Gini-Index basieren auf LIS-Analysen, die übrigen auf nationalen Untersuchungen

b) Armutsgrenze: 40%, 50%, 60% des verfügbaren Median-Einkommens – Standardisierte Äquivalenzskala e = 0,55 (1, 1.50, 1.88, 2.18, 2.40 ...)

Quelle: OECD 1994, Measurement of Low Incomes and Poverty in a Perspective of International Comparisons, Tab. 1 u. Tab.5. OECD 1996, Income distribution in OECD countries, Tab. 4.8

Die in Tabelle 3 wiedergegebenen Gini-Indizes zur Einkommensungleichheit stützen sich auf eine kürzlich veröffentlichte OECD-Studie (OECD 1995), die hinsichtlich der verwendeten Datenquellen und der Methodik das gegenwärtig erreichbare Optimum darstellt.[7] Aus ergänzenden nationalen Studien ergibt sich, daß in den meisten Ländern die Einkommensungleichheit seit Mitte der 80er Jahre tendenziell zugenommen hat. Am eindeutigsten ist die Zunahme in den USA und vor allem in Großbritannien ausgefallen. Diese längerfristige Tendenz kann keineswegs mehr als statistisches Artefakt abgetan werden.

Wagt man auf der Basis der LIS-Analysen einen internationalen Vergleich für Mitte der 80er Jahre, so ergibt sich folgende Reihenfolge (von hoher zu niedriger Ungleichheit): USA, Großbritannien, Frankreich, Australien, Kanada, Niederlande, Norwegen, Belgien, Schweden, und Finnland. Das bedeutet: vier der fünf Länder mit der höchsten Einkommensungleichheit finden sich in dem liberalen Cluster, vier der fünf Länder mit der geringsten Ungleichheit gehören zu dem sozialdemokratischen Cluster. Mit überraschender Deutlichkeit zeigt sich so, daß es den Ländern des sozialdemokratischen Regimetyps – entsprechend ihrer egalitären Programmatik – in der Tat wesentlich besser gelingt, die Verteilung des materiellen Wohlstandes gleichmäßiger zu gestalten, als dies in anderen, insbesondere den liberalen Ländern, der Fall ist.

In der international vergleichenden Armutsforschung hat es sich durchgesetzt, von *relativen* Armutsgrenzen auszugehen, d.h. Armut in Relation zu den jeweiligen Einkommens- und Lebensverhältnissen eines Landes zu verstehen und zu definieren (vgl. Kohl 1992). Damit wird einerseits das Problem umgangen, eine *absolute*, für Länder unterschiedlichen Entwicklungsniveaus gleiche Armutsgrenze zu definieren. Andererseits wird – im Unterschied zu den in verschiedenen Ländern für administrative Zwecke verwendeten quasioffiziellen Armutsgrenzen – ein einheitliches Armuts*konzept* zugrunde gelegt. Dieses besteht darin, daß ein bestimmter Prozentsatz des nationalen Durchschnittseinkommens als Armutsgrenze festgelegt wird. Um die bei einer solchen Entscheidung unumgängliche ‚Willkür' in Grenzen zu halten bzw. zu kontrollieren, wird neben der üblichen 50%-Grenze häufig eine ‚strenge' (40%) und eine ‚milde' Armutsgrenze (60%) verwendet.

Die bei Verwendung dieser drei Armutsgrenzen berechneten personenbezogenen Armutsquoten folgen alle dem gleichen Muster: Die Armutshäufigkeit, die auch als Armutsrisiko interpretiert werden kann, ist eindeutig am höchsten im liberalen Regimetyp und ebenso eindeutig am niedrigsten im sozialdemokratischen Regimetyp (nämlich nur etwa halb so hoch wie in jenem). Es gibt kein Land aus dem liberalen Cluster, das in der Armutsbekämpfung besser abschneidet als irgendein Land aus dem sozialdemokratischen Cluster. Für den konservativen Regimetyp liegen Armutsquoten nur für wenige Länder vor; sie liegen auf einem mittleren Niveau.

Über die Häufigkeit des Auftretens von Armut hinaus kann man die sog. aggregierte *Armutslücke (‚low income gap')* berechnen (vgl. OECD 1994b: 11ff.). Diese bezeichnet den Ressourcenaufwand, der rechnerisch notwendig wäre, um die Einkommenslage aller Armen zumindest auf die Armutsgrenze anzuheben, in diesem Sinne: Armut zu beseitigen. Die diesbezüglichen Berechnungen ergeben erstaunlich geringe Werte. In allen in die Analyse einbezogenen Ländern (außer den USA) würde ein zusätzlicher Sozialaufwand von unter 1% des BIP genügen, um das Einkommen aller Bürger auf mindestens 50% des nationalen Durchschnittseinkommens anzuheben; in den USA liegt der entsprechende Prozentsatz bei 1,5% (vgl. Kohl 1998: 134, Tab. 8).

4. *Fazit*

Hinsichtlich der *Input*-Indikatoren (Staatsausgabenquote, Sozialausgabenquote) liegen die Unterschiede zwischen den Regimetypen in der erwarteten Richtung. Im Durchschnitt weisen die dem sozialdemokratischen Regimetyp zuzurechnenden Länder das höchste Niveau der Sozialausgaben als auch der Staatsausgaben insgesamt auf und die Länder des liberalen Regimetyps die geringsten. Die dem konservativen Regimetyp zuzurechnenden Länder nehmen eine mittlere Stellung ein; jedoch ist die Varianz innerhalb des konservativen Regimetyps sehr groß. Klammert man die beiden ‚untypischen' Länder Japan und die Schweiz aus, verbleibt eine wesentlich homogenere Ländergruppe mit deutlich höherem Niveau von Sozialausgaben und Staatsausgaben. In der Tat unterscheiden sich die Länder des konservativen und des sozialdemokratischen Regimetyps im Niveau der Sozialausgaben dann nur noch um wenige Prozentpunkte.

Hinsichtlich der *wirtschaftspolitischen* Leistungsindikatoren (Wirtschaftswachstum, Preisstabilität, Vollbeschäftigung) ist das Bild eher uneinheitlich. Die Unterschiede *zwischen* den Regimetypen sind meist nicht sehr beträchtlich, verglichen mit der Variationsbreite *innerhalb* des gleichen Regimetyps. Konjunkturelle Zyklen wirken sich bei allen Ländern, unabhängig vom Regimetyp, in ähnlicher Weise aus. Unter dem Gesichtspunkt der Hypothesenprüfung mag dieses Ergebnis als negativer Befund erscheinen. Im Kontext der politischen Diskussion ist dies jedoch ein substantielles Ergebnis von nicht zu unterschätzender Brisanz: besagt es doch, daß die unterschiedliche institutionelle Gestaltung des Wohlfahrtsstaates in Bezug auf die wirtschaftspolitische Leistungsfähigkeit eines Landes keinen ausschlaggebenden Einfluß hat.

Es läßt sich beispielsweise nicht belegen, daß die Länder des liberalen Modells auf Dauer eine durchschnittlich bessere Leistungsbilanz vorzuweisen hätten, was wirtschaftliches Wachstum und Inflationsbekämpfung betrifft. Am ehesten sind regimespezifische Unterschiede bei den Beschäftigungs-Indikatoren festzustellen. In den Ländern des liberalen Modells finden wir die durchschnittlich höchste Arbeitslosigkeit, andererseits aber die relativ günstigste Beschäftigungsentwicklung seit Mitte der 80er Jahre. Die Länder des sozialdemokratischen Modells zeichnen sich im langjährigen Durchschnitt durch die niedrigste Arbeitslosigkeit aus; aber in den 90er Jahren steigt sie deutlich an, und die Beschäftigungsentwicklung ist nur mäßig positiv. Die schlechteste Performanz weisen die Länder des konservativen Modells auf: hier steigt die Arbeitslosigkeit in den 90er Jahren am stärksten an, während zugleich die Gesamtbeschäftigung rückläufig ist.

Hinsichtlich der *sozial- bzw. verteilungspolitischen* Output-Indikatoren zeigen sich dagegen deutlich die aufgrund theoretischer Überlegungen zu erwartenden Muster. Einkommensungleichheit und Armut sind eindeutig am größten in den Ländern des liberalen Modells, und eindeutig am geringsten in den Ländern des sozialdemokratischen Modells. Man mag dies darauf zurückführen, daß den Zielen der Reduzierung von Ungleichheit und der Bekämpfung von Armut in den letztgenannten Ländern eine höhere Priorität eingeräumt wird, oder darauf, daß diese Ziele mit effektiveren Instrumenten angestrebt werden. In jedem Fall muß man schließen, daß der Typ des Wohlfahrtsstaates, d.h. die Art der institutionalisierten Sozialpolitik, einen Unterschied im Hinblick auf die Beeinflussung der Strukturen sozialer Ungleichheit macht. Dieses Ergebnis spricht sowohl gegen die Nullhypothese, daß solche gesellschaftlichen Strukturen politisch nicht gezielt zu beeinflussen wären als auch vor allem gegen die Hypothese, daß das Instrumentarium ausgebauter sozialer Sicherungssysteme letztlich kontraproduktiv wäre, d.h. entgegen gutgemeinter Absichten der Akteure letztlich Armut und Ungleichheit noch vergrößere.

Anmerkungen

1 Dieser Beitrag wurde bereits in einer ausführlicheren Fassung in dem von P. Flora und H.-H. Noll herausgegebenen Band „Sozialberichterstattung und Sozialstaatsbeobachtung“, Campus Verlag, Frankfurt a.M. 1998, veröffentlicht. Ich danke dem Campus Verlag für die freundliche Nachdruckgenehmigung.

2 Zur deutschen Diskussion vgl. Kohl (1993), Offe (1993), Lessenich/Ostner (1998), Schmid (1996, Kap. 3), Schmidt (1998, Kap. 2.4).

3 Die beiden Begriffe werden im folgenden synonym verwendet.

4 Hierfür sei der Leser auf die ausführliche Fassung dieses Aufsatzes in: Flora/Noll (Hrsg.) 1998, S. 111-139, verwiesen.

5 In den 90er Jahren nimmt Deutschland auch keineswegs mehr eine Spitzenstellung, sondern allenfalls eine Durchschnittsposition hinsichtlich des Sozialausgabenniveaus ein, sowohl im Vergleich aller OECD-Länder als auch im Vergleich zu den übrigen Ländern des konservativen Regimetyps (vgl. Tab. 1).

6 In der statistischen Praxis mancher Länder wird die Zahl der Arbeitslosen mitunter auch auf die Zahl der *abhängig* Erwerbstätigen oder auf die Zahl der *zivilen* Erwerbspersonen bezogen. In Tab. 2 wird dagegen auf die *standardisierten* Arbeitslosenquoten der OECD zurückgegriffen, die für den internationalen Vergleich eine bessere Datenbasis darstellen.

7 Diese beruht ihrerseits auf umfangreichen Studien des LIS (Luxembourg Income Study) Projekts, in dessen Rahmen eine größere Anzahl nationaler Einkommenssurveys sekundäranalytisch vergleichbar gemacht und nach einer einheitlichen Methodik analysiert wurden (vgl. Smeeding/O'Higgins/Rainwater 1990).

Literatur

Esping-Andersen, Gøsta 1990: The Three Worlds of Welfare Capitalism, Princeton, N.J.

Esping-Andersen, Gøsta (Hrsg.) 1996: Welfare States in Transition. National Adaptations in Global Economies. London: Sage.

Kohl, Jürgen 1992: Armut im internationalen Vergleich. Methodische Probleme und empirische Ergebnisse. In: Leibfried, Stephan/Voges, Wolfgang (Hrsg.). Armut im modernen Wohlfahrtsstaat (Sonderheft 32 der KZfSS), Opladen, S. 272-299.

Kohl, Jürgen 1993: Der Wohlfahrtsstaat in vergleichender Perspektive. Anmerkungen zu Esping-Andersen's ‚Three Worlds of Welfare Capitalism'. In: Zeitschrift für Sozialreform, 39. Jg., S. 67-82.

Kohl, Jürgen 1998: Leistungsprofile wohlfahrtsstaatlicher Regimetypen. In: Flora, Peter/ Noll, Heinz-Herbert (Hrsg.). Sozialberichterstattung und Sozialstaatsbeobachtung. Frankfurt, S. 111-139.

Lessenich, Stephan/Ostner, Ilona (Hrsg.) 1998: Welten des Wohlfahrtskapitalismus. Der Sozialstaat in vergleichender Perspektive. Frankfurt: Campus.

OECD 1994a: Historical Statistics. Paris.

OECD 1994b: Measurement of Low Incomes and Poverty in a Perspective of International Comparisons (OECD Labour Market and Social Policy Occasional Papers, No. 14). Paris.

OECD 1995: Income Distribution in OECD Countries. Paris.

OECD 1996: Social Expenditure Statistics of OECD Member Countries (Labour Market and Social Policy Occasional Papers No. 17). Paris.

Offe, Claus 1993: Zur Typologie von sozialpolitischen ‚Regimes'. In: Zeitschrift für Sozialreform, 39. Jg., S. 83-86.

Schmid, Josef 1996: Wohlfahrtsstaaten im Vergleich. Opladen. Leske + Budrich.

Schmidt, Manfred G. 1998: Sozialpolitik in Deutschland. Historische Entwicklung und internationaler Vergleich. 2. Aufl., Opladen: Leske + Budrich.

Smeeding, Timothy/O'Higgins, Michael/Rainwater, Lee (Hrsg.) 1990: Poverty, Inequality and the Distribution of Income. Hemel Hempstead.

Wandel in der Bildungslandschaft Europas[1]

Walter Müller

Die starke Zunahme in der Bildungsbeteiligung ist eine der wesentlichen Entwicklungen im sozialen Wandel der zweiten Hälfte dieses Jahrhunderts. In den ersten Jahren nach dem Zweiten Weltkrieg erhielt in fast allen Ländern Europas die überwiegende Mehrheit der Bevölkerung noch eine Ausbildung, die nicht über 7-8 Jahre Volksschulbesuch hinaus reichte. In einigen südeuropäischen Ländern, in Irland oder in ländlichen Regionen der nordischen Länder war die Schuldauer für große Teile der Bevölkerung noch wesentlich kürzer. In allen Ländern waren die Bildungssysteme in hohem Maße segregiert und trennten in relativ frühem Alter die Kinder, die auf der Volksschule verblieben, von denen, die eine höhere Bildung erreichen sollten. Bildungsbarrieren wurden in den Nachkriegsjahrzehnten durch Reformen reduziert und die Dauer der Schulpflicht wurde erhöht. Die Nachfrage nach Bildung stieg stark an. Man kann inzwischen von einer *Universalisierung von Sekundarbildung* in Europa sprechen: Fast alle Angehörigen der jüngeren Jahrgänge nutzen in allen Ländern über kürzere oder längere Zeit Bildungsangebote, die dem Sekundarniveau zugerechnet werden.

Bildungswachstum hat sich in verschiedenen Ländern von unterschiedlichen Ausgangspunkten in unterschiedlicher Weise und mit unterschiedlichen Ergebnissen vollzogen. Die Unterschiedlichkeit der Entwicklungen ist ein beredtes Beispiel für die in Europa bestehende institutionelle Vielfalt und die damit verbundenen Folgen. Dies gilt schon für die Länder Westeuropas. Die osteuropäischen Gesellschaften bereichern das Bild mit zusätzlicher Variantenvielfalt. Die Bildungssysteme einzelner Länder sind unterschiedlich aufgebaut. Sie bieten verschiedene Ausbildungsgänge an, die unterschiedlich miteinander in Beziehung stehen. Auch die Abschlußniveaus entsprechen sich selten eins zu eins, und der arbeitsmarktbezogene Wert mehr oder weniger äquivalenter Abschlüsse variiert teilweise erheblich zwischen den Ländern. Zudem haben viele Länder ihre Bildungssysteme und Ausbildungsgänge grundlegend verändert. Selbst innerhalb eines Landes können Abschlüsse aus verschiedenen Zeiten oft nur begrenzt verglichen werden.

In diesem Beitrag werden deshalb zunächst einige Grundzüge des institutionellen Wandels in verschiedenen Ländern Europas kurz beschrieben. Dies bildet den Hintergrund für den Versuch eines quantitativen Überblicks über die Bildungsexpansion in den Ländern der Europäischen Union. Der dritte Abschnitt gibt dann einen Ausblick auf die mit bestimmten Bildungsabschlüssen verbundenen Chancen auf dem Arbeitsmarkt und einige Hinweise darauf, weshalb auch in dieser Hinsicht Unterschiede zwischen den Länder Europas bestehen.

1. Institutionelle Reformen

Für die Unterschiedlichkeit der Bildungsreformen in den verschiedenen Ländern waren mehrere Triebkräfte und Bedingungen verantwortlich.[2] Politisch breit getragen war in allen Ländern der Wille, eine allgemeine Erhöhung der Bildungsbeteiligung herbeizuführen. Stärker nach politischen Lagern und Kräfteverhältnissen variierte dagegen das Ziel, dabei auch eine größere Egalisierung der Bildungsbeteiligung nach sozialen Gruppen zu erreichen. Daneben dürften auch die unterschiedlichen institutionellen Ausgangslagen und nationalen Bildungstraditionen den Verlauf der Reformen wesentlich bestimmt haben. Diesen Aspekt will ich hier in einer groben Rekonstruktion zentraler Entwicklungen sowohl auf der Sekundarstufe wie auf dem Tertiärniveau hervorheben.

In der öffentlichen Auseinandersetzung um die Bildungsreformen wurde zwar viel über Maßnahmen zur Realisierung von mehr Chancengleichheit gestritten. Realpolitisch wirksamer dürften aber die von den entscheidenden Akteuren in Wirtschaft und Politik geteilten Erwartungen gewesen sein, im Zuge des technologischen, wirtschafts- und berufsstrukturellen Wandels würden zunehmend mehr Arbeitskräfte mit höheren Qualifikationen benötigt werden. Bildungsexpansion sollte auch dem Ziel dienen, diese Arbeitskräfte heranzubilden. Eine plausible Hypothese ist, daß die Reformen zur Befriedigung dieses angenommenen Qualifikationsbedarfes an den dafür in den einzelnen Ländern bereits vorhandenen Institutionen anknüpften. Alle europäischen Länder besaßen seit langem etablierte Ausbildungswege zur Hochschule und Ausbildungen auf der Hochschulebene. Darin unterschieden sich die Länder nur vergleichsweise wenig. Große Differenzen bestanden aber bei beruflich orientierten Ausbildungsgängen unterhalb der Hochschulbildung. In manchen Ländern waren sie weit verbreitet, in anderen existierten sie kaum. Es ist zu vermuten, daß je nach Existenz oder Fehlen solcher Einrichtungen die Reformen des Bildungssystems unterschiedlich verlaufen sind. Je nach diesbezüglicher Ausgangslage sollten sich für die Sekundarstufe unterschiedliche Reformideen herausbilden und diese unterschiedliche Durchsetzungschancen haben.

1.1 Sekundarstufe

Stark ausgebaute und formalisierte Systeme der Berufsausbildung gab es auf der Sekundarstufe vor allem in den *deutschsprachigen Ländern* und in *Dänemark* in der Form der dual organisierten Berufslehre sowie in den *Niederlanden*, dort aber überwiegend in Form schulisch organisierter Berufsbildungsgänge. Diesen Ländern gelang es schon früh, einem großen Anteil der Bevölkerung eine über die schulische Minimalbildung hinausreichende berufliche Qualifizierung zu vermitteln. Im Verlaufe der Bildungsexpansion behielten diese Länder die bereits implementierten beruflichen Ausbildungsgänge als wesentliches Element des Qualifizierungssystems bei, bauten sie weiter aus oder paßten sie an sich ändernde Anforderungen an. Gleichzeitig erfolgten die Reformen der parallel bestehenden allgemeinbildenden Ausbildungsgänge auch mit Blick auf das existierende und weiter zu entwickelnde berufsbezogene Bildungswesen. Es konnten Argumente geltend gemacht werden, daß die verschiedenen schulischen Bildungspfade angemessen auf verschiedene berufliche Ausbildungsgänge vorbereiteten und daß nur ein begrenzter Teil der Schüler auf ein Hochschulstudium vorzubereiten sei. Die frühe Aufteilung der Schüler auf verschiedene Schultypen wurde in der Regel nicht aufgegeben.

In den übrigen Ländern war berufsbezogene Bildung weniger verbreitet oder existierte kaum. Diese Länder versuchten die erhöhte Nachfrage nach Bildung und Ausbildung zunächst durch Reformen und den Ausbau *schulischer* Angebote zu lösen, weil dies der vorhandenen Praxis der Vermittlung von Bildung entsprach. Diese Angebote behielten ihren stärker *allgemein-* als *berufs*bildenden Charakter. Das primäre Ziel bestand darin, einen großen Anteil der Schüler auf ein möglichst hohes Niveau allgemein-bildender Grundfähigkeiten zu bringen. Verbunden mit dem Ziel der Chancenegalisierung führte dies zum Ausbau von mehr oder weniger integrierten Gesamtschulen. Sie setzten sich in praktisch allen westeuropäischen Ländern ohne ein stark ausgebautes berufliches Bildungswesen durch. Eine Aufteilung der Schülerpopulation in verschiedene Schulzweige oder Ausbildungsschwerpunkte erfolgt dabei allenfalls auf einer möglichst späten Stufe des Bildungsverlaufs, in der Regel etwa ab dem zehnten Schuljahr. In einzelne solcher Zweige oder Ausbildungsschwerpunkte wurden dann– teilweise erst in späteren Reformrunden – auch berufsbezogene Elemente eingebaut.

Man kann also vereinfachend von zwei Typen von Reformen ausgehen. Länder mit bereits existierenden berufsbezogenen Bildungsgängen bauten im wesentlichen aus und modernisierten, was sie schon hatten. Wenn auch Maßnahmen zur Erleichterung der Übergänge zwischen den verschiedenen Schultypen ergriffen wurden, so wurde doch die Mehrgliedrigkeit des Schulsystems mit der frühen Separierung der Schülerpopulationen weitgehend beibehalten. Einzig das skandinavische Dänemark führte ein gesamtschulartig organisiertes System der Allgemeinbildung ein. Alle Länder aber, die nicht über ein ausgebautes Berufsbildungssystem verfügten, etablierten weitgehend Gesamtschulsysteme. Wenn dabei in den höheren Stufen berufsorientierte Züge eingeführt wurden, so spielten diese Züge eher eine sekundäre Rolle. Da die allgemeinbildenden Sekundar-Programme dominant blieben, entwickelten sich in diesen Ländern verstärkt Bedarf und Druck, berufsorientierte Ausbildung auf der Tertiärstufe anzusiedeln. Man sollte deshalb in diesen Ländern eine größere Zunahme der Bildungs-beteiligung und von Bildungsabschlüssen auf dem Tertiärniveau erwarten.

1.2 Tertiärstufe

In fast allen Ländern findet nun über die Universalisierung von Sekundarbildung hinaus bekanntlich auch eine starke Ausweitung der Hochschulausbildung statt. Neben der steigenden Zahl der Studierenden, die ein klassisches Hochschulstudium anstreben, expandiert der Hochschulsektor auch dadurch, daß in den meisten Ländern für zunehmend mehr Arbeitsbereiche eine Ausbildung auf dem Tertiärniveau als angemessen betrachtet wird. Da mit höherer Bildung in der Regel höherer Status und bessere Entlohnung verbunden ist, drängen viele Berufsgruppen nach akademischen oder semi-akademischen Weihen. In unterschiedlichen Ländern gelingt diese Professionalisierung unterschiedlichen Gruppen aus unterschiedlichen Gründen. Die Erfolge dabei waren aber umso höher, je weniger etablierte Traditionen beruflicher Bildung auf der Sekundarstufe bestanden. In Schweden, Frankreich und Spanien z.B. sind Ausbildungen für Krankenschwestern und für mehrere andere sog. medizinischen „Hilfs"-Berufe (oder für einzelne Gruppen von ihnen) inzwischen eindeutig auf dem Tertiärniveau angesiedelt. Das Spektrum von Qualifikationen auf dem Hochschulniveau ist in den einzelnen Ländern, aber auch zwischen den Ländern heterogener geworden.

Fast überall ist Expansion des sog. tertiären Niveaus des Bildungssystems mit institutionellen Reformen zur Bewältigung, Kanalisierung und Selektion der wachsenden Zahl von Studierenden und zur Erfüllung variierender Bildungsbedarfe verbunden. Diese Reformen haben in Europa zu einer äußerst vielfältigen Hochschullandschaft mit sehr unterschiedlichen Organisationsprinzipien, Ausbildungsgängen und Abschlüssen geführt. Vereinfachend kann man drei Muster herauskristallisieren, die die wichtigsten Varianten enthalten. Dabei lassen sich zwei Grundtypen danach unterscheiden, ob Ausbildungsgänge mit unterschiedlich anspruchsvollen Abschlußniveaus *parallel* oder *sequentiell* organisiert sind. Das deutsche System ist überwiegend dem Muster der *parallelen* Segmentierung gefolgt. Neben den klassischen *Universitäten* ist der Sektor der *Fachhochschulen* entstanden. Getrennt von den wissenschaftsorientierten Hochschulen wurden eigene Ausbildungsordnungen und Studiengänge mit einem stark durch Berufs- und Anwendungsorientierung geprägten Profil entwickelt. Die starke Beruflichkeit dieser Ausrichtung entspricht deutscher Bildungstradition. Auf dem Hochschulniveau entsteht ein Typ von Ausbildungsgängen, der ähnlich der starken berufsbezogenen Komponente auf der Sekundarstufe einen an einer spezifischen beruflichen Tätigkeit ausgerichteten Abschluß anbietet. Noch ausgeprägter als bei den Fachhochschulen ist diese Analogie zur Sekundarstufe bei den Berufsakademien, in denen das duale Modell der Berufsausbildung auch auf der Tertiärstufe Eingang gefunden hat. Ähnlich parallel und auch auf *zwei* Haupttypen von Bildung ausgerichtet ist das tertiäre Ausbildungswesen in den Niederlanden, in Dänemark und Norwegen. In Österreich und in der Schweiz werden derzeit Reformen durchgesetzt, die die Hochschulausbildung ebenfalls in Richtung dieses Modells erweitern.

Ein Beispiel eines weitgehend *sequentiell* organisierten Systems ist dagegen Frankreich. In etwas vereinfachter Darstellung ist das tertiäre Ausbildungssystem in drei Zyklen mit in der Regel zwei bis drei Jahren Dauer strukturiert. Nach jedem Zyklus kann ein für Erwerbstätigkeit qualifizierender Abschluß erworben werden. Die Aufnahme in den nachfolgenden Zyklus ist von dem erfolgreichen und mit guten Zensuren bestandenen Abschluß des vorausgehenden Zyklus abhängig. So hat sich in den letzten 20 Jahren in Frankreich ein tertiäres Ausbildungssystem herausgebildet, das insgesamt enorm expandiert ist. Die überwiegende Zahl von Studierenden wird aber nach einem ein- bis zweijährigen Kurzstudium ins Erwerbsleben komplimentiert. Nur relativ wenig gewachsen ist dagegen die Zahl derjenigen, die – nach Vorleistungen im System scharf ausgewählt – zu den höheren Zyklen zugelassen werden. Weitgehend unverändert haben die sog. Grandes Écoles die Bildungsexpansion überlebt. Auch zu ihnen ist der Zugang hoch selektiv, über anspruchsvollste Aufnahmeprüfungen nach speziellen Vorbereitungsschulen oder nach sehr guten Abschlüssen im übrigen tertiären Ausbildungswesen. Der Bildungstradition Frankreichs entspricht bei dieser Lösung die seit der französischen Revolution und vor allem seit Napoleon im französischen Bildungsdenken ausgeprägte Aufklärungsidee der Elitenbildung und Elitenselektion (verbunden mit der Vorstellung, daß dabei gleichzeitig demokratische Chancengerechtigkeit verwirklicht werden könne, wenn die Auswahl nach Kriterien gezeigter Leistung erfolge, vgl. dazu Prost 1992; Brauns 1998a, 1998b). Dem französischen Vorbild einer sequentiellen Organisation des Tertiärsystems sind weitgehend Belgien, Spanien und Portugal gefolgt.[3]

Das dritte, relativ eigenständige Modell hat sich im Vereinigten Königreich entwickelt.[4] Für das Verständnis der jüngeren Entwicklungen ist auch hier ein Rückblick auf die Bildungstraditionen des Landes hilfreich. Das Bildungswesen im Vereinigten Königreich ist nicht primär von oben durch staatliche Verordnung, sondern durch Initiativen aus der Gesellschaft heraus entstanden. Damit verbunden ist die bis heute vergleichsweise geringe staatliche Steuerung und hohe Autonomie der Einrichtungen, ebenso wie die Existenz des in Europa eine Sonderstellung einnehmenden privaten Bildungswesens. Dabei sind die Bildungsangebote in der Lebensphase *vor* dem Eintritt ins Erwerbsleben stark auf Allgemeinbildung ausgerichtet, und die Schüler spezialisieren sich schon in den Sekundarschulen durch weitgehend freie Auswahl aus modular angebotenen Fachgebieten und unterschiedlichen Anspruchsniveaus. Die in den einzelnen Spezialisierungen erzielten Leistungen steuern dann die Aufnahmechancen in Ausbildungsgänge von Bildungseinrichtungen des Tertiärniveaus. Dort variieren die Aufnahmevoraussetzungen und -kriterien in einer großen Bandbreite. Es besteht eine wesentlich stärkere vertikale Differenzierung in den Anforderungs- und Qualitätsniveaus zwischen Hochschuleinrichtungen des gleichen Typs als in Deutschland oder Frankreich.

Die heute außerordentlich große Heterogenität des Hochschulsystems im Vereinigten Königreich resultiert auch aus einer speziellen Ausformung und Entwicklung des berufsorientierten Ausbildungswesens. Dafür gab es eine Tradition beruflicher Qualifizierung in der Form beruflicher Lehren. Diese waren aber nicht sehr verbreitet, wenig geregelt und es fehlte ihnen die Vermittlung von formalen, theoretischen oder sonstigen eher allgemeine Kenntnissen, wie sie im deutschen System die Berufsschule anbietet. Vorhandene Qualifizierungsbedarfe oder Wünsche wurden ad hoc durch den Besuch spezieller Kurse befriedigt. Ein großes und vielfältiges Angebot solcher Kurse steht auch mit einem weiteren Kennzeichen des Bildungswesens des Vereinigten Königreichs in Verbindung, nämlich damit, daß die Absolventen sowohl auf dem Sekundar- wie auf dem Tertiärniveau früh auf den Arbeitsmarkt entlassen werden. Ein erheblicher Teil der Ausbildung erfolgt dann parallel zu Erwerbstätigkeit über das reiche Angebot von Abend- und Teilzeitausbildungsgängen und sog. Sandwich-Kursen. In kaum einem Land Europas leistet diese Form von sich teilweise über lange Zeit erstreckender berufsbegleitender und auf Spezialisierung und Höherqualifikation ausgerichteter „adult education“ oder „further education“ einen so bedeutenden Beitrag zum Bildungsgeschehen wie im Vereinigten Königreich.[5]

Die Kehrseite der oft betonten, in jungem Alter erfolgenden Integration ins Erwerbsleben besteht also in einem Übergang in die Erwerbstätigkeit ohne spezifische oder mit nur halbfertigen beruflichen Qualifikationen. In der Ausgestaltung der Weiterbildungsangebote dominiert (wie in der Sekundarstufe und teilweise auf den Universitäten) auch hier ein Modell der Akkumulation von Teilqualifikationen, die die Teilnehmer von einer breiten Palette auswählen. Ein Abschluß kommt dann durch die Akkumulation von Einzelnachweisen und -prüfungen in solchen Kursmodulen zustande. Dabei ist die Zusammenstellung weniger an einem Standardmenü für fixierte Berufe ausgerichtet, sondern eher variabel nach Interessen der Absolventen oder nach der Nützlichkeit für Erwerbstätigkeiten in bestimmten Jobs, die nicht so weitgehend wie in Deutschland nach einem für einen Beruf festgelegten Kompetenzenspektrum gestaltet sind.[6] Im Zuge der institutionellen Neugestaltung des Hochschulsystems wurden zahlreiche der sog. Polytechnics, die einen großen Teil dieser Kurse anboten und weiterhin anbieten, zu Universitäten aufgewertet. Es entstand damit ein Typus von Universitäten, die in ihrem Angebot wie auch durch ihre – oft hauptberuflich erwerbstätigen – Studierenden ausgesprochen praxisorientiert sind. Diese Einrichtungen sind aber viel heterogener als die deutschen Fachhochschulen. Sie stellen auch durch ihre mit der Modularisierung offenere und variablere Konzeption der Ausbildungsorganisation eine andersartige originelle Lösung für die Befriedigung der gewachsenen Nachfrage nach mehr Bildung dar (Steinmann 1998).

Neben den drei beschriebenen Typen von Hochschulsystemen finden sich in weiteren Ländern Varianten mit mehr oder weniger großer Ähnlichkeit zu diesen Typen. Die *Republik Irland* hat ein dem Vereinigten Königreich ähnliches System der Sekundarbildung und Rekrutierung zu tertiären Bildungsgängen. Es fehlt ihm aber das im Vereinigten Königreich stark verbreitete „vocational training system“ außerhalb der Institutionen der Allgemeinbildung. *Schweden* hat sich von einem Hochschulsystem, das früher am Humboldtschen Ideal der Universität ausgerichtet war, stark in Richtung des englischen und amerikanischen Hochschulsystems verändert. *Italien* dagegen hat als praktisch einziges Land Westeuropas sein Hochschulsystem nicht weiterentwickelt. Neben den Universitäten sind nur ganz wenig weitere Bildungsmöglichkeiten auf dem Tertiärniveau geschaffen worden. Weiterhin bevölkern dort zwar viele Studierende die Universitäten, aber nur sehr wenige davon (noch weniger als in Deutschland) erreichen auch einen Abschluß.

Studierende finden also in den Ländern Europas höchst unterschiedliche Rahmenbedingungen für ihre Ausbildung vor. Faktisch ist die Vielfalt der institutionellen Arrangements durch weitere Regelungsunterschiede größer als in dieser Diskussion zum Vorschein kommen konnte, z.B. als Folge variierender Zugangs- und Aufnahmeprozeduren (Eingangsprüfungen, Numerus Clausus etc.), der Personalstruktur der Hochschullehrer und der nach Ländern variierenden Verbindung von Forschung und Lehre sowie nicht zuletzt wegen Unterschieden in der Finanzierung (Hochschulkosten und Forschungsförderung, Studiengebühren, Stipendien).

2. *Die Entwicklung der Bildungsbeteiligung in Europa*

Wie hat sich nun das Bildungsniveau der Bevölkerung in den verschiedenen Ländern Europas in den Jahrzehnten seit dem Zweiten Weltkrieg gewandelt? Dies kann am besten an der Veränderung der erreichten Bildungsabschlüsse bei sukzessiven Geburtsjahrgängen abgelesen werden. Je jünger ein Geburtsjahrgang ist, umso mehr müßten seine Angehörigen von der allgemeinen Ausweitung des Bildungsangebotes und der Bildungsnachfrage profitiert haben, umso größer müßte der Anteil von hochqualifizierten und umso niedriger der Anteil gering qualifizierter Personen sein. Ein Vergleich dieser Entwicklung über die meisten Länder Europas muß sich aus praktischen und aus datentechnischen Gründen auf eine kleine Zahl möglichst aussagekräftiger Indikatoren begrenzen. Ich konzentriere mich auf zwei Indikatoren an den beiden Extremen des Bildungsspektrums, gemessen an der siebenstufigen International Standard Classification of Education (ISCED).[7] Die erste Gruppe enthält die Personen mit höchstens einer – meist der allgemeinen Schulpflicht entsprechenden – *Grundausbildung* bis höchstens zum unteren Sekundarniveau (ISCED-Niveau 0-1). In Deutschland sind dies im wesentlichen Personen, die höchstens die Hauptschule besucht und keine Berufsausbildung absolviert haben (unabhängig davon, ob der Hauptschulabschluß erworben wurde oder nicht). Die zweite Gruppe, die ich betrachte, bilden die Absolventen eines – breit definierten – tertiären Ausbildungsniveaus; der Idee nach also alle Ausbildungsgänge jenseits des Abiturs, der Maturität, des Baccalauréat oder anderer entsprechender Abschlüsse des oberen Sekundarniveaus.

Die Abgrenzung dieser Qualifikationsstufen und ihre zwischen Ländern vergleichbare Identifizierung ist wegen der unterschiedlichen Strukturen der Ausbildungssysteme schwierig und mit großen Unsicherheiten verbunden. Dies gilt auch für die in diesem Aufsatz benutzten Zahlen, obgleich sie auf der besten gegenwärtig für einen solchen Zweck vorhandenen Datenquelle beruhen.[8] Vor allem die Abgrenzung tertiärer Abschlüsse erweist sich wegen der nach Ländern variierenden Zuordnung verschiedener Ausbildungsgänge zum Sekundär- oder Tertiärniveau als problematisch. Hier wird für die Tertiärabschlüsse eine extensive Definition verwandt, weil sie in den verfügbaren Daten des Europäischen Statistischen Amtes eher eine vergleichbare Abgrenzung erlaubt als eine engere Definition. Dies impliziert aber, daß unter Tertiärqualifikationen teilweise Qualifikationen subsumiert werden, die in einzelnen Ländern nicht als solche gelten. Für Deutschland werden nach dieser extensiven Definition neben den Abschlüssen auf allen Arten von Hochschulen auch Abschlüsse von Berufsakademien, von Handels- und Fachschulen, Berufsfachschulen, von Schulen des Gesundheitsbereiches zur Ausbildung von Krankenschwestern und Krankenpflegern sowie Ausbildungsgänge zu Meisterprüfungen hinzugerechnet. Dies hat eine erhebliche Erhöhung in der Schätzung der Anteile von Personen mit Tertiärqualifikationen zur Folge. In Deutschland beispielsweise verfügen nach einer restriktiven Definition, die nur Abschlüsse aller Arten von Fachhochschulen und Universitäten einschließt, in den jüngeren Geburtsjahrgängen ca. 16% über einen tertiären Abschluß; bei der im folgenden benutzten erweiterten Definition dagegen sind es rund 25%.

Die in die Analyse einbezogenen Geburtsjahrgänge sind so gewählt, daß mit ihnen der Wandel der Bildungsbeteiligung seit dem Ende des Zweiten Weltkrieges bis möglichst nahe an die Gegenwart heran abgebildet werden kann. Die älteste Altersgruppe bilden die Geburtsjahrgänge 1936-1942. Sie waren zum Befragungszeitpunkt 55-59 Jahre alt. Viele von ihnen befinden sich gegenwärtig schon im Ruhestand oder bereiten sich auf den baldigen Ruhestand vor. Es sind im wesentlichen die Schülerjahrgänge der ersten Nachkriegsjahre, die entweder noch während des zweiten Weltkrieges oder kurz danach eingeschult wurden. Die Auswahl der zum Vergleich einbezogenen jüngeren Jahrgänge muß beachten, daß in den Ländern Europas Ausbildungsabschlüsse in teilweise sehr unterschiedlichem Alter erreicht werden. Um auch den Ländern gerecht zu werden, in denen man beim Studieren alt wird, sind Personen bis zum Alter von 30-34 Jahren berücksichtigt. Die jüngsten dieser Altersgruppe haben im Durchschnitt etwa im Jahre 1986 Abitur gemacht und hatten bis zum Befragungszeitpunkt 10 Jahre Zeit, einen Hochschulabschluß zu erwerben. Jedenfalls handelt es sich auch bei ihnen um Geburtsjahrgänge, die in den meisten Ländern schon voll von der Bildungsexpansion profitierten. Die dargestellten Befunde beziehen sich auf kumulierte Ergebnisse aus den Arbeitskräfteerhebungen der Jahre 1996 und 1997. Es handelt sich für alle Länder (mit Ausnahme Luxemburgs) um sehr stabile Schätzungen.

Die Schaubilder 1 und 2 zeigen nun, wie in der Folge der Geburtsjahrgänge in den Ländern Europas die niedrigen Qualifikationen ab- und die hohen Qualifikationen zugenommen haben. In Schaubild 1 steht der oberste Punkt jeder senkrechten Linie für den Anteil der wenig Qualifizierten in der ältesten einbezogenen Altersgruppe, der unterste Punkt für den Anteil in der jüngsten Altersgruppe. Der Rückgang im Anteil der wenig Qualifizierten ist teilweise sehr hoch. Am stärksten ist er in der Regel in den Ländern, die unter den älteren Jahrgängen noch einen sehr hohen Anteil wenig qualifizierter Personen aufweisen. Zu diesem Block gehören vor allem die Länder der südeuropäischen Peripherie Europas, aber auch Frankreich, Belgien, Irland und Finnland. In den übrigen Ländern ist der Anteil von Personen mit schulischer Minimalqualifikation schon in den älteren Geburtsjahrgängen deutlich kleiner, jeweils aus unterschiedlichen Gründen: In Skandinavien als Folge der sehr früh einsetzenden Politik der Förderung des allgemeinen Bildungsniveaus durch die Einführung von Gesamtschulen; in Deutschland und seinen Nachbarländern (Österreich, Schweiz, Niederlande, Dänemark) vor allem wegen der in diesen Ländern schon lange weit verbreiteten beruflichen Bildungsangebote. In beiden Teilgruppen von Ländern nimmt der Anteil der Geringqualifizierten deutlich weniger ab als in den zum ersten Block gehörenden Ländern, am wenigsten in Deutschland und Dänemark. In diesen beiden Ländern verfügen schon unter den ältesten berücksichtigten Geburtsjahrgängen weniger als ein Drittel der Personen nur über eine schulische Minimalqualifikation. Weit zurückgeblieben sind vor allem Portugal, aber auch Italien und Spanien sowie das Vereinigte Königreich und Luxemburg.

Gemessen am Anteil der Geringqualifizierten sind in den jüngeren Geburtsjahrgängen die Unterschiede zwischen den europäischen Ländern geringer als zwischen den älteren Jahrgängen. In den älteren Jahrgängen beträgt die Differenz zwischen Deutschland/Dänemark auf der einen Seite und Spanien/ Portugal auf der anderen Seite etwa 60 Prozentpunkte. Unter den jüngeren Jahrgängen beträgt diese maximale innereuropäische regionale Disparität weniger als 40 Prozentpunkte, und sieht man von Portugal und Luxemburg ab, etwa 20 Prozentpunkte. Bemerkenswert ist die veränderte Position Deutschlands im internationalen Konzert. Hält es unter den älteren Geburtsjahrgängen aufgrund seines früh gut ausgebildeten beruflichen Bildungswesens eindeutig die Spitzenposition, so stehen in den jüngeren Jahrgängen eine ganze Reihe von Ländern auf gleichem Rang mit Deutschland oder haben sich ihm, wie im Fall von Frankreich und Belgien, weit angenähert. Interessant erscheint auch, daß in allen Ländern, die nur noch ein relativ niedriges Niveau von Geringqualifizierten aufweisen, deren Anteile in den letzten Jahren nicht mehr zurückgegangen sind. Dies könnte bedeuten, daß die Länder, die dieses Niveau erreicht haben, keine Anstrengungen mehr unternommen haben, den Anteil von Geringqualifizierten weiter zu verkleinern. Es kann auch bedeuten, daß es besonders schwierig ist, bei den auf diesem Niveau verbliebenen Schülern Bildungserfolge zu erzielen.

Schaubild 1: Prozent-Anteil von Personen mit Grundausbildung (ISCED 0-2) in verschiedenen Altersgruppen in den Jahren 1996/1997

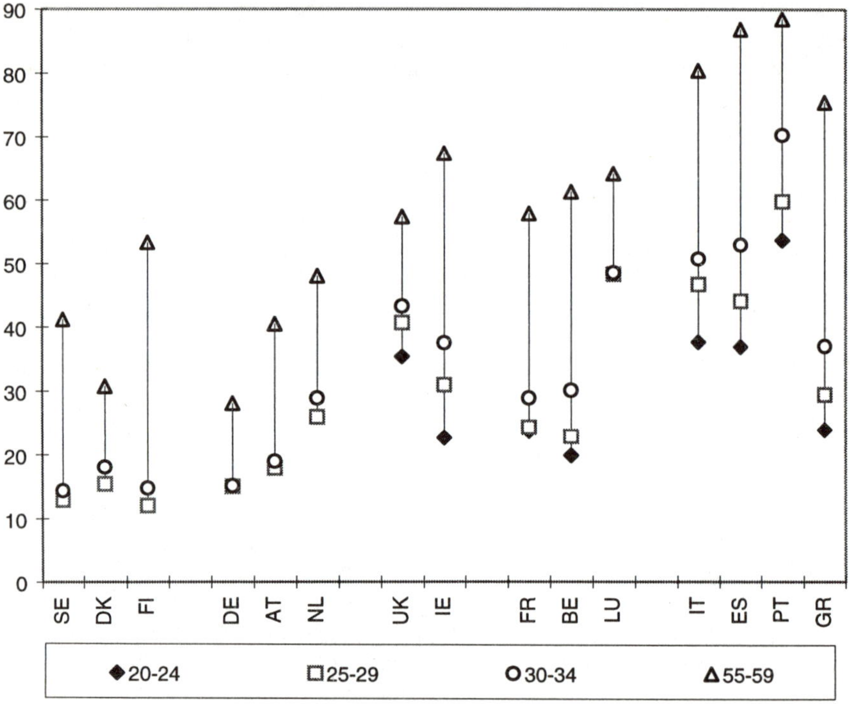

Quelle: Eigene Berechnung aus EURSTAT-Daten des European Labour Force Survey; Kumulation der Jahre 1996 und 1997. Ergebnisse für die Altersgruppe der 20-24-Jährigen sind nur in den Ländern eingetragen, in denen der entsprechende Anteilswert niedriger ist als für die 25-29 Jahre alten Befragten.

Schwieriger zu interpretieren sind die Befunde von Schaubild 2, das den Wandel im Anteil der Hochqualifizierten zeigt. Dies liegt an den bereits angesprochenen Altersunterschieden beim Studienabschluß. Wenn in einem Land unter den 25-29-Jährigen ein geringerer Anteil von Hochqualifizierten zu finden ist als in der Altersgruppe der 30-34-Jährigen, muß dies nicht bedeuten, daß dort der Anteil der Diplomierten zurückgeht. Andere Untersuchungen zeigen vielmehr, daß genau in diesen Ländern das Studium oft erst am Ende des dritten oder zu Beginn des vierten Lebensjahrzehnts abgeschlossen wird (Europäische Kommission 1997: 90). Dies trifft für alle Länder zu, in denen das Quadrat-Symbol unter dem Kreis-Symbol liegt, also in den nordischen Ländern, in Deutschland, Österreich, den Niederlanden, Italien und unerwarteter Weise auch im Vereinigten Königreich. Das Vereinigte Königreich ist zwar für seine kurzen Studienzeiten bekannt, aber das oben beschriebene weit verbreitete System der „adult education" führt dazu, daß erhebliche Anteile von Personen einen Tertiärabschluß doch erst in relativ hohem Alter erreichen.

Schaubild 2: Prozent-Anteil von Personen mit Tertiärausbildung (ISCED 5-7) in verschiedenen Altersgruppen in den Jahren 1996/1997.

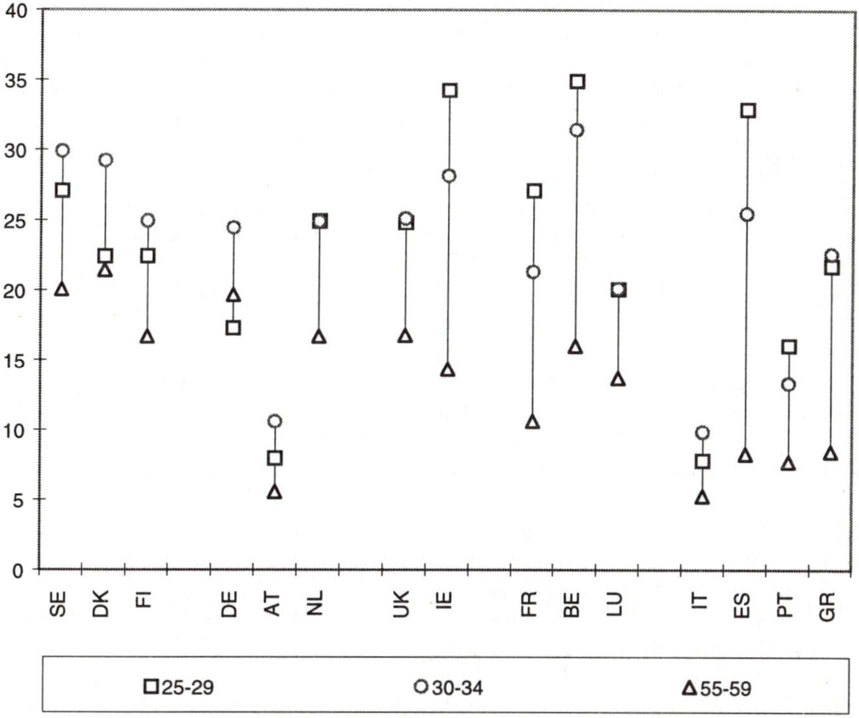

Quelle: Eigene Berechnung aus EUROSTAT-Daten des European Labour Force Survey; Kumulation der Jahre 1996 und 1997.

Das Schaubild verdeutlicht, daß in den letzten 30 Jahren höhere Bildung in den Ländern Europas mit sehr unterschiedlicher Dynamik zugenommen hat. Enormes Wachstum hat es in Irland, Frankreich, Belgien und Spanien gegeben. Alle diese Länder haben sich nach dem hier benutzten Indikator aus einer Position relativer Rückständigkeit an die Spitze geschoben. Nun hat zwar die erreichte Spitzenposition dieser Länder auch damit zu tun, daß tertiäre Bildung sehr extensiv organisiert ist (der oben erwähnte Fall der Krankenschwester gehört dazu). Aber das enorme Bildungswachstum in diesen Ländern ist dennoch nicht abzustreiten, denn auch in Deutschland ist die Ausbildung zur Krankenschwester einbezogen. Insgesamt ist im Verlauf der Zeit die Disparität zwischen den Ländern Europas größer geworden. Österreich und Italien – und die hier nicht berücksichtigte Schweiz – haben schon in den ältesten Geburtsjahrgängen einen sehr niedrigen Anteil von Hochqualifizierten. Weil gerade in diesen Ländern tertiäre Bildung auch im Verlauf der Zeit nur vergleichsweise wenig, in anderen Ländern dagegen massiv zugenommen hat, haben sich in Europa die Bildungsabschlußquoten auf dem Tertiärniveau auseinanderentwickelt.

Deutschland nimmt in dieser Grafik eine Sonderstellung ein. Der Anteil der Hochqualifizierten unter den 25-29-Jährigen ist sogar niedriger als unter den 55-59-Jährigen. Dies mag unglaubwürdig erscheinen. Darin kommen jedoch die späten Studienabschlüsse in Deutschland zur Geltung, sowie ebenfalls der Umstand, daß – im innereuropäischen Vergleich – Deutschland auch nur eine sehr mäßige Bildungsexpansion erfahren hat. Dieser schon von Lüttinger (1994) festgestellte und auch in den Zahlen der OECD (1998) dokumentierte Sachverhalt trifft bei allen anderslautenden Dramatisierungen des überschnellen Wachstums höherer Bildungsabschlüsse in der Tat zu. Deutschland hat bei den ältesten berücksichtigten Geburtsjahrgängen zusammen mit Dänemark und Schweden eine Position an der Spitze Europas, bei den 30-34-Jährigen ist es im Mittelfeld und bei der jüngsten Altersgruppe liegt es noch weiter zurück.

Die vor allem in jüngster Zeit bestehende relative Trägheit in der Bildungsentwicklung Deutschlands wird in Schaubild 3 noch deutlicher. Es zeigt – soweit verläßlich und vergleichbar – den Anteil Hochqualifizierter für die jüngere Altersgruppe im Verlauf der Jahre von 1988 bis 1997. Dabei ist die dargestellte Altersgruppe jeweils unterschiedlich gewählt. In den Ländern mit spätem Studienabschluß (mit * bezeichnet) sind die Werte für die Altersgruppe der 30-34-Jährigen aufgeführt; in den übrigen Ländern die Werte für die 25-29-Jährigen. Wir sehen, daß in den nordischen Ländern sowie in Deutschland, Österreich und in den Niederlanden der Anteil der Hochqualifizierten im abgebildeten Zeitraum kaum noch zugenommen hat. Auch in Italien ist er auf sehr niedrigem Niveau verblieben. Dagegen beobachten wir in allen übrigen Ländern auch in der jüngsten Vergangenheit deutlich ansteigende Quoten, vor allem auch in den Ländern, in denen schon in relativ jungem Alter Tertiärabschlüsse erreicht werden. Für Deutschland sind zwei Kurven eingezeichnet. Die obere Kurve entspricht dem breit definierten Indikator von Hochqualifizierten wie er auch in Schaubild 2 verwendet wird. Die untere Kurve dagegen zeigt die Entwicklung der Inhaber von Diplomen ausschließlich von Hochschulen (Universitäten, Fachhochschulen, Pädagogische Hochschulen, Kunstakademien). Der Anteil der Inhaber solcher Abschlüsse bleibt in den letzten Jahren bei den 30-35-Jährigen relativ konstant bei etwa 16%.

Schaubild 3: Prozent-Anteil von Personen mit Tertärausbildung (ISCED 5-7) in der Altersgruppe der 25-29 Jährigen, bzw. 30-34 Jährigen* in den Jahren 1988-1997 in den Ländern der EU

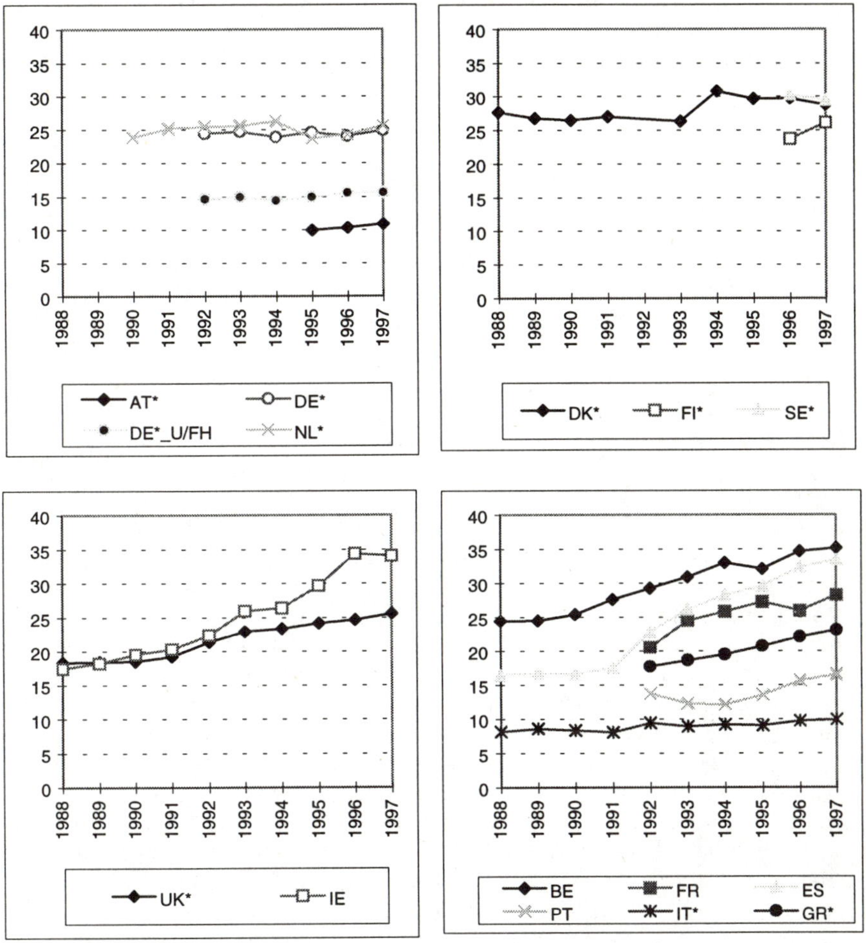

* In den mit * bezeichneten Ländenr sind die 30-34-Jährigen berücksichtigt, in den andern Ländern die 25-29 Jährigen.

Quelle: Eigene Berechnung aus EUROSTAT-Daten des European Labour Force Survey

Die vorgelegten Ergebnisse beziehen sich auf alle Männer und Frauen der jeweiligen Altersgruppen. Insbesondere bei den langfristigen Vergleichen resultiert ein Teil der beobachtbaren Expansion aus der besonders starken Zunahme der Bildungsbeteiligung der Frauen. Manche Analysen gehen davon aus, daß sich die Bildungsbeteiligung von Männern und Frauen inzwischen kaum noch unterscheide. Betrachtet man diesbezüglich die Länder Europas, so sind in dieser Hinsicht alle tatsächlich einen großen Schritt vorangekommen. Allerdings zeigt eine differenziertere Betrachtung, deren Ergebnisse hier nicht dargestellt werden können, daß bei den anspruchvollsten und vorteilhaftesten Universitätsabschlüssen die Frauen in den meisten Ländern nach wie vor unterrepräsentiert sind. In Deutschland gilt dies sowohl für die Universitäts- wie die Fachhochschulabschlüsse.

3. Bildungssysteme und die Berufschancen der Absolventen

Die unterschiedlichen institutionellen Gestaltungen des Bildungssystems haben Konsequenzen für die Strukturierung der Berufschancen der Absolventen verschiedener Bildungsgänge. Dies kann hier nur in einem groben Überblick angedeutet werden.[9] Ich muß mich auch auf die drei Länder begrenzen, deren Systeme der Tertiärbildung oben etwas ausführlicher dargestellt wurden. Im Vereinigten Königreich prägt Bildung die berufliche Zukunft von Personen eindeutig weniger stark als in Deutschland oder Frankreich. Die Berufsperspektiven nach Status, Einkommen und Klassenzugehörigkeit erscheinen weniger an die Art und das Niveau der erworbenen Bildung gebunden als in Deutschland oder Frankreich. Ähnlich wie in den (mit England in den Bildungstraditionen verwandten USA) ist Bildungscredentialismus weniger ausgeprägt als in den meisten Ländern des Europäischen Kontinents. Bemerkenswert ist der im Vergleich mit andern Ländern hohe Arbeitsmarktwert eines A-level Zertifikats – des englischen Äquivalents zum deutschen Abitur. Darüber hinaus können mit einem tertiären Abschluß – sei dieser in einer Universität oder in einer anderen Anstalt, die solche Abschlüsse vergibt, erworben – die Berufsperspektiven im Vereinigten Königreich zwar verbessert werden. Der damit erzielte Zusatzgewinn ist aber nicht so groß wie in Deutschland oder Frankreich. Woran dies liegt, ist bislang nicht eindeutig geklärt. Die Unübersichtlichkeit des englischen Qualifikationssystems mag dazu beitragen, daß Zertifikate potentiellen Arbeitgebern weniger eindeutige Signale über die Qualifikationen von Bewerbern liefern als in prägnanter strukturierten Systemen. Wichtiger als Art und Niveau der Qualifikation mag im Vereinigten Königreich die Institution sein, in der man die Qualifikation erworben hat. Auch die traditionell geringe Berufsorientierung der Ausbildungsgänge und/oder der oft erst während des Erwerbslebens peu à peu erfolgende formale Qualifikationserwerb können für den relativ schwachen Nexus zwischen Bildung und Beruf in der frühen Phase der Erwerbskarriere verantwortlich sein.

Es finden sich jedoch auch auf dem Kontinent markante Unterschiede zwischen einzelnen Ländern im Verhältnis von Bildung und Beruf. Von besonderem Interesse sind die Folgen der unterschiedlichen Strategien der Strukturierung der Bildungsangebote, mit denen auf dem tertiären Niveau die expandierenden Studierendenzahlen abgefangen wurden. In Frankreich – mit seiner sequentiellen Stufenstruktur und scharfen Selektionen von Stufe zu Stufe – bestehen massive Unterschiede in den Berufschancen der Absolventen der unterschiedlichen Stufen. Die Absolventen eines Kurzstudienganges haben allenfalls eine geringfügig bessere berufliche Zukunft zu erwarten als die Besitzer eines allgemeinen Baccalauréat. Der entscheidende und sich in hohem Maße auszahlende Schritt in Frankreich ist ein Diplom mindestens des zweiten Zyklus. In Deutschland mit seiner Entscheidung, neben dem traditionellen Universitätsstudium mit den Fachhochschulen eine zweite parallel verlaufende, anspruchsvolle und eigenständig berufsqualifizierende Schiene von Hochschulausbildung zu entwickeln, ergibt sich dagegen ein anderes Bild: Die Absolventen eines traditionellen Universitätsstudiums haben ähnlich gute Berufsperspektiven wie die Diplomanden des mindestens zweiten Zyklus in Frankreich, die Kollegen und Kolleginnen von den Fachhochschulen stehen ihnen aber inzwischen insgesamt nur noch wenig nach. Ihre Chancen auf dem Arbeitsmarkt haben sich im Zuge der Konsolidierung und der Verankerung der Fachhochschulen als eigenständige Einrichtungen des tertiären Bereichs verbessert. Der deutsche Weg der Strukturierung des Hochschulsektors hat dazu geführt, daß beide tertiären Ausbildungsstränge weit überdurchschnittlich gute Arbeitsmarktchancen für ihre Absolventen auf dem Arbeitsmarkt erhalten oder gewinnen konnten; das französische Modell dagegen hat den Studierenden, die es mindestens bis zum zweiten Zyklus bringen, ihre vorteilhafte Stellung auf dem Arbeitsmarkt gesichert, während die Absolventen von Kurzstudiengängen mit höchst mittelmäßigen Perspektiven Vorlieb nehmen müssen.

Auch bei den Absolventen der Sekundarstufe zeigen sich in verschiedenen Ländern Europas deutliche Unterschiede in den Arbeitsmarkterträgen sich entsprechender Bildungsabschlüsse. Die Unterschiede bestehen vor allem im Arbeitsmarktwert von berufsbezogenen gegenüber allgemeinbildend ausgerichteten Qualifikationen. Wenn hier auch einschränkend festgehalten werden muß, daß noch nicht für alle Länder vollständig vergleichbare Befunde vorliegen, so scheint sich doch die folgende Struktur zu bestätigen: In Ländern, die über ein ausgebautes, auf spezifische Berufe ausgerichtetes berufliches Bildungswesen verfügen und in denen entsprechende Ausbildungsgänge eine lange Tradition haben, werden berufsbezogene Abschlüsse auf dem Arbeitsmarkt gut honoriert. Nur wenige Länder verfügen jedoch über solche Traditionen (die deutschsprachigen Länder, Dänemark, die Niederlande). In einer Reihe von Ländern wurden berufsorientierte Schwerpunkte im Sekundarbildungssystem ausgebaut (z.B. in Schweden in den 60er Jahren, in Frankreich und im Vereinigten Königreich erst in jüngerer Zeit). Obgleich auch in diesen Ländern solche berufsorientierten Qualifikationen die Arbeitsmarktchancen im Vergleich zu denen von Absolventen verbessern, die nur mit der schulischen Minimalausbildung ins Erwerbsleben eintreten, sind diese Erträge eher gering. Allgemeinbildende Qualifikationen werden dort in der Regel besser honoriert. Berufsorientierte Schwerpunkte im Rahmen des

Sekundarbildungssystems gelten oft als Ausbildungsgänge zweiter Wahl für weniger leistungsfähige oder weniger bildungsmotivierte Schüler und Schülerinnen. Faktisch sind sie dies teilweise auch, besonders dann, wenn wie beispielsweise in Frankreich die Zuweisung in diese Ausbildungsgänge primär dann erfolgt, wenn Kinder die in den allgemeinbildenden Curricula geforderten Leistungen nicht erbringen. Die Forschung weist aber auch auf ein Wechselverhältnis zwischen Bildungssystem und Arbeitsmarktstrukturen hin. In Ländern mit stark ausgebauten berufsorientierten Ausbildungsschwerpunkten besteht eine Tendenz zur Herausbildung berufssegmentierter Arbeitsmärkte.[10] Die Entwicklung berufssegmentierter Arbeitsmarktstrukturen wird gefördert, wenn Arbeitgeber bei der Rekrutierung von Personal auf Arbeitskräfte mit antizipierbaren und mehr oder weniger unmittelbar einsetzbaren Qualifikationen zurückgreifen können. Ist dies nicht der Fall, bilden sich verstärkt betriebsinterne Arbeitsmärkte aus, in denen Arbeitgeber das Personal betriebsintern nach je spezifischen betrieblichen Erfordernissen qualifizieren. Unter Bedingungen von berufssegmentierten Arbeitsmarktstrukturen besteht dann auch eine größere Wahrscheinlichkeit, daß bei Stellenbesetzungen die Qualifikationen der Arbeitskräfte zur Geltung kommen. Das Matching von Personen und Stellen kann aber auch mit größerer Rigidität verbunden sein.

4. *Schlußbemerkungen*

Die Bildungsexpansion in der zweiten Hälfte des 20. Jahrhunderts erfolgte in den Gesellschaften Europas von unterschiedlichen Ausgangspunkten aus, begleitet von unterschiedlichen institutionellen Reformen, in einem unterschiedlichen Ausmaß sowie schließlich auch mit unterschiedlichem Ergebnis. Die Entwicklung der Bildungsinstitutionen ist sowohl durch Innovationen wir durch ‚Pfadabhängigkeit' geprägt. Insgesamt ist die Vielgestaltigkeit der Bildungslandschaft Europas in diesem Prozeß sicher größer geworden, schon deshalb, weil die Bildungssysteme differenzierter geworden sind. In der Bildungsbeteiligung haben sich erhebliche Verschiebungen zwischen den Ländern ergeben. Im Hinblick auf die Größe der Bevölkerungsgruppe mit den minimalen schulischen Grundqualifikationen sind sich die Länder ähnlicher geworden, am oberen Ende der Bildungsskala haben sich die Länder aber auseinanderentwickelt.

Die beobachtbare Dynamik des Wandels variiert also erheblich zwischen den verschiedenen Ländern Europas, sowohl in der Reform der Institutionen wie in der Zunahme der Absolventenzahlen. Am geringsten war der Wandel der Institutionen in den deutschsprachigen Ländern. Sie behielten die Mehrgliedrigkeit ihres Schulsystems, die frühe Aufteilung der Schülerpopulation und das hergebrachte dual organisierte Berufsausbildungssystem weitgehend bei. Die einzige grundlegende mit Erfolg durchgesetzte Reform ist die Aufwertung von Ingenieurschulen und anderen höheren Fachschulen zu

Fachhochschulen in Deutschland, ein Schritt, dem sich jetzt Österreich und die Schweiz anzuschließen scheinen. Die meisten der übrigen Länder Europas haben ihr Schulsystem auf dem Sekundarniveau sehr viel stärker in Richtung unterschiedlicher Varianten von mehr oder weniger integrierten Gesamtschulen weiterentwickelt. Sie haben außerdem Curricula zum Erwerb beruflicher Qualifikationen in diese Systeme eingebaut, erheblich erweitert oder, wie im Vereinigten Königreich, als „further education" systematisiert und ausgebaut. Übergänge auf das Tertiärniveau auch nach Abschluß berufsorientierter Zweige des Sekundarniveaus wurden erleichtert. Ausbildungsangebote auf dem Tertiärniveau wurden teilweise wesentlich stärker ausgebaut als in Deutschland. Dabei wurden oft auch Ausbildungsangebote in das Tertiärniveau integriert, die in Deutschland noch klar auf dem Sekundarniveau verankert sind. Es ist nicht unplausibel, daß die starke Basis beruflicher Bildung in Deutschland wie in anderen ähnlich strukturierten Ländern die Tertiarisierungsbewegung gebremst hat.

Ohne eine sehr viel weiter ins Detail gehende Analyse, in der vor allem die Ausbildungsangebote im Grenzbereich von Sekundar- und Tertiärniveau gründlicher nach der Art der vermittelten Qualifikationen untersucht werden, läßt sich kaum angemessen beurteilen, was diese unterschiedlichen Entwicklungen nun genau für die Qualifikationsstruktur der Bevölkerung bedeuten. Bei aller Vorsicht, die beim groben Charakter der Meßinstrumente und ihrer nicht völlig gesicherten Vergleichbarkeit geboten ist, spricht aber dennoch vieles dafür, daß sich einzelne Länder im Hinblick auf das Bildungsniveau der Bevölkerung aus einer Position der Rückständigkeit an die Spitze Europas bewegen konnten. Andere dagegen sind von einem früheren Spitzenplatz zurückgefallen. Zur ersten Gruppe gehört Irland, zur zweiten wahrscheinlich Deutschland, wenn es auch in Europa eine Spitzenposition in der Zeit hält, die Schüler und Studierende benötigen, um ihre Abschlüsse zu erreichen.

Gerade wenn Bildung im Durchschnitt zunimmt, fallen diejenigen weiter zurück, die nicht daran partizipieren. Zwar ist in allen Ländern die Quote derer gesunken, die auf dem Niveau der mit der allgemeinen Schulpflicht geforderten Minimalbildung das Ausbildungssystem verlassen. Die in allen Ländern äußerst schwierige Arbeitsmarktlage dieser Bevölkerungsgruppe erfordert besondere Aufmerksamkeit, zumindest ebenso viel wie die derjenigen, die die Hochschulen bevölkern und auf die sich die öffentliche Diskussion konzentriert. Was die Berufsperspektiven der Hochschulabsolventen angeht, zeigen alle Befunde, daß sich diese durch die Expansion bislang nicht entscheidend verschlechtert haben. Dabei macht der internationale Vergleich deutlich, daß in dieser Hinsicht das deutsche Modell der Diversifizierung der Hochschullandschaft als besonders erfolgreich gelten kann. Absolventen von Kurzstudiengängen konnten sich dagegen auf dem Arbeitsmarkt nur mit sehr begrenztem Erfolg durchsetzen. Sollten solche Studiengänge auch für Deutschland entwickelt werden, wie dies z.B. von Solga (1998) empfohlen wird, müßte deren Ausgestaltung im Hinblick auf die Rezeptionschancen auf dem Arbeitsmarkt sehr sorgfältig geprüft werden.

Anmerkungen

1 Ich danke Hildegard Brauns, Markus Gangl, Maarten Wolbers und Susanne Steinmann für wertvolle Anregungen und Lars Heinisch und Beate Rossi für professionelle Mitarbeit bei den Grafiken und bei der Edition des Textes. Der Beitrag ist Teil von Arbeiten des von der EU im Rahmen des TSER-Programm finanzierten Projektes „A Comparative Analysis of Transitions from Education to Work in Europe (CATEWE).

2 Übersichten zu den formalen Strukturen der Bildungssysteme einzelner Länder finden sich u.a. in OECD (1996) und in Europäische Kommission (1997), speziell zu den Berufsbildungssystemen in OECD (1998b); eine kurze Beschreibung der Bildungsreformen auch in Müller/Steinmann/Schneider 1997.

3 Die Beschreibung Frankreichs als ein sequentielles Modell ist etwas vereinfachend. In Wirklichkeit gibt es auch parallele Elemente. Zum Beispiel tritt ein großer Teil der Studierenden der Grandes Écoles nach Baccalauréat und speziellen Vorbereitungskursen in diese ein ohne je eine Ausbildung auf einer Universität besucht zu haben.

4 Es bestehen zwar nicht zu vernachlässigende Unterschiede zwischen den Teilgebieten England/Wales, Schottland und Nordirland, aber diese Unterschiede können hier nicht im Detail behandelt werden. Vgl. dazu Raffe et al. 1997.

5 Stark ausgeprägt ist die Erwachsenenbildung auch in Norwegen und Schweden.

6 In jüngster Zeit wurden die Angebote der sog. further education systematisiert. Es besteht jetzt neben den allgemeinbildenden Ausbildungsgängen ein in fünf hierarchische Stufen gegliedertes System von „National Vocational Qualifications", in dem man sich im Prinzip berufsbegleitend Stufe um Stufe hocharbeiten kann. Die beiden höchsten Stufen gelten als Tertiärqualifikationen.

7 vgl. dazu OECD 1995: 28-39; OECD 1997: 389-398).

8 Dies sind die sog. Arbeitskräfteerhebungen der statistischen Ämter der europäischen Länder. Trotz aller Bemühen um Harmonisierung muß auch hier mit allem Nachdruck betont werden, daß es nach vielen Jahren europäischer Einigung noch keine Statistiken gibt, nach denen die erworbene Bildung der Bevölkerung mit guten und eindeutigen Indikatoren im Detail meßbar wäre. Ich muß mich deshalb auf ausgewählte Indikatoren beschränken, für die die Vergleichbarkeit noch als relativ sicher erscheint.

9 zu Einzelheiten vgl. Allmendinger (1989); Brauns/Müller/Steinmann (1997); Müller/Shavit (1998); Shavit/Müller (1998); Economic and Social Research Institute (ESRI) (1998); Müller et al. (1999).

10 vgl. dazu Maurice/Sellier/Silvestre (1982); Blossfeld/Mayer (1988); Blossfeld (1992); Marsden (1990); Müller/Shavit (1998); Brauns/Müller/Steinmann (1997); Mayer (1995).

Literatur

Allmendinger, Jutta 1989: Educational Systems and Labor Market Outcomes. In: European Sociological Review, Jg. 5, H. 3, S. 231-250.

Blossfeld, Hans-Peter 1992: Is the German Dual System a Model for a Modern Vocational Training System? A Cross-National Comparison of How Different Systems of Vocational Training Deal with the Changing Occupational Structure. In: International Journal of Comparative Sociology, Jg. 23, S. 168-181.

Blossfeld, Hans-Peter/Mayer, Karl-Ulrich 1988: Arbeitsmarktsegmentation in der Bundesrepublik Deutschland. Eine empirische Überprüfung von Segmentationstheorien aus der Perspektive des Lebenslaufs. In: Kölner Zeitschrift für Soziologie und Sozialpsychologie, Jg. 40, H. 2, S. 262-293.

Brauns, Hildegard/Müller, Walter/Steinmann, Susanne 1997: Educational Expansion and Returns to Education. A Comparative Study For Germany, France, the UK, and Hungary. Working Paper Nr. 23, Mannheim: Mannheimer Zentrum für Europäische Sozialforschung.

Brauns, Hildegard 1998a: Bildung in Frankreich. Eine Studie zum Wandel herkunfts- und geschlechtsspezifischen Bildungsverhaltens, Opladen: Leske + Budrich.

Brauns, Hildegard 1998b: Vocational Education in Germany and France. In: International Journal of Sociology, Jg. 28, H. 4, S. 59-100.

Economic and Social Research Institute (ESRI) 1998: A Comparative Analysis of Transition from Education to Work in Europe (CATEWE): A Conceptual Framework. Interim Report delivered to TSER, Dublin: Economic and Social Research Institute (ESRI).

Europäische Kommission 1997: Schlüsselzahlen zum Bildungswesen in der Europäischen Union, Luxemburg: Amt für Veröffentlichungen der Europäischen Gemeinschaften.

Lüttinger, Paul 1994: Studentenberge und Lehrlingstäler: Droht die Akademisierung der Gesellschaft? In: ISI-Nachrichten 12, S. 1-4.

Marsden, D. 1990: Institutions and Labour Mobility: Occupational and Internal Labour Markets in Britain, France, Italy, and West Germany. In: Renato Brunetta/Carlo Dell'Aringa (Hg.): Labour Relations and Economic Performance, London: Macmillan, S. 414-438.

Maurice, Marc/Sellier, Françoise/Silvestre, Jean Jacques 1982: Politique d'éducation et d'organisation industrielle en France et en Allemagne. Essai d'analyse sociétal, Paris: Presses Universitaires de France.

Mayer, Karl-Ulrich 1995: Das duale System der beruflichen Ausbildung – Ultrastabilität oder Auflösung. In: Ernst-Hartmut Hoff/Lothar Lappe (Hg.): Verantwortung im Arbeitsleben, Heidelberg: Asanger, S. 89-98.

Müller, Walter/Brauns, Hildegard/Shavit, Yossi/Steinmann, Susanne 1999: Bildungsexpansion und Bildungserträge im Systemvergleich. In: Tagungsband des gemeinsamen Soziologiekongresses von DGS, ÖGS und SGS in Freiburg 1998.

Müller, Walter/Shavit, Yossi 1998: Bildung und Beruf im institutionellen Kontext. Eine vergleichende Studie in 13 Ländern. In: Zeitschrift für Erziehungswissenschaft 1(4), S. 501-533.

Müller, Walter/Steinmann, Susanne/Schneider, Reinhart 1997: Bildung in Europa. In: Stefan Hradil/Stefan Immerfall (Hg.): Die westeuropäischen Gesellschaften im Vergleich, Opladen: Leske + Budrich, S. 177-245.

OECD 1995, 1996, 1997, 1998: Education at a Glance. OECD Indicators, Paris: OECD

OECD 1998b: Pathways and Participation in Vocational and Technical Education and Training, Paris: OECD.

Prost, Antoine 1992: Education, société et politiques: une histoire de l'enseignement en France de 1945 à nos jours, Paris: Seuil.

Raffe, David/Brannen, Karen/Croxford, Linda/Martin, Chris 1997: The Case for ‚Home Internationals' in Comparative Research: Comparing England, Scotland, Wales, and Northern Ireland. In: ESRI and Combat Poverty Agency (Hg.): Transitions in Youth: Combating Exclusion. Proceeding of the Fourth European Workshop, Dublin: Economic and Social Research Institute (ESRI), S. 406-422.

Shavit, Yossi/Müller, Walter (Hg.) 1998: From School to Work. A Comparative Study of Educational Qualifications and Occupational Destinations, Oxford: Clarendon Press.

Solga, Heike 1998: Differenzierte Hochschulen. Ein Plädoyer für mehr Effizienz und Durchlässigkeit. In: Aus Politik und Zeitgeschichte B15/98, S. 20-30.

Steinmann, Susanne 1998: The Vocational Education and Training System in England and Wales. In: International Journal of Sociology, Winter 1998-99, Jg. 28, H. 4, S. 30-58.

Strukturwandel in Transformationsgesellschaften

Vom Süden zum Osten und zurück

Stephan Lessenich

„Central and Eastern Europe, after a century of revolts against peripheral backwardness; after several, though different types of, revolutions and four decades of desperate experiment, in the end always ended up where it had started. After its long detour, Central and Eastern Europe was still languishing on the periphery of Europe."

Berend 1996: xvi

1. Metamorphosen der Transformation: Vom Süden zum Osten und zurück

Wenn es einen Grundkonsens nachkommunistischer Politik in Osteuropa gegeben hat, dann wohl das Bestreben, die angestammte Position an der europäischen Peripherie endlich zu verlassen und zum Ende des an Verlusten, Entbehrungen und Umwegen so reichen Zwanzigsten Jahrhunderts nun doch noch „in Europa anzukommen" – ökonomisch, politisch und sozial. „Europa", erklärtes Ziel und damit auch beständige Antriebskraft der umfassenden Transformation der osteuropäischen Gesellschaften, lag gewissermaßen vor der Haustüre und schien zum Greifen nah. Die „nachholende Modernisierung" der postsozialistischen Staatengemeinschaft (vgl. zu dieser Vorstellung kritisch Müller 1991) stellte sich den relevanten politischen Akteuren fraglos als Programm der „Europäisierung" dar – den einheimischen Politikern ebenso wie den auswärtigen Beratern.

Was sich hinter den Schlagworten von der Modernisierung und Europäisierung nun genau verberge, wie die entsprechende Agenda der Reform auszusehen habe: darüber hatte insbesondere letztere Gruppe, hatten die haupt- und nebenberuflichen, fremd- und selbsternannten Transformationsexperten der westlichen Hemisphäre klare Vorstellungen. Sie konnten mit erfolgverheißenden ökonomischen Blaupausen und einschlägigen politischen Vorbildern aufwarten. Zum einen herrschte ein weitreichender Konsens darüber, daß hinsichtlich der drängenden *wirtschaftlichen* Probleme das bewährte Rezeptbuch des Liberalismus zu konsultieren sei. Hier war mit dem Modell marktinduzierter und -gesteuerter Modernisierung ein analytisch-politischer Rahmen vorgegeben, in dem sich ein eindeutiges Kausalwissen mit ebenso klaren Handlungsanweisungen hinsichtlich der notwendigen „strukturellen Anpassung" der früheren Zentralverwaltungswirtschaften verband. Liberalisierung – Stabilisierung – Privatisierung, so lautete die eingängige trinitarische Formel der „mainstream"-Ökonomie. Eine Formel, anhand derer die kapitalistische Transformation der sozialistischen Planwirtschaften (paradox genug) geradezu planvoll realisierbar zu sein schien – Transformation als Projekt. „For the first time in history, capitalism is being adopted as an application of a doctrine, rather than evolving as a historical process of trial and error" (Przeworski et al. 1995: viii; vgl. Klaus Müller 1998: 185-196). Zugleich wurden *politisch* die Übergänge zur Demokratie, die sogenannten „Transitionen" Spaniens, Portugals und Griechenlands als zeithistorische Beispiele erfolgreicher gesellschaftlicher Modernisierung an der europäischen Peripherie gehandelt. Insbesondere das „spanische Modell" der „transición" galt als exemplarischer, nachahmungswürdiger Fall eines konsensuell gestalteten und damit recht reibungslos vonstatten gegangenen politischen wie ökonomischen Aufholprozesses, an dessen Ende nicht nur politische Stabilität, sondern auch (relative) ökonomische Prosperität und soziale Sicherheit gewährleistet waren (vgl. Maravall 1993; Hershberg 1996). Entsprechend attraktiv war demzufolge anfangs der neunziger Jahre Madrid als Reiseziel osteuropäischer „Transitionstouristen" (Dittberner 1998: 132).

Betrachtet man die Situation der Transformationsgesellschaften Osteuropas am Ende des Jahrzehnts, so kann man sich des Eindruckes nicht erwehren, daß die ökonomisch wie politisch ambitionierten Ziele des Systemwechsels gründlich verfehlt worden sind. Die ursprünglich allseits gehegten Hoffnungen auf einen schnellen Wandel des alten Institutionensystems und eine rasche Verbesserung der materiellen Lebensbedingungen der Bevölkerung haben sich nicht erfüllt – im Gegenteil. Die politischen Institutionen des früheren Regimes haben sich als überraschend zählebig erwiesen; wo sie dennoch wirkungsvoll entmachtet wurden, sind häufig noch keine funktionsfähigen institutionellen Ordnungen an ihre Stelle getreten, sondern eher protoanarchische Verhältnisse – je weiter östlich, desto mehr. Letzteres gilt auch für die fortschreitende Verelendung breiter Bevölkerungsschichten: „Rußland [...] scheint heute sozial ärmer denn je" (Siegl 1998: 13). Erstmals seit dem Beginn der Transformation muß eine russische Regierung die westlichen Länder in diesem Winter wieder um humanitäre Hilfe an Nahrungsmitteln und Medikamenten ersuchen – eine Hilfe, die angesichts des zuvor erwähnten staatlichen Machtverfalls von höchst ungewisser Effizienz ist und, so unkt die deutsche Presse, „[a]m besten im plombierten Wagen, wie einst Lenin" an ihre Bestimmungsorte geschickt werden sollte (Schmidt-Häuer 1998:

1). Kurzum: Die hochgesteckten Fremd- und Selbsterwartungen an den Transformationsprozess in Osteuropa sind verbreitet in Enttäuschung, ja Zynismus umgeschlagen. Auf 1989, das „Annus Mirabilis" einer geglückten Revolution, folgten – so drückt es der ungarische Historiker Ivan Berend aus – die „Anni Miserabiles" (Berend 1996: 345).

Unter dem Eindruck der postkommunistischen Krisen haben sich die Perspektiven verschoben, im Osten wie im Westen, bei den Transformationsakteuren wie in der Transformationsforschung. Im Zuge enttäuschter Konvergenzerwartungen trübt sich der verklärt-verklärende Blick des Ostens auf den Westen zusehends ein – dies ist die eine Seite, die der politisch Handelnden. Die andere Seite, die im folgenden Beitrag beleuchtet werden soll, betrifft den Perspektivenwechsel der sozialwissenschaftlichen Forschung zu den Umbrüchen in Osteuropa: Hier wird der analytische Blick nicht mehr *vom* Süden auf den Osten gerichtet, sondern vielmehr vom Osten *nach* Süden gelenkt – und zwar auf einen Süden, der nicht mehr der ursprüngliche ist, sondern dessen geographischer Bezugspunkt sich gewandelt hat. Um das Rätsel gleich aufzulösen: Statt wie einst *von Südeuropa*, das den Weg nach Westen zuvor angetreten hat und dort – so oder so – auch angekommen ist, auf Osteuropa zu schielen und in beiden Transformationsprozessen nach gemeinsamen Strukturproblemen und übertragbaren Politikelementen zu fahnden (vgl. z.B. Lessenich 1996a, b), wendet die Forschung angesichts der jüngeren soziopolitischen und -ökonomischen Entwicklungen in Osteuropa ihren Blick zunehmend *nach Südamerika*, scheint sich die Lage in den osteuropäischen Transformationsgesellschaften doch zusehends den aus lateinamerikanischen Staaten seit längerem bekannten Zuständen anzunähern. Diente zu Beginn der Transformation noch *Südeuropa* als Entwicklungsmodell, so drohen dem Osten nunmehr ganz andere, *südamerikanische* Verhältnisse.

Es ist demnach der Strukturwandel der Transformationsgesellschaften, der einen Gestaltwandel der Transformationstheorie bewirkt hat – und einen neuen Fokus des Vergleichs: Transformation nicht mehr als „Europäisierung", sondern als „Lateinamerikanisierung". Die zentrale These eines bedeutsamen Strangs der neueren Transformationsforschung lautet demgemäß: Gerade eine orthodox-liberale Politik der ökonomischen „Strukturanpassung" blockiert die Rückkehr des Ostens nach Europa, seinen Anschluß an die politischen und sozialen Standards des demokratischen Kapitalismus der westlichen Welt, und schickt den Osten stattdessen auf den Weg in den Süden *im Sinne eines peripheren, allenfalls semidemokratischen Armutskapitalismus*. Es wird im folgenden darum gehen, in einer ersten Annäherung diese These und den damit zusammenhängenden Perspektivenwechsel in der einschlägigen sozialwissenschaftlichen Literatur zu erläutern – „literature that has sprung up since 1990 at a pace exceeding that of the transition itself" (Zecchini 1997: 3).

2. *Vom Süden zum Osten: Strukturprobleme von Transformationsgesellschaften*

Die frühe sozialwissenschaftliche Literatur zur postsozialistischen Transformation betonte zunächst die historische Einzigartigkeit des osteuropäischen Gesellschaftswandels; gerade diese vermeintliche Singularität schien denn auch den eigentlichen Reiz des Transformationsprozesses auszumachen. In diesem Kontext war Claus Offes Diktum vom „Dilemma der Gleichzeitigkeit" (vgl. Offe 1994: 57-80) in aller Munde, wonach das Spezifische der Transformationskonstellation darin liege, daß die osteuropäischen Staaten im Zeitraffertempo und nahezu synchron drei konstitutive gesellschaftspolitische Probleme lösen müßten – die Territorialfrage, die Demokratiefrage und die Wirtschaftsordnungsfrage –, für deren Bearbeitung den westeuropäischen Nationen ein in Jahrhunderten zu bemessender Zeitraum zur Verfügung gestanden habe. Es handele sich hier um einen „gigantischen Münchhausen-Akt" (Offe 1994: 71) der zugleich nationalen, demokratischen und marktwirtschaftlichen Selbstschöpfung, der historisch beispiellos sei.

So eingängig und erhellend die Formel vom Gleichzeitigkeitsdilemma auch war, so strittig war doch die Ansicht, daß die politisch-ökonomische Zwangslage der kommunistischen Nachfolgestaaten als etwas noch nie Dagewesenes zu gelten habe. Dieser (schon bald dominanten) Deutung wurden von anderer Seite die erst wenige Jahre zurückliegenden Umbruchserfahrungen der postautoritären Gesellschaften *im Süden Europas* entgegengehalten, die hinsichtlich der Bandbreite und Radikalität des Wandels jenen der osteuropäischen Transformationsstaaten kaum nachstünden. Daß dieser Sachverhalt in der sozialwissenschaftlichen Forschung bislang nicht zur Kenntnis genommen worden sei, liege maßgeblich an der analytischen Engführung der Literatur zu den sogenannten „Transitionsprozessen" in Südeuropa; deren Interesse habe praktisch ausschließlich dem politisch-institutionellen Regimewechsel von der Diktatur zur Demokratie, nicht hingegen oder allenfalls am Rande dem sozio-ökonomischen Strukturwandel in den untersuchten Nationen gegolten (vgl. dazu z.B. Puhle 1994). Dabei stellten sich, so die gegen Offes Interpretation gerichtete These, den politischen Akteuren Südeuropas, insbesondere Spaniens, die fundamentalen Aufgaben der Nations-, Verfassungs- und Marktbildung ebenfalls simultan und in kaum weniger zwingender Form als den osteuropäischen Reformeliten (Lessenich 1996a). So zeigte sich, daß gerade die vermeintlich „vorbild- und beispiellosen", von Offe besonders betonten „sozialpolitischen Probleme der nachkommunistischen Rekonstruktion" (1994: 96f.) in Spanien nach 1975 in gleicher oder doch durchaus ähnlicher Weise zur Lösung anstanden: so beispielsweise die Abkehr von einer weitestgehend staatlich regulierten Organisation von Produktion und Beschäftigung, insbesondere die „Kontraktualisierung" der Arbeit; die institutionelle Trennung von Arbeits- und Sozialpolitik und damit die Entbetrieblichung sozialer Sicherung und sozialer Dienste; der Abbau von Preissubventionen für Güter des Massenkonsums; oder die Ermöglichung gewerkschaftlicher Interessenvertretung und die Etablierung einer produktiven Unternehmerklasse (vgl. Lessenich 1996b).

Mögen diese Beobachtungen auch richtig gewesen und die strukturellen Probleme gerade auch des sozio-ökonomischen Systemwechsels im Osten und im Süden Europas dieselben oder jedenfalls vergleichbarer Natur gewesen sein, so muß man aus heutiger Sicht, zehn Jahre nach Beginn der osteuropäischen Transformationsgeschichte, gleichwohl konstatieren, daß die gesellschaftlichen Wandlungsprozesse in beiden Regionen durchaus unterschiedlichen Pfaden mit deutlich (und offenbar zunehmend) divergierenden Ergebnissen gefolgt sind. Betrachtet man wiederum den spanischen Fall, so werden die Differenzen offenkundig: 1986, zehn Jahre nach dem Beginn der „transición", war in Spanien die Dezentralisierung des Staatswesens weit vorangetrieben, die Nationalitätenkonflikte damit zwar keineswegs überwunden, aber doch wirkungsvoll institutionalisiert; das politische System war konsolidiert, demokratische Institutionen und Prozeduren akzeptiert, das Parteiensystem gefestigt, politische Machtwechsel eingeübt, die gesellschaftliche Verankerung von Interessenorganisationen weit fortgeschritten; marktwirtschaftliche Strukturen waren in praktisch allen Bereichen durchgesetzt, soziale Sicherungssysteme nach westlichen Maßstäben (wenn auch nicht immer auf westlichem Niveau) errichtet, die wesentlichen makroökonomischen Indikatoren – bis auf die Arbeitslosigkeit – schon damals hoffnungsvoll stimmend; Spanien war seit eben jenem Jahr Mitglied der Europäischen Gemeinschaft. Im Jahre 1999 findet sich im Osten Europas kein einziges Land, von dem sich Vergleichbares behaupten ließe. Selbst die wenigen (nicht selten selbsterklärten) Musterkinder einer gesellschaftlichen Transformation nach westlichen Vorgaben weisen keine entsprechende Erfolgsbilanz auf und warten noch auf die Erfüllung ihres Beitrittswunsches zur EU – von den vielen Sorgenkindern des Postsozialismus (und der westlichen Transformationsevaluatoren) zu schweigen.

Welche Erklärung mag es für eine solche Entwicklung geben, an deren – natürlich immer vorläufigen – Ende es nun doch keine sinnvollen Kategorien des Vergleichs südeuropäischer und osteuropäischer Verhältnisse zu geben scheint? Folgt man dem der Transitionsforschung entstammenden Konzept der „structured contingency" oder „strukturierten Kontingenz" (vgl. Karl/Schmitter 1991), dann können gesellschaftliche Umbruchssituationen ansonsten wirksame strukturelle Restriktionen politischen Handelns kurzfristig außer Kraft setzen und damit zunächst ungeahnte Spielräume für politische Gestaltung eröffnen – zugleich aber kommen aus dem Umgestaltungsprozeß selbst heraus unverhofft ganz neuartige institutionelle, ökonomische und sozialstrukturelle Restriktionen zum Tragen, die den Prozeß ins Stocken oder dessen Richtung verändern können. Es sind, so lautet die im folgenden zu präzisierende Vermutung, vor allen Dingen die Spezifika der Transformation politischer Institutionen in Osteuropa, oder genauer: *Defizite der politischen Institutionenbildung* im osteuropäischen Transformationsprozeß, die weitreichende wirtschaftliche und gesellschaftliche Konsequenzen nach sich gezogen haben – Konsequenzen, die heute in all ihrer Schärfe zutage zu treten beginnen und den osteuropäischen Verhältnissen ihr südeuropäisches Flair rauben.

3. Vom Osten zum Süden: Strukturwandel in Transformationsgesellschaften

Entgegen der nach dem Zusammenbruch des Kommunismus unter westlichen Transformationsstrategen verbreiteten Annahme, in den nachkommunistischen Gesellschaften herrsche ein institutionelles Vakuum, das einen einfachen Transfer des im Westen entwickelten und erprobten demokratisch-kapitalistischen Institutionenensembles erlaube, zeigte sich schon bald, daß die politisch-institutionelle Entwicklung in den osteuropäischen Transformationsgesellschaften einer anderen, ganz eigenen Logik folgte. Im Anschluß an die polnische Soziologin Jadwiga Staniszkis (1991) und in Abgrenzung zu Konzept und Realität des „demokratischen Kapitalismus" hat Melanie Tatur das besondere Muster der post-sozialistischen Transformation als „politischen Kapitalismus" beschrieben (Tatur 1998; vgl. auch Staniszkis 1998). Statt eines radikalen Bruchs mit der Vergangenheit, den die Idee vom Export bzw. Import des „demokratischen Kapitalismus" beinhaltete, steht das Modell des „politischen Kapitalismus" für gewisse Elemente der *Kontinuität im Wandel* der osteuropäischen Gesellschaften, denn in ihm reproduziert sich ein institutionelles Grundmuster der sozialistischen Ökonomie: die Verflechtung politischer und ökonomischer Macht. Der „politische Kapitalismus" der Transformationsstaaten stellt, so Tatur, eine gesellschaftliche Übergangsformation dar, die freilich „dauerhafte Spuren in der zukünftigen sozialen Struktur in Gestalt eines mehr oder weniger peripheren Kapitalismus" zu hinterlassen droht (1998: 342). Dieser Zusammenhang sei im folgenden kurz veranschaulicht.

Der konzeptionellen Gegenüberstellung von demokratischem und politischem Kapitalismus liegt die Überzeugung zugrunde, daß die Art und Weise der Transformation des Staates, sprich die Form der Umgestaltung der politischen Institutionen eines Landes, von entscheidender Bedeutung für die ökonomische Funktionsweise und die sozialstrukturelle Gestalt der neuen Ordnung ist. Kennzeichnend für die politische Institutionenbildung in Osteuropa aber ist die teilweise Beibehaltung, teilweise auch Neuetablierung einer politischen Privilegienstruktur, welche die relativ unvermittelte Umwandlung von politischem in ökonomisches Kapital erlaubt. Das Charakteristische der kapitalistischen Ökonomien des Ostens ist weniger die Existenz eines Systems staatlicher Garantien privater Eigentumsrechte und staatlicher Rahmung marktförmigen Wirtschaftens, sondern vielmehr die ökonomische Bedeutsamkeit exklusiver Möglichkeiten des Zugangs zu politischen Positionen, geldwerten Informationen und öffentlichen Ressourcen. In der institutionellen Nachfolge der sozialistischen Nomenklatura hat sich in den osteuropäischen Gesellschaften ein politisch-ökonomisches Machtnetzwerk herausgebildet, das es den wirtschaftlichen Eliten einerseits ermöglicht, Produktionskosten zu externalisieren (d.h. auf Dritte, in der Regel auf öffentliche Kassen, abzuwälzen), und das es ihnen andererseits nahelegt, sich auf die risikolose Abschöpfung staatlicher Renten zu verlassen statt sich den Fährnissen des Wettbewerbs zu stellen und auf die Realisierung von Marktprofiten zu setzen (sogenanntes „rent-seeking“ statt „profit-seeking“). Die im Westen seit längerem bemühte Schreckensvision von privatem Reichtum bei öffentlicher Armut (vgl. Böckels et al. 1976) – hier ist sie Realität geworden.

Die besonderen Merkmale der postsozialistischen Staatlichkeit – ein durchlöchertes staatliches Gewaltmonopol, ein wenig durchsetzungsfähiger Rechtsstaat, schwache Eigentumsrechte, die Oligarchisierung der Politik, verbunden mit einer unterentwickelten Öffentlichkeit und einer geringen Transparenz politischer Prozesse – begünstigen somit unterschiedlichste Formen der Patronage und des politischen Klientelismus, also des spontanen Transfers politischer Macht (oder Machtnähe) in ökonomisches Kapital. Die gesellschaftlichen Konsequenzen dieser spezifischen politischen Ökonomie des Transformationskapitalismus sind verbreitete Unsicherheit und wachsende Ungleichheit, eine polarisierte Sozialstruktur, in welcher der Reichtum politisch-ökonomischer Machteliten den Nöten einer pauperisierten Bevölkerung gegenübersteht.

Soweit das *Konzept* des „politischen Kapitalismus“ in seiner allgemeinsten Bestimmung – ein Konzept, das die gesellschaftliche *Realität* in den osteuropäischen Transformationsökonomien zwar alles in allem zutreffend zu fassen vermag, gleichwohl aber der Differenzierung bedarf, sobald es an die Beschreibung der konkreten sozialen Verhältnisse in einzelnen Staaten Osteuropas geht. Letzteres zu leisten ist im Rahmen dieses Beitrages unmöglich; hier kann es nur darum gehen, einige wenige Indizien für das – durchaus unterschiedliche – Ausmaß zu sammeln, in dem die Transformationsstaaten den sozialstrukturellen Implikationen des „politischen Kapitalismus“ tatsächlich entsprechen.

Wendet man sich dieser Frage zu, so sind gesellschaftliche Spaltungstendenzen nicht nur *innerhalb* der einzelnen Transformationsländer auszumachen, sondern vor allen Dingen auch *zwischen* den mittelosteuropäischen Staaten (also Polen, Tschechien, der Slowakei, Ungarn, Slowenien sowie den drei baltischen Staaten) einerseits, dem südosteuropäischen Raum (sprich Bulgarien, Rumänien, Serbien, Albanien) und den Nachfolgestaaten der Sowjetunion andererseits. Beide Regionen unterscheiden sich signifikant hinsichtlich des Ausmaßes der Ausbreitung von Armut und der Zunahme von Ungleichheit. So liegen schon die kumulierten Beschäftigungsverluste der einzelnen Transformationsökonomien – bei aller generell angebrachten Skepsis gegenüber der Verläßlichkeit der nationalen Statistiken im einzelnen – weit auseinander: Betrugen diese zwischen 1990 und 1995 etwa in Tschechien 8,3% oder in Polen 8,5%, so ging die Zahl der Beschäftigten im selben Zeitraum in Bulgarien um 25,8%, in der Ukraine um 32,1% zurück (vgl. Klaus Müller 1998: 192). Das Bruttoinlandsprodukt Polens lag im Jahre 1996 im Verhältnis zu 1989 (= 100) bei 104,5% (womit Polen als einzige Transformationsökonomie den Ausgangszustand wirtschaftlicher Leistungskraft wieder erreicht hatte), dasjenige Tschechiens bei 88,1%; die entsprechenden Werte für Rußland oder die Ukraine hingegen betrugen 56,5% bzw. 40,3% (vgl. ebda.: 199). Doch selbst die erfolgreichen mittelosteuropäischen Länder waren damit noch weit von westeuropäischen Lebensstandards entfernt: So belief sich das Bruttoinlandsprodukt pro Kopf (gemessen in US-Dollar zu Kaufkraftparitäten, also unter Einrechnung der Lebenshaltungskosten) in der „reichsten“ Transformationsgesellschaft, der Tschechischen Republik, auf ein gutes Drittel des EU-Durchschnitts (vgl. ebda.: 200). „Dem Dollar-Pro-Kopf-Einkommen nach liegt Rußland zwischen Panama und Venezuela“ (ebda.).

Hinter diesen Durchschnittswerten verbergen sich massive Armutserscheinungen. Nach Weltbankdaten nahm allein zwischen 1990 und 1994 die Zahl der unter einer Armutslinie von 4 $ Tageseinkommen (zu Kaufkraftparitäten) liegenden Personen im gesamten osteuropäischen Raum von 14 auf 119 Millionen zu, die Armutsrate stieg entsprechend von 4% auf 32% (Standing 1997: 1376, Anm. 2). Gemessen an den offiziellen (und teilweise sogar restriktiveren) nationalen Armutslinien waren 1995 etwa zwei Drittel der bulgarischen Staatsbürger bzw. der aserbaidschanischen Haushalte als bedürftig zu bezeichnen (vgl. ebda., Anm. 4). In Rußland leben nach neuesten Angaben (September 1998) 79 Millionen Menschen oder 54% der Bevölkerung an der Schwelle zum Existenzminimum (vgl. Siegl 1998: 13).

Dies ist die eine Seite der Medaille. Die andere Seite betrifft die wachsenden Einkommensungleichheiten in den osteuropäischen Transformationsgesellschaften – und auch in dieser Beziehung läßt sich ein klares West-Ost-Gefälle ausmachen. So weisen Weltbankdaten von 1996/97 beispielsweise Tschechien, wo die untersten 10% der Einkommensbezieher 4,6%, die obersten 10% hingegen 23,5% aller Einkünfte auf sich vereinigen, als vergleichsweise egalitäre Ökonomie aus, während etwa in Rußland das unterste Dezil über 1,2%, das oberste aber über 38,7% aller Einkommen verfügt (vgl. Klaus Müller 1998: 210). Der sogenannte Gini-Koeffizient als Index der Einkommenskonzentration stieg etwa im nachsozialistischen Polen von einem Wert von 0,23 (1990) auf 0,30 (1994), in Bulgarien hingegen von 0,22 (1989) auf 0,38 (1995); in Lettland lag er 1994 bereits bei 0,42, in Armenien 1995 bei 0,65 (bei einem Wert von 1,00 wäre das volkswirtschaftliche Gesamteinkommen in einer Hand konzentriert; vgl. Standing 1997: 1344). Was Vecerník für die mittelosteuropäischen Vorzeigeökonomien feststellt – „Income inequality and its control is threatening to become one of the hottest issues“ (1996: 119) – gilt dementsprechend in verschärftem Maße für die Gesellschaften in Südosteuropa und Transkaukasien.

In dem jeweiligen Schicksal der früheren sozialistischen Mittelschicht spiegeln sich die divergierenden sozialstrukturellen Konsequenzen des gesellschaftlichen Umbruchs wider. Während sich diese Gruppierung in den mittelosteuropäischen Nationen in Gestalt einer neuen Klasse von Unternehmern, Selbständigen bzw. qualifizierten und leitenden Angestellten zumindest teilweise in die neue Ordnung hinüberretten konnte, sind ihre Mitglieder in den östlicheren Transformationsgesellschaften in weiten Teilen sozial deklassiert, und zwar zugunsten einer schmalen Oberschicht von „Transformationsgewinnlern" (Tatur 1998: 369). Letztere sozialstrukturelle Konstellation ist Ausdruck eines wiederum besonderen institutionellen Musters der Transformation, eines nicht mehr bloß „politischen", sondern zusehends „kriminellen Kapitalismus" (vgl. ebda.: 364-370). „Krimineller Kapitalismus" als Bezugsmodell gesellschaftlicher Transformation ist gekennzeichnet durch die weitgehende Auflösung des staatlichen Gewaltmonopols und rechtsstaatlicher Strukturen. Dies zieht zum einen die Möglichkeit „wilder" Privatisierungen, zum anderen eine bisweilen archaisch anmutende Gewaltförmigkeit ökonomischer Beziehungen nach sich. In diesem Kontext bilden sich parastaatliche Wirtschaftskonglomerate heraus, die vorrangig im Rohstoff- und Energiesektor, in der Rüstungsindustrie und im Finanzwesen operieren; kriminelle Machteliten mit Verankerung insbesondere in den großen Geschäftsbanken betätigen sich als Drahtzieher einer an Produktivitätskriterien desinteressierten, zerstörerischen Umverteilungs- und Selbstbedienungsökonomie. Das besondere Medieninteresse hat vornehmlich Rußland zum Prototyp dieser gesellschaftlichen Übergangsformation werden lassen, doch sind auch Staaten wie Albanien oder Serbien der Tendenz nach diesem Typus zuzuordnen.

Der soziale Strukturwandel der Transformationsgesellschaften ist dabei nicht zuletzt auch im Zusammenhang mit den wohlfahrtsstaatlichen Reformen im Osteuropa der neunziger Jahre zu sehen: Die Transformation der Sozialpolitik hat zur Restrukturierung sozialer Ungleichheit im Postsozialismus nicht unwesentlich beigetragen. Zwei wesentliche Elemente des ehedem „staatspaternalistischen Wohlfahrtsstaates" (vgl. Götting 1998: 57-88) – die staatliche Beschäftigungsgarantie und die umfassende betriebliche Sozialpolitik – sind ersatzlos gestrichen bzw. weitgehend abgebaut worden. Die neu konstruierten oder renovierten sozialen Sicherungssysteme konnten die hierdurch entstehenden Bedarfe häufig nicht, nicht zureichend oder aber nicht rasch genug abdecken. Die zunehmende Durchführung von Bedürftigkeitsprüfungen im Rahmen eines selektiven „targeting" von Sozialleistungen (sprich ihrer zielgenaueren Ausrichtung auf die „wirklich Bedürftigen") und insbesondere auch die verbreitete Rückbindung des Leistungsniveaus an die in praktisch allen Staaten ins Bodenlose absinkenden gesetzlichen Mindestlöhne haben, dies kann man wohl generell behaupten, zu einer „schleichenden Residualisierung der staatlichen Absicherung" geführt (Götting 1998: 272; vgl. Standing 1997). Parallel hierzu sind in mehreren Transformationsstaaten bedeutsame Schritte in Richtung auf die Privatisierung oder zumindest Teilprivatisierung vor allem des Alterssicherungssystems nach lateinamerikanischem – chilenischen bzw. argentinischen – Vorbild eingeleitet worden (vgl. Katharina Müller 1998), deren sozialstrukturelle Effekte auf längere Sicht nicht zu unterschätzen sind; „pension systems are likely to become a major source of socio-economic differentiation in the next few years" (Standing 1996: 242; vgl. auch die Daten zu den gegenwärtigen Durchschnittsrenten bei Standing 1997: 1377, Anm. 10). Im Kontext all dieser Entwicklungen hat sich ein weiteres Moment der Wohlfahrtsproduktion in staatssozialistischen Systemen, der ominöse informelle Sektor, im Zuge der Transformation nicht etwa relativiert, sondern ist in seiner Bedeutung für die individuelle Existenzsicherung eher noch bedeutsamer geworden als zuvor. Gerade dieser Bereich aber ist eine politisch – selbst wenn man den Willen hierzu unterstellen mag – kaum kontrollierbare Quelle neuer sozialer Ungleichheiten.

4. *Transformation als Lateinamerikanisierung: Auf dem Weg nach Westen?*

„Wenn man [...] das Gelingen der osteuropäischen Reformen danach beurteilt, ob es der postkommunistischen Politik glückt, ein konsistentes Institutionensystem nach westlichem Muster einzurichten, dann stehen viele von ihnen an der Schwelle des Scheiterns" (Klaus Müller 1998: 211f.). Die Lehre aus „dem ehrgeizigsten wirtschaftspolitischen Experiment dieses Jahrhunderts", aus dem, wie es gerne heißt, „Großversuch in Osteuropa", kann nur für liberale Ökonomen und Ökonominnen schlicht und einfach lauten: „Die Marktwirtschaft ist jedem ‚Dritten Weg' überlegen" (Horn 1998: 17). Für die Sozialwissenschaften hingegen besagen die bisherigen Effekte und Ergebnisse des osteuropäischen Umbruchs eher, daß die postsozialistischen Gesellschaften an der fehlenden oder aber nur halbherzigen Durchsetzung jenes durch eine politische Eigenrationalität ausgezeichneten Institutionensystems zu zerbrechen droht, das den „demokratischen Kapitalismus" erst ausmacht – zu zerbrechen droht also nicht zuletzt an dem kontextenthobenen Reformehrgeiz liberaler Wirtschaftsreformer.

Die Transformationsgesellschaften des Ostens befinden sich kaum mehr auf dem Weg nach Westen, auf jenem Pfad der Durchsetzung demokratisch-kapitalistischer Strukturen, den einige Jahre zuvor die Staaten *im Süden Europas* beschritten haben. Wovor die osteuropäischen Transformationsökonomien heute, nach einem Jahrzehnt der gesellschaftlichen Umgestaltung, zu stehen scheinen – die einen weniger, die meisten mehr –, ist das Modell *eines anderen Südens*, ist ihre „Lateinamerikanisierung", sind die Gefahren eines Armutskapitalismus, wie er für weite Teile der Welt bereits zur bitteren Normalität geworden ist: „All one can expect is that they too will confront the all too normal problems of the economy, the politics and the culture of poor capitalism. The East has become the South" (Przeworski 1991: 191; zu den verschiedenen Dimensionen und Facetten dieses Prozesses vgl. z.B. Nowotny 1997, Riese 1995, Katharina Müller 1998).

Die damit einhergehenden ökonomischen und sozialen Verwerfungen als vorübergehende „Anpassungskrise" zu bezeichnen, dürfte sich zunehmend als Euphemismus erweisen – ähnlich wie die liberale Diagnose einer „vorerst nicht gerade gerechte[n] Verteilung von Einkommen und Vermögen" (Krause 1998: 17). „Die Anpassungsleistungen, die von der Bevölkerung erbracht werden sollen, sind [...] weder einmaliger Natur, noch allein dem Erbe der Vergangenheit anzulasten, sondern werden den Transformationsprozeß auf unabsehbare Zeit begleiten" (Klaus Müller 1998: 201). Diesen permanenten, einseitigen Anpassungsanforderungen auf der gesellschaftlichen Ebene entspricht eine mangelnde Anpassung an die Erfordernisse eines demokratischen Kapitalismus auf politisch-institutioneller Ebene. In der Tat sind beide Momente des Transformationsprozesses aufs engste miteinander verwoben: Es ist eine handlungsunfähige Politik, es sind das alltägliche Staats- und Institutionenversagen, die antietatistischen Affekte der Transformationsmanager, die verbreitete Tendenz zur „state desertion" (Vgl. Standing 1997: 1339-1342), die für einen guten Teil des Transformationselends verantwortlich zeichnen.

Zwar sind die Gesellschaftsstrukturen noch ganz im Fluß, insofern eindeutige Prognosen auch fehl am Platze. „Da der Umbau der Wirtschaft noch in vollem Gange ist und entscheidende Reformen der Sozialsysteme und Bildungsinstitutionen noch ausstehen, sind Annahmen über die Sozialstruktur der postkommunistischen Gesellschaften nach wie vor mit großen Unsicherheiten belastet" (Klaus Müller 1998: 208). Doch eines läßt sich heute schon mit Gewißheit sagen: Gewinner und Verlierer des Prozesses wird es nicht nur innerhalb der verschiedenen Gesellschaften geben, sondern auch im Kreise der Transformationsstaaten selbst. Mag man die vorsichtig optimistische Einschätzung, wonach jedenfalls in den mittelosteuropäischen Nationen „zumindest die Gefahr von Massenarmut, sozialer Desorganisation und destruktiver Verteilungskonflikte inzwischen im Regelfall gebannt" ist (Götting 1998: 282), womöglich noch teilen, so geben die weiter im Osten liegenden Transformationsgesellschaften wenig, um nicht zu sagen: keinerlei Anlaß zu derartigen Hoffnungen (Götting selbst [1998: 260] sieht schon Bulgarien nahe „an das zweite, pessimistische Szenario der bitteren Massenarmut herangekommen"). Sie scheinen beinahe unwiderruflich Kurs genommen zu haben nicht auf den Westen und seinen „demokratischen Kapitalismus", sondern auf den Süden – einen Süden des „kriminellen Kapitalismus", eine Zukunft der Lateinamerikanisierung.

Spätestens in der Frage der EU-Integration könnte sich transformationspolitisch endgültig die Spreu vom Weizen trennen. Die unmittelbaren EU-Anrainerstaaten im Osten könnten den Sprung nach Europa und damit den Weg zumindest in die Semiperipherie des Westens über kurz oder lang schaffen – obwohl sich beispielsweise die neue deutsche Außenpolitik nach Kräften bemüht, jegliche Festlegung auf konkrete Beitrittstermine zu vermeiden (und sei es auch die nur auf das Jahr 2002 als Zulassungsdatum für den Top-Kandidaten Polen; vgl. F.A.Z. vom 11.12.1998). „As for the others, it may very well be the case that a successful transformation and a catching up process will remain a dream. [...] Several countries will continue their historical detour and remain in the periphery of Europe. The ‚long durée' of history is clearly forecasting this destiny" (Berend 1996: 381).

Literatur

Berend, Ivan T. 1996: Central and Eastern Europe, 1944-1993. Detour from the periphery to the periphery, Cambridge: Cambridge University Press.

Böckels, Lothar/Scharf, Bodo/Widmaier, Hans Peter 1976: Machtverteilung im Sozialstaat. Untersuchungen zur These: Öffentliche Armut bei privatem Reichtum, München: Beck.

Dittberner, Susanne 1998: Konsens und Desillusion: Demonstrationseffekte der spanischen Transition. In: Klaus Müller (Hg.): Postsozialistische Krisen. Theoretische Ansätze und empirische Befunde, Opladen: Leske + Budrich, S. 132-176.

Götting, Ulrike 1998: Transformation der Wohlfahrtsstaaten in Mittel- und Osteuropa. Eine Zwischenbilanz, Opladen: Leske + Budrich.

Hershberg, Eric 1996: Demokratischer Übergang und Sozialdemokratie in Spanien. Kritische Überlegungen zur Konstruktion von Idealtypen. In: Prokla 105, Jg. 26, H. 4, S. 595-609.

Horn, Karen 1998: Der ökonomische Rat fehlt nicht. Transformationen (7 und Schluß). In: Frankfurter Allgemeine Zeitung vom 27.11.1998, S. 17.

Karl, Terry Lynn/Schmitter, Philippe C. 1991: Modes of Transition in Latin America, Southern and Eastern Europe. In: International Social Science Journal 128, Jg. 43, H. 2, S. 269-284.

Krause, Klaus Peter 1998: Der Weg zur Marktwirtschaft. Transformationen (1). In: Frankfurter Allgemeine Zeitung vom 10.11.1998, S. 17.

Lessenich, Stephan 1996a: Spanischer Wein in osteuropäischen Schläuchen? Das Alte und das Neue am transformationspolitischen „Dilemma der Gleichzeitigkeit". In: Lars Clausen (Hg.): Gesellschaften im Umbruch. Verhandlungen des 27. Kongresses der Deutschen Gesellschaft für Soziologie in Halle an der Saale 1995, Frankfurt/New York: Campus, S. 214-228.

Lessenich, Stephan 1996b: Erst die Arbeit – und dann? Widersprüche der gesellschaftlichen Organisation von Arbeit in autoritären und totalitären Regimen. In: Comparativ 6, H. 4, S. 1-24.

Maravall, José María 1993: Politics and policy: economic reforms in Southern Europe. In: Luiz Carlos Bresser Pereira/José María Maravall/Adam Przeworski: Economic Reforms in New Democracies. A Social-Democratic Approach, Cambridge: Cambridge University Press, S. 77-131.

Müller, Katharina 1998: Transformation als Lateinamerikanisierung? Die neue rentenpolitische Orthodoxie in Ungarn und Polen. In: Prokla 112, Jg. 28, H. 3, S. 459-483.

Müller, Klaus 1991: Nachholende Modernisierung? Die Konjunkturen der Modernisierungstheorie und ihre Anwendung auf die Transformation der osteuropäischen Gesellschaften. In: Leviathan 19, H. 2, S. 261-291.

Müller, Klaus 1998: Postsozialistische Krisen. In: ders. (Hg.): Postsozialistische Krisen. Theoretische Ansätze und empirische Befunde, Opladen: Leske + Budrich, S. 177-249.

Nowotny, Thomas 1997: Transition from Communism and the Spectre of Latin-Americanisation. In: East European Quarterly 31, H. 1, S. 69-91.

Offe, Claus 1994: Der Tunnel am Ende des Lichts. Erkundungen der politischen Transformation im Neuen Osten, Frankfurt/New York: Campus.

Przeworski, Adam 1991: Democracy and the Market, Cambridge: Cambridge University Press.

Przeworski, Adam et al. 1995: Sustainable Democracy, Cambridge: Cambridge University Press.

Puhle, Hans-Jürgen 1994: Transitions, Demokratisierung und Transformationsprozesse in Südeuropa. In: Wolfgang Merkel (Hg.): Systemwechsel 1. Theorien, Ansätze und Konzeptionen, Opladen: Leske + Budrich, S. 173-194.

Riese, Hajo 1995: Transformation als Oktroi von Abhängigkeit. In: Hellmuth Wollmann/ Helmut Wiesenthal/Frank Bönker (Hg.): Transformation sozialistischer Gesellschaften: Am Ende des Anfangs. Leviathan-Sonderheft 15/1995, Opladen: Westdeutscher Verlag, S. 163-179.

Schmidt-Häuer, Christian 1998: Rußland ist nicht Afrika. In: Die Zeit vom 26.11.1998, S. 1.

Siegl, Elfi 1998: Rußland: Noch immer eine Staatswirtschaft. Transformationen (5). In: Frankfurter Allgemeine Zeitung vom 21.11.1998, S. 13.

Standing, Guy 1996: Social Protection in Central and Eastern Europe: a Tale of Slipping Anchors and Torn Safety Nets. In: Gøsta Esping-Andersen (Hg.): Welfare States in Transition. National Adaptations in Global Economies, London u.a.: Sage, S. 225-255.

Standing, Guy 1997: The Folly of Social Safety Nets: Why Basic Income Is Needed in Eastern Europe. In: Social Research 64, H. 4, S. 1339-1379.

Staniszkis, Jadwiga 1991: „Political Capitalism" in Poland. In: East European Politics and Societies 5, H. 1, S. 127-141.

Staniszkis, Jadwiga 1998: Postkommunismus. Versuch einer soziologischen Analyse. In: Prokla 112, Jg. 28, H. 3, S. 375-394.

Tatur, Melanie 1998: Ökonomische Transformation, Staat und moralische Ressourcen in den post-sozialistischen Gesellschaften. In: Prokla 112, Jg. 28, H. 3, S. 339-374.

Večerník, Jiří 1996: Incomes in Central Europe: Distributions, Patterns and Perceptions. In: Journal of European Social Policy 6, H. 2, S. 101-122.

Zecchini, Salvatore 1997: Transition approaches in retrospect. In: ders. (Hg.): Lessons from the economic transition: Central and Eastern Europe in the 1990s, Dordrecht u.a.: Kluwer, S. 1-34.

Globale Entwicklungstendenzen und Krisen

Bernd Hamm

1. Einleitung

Das Industriezeitalter, das Zeitalter von Vollbeschäftigung und Massenkonsum, ist am Ende. Es hatte seine kurze Blütezeit um 1970 (überall auf der Welt!). Seine Konstruktionsprinzipien gelten schon heute nicht mehr, viel weniger taugen sie für die Zukunft. Viele haben die Zeitenwende vorhergesehen, viele sie gar auf das letzte Viertel des 20. Jh. datiert, von Alvin Toffler angefangen (1970); der Club of Rome, Robert Jungk, Johan Galtung und viele andere liessen sich zitieren. Der Wandel, dessen Zeuge wir sind, wird tiefgreifender sein als die industrielle Revolution des 18. und 19. Jhs. Einige, wie z.B. Erwin Laszlo, gehen so weit, die Menschheit insgesamt vor der Überlebensfrage zu sehen. Wenn es uns nicht gelingt, so argumentiert er in The Choice (1995), jetzt endlich wirklich Menschen zu werden, dann werden wir als biologische Spezies untergehen. Viele Jahre früher hat der Verhaltensforscher Konrad Lorenz etwas ähnliches so ausgedrückt: Das evolutionsgeschichtlich fehlende Glied zwischen dem Affen und dem Menschen – sind wir.

Die Welt hat sich in den letzten dreissig Jahren grundlegend verändert. Immer klarer wird, dass wir unsere Gesellschaft nurmehr begreifen können, wenn wir sie im Zusammenhang nicht nur Europas, sondern der Weltgesellschaft sehen. Die Erkenntnis setzt sich durch, dass die globalen ökologischen Probleme vor allem durch die Ökonomien des Westens verursacht werden. Wir fangen an zu verstehen, dass der Weg zu einer global zukunftsfähigen Entwicklung nur durch tiefgreifende Reformen in den politischen, ökonomischen und sozialen Systemen dieser reichen Länder beschritten werden kann. Die Europäische Union hat in diesem Prozess bisher nicht einmal die Themen ernsthaft aufgenommen, die für diese zukünftige Welt zentral sein werden. Das ökologische Europa, das soziale Europa, das demokratische Europa, das Europa, das sich seiner Verantwortung für alle Menschen auf der Erde bewusst ist – dazu sucht man vergeblich wesentliche Fortschritte im Vertrag von Amsterdam.

Ich möchte zunächst einige krisenhafte globale Entwicklungen ansprechen, die sich in Zukunft ohne Zweifel weiter verschärfen werden: ökologische, ökonomische und soziale. Sie bilden den Rahmen für unsere Entwicklung ins 21. Jahrhundert. Im zweiten Schritt will ich untersuchen, ob unsere Institutionen in der Lage sind, die so beschriebenen Entwicklungen zu beherrschen, oder wenigstens zu mildern und aufzuschieben. Schliesslich soll gefragt werden, welche Handlungsmöglichkeiten uns zur Verfügung stehen; dabei wird besonderes Gewicht auf die Kommunen und Regionen gelegt.

2. *Globale Krise*

Von den meisten Menschen gar nicht, von vielen gerade mal am Rande registriert und rasch durch andere Ereignisse überdeckt hat sich die womöglich grösste ökologische Katastrophe dieses Jahrzehnts in Lateinamerika, in Asien, im Pazifik und in Australien abgespielt, verstärkt durch Entwicklungen in Nordamerika und Sibirien: die Vernichtung der Wälder. Meist werden erst einmal die wertvollsten Bäume gefällt und zu Geld gemacht. Das Abfackeln vollendet das Zerstörungswerk, schafft Platz für Plantagen, für Soja, für Ölpalmen. El Niño für die Katastrophe verantwortlich zu machen, verkennt das Problem. Bereits 1993, als noch niemand vom „Christkind" sprach, brannten einige Millionen Hektar. Nur stand damals der Wind günstiger, blieben Singapur, Jakarta und Kuala Lumpur vom Rauch und somit wir von den Katastrophenmeldungen weitgehend verschont. Die Vernichtung der Naturwälder wird, allen Warnungen zum Trotz, ungebremst vorangetrieben. Weltweit, so meldet die UN-Landwirtschaftsorganisation FAO 1997, gingen in der ersten Hälfte der 90er Jahre in den Entwicklungsländern 65 Millionen Hektar Regenwald verloren, bestenfalls eine marginale Verlangsamung gegenüber den 80er Jahren. Allein in Brasilien sind zwischen 1995 und 1997 mehr als 60.000 Quadratkilometer bewaldete Fläche verschwunden, ein Gebiet doppelt so groß wie Belgien. In Kambodscha ist die Abholzung außer Kontrolle; in drei bis fünf Jahren könnten alle Wälder verschwunden sein. Auch in Laos und Vietnam haben Verschuldung und wirtschaftliche Liberalisierung ausländischen Holzfirmen Tür und Tor geöffnet. Weitgehend unbeachtet dezimieren Holzunternehmen die borealen Naturwälder im Norden Rußlands, in Sibirien und Kanada.

Die politischen und wirtschaftlichen Rahmenbedingungen machen wenig Hoffnung auf eine Verlangsamung der Waldvernichtung. Die wachsende Zahl von Einschlagskonzessionen, so stellt die FAO fest, „ist Folge des Zwangs zu wirtschaftlichem Wachstum und der Globalisierung von Holzunternehmen mit Kapital und Know-how". Behörden sind oft machtlos, finanziell und personell schlecht gerüstet, korrupt oder unwillig, einen „kontrollierten" Holzeinschlag sicherzustellen. 80 Prozent des Holzeinschlags im Amazonasgebiet sind illegal, schätzt der brasilianische Geheimdienst. Mit nur einem Waldinspektor für 6.000 Quadratkilometer Naturschutzgebiet ist die Umweltbehörde nicht in der Lage, illegale Aktivitäten zu stoppen.

Gegen schnellen Profit, bürokratische Schwerfälligkeit, Korruption und international operierende Konzerne haben Schutzkonzepte wenig Wirkung. Um das Pilotprogramm für die Bewahrung der Tropenwälder Brasiliens, 1992 von der Gruppe der sieben führenden Industriestaaten aufgelegt, ist es still geworden. Aber deren Politik ist widersprüchlich; gleichzeitig verlangt der Internationale Währungsfonds, kontrolliert von derselben G 7, von den Schuldnerländern, alle Kräfte für die Exportproduktion einzusetzen und die Staatsausgaben, also auch die Umweltkontrollen, drastisch zu reduzieren.

Die Ökologie-Debatte ist voller Widersprüche. Die Firma Hoechst, vor allem wegen ständiger Umweltskandale in den Schlagzeilen, warb mit ganzseitigen Anzeigen für Sustainable Development. Der Verband der Chemischen Industrie organisiert hochkarätig besetzte Konferenzen zum Thema; gleichzeitig verkündete er in einem gemeinsam mit dem Wirtschaftsminister und der IG Chemie verfassten Papier, dass Mitgliedsunternehmen nach Osteuropa auswandern werden, wenn die Bundesregierung auf ihrer Absicht beharre, den CO_2-Ausstoss durch aktive Massnahmen drastisch zu verringern. Die Bundesregierung hat zwar in Rio und an den Nachfolgekonferenzen eine Reihe von solchen Massnahmen angekündigt, aber keine davon praktisch umgesetzt. Sie setzt im Klimaschutz auf die Selbstverpflichtung der Industrie, deren Erfolg immer noch unbewiesen ist. Die Wuppertal-Studie „Zukunftsfähiges Deutschland" (1996) verlangt dagegen eine Reduktion im Konsum natürlicher Ressourcen in der Grössenordnung von 90 Prozent – und tut so, als sei dies ohne grössere Brüche realisierbar, es gehe ja – verkürzt gesagt – nur um die Kleinigkeit, das Profitdenken der Industrie zu ändern. In Rio ist darum gestritten worden mit dem Ergebnis, dass den Vereinbarungen auf Druck der westlichen Länder, vor allem der amerikanischen Regierung, bereits im Vorfeld alle Zähne gezogen wurden: Es gibt weder präzise Zielwerte, noch Zeithorizonte, noch Überwachungsmechanismen, noch Sanktionsmöglichkeiten. Am Klimagipfel in Berlin wurde der Widerspruch unübersehbar: Während US-Vizepräsident Al Gore vehement wirksames und rasches Handeln verlangte und danach abreiste, verhinderte die mitgereiste amerikanische Industrielobby eben dieses. Die vierte Klimafolgekonferenz ist gerade ohne greifbares Ergebnis zu Ende gegangen.

Im Juli 1997 begann in Thailand die asiatische Finanzkrise. Sie breitete sich wie ein Lauffeuer aus. Nachdem sie Süd-Korea, Indonesien, Malaysia und Japan erreicht hatte, wütet sie nun in Russland und greift auf Lateinamerika über. Dieser Vorgang erklärt sich aus den Eigenheiten der Globalisierung der Wirtschaft und der Dominanz des Finanzsektors. Doch der eigentliche Ernst der aktuellen Krise liegt darin, daß sich unter ihrer finanziellen Oberfläche eine echte Krise der Realökonomie verbirgt. In der Tat haben die Unternehmen zunehmend Schwierigkeiten, ihre produzierten Waren loszuschlagen, die veranschlagten Rentabilitätsziele zu erreichen und die Rendite abzuwerfen, an die sich die Börsianer in den letzten zehn Jahren gewöhnt haben. Schließlich waren die „kleinen Tiger" in den neunziger Jahren die einzige Wachstumszone der Weltwirtschaft, wo sowohl Realinvestitionen als auch Wertpapieranlagen hohe Renditen abwarfen. Dabei wurden die örtlichen politischen Systeme teils kritisiert, teils auch bewundert – zumal wenn sie die „öffentliche Ordnung" wirkungsvoll aufrechterhielten und die Löhne auf ein niedriges Niveau drückten.

Die weltweit chronische Nachfrageschwäche erklärt sich aus der hohen Arbeitslosigkeit und den niedrigen Löhnen in den Sektoren, in denen die „Flexibilisierung" der Arbeit voll durchgesetzt werden konnte. Das wiederum liegt an der Politik der Liberalisierung der Finanz- und Arbeitsmärkte, wie auch am Rückzug des Staates – ein politisches Konzept, das die mächtigsten weltwirtschaftlichen Akteure zunächst im eigenen Land durchsetzten, um es dann auch anderen Ländern aufzunötigen. Im Moment ist nicht zu erkennen, daß sie die Absicht hätten, das Ruder herumzuwerfen. Vielmehr herrscht die Meinung vor, die derzeitigen Erschütterungen seien als der notwendige Preis zu sehen, der nun einmal für den Eintritt in die „Weltwirtschaft des dritten Jahrtausends" zu entrichten sei.

Verstärkt durch die vom Internationalen Währungsfonds verordnete Strukturanpassung kam eine Rezessionsspirale in Gang. Dieser Mechanismus beschleunigt den weltweiten Preisverfall auf den Rohstoffmärkten – wo der Kursverfall bereits begonnen hatte – und greift auf immer mehr Industriesektoren über. Die Rohstoffexporteure müssen immer mehr ausbeuten, um bei fallenden Preisen die Rendite zu halten. Nun stehen dem Ausverkauf asiatischer Firmen an amerikanische und europäische Unternehmensgruppen Tür und Tor offen. An erster Stelle stehen wie immer Maßnahmen, wie sie den „Märkten" zusagen: Umstrukturierungsprozesse, Entlassungen und Drücken der Löhne, von seiten des Staats eine rigorose Sparpolitik, Rücknahme von Kontrollen und Umverteilung und die Einstellung oder Verschiebung der großen Infrastrukturvorhaben.

Bei uns wird diskutiert, ob und auf welche Weise die asiatische oder russische Krise unsere Exporte, unsere Direktinvestitionen oder vergebene Kredite berühre. Viel interessanter scheint mir, welcher Mechanismus zur Krise geführt hat: Nachfrageschwäche, hohe Verschuldung, Überbewertung von Unternehmen, starke Aussenabhängigkeit, Dominanz des Finanzsektors, spekulativer Druck – wo ist eine ähnliche Kombination zu beobachten? Gewiss in den Transformationsländern, aber: Sind solche Mechanismen nicht auch bei uns wirksam? Ist Westeuropa gegen eine solche Krise gefeit? Und vor allem: Wie rechtfertigt sich angesichts dieser Ereignisse der naive Glaube, der Markt werde schon alles zum Besten richten? Erkennen wir nicht vielmehr deutliche Anzeichen einer neuen Weltwirtschaftskrise?

Die Transformationsgesellschaften des früheren Ostblocks sollen auf dem Weg einer „Schocktherapie" zu Marktwirtschaft und Demokratie gebracht werden. Auf diesem Weg spielen westliche Berater, Strukturanpassungsprogramme des Internationalen Währungsfonds und für die Beitrittskandidaten die Vorgaben der Europäischen Union eine wichtige Rolle. Unsere Medien sagen uns mehrheitlich, die Transformation verlaufe zwar nicht ohne Reibungsverluste, aber doch im Grossen und Ganzen erfolgreich.

Im Mai 1997 wurde an der Jahrestagung der polnischen SozialpolitikerInnen in Ustronje berichtet, dass ca. 30 Prozent der polnischen Bevölkerung mit einem Einkommen unterhalb des Existenzminimums existieren müssen. Nach einer Untersuchung ist die Sterblichkeit vor allem von Männern in den mittleren Jahren (30-60) gegenüber 1990 deutlich angestiegen. Die ForscherInnen haben daraufhin Interviews in den Familien der Verstorbenen durchgeführt, um die Ursachen zu klären: Verantwortlich waren vor allem Selbstmorde und Alkohol, beides als Reaktion auf Arbeitslosigkeit oder in Antizipation befürchteter Entlassung. Es sind ohne Frage Transformationsopfer. Die Zahl der Einelternfamilien hat dramatisch zugenommen. Sozialversicherung gibt es noch immer nicht. Medizin kommt jenseits des Verfalldatums aus dem Westen und wird überteuert verkauft, Ärzte und Krankenhäuser sind ohne Bestechung kaum zu kriegen, Geschäfte und Restaurants zahlen „Schutzgelder", ohne Dollar läuft nichts. Die Menschen haben Angst, im Zug zu fahren, weil dort ständig geklaut und überfallen wird.

Beispiel Ukraine: Die Lohn- und Gehaltsrückstände des Staates sind auf fast 7 Mrd DM angewachsen, ebensoviel Geld hat voriges Jahr die Schattenwirtschaft an Steuern hinterzogen. Das Land profitiert allein vom Waffenhandel seiner alten Rüstungsbetriebe und dem vertragswidrigen Verkauf von russischem Gas. Die Ukraine steht im Ruf, einer der korruptesten Staaten der Welt zu sein. Viele der Wirtschaftsaffären sind von der Regierung faktisch gutgeheissen. Selbst für die kleinste Firmengründung sind 75 Unterschriften nötig, Bauherren müssen 40 Prozent Zinsen auf ihre Hypotheken zahlen, die Banken jede Einzahlung über 500 Dollar dem Geheimdienst melden. Ganze Stadtverwaltungen stehen unter dem direkten Einfluss krimineller Organisationen.

Fred Weir, der Moskauer Korrespondent kanadischer Zeitungen, diagnostiziert eine Vertrauenskrise, die von der asiatischen Krise und der Unfähigkeit Präsident Jelzins stamme, die strukturellen und fiskalischen Reformen voranzutreiben, und fährt fort: „Tatsächlich befindet sich Russland schon seit zehn Jahren im Zustand eines schleichenden Zusammenbruchs – und jetzt bricht ein weltweiter Sturm los, und es gibt keine Reserven und keine institutionellen Vorkehren mehr, um ihn abzumildern. ... Jelzin's Programm der Marktreformen führte zu dem, was manche russischen Beobachter nun „Potemkin Kapitalismus" nennen, blossen Schein, der vorgaukelt, es gäbe funktionierende Finanzmärkte, wenigstens eine Handvoll Weltklasseunternehmen, Geschäfte, die mit ausländischen Luxusgütern vollgestopft sind und ein paar tausend Möchtegern-Mittelklassangehörige, die sich vor allem im Zentrum von Moskau herumtreiben. Unter dieser dünnen Schicht liegt eine ganz andere Art von Lebensumständen: Millionen von Arbeitern existieren völlig ausserhalb der Geldwirtschaft, gefangen in sterbenden Betrieben, die selten oder nie Löhne ausbezahlen. ... Während das Potemkin-Modell der Reformen der Mehrheit der Bevölkerung keinerlei Vorteile gebracht hat, hat es den

Reichtum einer hauchdünnen Schicht von Finanzjongleuren beträchtlich erhöht. Und die haben ihren Reichtum auf eine Weise verwendet, die für die Entwicklung Russlands zerstörerisch wirkt. Rasche Privatisierung übereignete die Juwelen der russischen Ökonomie – vor allem Rohstoffe – einer Handvoll Finanzmogulen, ohne damit auch nur die geringste gesellschaftliche Verpflichtung zu verbinden. Statt zu investieren, haben diese neuen Kapitalisten die alte sowjetischen Infrastruktur ausgemolken. Die Investitionen liegen bei nurmehr acht Prozent des Wertes von 1989. Russland wird von Transparency International als eines der korruptesten Länder der Erde eingestuft. 200 Milliarden US$ haben das Land verlassen, ungefähr zwei Milliarden monatlich. Nichts davon war unvermeidbar – es sind weitgehend die Konsequenzen von Entscheidungen, die – oft auf westlichen Druck – durch das Jelzin-Regime getroffen wurden. Die Betonung einer halsbrecherischen Privatisierung, der abnehmenden Sozialausgaben und des Eindämmens der Inflation waren alle vom Internationalen Währungsfonds diktiert worden".

Hohe Arbeitslosigkeit, breite Verarmung, die enorme und weiter zunehmende Polarisierung zwischen Arm und Reich, die Perspektivenlosigkeit der Jungen und die Hoffnungslosigkeit derer, die doppelt gedemütigt wurden – weil ihre Leistungen zum früheren System nichts mehr gelten und weil sie im neuen System keine Chance mehr haben – das ist der Nährboden für den Verlust aller Regeln. Wer in der Werbung täglich vorgegaukelt bekommt, was für ein „normales Leben" nötig ist, aber keine Chance hat, dies durch ehrliche Arbeit zu erreichen – und wer gleichzeitig erlebt, wie die Aktienkurse explodieren, wie sich durch Spekulation riesige arbeitslose Einkünfte ansammeln – wie wird der reagieren? Wer die soziale Polarisierung weiter vorantreibt, der wird in ihrem Gefolge Korruption und Kriminalität, Gewalt und Krankheit, Extremismus und Rassismus finden. Das ist nicht schwer zu prognostizieren. Leute aus der Ecke der angebotsorientierten Wirtschaftspolitik werden von solchen Phänomenen nicht etwa überrascht, sie kennen sie vielmehr und nehmen sie billigend in Kauf.

3. Institutionen

Gesellschaftliche Institutionen sollen Probleme auf allgemein akzeptierte Weise lösen und auf krisenhafte Entwicklungen reagieren. Wirtschaft und Politik, Massenmedien, soziale Sicherung und schliesslich das Recht sind dazu da, das Gemeinwohl vor dem Zugriff übermächtiger Einzelinteressen zu schützen und den gesellschaftlichen Frieden zu bewahren. Die Frage ist, ob unsere Institutionen den vor uns liegenden Umbrüchen gewachsen sein werden.

Ungefähr seit Beginn der achtziger Jahre können wir in Deutschland beobachten, dass immer mehr Unternehmen sich über den Kapitalmarkt finanzieren, während andererseits die Gewinne des Finanzsektors deutlich zunehmen. Gleichzeitig nimmt die Internationalisierung der Kapitalbewegungen zu. Institutionelle Anleger, allen voran Banken, Versicherungen und Investmentfonds, erlangen immer grösseren Einfluss auf die Unternehmensentscheidungen. Ihre Anteile an grossen deutschen Unternehmen sind durchwegs gestiegen. Ihre Vertreter in den Aufsichtsräten, aber auch die Fondsmanager auf ihren Inspektionsreisen drängen die Vorstände dazu, den Shareholder Value zu maximieren, weniger rentable Unternehmensteile zu verkaufen, mit Konkurrenten zu fusionieren, Kosten zu senken. Fällt die Aktie, geraten die Manager unter Druck, ihre Tantiemen sinken und die Gefahr einer Übernahme durch Konkurrenten steigt. Kurzfristige Maximierungsziele werden rabiat durchgesetzt und setzen sich über die Zulieferketten in weite Teilen des Wirtschaftssystems fort. Die Marktwirtschaft zerstört sich selbst, zerstört Beschäftigung, zerstört Kaufkraft, zerstört Natur. Das ist keine Frage individueller Entscheidung, es ist Ergebnis einer Struktur, die von den Vorständen, Aufsichtsräten oder nationalen Regierungen gar nicht mehr zu kontrollieren ist. Der Turbo-Kapitalismus läuft Amok. Dabei wird er von der Politik nicht etwa korrigiert und gebremst, sondern geradezu angetrieben.

In grosser Heimlichkeit wird seit Mai 1994 in der OECD, der Organisation der 29 westlich-kapitalistischen Länder, über ein Abkommen verhandelt, das der Generaldirektor der Welthandelsorganisation (WTO) die „Verfassung der vereinigten Weltwirtschaft“ nannte: das Multilaterale Investititonsabkommen (MAI). Geheim aus gutem Grund: Das MAI strebt die weitreichende Liberalisierung internationaler Investitionen an und gewährt ausländischen Investoren dabei umfassende Rechte. Es überträgt staatliche Regelungskompetenzen an internationale Investoren, und zwar in allen Bereichen: Kultur, Landwirtschaft, Industrie und Dienstleistungen. Die vorgesehenen Verfahren und Mechanismen lassen den Regierungen kaum noch Handlungsspielraum, während sie den weltweit agierenden Investoren alle Tore öffnen. Sie können danach Staaten auf Schadenersatz verklagen, wenn sie erwartete Gewinne durch politische Massnahmen geschmälert sehen.

Der vorliegende Entwurf (Kreissl-Dörfler 1998) hätte, würde er angenommen, die zwingende Rechtskraft eines internationalen Vertrages und würde nationales Recht brechen. Das bedeutet, daß die Parlamente künftig keine Gesetze mehr verabschieden dürften, die den Bestimmungen des MAI zuwiderlaufen. Das Projekt ist so ehrgeizig, daß sich der Entwurf nicht nur auf sämtliche Wirtschaftssektoren bezieht, sondern darüber hinaus Allgemeingültigkeit anstrebt: Er wird zwar nur unter den 29 Mitgliedern der OECD ausgehandelt, soll aber in Zukunft auch allen Mitgliedstaaten der Welthandelsorganisation sowie ihren Beitrittskandidaten (darunter Rußland und China) offenstehen, die dann freilich keinen Einfluss mehr auf seinen Inhalt hätten.

Die Verfasser des MAI haben sich über vielfältige juristische, politische und moralische Verpflichtungen hinweggesetzt, die die Staaten bereits eingegangen sind und die im Widerspruch zu dem Entwurf stehen – dies gilt insbesondere für die Internationale Arbeitsorganisation (ILO), den Umweltgipfel von Rio 1992, den Weltsozialgipfel von Kopenhagen 1995 und (das zumindest hätten sie merken müssen) die „Charta über die wirtschaftlichen Rechte und Pflichten der Staaten“, die 1974 von den Vereinten Nationen verabschiedet wurde. Denn in dieser Charta ist festgelegt, daß „jede Nation das unveräußerliche Recht hat, Auslandsinvestitionen zu regeln und ihr Kontrollrecht über die Investitionen auszuüben“.

Es waren die Nichtregierungsorganisationen, die den Verhandlungsentwurf in die öffentliche Diskussion gebracht haben. Sie haben, von Kanada ausgehend, insbesondere über das Internet eine weltweite Opposition in Gang gebracht, die möglicherweise den Rückzug der Vorlage, ganz sicher aber nicht das Ende des Versuchs bedeutet, dem internationalen Kapitalverkehr auch die letzten Hürden aus dem Weg zu räumen.

Die Politik reagiert hilflos angesichts der weltwirtschaftlichen Entwicklungen. Sie unternimmt keinen Versuch, sie zu steuern und zu kontrollieren – was sich auch an anderen Beispielen, etwa den Vorschlägen zur Besteuerung von Kapitalgewinnen, der Harmonisierung von Unternehmenssteuern oder der Sozialpolitik, belegen liesse. Sie unterstützt faktisch diese Entwicklungen und begibt sich gleichzeitig zunehmend der Instrumente und Möglichkeiten wirksamer Einflussnahme. Die Vermehrung von Kapital wird zunehmend unabhängig von arbeitenden, reale Werte schaffenden Menschen, und seine Konzentration in immer weniger Händen wird zum letzten Zweck des wirtschaftlichen Geschehens. Schon heute besitzen die 358 Milliardäre, die es auf der Erde gibt, mehr als die Hälfte dessen, was die Menschheit zum Leben hat. Der Besitz der drei reichsten Menschen der Welt übersteigt zusammengenommen das kumulierte Bruttoinlandsprodukt der achtundvierzig ärmsten Länder der Welt.

4. *Zukunft*

Kernproblem jeder künftigen Entwicklung wird die zunehmende Arbeitslosigkeit sein. Die technologische Entwicklung und Produktivität nehmen zu. Internationalisierung und Globalisierung, auch der Euro, verschärfen den Kostendruck, der zu weiterem Stellenabbau führt. Der grössere Einfluss von Finanzinstitutionen geht ebenfalls zu Lasten von Beschäftigung und Umwelt. Mit dem Abbau der öffentlichen Sozialsysteme und der Zunahme vor allem der privaten Altersvorsorge wird dieser Trend verstärkt. Wer die Löhne senkt, der schafft nicht etwa Beschäftigung, sondern vernichtet Arbeitsplätze, weil die Kaufkraft nicht mehr ausreicht, die zunehmende Produktion aufzunehmen. Es ist auch nicht richtig, dass mehr Wachstum oder zunehmende Unternehmergewinne zu mehr Beschäftigung verhelfen – im Gegenteil verstärken sie Rationalisierungsinvestitionen, Unternehmenskonzentration und Spekulation. Gleichzeitig hat die Regierung der Steuervermeidung Scheunentore geöffnet. Öffentliche Sparsamkeit geht ebenfalls auf Kosten der Beschäftigung. Und schliesslich verhindert die öffentliche Verschuldung, dass durch Umverteilung Kaufkraft erhalten bleibt. Wenn die Arbeitslosigkeit zunimmt, dann fehlen auch zunehmend die Mittel zur Finanzierung staatlicher Aufgaben und sozialer Sicherung.

In den neuen Machtzentren der Weltgesellschaft scheint man sich indessen darauf zu konzentrieren, die drohenden katastrophalen Entwicklungen von den wenigen Wohlstandsinseln fernzuhalten und auf die Mehrheit der Menschen im „Meer der Armut" abzuwälzen. Die nationalen Regierungen werden dies unter dem Druck der transnationalen Unternehmen als Problem des Konflikt-Management begreifen und die repressiven Instrumente dafür ausbauen (Polizei, Einsatz der Armee nach innen). Die technischen Infrastrukturen dafür sind bereits vorhanden: Kaum ein öffentlicher Raum, keine Behörde, keine Strasse, kein Platz, kaum ein Geschäft, kaum eine Fabrikhalle, die nicht schon durch Videokameras überwacht werden.

Soziale Segregation wird sich unter diesen Bedingungen verschärfen – nicht nur nach ethnisch-kulturellen Kriterien, sondern insbesondere zwischen Arm und Reich. Das führt zu lokalen Subkulturen der Armut, der Kriminalität, der Drogenabhängigkeit, des Extremismus, zur Ausbildung lokaler Gangs, zu Bandenkriegen, zu wachsender Unsicherheit in öffentlichen Räumen. Räumliche Teilungen sind nicht nur gute Indikatoren für soziale Ungleichheit, sie setzen auch eine Dialektik in Gang, in der die soziale Ungleichheit durch die räumliche weiter verstärkt, verfestigt, zementiert wird.

Das Schicksal von Städten wird Manipuliermasse im Kalkül anderer. Vormals öffentliche Aufgaben werden von privaten Interessenten übernommen, während wir beschönigend solche Privatisierung als Verwaltungsreform feiern. Was werden wir gewonnen haben, wenn der Industrie und privaten Sponsoren endgültig die Entscheidung darüber eingeräumt wird, was städtische Kultur sei? Wer kann ernsthaft wollen, dass Menge und Qualität städtischen Trinkwassers vom Verwertungskalkül privater Unternehmen abhängen? Werden der Privatisierung der Gefängnisse (wie in Grossbritannien oder den USA) bald auch Privatgefängnisse grosser Konzerne folgen?

Die Städte sind in der Lage, einen Teil ihrer Probleme an ländliche Räume weiterzuschieben, und sie tun das in erheblichem Umfang z.B. dann, wenn Unternehmen Deinvestititonsentscheidungen treffen und so Arbeitslosigkeit exportieren, wenn Infrastrukturen wie Post und Bahn und Lebensmittelgeschäfte geschlossen werden, wenn Problemmüll entsorgt oder zwischengelagert wird, wenn das Militär Schiess- und Tiefflugübungen veranstaltet, wenn Freilandversuche mit genmanipulierten Pflanzen durchgeführt werden. Ländliche Räume sind die letzte Station solchen Exports vor den Entwicklungsländern. Periphere Regionen haben keine oder nur prekäre Wachstumspotentiale – ihnen droht passive Sanierung, gemildert im besten Fall durch die EU-Strukturfonds und die nationalen Regionalförderungsprogramme, deren Lebensdauer freilich erkennbar begrenzt ist: Schon die geplante und für 2003 in Aussicht gestellte Osterweiterung der EU wird hier deutliche Grenzen zeigen. Mit anderen Worten: Wir müssen mit grossflächigen Proletarisierungen rechnen.

5. Optionen für die lokale Ebene

Die Suche nach Alternativen darf diese Tatsachen nicht fatalistisch hinnehmen. Es gilt, drei Probleme, die jeweils an sich schon schwierig genug sind, gleichzeitig zu lösen: das ökonomische, das ökologische und das gesellschaftliche. Wir haben dafür ein Wort: Sustainable Development, Nachhaltige oder Zukunftsfähige Entwicklung. Das 1992 in Rio verabschiedete Aktionsprogramm „Agenda 21“ erläutert in vierzig Kapiteln, was damit gemeint ist. Ihr Kapitel 28 bezieht sich auf die lokale Ebene.

Städte und Regionen sollten beginnen, sich wo immer möglich von den weltwirtschaftlichen Entwicklungen abzukoppeln. Grundlage jeder gesunden Ökonomie ist ein Gleichgewicht zwischen der Produktion von und der Nachfrage nach Gütern und Dienstleistungen auf der lokalen und regionalen Ebene. Die lokale Kaufkraft muss erhalten werden, um die lokale Produktion zu sichern. Die Städte sind falsch beraten, alle ihre Reserven einzusetzen, um in Konkurrenz gegeneinander um neue Gewerbeansiedlungen zu kämpfen, zumal die geforderten Vorleistungen meist mögliche Gewinne rasch wieder zunichte machen. Wir brauchen ein neues Konzept der Regionalwirtschaft, das sich zunächst einmal am regionalen Bedarf orientiert. Dazu ist es nötig, regionale Kreisläufe wo immer möglich zu schliessen. Das soll auf ökologische, d.h. ressourcenschonende Weise geschehen, also so, dass vor allem auf regionale Ressourcen zurückgegriffen wird und Schadstoffe in der Region verkraftet werden. Das bedeutet nicht Autarkie, die in einem Volk von KaffeetrinkerInnen und BananenesserInnen nicht zu erreichen ist, aber es bedeutet einen Zuwachs an Autonomie gegenüber weltwirtschaftlichen Entwicklungen. Eine regionale Selbstversorgungswirtschaft wird das nicht mit „schlanker“ Verwaltung allein erreichen müssen. Das verlangt eine Debatte darüber, was denn das Minimum an staatlicher Leistung sein soll, auf das wir nicht verzichten wollen.

Eine Gesellschaft, die mit massiver Arbeitslosigkeit rechnen muss, ist gut beraten, wenn sie Infrastrukturen zur Selbstversorgung wo immer möglich schafft und begünstigt. Gewiss sind die Eigentumsrechte insbesondere an Wohnraum zu verändern so, dass z.B. mehr Wohnraum in genossenschaftlichem Eigentum verwaltet wird, an dem die WohnungsinhaberInnen auch selbst beteiligt sind. Es muss möglich werden, Eigentumsrechte durch eigenen Arbeitseinsatz für Modernisierung und Werterhaltung zu begründen. Daraus liesse sich eine Sanierungsstrategie für vernachlässigte Wohngebiete entwickeln, für die es auch schon praktische Beispiele gibt. Es wird aber auch Leitbild einer Privatisierungsstrategie für die Wohnungsbestände der kommunalen Baugesellschaften sein können.

Arbeitslosengeld, Arbeitslosenhilfe und womöglich auch Sozialhilfe sollten umgewandelt werden in Einkommen für Leistungen, die im öffentlichen Interesse erbracht werden. Das ist nicht weit entfernt vom Vorschlag André Gorz' (1983), ein garantiertes Grundeinkommen an eine Arbeitsleistung im öffentlichen Dienst zu binden. Nur die phantasieloseste Version dieses Modells eines garantierten Grundeinkommens stellt sich vor, dass dann die Menschen vom Staat regelmässig einen Geldbetrag ausgezahlt bekommen. Sie übersieht, dass es nicht um monetäres, sondern um reales Einkommen geht, um realistische Chancen, selbstbestimmt und selbstorganisiert die eigene Lebenserhaltung zu sichern, und dafür geeignete Bedingungen zu schaffen.

Jede Lösung des ökologischen Problems steht unter der Forderung nach Schonung natürlicher Ressourcen. Das wird bisher kaum betrieben. Obgleich die Lokale Agenda 21 häufig mit einem Aufruf zu mehr Umweltschutz verwechselt wird, gibt es bisher kein einziges Rathaus, das strengen ökologischen Bedingungen genügen würde, kein Baurecht, das ökologisch befriedigend wäre, keinen Staat, der sich auch nur auf die Kombination von Energiesparen und die Förderung regenerativer Energien eingelassen hätte. Es ist bekannt, dass insbesondere die grossen Energieversorgungsmonopole eine solche Entwicklung verhindern – dennoch gibt es bereits Gemeinden, die sich völlig von fossilen Primärenergien abgekoppelt haben.

Wir müssten nicht nur im Sinn einer Effizienzrevolution die vorhandene Güterpalette mit dem Minimum an natürlichen Ressourcen herstellen – also grössere Langlebigkeit, Fehler- und Reparaturfreundlichkeit bei möglichst geringen Emissionen erreichen. Darüber hinaus würde zu überprüfen sein, auf welche Güter in dieser Palette wir denn ganz oder teilweise verzichten könnten (Suffizienzrevolution). Wir würden, wie die Charta von Aalborg es verlangt, die Nutzung nicht-erneuerbarer Ressourcen minimieren und die erneuerbarer Ressourcen nur in dem Mass zulassen, wie sie sich regenerieren. Es gibt dafür viele Möglichkeiten: Ist es etwa einzusehen, dass wir jedes Jahr neue Telefonbücher verteilen? Wäre es nicht viel sinnvoller, statt dessen eine umfassende und kostenlose Telefonauskunft einzurichten? Wieviel Papier liesse sich schon durch eine so einfache Massnahme einsparen, wieviel Wald retten!

In den Betrieben müsste ökologisch produziert werden: Die Forderung, soweit wie irgend möglich energie- und materialsparend zu produzieren, leuchtet ein und spart darüber hinaus auch noch Kosten. Das mag noch angehen; aber wie sollte man einen Produzenten von billigem und wertlosem Plastikspielzeug oder von Einweggeschirr, wie einen Zigarettenfabrikanten davon überzeugen, dass er seine Produktion besser einstellt? Die Frage, was wir an Gütern und Dienstleistungen wirklich brauchen, wie ein „Neues Wohlstandsmodell" (Weizsäcker) sich durchsetzen könnte, geht sehr viel tiefer in die Natur unseres Wirtschaftssystems, und ist viel schwieriger praktisch zu beantworten. Aus ökologischen Gründen wären Transportleistungen zu minimieren, was die weitgehende Internalisierung bestehender Import- und Exportbeziehungen und die Schliessung regionaler Kreisläufe bedeutet. Kommunale und regionale Wirtschaftsförderung sollte sich danach eher auf die Pflege der regionalen Versorgung konzentrieren als den Verlockungen überregionaler und transnationaler Unternehmen nachzugeben.

Wir sind reich an Rezepten für eine Politik der nachhaltigen Stadt- und Regionalentwicklung, (vgl. unter vielen anderen Hamm und Neumann 1996), aber noch immer relativ arm, wenn es um konsequentes Handeln geht. Das soll die vorhandenen guten Beispiele aus Saarbrücken oder Nürnberg, Heidelberg, Münster oder Freiburg nicht herabwürdigen. Wichtiger ist die Frage nach den Hindernissen, die der konsequenten Einführung dieser Orientierung entgegenstehen. Die Rezepte, die eine ökologisch modernisierte, umweltschutzorientierte Stadtplanung zu bieten hat, sind bei weitem noch nicht ausgeschöpft. Das ist auch keine Frage eines nötigen Bewusstseinswandels. Das Bewusstsein der Mehrheiten ist gewandelt, da wird fleissig Müll getrennt und Fahrrad gefahren, kompostiert, Regenwasser gesammelt und auf Fleischkonsum verzichtet. Es ist eine Frage der Strukturen und der Anreize, die ökologisches Handeln begünstigen und belohnen. Ökologisches Wirtschaften kann neue Arbeitsplätze bringen. Hier sind verstärkte Anstrengungen nötig, z.B. in der Gebäudeisolation im Altbau, in der Einführung regenerativer Energien, in neuen Dienstleistungs- und Beratungszweigen.

Für die sozialen Probleme steht das Stichwort Selbstorganisation. Menschen brauchen eine Aufgabe, einen Sinn, gewinnen ihren Selbstwert dadurch, dass sie für andere nützlich sind. Wir mögen das Arbeit nennen, aber das wird eine andere Arbeit sein, in der Tat mehr selbstbestimmt, mehr flexibel, mehr auf die eigenen Bedürfnisse hin orientiert und selbstversorgend. Es muss gelingen, die rechtlichen, fiskalischen, administrativen und infrastrukturellen Bedingungen für Selbstorganisation so weit wie irgend möglich zu verbessern. Gerade in „sozialen Brennpunkten“ müssen wir die Wohnbevölkerung stabilisieren und damit den Aufbau lebendiger Nachbarschaftsbeziehungen, solidarischen Austausch, die Identifikation mit dem Wohngebiet und damit die Akzeptanz eigener Verantwortung fördern. Gerade die ImmigrantInnenbevölkerung soll ermuntert werden, sich in Vereinen zu organisieren, und Ausländerbeiräte sowie möglichst das kommunale Wahl- und Stimmrecht sollen Integration und die Übernahme von Verantwortung erleichtern. Wir müssen KonsumentInnen-ProduzentInnen-Genossenschaften schaffen, Zweitwährungssysteme für nicht-monetären Austausch und die Bedingungen für wechselseitige Hilfe verbessern. Die Lokale Agenda 21 wird vor allem von BürgerInnenbewegungen vorangetrieben, während die Verwaltungen meist nur widerwillig folgen (Jahrbuch Ökologie 1999).

Die Arbeitsgesellschaft ist am Ende. Eine Alternative in einem grossen Entwurf ist nicht in Sicht, und das ist gut so. Entscheidend wird also sein, die Überlebensbedingungen für die Armen, für die, die im Erwerbssektor kein Einkommen mehr finden werden, zu sichern. Das setzt voraus, dass wir uns entschliessen, dem Druck der Globalisierung eine lokale Alternative entgegenzusetzen. Die lokale Ebene kann und darf nicht darauf warten, bis sich „oben“ etwas getan hat. Sie muss handeln mit dem Ziel, zumindest weitere Verelendung zu verhindern.

Die Chancen für eine Lösung scheinen derzeit nicht eben gross. Solange es uns gelingt, unsere Probleme zu exportieren, solange herrscht hier businness as usual. Das wird nicht so bleiben. Es gibt nur wenige Alternativen: eine repressive, die in der Krise eine Aufgabe für Frühwarnsysteme, Überwachung, schnelle Eingreiftruppen und geschicktes Management der Massenkontrolle sieht, oder eine offene, die die Staatskrise als Chance begreift auf dem Weg zu einer neuen, menschlicheren, sozial gerechteren, friedfertigen, ökologischen Gesellschaft. Sie kann nur in globaler Solidarität als Weltgesellschaft auf lokaler Ebene entstehen.

Anmerkung

Die Logik des Beitrages folgt der in Hamm (1996); dort ist sie gründlicher und materialreicher entwickelt. Die aktuellen Informationen stammen überwiegend aus leicht zugänglichen Quellen (neben der Presse vor allem Le Monde diplomatique, deutsche Ausgabe als Monatsbeilage zur taz, und Informationsbrief Weltwirtschaft und Entwicklung, Bonn.

Literatur

Globale Trends 1998, hg. von Ingomar Hauchler. Frankfurt: Fischer
Gorz, André 1983: Wege ins Paradies. Berlin: Rotbuch
Hamm, Bernd 1996: Struktur moderner Gesellschaften. Opladen: Leske + Budrich
Hamm, Bernd und Ingo Neumann 1996: Siedlungs-, Umwelt- und Planungssoziologie. Opladen: Leske + Budrich
Jahrbuch Ökologie 1999, hg. von Günter Altner et al. München: Beck
Kreissl-Dörfler, Wolfgang 1998: Entwurf eines Berichts an das Europäische Parlament zu den Verhandlungen im Rahmen der OECD über ein multilaterales Abkommen über Investitionen (MAI). PE 224.288/B
Laszlo, Erwin 1995: The Choice. New York: Gordon & Breach
Toffler, Alvin 1970: Zukunftsschock. Bern: Scherz
Zukunftsfähiges Deutschland 1996, hg. von BUND/Misereor. Basel: Birkhäuser

Autorinnen und Autoren des Bandes

Allmendinger, Jutta, geb. 1956, Dr., Professorin für Soziologie an der Ludwig-Maximilians-Universität in München, seit 1999 Vorsitzende der Deutschen Gesellschaft für Soziologie.

Bürklin, Wilhelm, geb. 1949, Dr. phil., Professor für Politikwissenschaft an der Universität Potsdam und Geschäftsführer der Gesellschaft für Bankpublizität in Köln.

Gerhardt, Uta, geb. 1938, Dr., Professorin für Allgemeine Soziologie an der Ruprecht-Karls-Universität in Heidelberg.

Glatzer, Wolfgang, geb. 1944, Dr. phil., Professor für Soziologie an der Johann Wolfgang Goethe-Universität in Frankfurt am Main und Vorsitzender der Working Group „Social indicators and social reporting“ in der International Sociological Association.

Habich, Roland, geb. 1953, Dr., Forschungskoordinator der Abteilung „Sozialstruktur und Sozialberichterstattung“ des Wissenschaftszentrum Berlin für Sozialforschung.

Hamm, Bernd, geb. 1945, Dr., Professor für Soziologie an der Universität Trier und Jean Monnet-Professor für europäische Studien. Gründer und Geschäftsführer des Zentrums für europäische Studien.

Hauser, Richard, geb. 1936, Dr. oec. publ., Professor für Sozialpolitik an der Johann Wolfgang Goethe-Universität in Frankfurt am Main.

Hinz, Thomas, geb. 1962, Dr. rer. pol., Wissenschaftlicher Assistent am Institut für Soziologie der Ludwig-Maximillians-Universität in München.

Hoffmann-Lange, Ursula, geb. 1943, Dr. phil., Professorin für Politikwissenschaft an der Universität Bamberg.

Holst, Elke, geb. 1953, Dipl.-Vw., Wissenschaftliche Mitarbeiterin am Deutschen Institut für Wirtschaftsforschung (DIW) in Berlin.

Hradil, Stefan, geb. 1946, Dr. phil., Dr. h.c., Professor für Soziologie an der Johannes-Gutenberg-Universität in Mainz und von 1995 bis 1998 Vorsitzender der Deutschen Gesellschaft für Soziologie.

Kohl, Jürgen, geb. 1948, Dr., Professor für Soziologie an der Ruprecht-Karls-Universität in Heidelberg.

Korte, Elke, Dr. sc. pol., Institut für Gerontologische Forschung (IGF) in Berlin und Rheda-Wiedenbrück.

Lauterbach, Wolfgang, geb. 1960, Dr., Hochschulassistent an der Sozialwissenschaftlichen Fakultät der Universität Konstanz.

Lessenich, Stephan, geb. 1965, Dr. rer. pol., Wissenschaftlicher Assistent am Institut für Sozialpolitik und am Zentrum für Europa- und Nordamerika-Studien (ZENS) der Georg-August-Universität in Göttingen.

Mackensen, Rainer, geb. 1927, Dr. phil. und ev. Theologie, Prof. em. für Soziologie an der Technischen Universität Berlin.

Meulemann, Heiner, geb. 1944, Dr. phil., Professor für empirische Sozialforschung, Bildungssoziologie, Sozialer Wandel und Lebenslaufforschung an der Universität zu Köln.

Meyer, Hansgünter, geb. 1929, Dr., Prof. em., zuvor Wissenschaftszentrum Berlin für Sozialforschung, zuvor Akademie der Wissenschaften der DDR.

Müller, Walter, geb. 1942, Dr. rer. soc., Professor am Lehrstuhl für Methoden der empirischen Sozialforschung und angewandte Soziologie an der Universität Mannheim.

Nave-Herz, Rosemarie, Dr. rer. pol., Dr. phil. h.c., Professorin für Soziologie mit dem Schwerpunkt Familie, Jugend und Freizeit an der Carl von Ossietzky-Universität in Oldenburg.

Nickel, Hildegard Maria, geb. 1948, Dr. phil., Professorin für das Lehrgebiet Soziologie von Familie, Jugend und Geschlechterverhältnissen und Leiterin des Zentrums für interdisziplinäre Frauenforschung an der Humboldt-Universität zu Berlin.

Noll, Heinz-Herbert, geb. 1949, Dr. phil., Leiter der Abteilung Soziale Indikatoren des Zentrums für Umfragen, Methoden und Analysen (ZUMA) in Mannheim und Sprecher der Sektion Sozialindikatoren in der Deutschen Gesellschaft für Soziologie.

Olk, Thomas, geb. 1951, Dr. phil., Professor für Sozialpädagogik und Sozialpolitik an der Martin-Luther-Universität in Halle-Wittenberg.

Ostner, Ilona, geb. 1947, Dr. phil., Soziologin, Professorin für vergleichende Sozialpolitik an der Georg-August-Universität in Göttingen und Sprecherin des Graduiertenkollegs „Die Zukunft des Europäischen Sozialmodells".

Rentzsch, Doris, geb. 1942, Dr. oec., Wissenschaftliche Mitarbeiterin am Zentrum für Sozialwissenschaftliche Forschung e.V. in Halle.

Schupp, Jürgen, geb. 1956, Dr. rer. soc., Lehrbeauftragter am Institut für Soziologie der Freien Universität Berlin.

Sommerkorn, Ingrid N., Dr., Professorin für Soziologie am Institut für Soziologie der Universität Hamburg.

Treibel, Annette, geb. 1957, Dr. rer. soc., Professorin für Soziologie und Politikwissenschaft an der Pädagogischen Hochschule in Karlsruhe.

Weymann, Ansgar, geb. 1945, Dr. phil., Professor für Soziologie an der Universität Bremen und Vorstandsmitglied des Sonderforschungsbereichs 186, Statuspassagen und Risikolagen im Lebensverlauf.

Windzio, Michael, geb. 1970, M.A., Wissenschaftlicher Mitarbeiter am Sonderforschungsbereich 186 der Universität Bremen, Teilprojekt „Berufliche Verläufe im Umbruch".

Zapf, Wolfgang, geb. 1937, Prof., Dr., Direktor der Abteilung „Sozialstruktur und Sozialberichterstattung" am Wissenschaftszentrum Berlin für Sozialforschung und Professor für Soziologie an der Freien Universität Berlin.